Hans Jörg Schrötter

Europa
Das Lexikon

Mit Grußworten von
Gunther Krichbaum MdB, Vorsitzender des Ausschusses für die Angelegenheiten der Europäischen Union im Deutschen Bundestag,
Dr. Linn Selle, Präsidentin der Europäischen Bewegung Deutschland e.V.
und **Yannick Bury MdB**, Vorsitzender der Europa-Union Parlamentariergruppe im 20. Deutschen Bundestag

4., überarbeitete und aktualisierte Auflage

Nomos

Onlineversion
Nomos eLibrary

Die Deutsche Nationalbibliothek verzeichnet diese Publikation in der Deutschen Nationalbibliografie; detaillierte bibliografische Daten sind im Internet über http://dnb.d-nb.de abrufbar.

ISBN 978-3-7560-0810-0 (Print)
ISBN 978-3-7489-1564-5 (ePDF)

4., überarbeitete und aktualisierte Auflage 2024

Meinen Kindern
Julian und Carolina

Grußwort von Gunther Krichbaum

Vor etwas über 250 Jahren wurde Ludwig van Beethoven geboren. Europarat und Europäische Union haben sich den 4. Satz seiner 9. Sinfonie, die „Ode an die Freude", zu ihrer Hymne erkoren. Geboren in Bonn am Rhein, war Beethoven ein echter „Europäer". Die meiste Zeit seines Lebens hat er in Wien verbracht. Das Habsburger Reich war ein Vielvölkerstaat mit Einflüssen von überall her. So hat Ludwig van Beethoven uns Europäern auch heute noch etwas zu sagen: „Freude" ist die wichtige Botschaft an alle Skeptiker und Kritiker der friedlichen Integration unseres Kontinents. „Freiheit", ein weiteres zentrales Leitmotiv des großen Komponisten, ist für den ganz überwiegenden Teil Europas zur Wirklichkeit geworden. Sie muss, auch angesichts des russischen Angriffskriegs gegen die Ukraine, weiterhin erkämpft und bewahrt werden.

Die Europäische Union hatte manche Krise durchzustehen und ist daran Schritt für Schritt gewachsen. Gerade aus der Finanz- und Wirtschaftskrise und der folgenden Staatsschuldenkrise in einigen Euro-Staaten wurden viele Schlussfolgerungen gezogen, um für die Zukunft besser gewappnet zu sein. Aber es gab auch Rückschläge: Es ist ohne Frage bedauerlich, dass Großbritannien der vertieften europäischen Integration den Rücken gekehrt hat. Aber Großbritannien bleibt selbstverständlich auch weiterhin ein Teil Europas und ein bedeutender Partner. In der Corona-Pandemie wurde überdeutlich, wie wichtig die grenzüberschreitende, gesamteuropäische Kooperation ist. Aber zugleich haben uns Grenzschließungen und Reisebeschränkungen gezeigt, wie sehr der Schengen-Raum als Herzstück der Europäischen Union herausgefordert war.

Es war ein starkes Zeichen der gelebten europäischen Solidarität, dass die Europäische Union auf den völkerrechtswidrigen russischen Angriffskrieg auf die Ukraine mit großer Entschlossenheit und Einigkeit reagiert hat. Es wurden in kurzer Zeit unbürokratisch Millionen Flüchtlinge aufgenommen und die Ukraine wird wirtschaftlich und militärisch massiv unterstützt. Der Plan des russischen Präsidenten, Europa zu spalten, ist gescheitert.

Bei allen Herausforderungen sollten wir uns Europäer immer wieder der großen Vorteile bewusst sein (Freude!), die mit der europäischen Einigung verbunden sind. Viele dieser Errungenschaften werden als immer selbstverständlicher angesehen. Es fehlt die Vorstellungskraft, dass Demokratie, Rechtstaatlichkeit, Meinungs- und Pressefreiheit, Wohlstand und soziale Sicherheit in weiten Teilen Europas erst vor kurzer Zeit erkämpft werden konnten – und immer wieder vor Bewährungsproben stehen.

Wir Europäer werden unsere Werte in einer geopolitisch aufgeladenen Welt nur gemeinsam durchsetzen können. Jeder Mitgliedsstaat ist für sich allein genommen eben doch zu klein, um sich gegen die weltweite Konkurrenz behaupten zu können. Am Ende dieses Jahrhunderts werden wir Europäer voraussichtlich nur noch vier Prozent der Weltbevölkerung ausmachen. Nur wenn wir zusammenstehen, haben wir eine Chance, unsere demokratischen Werte und sozialen Standards zu bewahren und ihnen weltweit Geltung zu verschaffen. Auch diesen Aspekt müssen wir stärker betonen, wenn es um Europa geht.

Die 27 Mitgliedstaaten der EU sind von unterschiedlichen demokratischen und parlamentarischen Traditionen geprägt. Das Zusammenspiel auf Ebene der Regierungen, die Stellung der Abgeordneten, der nationalen Parlamente und des Europäischen Parlaments ist komplex und oftmals nicht ohne Widersprüche. Die Wege zu notwendigen europäischen Kompromissen sind häufig nicht einfach zu überblicken. Daran haben auch das Internet und die sozialen Medien nichts geändert. Mehr denn je braucht es objektive und leicht verständliche Informationen, die Bürgerinnen und Bürger schnell und umfassend über Europa informieren.

Dieser großen Aufgabe hat sich der Autor nunmehr bereits mehrfach erfolgreich gestellt. Auch mit der nun vorliegenden überarbeiteten Ausgabe des „Kleinen Europa-Lexikons" liefert er in einem anregenden und leicht zugänglichen Stil viele nützliche Informationen über die Europäischen Institutionen und ihre vertragsgemäßen Aufgaben. Zudem zeigt er die Zusammenhänge der europäischen Politik auf und beschreibt ausführlich die manchmal mühevollen Wege der Zusammenarbeit. Hierfür gebührt ihm großer Dank und seinem Buch ist erneut eine große Verbreitung zu wünschen.

Der Bau unseres gemeinsamen Europäischen Hauses war eine gigantische Leistung, die noch immer nicht abgeschlossen ist. Unsere Aufgabe ist es, dieses Haus pfleglich zu behandeln, es zu renovieren und auszubauen und Schaden von ihm abzuwenden. In der „Berliner Erklärung", die 2007 zum 50. Jubiläum der Europäischen Union unterzeichnet wurde, steht dafür der entscheidende Satz: „Wir sind zu unserem Glück vereint!". Deshalb sollten wir gelegentlich in unsere Europahymne einstimmen und dieses große Glück genießen.

Gunther Krichbaum

Mitglied des Deutschen Bundestages

Europapolitischer Sprecher der CDU/CSU-Bundestagsfraktion

Berlin, im Mai 2023

Grußwort von Linn Selle

Frieden in Europa, das war lange Zeit das kraftvolle Versprechen. Mit Balkankrieg und Nordirland-Konflikten gab es zwar auch Rückschläge. Doch erst der völkerrechtswidrige Angriffskrieg Russlands gegen die Ukraine hat das Bild der europäischen Friedensunion zerstört. Autokraten wie Vladimir Putin versuchen, aktiv den europäischen Demokratie- und Freiheitsraum zu zerstören.

Diese schrecklichen Umstände beweisen: Offene Grenzen, eine gemeinsame Währung, relativer Wohlstand für alle, ja sogar friedliches Zusammenleben sind auf unserem Kontinent nicht selbstverständlich – sondern abhängig von politischen Entscheidungen. Menschen haben um die europäische Einigung gekämpft, und es braucht Menschen, um die liebgewonnenen Vorteile dieser Einigung aufrechtzuerhalten und weiterzuentwickeln. Ansonsten machen wir es denjenigen zu einfach, die zum Beispiel unter dem Deckmantel von Krisenmaßnahmen rechtsstaatliche Prinzipien untergraben, die Pressefreiheit einschränken oder nationalistische Ressentiments schüren.

Europa ist zu wichtig, um es der Politik zu überlassen! Wenn wir Europa mitgestalten wollen, müssen wir begreifen, wie es funktioniert. Das vorliegende kleine Taschenlexikon liefert uns Zugänge zur Geschichte und Politik unseres Kontinents. Der Autor beschränkt sich nicht nur auf Fakten, er erzählt uns auch Geschichten, bringt kontroverse Dinge auf den Punkt. Benannt werden auch die Schwächen des Integrationsprojekts, die Krisen und Defizite.

Der Autor hat viel Erfahrung mit diesem Thema. Er schreibt verständlich und macht uns neugierig – auf das Europa der Gegenwart und das der Zukunft.

Wir alle tragen mit großen und kleinen Entscheidungen dazu bei, wie unsere Gesellschaft, wie unser Europa in einer Dekade aussehen wird. Werke wie das Kleine Europa-Lexikon helfen uns, diese Entscheidungen informiert zu treffen. Deshalb wünsche ich ihm viele interessierte Leserinnen und Leser, die ihr Europa besser verstehen wollen.

Dr. Linn Selle

Präsidentin der Europäischen Bewegung Deutschland e.V.

Grußwort von Yannick Bury

„Die Menschen müssen verstehen, dass Europa nicht aus starren Institutionen besteht, sondern aus einer Gemeinschaft von Menschen, die zusammenarbeiten". Getreu diesem Zitat des französischen Politikers, Wirtschaftsberaters und Vordenkers der Europäischen Union Jean Monnet gibt das Europa-Lexikon Auskunft darüber, was sich hinter den meist weit entfernten europäischen Institutionen und ihren Begriffen verbirgt. Es ist das Wunderwerk Europäische Union, das es 27 verschiedenen Mitgliedsstaaten mit unterschiedlichen parlamentarischen Traditionen sowie historischen und kulturellen Hintergründen ermöglicht, zusammenzuarbeiten. Umso bemerkenswerter ist es, dass sich der Autor der Herausforderung stellt, Licht in das Dunkel des komplexen europäischen Einigungsprozesses zu bringen, es verständlich aufzuarbeiten und den Menschen näherzubringen. Denn sei es der Rat der Europäischen Union (nicht zu verwechseln mit dem Europäischen Rat) oder Begriffe wie der Trilog; wie es Jean Monnet so treffend beschrieb: Die Europäische Union ist mehr als nur Institutionen, am Ende des Tages sind es Menschen, die dahinterstehen und das politische und wirtschaftliche Projekt Europa vorantreiben.

Mit dem Konflikt in der Ukraine ist der Krieg zurück in Europa. Er zeigt, dass das Friedensprojekt Europa keine Selbstverständlichkeit ist und dass es sich lohnt, sich auch kritisch mit den Institutionen der Europäischen Union auseinanderzusetzen. Denn trotz vieler Differenzen innerhalb unserer europäischen Gemeinschaft, trotz Rückschlägen und Krisen ist es der EU gelungen, handlungsfähig zu bleiben und ihre Rolle auf der internationalen Bühne zu finden. Aber auch ganz konkret hat die EU seit ihrer Gründung die Menschen einander nähergebracht, den Alltag erleichtert und Verständnis für die Sichtweisen anderer Länder geschaffen. Gerade für die jüngere Generation, die Krieg und Grenzen nicht mehr erlebt hat, erscheinen Vorteile wie die Freizügigkeit oder der freie Warenverkehr als selbstverständlich.

Es ist an der Zeit, Brücken zu bauen und unsere Unterschiede als Bereicherung zu sehen, die uns zu einer einzigartigen und dynamischen Staatengemeinschaft machen. Mit Unverständnis und Gleichgültigkeit hingegen überlassen wir das Feld den Euroskeptikern, die versuchen zu spalten, anstatt echte Lösungen anzubieten. Zu groß sind die Herausforderungen wie der Klimawandel oder der Wettbewerb mit Systemrivalen, als dass solche Fragen im nationalen Klein-Klein verkümmern dürften.

Mit diesem Werk zeigt uns Herr Dr. Schrötter, wie man Brücken baut. Er ist nicht nur Journalist, Volljurist und Sachbuchautor, sondern engagiert sich auch persönlich in der europapolitischen Arbeit im Landesvorstand der Europa Union Berlin. Ich möchte ihm herzlich für sein Engagement danken und allen Leserinnen und Lesern eine inspirierende Lektüre wünschen.

Yannick Bury

Mitglied des Deutschen Bundestages

Vorsitzender der Europa-Union Parlamentariergruppe im 20. Deutschen Bundestag

Berlin, im Mai 2023

Vorwort für die 4. Auflage

In seinem 1963 erschienenen Buch „Die Idee Europa als Gedanke und Tat“ formuliert Geoffrey Barraclough einen interessanten Gedanken: „Europa“, so schreibt der britische Historiker, „hat sich seit seinem Bestehen nie *für*, sondern immer nur *gegen* etwas zusammengeschlossen.“

Bestätigte der neue Krieg auf unserem Kontinent diese These? Mit dem Angriff Russlands auf die Ukraine zeigte sich in der Tat eine bemerkenswerte Geschlossenheit des Westens – und namentlich in den Reihen der Staaten der Europäischen Union. Hilfsangebote an das überfallene Land ließen die westlichen Partner auf der globalen Bühne wieder überraschend sichtbar werden.

So war es an der Zeit, dieses ebenso bewährte wie zuverlässige kleine Nachschlagewerk in aktueller Fassung vorzulegen. Diese inzwischen 4. Auflage wurde um zahlreiche Aspekte und viele neue Stichworte ergänzt. Neben den wertvollen „Basis-Informationen“ für jeden, der mitreden, mitdiskutieren, mitplanen möchte, sind die Zeichen und Themen der Zeit – wie bisher knapp und für jedermann gut lesbar erläutert – in praktischem Taschenbuchformat nachzuschlagen.

Zugleich kann das kleine Buch ein „Lesebuch“ sein. Es enthält stellenweise Essays, erzählt hier und dort Geschichten, beleuchtet Hintergründe und ordnet die mitunter sperrigen Themen – anders als die oft eher blutleeren und monothematisch zugespitzten Informationen im Netz – in Zusammenhänge ein.

„Neu“- und „Quer-Einsteigern“ in die Materie sei der erste Teil des Buches empfohlen, der Entstehung, Krisen und Glanzpunkte unserer Integration erzählerisch-locker beschreibt.

„Europa. Das Lexikon“ ist bereits in zwei Auflagen 2005 und 2007 im Carl-Heymanns-Verlag, Köln, und in zwei weiteren Auflagen 2010 und 2016 im Verlag C.H.Beck, München (Beck im dtv), erschienen. Seit 2020 erscheint es im Nomos Verlag. Der vorliegende Band kann sich daher nicht ohne Stolz als fast schon traditionsreiches Nachschlagewerk bezeichnen und hat sich auf dem Buchmarkt erfolgreich etabliert.

Mein Dank gilt Professor Dr. Jörg Reinbothe, Brüssel, für seine wertvolle Unterstützung beim Thema Urheberrecht. Dem Nomos Verlag danke ich für den Anstoß und das großzügige Angebot, das Lexikon in dieser neuen Auflage erscheinen zu lassen.

Verlag und Autor wünschen viel Freude beim Blättern, vielleicht neue Erkenntnisse, vor allem aber einen wachsamen Blick auf die Integration unseres wunderbaren Kontinents.

Berlin, im Oktober 2023 Hans Jörg Schrötter

Die in dieser Veröffentlichung enthaltenen Sichtweisen und Bewertungen geben ausschließlich die persönliche Auffassung des Verfassers wieder.

Inhalt

Stichwortübersicht

Abkürzungsverzeichnis

AdR	Ausschuss der Regionen
AEUV V	ertrag über die Arbeitsweise der Europäische Union
AKP-	Staaten Afrika-, Karibik- und Pazifik-Staaten
ASEM	Asia-Europa-Meeting
CERN	Europäische Organisation für Kernforschung
EAG	Europäische Atomgemeinschaft (auch: EURATOM)
EASA	Europäische Agentur für Flugsicherung
EAWU	Eurasische Wirtschaftsunion
ECE	Wirtschaftskommission für Europa (Economic Commission for Europe)
ECOFIN	Rat der Wirtschafts- und Finanzminister der EU
ECU	Europäische Währungseinheit (European Currency Unit), Vorläufer des Euro
EEA	Einheitliche Europäische Akte
EEF	Europäischer Entwicklungsfonds
EFRE	Europäischer Fonds für Regionale Entwicklung
EFSI	Europäischer Fonds für strategische Investitionen
EFTA	Europäische Freihandelszone (European Free Trade Association)
EG	Europäische Gemeinschaft
EGKS	Europäische Gemeinschaft für Kohle und Stahl (auch. Montanunion)
EIB	Europäische Investitionsbank
ELER	Europäischer Landwirtschaftsfonds für die Entwicklung des ländlichen Raumes
EMA	Europäische Arzneimittel-Agentur
EMFAF	Europäischer Meeres-, Fischerei- und Aquakulturfonds
EP	Europäisches Parlament

EPZ	Europäische Politische Zusammenarbeit
ESA	Europäische Weltraumorganisation (European Space Agency)
ESIF	Europäische Struktur- und Investitionsfonds
ESM	Europäischer Stabilitätsmechanismus
ESSR	Europäische Säule Sozialer Rechte
ESVP	Europäische Sicherheits- und Verteidigungspolitik
EU	Europäische Union
EuGH	Europäischer Gerichtshof
EURATOM	Europäische Atomgemeinschaft (auch: EAG)
EUV	Vertrag über die Europäische Union
EVG	Europäische Verteidigungsgemeinschaft
EWG	Europäische Wirtschaftsgemeinschaft
EWR	Europäischer Wirtschaftsraum
EZB	Europäische Zentralbank
FRONTEX	Europäische Grenzschutzagentur
GASP	Gemeinsame Außen- und Sicherheitspolitik
GFK	Genfer Flüchtlingskonvention
GSVP	Gemeinsame Sicherheits- und Verteidigungspolitik
GUS	Gemeinschaft Unabhängiger Staaten
KFOR	Kosovo Force
KSZE	Konferenz für Sicherheit und Zusammenarbeit in Europa
MFR	Mehrjähriger Finanzrahmen
NATO	North Atlantic Treaty Organization
OSZE	Organisation für Sicherheit und Zusammenarbeit in Europa
RGW	Rat für Gegenseitige Wirtschaftshilfe
SDÜ	Schengener Durchführungsübereinkommen
SIS	Schengener Informationssystem

WEU	Westeuropäische Union
WSA	Wirtschafts- und Sozialausschuss
WWU	Wirtschafts- und Währungsunion

„Erfolgsgeschichte Europäische Union“ für Quereinsteiger – Vom Binnenmarkt zur Wirtschaftsmacht

I. 25. März 1957

25. März 1957. In Rom ist Frühling. Auf dem Kapitol herrscht Hochbetrieb. Handwerker legen letzte Hand an. Den Platz schmücken Blumen und Flaggen. Carabinieri in Paradeuniformen glänzen in der Sonne. Die Jugend Italiens hat schulfrei – kurzum: es ist ein besonderer Tag!

Für einen Tag ist die Ewige Stadt wieder die Hauptstadt Europas, präsentiert sich in festlichem Fahnenschmuck, sonnt sich in uralter Tradition – schließlich wurde von hier aus einst das Abendland regiert. „Die europäische Geschichte kehrt nach Rom zurück“ – so klingt es in italienischen Kommentaren.

Dann, um 18.00 Uhr, ist es so weit. Unter dem Geläut der berühmten Patarina, der 700 Jahre alten Glocke auf dem mittelalterlichen Turm des römischen Kapitols, finden sich sechs in elegantem Schwarz gekleidete Herren in dem mit Gobelins festlich ausgeschmückten Saal der Horatier und Curatier des Konservatorenpalastes ein. An einem langen, mit rotem Brokat bedeckten Tisch unterzeichnen sie gemeinsam die Verträge zur Gründung der Europäischen Wirtschaftsgemeinschaft und der Europäischen Atomgemeinschaft. Unter ihnen ein eindrucksvoller älterer Herr, ein „Grandsigneur“ Europas und Architekt der Verträge, *Dr. Konrad Adenauer*, erster Bundeskanzler der Bundesrepublik Deutschland. Er ist der einzige Regierungschef in der Runde; die anderen fünf Unterzeichnerstaaten Belgien, Frankreich, Italien, Luxemburg und die Niederlande lassen sich durch ihre Außenminister vertreten.

Zwei Jahre intensiven Verhandelns waren vorausgegangen. Im Mai 1955 hatten die Außenminister der sechs Staaten in Messina beschlossen, über eine Wirtschaftsunion schließlich zu einem – man höre und staune – auch politisch vereinigten Europa zu gelangen. Immerhin bewegt man sich von nun an Schritt für Schritt hin zu einem einheitlichen Markt für 160 Millionen Europäer.

Das Presseecho ist verhalten. Von einem „bedenklichen Weg nach Europa“ etwa ist die Rede, von einem „Ja trotz aller Bedenken“. Auch „Unterzeichnung am Tiber – Befürchtungen am Rhein“ klingt nicht euphorisch; deutlich markanter noch titelt das SED-Zentralorgan „Neues Deutschland“ mit „Das Komplott von Rom“ (24. März 1957) oder gar mit „Spaltungsverträge unterzeichnet“ (26. März 1957).

Gut 65 Jahre ist das alles her. Ein geschichtliches Experiment ohne Beispiel ist gelungen. Seit über drei Jahrzehnten – auch hierzu trugen die „Römischen Verträge“ bei – sind Kalter Krieg und Spaltung Europas in Ost und West Historie. Wohlstand, Freiheit und Freizügigkeit von La Rochelle bis Riga: das sind Markenzeichen einer weit über die wirtschaftliche Kooperation hinausgewachsenen Gemeinschaft von 27 europäischen Ländern und Völkern, die sich seit 1993 nicht ohne Selbstbewusstsein „Europäische Union“ nennt.

II. Ein langer Weg

Rom wurde bekanntlich weder an einem Tag erbaut, noch markiert die damalige Vertragsunterzeichnung dort den Anfang aller Anfänge. Der Aufbau der heute 27 Mitgliedstaaten umfassenden „Europäischen Union“ – kurz: EU – begann Schritt für Schritt nach dem Zweiten Weltkrieg.

Die gedankliche Vorarbeit zu einem vereinten Europa reicht jedoch bedeutend weiter in die Vergangenheit zurück. Erinnert sei nur an *Erasmus von Rotterdam*, der bereits im 16. Jahrhundert über ein geeintes Europa philosophierte. Oder an *Voltaire*, der Europa 1751 als „eine Art große Republik“ beschrieb, „verteilt in verschiedene Staaten ...“. Oder an den französischen Dichter *Victor Hugo*, der um die Mitte des 19. Jahrhunderts, wohlgemerkt dem Jahrhundert der Nationalstaaten, von den zukünftigen Vereinigten Staaten von Europa träumte.

Paneuropäische Ideen und Europapläne gab es auch in den Jahren nach dem Ersten Weltkrieg. 1923 etwa stellte *Richard Graf von Coudenove-Kalergi* in seinem Buch „Paneuropa“ als Antwort auf Krieg und Kriegsfolgen ein europäisches Einigungsprogramm mit dem Ziel Vereinigter Staaten von Europa vor. Er gründete die „Paneuropa-Union“, die ein beachtliches Echo in der Öffentlichkeit fand. Doch eine reale Chance erhielten solche Visionen erst nach den Verwüstungen und dem unvorstellbaren Leid, das der Zweite Weltkrieg über unseren Kontinent gebracht hatte.

III. Ideen – Pläne – Gründerzeiten

Berühmt ist die Rede *Winston Churchills*, der am 19. September 1946 in Zürich erstmals die Gründung der Vereinigten Staaten von Europa vorschlug – allerdings ohne Großbritannien einbeziehen zu wollen. Auch andere Politiker von Rang, wie etwa der Belgier *Paul-Henri Spaak*, der Italiener *Alcide De Gasperi* oder der Deutsche *Konrad Adenauer*, setzten sich für ein Zusammenwachsen Europas ein. 1948 bildete sich in Den Haag die Europäische Bewegung. Sie gab den Anstoß zur Gründung des Europarates in Straßburg am 5. Mai 1949.

Dem *Europarat* – übrigens nicht zu verwechseln mit dem „Europäischen Rat“, dem seit 1974 als ständige Einrichtung zweimal jährlich zelebrierten Gipfeltreffen der Staats- und Regierungschefs der heutigen Europäischen Union! – trat 1950 die frisch entstandene Bundesrepublik Deutschland bei. Die Hoffnung, der Europarat sei nun der Anfang einer politischen europäischen Union, erfüllte sich nicht; zu groß waren die Meinungsunterschiede der Gründerstaaten über das zu verfolgende Konzept: Aufbau eines Bundesstaates, also einer Föderation, den USA nachempfunden? Oder besser nur eines losen europäischen Staatenbundes, einer Konföderation, die es den einzelnen Staaten erlaubt, ihre Souveränität unangetastet zu erhalten? Oder eine Einigung peu à peu, pragmatisch sozusagen und auf Gebiete beschränkt, die gewisse Erfolgsaussichten boten?

Als bahnbrechend erwies sich die am 9. Mai 1950 vom französischen Außenminister *Robert Schuman* verkündete Idee, die als *„Schuman-Plan“* Furore machen sollte. Mit einer ebenso einfachen wie genialen Idee gab er den entscheidenden Anstoß zu einer friedlichen Einigung Europas nach den Schrecken des Krieges: er reichte dem ehemaligen Kriegsgegner Deutschland die Hand und schlug vor, diejenigen Industriezweige künftig zusammenzulegen, die sozusagen die Kanonen produziert hatten – nämlich die Eisen- und Stahlindustrie. Es war der Beginn einer Fusion der deutschen und französischen Kohle- und Stahlproduktion. Neben Deutschland und Frankreich stimmten auch Italien und die Benelux-Länder Belgien, Niederlande und Luxemburg diesem Plan zu. Die Europäische Gemeinschaft für Kohle und Stahl, kurz: EGKS oder auch *Montanunion* genannt, war geboren.

1957 gründeten diese sechs Staaten in Rom die *„Europäische Wirtschaftsgemeinschaft“*, kurz: EWG. Sie dehnten damit die gemeinsame Politik im Montanbereich auf Handel, Wirtschaft, Verkehr und viele andere Bereiche aus. Man versprach sich, innerhalb von zwölf Jahren einen gemeinsamen Markt bilden zu wollen. „Zollunion“ – so lautete von nun an das Zauberwort.

Zeitgleich und ebenfalls in Rom gründeten unsere sechs Pionierstaaten die *„Europäische Atomgemeinschaft“*, kurz: EAG oder auch Euratom. Diese beiden als „Römische Verträge“ wohlbekannten Gründungsakte traten am 1. Januar 1958 in Kraft. Seinerzeit schon sah man sie lediglich als ein Zwischenstadium auf dem Weg zu einer politischen Einigung Europas an. In der Präambel zum EWG-Vertrag vom 25. März 1957 bekundete man den „festen Willen, die Grundlagen für einen immer engeren Zusammenschluss der europäischen Völker zu schaffen“.

IV. Süd-, Nord-, Ost- – Die Erweiterungsrunden seit 1973

Was dann folgte, kann man mit Fug und Recht als historisch beispiellose Erfolgsgeschichte bezeichnen. Aus sechs Staaten wurden neun, aus neun wurden zehn, dann sogar zwölf: Zum 1. Januar 1973 traten Dänemark, Irland und Großbritannien bei, zum 1. Januar 1981 Griechenland. Portugal und Spanien folgten zum 1. Januar 1986.

Unter dem neuen Etikett „Europäische Gemeinschaft“ (EG) bewegten sich diese zwölf mit erheblichem Tempo auf einen großen *gemeinsamen Binnenmarkt* für seinerzeit 323 Millionen Menschen zu. Am 1. Januar 1993 wurde er Wirklichkeit; die Zollschranken fielen, Grenzkontrollen gehörten der Vergangenheit an. Der „Binnenmarkt 92“ eröffnete ungeahnte Chancen für den, der rasch lernte, mit den neuen Marktdimensionen umzugehen. Er barg auch Risiken, die ein solcher Markt für nahezu alle Wirtschaftszweige, für Ausbildungsprofile, Auftragswesen, Dienstleistungsmärkte oder Verbraucherbelange mit sich bringt.

Mit dem Beitritt Finnlands, Österreichs und Schwedens zum 1. Januar 1995 erreichte unser – inzwischen als *„Europäische Union“* firmierender – Staatenverbund dann eine Ausdehnung, die die mögliche Zahl goldener Sterne auf der tiefblauen Europafahne sprengte; fünfzehn Mitgliedstaaten, aber es blieb bei nur zwölf Sternen – aus Platzgründen.

Allerdings sei auch an die politische Dimension erinnert, die dieses solide Einigungswerk unseres über Jahrhunderte zerstrittenen Kontinents ausstrahlte – nicht zuletzt mehr und mehr auch auf die Staaten Mittel- und Osteuropas, und dies zu einer Zeit, als man dort von Selbstbestimmung kaum zu träumen wagte. Je durchlässiger die Grenzen zwischen den Staaten Westeuropas wurden, je mehr die Zollschilder und -schranken verschwanden, umso scharfkantiger mussten die Sperranlagen, die den Osten Europas abriegelten, in das Bewusstsein der Menschen treten, in West wie in Ost. Den Beitrag der Europäischen Union zum Fall des Eisernen Vorhangs mögen Berufenere bewerten; der Erfolg, der sich in der – nach der „Süd-“ und der „Norderweiterung“ so genannten – „Osterweiterung“ zum 1. Mai 2004 spiegelt, spricht für sich. Zehn Staaten, vorwiegend aus Mittel- und Osteuropa, nämlich Estland, Lettland und Litauen, Tschechien, Ungarn und Polen, die Slowakei, Slowenien sowie Malta und Zypern sind seither Vollmitglieder. Eine Europäische Union der 25 Staaten war entstanden, mit über 450 Millionen Einwohnern. Mit Bulgarien und Rumänien kamen am 1. Januar 2007 zwei weitere Vollmitglieder, am 1. Juli 2013 mit Kroatien schließlich das 28. (heute das 27. Mitglied) hinzu.

Die Integration dieser seit 2004 hinzugekommenen 13 Staaten bedeutete für die Europäische Union politisch wie wirtschaftlich eine nicht in allen Konsequenzen überschaubare Herausforderung: Kurzum – es war ein Kraftakt.

Trotz aller Bedenken – die bisher tatsächlich vollzogenen Erweiterungen unserer Union bewegten sich letztlich im Rahmen des historischen Projekts, die Jahrhunderte alte und zuletzt durch den Eisernen Vorhang bedrohlich manifestierte Spaltung und Zerrissenheit des Kontinents zu überwinden.

Etwas völlig anderes war die Eröffnung von Beitrittsverhandlungen mit der geschätzt rund 85 Millionen Einwohner (Stand 2021) zählenden Türkei im Herbst 2005 – wenn auch mit dem ausdrücklichen Hinweis, damit sei eine Mitgliedschaft nicht präjudiziert. Hier verließ die Europäische Union ihre Rolle als Versöhnerin eines unruhigen Kontinents und verwandelte sich in eine geostrategische Spielerin. Aus heutiger Sicht dürfte es auf absehbare Zeit bei den heute schon sehr engen Beziehungen der Türkei zu Europa bleiben – etwa über die Mitgliedschaft in der NATO, dem Europarat oder im Rahmen bestehender privilegierter Verträge mit der Europäischen Union.

V. Von Kirkenes bis Kos: Ohne Pass durch Europa

Parallel zu den Erweiterungsrunden gewann auch der Abbau der Binnengrenzen zwischen den Mitgliedstaaten der Europäischen Union seit Mitte der 1980er Jahre rapide an Dynamik. Fünf Länder waren es zunächst, die am 14. Juni 1985 im luxemburgischen Schengen das „Übereinkommen zwischen den Regierungen der Staaten der Benelux-Wirtschaftsunion, der Bundesrepublik Deutschland und der Französischen Republik betreffend den schrittweisen Abbau der Kontrollen an den gemeinsamen Grenzen" schlossen. Das sog. *Schengener Abkommen* war geboren. Es leistete wertvolle Impulse für die wachsenden Freiheiten in Europa, aber auch für Integration und Zusammenarbeit. In den folgenden Jahren traten ihm weitere EU-Mitgliedstaaten bei, nämlich 1995 Italien, Spanien und Portugal, Griechenland und Österreich. 2000 folgten Dänemark, Schweden und Finnland sowie die beiden Nicht-EU-Staaten Island und Norwegen. Am 21. Dezember 2007 fielen für Estland, Lettland und Litauen, die Slowakei, die Tschechische Republik, für Polen, Slowenien, Ungarn und Malta die Grenzkontrollen innerhalb des Schengen-Raumes fort. Schließlich stieß sogar die Schweiz zum Schengenverbund: in der Nacht zum 12. Dezember 2008 beendete sie die Personenkontrollen an ihren Grenzen. Da die Schweiz jedoch kein Mitgliedstaat der Europäischen Union ist, wird sie weiterhin auf Zollkontrollen bestehen.

Das entsprechende Durchführungsabkommen (SDÜ) ist heute in allen diesen Staaten in Kraft. Es hebt nicht nur die Personenkontrollen an den Binnengrenzen der Vertragsstaaten auf, es sieht vor allem auch Ausgleichsmaßnahmen vor, um zu verhindern, dass die „offenen Grenzen" etwa nun auch der Kriminalität oder der illegalen Zuwanderung Tür und Tor öffnen. In diesem Zusammenhang spielt der verstärkte Schutz der Außengrenzen des Schengen-Raumes eine hervorgehobene Rolle – wenn man ihn in den zurückliegenden Jahren auch leider nur unvollkommen gewährleisten konnte.

So können heute Personen und Waren vom Cabo Sao Vicente in Portugal bis nach Usedom oder von Palermo auf Sizilien bis nach List auf Sylt gelangen, ohne ein einziges Mal kontrolliert zu werden. Und obwohl die Grenzen als Filter für Kriminelle wegfallen, ist man darauf bedacht, die Belange der Inneren Sicherheit durch ein bislang beispielloses Maß an grenzübergreifender Kooperation auf dem Gebiet der Verbrechensbekämpfung und der polizeilichen Kooperation im Blick zu haben.

VI. „Maastricht", „Amsterdam", „Nizza" – Europäischer Vertragstourismus

„Europäische Union" – seit den Gründerjahren geistert diese schillernde Programmvokabel mehr oder minder erfolgreich durch europapolitische Diskussionen, beflügelt Fantasien, schmückt Dokumente und Parteiprogramme. Schon 1961 etwa sollte eine Kommission unter Leitung des Franzosen Christian Fouchet Vorschläge für ein Statut einer „Union der europäischen Völker" vorlegen. Die *„Fouchet-Pläne"* blieben in den Schubladen. Auf den Pariser Gipfelkonferenzen von 1972 und 1974 proklamierte man dann, als neues Ziel europäischer Einigung, den Bau einer „Europäischen Union". Auch der daraufhin vom belgischen Ministerpräsidenten *Leo Tindemans* erarbeitete „Tindemans-Bericht" erwies sich als nicht konsensfähig.

Auch das Europäische Parlament (EP) in Straßburg blieb nicht untätig; so wurde seit der Gipfelkonferenz von Den Haag 1969 die „politische Finalität“ des Einigungsprozesses mit dem Ziel der „Europäischen Union“ immer wieder bekräftigt. Am 14. Februar 1984 verabschiedete das EP mit überzeugender Mehrheit den „Entwurf eines Vertrages zur Gründung der Europäischen Union“, ausgearbeitet von einer Kommission unter Leitung des Italieners *Altiero Spinelli*. Der Entwurf setzte Maßstäbe: Er propagierte die Ablösung der drei Gemeinschaften EGKS, EWG und Euratom durch eine Europäische Union. Auf sie sollten die seinerzeit zwölf Mitgliedstaaten in weiteren wesentlichen Politikbereichen ihre nationalen Zuständigkeiten übertragen.

Immerhin griffen die Staats- und Regierungschefs der Mitgliedstaaten auf ihrem Gipfeltreffen im Juni 1984 diese Anstöße auf. Sie beauftragten Ausschüsse mit der Ausarbeitung von Vorschlägen zu einer verbesserten Zusammenarbeit. Auf der Basis der daraus entwickelten Berichte handelte man die sog. *Einheitliche Europäische Akte* (kurz: EEA) aus, die am 1. Juli 1987 in Kraft trat. Hinter dieser Bezeichnung, mit der man als Leser naturgemäß zunächst wenig anfangen kann, verbirgt sich das bis dato wichtigste Reformwerk seit der Gründung 1957. Die EEA ergänzte die Römischen Verträge um neue Tätigkeitsbereiche. Sie verankerte die seit 1970 bereits praktizierte Europäische Politische Zusammenarbeit im Vertragstext und verlieh der Gemeinsamen Außenpolitik der damals noch zwölf Mitgliedstaaten eine völkerrechtliche Grundlage. In vielen Bereichen wurde der bei Abstimmungen im „Ministerrat“ geltende Grundsatz der Einstimmigkeit durch das Prinzip der Mehrheitsentscheidungen ersetzt. Last not least wurde unser EP in seinen Befugnissen gestärkt; neben Mitspracherechten in der Finanz- und Haushaltspolitik erhielt es Mitwirkungsrechte bei der Gesetzgebung sowie Mitentscheidungsmöglichkeiten bei EU-Abkommen mit Drittländern.

Und dann war plötzlich Land in Sicht. Die EEA bewährte sich als Stufe, als Zwischenschritt auf dem Weg zu einer umfassenden Union. Im Dezember 1990 wurde eine „Regierungskonferenz über die Politische Union“ einberufen. Die erarbeiteten Ergebnisse flossen, zusammen mit Resultaten der parallel eingesetzten Regierungskonferenz über die „Wirtschafts- und Währungsunion“, in den – man höre und staune – *„Vertrag über die Europäische Union“* ein. Die zwölf Mitgliedstaaten unterzeichneten ihn am 7. Februar 1992 in einer hübschen niederländischen Stadt, und so wurde dieses – ebenso gerühmte wie zunächst geschmähte – Reformpaket weithin bekannt unter dem Namen *„Vertrag von Maastricht“*.

Fazit: eine Union war gegründet, die auf **drei Säulen** ruht:

1. einer gemeinsamen Außen- und Sicherheitspolitik,
2. einer Zusammenarbeit in der Innen- und Rechtspolitik, sowie
3. einer vertieften Gemeinschaft, die sich etwa in der Einführung einer Unionsbürgerschaft, eines Ausschusses der Regionen, in einer (weiteren) Stärkung

des EP sowie in Bestimmungen zu einer Wirtschafts- und Währungsunion verdeutlichen soll.

Eng verknüpft ist und bleibt der „Maastrichter Vertrag" wohl besonders mit der Entscheidung, spätestens 1999 eine gemeinsame Europa-Währung – sprich: den *Euro* – einzuführen, an der jene EU-Mitgliedstaaten teilnehmen sollen/können/dürfen, die bestimmte sog. Konvergenzkriterien erfüllen.

Dänen, Iren und Franzosen – nicht so die Deutschen – wurden befragt, ob der Vertrag sowie insbesondere die Euro-Konsequenz in ihren Ländern umgesetzt werden soll. In Irland fand die Volksabstimmung eine deutliche, in Frankreich eine hauchdünne Mehrheit. Das dänische Referendum scheiterte knapp und erhielt erst im zweiten Anlauf die Zustimmung der Bevölkerung. In Deutschland musste das Bundesverfassungsgericht über mehrere gegen den Vertrag – und vorrangig gegen einen künftigen Euro – gerichtete Klagen entscheiden.

Bereits im März 1996 berief man eine erneute Regierungskonferenz ein. Das Ergebnis: eine – nach EEA und „Maastricht" – dritte umfassende Änderung und konsequente Fortentwicklung der Gründungsverträge von 1957. Sie ist niedergelegt in einem im Juni 1997 von den inzwischen fünfzehn Mitgliedstaaten der Europäischen Union in Amsterdam unterzeichneten Vertragswerk, das Grundlagen für eine bürgernahe und handlungsfähige EU legen wollte. Ein zentrales Anliegen dieses sog. *„Vertrags von Amsterdam"* war es, die Union für eine baldige Aufnahme der zahlreichen beitrittswilligen Staaten Mittel- und Osteuropas zu rüsten. Wiederum profitiert auch das EP; in etwa 80 Prozent aller Bereiche der Politik kann es nun gleichberechtigt neben dem „Ministerrat", dem Rat der nationalen Fachminister, mitentscheiden.

Und „Nizza"? Was verbirgt sich hinter dieser fast schon vergessenen Chiffre? Gemeint ist hier das Gipfeltreffen im Dezember 2000 im schönen Süden Frankreichs, das zum bis dato längsten Verhandlungsmarathon der Staats- und Regierungschefs in der Geschichte der Europäischen Union geriet.

Die schwierigste Aufgabe, die dort zu bewältigen war, bestand in der Neugewichtung der Stimmenanteile der einzelnen Mitgliedstaaten im Rat („Ministerrat"), dem einflussreichen Gesetzgebungsorgan der Europäischen Union. Sie war besonders brisant angesichts der sich konkret abzeichnenden Osterweiterung. An dieser Frage sollte drei Jahre später in der Tat die Perspektive einer gemeinsamen Verfassung der EU – zumindest vordergründig und vorläufig – unübersehbar zerplatzen. Schon seinerzeit war sie heikel genug; man mühte sich tage- und nächtelang nach Kräften ab, um eine halbwegs konsensfähige, für „große" wie für „kleinere" Mitgliedstaaten gleichermaßen akzeptable Neuverteilung der Stimmen zusammen zu basteln.

Als weiterer Stolperstein erwies sich in Nizza der Reformansatz, das Einstimmigkeitsprinzip zugunsten von Entscheidungen, die mit qualifizierter Mehrheit getroffen werden, zurückzudrängen – ein altes Thema, das im Vorfeld der Osterweiterung heftig auflebte. Es galt, die Funktionsfähigkeit einer um mindestens zehn Staaten erweiterten Europäischen Union zu gewährleisten. Zusätzlich ging es um die künftige Größe der EU-Kommission; sie zählte seinerzeit bereits – ohne eine Repräsentation der zehn neuen Staaten – stolze 20 Mitglieder.

Schließlich beschloss man eine neue Sitzverteilung für das EP, die einerseits die neu beitretenden Staaten berücksichtigt und andererseits der Bevölkerungsgröße der einzelnen Mitgliedsländer etwas fairer als bisher Rechnung tragen sollte. Deutschland darf danach seit 2004 als bevölkerungsreichstes Land der EU die meisten Abgeordneten entsenden.

VII. Von Zinnowitz bis Zypern: Das „Euro-Land"

„Schon die alten Griechen ..." – so fangen seit der Schulzeit immer wieder Chronologien an. In unserem Kontext waren es „schon die Staats- und Regierungschefs der damaligen sechs Gründerstaaten", die auf einem Gipfeltreffen im Dezember 1969 in Den Haag eine Europäische Wirtschafts- und Währungsunion als eine der Etappen auf dem Weg zu einer „Europäischen Union" anvisierten. Ohne eine zwischen den Mitgliedern koordinierte Wirtschafts- und Währungspolitik erschienen bereits seinerzeit weitere Fortschritte der europäischen Integration unrealistisch. Dennoch sollte es bekanntlich bis 1999 dauern, bis eine Währungsunion verwirklicht war, und dies auch nur zwischen zunächst zwölf der seinerzeit fünfzehn EU-Staaten.

Ein erster Anlauf scheiterte 1971 am Zusammenbruch des internationalen Währungssystems von Bretton Woods und den folgenden Währungsturbulenzen. Als Minimallösung verständigten sich die sechs EWG-Staaten im April 1972, die Wechselkurse ihrer nationalen Währungen in einer „Währungsschlange" nur noch um maximal 2,25 Prozent voneinander abweichen zu lassen.

Der Folgeschritt war ein „Europäisches Währungssystem" (EWS), das 1979 ins Leben gerufen wurde und eine „European Currency Unit", den sog. ECU, einführte – eine „Korb-Währung", die lediglich als Rechengröße u. a. für Wechselkurse, für Zölle oder einheitliche Agrarpreise fungierte. Der ECU war also nie als Banknote oder Münze in Umlauf.

Unter Vorsitz des von 1985 bis 1994 amtierenden Präsidenten der Europäischen Kommission *Jacques Delors* erarbeitete ein Komitee der Notenbankpräsidenten der inzwischen zwölf Mitgliedstaaten in den Jahren 1988/89 einen Dreistufenplan zum schrittweisen Aufbau einer *Wirtschafts- und Währungsunion* (WWU). Diesem „Delors-Bericht" folgend bewegte man sich von nun an auf das bisher ehrgeizigste, aber auch besonders kontrovers diskutierte Ziel im Rahmen der europäischen Integration zu. Mit dem Maastrichter Vertrag wurde 1992 der Weg zur WWU völkerrechtlich verbindlich fixiert; als Termin für unwiderruflich feste Wechselkurse zwischen den WWU-Teilnehmerstaaten schrieb man den 1. Januar 1999 fest.

Jeder Student der Nationalökonomie lernt in frühen Semestern, dass eine Währungsunion nur der letzte Schritt im Zusammenwachsen von Staaten sein kann, *nachdem* vorher die Wirtschafts-, Finanz-, Außen- und die sonstige Politik einander angeglichen wurden. Die europäischen Politiker sind den umgekehrten Weg gegangen; sie haben – wie es *Professor Josef Isensee* seinerzeit in engerem Kreis gern dargestellt hat – das krönende 11. Stockwerk an Luftballons in den blauen Himmel gehängt, bevor der Bau auch nur annähernd bis zum 4. Stock gediehen war. Erst Jahre später, der Euro war längst da, die Arbeitslosenzahlen in Deutschland waren hoch wie nie und die Volksabstimmungen über den EU-Verfassungsvertrag in Frankreich und den Niederlanden 2005 überraschend klar gescheitert, fand dieser Gedanke vorsichtig Eingang in die Diskussion. *Professor Karl Albrecht Schachtschneider* sprach aus, was viele dachten: „Eine staatsübergreifende Geldpolitik bei nationaler Beschäftigungspolitik – das passt einfach nicht zusammen.“

Für den damaligen Bundeskanzler *Helmut Kohl* galt das Ziel einer Wirtschafts- und Währungsunion zwar lange schon als wichtige Option; die Vorstellung aber, man könne sie auf Dauer ohne politische Union erhalten, war für ihn „abwegig“. Und doch betrieb er sie? Was passierte da, auf dem Weg nach Maastricht?

Am 9. November 1989 fiel in Berlin die Mauer. Am 18. November bekam der Bundeskanzler bei einem Treffen der Staats- und Regierungschefs der Europäischen Union in Paris das tiefe Misstrauen der Kollegen zu spüren. Ihm wurde schmerzhaft bewusst, dass die ständigen Bekenntnisse der Partner zum Recht der Deutschen auf Wiedervereinigung wenig wert waren. Ein Plazet zur deutschen Einheit, darüber machte er sich fortan keine Illusionen mehr, war ohne konkrete Zugeständnisse auf dem Weg zur WWU nicht zu erreichen – nicht aus Großbritannien, und insbesondere nicht aus Frankreich, wo man einem größer und damit stärker werdenden Deutschland besonders argwöhnisch entgegensah. Präsident *François Mitterrand* witterte die Gunst der Stunde, die Macht der Deutschen Bundesbank zu brechen. Kühl setzte er einen genauen Zeitplan für den Euro durch – und Bundeskanzler *Kohl*, der Deutschen Einheit verpflichtet, gab nach. Man beteuerte zwar vage, die politische Union immer im Sinn zu behalten; auf dem verbindlichen Weg zum Euro aber gab es nun kein Zurück mehr.

„Für die Franzosen“ – so brachte es eine große deutsche Tageszeitung in diesen Wochen auf den Punkt – war „der Euro die geschenkte Chance, die D-Mark loszuwerden, aber ihren Nationalstaat zu erhalten“.

Im Bonner Kanzleramt herrschte alles andere als Begeisterung über die Währungsunion und den Verzicht auf die Deutsche Mark – von der deutschen Bevölkerung ganz zu schweigen. Auf deutsche Veranlassung kam immerhin 1996 der sog. *Stabilitäts- und Wachstumspakt* zustande; er droht jedem an der WWU teilnehmenden Staat, dessen Haushaltsdefizit die zulässige Höchstgrenze von 3 Prozent des Bruttoinlandsprodukts übersteigt, empfindliche Geldbußen an. Grotesker Weise überschritten gerade Deutschland und Frankreich fünf Jahre lang in Folge – zuletzt 2006 – diese wichtige 3-Prozent-Grenze bei der Neuverschuldung und gefährdeten damit nicht nur ungeniert die Stabilität des Euro, sondern lieferten den Sündern in anderen Ländern ein höchst kontraproduktives Alibi für eine laxere Fiskalpolitik.

Am 1. Januar 1999 wurde mit der dritten Stufe der WWU in elf Ländern der Europäischen Union der Euro als gemeinsame Währung eingeführt. Die Umrechnungskurse zwischen den Teilnehmerwährungen sind seither unwiderruflich festgelegt. Die *Europäische Zentralbank* mit Sitz in Frankfurt/Main übernahm von diesem Tag an die Verantwortung für die Geldpolitik; sie hat die Deutsche Bundesbank de facto hinsichtlich der Wacht über die Stabilität abgelöst. Seit dem 1. Januar 2002 ist der Euro als Zahlungsmittel in Geldscheinen und Münzen im „Euroland“ in Umlauf; seit dem 12. März 2002 ist er in diesen Ländern der Europäischen Union – also neben Deutschland in Belgien, Finnland, Frankreich, Irland, Italien, Luxemburg, den Niederlanden, Österreich, Portugal, Spanien und Griechenland alleiniges Zahlungsmittel. Am 1. Januar 2007 hat Slowenien den Euro eingeführt. 2008 folgten Malta und Zypern, 2009 die Slowakei, 2011 Estland, 2014 Lettland und 2015 Litauen. Kroatien folgte am 1. Januar 2023. Die anderen EU-Mitgliedstaaten sind der Währungsunion bisher nicht beigetreten.

VIII. (K)eine Verfassung für Europa?

Jeder Staat, der auf sich hält, gibt sich eine Verfassung. Die Europäische Union hat keine. Bisher jedenfalls. Sie ist allerdings nach wie vor auch kein Staat. Aber ist sie nicht auf dem Weg dorthin? Strebt sie nicht eine zumindest staatsähnliche Integration an?

Sagen wir es so: die Befürworter einer politischen Integration unseres schönen reichen alten Kontinents warten seit Jahrzehnten darauf, dass die vielfältigen, seit 1957 zwischen den Staaten Europas gewachsenen Verflechtungen früher oder später einen qualitativen Umschwung hin zur Gründung eines Bundesstaates Europa bewirken. Früher oder später.

Andererseits stehen wir keineswegs bei Null. Vorstellungen, wie sich die politische Einigung Europas konkretisieren sollte, umfassen bis heute ein eindrucksvolles Spektrum. Nahezu alle denkbaren Abstufungen von einer Union in Gestalt eines Bundesstaates bis zu einer lockeren Vereinigung zur Förderung des gegenseitigen Warenaustausches sind im Sortiment.

1. Föderation – Konföderation – Union?

Natürlich gibt es überzeugte europäische Föderalisten, denen ein europäischer Bundesstaat vorschwebt, wobei sie bei allem Idealismus gelegentlich übersehen, dass allein der Glaube an eine kommende Föderation der europäischen Staaten noch kein den Eigenheiten dieses bunten Kontinents gerecht werdendes Konzept darstellt.

Andererseits gab es Denkrichtungen, die den gemeinsamen Markt weniger als neue Gestaltungs- und Eingriffsmöglichkeit auf europäischer Ebene, sondern eher als Instrument zur Stärkung des Freihandels und einer freiwilligen Weltwirtschafts- und Weltwährungsordnung ansahen.

Die Anhänger eines „Europa der Vaterländer" schließlich strebten zwar eine intensive Kooperation der europäischen Staaten an, waren aber nicht bereit, einer weiteren Einschränkung nationaler Souveränität, einer Stärkung und Demokratisierung der Gemeinschaftsinstitutionen und ausgedehnteren Zuständigkeiten der Gemeinschaft zuzustimmen.

Ein Blick in die Römischen Verträge von 1957 bestätigt die Bemühungen um eine Entwicklung hin zu einer umfassenden Union nur begrenzt. Der EGW-Vertrag beschränkte sich darauf, in seiner Präambel eher vage von einem „immer engeren Zusammenschluss der europäischen Völker" zu sprechen. Auch sei daran erinnert, dass Gegenstand der Gemeinschaftsregeln über lange Zeit in erster Linie die Wirtschaft war.

Über diese zunächst deutlich wirtschaftspolitisch orientierte Zusammenarbeit hinaus ergaben sich nach und nach immer vielfältigere Auswirkungen auf die Politik der Mitgliedstaaten bis hin zur Außenpolitik. So entwickelte die Gemeinschaft zunehmend Eigendynamik. Und: es wurden Gemeinschaftsorgane mit – mitunter recht greifbaren – Kompetenzen geschaffen. Heute verfügt die Union über ein Organgerüst, das sich deutlich an die staatstheoretische Gewaltenteilungslehre anlehnt.

Die Kehrseite der Medaille: nicht selten wird mit Blick auf die Architektur der Gemeinschaft von „Demokratie-Defizit" gesprochen. Im Visier ist dabei nicht nur die trotz deutlicher Kompetenzgewinne nach wie vor ausbaufähige Rolle des Europäischen Parlaments als Legislative, sondern auch die Konzentration der Entscheidungsgewalt beim Rat der Europäischen Union, dem Gremium der Regierungsvertreter der Mitgliedstaaten.

Mit dem Vollzug der „Osterweiterung" offenbarte sich deutlicher denn je die – bereits seinerzeit im Club der fünfzehn Staaten virulente – Frage nach tragfähigen Regierungsstrukturen einer derart weit gespannten Union. Auch heute lässt sich schwerlich ein grundlegend anderes Fazit ziehen: „The European Union is under construction". Europa wird gebaut; aber genaugenommen fehlen die endgültigen Baupläne.

2. Ein „Verfassungsvertrag" – immerhin

Und dann war sie plötzlich da, die Idee einer „Verfassung" für Europa.

Im Juni 2004 einigten sich die Staats- und Regierungschefs der EU in Brüssel auf einen Text für einen „*Vertrag über eine Verfassung für Europa*". Feierlich unterzeichnet wurde er am 28. Oktober 2004 an dem „historischen" Ort, an dem 1957 die Gründungsverträge aus der Taufe gehoben worden waren: auf dem Kapitol in Rom. In Kraft hätte er nur treten können, wenn alle EU-Staaten es auf nationaler Ebene ratifiziert hätten. Der Ratifizierungsprozess begann zunächst recht flott. Dann aber sprachen sich in Volksabstimmungen im Mai 2005 55 Prozent der Franzosen und im Juni 2005 61,6 Prozent der Niederländer gegen die Annahme der „Verfassung" aus: zwei EU-Gründerstaaten sagten „Stopp".

Was folgte, war eine allgemeine Ratlosigkeit. Man verordnete sich eine „Denkpause". War der Integrationsprozess in den vergangenen Jahren vielleicht zu ambitioniert vorangetrieben worden? Oder hat der Begriff „Verfassung" abgeschreckt? Eine Verfassung ist weit mehr als ein Bauplan. Eine Verfassung gießt in Beton. Sie barg aus der Sicht der Kritiker zugleich die Gefahr eines Endes der bisherigen Elastizität in sich.

Übrigens – und wie der Name „Vertrag" es bereits verriet: an eine „Verfassung" im klassischen Sinn war ohnehin nicht gedacht. Die Türen zu einem Bundesstaat sollten nicht entriegelt werden. Die Nationalstaaten sollten die Herren der Europäischen Politik bleiben.

3. Letzte Ausfahrt Lissabon

Erst 2007 gelang es unter deutscher EU-Ratspräsidentschaft, die Substanz des Verfassungsvertrages – neu eingekleidet in ein umetikettiertes Vertragswerk – weitestgehend zu retten. Am 13. Dezember 2007 unterzeichneten die Staats- und Regierungschefs der Europäischen Union in Lissabon den „Vertrag über die Arbeitsweise der Union". Nachdem man mit dem Verfassungsvertrag unerwartet Schiffbruch erlitten hatte, sollte nun dieses Reformwerk die Europäische Union auf eine neue Grundlage stellen. Aber auch dieser *„Vertrag von Lissabon"* erhielt, nach anfänglichen Ratifikationen in über der Hälfte der Mitgliedstaaten, unerwartet Gegenwind: am 12. Juni 2008 stimmten die Iren in einer Volksabstimmung gegen ihn. Trotzig beschlossen die Staats- und Regierungschefs der EU am 20. Juni 2008 in Brüssel, den Ratifizierungsprozess in den anderen EU-Ländern fortzuführen.

Das „Nein" der Iren – die wie kaum ein anderes Volk von der EU profitierten – traf die Union unerwartet. Damit hatte niemand gerechnet. Schließlich war doch der Lissabon-Vertrag bereits der höchst mühsam erreichte „Plan B", der letzte Ausweg. Einen „Plan C" hatte niemand mehr in der Schublade.

Kurzum, der Ratifizierungsprozess lief weiter. In Deutschland gab das Bundesverfassungsgericht am 30. Juni 2009 grünes Licht. In Irland ließ man die Bevölkerung erneut abstimmen – sie votierte am 2. Oktober 2009 mit einer unerwartet überzeugenden Mehrheit von 67,1 Prozent für den neuen Vertrag. Es geht also doch. Sogar der erklärte Europaskeptiker und damalige Präsident Tschechiens, *Vaclav Klaus*, unterschrieb ihn. Er zierte sich lange, aber er unterschrieb. Als Letzter.

Am 1. Dezember 2009 konnte der „Lissabon-Vertrag" schließlich in Kraft treten. Als spektakuläre Sofortfolgen stehen seither zwei neue Steuerleute auf der Brücke des europäischen Dampfers: ein auf zweieinhalb Jahre gewählter „Präsident des Europäischen Rates“ sowie ein „Hoher Vertreter für die Außen- und Sicherheitspolitik“ – im Verfassungsvertrag hatte man seinerzeit noch den Mut, ihn „Außenminister“ zu nennen. Ob damit allerdings Kurs und Tempo der Integrationspolitik unionsfreundlicher geprägt wurden, lässt sich mit Blick auf die Erfahrungen der zurückliegenden Jahre „nach Lissabon“ leider nicht bestätigen.

IX. Das Gespenst „Staatsschuldenkrise“

Und dann ging plötzlich ein neues Gespenst um, in Europa. Es hieß „Krise“. Salopp, aber unzutreffend sprach man mitunter von „Euro-Krise“. Tatsächlich förderte eine Finanzkrise, ausgelöst durch die spektakuläre Pleite einer Bank in den USA, einen lange ignorierten Missstand zutage: die teilweise verantwortungslos hohe *Staatsverschuldung* in einigen Mitgliedsländern der EU.

Der Euroraum war während der ersten zehn Jahre seines Bestehens als finanzpolitische und ökonomische Einheit wahrgenommen worden. Währung und Psychologie haben einiges miteinander zu tun. So gelangten auch Mitgliedstaaten an höchst günstige Kredite, deren tatsächliche Wirtschaftsleistungen, isoliert betrachtet, deutlich höhere Zinsen für ihre Verschuldungen zwingend erfordert hätten. Dann brach die Krise herein – und plötzlich schaute man wieder genauer hin, taxierte die Kreditwürdigkeit einiger Euroländer schlagartig wieder realistisch und justiert an ihrer nationalen Leistungsfähigkeit ein.

Mit schonungsloser Klarheit musste man sich in einigen Euro-Staaten eingestehen, nicht nur über seine Verhältnisse gelebt, sondern auch die einfallsreich erdachten und sorgsam austarierten Stabilitätskriterien, die die Festigkeit unsere Gemeinschaftswährung garantieren sollten, leichtsinnig oder gar schmählich außer Acht gelassen zu haben.

Dieses Eingeständnis wiederum brachte uns generell ins Grübeln: war die schöne Währungsunion ohne eine sie stützende Fiskalunion nicht doch ein Ritt über den Bodensee? Kann eine Gemeinschaftswährung dauerhaft solide funktionieren, wenn nicht zugleich eine nationenübergreifende Kompetenz in der Wirtschafts- und Finanzpolitik die Zügel hält?

Allerdings erschienen – und erscheinen – dahingehende Souveränitätstransfers politisch nicht realisierbar. Der Euro aber sollte aus grundlegenden unionspolitischen Beweggründen unter allen Umständen geschützt werden. Der Spagat war perfekt.

Da also Vertragsänderungen, die finanzpolitische Kompetenzverlagerungen von den Nationen auf die Union zum Ziel hätten, nicht auf die Tagesordnung zu setzen waren, musste man andere Wege gehen. Stützmechanismen wurden erfunden, Rettungsschirme und fiskalische Absprachen außerhalb des Europäischen Gemeinschaftsrechts. Man baute auf Selbstverpflichtungen und disziplinierende Abstimmungsprozesse. Not macht erfinderisch. Krisen bergen auch Chancen.

Bis etwa zum Jahresende 2014 rang uns das sicherlich eindrucksvolle Bemühen unserer politisch Verantwortlichen um den Erhalt des Euro einen gewissen Respekt ab – und schuf neues Vertrauen. Fiskalvertrag, „Schuldenbremse", „Euro-Plus-Pakt", „Rettungsschirm", „Europäisches Semester" oder schließlich der Europäische Stabilitätsmechanismus *ESM* wurden zu kleinen Symbolen eines redlichen Ringens um den Erhalt unserer Währung – wenn auch zu einem hohen Preis. Hinzu kam, dass Krisenstaaten wie Irland, Portugal oder Spanien sich zu konsolidieren begannen. Noch war die Krise keineswegs gebannt. Aber Disziplin schien wieder zu greifen. Die Erfolge schienen der Beharrlichkeit zunehmend recht zu geben.

Dann allerdings, zum Jahresbeginn 2015, drohte ein zunehmend unwürdiger Eiertanz rund um die heftige *Finanzkrise in Griechenland* alles zu verspielen, was sich unsere Europapolitiker bis dato an Achtung zurückerworben hatten. Was, so fragte sich jeder Beobachter, sind mühsam vereinbarte und fein säuberlich austarierte Regeln und Stabilitätskriterien noch wert, wenn ein Land sie einfach ignoriert? Und die anderen dieses Ignorieren mit immer neuen Kompromissen honorieren? Es steht außer Frage, dass die sogenannte Griechenland-Krise das Bild unserer Union – nach innen wie nach außen – deutlich getrübt hat.

X. Flüchtlingswellen und Akzeptanzkrise

Spätestens die Staatsschuldenkrise hat 2010 aller Welt gezeigt, dass das europäische Projekt der Wirtschafts- und Währungsunion auf halber Strecke stecken geblieben ist. In gespenstischer Analogie zeigte sich wenige Jahre später, dass der Schengener Quantensprung in Sachen Freizügigkeit an der objektiven Unmöglichkeit, die EU-Außengrenzen wirklich zu „schützen", in einer Bruchlandung enden könnte. Zeitgleich geriet auch die zweite grundlegende Säule unserer Binnenfreizügigkeit, das sog, Dublin-System, wonach Flüchtlinge dort zu registrieren und zu betreuen sind, wo sie erstmals europäischen Boden betreten, ins Wanken.

Die divergierenden Gewichtungen bei der Bewertung, welche Rolle den Nationalstaaten zukommen – oder verbleiben – soll, kulminierten in der sog. Flüchtlingskrise des Jahres 2015. Auf deren Höhepunkt, im September 2015, hob Bundeskanzlerin *Angela Merkel* gleichsam über Nacht das gesamte Dublin-System vollends aus den Angeln. Mit ihrer Politik der „Lockrufe" an Migranten in aller Welt und einem monatelangen bewusst hingenommenen Kontrollverlust an den deutschen Grenzen spaltete sie die EU im Verhältnis 27 zu eins. Noch nie hatte Deutschland eine derart unabgestimmte europäische Politik betrieben. Noch nie hatte sich Deutschland von seinen Partnern so weit entfernt.

Und plötzlich tat sich eine magische Grenze auf bei der Frage, auf welchen Feldern man es akzeptiert, qua Mehrheitsentscheid überstimmt zu werden –

und auf welchen Feldern man es nicht mehr hinnimmt. Staaten wie Ungarn und Polen verweigerten sich dem – mehrheitlich beschlossenen – Konzept der EU-Kommission zur Verteilung von Flüchtlingen nach fairen Quoten auf alle Mitgliedstaaten. So wurde es zu einer denkwürdigen Zäsur der – mancherorts so registrierten – Überdehnung europäischer Einflussnahme. In der Abwehr verstärkten sich quasi automatisch Tendenzen der Dezentralisierung und Renationalisierung.

Es wird von deutscher Seite nicht gern thematisiert, ist jedoch erwiesen: Viele Brexit-Befürworter waren auch von der Sorge vor einer unkontrollierten Einwanderung in die EU erfüllt, wie sie Deutschland erkennbar zuließ. Das Votum, mit dem sich eine knappe Mehrheit der Briten am 23. Juni 2016 dafür aussprach, die Union zu verlassen, war ein Schock für die überwiegende Mehrzahl aller Europäer und symbolisierte zugleich wie kein anderes Ereignis die tiefe Akzeptanzkrise, in die unsere Integration geraten war.

Am 31. Januar 2020 hat Großbritannien dann tatsächlich die Europäische Union verlassen.

XI. Der Corona-Schock

In der Wahrnehmung der Europäer war es eine unerwartet plötzliche und heftige Infektionswelle, die sich 2020 rasant über unseren Kontinent ausbreitete. Inzwischen war die EU zwar krisenerprobt; die Coronakrise aber traf die Union ins Mark. Reflexartig vertraute jedes Land erst einmal den eigenen Abwehrmaßnahmen. Jeder experimentierte für sich; von einem strickten Lockdown, etwa in Italien, bis zu einem lockeren „weiter so" in Schweden reichte die Spannbreite. Grenzen wurden geschlossen und damit sozusagen die Lebensader unseres Zusammenhalts, der freie Verkehr von Personen und Waren im Binnenmarkt, außer Funktion gesetzt.

Es musste also etwas geschehen. Als starkes Signal der Solidarität entwickelten der französische Präsident und die deutsche Bundeskanzlerin einen sog. Corona-Wiederaufbaufonds (NextGenerationEU). 750 Milliarden Euro sollte er umfassen und gezielt den Mitgliedstaaten unter die Arme greifen, die unter der Pandemie besonders heftig zu leiden hatten. Nach ihrer zweitlängsten jemals verzeichneten Sitzung einigten sich die Staats- und Regierungschefs der EU am 21. Juli 2020 nach heftigem Ringen auf eine Verteilung dieser Gelder teils als Kredite, teils als Zuschüsse. Empfänger der nennenswerten Unterstützungsleistungen sind allen voran Italien und Spanien, aber etwa auch Frankreich.

XII. Und wieder – Krieg in Europa!

An dieser Stelle fand sich in allen Vorauflagen dieses Buches der Satz: „*Das europäische Projekt ist nicht selbstverständlich. Auch der Friede ist es nicht.*"

1. Wer erinnert sich heute noch an jenen blutigen Krieg auf dem Balkan? Der Vielvölkerstaat Jugoslawien brach auseinander, und militärische Auseinander-

setzungen zwischen den Kräften der drei großen ethnischen Gruppen, vor allem in Bosnien und Herzegowina, forderten in den Jahren 1991 bis 1995 etwa 100.000 Menschenleben. Von sog. ethnischen Säuberungen war die Rede. Unzählige Frauen litten unter sexualisierter Gewalt und erlebten Schreckliches. Internationale Vermittlungsbemühungen und sogar der Einsatz von UN-Truppen vermochten es lange Zeit nicht, den grausamen Konflikt einzudämmen. Erst 1995 zeigen sich die Kriegsparteien – nach internationalem Druck insbesondere der USA – bereit, Verhandlungen aufzunehmen. Sie mündeten Ende 1995 in den sog. Vertrag von Dayton, der den Krieg beendete und das Territorium von Bosnien und Herzegowina unter internationale militärische und zivile Kontrolle stellte, die bis heute besteht; sie trägt den Namen Althea. Nur am Rande: die Rolle der EU in diesem Konflikt ließe sich als „wenig effizient“ umschreiben.

2. 27 Jahre später gab es plötzlich erneut einen Krieg in Europa. Am 24. Februar 2022 marschierten russische Truppen in die Ukraine ein – und brachen damit alle anerkannten Regeln des Völkerrechts. Millionen Ukrainer verließen ihr Land, um sich in Nachbarländern wie Polen und die Slowakei sowie Deutschland in Sicherheit zu bringen. In spontaner Solidarität verständigten sich die 27 EU-Staaten auf die schärfsten jemals verhängten Sanktionen gegen Moskau; man fuhr die Einfuhr von Rohstoffen aus Russland drastisch zurück und stellte erhebliche Beträge für die humanitäre wie militärische Unterstützung des angegriffenen Landers bereit. Nicht nur EU-Kommissionspräsidentin *Ursula von der Leyen* reiste persönlich in das bedrohte Kiew; auch die Staats- und Regierungschefs verschiedener EU-Staaten machten sich vor Ort ein Bild der Lage und bekundeten in Kiew ihre persönliche Solidarität.

Wieder setzten Flüchtlingswellen ein. Wenn auch Millionen ukrainischer Bürgerinnen und Bürger zunächst im Nachbarland Polen ankamen, so setzen viele von ihnen ihre Reise nach Deutschland fort; Polen nämlich zahlte ihnen nur zwei Monate lang Unterstützungsleistungen, Deutschland dagegen gewährt die weithin bekannten Leistungen aus seinem Sozialsystem. Die Diskussion um eine faire Verteilung, wie sie während der Flüchtlingskrise 2015 und 2016 in erheblicher Schärfe ausgetragen wurde, kam merkwürdigerweise dieses Mal nicht auf; dennoch sollte nicht verschwiegen werden, dass auch hier wieder von EU-Land zu EU-Land eklatante Unterschiede bei den tatsächlichen Aufnahmezahlen zu beobachten waren – und sind.

3. Welche grandiose Vision hatte derselbe russische Präsident, der 20 Jahre später einen völkerrechtswidrigen Angriffskrieg vom Zaun brach, noch 2001 in Deutschen Bundestag entworfen? In fließendem Deutsch und begleitet von stehenden Ovationen hatte er dem Westen weit die Hand ausgestreckt und für eine umfassende Sicherheitspartnerschaft von Lissabon bis Wladiwostok geworben. Die USA und Kanada hatte er ausdrücklich einbezogen. Da aber wurden die Amerikaner nervös. Sahen sie ihre einflussreiche Rolle als westli-

che „Schutzmacht“ in Gefahr? Der greise *Michail Gorbatschow* resümierte in einem SPIEGEL-Interview 2015: „Die Amerikaner brauchen einen Feind“.

Aber auch die EU reagierte eher kühl auf Putins Angebot. So gründete sie 2009 ihre „Östliche Partnerschaft“ mit sechs Ländern Osteuropas, die – obwohl natürlich souverän – bis dato wirtschaftlich und teilweise sicherheitspolitisch eng mit Russland verzahnt waren. Dass die EU diese Partnerschaft dennoch ohne Zusammenarbeit und Dialog mit Russland vorangetrieben hat, bezeichnete der frühere für EU-Erweiterungen zuständige Kommissar *Günter Verheugen* rückblickend als „historischen Fehler“. „Russland aus Europa herauszudrängen“, so Verheugen 2017, sei „töricht und gefährlich“ und „der Befriedung unseres Kontinents eher abträglich“. Quod erat demonstrandum.

4. Wurde eine Jahrtausendchance verspielt? Waren Putins Ankündigungen etwa nicht glaubwürdig? War Russland nicht ein Land europäischer Tradition, Kultur und Geschichte? Und flößte auch schon zu Beginn der 2000er Jahre ein Nachbar wie China einem riesigen und zugleich dünn besiedelten Flächenland wie Russland nicht vielleicht eher Angst als Vertrauen ein? Suchte Moskau aus sowohl ökonomisch als auch strategisch nachvollziehbaren Motiven heraus eine neue Nähe zum Westen?

Der Westen spielte mit anderen Karten, mit anderen Trümpfen. Es ist auch kein Geheimnis, dass USA und NATO gezielt immer engere Bande in die Ukraine hinein knüpften. Im November 2021, drei Monate vor dem russischen Überfall, zitierte die Frankfurter Allgemeine Zeitung Stimmen, die zur Vorsicht rieten und glaubten, Putin werde sich „gegen die fortschreitende, schleichende Integration der Ukraine in westliche Strukturen zur Wehr setzen“. *Das amerikanische Militär*, so die FAZ vom 30. November 2021(S. 3), *„bildet schon seit Jahren Streitkräfte des Lander nach NATO-Standard aus und liefert Waffen.“*

Das Ziel des Westens, die Ukraine in die NATO zu manövrieren, lag also lange schon auf der Hand. Ein Einsatz von NATO-Waffen von ukrainischem Territorium aus aber würde die Vorwarnzeit für Russland dramatisch verkürzen. 1963 hatten die Amerikaner genau davor Angst; mit bis heute bewunderter Entschlossenheit stoppte US-Präsident *John F. Kennedy* den Bau geplanter sowjetischer Raketensysteme auf Kuba.

War es also ein Krieg mit Ansage? Hat sich der Westen in der Gewissheit, der eigentliche Sieger des Kalten Krieges zu sein, zu leichtfertig in Regionen ausgedehnt, die Russland als seinen – ökonomisch wie geostrategisch angestammten – Einflussbereich ansah? Überlassen wir Historikern das letzte Wort. Fest steht nur – ein völkerrechtswidriger, in jeder Hinsicht zu verurteilender Angriffskrieg hat unseren Kontinent erneut in große Gefahr gebracht.

XIII. Neue Beitrittswünsche

Am 1. März 2022 machte die Ukraine Nägel mit Köpfen und beantragte den Beitritt zur Europäischen Union. Die Republik Moldau und Georgien folgten am 3. März 2022 diesem Beispiel. Sehr rasch verlieh man der Ukraine und Moldau den Status von Beitrittskandidaten.

Mit den bisherigen EU-Beitrittskandidaten Serbien, Montenegro, Albanien, Nord-Mazedonien, der Türkei und Bosnien-Herzegowina sowie dem potenziellen Beitrittskandidaten Kosovo (noch kein Antrag) und dem „Bewerber“ Georgien stehen nun zehn Aspiranten vor den Toren Brüssels und bitten um Einlass in einen Club, der seinerseits dringend grundlegender Reformen bedarf. Es ist nicht ausgemacht, ob die innere Verfasstheit der heutigen Union einen Zuwachs in diesen Dimensionen tatsächlich erlaubt. Die Entscheidungsfindung bei Fragen, die dem Einstimmigkeitsprinzip unterliegen, ist schon heute ungeheuer mühsam. Die Risse innerhalb der Union – etwa zwischen Nord und Süd, Ost und West, Gründer- und Beitrittsstaaten, Euro- und Nicht-Euro-Ländern oder zwischen Nettozahlern und Nettoempfängern lähmen die Handlungsfähigkeit der Union und sind zudem von ungeahnter Bremswirkung, wenn es um bestimmte Weiterentwicklungen der EU beispielsweise hin zu einer echten Föderation geht.

Die Ukraine wäre in diesem bunten Konzert das viertgrößte Land – mit entsprechendem Stimmengewicht in den Gremien. Die Erfahrungen mit den 2004 und 2007 beigetretenen Mitgliedstaaten haben gezeigt, dass Länder, die über sieben Jahrzehnte ihre Souveränität im damaligen „Ostblock“ nicht ausleben durften, nun keineswegs bestrebt sind, ihre neu gewonnenen nationalen Spielräume sogleich wieder in Brüssel an der Garderobe abzugeben.

XIV. Eine Lanze für die Friedens- und Freiheitsunion

Nichts gelernt? Haben die Länder unserer Staatengemeinschaft nicht nachhaltig genug bewiesen, wie segensreich es ist, sich in friedlicher Nachbarschaft zu arrangieren und Grenzen zu respektieren? Während der längsten Friedenszeit in der Geschichte Europas haben die Mitgliedsländer der EU einen Raum der Freiheit, des Rechts und der gemeinsamen Regeln geschaffen und eine wirtschaftspolitische Erfolgsgeschichte geschrieben. Diese Union sichert eine pluralistische Ordnung, in der sich die Stärken und die Kreativität der Bürgerinnen und Bürger frei entfalten können. Die EU ist von der Vision ihrer Gründer zum Alltag für heute rund 440 Millionen Menschen geworden.

Am 12. Oktober 2012 wurde die Europäische Union mit dem wichtigsten Preis der Welt ausgezeichnet: Das Nobelpreiskomitee in Oslo verleiht unserer Staatengemeinschaft den *Friedensnobelpreis*. Über sechs Jahrzehnte habe die EU entscheidend zur „friedlichen Entwicklung in Europa“ beigetragen, so der Chef des Nobelpreis-Komitees, *Thorbjørn Jagland*. Das Komitee richtete den Blick auf den wichtigsten Erfolg der Union: den erfolgreichen Kampf für Frieden und Demokratie. Auch stellte man die deutsch-französische Aussöhnung nach dem Zweiten Weltkrieg als herausragendes Ergebnis der europäischen Integration heraus. *Jagland* würdigte zudem die Integration osteuropäischer Staaten nach dem Mauerfall 1989 und die Befriedung des Balkans.

Damit schloss sich 2012 ein Kreis. Was 1951 als geniale Friedensidee *Robert Schumans* begann, wird 60 Jahre später in Oslo von höchst berufener Stelle gewürdigt und geehrt. Schumans Fahrplan führte – ungeachtet aller Krisen – eindrucksvoll zum Ziel: Europa ersann die Montanunion, verwirklichte den Binnenmarkt, die Reisefreiheit und die Wirtschaftsunion – und erreichte eine Friedensunion. Wie fragil dieser Friede ist, führte uns Russlands Angriffskrieg im Februar 2022 erschreckend deutlich vor Augen.

So erhielt der berühmte Rat des früheren Präsidenten der Europäischen Kommission, *Jean-Claude Juncker*, neue Aktualität, neue Tiefe und neuen Ernst: *„Wer an Europa zweifelt, wer an Europa verzweifelt, der sollte Soldatenfriedhöfe besuchen.*

Europa in Stichworten von A bis Z

A

Abschöpfung

Die Abschöpfung ist das Gegenstück zur → *Ausfuhrerstattung* in der europäischen → *Agrarpolitik*. Beim Import von bestimmten Agrarerzeugnissen aus Ländern außerhalb der → *Europäischen Union* (EU), also aus sog. Drittländern, werden Abschöpfungen erhoben, wenn die Preise der eingeführten Agrarprodukte unter den in der EU gültigen Mindestpreisen liegen. Die Differenz zwischen dem niedrigen Einkaufspreis auf dem Weltmarkt und dem höheren Mindestpreis in der EU wird abgeschöpft und fließt als Einnahme in den → *Haushalt der Europäischen Union*.

Mit Abschöpfungen ließen sich garantierte Mindestpreise für die Bauern in der EU aufrechterhalten. Dieses System stieß jedoch zunehmend auf Kritik, denn es erschwert Agrarproduzenten außerhalb der EU den Absatz ihrer Produkte auf dem EU-Markt.

Afrika – Beziehungen zur Europäischen Union

Kaum im Amt, setzte sich die neue Präsidentin der → *Europäischen Kommission* im Februar 2020 in den Flieger nach Addis Abeba, der Hauptstadt Äthiopiens. Es ist hoch symbolisch, dass *Ursula von der Leyen* den afrikanischen Kontinent als Ziel für ihre erste offizielle Reise außerhalb Europas wählte. Die Botschaft ist unmissverständlich: Der → *Europäischen Union* (EU) ist der afrikanische Kontinent wichtig.

Mit keinem anderen Teil der Welt unterhält Afrika derart enge und vielfältige Beziehungen wie mit Europa. So ist die EU der wichtigste externe Handelspartner der 2002 gegründeten Afrikanischen Union (AU). Die AU hat aktuell 55 Mitglieder und umfasst somit den gesamten Kontinent.

Die Zusammenarbeit zwischen den afrikanischen Ländern und der EU findet in verschiedenen Rahmen statt, dazu gehören das *Cotonou-Abkommen* sowie die *Gemeinsame Strategie Afrika-EU*.

I. Das Cotonou-Abkommen

Dieses Abkommen bildet derzeit die Grundlage für die Beziehungen zwischen der EU und 79 → *AKP-Staaten*. Diese Beziehungen gehen auf die Abkommen von Lomé I bis IV (1975 bis 2000) (→ *Lomé-Abkommen*) zurück, in denen die Entwicklungszusammenarbeit beschlossen und Handelsbestimmungen festgelegt wurden. Auf dieser Basis haben 99,5 Prozent der Waren aus den AKP-Ländern freien Zugang zum europäischen Markt.

Auf die Abkommen von Lomé folgte das Cotonou-Abkommen, das am 23. Juni 2000 für eine Laufzeit von 20 Jahren unterzeichnet wurde. Ziel des Cotonou-Abkommens ist es, die Armut zu beseitigen, indem die AKP-Länder besser in die Weltwirtschaft integriert werden. Die Europäische Kommission strebt ein neues Partnerschaftsabkommen zwischen der EU und den AKP-Staaten an, das das auslaufende Cotonou-Abkommen ersetzen soll.

II. Die Gemeinsame Strategie Afrika-EU

Bestimmend für die Politik der EU gegenüber allen 55 afrikanischen Staaten ist die *Gemeinsame Strategie Afrika-EU (Joint Africa-EU Strategy, JAES)*. 2007 wurde sie in Lissabon unterzeichnet. Aufgrund der Bedeutung der beiden Kontinente füreinander und der seitens Europa lange marginalisierten Beziehungen war dies ein wichtiger Schritt hin zu einer strukturierten interkontinentalen Partnerschaft auf vielen Ebenen. Ziele der Strategie sind:

- die Ausdehnung der Beziehungen zwischen Afrika und der EU über die Entwicklungszusammenarbeit hinaus auf Themen von beiderseitigem politischem Interesse;
- die Ausarbeitung von Lösungen für weltweite Herausforderungen wie Migration, Klimawandel, Frieden und Sicherheit, die über rein afrikanische Anliegen hinausgehen;
- die Unterstützung der Bestrebungen Afrikas, an übergreifenden und kontinentalen Lösungen für diese großen Herausforderungen zu arbeiten;
- der Aufbau einer auf die Menschen ausgerichteten Partnerschaft, um eine bessere Beteiligung der Bürger Afrikas und Europas zu erreichen.

III. Förmliche Dialoge

Die Partnerschaft EU-Afrika wird auf Grundlage eines förmlichen Dialogs auf mehreren Ebenen entwickelt:

- EU-Afrika-Gipfel – auf der Ebene der Staats- und Regierungschefs der EU sowie der AU – finden in der Regel alle drei Jahre statt. Verbindliche Beschlüsse werden dort nicht gefasst.
- Treffen auf Ministerebene finden regelmäßig statt. An diesen Treffen nehmen Vertreter der Länder Afrikas und der EU, der Kommission der Afrikanischen Union und der EU-Institutionen einschließlich des → *Rates der EU* teil.
- Treffen zwischen der AU- und der EU-Kommission.

EU-Afrika-Gipfel gab es bereits in Kairo, Lissabon und Tripolis. Beim vierten Gipfeltreffen von AU und EU, das 2014 in Brüssel stattfand, wurden eine politische Erklärung der Staats- und Regierungschefs und ein ergebnisorientierter Plan für den Zeitraum von 2014 bis 2017 angenommen. Man beschloss, den Schwerpunkt der Zusammenarbeit auf *fünf Bereiche* zu legen:

(1) Frieden und Sicherheit,
(2) Demokratie, verantwortungsvolle Staatsführung und Menschenrechte,
(3) menschliche Entwicklung,
(4) Entwicklung und Wachstum auf nachhaltige und inklusive Weise sowie kontinentale Integration und
(5) globale und neu aufkommende Themen.

Eine gesonderte Erklärung zu Migration und Mobilität wurde angenommen, ebenso ein Maßnahmenplan, mit dem die illegale Migration und der Menschenhandel bekämpft, der internationale Schutz und die Organisation der legalen Migration verbessert und eine stärkere Verknüpfung zwischen Migration und Entwicklung erreicht werden sollen.

Im November 2015 fand ein EU-Afrika-Gipfeltreffen auf Malta mit dem Schwerpunktthema Migration statt. Dort wurde der *Aktionsplan von Valletta* angenommen und der mit 1,8 Milliarden Euro ausgestattete *Nothilfe-Treuhandfonds der EU* (EU-TF) für Afrika eingerichtet, mit dem den tiefer liegenden Ursachen für illegale Migration und Vertreibung in Afrika begegnet werden sollte.

Das fünfte Gipfeltreffen AU und EU fand am 29./30. November 2017 in Abidjan, Côte d'Ivoire (Elfenbeinküste), statt. Mehr als 5.000 Teilnehmer aus 55 afrikanischen und 28 EU-Staaten waren zu Gast. Das Schwerpunktthema des Gipfels „In die Jugend investieren" umschreibt ein zentrales Anliegen, das für Europa wie für Afrika inzwischen oberste Priorität hat; 60 Prozent der Einwohner Afrikas sind jünger als 25 Jahre.

Der sechste EU-Afrika-Gipfel fand coronabedingt nicht 2020, sondern erst am 17./18. Februar 2022 in Brüssel statt. *Macky Sall*, Präsident des Senegal und Vorsitzender der Afrikanischen Union, bezeichnete das Treffen als „historische Gelegenheit, die Partnerschaft zu erneuern". Zu dieser „erneuerten Partnerschaft" gehören der Schutz der Menschenrechte, die Gleichstellung der Geschlechter und die Stärkung der Rolle der Frau in allen Lebensbereichen, die Rechtsstaatlichkeit, Maßnahmen zum Schutz des Klimas, der Umwelt und der biologischen Vielfalt, aber auch ein nachhaltiges und inklusives Wirtschaftswachstum. Angekündigt wurde ein Investitionspaket Afrika-Europa in Höhe von 150 Mrd. Euro, um öffentliche und private Investitionen in einer Reihe von Bereichen zu fördern. Zu diesen gehören u.a.

- eine faire und gerechte Energiewende,
- ein grüner Wandel,
- ein digitaler Wandel,
- nachhaltiges Wachstum und das Schaffen menschenwürdiger Arbeitsplätze,
- effizient verbundene Verkehrsnetze,
- Mobilität und Beschäftigungsfähigkeit von Studierenden, jungen Hochschulabsolventinnen und -absolventen und qualifizierten Arbeitskräften,
- das Gesundheitswesen und
- das Bildungssystem.

Weiterhin wollen EU und AU „auf integrierte, umfassende und ausgewogene Weise alle Aspekte der Migration und Mobilität im Einklang mit den nationalen Zuständigkeiten behandeln." Durch gemeinsame Maßnahmen und den Aufbau von Kapazitäten, auch mit speziellen afrikanischen Institutionen im Bereich Migration, will man gemeinsam u.a. folgende Ziele verfolgen:

- Prävention der irregulären Migration,

- verbesserte Zusammenarbeit bei der Bekämpfung von Schleuserkriminalität und Menschenhandel,
- Unterstützung eines verstärkten Grenzmanagements und wirksame Verbesserungen bei Rückkehr, Rückübernahme und Wiedereingliederung.

Auch strebt man eine vertiefte Zusammenarbeit an bei der Suche nach dauerhaften Lösungen für Asylsuchende, Flüchtlinge und Migrantinnen und Migranten, die internationalen Schutzes bedürfen.

Die Asylsysteme werden weiter gestärkt, um den Anspruchsberechtigten eine angemessene Aufnahme und einen angemessenen Schutz zu bieten und ihre Eingliederung zu fördern. Die Führungsspitzen sind außerdem übereingekommen, weiter daran zu arbeiten, die Ursachen von irregulärer Migration und Vertreibung zu bekämpfen und die Zusammenarbeit bei der Bewältigung aller migrationsbezogenen Fragen zu verstärken.

IV. Ausblick

Auch wenn die Bedeutung Asiens wächst und China bereits zweitwichtigster Handelspartner Afrikas ist, bleibt Europa der wichtigste Partner bei Direktinvestitionen und Handel sowie der größte Geber von Entwicklungshilfe in Afrika. Zudem unterstützt Europa die Länder Afrikas bei der Entwicklung demokratischer Gesellschaftssysteme, ohne die es keine nachhaltige, prosperierende und friedvolle Entwicklung geben dürfte. Allerdings mangelt es vielfach an einer effizienten Implementierung von Beschlüssen, die von afrikanischen Regierungs- und Staatschefs während der AU-Gipfel getroffen werden. Anders als die EU hat die AU auch keine Handhabe, ihre Mitglieder rechtlich zur Umsetzung bestimmter Beschlüsse zu zwingen.

In der Theorie verfolgt die AU einen am Menschen orientierten Politikansatz („*people-centred approach*"). In der Realität allerdings ist die AU bis heute ein Projekt geblieben, das in erster Linie von ausländischen Gebern gefördert wird, jedoch nicht bei der afrikanischen Bevölkerung verwurzelt ist.

Gelingt es den afrikanischen Staaten nicht, demokratische Reformen zum Wohle ihrer Bevölkerungen durchzuführen und gerade der Jugend eine Zukunftsperspektive zu bieten, wird dies auch auf Europa Auswirkungen haben. Darüber hinaus sind beide Kontinente von strategischer Bedeutung füreinander und haben eine Vielzahl gemeinsamer Interessen. Diese reichen vom Klimawandel über die Migration bis hin zur Bedrohung durch Terrorismus.

▶ Agrarpolitik, europäische

Hier geht es um ein Schlüsselthema der europäischen Zusammenarbeit. Eine gemeinsame grenzübergreifende Agrarpolitik findet sich als Vorgabe bereits in den Gründungsverträgen der → *Europäischen Wirtschaftsgemeinschaft (EWG)* von 1957 (→ *Römische Verträge*). Zu einem Gemeinsamen Markt, der sich nicht nur auf Kohle und Stahl (→ *Europäische Gemeinschaft für Kohle und Stahl*), die Atomwirtschaft (→ *Europäische*

Atomgemeinschaft) und industrielle Waren und Güter beschränkt, gehörte von Anfang an das Ziel eines freien Marktes für landwirtschaftliche Produkte.

Die *Gemeinsame Agrarpolitik* (GAP) bot den stärker agrarexportierenden Ländern – vor allem Frankreich – einen Ausgleich für die Öffnung ihrer Märkte zugunsten stärker industrieexportierender Länder, allen voran der Bundesrepublik Deutschland. Von der Verknüpfung der Wirtschafts- mit der Agrarpolitik hing das Gelingen des Gemeinsamen Marktes ab.

Nach der Unterzeichnung der Römischen Verträge am 25. März 1957 wurden auf der Konferenz von Stresa im Juli 1958 die Grundlagen der Gemeinsamen Agrarpolitik geschaffen.

I. Ziele der Gemeinsamen Agrarpolitik

Die Ziele wurden im EWG-Vertrag festgelegt; es geht darum, die

- Produktivität der Landwirtschaft insbesondere durch Förderung des technischen Fortschritts und durch Rationalisierung zu steigern,
- Einkommen der in der Landwirtschaft tätigen Personen zu sichern,
- Balance zwischen Angebot und Nachfrage zur Markstabilisierung zu erreichen,
- Nahrungsmittelversorgung sicherzustellen und
- Verbraucher zu angemessenen Preisen zu beliefern.

II. Grundsätze der Gemeinsamen Agrarpolitik

Die drei Grundsätze lauten:

1. Markteinheit

Um die Markteinheit, d. h. den freien Warenverkehr für Agrarprodukte, zu erreichen, werden u. a. → *Zölle* und → *Handelshemmnisse* beseitigt und verwaltungs- und gesundheitsrechtliche Vorschriften harmonisiert. Es geht darum, Wettbewerbsverzerrungen zulasten der Landwirte, bestimmter Regionen oder Produkte zu vermeiden. Dies setzt eine gemeinsame Marktordnung voraus, die die unterschiedlichen nationalen Agrarmarktordnungen ersetzt.

2. Prinzip der Gemeinschaftspräferenz

Eine gemeinsame Marktordnung zum Schutz und Erhalt der Landwirtschaft soll gewährleisten, dass Agrarprodukte aus der (heutigen) → *Europäischen Union (EU)* auch bevorzugt innerhalb der EU gekauft und somit „präferiert“ werden. Durch einen Schutz vor Billigimporten oder Preisschwankungen auf dem Weltmarkt wird die Gemeinschaftspräferenz einerseits durch → *Abschöpfungen* und andererseits durch → *Ausfuhrerstattungen* bei Exporten auf den Weltmarkt garantiert.

3. Prinzip der finanziellen Verantwortung

Die Gemeinsame Agrarpolitik wird mit Eigenmitteln der EU aus dem heutigen → *Europäischen Landwirtschaftsfonds für die Entwicklung des ländlichen Raumes (ELER)*, dem sogenannten „Agrarfonds“, finanziert. Der Agrarfonds ist Bestandteil des

→ *Haushalts der Europäischen Union.*

III. Die Marktordnung der europäischen Agrarpolitik

Der europäische Agrarmarkt war also von vornherein als geordneter Markt angelegt, in dem die Preise *nicht* durch das marktwirtschaftliche Prinzip von Angebot und Nachfrage gebildet werden. In allen Industrienationen wird die Landwirtschaft als lebenswichtiger, aber für die Landwirte nur wenig einträglicher Wirtschaftszweig vom Staat gestützt. Deshalb hielt man eine gemeinsame Marktordnung für die Agrarpolitik für ebenso vertretbar wie notwendig.

IV. Das Preissystem der europäischen Agrarpolitik

Nach dem ursprünglichen Verfahren legte der → *Ministerrat* auf Vorschlag der → *Europäischen Kommission* jährlich für diejenigen Agrarerzeugnisse, die einer Marktordnung mit Preisstützung unterlagen, die neuen Preise fest. Der → *Rat* der EG-Agrarminister setzte den Richtpreis fest, der den angestrebten Marktpreis angab. Fiel der Marktpreis unter ein bestimmtes Niveau des festgesetzten Richtpreises bis zum Interventionspreis, kaufte die → *Europäische Gemeinschaft (EG)* diese Erzeugnisse zum Interventionspreis auf. Die aufgekauften Produkte wurden gelagert, in Sonderaktionen verkauft („Weihnachtsbutter"), für Katastrophenhilfe bei Hungersnöten eingesetzt oder wegen leichter Verderblichkeit vernichtet. Ziele dieses Systems der garantierten Preise, der → *Abschöpfungen* auf Agrarimporte außerhalb der EU und der → *Ausfuhrerstattungen* auf Agrarexporte auf den Weltmarkt waren die Sicherung des Lebensstandards der Landwirte und die Stabilisierung der Verbraucherpreise.

Diese Schutzmechanismen sowie die Steigerung der Produktivität führten naturgemäß zur Überproduktion. Die Kosten für die Gemeinsame Agrarpolitik stiegen unaufhaltsam, bedingt durch die EG-Aufkäufe zu garantierten Interventionspreisen und die kostspielige Lagerhaltung („Butterberge" und „Milchseen").

V. Erste Reformen

Erste Bemühungen zur Beseitigung der Überschüsse wurden ab 1984 verstärkt sichtbar. Eine Quotenregelung für Milch begrenzte – nach Ländern gestaffelt – die EG-garantierte Abnahmemenge für Milchprodukte. Überschritt ein landwirtschaftlicher Betrieb seine Milchquote, zahlte er für jeden zu viel produzierten Liter eine „Mitverantwortungsabgabe". Die Folge: Der Butterberg schrumpfte von 1,4 Millionen Tonnen (1986) auf 0,3 Millionen Tonnen (2001), der Milchsee sank von 0,8 Millionen auf 0,01 Millionen Tonnen.

Weitere Agrarreformen beschloss der → *Europäische Rat* im Februar 1988. Durch Mengenbegrenzungen, Produktionseinschränkungen beim Einkommensausgleich, Flächenstilllegungen und Vorruhestandsregelungen sollte die Produktion an den Bedarf angepasst und die Ausgaben des EG-Agrarfonds eingedämmt werden.

Der nur begrenzte Erfolg dieser Maßnahmen – so umfasste der Agrarhaushalt auch 1992 noch rund 58 Prozent des Gesamthaushaltes der EG – und zunehmende Kritik an der Gemeinsamen Agrarpolitik veranlassten den Europäischen Rat dazu, 1992 mit einer grundlegenden Reform die bisherigen Preisstützungen zurückzufahren und daraus resultierende Einkommensverluste der Betriebe durch direkte Zahlungen auszugleichen. Flankierend sollten Produktionsverfahren – wie etwa das Stilllegen von Ackerflächen oder das Aufforsten von Wäldern – die Umwelt und die natürlichen Lebensgrundlagen schonen.

Obwohl diese Reform Erfolge zeigte – die Überproduktion wurde verringert, das Einkommen der Landwirte gesichert –, stand die GAP insbesondere im Vorfeld des Beitritts von Staaten Mittel- und Osteuropas zur Europäischen Union, der „Nachfolgerin" der EG, vor neuen Herausforderungen. Die landwirtschaftliche Produktionsfläche der EU sowie die Zahl der Agrarbetriebe sollten mit dieser → *Osterweiterung* ganz erheblich wachsen. Mit einer weiteren Agrarreform im Rahmen der → Agenda *2000* hat die EU im Juli 1997 die 1992 eingeleiteten Schritte ergänzt.

VI. Die Reformen von 2003 und 2004

Die genannten Reformen der GAP konnten die Überschussproduktion nicht verhindern. Da es damit auch bei Exportsubventionen blieb, war die EU gefordert, im Rahmen eines fairen Welthandels zu einem Abbau der Subventionen zu kommen. Zudem war das ständige Subventionieren von Überschüssen den Verbrauchern auf Dauer nicht mehr verständlich zu machen.

Aus diesen Gründen beschlossen die EU-Landwirtschaftsminister im Juni 2003 nach langem Ringen weitere Reformen („Luxemburger Beschlüsse"). Die wichtigsten Maßnahmen waren

- das Entkoppeln der Beihilfen von der Produktion, um Anreize zur Überproduktion zu mindern;
- die sogenannte Modulation, wonach ländliche Regionen direkte Beihilfen erhalten können, und
- neue EU-Standards im Umwelt- und Tierschutzbereich sowie bei der Lebensmittelsicherheit. Bei Verstößen gegen diese Standards können bis zu 25 Prozent der EU-Fördergelder gestrichen werden.

VII. Überprüfung der Agrarpolitik 2008 und 2013

2003 hatte man in Luxemburg wohlweislich eine grundsätzliche Überprüfung der dortigen Beschlüsse vorgesehen. In diesem Rahmen einigte sich der Rat der Agrarminister im November 2008 nach wiederum mühsamen Verhandlungen auf folgende Änderungen:

- Die obligatorische Modulation wird bis 2012 auf 10 Prozent erhöht.
- Das Teilentkoppeln von Direktzahlungen läuft je nach Agrarprodukt bis Mitte 2012 aus.
- Abgeschafft wird die Flächenstilllegungspflicht für alle Landwirte, die Direktzahlungen beziehen.

Am 26. Juni 2013 konnte nach fast zweijährigen Verhandlungen zwischen EU-Kommission, Europäischem Parlament und Rat der EU eine politische Einigung über eine weitere Reform der GAP und ihre Ausgestaltung in den Jahren 2014 bis 2020 erzielt werden. Am 16. Dezember 2013 verabschiedete der Rat der EU-Landwirtschaftsminister formell die vier Grundverordnungen für die Reform der GAP sowie Übergangsregeln für 2014. Das Europäische Parlament stimmte zu. Diese Einigung werde, so der seinerzeit für Landwirtschaft und ländliche Entwicklung zuständige EU-Kommissar *Dacian Cioloş* am 26. Juni 2013, grundlegende Änderungen zur Folge haben:

> „Das System der Direktzahlungen wird gerechter und ökologischer, die Stellung der Landwirte innerhalb der Lebensmittelversorgungskette wird gestärkt, und die GAP wird effizienter und transparenter. Diese Beschlüsse sind die selbstbewusste Antwort der EU auf die Herausforderungen der Ernährungssicherheit, des Klimawandels und des Wachstums und der Beschäftigung in den ländlichen Gebieten."

VIII. Aktuelle Agrar- und Förderpolitik der EU

Die staatliche Förderung ist heute mehreren Zielen verpflichtet, davon drei Kernzielen:

(1) Es sollen die vielfältigen gesellschaftlichen Leistungen der Landwirtschaft honoriert und gesichert werden. Landwirte tragen eine hohe Verantwortung für den Erhalt der Kulturlandschaften und die Versorgung der Bevölkerung mit qualitativ hochwertigen Lebensmitteln. Sie prägen das soziale Gefüge in den Dörfern und schaffen Einkommens- und Beschäftigungsmöglichkeiten im ländlichen Raum.

(2) Die staatlichen Förderungen sind ein Ausgleich dafür, dass in Europa gerade in den Bereichen Umwelt-, Tier- und Verbraucherschutz deutlich höhere Standards einzuhalten sind als in vielen anderen Teilen der Welt. Diese höheren Standards verteuern häufig die Produktion und können in einem globalisierten Markt als Wettbewerbsnachteil wirken. Die Förderung sorgt damit für hohe Produktsicherheit und Qualität.

(3) Die Direktzahlungen tragen zur Einkommenssicherung und Einkommensstabilisierung der Landwirte bei, indem sie die Auswirkungen der zum Teil extremen Preisschwankungen bei Agrarprodukten abfedern.

Die EU-Förderung beruht dabei auf *zwei Säulen*:

1. Die erste Säule

Derzeit etwa 75 Prozent der Fördergelder bilden die *Direktzahlungen* an die Landwirte, die – entsprechend den jeweiligen Voraussetzungen – je Hektar landwirtschaftlicher Fläche gewährt werden. Sie sind der wichtigste Posten unter den Fördermitteln der GAP. Im Durchschnitt machen diese Zahlungen rund 40 Prozent des Einkommens der Betriebe aus.

Als Voraussetzung für den vollständigen Erhalt der Direktzahlungen mussten Landwirte schon bisher, genauer: seit 2005, bestimmte ordnungsrechtliche Standards in den Bereichen Umweltschutz, Lebensmittel- und Futtermittelsicherheit, Pflanzen- und Tiergesundheit sowie Tierschutz – die sogenannte *„Cross Compliance"* („Anderweitige Verpflichtungen" laut Verordnung (EG) Nr. 73/2009) – einhalten. Danach ist die Förderung der Flächen an die Einhaltung verbindlicher Vorgaben aus insgesamt 18 europäischen Richtlinien und Verordnungen geknüpft.

Mit der Reform von 2013 spielen Umweltmaßnahmen fortan eine noch größere Rolle. Nach dem Prinzip „Öffentliches Geld für öffentliche Leistungen" verfolgte die EU-Kommission mit der am 1. Januar 2014 in Kraft getretenen Reform das Ziel, die Agrarpolitik grüner und gerechter zu gestalten und zu einer besseren Integration von Landwirtschaft, Umwelt- und Klimaschutz beizutragen. So sah die Reform ein sogenanntes *„Greening"* der Direktzahlungen vor: Verbindliche Umweltschutzanforderungen sollen in die erste Säule der GAP implementiert werden und als Voraussetzung für den vollständigen Erhalt der Direktzahlungen dienen. Folgende „Greening"-Maßnahmen wurden vorgesehen:

- Mehr Vielfalt: Landwirtschaftliche Betriebe sollen mindestens drei verschiedene Kulturen mit einem Flächenanteil zwischen 5 und 75 Prozent anbauen.
- Erhalt von Grünland: Begrenzung des Umbruchs von Dauergrünland auf maximal fünf Prozent der Betriebsfläche.
- Ökologische Vorrangflächen: Landwirte sollen mindestens fünf Prozent ihrer beihilfefähigen Ackerfläche mit Vorrang für den Umweltschutz nutzen.

Fazit: Die neuen Bedingungen des sogenannten „Greenings" sollen die Agrarpolitik deutlicher am Umweltschutz ausrichten und die öffentlichen Gelder für den Agrarsektor legitimieren.

2. Die zweite Säule

Derzeit etwa 25 Prozent der Fördergelder umfasst gezielte Förderprogramme für die nachhaltige und umweltschonende Bewirtschaftung und die ländliche Entwicklung. Sie stehen für das zweite wesentliche Ziel der Gemeinsamen Agrarpolitik, die Zukunft für die Menschen im ländlichen Raum attraktiv zu gestalten. Zentrales Förderinstrument zur Entwicklung ländlicher Regionen ist der *Europäische Landwirtschaftsfonds für die Entwicklung des ländlichen Raums (ELER)*. Hier geht es um langfristige strategische Ziele: eine starke Wettbewerbsfähigkeit der Landwirtschaft, die sichere nachhaltige Bewirtschaftung der natürlichen Ressourcen und die Unterstützung der Wirtschaftskraft in den ländlichen Regionen.

An ELER-Mitteln standen Deutschland zwischen 2014 und 2020 jährlich rund 1,35 Milliarden Euro zur Verfügung, die mit weiteren nationalen Mitteln von Bund, Ländern und Kommunen kofinanziert werden müssen. Der Bund beteiligte sich mit jährlich rund 600 Millionen Euro an Entwicklungsmaßnahmen, die die Bundesländer zu großen Teilen in ihren jeweiligen ELER-Förderprogrammen umsetzen.

IX. Reformbestrebungen zur GAP nach 2020

Im Juni 2018 stellte der damalige EU-Agrarkommissar *Phil Hogan* in Brüssel seine lange erwarteten Gesetzesentwürfe zur Zukunft der GAP nach 2020 vor. Sie enthalten neun Ziele für die „neue GAP". Neben drei wirtschaftlichen und drei sozialen Zielen sind das aus dem Umwelt- und Klimabereich folgende drei Anforderungen:

(1) Beitrag zur Eindämmung und Anpassung des Klimawandels,
(2) Förderung einer nachhaltigen Entwicklung und eines effizienten Managements der natürlichen Ressourcen und
(3) Erhalt von Natur und Landschaft.

Mit ihrem Vorgehen verschob die EU-Kommission die Verantwortung auf die EU-Mitgliedstaaten. Diese müssen *GAP-Strategiepläne* erarbeiten, um diese Ziele zu erreichen, Details werden nicht mehr in Brüssel festgelegt, sondern sind eine nationale Angelegenheit. Die EU-Kommission erwartet zwar, dass die Mitgliedstaaten alle neun Ziele in ihre Pläne einbauen; zwingend aber ist das nicht.

Angesichts wachsender Probleme im Umwelt- und Klimabereich und der Erkenntnis, dass das 2013 eingeführte *„Greening"* versagt hat, hat sich die EU-Kommission ein neues Instrument zur Bewältigung der ökologischen Herausforderungen ausgedacht: die *„eco schemes"*. „Das sind Programme zur Förderung von Maßnahmen im Sinne des Umwelt- und Klimaschutzes; mindestens 30 Prozent der Fördergelder aus der ersten Säule sollen künftig für diese „eco schemes" reserviert sein. Ambitionierte Programme für Umwelt- und Klimaschutz werden also gefragt sein, um die Landwirte zu mehr gesellschaftlichen Leistungen zu animieren.

Das Greening wird zwar abgeschafft, aber einige Greening-Kriterien werden als Grundanforderung an die Fördermittel gebunden. Zu solchen Anforderungen gehört es, Grünland oder bestimmte Landschaftselemente sowie nicht für die Produktion genutzte landwirtschaftliche Flächen zu erhalten oder zu fördern.

X. Die neue GAP 2023 bis 2027

Am 1. Januar 2023 ist die Vereinbarung über die Reform der GAP in Kraft getreten. Sie spiegelt die Erkenntnis wider, dass die Landwirtschaft und die ländlichen Gebiete unerlässlich sind für den europäischen → „Green Deal". In diesem Zusammenhang ist die GAP 2023 bis 2027 ein Schlüsselinstrument bei der Umsetzung der Biodiversitätsstrategie sowie der Strategie „Vom Hof auf den Tisch" der EU-Kommission; Letztere zielt darauf ab, die Umwelt zu schützen, gesunde Lebensmittel für alle zu gewährleisten und gleichzeitig den Lebensunterhalt der Landwirte zu sichern.

Grundsätzlich soll die Reform eine nachhaltige Zukunft für Europas Landwirtinnen und Landwirte gewährleisten; sie soll vor allem die kleineren Betriebe unterstützen und den EU-Ländern mehr Flexibilität bei der Anpassung an lokale Gegebenheiten ermöglichen.

1. Finanzausstattung

Für den Planungszeitraum 2021 bis 2027 stehen für die GAP 387 Mrd. Euro bereit; sie stammen

- in Höhe von 291,1 Mrd. Euro aus dem → Europäischen Garantiefonds für die Landwirtschaft (EGFL), und
- in Höhe von 95,5 Mrd. Euro aus dem → Europäischen Landwirtschaftsfonds für die Entwicklung des ländlichen Raumes („Agrarfonds“) (ELER).

2. Die 10 wichtigsten politischen Ziele

Von 2023 bis 2027 wird die Gemeinsame Agrarpolitik (GAP) an zehn Hauptzielen ausgerichtet. Mit ihren sozialen, ökologischen und wirtschaftlichen Schwerpunkten bilden diese Hauptziele die Grundlage, auf der die EU-Länder ihre o.a. GAP-Strategiepläne erarbeiten:

- das Sicherstellen gerechter Einkommen für Landwirte,
- eine gesteigerte Wettbewerbsfähigkeit,
- das Verbessern der Position der Landwirte in der Lebensmittelkette,
- Klimaschutzmaßnahmen,
- Umweltpflege,
- der Erhalt von Landschaften und biologischer Vielfalt,
- das Fördern des Generationswechsels,
- die Förderung lebendiger ländlicher Gebiete,
- der Schutz von Lebensmittelqualität und Gesundheit,
- die Förderung von Wissen und Innovation.

Alle EU-Staaten sind verpflichtet, in ihren GAP-Strategieplänen mehr Ehrgeiz in Umweltfragen und beim Klimaschutz im Vergleich zum vorherigen Programmplanungszeitraum nachzuweisen (keine „Rückschritte“); auch haben sie bei Änderungen der Klima- und Umweltgesetze ihre Planungen zu aktualisieren.

XI. Bilanz

Die Gemeinsame Agrarpolitik gehört zu den Kernbereichen der europäischen Integration und damit zu den wichtigsten Aufgabenfeldern der EU.

Seit ihrer Einführung wurden Ziele und Grundsätze der GAP sowie die finanzielle Ausstattung des Agrarsektors immer wieder an die Herausforderungen ihrer Zeit angepasst. Insbesondere in den Jahren 2003 und 2008 haben mit dem sog. „GAP – Gesundheitscheck“ wichtige Reformen den Agrarsektor stärker am Markt ausgerichtet und ihn an die sich wandelnden Lebensverhältnisse angepasst.

So bedeutete die Reform der EU-Agrarbeihilfen von 2003 für die Landwirte den Abschied von einem jahrelang gültigen Automatismus: je mehr Getreide und Tiere, desto mehr Prämien. Die neue Formel lautet nun: mehr Qualität, mehr Tierschutz, mehr Landschaftspflege, mehr ökologisch orientierter Landbau – nur dann ist die volle Prämie zu erzielen; eine bemerkenswerte Zäsur.

Die Reform von 2003 gab den Bauern aber auch neue Freiräume für marktgerechte Erzeugung. Gleichzeitig flankieren die Direktzahlungen den schwierigen Anpassungsprozess an die Bedingungen liberalisierter Agrarmärkte, der Lebensmittelsicherheit, des Umwelt- und des Tierschutzes.

Diese Ausrichtung der GAP ist 2013 weiterentwickelt und für den Zeitraum bis 2020 gesichert worden. Mit dieser erneuten Reform – so freute sich das Bundeslandwirtschaftsministerium – werde die Landwirtschaft in Europa ökologischer und nachhaltiger und erhalte verlässliche Rahmenbedingungen für die kommenden Jahre.

Neue Perspektiven auch auf agrarpolitischem Sektor eröffnete nicht zuletzt die Strategie → *„Europa 2020"*. In diesem Zusammenhang nämlich kann die GAP einen noch größeren Beitrag zur Förderung eines intelligenten und integrativen Wachstums leisten, indem sie Antworten auf neue Herausforderungen liefert, die Wirtschaft und Gesellschaft ebenso berühren wie Umwelt, Klima oder Technologie.

Die neue Gemeinsame Agrarpolitik 2023 bis 2027 schließlich ist – kurz gefasst – eine modernisierte Strategie, die vor allem ergebnis- und leistungsorientiert ist. Sie ist der Schlüssel für die Zukunft von Land- und Forstwirtschaft in der EU sowie für die Verwirklichung der Ziele des europäischen Grünen Deals.

Weiterführende Literatur

Nadine Arnold, „Die Produzenten in moralisierten Märkten", in: Zeitschrift für Soziologie, 48. Jahrgang, Heft 1/2019, S. 70–91 | *Peter H. Feindt et al.,* „Ein neuer Gesellschaftsvertrag für eine nachhaltige Landwirtschaft – Wege zu einer integrativen Politik für den Agrarsektor", Berlin 2019 | *Gunter Mahlerwein,* „Grundzüge der Agrargeschichte", Band 3: Die Moderne (1880–2010), Köln 2016 | *Bernhard Osterburg,* „Schutz der Natur im Rahmen der ersten Säule der Gemeinsamen Agrarpolitik", in: „Landwirtschaft und Naturschutzrecht", hrsg. von Detlef Czybulka/Wolfgang Köck, Baden-Baden 2019, S. 65–76

▶ AKP-Staaten

„AKP" steht für „Afrika – Karibik – Pazifik". Die derzeit 79 AKP-Staaten setzen sich zusammen aus ehemaligen Kolonien, zu denen die früheren Kolonialmächte, die heute Mitgliedstaaten der → *Europäischen Union* (EU) sind, besondere Beziehungen unterhielten. So wurden diesen Staaten – 48 in Subsahara-Afrika, 16 in der Karibik und 15 im Pazifik (Ozeanien) – beispielsweise Bevorzugungen im Handelsverkehr oder Finanzhilfen zur Entwicklung gewährt. Derartige Sonderregelungen mussten nach Vollendung der → *Zollunion* in der EU berücksichtigt werden, um Nachteile für die Entwicklungsländer zu vermeiden. Die AKP-Staaten sind daher seit 1975 durch die → *Lomé-Abkommen* und seit 2000 durch das *Cotonou-Abkommen* (→ *Afrika – Beziehungen zur EU*) in besonderer Weise verbunden.

Zu den AKP-Staaten gehören folgende Länder:

I. Afrika
Angola Äquatorialguinea Äthiopien Benin

Botsuana
Burkina Faso
Burundi
Dschibuti
Elfenbeinküste
Eritrea
Gabun
Gambia
Ghana
Guinea
Guinea-Bissau
Kamerun
Kap Verde
Kenia
Komoren
Demokratische Republik Kongo
Republik Kongo
Lesotho
Liberia
Madagaskar
Malawi
Mali
Mauretanien
Mauritius
Mosambik
Namibia
Niger
Nigeria
Ruanda
Sambia
Senegal
Sâo Tomé und Príncipe
Seychellen
Sierra Leone
Simbabwe
Somalia
Südafrika
Sudan
Swasiland
Tansania
Togo
Tschad
Uganda
Zentralafrikanische Republik

II. Karibik

Antigua und Barbuda
Bahamas
Barbados
Belize
Dominica
Dominikanische Republik
Grenada
Guyana
Haiti
Jamaika
Kuba
St. Kitts und Nevis
St. Lucia
St. Vincent und die Grenadinen
Suriname
Trinidad und Tobago

III. Pazifik

Cookinseln
Fidschi
Kiribati
Marshallinseln
Mikronesien
Nauru
Niue
Osttimor
Palau

Papua-Neuguinea
Salomonen
Samoa
Tonga
Tuvalu
Vanuatu

▶ Amsterdamer Vertrag

Im Juni 1997 unterzeichneten die Staats- und Regierungschefs der seinerzeit 15 Mitgliedstaaten der → *Europäischen Union (EU)* den sog. „Vertrag von Amsterdam". Er bedeutete – nach der → *Einheitlichen Europäischen Akte (EEA)* von 1986 und dem → *Maastrichter Vertrag* von 1993 – die dritte umfassende Änderung der Gründungsverträge der Gemeinschaft (→ *Römische Verträge*). Am 1. Mai 1999 trat er in Kraft.

Neben einer Revision des Vertragswerkes von Maastricht über die Errichtung einer Europäischen Union sollten in Amsterdam die Grundlagen für eine bürgernahe und handlungsfähige Union geschaffen werden, die dafür gerüstet ist, beitrittswillige Staaten Mittel- und Osteuropas als neue Mitglieder aufzunehmen (→ *Osterweiterung*).

I. Inhalte

Der Vertrag brachte Fortschritte u. a. auf folgenden Gebieten:

- Die → *Gemeinsame Außen- und Sicherheitspolitik (GASP)* wurde durch effizientere Planungs- und Entscheidungsprozesse gestärkt.
- Im Rahmen einer stabilen inneren Sicherheit der EU sollten insbesondere in den Bereichen der Asyl-, Flüchtlings-, Zuwanderungs- und Visapolitik sowie bei Fragen der Kontrollen an den EU-Außengrenzen zunehmend gemeinsame Regeln gefunden werden. Die Kompetenzen der gemeinsamen Polizeibehörde → *Europol* wurden gestärkt und um operative Befugnisse ergänzt.
- Beschäftigungspolitik und Bürgernähe wurden zu zentralen Anliegen der Europäischen Politik erklärt. Der Vertrag verbesserte den Grundrechteschutz der Unionsbürger (→ *Unionsbürgerschaft*) und strebte eine engere Zusammenarbeit mit dem Ziel eines „hohen Beschäftigungsniveaus" an, wobei allerdings jeder Mitgliedstaat auch weiterhin eigenständig über seine nationale → *Beschäftigungspolitik* entscheidet.
- Eine Erweiterung der Möglichkeiten, Mehrheitsentscheidungen zu treffen, sollte die Kompromissbereitschaft der EU-Mitgliedstaaten erhöhen und den Weg zum Konsens in den europäischen Institutionen (→ *Organe der Europäischen Union*) erleichtern. Insoweit stand auch die Arbeits- und Funktionsfähigkeit einer künftig um zahlreiche neue Mitgliedstaaten wachsenden EU zur Diskussion.
- Die Rechte des → *Europäischen Parlaments (EP)* wurden deutlich gestärkt; in etwa 80 Prozent aller Bereiche der Politik kann es nun gleichberechtigt neben dem → *Rat der EU* mitentscheiden. Andererseits soll die Zahl der Abgeordneten des EP auch nach einer EU-Er-

weiterung nicht über 700 hinausgehen.

Als Novum führte der Vertrag von Amsterdam schließlich eine „Flexibilitätsklausel“ ein, die eine engere Kooperation zwischen den Regierungen einzelner Mitgliedstaaten sowie im Bereich der gemeinschaftlichen Institutionen der EU gestattet. Einzelne EU-Länder können nunmehr untereinander und auf einzelnen Feldern verstärkt zusammenarbeiten und als Gruppe integrierend vorangehen. Bedingung dabei ist jedoch, dass der einheitliche institutionelle Rahmen der EU gewahrt bleibt.

II. Bilanz

Der Vertrag von Amsterdam schnürte ein umfangreiches Reformpaket mit einer Vielzahl von Verbesserungen und Neuerungen sowie einer Ausweitung der gemeinschaftlichen Kompetenzen und Verfahren, denen allerdings ein erheblicher Wust an Ausnahmeregelungen gegenübersteht.

In der Summe setzte der Amsterdamer Vertrag die Reformschritte und Entwicklungen konsequent fort, die EEA und Maastrichter Vertrag vorgezeichnet haben.

▶ Amtssprachen der Europäischen Union

I. 24 verschiedene Sprachen

Die – prinzipiell gleichrangigen – Amtssprachen in den Institutionen und Arbeitseinheiten der → *Europäischen Union (EU)* waren

- innerhalb der bis 2004 15 Mitgliedstaaten die elf Sprachen Dänisch, Deutsch, Englisch, Finnisch, Französisch, Griechisch, Italienisch, Niederländisch, Portugiesisch, Schwedisch und Spanisch.
- Mit dem Beitritt der zehn vorwiegend mittel- und osteuropäischen Sprachen (→ *Osterweiterung*) am 1. Mai 2004 sind neun weitere Amtssprachen hinzugekommen, nämlich Estnisch, Lettisch, Litauisch, Polnisch, Slowakisch, Slowenisch, Tschechisch, Ungarisch sowie Maltesisch, die auf Malta neben Englisch zweite Amtssprache. Auf Zypern spricht man Griechisch.
- 2007 wuchs mit Bulgarisch, Rumänisch sowie Irisch-Gälisch die Zahl der Amtssprachen auf stolze 23. Irland hatte den Antrag auf Anerkennung von Gälisch als Amtssprache 2004 gestellt; im Juni 2005 gaben die EU-Außenminister ihm statt.
- Mit dem EU-Beitritt Kroatiens kam 2013 kroatisch als 24. Amtssprache hinzu.

Nach dem Ausscheiden Großbritanniens ist Englisch noch die offizielle Amtssprache Irlands und Maltas.

Ihre Gesetze und Bekanntmachungen veröffentlicht die EU in *allen* Amtssprachen. Die Bürgerinnen und Bürger, aber auch die Regierungen und Behörden der Mitgliedstaaten können sich in jeder dieser Sprachen an die → *Organe* der Union wenden. Die Antworten erfolgen in derselben Sprache.

Jahr	Mitglied-staaten	Amts-sprachen
1981	10	7
1995	15	11
2007	27	23
2013	28	24
2020	27	24

II. *Arbeits*sprachen erleichtern den Alltag

Damit in den EU-Institutionen flüssig gearbeitet werden kann, gibt es sogenannte *Arbeitssprachen:*

- Innerhalb der → *Europäischen Kommission* sind Englisch, Französisch und zunehmend – aber nach wie vor nur mit einer gewissen Mühe durchsetzbar – Deutsch die Arbeitssprachen; Letzteres zu Recht; der Anteil der Menschen, die Deutsch als ihre Muttersprache sprechen, stellt den mit Abstand höchsten innerhalb der EU dar: Mit dem EU-Beitritt Österreichs im Jahre 1995 und der 1990 glücklich vollzogenen Wiedervereinigung Deutschlands umfasst der deutsche Sprachraum innerhalb der Europäischen Union rund 90 Millionen → *Unionsbürger*. Zum Vergleich: den französischsprachigen Raum Belgiens (Wallonien) und Frankreich bewohnen rund 60 Millionen Unionsbürger.
- Im → *Rat der EU* werden Verhandlungen auf Ministerebene in alle Amtssprachen übersetzt. Im → *Ausschuss der Ständigen Vertreter* gilt das Dreisprachenregime Englisch, Französisch und Deutsch.
- Die Urteile des → *Europäischen Gerichtshofs (EuGH)* sowie des Europäischen Gerichts Erster Instanz in Luxemburg werden in alle Amtssprachen übersetzt. Interne Arbeitssprachen sind neben dem vorherrschenden Französisch zunehmend auch Englisch und teilweise Deutsch.

III. Identität hat ihren Preis

Da der eigenen Sprache ein unschätzbarer kultureller und für die Identität der europäischen Nationen hoher symbolischer Wert zukommt, verzichtete bisher kein EU-Mitgliedstaat auf den Status der eigenen Sprache als Amtssprache.

Der für die Mehrsprachigkeit innerhalb der Union erforderliche personelle und finanzielle Aufwand ist allerdings erheblich. Allein die Übersetzungen aller Brüsseler Reden und Straßburger Verlautbarungen in die 24 Amtssprachen der 27 Unionsmitglieder kosten täglich deutlich über zwei Millionen Euro – was sich auf rund eine Milliarde Euro pro Jahr summiert.

▶ ASEM

Das Asien-Europa-Treffen (*Europe–Asia–Meeting, ASEM*) ist ein 1996 geschaffenes inoffizielles Dialogforum zwischen Europa und Asien. Ein *ASEM-Gipfel* wird alle zwei Jahre abwechselnd in Asien und Europa abgehalten, um die Prioritäten der Partnerschaft festzulegen. Zwischen diesen Gipfeltreffen finden *Mi-*

nistertagungen statt. Auf dem Treffen am 10./11. September 2006 in Helsinki konnte ASEM sein zehnjähriges Bestehen feiern.

Die ASEM-Partner repräsentieren 55 Prozent des globalen Handels, 60 Prozent der Weltbevölkerung und 75 Prozent des globalen Tourismus.

I. Partnerstaaten

Am ASEM sind 51 europäische und asiatische Partnerstaaten sowie die → *Europäische Kommission* und das ASEAN-Sekretariat beteiligt:

- die 27 Mitgliedstaaten der → *Europäischen Union*;
- die → *Europäische Kommission*;
- Großbritannien, Norwegen, Russland und die Schweiz;
- die zehn → *ASEAN*-Staaten Brunei, Myanmar, Kambodscha, Indonesien, Malaysia, Laos, Philippinen, Singapur, Thailand und Vietnam;
- Bangladesch, Republik Korea (Südkorea), die Mongolei, Pakistan;
- Australien, China, Indien, Japan, Kasachstan und Neuseeland
- sowie das ASEAN-Sekretariat.

II. Schwerpunkte

Auf politischer Ebene dient ASEM dem Dialog zwischen Europa und Asien, der Schärfung des EU-Profils in Asien sowie der Pflege persönlicher Kontakte. Auf Fachebene gibt es neben einem dichten Erfahrungsaustausch und Wissenstransfer eine konkrete Zusammenarbeit bei Themen wie:

- Anti-Terrorkampf, Bekämpfung grenzüberschreitender Kriminalität, Migration,
- Energiepolitik, internationale Umwelt- und Klimapolitik,
- Arbeit und Beschäftigung,
- Dialog der Kulturen und Religionen,
- Bildung oder
- Gesundheit.

III. Tagungsorte der vergangenen Gipfel

- **1996:** Gründungstreffen (Bangkok);
- **1998:** Finanz- und Währungskrise in Asien (London);
- **2000:** Koreanische Halbinsel (Seoul);
- **2002:** Anti-Terrorkampf (Kopenhagen);
- **2004:** Neubelebung der asiatisch-europäischen Partnerschaft (Hanoi);
- **2006:** Helsinki (Finnland);
- **2008:** Peking (VR China);
- **2010:** Brüssel (Belgien);
- **2012:** Vientiane (Laos);
- **2014:** Der 10. Gipfel des Asien-Europa-Treffens (ASEM) fand auf Einladung der italienischen Regierung am 17. Oktober 2014 in Mailand statt und wurde vom Präsidenten des Europäischen Rates geleitet. Mehr als 50 europäische und asiatische Staats- und Regierungschefs kamen zusammen, um die wachsenden Bindungen zwischen Europa und Asien zu erörtern.
- **2016:** Der 11. ASEM-Gipfel fand am 15./16. Juli 2016 auf Einla-

dung und unter dem Vorsitz der Mongolei statt.

- **2018:** Zum 12. ASEM-Gipfel traf man sich am 18./19. Oktober in Brüssel.
- **2021:** Das **13. Asien-Europa-Treffen** fand am 25./26. November 2021 per Videokonferenz statt und wurde aus Phnom Penh (Kambodscha) übertragen. Unter dem Motto „Stärkung des Multilateralismus für gemeinsames Wachstum“ versammelten sich die Spitzen der 30 europäischen und 21 asiatischen Mitgliedstaaten, der EU und des ASEAN-Sekretariats. Den Vorsitz führte der kambodschanische Premierminister *Hun Sen*.

IV. Außenministertagung 2019

Die 14. Asien-Europa-Außenministertagung fand am 15./16. Dezember 2019 in Madrid (Spanien) statt. Das Motto der Veranstaltung lautete: *„Asien und Europa: gemeinsam für einen wirksamen Multilateralismus“*. Die Tagung wurde von dem Hohen Vertreter der EU für Außen- und Sicherheitspolitik, *Josep Borrell*, geleitet.

Die Ministerrunde hat sich auf folgende Erklärung des Vorsitzes zu der Tagung verständigt:

> „Die jüngsten Entwicklungen auf internationaler Ebene haben unsere Organisation noch wertvoller gemacht. [...] Wir alle setzen auf regelbasierten Multilateralismus, freien und fairen Handel und die Institutionen, die uns bislang gute Dienste geleistet haben.“

Die Außenministerinnen und -minister erörterten, wie die Zusammenarbeit in einem breiten Spektrum von Bereichen verstärkt werden kann. Der Schwerpunkt lag auf folgenden Themen:

- globale Fragen: Ziele der Vereinten Nationen für nachhaltige Entwicklung, Klimawandel und Meeresverschmutzung;
- regionale Fragen: unter anderem die Lage auf der koreanischen Halbinsel und im Rakhaing-Staat, Iran, Nahost-Friedensprozess und Afghanistan;
- sicherheitspolitische Herausforderungen: Terrorismus, maritime Sicherheit und Cyber- sowie Informations- und Kommunikationstechnologie und
- nachhaltige Konnektivität.

▶ Assoziierung

Im Kontext der → *Europäischen Union (EU)* bezeichnet *Assoziierung* ein besonderes Verhältnis zu Drittländern. Es kann sich um einen gegenseitigen Abbau von → *Handelshemmnissen* handeln, aber auch um ein Handelsabkommen oder sogar um einen Quasibeitritt.

Vor ihrem Beitritt zur EU am 1. Mai 2004 waren Malta und Zypern lange assoziiert. Neben der Türkei sind die völkerrechtlich noch eng mit Frankreich, den Niederlanden und Großbritannien verbundenen außereuropäischen Gebiete Französisch-Polynesien, St. Helena, die Niederländisch-Antillen und die Falkland-Inseln assoziiert. Ebenfalls mit der EU assoziiert sind die derzeit 79 Entwicklungsländer Afrikas, der Karibik und des Pazifiks (→ *AKP-Staaten*), die im

Rahmen des → *Lomé-Abkommens* mit der Europäischen Union zusammenarbeiten.

Assoziierungsabkommen wurden zuletzt auch mit Staaten der → *Östlichen Partnerschaft* geschlossen, so 2016 mit Georgien und Moldau sowie 2017 mit der Ukraine.

▶ Asyl- und Flüchtlingspolitik der Europäischen Union

Der Unterschied zwischen „gut" und „gut gemeint" ist allseits bekannt. Auf die Asyl- und Flüchtlingspolitik der → *Europäischen Union (EU)* trifft letztere Bewertung zu.

I. Erste Maßnahmen auf europäischer Ebene

Die → *Römischen Verträge* von 1957 enthielten keine Regelungen einer europäischen Zuwanderungs- und Flüchtlingspolitik. Auch die Idee einer zumindest internen Freizügigkeit innerhalb der Mitgliedstaaten bezog sich zunächst nur auf Erwerbstätige, wurde jedoch Mitte der 1970er Jahre auf alle Bürger der → *Europäischen Gemeinschaft (EG)*, der Vorläuferin der heutigen EU, ausgeweitet.

Eine vertiefte Kooperation in der europäischen Migrationspolitik entwickelte sich erst im Zuge der Realisierung des europäischen → *Binnenmarktes* und des → *Schengener Abkommens*. Eine gemeinsame Regelung der Einreise und des Aufenthalts von Personen aus Nichtmitgliedstaaten (Drittstaaten) und die Kontrolle der Außengrenzen des Schengener Staatenverbundes wurden 1986 in der → *Einheitlichen Europäischen Akte (EEA)* festgeschrieben.

Mit dem → *Amsterdamer Vertrag* bekräftigten 1997 die Staaten der inzwischen in → *Europäische Union* (EU) umbenannten Gemeinschaft ihre Absicht, langfristig eine Europäisierung der Zuwanderungspolitik anzustreben und für die Bereiche Asylrecht, Einwanderung und Flüchtlingspolitik gemeinschaftliche Regelungen zu erarbeiten. Zum Jahresbeginn 2005 startete die → *Europäische Kommission* mit einem „Grünbuch" eine vorsichtige Initiative für eine Harmonisierung auf diesem heiklen Feld, die zunächst auf gemeinsame Kriterien für die Aufnahme von Einwanderern abzielte. Die zahlenmäßige Begrenzung der in den Arbeitsmarkt aufzunehmenden Einwanderer sollte in jedem Fall Angelegenheit der Mitgliedstaaten bleiben.

II. Grundregeln des europäischen Asylrechts

Wer sich darauf berufen kann, in seiner Heimat *aus politischen Gründen verfolgt* zu werden, kann in den Mitgliedstaaten der EU um Asyl nachsuchen. Die → *Grundrechte-Charta der Europäischen Union* – seit 2009 ein einklagbarer Katalog der in europäischen Rechtstraditionen wurzelnden Menschenrechte – gewährt dieses Recht. Allerdings – und so recht „europäisch" – regelt jede Nation die Modalitäten einer Asylgewährung in seiner eigenen Rechtsordnung. Nicht nur formale Antragskriterien, sondern auch die Voraussetzungen einer Anerkennung, eines Familiennachzuges oder vor allem die sozialen Absicherungen für Flüchtlinge ergeben sich ausschließlich aus dem jeweiligen *nationalen* Recht des Ziellandes. Unschwer kann man sich vorstellen, dass die Attraktivität unserer EU-Staaten als von Flüchtlingen jeweils „auserwählte“ Zufluchtsländer ganz erheblich divergiert.

Ein Recht auf freie Wahl des Asyl-Ziellandes innerhalb der EU aber gibt es (theoretisch) nicht. Das Problem wurde gesehen. Schon 1990 verständigten sich die seinerzeit 15 EU-Staaten in Dublin zumindest auf dem Sektor formaler Verfahrensfragen auf eine klare Regelung: Innerhalb der Europäischen Union sollen Asylverfahren nur noch in dem Mitgliedstaat durchgeführt werden, das der betreffende Asylbewerber zuerst betreten hat (→ *Dubliner Übereinkommen*).

Das Ergebnis des Verfahrens – also die Bewertung, ob die betreffende Person tatsächlich politisch verfolgt und damit schutzbedürftig ist, oder ob sie etwa aus wirtschaftlichen Motiven in die EU strebt – gilt sodann in allen Mitgliedstaaten gleichermaßen. Die offenen Binnengrenzen sollen, so die Idee, nicht dazu führen, dass Einreisewillige in jedem EU-Staat erneute Asylverfahren einleiten und auf diese Weise Abschiebungen verzögern oder verhindern.

1. „Asylbewerber“, „Flüchtlinge“, „Schutzbedürftige“

a) Asyl

In Deutschland gewährt Artikel 16 a Grundgesetz allen Menschen Schutz, die *politisch verfolgt,* also von ihrem Staat wegen ihrer politischen Überzeugung so stark ausgegrenzt werden, dass ihre Menschenwürde verletzt ist. Die Flucht nach Deutschland muss genau darin ihren Grund haben.

Fehlen diese Merkmale, wird Asyl nicht gewährt. Solche Fälle werden jedoch in der Regel vom Flüchtlingsbegriff erfasst. Asyl kann auch *nicht* in Anspruch nehmen,

- wer aus einem *sicheren Herkunftsstaat* zu uns reist, oder
- wer auf seinem Weg nach Deutschland durch ein *sicheres Drittland,* beispielsweise durch Polen oder Österreich, kommt.
- Wer die Einreise ohne Berührung mit einem sicheren Drittstaat nicht nachweisen kann, ist ebenfalls nicht asylberechtigt und darf nach geltendem Recht nicht in Deutschland bleiben.

Allgemeine Notsituationen wie Armut oder Bürgerkrieg berechtigen nicht zu Asyl.

b) Geduldete Asylbewerber

Wem gemäß den Vorgaben kein Asyl gewährt wird, wer also auf dieser Basis keine Aufenthaltserlaubnis erhält, muss das Land verlassen. Ihm droht die Abschiebung. Kann jemand aber gerade nicht abgeschoben werden, weil er beispielsweise keinen Pass hat oder krank ist, erhält er eine *Duldung.* Dies gilt auch für Minderjährige, die ohne Erwachsene auf der Flucht sind.

Geduldete Asylbewerber – ihre Zahl ist erheblich – dürfen nach einem Jahr Wartezeit arbeiten, allerdings nur mit Genehmigung der Arbeitsagentur.

c) Flüchtlinge

Als *Flüchtlinge* werden gemäß der → *Genfer Flüchtlingskonvention* nicht nur politisch Verfolgte anerkannt, sondern auch Menschen, denen wegen ihrer Abstammung, Religion oder Zugehörigkeit zu einer bestimmten sozialen Gruppe in ihrem Heimatland Gefahr droht. Anders als bei Asylberechtigten muss diese Gefahr nicht vom Staat ausgehen, sondern etwa auch von Parteien oder Organisationen. Auch die Einreise über ein Drittland ist kein Problem. Früher erhielten Asylberechtigte eine unbefristete Aufenthaltserlaubnis, Flüchtlinge nur eine befristete. Mittlerweile sind die Regelungen quasi identisch. Wer allerdings aus einem sicheren Erstaufnahmeland, beispielsweise der Türkei, in ein Land seiner persönlichen Wahl weiterreist, gilt nicht mehr als Flüchtling i.S. der Konvention, sondern ist *Migrant*.

Flüchtlinge sind von Auswanderern strikt zu trennen – was aber selten beachtet wird. Im politischen Diskurs finden sich stattdessen Bezeichnungen wie *„Geflüchtete"* oder *„Schutzsuchende"* oder sogar in sich widersprüchliche Wortkreationen wie *„Fluchtmigranten"*, die die Konvention nicht kennt, und mit denen man versucht, den sperrigen, aber vielfach zutreffenderen Terminus der (illegalen) Migration zu umgehen.

d) Subsidiärer Schutz

Dieser Aufenthaltsstatus wird Menschen gewährt, denen im Heimatland Folter, Todesstrafe oder große Gefahr durch einen bewaffneten Konflikt drohen. Hier gilt ein Abschiebungsverbot. Der Betroffene, obwohl weder Flüchtling noch asylberechtigt, darf dennoch eine Zeit lang in Deutschland bleiben.

2. Das „Gemeinsame Europäische Asylsystem" (GEAS)

> „Für die Einrichtung des Gemeinsamen Europäischen Asylsystems (GEAS) bis 2012 sind Anstrengungen zu unternehmen. In dieser Hinsicht ist der Aufbau des Europäischen Unterstützungsbüros für Asylfragen (EASO) wesentlich. Durch ein gemeinsames Asylverfahren für EU-Mitgliedstaaten und einen einheitlichen Status für Personen, denen internationaler Schutz gewährt wurde, würde GEAS einen Raum des Schutzes und der Solidarität innerhalb der EU schaffen."

So steht es im sog. *Stockholmer Programm*, das die Staats- und Regierungschefs der EU im Dezember 2009 verabschiedet haben. Als Mehrjahresprogramm für eine gemeinsame Innen- und Sicherheitspolitik der EU-Staaten für die Jahre 2010 bis 2014 bildete es den Rahmen für zahlreiche politische Maßnahmen der Union auf den Gebieten → *Unionsbürgerschaft*, Justiz, Sicherheit, Asyl sowie – als ein Schwerpunktthema – der Einwanderung.

Als Begriff ist das *„Gemeinsame Europäische Asylsystem"*, kurz: GEAS, in der Welt. Dahinter verbergen sich verschiedene „Bausteine", also Institutionen, Verordnungen und Richtlinien. So hat der → *Rat der EU* im Juni 2013 neue Vorschriften für gemeinsame Verfahren und Fristen für die Bearbeitung von Asylanträgen verabschiedet sowie der Einführung von grundlegenden Rechten für Asylsuchende, die in der EU ankommen, zugestimmt. Das GEAS soll beispielsweise die Überstellung von Asylbewerbern in Mitgliedstaaten verhindern, in denen angemessene Lebensbedingungen für sie nicht gewährleistet sind. Das → *Europäische Parlament* hat dem Paket zugestimmt.

Neugefasst wurden:

- die *Dublin-Verordnung („Dublin III")* (→ *Dubliner Übereinkommen*);
- die *Asylverfahrensrichtlinie* (Richtlinie 2013/32/EU vom 26. Juni 2013 zu gemeinsamen *Verfahren* für die Zuerkennung und Aberkennung des internationalen Schutzes) sowie
- die *Aufnahmerichtlinie* (Richtlinie 2013/33/EU vom 26. Juni 2013 zur Festlegung von Normen für die Aufnahme von Personen, die internationalen Schutz beantragen) mit Regeln für die Unterbringung und Versorgung von Asylsuchenden.

Im Kontext dieses Systems sind auch Institutionen zu nennen wie

- die Grenzagentur **Frontex** (→ *„FRONTEX"*) mit Sitz in Warschau,
- die satellitengestützte Grenzüberwachung **Eurosur** (→ *Eurosur*) oder
- das *Europäische Asylunterstützungsbüro (EASO)*. Es wurde 2010 aus der Taufe gehoben und bezog im Sommer 2011 sein Hauptquartier in Valletta (Malta).

III. Zuwanderungspolitische Ansätze der EU

Die Jahre seit 2006 sind geprägt von einer erheblich anwachsenden Zuwanderung aus Schwarzafrika. Die Hilferufe der südlichen EU-Länder, in denen eine hohe Zahl der Migranten an Land ging, wurden unüberhörbar. Dort sah – und sieht – man die unhaltbare Entwicklung als ein Problem der EU insgesamt an.

Am 19. Juli 2006 reagierte die → *Europäische Kommission*. Zur Bekämpfung illegaler Einwanderung dieser Dimension schlug sie ein Maßnahmenbündel vor, das u. a. abzielt

- auf eine *gemeinsame Visa-Politik* der EU-Staaten, damit Visa zur legalen Einreise künftig nach einheitlichen Regeln erteilt werden können,
- auf den Aufbau *mobiler Grenzschutz-Teams*, die überall dort zum Einsatz kommen sollen, wo sich EU-Staaten mit einer Flut von illegalen Einwanderern konfrontiert sehen, und
- auf den koordinierten *Kampf gegen illegale Beschäftigung und Schwarzarbeit*, also auf konsequente Sanktionen gegen Arbeitgeber, die illegal eingewanderte Angehörige aus Nicht-EU-Staaten beschäftigen.

Dies waren, wie gesagt, lediglich *Vorschläge*.

Im Dezember 2008 verabschiedeten der Rat der EU und das Europäische Parlament einen Richtlinienvorschlag der EU-Kommission zur Rückführung illegaler Zuwanderer (Richtlinie 2008/115/EG). Die Regelung strebte auf diesem Sektor gemeinsame Normen und Verfahren in den Mitgliedstaaten an. Im Kern wurden einerseits die konsequente Abschiebung und andererseits humanitäre Mindestrechte für illegale Migranten – etwa bei der ärztlichen Versorgung – festgeschrieben. Erstmals wurde hier auch ein europäisches Wiedereinreiseverbot formuliert: Illegale, die aus einem EU-Land bereits abgeschoben wurden, sollen nicht anschließend ein Einreisevisum für ein anderes EU-Land beantragen können.

1. Migrationspakt

Kurz zuvor, im Oktober 2008, hatten die Staats- und Regierungschefs der EU in Brüssel den *„Europäischen Pakt zu Einwanderung und Asyl"* – kurz: Migrationspakt – verabschiedet. Er bündelt bereits gefasste Beschlüsse übersichtlich. Alle Regierungen erklärten brav ihre Bereitschaft, künftig in den Bereichen Arbeitsmigration, Asyl und Abschiebung effizienter zu kooperieren. Bei der Rücksendung illegaler Einwanderer will die EU konsequenter sein, aber auch enger mit den Herkunftsländern zusammenarbeiten. Zugleich will sie die Kontrollen an den Außengrenzen der Union intensivieren. Illegale Migration soll bekämpft und legale Migration gesteuert werden, wobei die Bedürfnisse und Aufnahmekapazitäten jedes Mitgliedstaates zu berücksichtigen sind.

Die zentrale Botschaft des Paktes dürfte gewesen sein, dass nach jahrelangem Zögern die Regierungen der EU-Staaten den Willen bekundet haben, auf diesem schwierigen Terrain voranzukommen. Es war eine freundliche Willensbekundung – nicht weniger, aber auch nicht mehr: Der Pakt ist rechtlich nicht bindend und blieb ein frommer Wunsch. Verantwortlich für die konkrete Migrationspolitik blieben die Nationalstaaten.

Dieser „Pakt" ist nicht zu verwechseln mit dem im Dezember 2018 von der UNO-Vollversammlung beschlossenen *Migrationspakt („Global Compact for Safe, Orderly and Regular Migration", GCM)*, der die Rechte von Flüchtlingen weltweit – zwar rechtlich nicht verbindlich, aber politisch durchaus relevant – regelt. Innerhalb der EU ist er nicht einheitlich akzeptiert worden. Die vier → *Visegrád-Staaten* Polen, Tschechien, Slowakei und Ungarn lehnten ihn ab; das Recht souveräner Staaten, selbst zu entscheiden, wer auf ihrem Gebiet aufgenommen wird, sei in dem Dokument nicht ausreichend garantiert. Bulgarien, Italien, Lettland, Österreich und Rumänien enthielten sich am 19. Dezember 2018 der Stimme. Ebenfalls nicht zugestimmt haben dem Pakt u. a. die USA, Israel, Australien, Chile oder die Schweiz.

2. Rückführungsabkommen

Eine effektive Rückführung ausreisepflichtiger, aus Drittstaaten stammender Ausländer gilt als wichtige Komponente bei der Steuerung der Migrationsbewegungen auf EU-Ebene. Neben zahlreichen anderen Initiativen hat die EU daher mit einer Reihe von Staaten, aus denen viele Zuwanderer stammen, Abkommen geschlossen, in denen sich die Vertragsparteien zur Rückübernahme ihrer Staatsangehörigen sowie – unter bestimmten Bedingungen – von Drittstaatsangehörigen und Staatenlosen verpflichten. Sie enthalten zudem prozedurale und technische Kriterien für die Rückübernahme.

Die Verhandlungen, die vorausgehen, sind in aller Regel überaus zeitaufwendig und kompliziert. Zwar wird die EU von Drittstaaten als gewichtiger Verhandlungspartner wahr- und ernstgenommen. Dennoch – die Hürden, die man der EU zu setzen versucht, erinnern nicht selten an Pokerspiele. Viele Drittstaaten machen Rückübernahmezusagen nur allzu gern von Liberalisierungen auf dem Sektor der Visa-Erteilungen abhängig. Auch wünscht man neue Spielräume bei den (legalen) Migrationsmöglichkeiten der eigenen Staatsangehörigen.

Auf Grundlage des → *Lissabon-Vertrags* muss seit 2009 das Europäische Parlament diesen Abkommen regelmäßig zustimmen.

EU-Rückübernahmeabkommen gibt es mit:

Drittstaat	Inkrafttreten
Hongkong	1. März 2004
Macau	1. Juni 2004
Sri Lanka	1. Mai 2005
Albanien	1. Mai 2006
Russland	1. Juni 2007
Ukraine	1. Januar 2008
Mazedonien	1. Januar 2008
Bosnien und Herzegowina	1. Januar 2008
Montenegro	1. Januar 2008
Serbien	1. Januar 2008
Moldau	1. Januar 2008
Pakistan	1. Dezember 2010
Armenien	1. März 2011
Georgien	1. Januar 2014
Aserbaidschan	1. September 2014
Türkei	1. Oktober 2014
Kap Verde	1. Dezember 2014

Doch diese Abkommen erweisen sich nicht selten als eher ineffizient, weil es zahllose Möglichkeiten gibt, sich einer Rückführung innerhalb der EU oder in das jeweilige Heimatland zu entziehen. An oberster Stelle steht dabei die *„Verschleierung“* (so die FAZ vom 10.7.2015): Wohin will man abgelehnte Asylbewerber oder illegal Eingereiste zurückführen, wenn sie ihre Dokumente vernichten und jegliche Angaben zu ihren Herkunftsländern verweigern?

Im Spätsommer 2023 wurde Tunesien zum wichtigsten Transitland für Migranten aus Afrika auf dem Weg nach Italien. Die EU-Kommission hat daher versucht, mit dem Land ein Migrationsabkommen abzuschließen. Als Gegenleistung für millionenschwere EU-Finanzhilfen sollen tunesische Sicherheitsbehörden stärker gegen Schlepper und das Ablegen von Booten vorgehen. Ob es tatsächlich greift, bleibt abzuwarten.

3. Europäische Migrationsagenda

Im Mai 2015 hat die EU-Kommission einen „Rundumschlag" gewagt und ihre *„Europäische Migrationsagenda“* vorgelegt. Sie skizzierte darin nicht nur Sofortmaßnahmen als Reaktion auf die akute Krisensituation im Mittelmeer, sondern auch die in den kommenden Jahren zu ergreifenden Schritte, um die Migration in all ihren Aspekten besser in den Griff zu bekommen.

Als konkrete *Sofortmaßnahmen* wollte die EU-Kommission

- die *Kapazitäten für die Frontex-Operationen* im Mittelmeer

(→ *„FRONTEX"*) in den Jahren 2015 und 2016 verdreifachen,

- einen *zeitlich befristeten Verteilungsmechanismus* für Personen einführen, die eindeutig internationalen Schutz in der EU benötigen. Dieses Vorhaben scheiterte am Widerstand verschiedener Mitgliedstaaten.
- einen Vorschlag für ein *EU-weites Neuansiedlungssystem* vorlegen, das verteilt auf alle Mitgliedstaaten Platz für 20.000 Vertriebene anbieten soll, die eindeutig internationalen Schutz in Europa benötigen, und dafür 2015 und 2016 insgesamt 50 Millionen Euro an Sondermitteln bereitstellen.
- Vorarbeiten treffen für etwaige Operationen im Mittelmeer auf der Grundlage der → *Gemeinsamen Sicherheits- und Verteidigungspolitik (GSVP)* mit dem Ziel, *Schleusernetze zu zerschlagen* und *gegen Schleuserkriminalität vorzugehen.*

Für das *weitere Vorgehen* nannte die Agenda *vier Schwerpunktbereiche* für eine bessere Steuerung der Migration:

(1) *Anreize für die irreguläre Migration reduzieren* – etwa durch ein stärkeres Einbeziehen von Frontex in die *Rückführung Ausreisepflichtiger* oder durch neue Maßnahmen, die lukrative *Schleuserkriminalität sowohl weniger profitabel als auch risikoreicher* zu machen. Wie schon allzu oft verbal verkündet wollte man auch jetzt wieder *„Fluchtursachen bekämpfen"*.

(2) *Rettung von Menschenleben und die* (dem Wunschdenken zuzuordnende) *Sicherung der Außengrenzen* – unter anderem durch Frontex oder durch verstärkte Grenzmanagement-Kapazitäten von Drittstaaten.

(3) Eine *starke gemeinsame Asylpolitik* – Vorrang hat die vollständige Umsetzung des Gemeinsamen Europäischen Asylsystems: Insbesondere die systematische Identitätsfeststellung und Abnahme von Fingerabdrücken sowie Maßnahmen, die das Prinzip des sicheren Herkunftsstaats in der Asylverfahrensrichtlinie stärken, sollen einem Missbrauch des Systems entgegenwirken. Auch wird an eine Reform der (de facto außer Kraft gesetzten) Dublin-III-Verordnung im Jahr 2016 gedacht (→ *Dubliner Übereinkommen*).

(4) Eine *neue Politik für legale Migration* – Europa soll für (qualifizierte) Migranten attraktiv bleiben, unter anderem durch eine modernisierte Blue-Card-Richtlinie (→ *Blaue Karte*) oder eine Neuausrichtung integrationspolitischer Strategien.

IV. „Schutz der Außengrenzen"?

Sie zählt zu den drängendsten und zugleich in besonders auffälliger Weise ungelösten Herausforderungen der EU: die *illegale Migration.* Die Wurzeln der Problematik sind komplex. Dies sind die Fakten:

- Die Binnenfreizügigkeit gilt seit dem sog. → *Schengener Abkommen* von 1985 als ein *rocher de bronze* unserer Integration.

- Allerdings setzt sie den *„Schutz der Außengrenzen"* dieses Schengenraumes zwingend voraus.

Dieser Schutz hat sich als nicht durchsetzbar erwiesen. Wem es gelingt, seinen Fuß über die Außengrenzen zu setzten, ist auf europäischem Boden und hat Anspruch auf ein Verfahren als Flüchtling oder Asylbewerber. Rückweisungen, sog. Push-backs, sind illegal.

Wer aber einmal auf das Gebiet der EU gelangt ist – gleichgültig ob mit oder ohne Ausweispapiere – der bleibt in der überwiegenden Zahl der Fälle, nutzt früher oder später die Freizügigkeit für ein Weiterwandern in ein EU-Land seiner Wahl – oft genug ist es Deutschland. Das ist – dem ebenfalls nicht mehr durchsetzbaren Dubliner Übereinkommen zum Trotz – die Realität.

In zahllosen Diskussionen hat der Verfasser versucht, herauszufinden, was die politisch Verantwortlichen genau unter dem ständig zitierten Mantra *„Schutz der Außengrenzen"* verstehen. Präzise Antworten sind nicht im Angebot. Ein zur allgemeinen Beruhigung gern geäußertes Alibi ist der Verweis auf → *FRONTEX*. Die Beamten der europäischen Grenzschutzagentur aber haben kein Mandat, um unberechtigte Grenzübertritte zu verhindern. Auch dürfen sie niemanden, der illegal über die Grenzen gelangt ist, zurückschicken. Sie dürfen allenfalls beim „Registrieren" helfen, wenn sich die Migranten bereits auf europäischem Boden befinden. Der Bau von Mauern und Zäunen wird diskutiert, von einzelnen EU-Staaten wie etwa Ungarn in eigener Regie betrieben, aber innerhalb der EU uneinheitlich bewertet. Um die griechischen Inseln jedenfalls lassen sich keine Zäune errichten.

So bleibt der Umgang mit illegaler Migration ein weit offenes Kapitel. Bis heute ist es uns Europäern nicht gelungen, mit der Anziehungskraft umzugehen, die Europa auf Menschen in zahlreichen Weltregionen ausübt. Zentrale Grundwerte wie Rechtsstaatlichkeit, Freiheit und Freizügigkeit, die auf unserem Kontinent garantiert sind, bergen zugleich die zentrale „Achillesferse"; sie laden geradezu dazu ein, der Armut, der Perspektivlosigkeit, vielleicht der Unterdrückung in den Heimatländern zu entrinnen und an dieser grandiosen Verheißung eines Lebens in Wohlstand und Freiheit teilzuhaben. Es sind aber gerade unsere – mühsam errungenen – Werte, die unser System verletzlich machen – etwa gegenüber Erpressungsversuchen autokratisch gesteuerter Nachbarstaaten.

1. „Einfallstor Türkei"

Kaum ein Land war und ist – neben Libyen und seit 2023 Tunesien – für ungeregelte Wanderungsströme in die EU so bedeutsam wie die Türkei. Verhandlungen über ein Rückführungsabkommen gerade mit diesem Partner waren also dringlich. Schon 2002 nahm man sie auf. Erst ein Jahrzehnt später, im Dezember 2013, konnte ein Abkommen unterzeichnet werden, das die Rückführung von türkischen Staatsbürgern ohne Aufenthaltsgenehmigung in einem EU-Mitgliedsstaat und umgekehrt regelt. Darüber hinaus verpflichtete sich die Türkei generell zur Rücknahme illegaler Einwanderer, also von Bürgern anderer Länder ohne Aufenthaltsgenehmigung sowie von Staatenlosen. Für Asylbewerber gelten die Regeln nicht. Im Gegenzug nahm die EU-Kommission Gespräche über eine Visaliberalisierung für türkische Staatsangehörige bei Reisen nach Europa auf.

Für die in ihrer Traumwelt offener Binnengrenzen lebenden Europäer bedeutete der Flüchlingsansturm des Jahres 2015 ein böses Erwachen. In der Türkei lebten seinerzeit bereits mehr als zwei Millionen Flüchtlinge aus dem Bürgerkriegsland Syrien. Da kein Ende des Krieges absehbar und die Situation für Flüchtlinge in der Türkei eher unbefriedigend war, versuchten vor allem seit 2015 viele Menschen, nach Europa weiterzureisen. Die meisten kamen über die Ägäis nach Griechenland, ein Teil auch über die Landgrenze nach Bulgarien. Auch für Flüchtlinge aus dem Irak, Afghanistan und nordafrikanischen Ländern wurde die Türkei ein wichtiges Transitland auf dem Weg nach Europa.

Am 18. März 2016 einigten sich die EU und die Türkei auf ein Abkommen, das die Massenflucht über die Ägäis stoppen sollte. Danach sollte die Türkei verhindern, dass Flüchtlinge mithilfe von Schleppern auf die griechischen Inseln fahren; sie verstärkt also ihren Grenzschutz. Dafür stellte die EU bis 2018 sechs Milliarden Euro zur Verbesserung der Lebensumstände der Flüchtlinge in der Türkei bereit. Außerdem sollten Flüchtlinge, die keinen Anspruch auf Asyl haben, von den griechischen Inseln zurück in die Türkei gebracht werden: Für jeden dieser in die Türkei abgeschobenen Flüchtlinge verpflichten sich die EU-Länder, im Gegenzug einen syrischen Flüchtling aus der Türkei direkt aufzunehmen. Darüber hinaus wurde der türkischen Regierung in Aussicht gestellt, dass schneller über die Abschaffung des Visazwangs für türkische Bürger und den EU-Beitritt verhandelt wird.

Tatsächlich kamen daraufhin zunächst deutlich weniger Flüchtlinge in Griechenland an. Nachdem die Türkei in der zweiten Jahreshälfte 2019 wiederholt gedroht hatte, die Rücknahme von Flüchtlingen zu stoppen oder ihre verstärkten Grenzkontrollen wieder einzustellen, hat sie diese Ankündigungen 2020 in die Tat umgesetzt. Polizei, Küstenwache und Grenzschutz erhielten am 27. Februar 2020 die Anweisung, syrische Flüchtlinge ungehindert passieren zu lassen. Zehntausende in der Türkei prinzipiell vor dem syrischen Bürgerkrieg sichere Flüchtlinge strömten daraufhin umgehend zur türkisch-griechischen Grenze, um als Migranten in die EU zu gelangen. Die griechische Regierung schloss ihre Grenze zur Türkei, wehrte die drohende Einwanderungswelle entschlossen ab und wurde dabei von den 26 EU-Partnerländern einhellig unterstützt.

2. Ansturm aus Belarus

Einer, der die „Achillesferse“ der EU ebenfalls erkannt und wenig später skrupellos ausgenutzt hat war der belarussische Präsident . Im August 2020 begann er, eine Migrationswelle gigantischen Ausmaßes zu organisieren. Mit wöchentlich 40 Flügen ließ er Wanderungswillige u.a. aus Istanbul, Damaskus und Dubai nach Minsk fliegen, wo im Herbst 2020 etwa 800 bis 1.000 Migranten *täglich* eintrafen. Von dort aus transportierte man sie mit Bussen an die polnische Grenze. Nicht selten halfen belarussische Beamte beim Überwinden der Grenzanlagen. Bis November 2020 stellte die polnische Grenzpolizei bereits „über 30.000 illegale Grenzübertritte“ fest.

Erneut war die Hilflosigkeit der EU sprichwörtlich. „Die EU“, so klang es hohl aus Brüssel, müsse „alles in ihrer Macht Stehende tun, um Polen *beim Schutz seiner Außengrenzen* zu unterstützen“. Was aber steht „in der Macht der EU“? Man bot der polnischen Regierung die Unterstützung von Frontex-Beamten an. Polen lehnte, wissend um das begrenzte Mandat dieser Behörde, dankend ab – und entschied sich für Abwehrmaßnahmen in eigener Regie. Man schloss die Grenzen, baute Sperranlagen, später robuste Zäune, und schickte Migranten, die es dennoch auf polnischen Boden schafften, konsequent zurück.

Ebenso wie *Recep Tayyip Erdoğan* hat auch Lukaschenko die Entschlusslosigkeit der EU gezielt genutzt, um Europa zu erpressen. Natürlich gab und gibt es Stimmen, die erkannt haben, welche Gegenwehr geboten wäre. *Manfred Weber*, EVP-Fraktionschef im → *Europäischen Parlament (EP)*, fasste es so zusammen: „An der griechisch-türkischen Grenze konnten die Erpressungsversuche Erdoğans nur unterbunden werden, als mit Grenzzäunen ein unerlaubter Übertritt praktisch verhindert wurde. Gleiches gilt jetzt für die europäische Ostgrenze“ (Zitiert nach DIE WELT vom 7.11.2020).

3. Wachsender Handlungsdruck

Die Situation hat sich weiter eher verschärft. 2022 wurden 330.000 nicht regelgerechte Grenzübertritte an den EU-Außengrenzen festgestellt. Die Zahl der Asylsuchenden – vorwiegend aus Syrien, Afghanistan, Pakistan oder Ägypten – war mit 966.000 indessen dreimal so hoch. Das entsprach einer Zunahme um 77 Prozent gegenüber 2021, und war die höchste Zahl seit dem Höhepunkt der sogenannten Flüchtlingskrise in den Jahren 2015 und 2016, Dunkelziffer unbekannt.

Auch 2023 ist die Tendenz weiter steigend. Allein in der ersten Jahreshälfte war mit 519.000 Asylanträgen in der EU, der Schweiz und Norwegen ein Anstieg um 28 Prozent gegenüber dem entsprechenden Vorjahreszeitraum zu verzeichnen – erneut ein neuer Höchststand. Die Zahlen spiegelten den immensen Druck, der auf den EU-Staaten laste und deren Aufnahmefähigkeiten überlaste – so Ylva Johansson, Kommissarin für Inneres der EU-Kommission. Und es geht weiter: Frontex rechnet in seiner „Risikoanalyse“ für die nächsten Jahre bis 2032 mit einem weiter ansteigenden Migrationsdruck: „Die aktuellen Migrations- und Flüchtlingskrisen an der südlichen und östlichen EU-Grenze zeigen an, dass die EU höchstwahrscheinlich mehr von diesen Ereignissen erleben wird.“ Frontex empfiehlt „eine umfassende Vorsorge, um den Grenzschutz zu verstärken.“

Zum Jahresbeginn 2023 erörterten die Staats- und Regierungschefs die Problematik. Im Kern trafen erneut zwei Ideologien unversöhnlich aufeinander: mehr Menschen aufnehmen oder stärker abschrecken? Der Vorschlag, besonders von unerlaubten Übertritten betroffene Grenzabschnitte – wie etwa die bulgarisch-türkische Grenze – mit Befestigungsanlagen zu versehen, scheitere u.a. am Widerstand Deutschlands. Einigen konnte man sich allenfalls auf die seit Jahren bekannte Leerformel eines verbesserten „*Schutzes*" der Außengrenzen, auf zusätzliche Rücknahmeabkommen mit den Herkunftsländern der Migranten und auf mehr Abschiebungen.

Allerdings

- versucht die EU seit Jahren, mehr Ausländer ohne Bleiberecht abzuschieben, kommt aber kaum voran. 2021 befand der → *Europäische Rechnungshof*, das bestehende System sei in hohem Maße ineffizient und bewirke „das Gegenteil dessen, was es eigentlich soll: Statt abzuschrecken, leistet es illegaler Migration Vorschub." 2022 wurde nur jeder fünfte Ausländer ohne Bleiberecht aus der EU abgeschoben.
- Es bestehen bereits 18 Rückübernahmeabkommen mit zahlreichen Drittstaaten. Umstritten ist aber, wie viel Druck die EU auf Herkunftsländer ausüben sollte, mit denen die Kooperation schwierig ist, und wie sehr andererseits Anreize für Zusammenarbeit geschaffen werden sollten.
- Auch die Idee einer fairen Verteilung Schutzsuchender auf alle EU-Staaten, die die seit Langem zu beobachtende Unwirksamkeit des Dublin-Systems ausgleichen würde, hat sich seit Jahren als nicht umsetzbar erwiesen.

V. Ein „neuer Migrations- und Asylpakt"?

Um das Thema mit neuen Impulsen voranzubringen, hatte die EU-Kommission in ihrem im Januar 2020 vorgelegten Arbeitsprogramm angekündigt, einen „neuen Migrations- und Asylpakt" auszuarbeiten. Man wolle „ein robusteres, humaneres und wirksameres Migrations- und Asylsystem schaffen, das auch das Vertrauen in den Schengen-Raum mit freiem Personenverkehr stärken wird".

Diese „Reform" galt als Priorität der seit Dezember 2019 amtierenden EU-Kommission unter ihrer Präsidentin *Ursula von der Leyen*. Man begann, die Positionen der Mitgliedstaaten neu auszuloten und mögliche Kompromisse zu erörtern. Am 8. Juli 2023 schließlich einigten sich die Mitgliedstaaten auf wichtige Teile einer Reform der europäischen Asyl- und Migrationspolitik. Zentrale Elemente der Übereinkunft sind

- Asylverfahren an den Außengrenzen der EU sowie
- ein neuer Solidaritätsmechanismus zur Verteilung der Schutzsuchenden auf die Mitgliedstaaten.

Polen, Ungarn, Malta, die Slowakei und Bulgarien stimmten gegen den Kompromiss; für die Annahme der Pläne reichte eine qualifizierte Mehrheit. Am 4. Oktober 2023 verständigten sich die EU-Staaten auf eine Krisenverordnung – und damit auf den letzten Baustein dieser Reform.

1. Ziele

- Die Einigung sieht erstmals Asylverfahren an Europas Außengrenzen vor. Dafür soll es sog. Asylzentren in Grenznähe geben. Die Verfahren dort sollen, so ist es zumindest geplant, bis zur Entscheidung höchstens drei Monate dauern.
- Diese Grenzverfahren sollen vorerst nur bei Migrantinnen und Migranten aus Ländern greifen, die im EU-Schnitt eine Anerkennungsquote von unter 20 Prozent haben, also etwa für Menschen aus der Türkei, Serbien oder Tunesien. Die Mehrheit der Geflüchteten – etwa aus Syrien, Afghanistan oder dem Sudan – soll weiter ein Recht auf ein reguläres Asylverfahren haben.
- Abgelehnte Bewerber sollen laut der Einigung in sogenannte sichere Drittstaaten abgeschoben werden können. Dazu zählen etwa Tunesien oder Albanien. Eine Bedingung hierfür ist, dass die Abgeschobenen einen Bezug zu den Zielländern haben. Nach Angaben der EU-Kommission soll es ausreichen, wenn die Betroffenen lediglich durch diese Länder gereist sind.
- Zudem will man nicht nur illegale Migration eindämmen, sondern auch zu einer gerechteren Verteilung von Geflüchteten innerhalb der EU gelangen. EU-Länder, die sich der Einigung zu einer Verteilung verweigern, sollen künftig ein Zwangsgeld von 20.000 Euro für jeden Migranten zahlen, den sie nicht aufnehmen. Das Geld soll in einen Fonds fließen, aus dem Migrationsprojekte finanziert werden. Durch diesen „Solidaritätsmechanismus“ sollen EU-weit mindestens 30.000 Menschen pro Jahr umverteilt werden. Auf Deutschland könnten dabei nach vorläufigen Angaben bis zu 6.000 entfallen.

2. Bewertungen

Während diese Pläne bei Menschenrechtsorganisationen teils heftige Kritik auslösten, stießen sie bei den deutschen Bundesländern auf eine „nahezu einhellige Zustimmung“, so Niedersachsens Ministerpräsident *Stefan Weil* (SPD), Chef der Ministerpräsidentenkonferenz: "Wir wissen wirklich zu würdigen, dass Europa noch nie so weit gewesen ist, eine gemeinsame Politik in diesem schwierigen Feld zu diskutieren und zu vereinbaren"; allerdings seien noch Fragen offen.

War die lange Suche nach einer solidarischen Asylpolitik damit doch noch erfolgreich? Eine abschließende Antwort setzt eine Verständigung der EU-Länder mit dem → *Europäischen Parlament (EP)* auf den endgültigen Gesetzestext voraus. Die deutsche Bundesregierung dringt auf einen Abschluss der Reform bis zur Europawahl 2024.

Weiterführende Literatur

Ursula Bitzegeio et al. (Hrsg.), „Flucht, Transit, Asyl – Interdisziplinäre Perspektiven auf ein europäisches Versprechen“, Bonn 2018 | *Michael Griesbeck*, „Steuerung, Flüchtlingsschutz und Entwicklung“, in: „Migration – eine europäische Herausforderung“, hrsg. von Hanns Seidel Stiftung, München 2015, S. 28–37 | *Christel Kumbruck et al.*, „Flüchtlingsaufnahme kontrovers – Einblicke in die Denkwelten und Tätigkeiten von Engagierten“, Baden-Baden 2020 | *Christian Walter/Martin Burgi* (Hrsg.), „Die Flüchtlingspolitik, der Staat und das Recht“, Tübingen 2017

▶ Aufbau- und Resilienzfazilität

I. Ein neuer Begriff

Neue Begriffe sind das eine – ob sie die Freude an einer Beschäftigung mit der Europäischen Integration zu steigern vermögen, ist eine andere Frage. Dieses Mal geht es um die Auszahlung von Finanzmitteln aus dem mit 750 Milliarden Euro ausgestatteten → *Corona-Wiederaufbaufonds* der → *Europäischen Union (EU)*. Der Großteil dieser Finanzhilfen, nämlich 672,5 Milliarden Euro, wird über eine neue *„Aufbau- und Resilienzfazilität“* ausgezahlt; die restlichen 77,55 Milliarden Euro fließen über bereits existierende EU-Förderprogramme (→ *Struktur- und Investitionsfonds (ESIF)*).

Die mit 672,5 Milliarden Euro ausgestattete Fazilität wird in Höhe von 360 Milliarden Euro als Darlehen und von 312 Milliarden Euro als Finanzhilfen ausgezahlt. Die Mittel unterstützen die EU-Mitgliedstaaten darin, die wirtschaftlichen und sozialen Auswirkungen der COVID-19-Pandemie besser zu bewältigen und gleichzeitig dafür zu sorgen, dass ihre Volkswirtschaften sich dem grünen und dem digitalen Wandel unterziehen und nachhaltiger und widerstandsfähiger werden.

In den Jahren 2021 und 2022 waren 70 Prozent der Mittel an folgende Kriterien gebunden:

- Arbeitslosigkeit in den Jahren 2015–2019;
- inverses Pro-Kopf-BIP;
- Bevölkerungsanteil.

Für die restlichen 30 Prozent bis Ende 2023 galten folgender Kriterien:

- Rückgang des realen BIP im Jahr 2020;
- Gesamtrückgang des realen BIP 2020–2021:
- inverses Pro-Kopf-BIP;
- Bevölkerungsanteil.

II. Voraussetzungen für eine Auszahlung

Die EU-Mitgliedstaaten haben 2021 und 2022 **nationale Aufbau- und Resilienzpläne** eingereicht, in denen ihre Reform- und Investitionsagenda für die Jahre bis 2026 darlegt ist. Vorzulegen sind kohärente Pakete von Projekten in sechs Politikbereichen:

- grüner Wandel;
- digitaler Wandel;
- intelligentes, nachhaltiges und integratives Wachstum und Beschäftigung;
- sozialer und territorialer Zusammenhalt;
- Gesundheit und Resilienz;
- Maßnahmen für die nächste Generation, einschließlich für Bildung und Kompetenzen.

Vor der endgültigen Mittelzuweisung bewertet die EU-Kommission die Aufbau- und Resilienzpläne u.a. nach folgenden Kriterien:

- Übereinstimmung mit den länderspezifischen Empfehlungen im Rahmen des → *Europäischen Semesters*;
- Stärkung des Wachstumspotenzials, Relevanz für das Entstehen von Arbeitsplätzen sowie wirtschaftliche und soziale Resilienz des Mitgliedstaats;
- effektiver Beitrag zu dem grünen und dem digitalen Wandel; in den nationalen Plänen sollten mindestens 37 Prozent der Mittel für Klima und biologische Vielfalt und mindestens weitere 20 Prozent für digitale Maßnahmen zugewiesen werden.

Die Bewertung der Aufbau- und Resilienzpläne wird innerhalb eines Monats vom Rat auf Vorschlag der Kommission mit qualifizierter Mehrheit gebilligt. Voraussetzung für die positive Bewertung der Zahlungsanträge ist, dass die vorgegebenen Ziele zufriedenstellend erreicht werden.

III. Sachstand

Die EU-Kommission hat die Beschlüsse des Rates zur Billigung der Bewertungen der Pläne aller EU-Mitgliedstaaten offiziell bekannt gegeben. Damit steht es den Mitgliedstaaten offen, **bilaterale Finanzhilfe- und Darlehensvereinbarungen** mit der Kommission zu unterzeichnen und für die 2021 angenommenen Vereinbarungen eine Vorfinanzierung in Höhe von bis zu 13 Prozent des ihnen zugewiesenen Gesamtbetrags zu erhalten, um die Erholung in Gang zu bringen. In diesen Vereinbarungen werden auch die Bedingungen und der Zeitplan für weitere Auszahlungen festgelegt.

▶ Ausfuhrerstattung

Sie ist das Gegenstück zur → *Abschöpfung* in der → *Agrarpolitik* der → *Europäischen Union* (EU). Beim Export (Ausfuhr) von Agrarerzeugnissen gewährte die EU den Landwirten Ausfuhrerstattungen, die die Differenz zwischen hohen Verkaufspreisen in der Europäischen Union und häufig niedrigeren Verkaufspreisen auf dem Weltmarkt ausgleichen sollten.

Ausfuhrerstattungen sind also Exportbeihilfen, die es erlauben, Agrarüberschüsse aus der Gemeinschaft außerhalb der EU zu wettbewerbsfähigen Preisen und bei garantierten Mindestpreisen für die Bauern abzusetzen. Das System der Ausfuhrerstattung stieß zunehmend auf Kritik, da es den heimischen Agrarproduzenten ermöglichte, sich gegen die Konkurrenten aus Ländern außerhalb der EU, die keine Beihilfen erhalten, durchzusetzen. Das System wurde im Rahmen von Agrarreformen (→ *Agrarpolitik*) inzwischen fairer gestaltet.

▶ Ausschuss der Regionen (AdR)

Der Ausschuss der Regionen (AdR) in Brüssel, das jüngste → *Organ* der Europäischen Union (EU), wurde mit dem → *Maastrichter Vertrag* von 1993 geschaffen. Die Mitgliedstaaten der EU wollten ihre regionalen Sichtweisen und Interessen intensiver in die Politik der EU einbringen. Der Ausschuss hat beratende Funktion; verbindliche Entscheidungen trifft er nicht.

Der Ausschuss wurde unter maßgeblicher Mitwirkung der deutschen Bundesländer eingerichtet, kann daher als wichtiger Impuls für das Konzept eines → *Europas der Regionen* bewertet werden, das einer Konzentration auf zentral gesteuerte Aktivitäten der EU und damit einer europäischen „Integration von oben" entgegenwirken soll. Seit seiner ersten Sitzung im März 1994 hat sich der AdR als energischer Verfechter des → *Subsidiaritätsprinzips* profiliert, d. h. des Prinzips, Entscheidungen stets auf der niedrigstmöglichen Verwaltungsebene zu treffen.

I. Zusammensetzung

Die Mitglieder des AdR sind u. a. als Abgeordnete aus Landtagen, Ministerpräsidenten deutscher Bundesländer, Bürgermeister oder als Landräte Vertreter bürgernah tätiger regionaler und lokaler politischer Instanzen. So erfahren sie unmittelbar, wie sich Politik und → *Gemeinschaftsrecht der EU* im Alltag der Bürger auswirken. Sie werden gemäß den Vorschlägen der Mitgliedstaaten vom → *Rat der EU* auf vier Jahre ernannt und sind an keine Weisungen gebunden. Alle 27 EU-Staaten sind im AdR vertreten. Die Anzahl der aus den einzelnen Staaten entsandten Mitglieder entspricht ihrer Bevölkerungszahl:

Anzahl der Mitglieder je Staat

- Deutschland, Frankreich, Italien je 24;
- Polen, Spanien je 21;
- Rumänien 15;
- Belgien, Bulgarien, Griechenland, Niederlande, Österreich, Portugal, Schweden, Tschechien, Ungarn je 12;
- Dänemark, Finnland, Irland, Kroatien, Litauen, Slowakei je 9;
- Lettland, Slowenien je 7;
- Estland 6;
- Luxemburg, Malta, Zypern je 5.

Vorgeschlagen werden die Mitglieder des AdR von den Regierungen der EU-Mitgliedsländer. Die Kriterien für die Aufnahme sind geographischer und politischer Natur; es wird darauf geachtet, dass die Mitglieder aus verschiedenen Landesteilen kommen und die Parteienlandschaft widerspiegeln. In Deutschland übernimmt die Bundesregierung die Vorschläge der Landesparlamente. In Österreich hat jedes Bundesland einen Sitz; die drei verbleibenden Sitze gehen an lokale

Vertreter. In Belgien gehen alle zwölf Sitze an die Regionen oder Gemeinschaften. In nicht föderalen Staaten ist die Repräsentanz der Regionen tendenziell weniger ausgeprägt; hier gehen mehr Sitze an lokale Vertreter.

Seit dem → *Vertrag von Nizza* müssen sie außerdem ein Wahlmandat der von ihnen vertretenen Gebietskörperschaft innehaben oder einer gewählten Versammlung gegenüber politisch verantwortlich sein.

II. Organisationsstruktur

Die Mitglieder des AdR werden nach den Vorschlägen der Mitgliedstaaten vom → *Rat der Europäischen Union* auf vier Jahre ernannt. Sie sind an keine Weisungen gebunden.

Aus seiner Mitte wählt der AdR für eine Amtszeit von jeweils zwei Jahren ein *40-köpfiges Präsidium*, das für die Umsetzung des politischen Programms zuständig ist. Der *Präsident*, der auf der Plenarversammlung für eine Amtszeit von zweieinhalb Jahren gewählt wird, leitet die Arbeiten des AdR, sitzt den Plenartagungen vor und vertritt die Einrichtung nach außen. Präsident des AdR ist seit 2017 der Belgier Karl-Heinz Lambertz. Fünfmal jährlich finden *Plenarsitzungen* statt.

Die Arbeit des AdR ist in *sieben Fachbereiche* gegliedert:

(1) Fachkommission für Kohäsionspolitik (COTER),
(2) Fachkommission für Wirtschafts- und Sozialpolitik (ECOS),
(3) Fachkommission für nachhaltige Entwicklung (DEVE),
(4) Fachkommission für Kultur und Bildung (EDUC),
(5) Fachkommission für konstitutionelle Fragen und Regieren in Europa (CONST),
(6) Fachkommission für Außenbeziehungen (RELEX),
(7) Ausschuss „Verwaltung und Finanzangelegenheiten".

Weiterführende Literatur

Cornelia Föhn, „Der Ausschuss der Regionen: Interessenvertretung der Regionen Europas", München 2003 | *Otto Schmuck*, „Ausschuss der Regionen 2018/2019", in: „Jahrbuch des Föderalismus 2019", hrsg. von EZFF, Baden-Baden 2019, S. 419–432

▶ Ausschuss der Ständigen Vertreter

Der Ausschuss setzt sich zusammen aus den von den Regierungen der 27 Mitgliedstaaten entsandten Leitern der nationalen Vertretungen bei der → *Europäischen Union (EU)* in Brüssel, den sogenannten Ständigen Vertretern.

Sie sind Botschafter im klassischen Sinne, werden von den nationalen Regierungen eingesetzt und sind an deren Weisungen gebunden.

I. Aufgaben

Der Ausschuss der Ständigen Vertreter hat die Aufgabe, die Arbeit des → *Rates der EU*, des sog. „Ministerrates", vorzubereiten, zu begleiten und zu unterstützen. Er nimmt dem Rat sozusagen die politische Alltags- und Detailarbeit ab.

Der Ausschuss ist sowohl eine Schaltstelle zwischen der Europäischen Union und den Mitgliedstaaten als auch eine politische und fachliche Prüfinstanz. Alle Gesetzesvorhaben der EU – also alle geplanten Verordnungen, Richtlinien und Empfehlungen (→ *Europäisches Gemeinschaftsrecht*) – werden dem Ausschuss vorgelegt.

Der Rat leitet Gesetzesvorhaben vor der Beschlussfassung zunächst an den Ausschuss; dieser beauftragt untergeordnete Arbeitsgruppen mit der Prüfung. Insgesamt bestehen ca. 250 ständige bzw. „ad hoc“ für bestimmte Themen einberufene Arbeitsgruppen.

II. Bedeutung

Mit den wachsenden Aufgaben der EU ist auch der Rat zunehmend darauf angewiesen, einen erheblichen Teil seiner Arbeit an untergeordnete Gremien wie den Ausschuss der Ständigen Vertreter und dessen Arbeitsgruppen zu delegieren. Berücksichtigt man weiter, dass eine zentrale Funktion des Rats in der Vertretung der Interessen der Mitgliedstaaten auf EU-Ebene besteht, dass also über den Rat die Politik der EU von den Interessen der Mitgliedstaaten geprägt wird, dann ist es verständlich, dass auch die Ständigen Vertreter – als den nationalen politischen Vorgaben verpflichtete Botschafter ihrer Länder – eine einflussreiche Rolle in den europäischen Entscheidungsprozessen spielen.

▶ Außenbeziehungen der Europäischen Union

Außenbeziehungen der → *Europäischen Union* (EU) sind ihre Beziehungen zu Nichtmitgliedstaaten und zu internationalen Organisationen. Inhaltliche Schwerpunkte der Außenbeziehungen liegen auf den Feldern der Handels- und Wirtschaftspolitik, der Assoziierungs- und der Entwicklungspolitik.

Die Außenbeziehungen sind sachlich und rechtlich zu unterscheiden von der → *Gemeinsamen Außen- und Sicherheitspolitik (GASP)*, die die eigentlichen politischen Beziehungen der EU zu Drittstaaten und internationalen Organisationen zum Gegenstand hat.

Schon die Gründungsverträge der (heutigen) EU (→ *Römische Verträge*) übertrugen 1957 den Organen der Gemeinschaft Zuständigkeiten zur einheitlichen Gestaltung der Außenwirtschaftsbeziehungen. Im Vordergrund stand das Ziel, eine Gemeinsame Handelspolitik zu entwickeln. Dieser kommt heute als „Außenfenster“ des gemeinsamen → *Binnenmarktes* als größtem zusammenhängendem Wirtschaftsraum der industrialisierten Welt eine besondere Bedeutung zu.

Die Dynamik des Weltwirtschaftssystems erfordert kontinuierliche Anpassungen der handelspolitischen Instrumente und eine fortwährende Intensivierung der Vertragsbeziehungen. So gesehen sind die Außenwirtschaftsbeziehungen ein höchst wichtiges auswärtiges Aktionsfeld der EU, von dem nicht nur ihr internationaler Einfluss, sondern auch Millionen Arbeitsplätze abhängen.

B

▶ Baltikum

Baltikum ist die zusammenfassende Bezeichnung für die drei nordöstlich von Polen gelegenen Länder Estland, Lettland und Litauen. Ihre unmittelbare Lage an der Ostsee, dem „mare balticum", stand für diese Bezeichnung Pate.

Bereits kurz vor dem Zerfall der Sowjetunion ergriffen diese Länder, und hier besonders mutig Lettland, die Chance, ihre nationale Eigenständigkeit zurück zu erringen. Die Übergabe der russischen Frühwarnstation in Skruda/Lettland am 21. Oktober 1999 markiert den endgültigen Abbau russischer Militärpräsenz in den baltischen Staaten und das formelle Ende der sowjetischen Besatzung, die im Sommer 1940 begonnen hatte. Bis zum Rückerwerb ihrer Souveränität im Jahre 1991 gehörten sie zum Staatsgebiet der Sowjetunion.

Alle drei Länder haben ohne langes Zögern die Aufnahme in die → *Europäische Union* (EU) beantragt. Mit Estland begannen die Beitrittsverhandlungen bereits 1998; Verhandlungen mit Lettland und Litauen wurden im Jahr 2000 aufgenommen.

Alle drei Staaten sind am 1. Mai 2004 Vollmitglieder der Europäischen Union geworden (→ *Osterweiterung*). Seit 21. Dezember 2007 gehören sie auch dem Schengen-Raum (→ *Schengener Abkommen*) an, einem Raum, in dem an den Binnengrenzen keine Personenkontrollen mehr stattfinden.

Estland führte am 1. Januar 2011, Lettland am 1. Januar 2014 und Litauen am 1. Januar 2015 den → *Euro* als alleiniges Zahlungsmittel ein. Damit gehören heute alle drei Baltischen Staaten dem → *Euro-Raum* an.

▶ Bankenunion

Die *Europäische Bankenunion* ist eines der ambitioniertesten politischen Projekte im Rahmen der Bewältigung der Finanz- und → *Staatsschuldenkrise* der Jahre seit 2010. Mit ihr wollen die Staaten der → *Europäischen Union* (EU) erreichen, dass marode Banken in Zukunft nicht mehr mit Steuergeldern gerettet, sondern fusioniert oder schlicht geschlossen werden. Die Kosten sollen die Aktionäre, Gläubiger und Kunden des betroffenen Instituts tragen. Reichen deren Beiträge nicht, kann eine neu geschaffene EU-Abwicklungsbehörde auf einen Fonds zugreifen, in den alle Banken des Kontinents bis Ende 2023 insgesamt 55 Milliarden Euro einzahlen müssen.

Ob die sogenannte „Europäische Bankenunion" die Steuerzahler tatsächlich nachhaltig schützen wird, muss sich allerdings erst zeigen.

I. Die Bankenunion als „Drei-Säulen-Konstruktion"

In den Bankbilanzen spiegeln sich immer auch die Risiken einer ganzen Volkswirtschaft, einschließlich der Solvenzrisiken des betreffenden Staates. Eine wirksame Aufsicht ist daher entscheidend. Angesichts des eng verflochtenen Finanzsektors Europas muss eine wirksame und glaubwürdige Bankenaufsicht und -abwicklung *grenzüberschreitend* erfolgen. In einer Währungsunion ist dies besonders wichtig, denn eine dezentrale Haushaltspolitik in Europa mit einer glaubwürdigen „No-Bailout-Klausel" (→ *Nichtbeistandsklausel*), wonach kein EU-Land für Verbindlichkeiten eines anderen Mitgliedstaates haftet, erfordert zwingend ein ausreichend schockresistentes Bankensystem. Und dies sind die Bauelemente:

1. Single Supervisory Mechanism

Mit dem *Single Supervisory Mechanism (SSM)* als zentraler Säule der Bankenunion ist eine einheitliche, wettbewerbsneutrale *Aufsicht* unter dem Dach der EZB geschaffen worden, die grenzüberschreitend und transparent agieren und präventiv wirken soll. Am 4. November 2014 hat die EZB die Verantwortung für den SSM insgesamt übernommen und fungiert nun als zentrale Bankenaufsichtsbehörde im → *Euro-Raum*. Dabei übt sie die direkte Aufsicht über diejenigen Banken und Bankengruppen aus, die als „bedeutend" eingestuft werden. Sie machen circa 85 Prozent der Bilanzsumme aller Institute im Euro-Raum aus. EU-Länder, die nicht dem Euro-Raum angehören, können ebenfalls am SSM teilnehmen.

Im Klartext: Seit Herbst 2014 werden die 128 größten Banken der 19 Euro-Länder direkt von der EZB beaufsichtigt. Die übrigen knapp 6.000 Institute bleiben unter der Obhut der nationalen Behörden. Die EZB kann aber jeden einzelnen Fall an sich ziehen, wenn sie dies aus Gründen der Finanzstabilität für nötig hält.

2. Single Resolution Mechanism

Wichtige Ergänzung des SSM und damit die zweite Säule der Bankenunion ist der einheitliche Abwicklungsmechanismus (*Single Resolution Mechanism (SRM)*): Besteht trotz aller Prävention die Gefahr einer Bankenschieflage, soll der SRM die *geordnete Abwicklung* von Banken möglich machen und durch eine klare vorrangige Haftung von Anteilseignern und Gläubigern den Steuerzahler nachhaltig schützen. Man spricht anschaulich von einer „Haftungskaskade"; sie verleiht einem grundlegenden Element der Marktwirtschaft, dem privaten Haftungsprinzip, neue Geltung: Fiskalische Mittel dürfen nur als allerletztes Mittel im Sinne eines Backstops eingesetzt werden. Dabei bleiben die von der Bankenschieflage betroffenen Mitgliedstaaten in der Verantwortung; denn trotz gemeinsamer Aufsicht wird die Geschäftstätigkeit der Banken auch durch die jeweilige nationale Wirtschaftspolitik beeinflusst. Mit der nationalen Eigenverantwortung bleibt der Anreiz für eine nachhaltige Wirtschaftspolitik erhalten.

3. Deposit Guarantee Schemes Directive

Als dritter Baustein der Bankenunion wurden die Anforderungen an nationale Einlagensicherungssysteme mit der im April 2014 beschlossenen Reform der Einlagensicherungsrichtlinie (*Deposit Guarantee Schemes Directive (DGSD)*) weiter harmonisiert. Alle EU-Länder sind nun verpflichtet, bankenfinanzierte Einlagensicherungsfonds aufzubauen, damit im Entschädigungsfall jedem Bürger garantiert ist, dass die ersten 100.000 Euro auf dem Konto unangetastet bleiben. Zudem wird die Auszahlungsfrist schrittweise von 20 auf sieben Arbeitstage verkürzt. Damit sollen das Vertrauen und der Schutz der Bankkunden weiter gestärkt werden. Die in Deutschland existierenden Einlagensicherungssysteme bleiben erhalten; insbesondere können die Institutssicherungssysteme der Sparkassen und Genossenschaften auch zukünftig präventive und stützende Maßnahmen durchführen. Eine EU-weite Vergemeinschaftung der Einlagensicherungssysteme ist nicht vorgesehen und wird von Deutschland abgelehnt. Einlagensicherung bleibt also Sache der Nationalstaaten.

Abbildung 1:

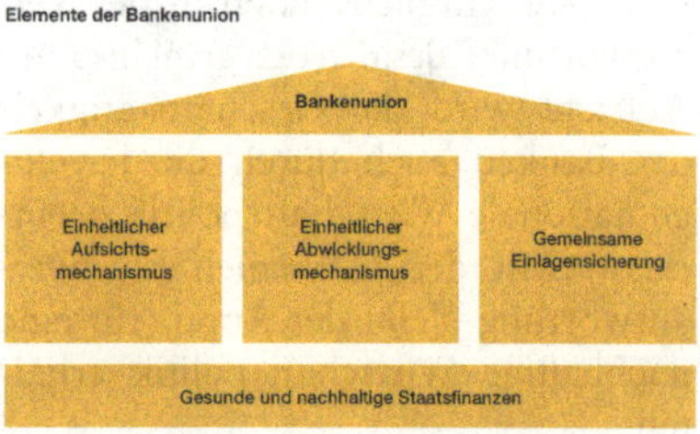

Quelle: Deutsche Bundesbank; Lizenz: cc by-nc-sa/4.0/de/

Bundeszentrale für politische Bildung 2018, www.bpb.de

II. Die EZB – der neue „Machtfaktor" im Gefüge der EU-Institutionen?

Die Aufsichts- und Untersuchungsbefugnisse der EZB im Rahmen ihrer Bankenaufsicht sind seither erstaunlich weitreichend:

- Sie ist jetzt ausschließlich für die Erteilung der im EU-Recht geregelten Banklizenzen oder deren Entzug zuständig,
- beurteilt den Erwerb qualifizierter Beteiligungen,
- überwacht bei den von ihr unmittelbar beaufsichtigten Banken die Eigenkapital- und Liquiditätsanforderungen,
- kann Kapitalpuffer festlegen, Geldbußen verhängen und bei Fehlverhalten der Banken frühzeitig intervenieren. Zum Beispiel kann sie die Geschäftsaktivitäten von Banken einschränken, die variable Vergütung begrenzen oder Geschäftsleiter abberufen.
- Darüber hinaus erhält sie in einem begrenzten Rahmen Rechtssetzungsbefugnis und kann damit Verordnungen erlassen und Leitlinien oder Empfehlungen veröffentlichen.

Vor allem: Sowohl Geldpolitik als auch Bankenaufsicht sind nun in der EZB angesiedelt. Ziel- und Interessenskonflikte sind damit programmiert. Um sie zu vermeiden, verpasste man der EZB u. a. ein neues Aufsichtsgremium, das *Supervisory Board*. Es besteht aus Vertretern der EZB und der nationalen Aufsichtsbehörden. Vorlagen des Supervisory Boards gelten als angenommen, wenn der EZB-Rat, das höchste Beschlussorgan der EZB, sie nicht innerhalb einer bestimmten Frist ablehnt. Eine Schlichtungsstelle, der Vertreter der am SSM teilnehmenden Mitgliedstaaten angehören, soll gegebenenfalls aufkommende Meinungsverschiedenheiten zwischen EZB-Rat und Supervisory Board ausräumen.

III. Was passiert konkret, wenn eine Bank in eine Schieflage gerät?

Zunächst muss das Institut selbst versuchen, an Kapital zu kommen, beispielsweise durch die Ausgabe neuer Aktien. Finden sich keine Geldgeber, kommt die o.a. Haftungskaskade zum Tragen – man spricht von einem „Bail-in“. In einem ersten Schritt müssen die Anteilseigner Geld nachschießen. Anschließend wird den Gläubigern der Bank, also etwa den Besitzern von Firmenanleihen, ein Beitrag abverlangt: Sie müssen entweder auf die Rückzahlung von Forderungen verzichten oder aber diese in eine direkte Beteiligung – also in der Regel in Aktien – umwandeln. Als Drittes trifft es die Bankkunden, die dazu verpflichtet werden, einen Teil ihrer Guthaben oberhalb von 100.000 Euro abzutreten. Der Gesamtbeitrag von Aktionären, Gläubigern und Großkunden ist zunächst auf acht Prozent der Bankverbindlichkeiten begrenzt.

IV. Was passiert, wenn weiteres Geld nötig ist?

Nächster Geldgeber ist ein neuer europäischer *Abwicklungsfonds*, der sich aus Beiträgen aller Banken speist. Dagegen wehren sich hierzulande noch die Sparkassen, die argumentieren, dass von ihnen kein Risiko ausgehe. Die Privatbanken verweisen hingegen auf das Beispiel Spanien, wo vor allem Sparkassen gestützt werden mussten. Der Abwicklungsfonds soll binnen zehn Jahren mit 55 Milliarden Euro gefüllt werden. In Deutschland muss dazu die bereits existierende Bankenabgabe kräftig angehoben werden.

V. Der „Stresstest“

In den Medien war im Vorfeld dieser Kompetenzerweiterung der EZB oft die Rede vom sog. *Stresstest*, einer umfassenden Überprüfung aller bedeutenden Banken (*Comprehensive Assessment*). Diese ist abgeschlossen. Überprüft hat man nicht nur die Qualität der Vermögenswerte, sondern vor allem die Belastbarkeit der Banken auch bei einer schweren negativen makroökonomischen Entwicklung. Erfüllten die Banken bestimmte vorgegebene Eigenkapitalquoten nicht, hatten sie sechs bis neun Monate Zeit, um die Kapitallücken zu schließen. Damit sollte nicht nur Transparenz und Glaubwürdigkeit über die Krisenfestigkeit der Banken geschaffen, sondern auch die Gefahr ausgeräumt werden, dass die EZB unbekannte Altlasten übernimmt, die noch unter nationaler Verantwortung entstanden sind.

VI. Bewertungen, Kritik, Bewährungsproben

Es ist das erklärte Ziel aller an der Errichtung der Bankenunion beteiligten Akteure, die Banken und den europäischen Finanzmarkt stabiler, wettbewerbsfähiger und widerstandsfähiger zu machen. Die Bankenunion ist so gesehen ohne Zweifel ein gut gemeinter institutioneller Pfeiler im Stützmechanismus des Euro. Die europaübergreifende Aufsicht über unsere oft genug international operierenden Banken ist Wirklichkeit geworden. Eines der elementaren Anliegen des Projekts, der Schutz der Steuerzahler, verdient Respekt.

Doch es gibt auch Schwachstellen. Kritiker sehen „eine weitere europäische Mammutbehörde“, „hektisch aus dem Boden gestampft, unausgegoren und gefährlich“, so die Wirtschaftswoche vom 18. September 2014. Und natürlich klingt auch die bekannte Melodie vom Spannungsfeld zwischen Unionskompetenzen und nationalstaatlicher Souveränität an. Der Deutsche Bundestag habe, so vermerkt etwa die Wirtschaftswoche a.a.O. bitter, mit ihrer Entscheidung, die Bankenunion für Deutschland zu beschließen, erneut ein Stück deutscher Souveränität aufgegeben. Die Bankenaufsicht sei zudem auf ein Organ übertragen worden, das keiner Institution gegenüber mehr rechenschaftspflichtig ist: auf die EZB. „Die Bundesbank“, so die Wirtschaftswoche, „ist damit in weiten Teilen überflüssig geworden“.

Es ist also immer noch und immer wieder aufs Neue spannend: föderale Strukturen haben ihren Preis. Das war schon zu den Gründerzeiten der Montanunion so; Kompetenzgewinne auf Unionsseite gehen zwangsläufig einher mit nationalen Souveränitätsverlusten. Und mit der aktuellen Bankenunion hat auch der nationale Einfluss auf die Geldpolitik naturgemäß Federn lassen müssen.

Der eigentliche Knackpunkt aber liegt etwas versteckt auf einer anderen Ebene. In der Währungsunion gilt, dass sämtliche Mitglieder verpflichtet sind, Haushaltsdisziplin einzuhalten, was vielfach eher Wunsch als Wirklichkeit ist. Kurzum: Die im → *Maastrichter Vertrag* von 1993 festgelegten → *Konvergenzkriterien* waren die Eintrittsbedingungen für die → *Wirtschafts- und Währungsunion*. Deren Beachtung aber steht und fällt mit souveränen und rein national zu treffenden Goodwillentscheidungen eines jeden Eurolandes. Die Staatsschuldenkrise hat schlagartig an das Tageslicht befördert, was jeder Euro-Architekt hätte ahnen können, dass nämlich eine auf der Souveränität jedes einzelnen Eurolands beruhende Konvergenzverpflichtung nicht zur Integration einer Währungs- und Bankenunion passt. Der 2012 von den EU-Staaten geschlossene → *Fiskalvertrag* weist daher in die richtige Richtung. Ob dieser Weg aber in eine → *Fiskalunion* führen sollte, ist in der EU noch nicht zu Ende diskutiert.

Weiterführende Literatur

Markus Demary, „Europäische Bankenunion – Stand der Umsetzung und Nachbesserungsbedarf“, Köln 2014 | *Thomas Dietz,* „Bankgeschäftliche Prüfungen im Rahmen der Bankenunion – Inhalte, Ablauf, Erkenntnisse“, Stuttgart 2019 | *Horst Gischer et al.*, „Fallstricke der Europäischen Integration – Banken- und Kapitalmarktunion aus deutscher Perspektive“, in: ORDO, 69. Jahrgang 2018, S. 153–174 | *Markus C. Kerber,* „Finanzstabilität oder Bankenunion?“, Marburg 2020

▶ „Barcelona-Prozess“

Die Bezeichnung „Barcelona-Prozess“ steht für das 1995 in der spanischen Hafenstadt ins Leben gerufene Kooperationsprogramm *„Euro-Mediterraner Partnerschaft“* (kurz: EMP oder *EUROMED*) der → *Europäischen Union (EU)*.

I. Ziele

Das Programm wurde der früheren Konferenz über Sicherheit und Zusammenarbeit in Europa (→ *KSZE*) nachempfunden, die während des Kalten Krieges zur Entspannung zwischen Ost und West beitragen wollte. In ähnlicher Weise sollte nun am „Krisenbogen Mittelmeer“ ein Dialogprozess und eine dauerhafte Partnerschaft begründet werden. Die Mittelmeerpolitik der EU erhielt also einen institutionellen Rahmen. *Drei „Säulen“* der Zusammenarbeit wurden zwischen EU sowie den Staaten des Maghreb und des Nahen Ostens vereinbart:

(1) eine politische und sicherheitspolitische Partnerschaft,
(2) das Einrichten einer Freihandelszone bis 2010 im Rahmen einer Wirtschafts- und Finanzpartnerschaft sowie
(3) ein sozialer und kultureller Austausch zwischen den „Zivilgesellschaften“.

II. Mitglieder

37 Mitglieder gehörten der Partnerschaft an. Neben allen Staaten der EU waren dies Algerien, Ägypten, Israel, Jordanien, der Libanon, Marokko, Syrien, Tunesien, die Türkei und die Palästinensische Autonomiebehörde.

Repräsentanten dieser sog. *„EURO-MED“*-Staaten trafen sich in regelmäßigen Abständen. Stets nahmen die Außenminister der EU-Mitgliedstaaten sowie die → *Europäische Kommission* und der Hohe Repräsentant und Koordinator der EU-Außenpolitik teil.

III. Bilanz

Die von europäischer Seite initiierte Idee der Europäisch-Mediterranen Partnerschaft war geprägt von der Einschätzung, der nahöstliche Friedensprozess sei unumkehrbar – was sich leider als grundlegende Fehleinschätzung erwies. Schon 1996 geriet dieser Prozess in eine schwere Krise, die dem Barcelona-Prozess seither eine ihrer wesentlichen Grundlagen entzog, nämlich der Kooperationsbereitschaft zwischen Israel und den arabischen Mittelmeerländern. Hinzu kam, dass der Kampf gegen den internationalen Terrorismus als Reaktion auf die Anschläge am 11. September 2001 in New York sowie der 2003 von den USA völkerrechtswidrig angezettelte Krieg gegen den Irak zur Polarisierung zwischen „dem Westen“ und „dem Islam“ beitrugen.

Als sich im November 2005 die Konferenz von Barcelona zum zehnten Mal jährte, zog man die nüchterne Bilanz, dass messbare Fortschritte nur auf dem Gebiet der wirtschaftlichen Zusammenarbeit erreicht worden seien. Immerhin stellte die EU von 2000 bis 2006 insgesamt 5,35 Milliarden Euro für Projekte in den mediterranen Partnerländern bereit. Hinzu kamen Mittel der → *Europäischen Investitionsbank* für spezifische Projekte, die vor allem kleine und mittlere Unternehmen betrafen. Summa summarum ist die EU bis heute der größte nichtmilitärische Hilfegeber im Mittelmeerraum und im Nahen Osten.

Die erhofften Ziele wurden durch diese Finanztransfers nicht erreicht. Neu belebt wurde der Barcelona-Prozess durch die Initiative einer intensiveren Partnerschaft zwischen der EU und den Anrainerstaaten des Mittelmeeres, die am 13. Juli 2008 auf eine

Idee Frankreichs hin zur Gründung einer → *Mittelmeer-Union* führte.

▶ Benelux-Staaten

Benelux steht für die organisierte wirtschaftliche Zusammenarbeit der Staaten Belgien, Niederlande und Luxemburg. 1944 schlossen die Exilregierungen der drei Staaten in London ein Abkommen über die → *Zollunion* Benelux. Ausschlaggebend für dieses Abkommen waren neben ökonomischen auch sicherheitspolitische Gründe. Durch Kriegsfolgen verzögert trat es erst am 1. Januar 1948 in Kraft.

Von 1948 bis 1958 betrieben die Benelux-Staaten eine Integrationspolitik mit dem Ziel einer Wirtschaftsunion, die vertraglich 1953 durch die teilweise Liberalisierung des Kapitalverkehrs und 1957 in einem Abkommen über den Austausch von Arbeitskräften entwickelt wurde. Am 3. Februar 1958 unterzeichneten die drei Regierungen in Den Haag den Vertrag zur Bildung einer Wirtschaftsgemeinschaft der Benelux-Länder, der am 1. November 1960 in Kraft trat. In diesem Vertrag ist der freie Verkehr von Personen, Gütern, Kapital- und Dienstleistungen ebenso vorgesehen wie die Koordinierung der Wirtschafts-, Finanz- und Sozialpolitik sowie die Einführung einer Gemeinsamen Handelspolitik gegenüber Drittländern.

Von 1971 an erfolgte eine gemeinsame Erteilung von geschützten Warenzeichen. Seit 1975 werden der Umweltschutz, die Raumordnung und die Industrie- und Steuerpolitik harmonisiert.

Heute ist die Wirtschaftspolitik der Benelux-Staaten weitgehend in die → *Europäische Union* eingebunden. Dennoch behält der Zusammenschluss für die drei Mitgliedstaaten wichtige Funktionen. Die zentrale gemeinsame Verwaltung ist das Generalsekretariat mit Sitz in Brüssel.

▶ Beitritt zur Europäischen Union

Am 24. Februar 2022 beginnt Russland einen Krieg gegen die Ukraine. Die Solidaritätsbekundungen und -beweise des Westens – und speziell der → *Europäischen Union (EU)* – sind einhellig. Auch die Thematik eines Beitritts des überfallenen Landes zur EU ist schlagartig neu belebt. Am 1. März 2022 macht die Ukraine Nägel mit Köpfen und stellt einen Antrag auf Beitritt zur EU. Moldau und Georgien folgen am 3. März diesem Beispiel. Bereits am 23. Juni 2022 werden der Ukraine und Moldau der Status von Beitrittskandidaten verliehen.

I. Der rechtliche Rahmen

Gemäß Artikel 49 des Vertrages über die Europäische Union (EUV) kann jeder europäische Staat die Mitgliedschaft in der EU beantragen. 1997 allerdings koppelte der Amsterdamer Vertrag diese Mitgliedschaft an Grundsätze, die erfüllt sein müssen. Denn laut Art. 6 Abs. 1 EUV beruht die Union *„auf den Grundsätzen der Freiheit, der Demokratie, der Achtung der Menschenrechte und*

Grundfreiheiten sowie der Rechtsstaatlichkeit ..." Außerdem sind die Mitgliedstaaten vertraglich gehalten, eine Wirtschaftspolitik zu betreiben, die „*dem Grundsatz einer offenen Marktwirtschaft mit freiem Wettbewerb verpflichtet ist.*"

Doch die *Beitrittsbedingungen* gehen weit darüber hinaus. Schon 1993 haben die Staats- und Regierungschefs der EU in Kopenhagen sehr konkrete Voraussetzungen festgelegt, die ein Neubewerber in rechtlicher, politischer und wirtschaftlicher Hinsicht unbedingt zu erfüllen hat. Diese → „*Kopenhagener Kriterien*" verlangen insbesondere

- institutionelle Stabilität, demokratische und rechtsstaatliche Ordnung, Wahrung der Menschenrechte sowie Achtung und Schutz von Minderheiten;
- eine funktionsfähige Marktwirtschaft und die Fähigkeit, dem Wettbewerbsdruck innerhalb des gemeinsamen EU-Binnenmarktes standzuhalten;
- die Übernahme des gemeinschaftlichen Regelwerks, des sog. „Besitzstandes"; man spricht vom „Aquis communitaire".
- Schließlich darf die Erweiterung nicht zum Risiko für die Weiterentwicklung der EU werden. Mit anderen Worten: Die Union muss ihrerseits den Beitritt verkraften können!

Einen Rechtsanspruch auf Mitgliedschaft gibt es nicht; die Aufnahme in die Union ist eine politische Entscheidung. Das Beitrittsverfahren aber folgt einem genauen „Fahrplan" und umfasst die drei Phasen Antragstellung, Verhandlung und Ratifizierung (Artikel 49 EUV).

II. Das Verfahren

Anträge auf Beitritt zur EU lösen eine Prüfung durch die → Europäische Kommission aus. In einer Stellungnahme („Avis") kann die Kommission das Verleihen eines Kandidatenstatus befürworten oder Vorgaben („Benchmarks") machen, die das Land zunächst noch erfüllen muss. Eventuell kann sich die Kommission zusätzlich bereits für die Aufnahme von Beitrittsverhandlungen aussprechen. Meist ergeht diese Empfehlung jedoch zu diesem Zeitpunkt noch nicht.

Auf der Grundlage des „Avis" hat der → Rat der EU zu gegebener Zeit *einstimmig* darüber zu entscheiden, ob er dem beitrittswilligen Land tatsächlich den Kandidatenstatus verleiht. Bis zu diesem Schritt vergehen mitunter einige Jahre.

Im Falle Moldaus und der Ukraine allerdings war ein geradezu atemberaubendes Tempo zu beobachten. Bereits Mitte Juni 2022 empfahl die EU-Kommission aufgrund ihrer Prüfung, beiden Ländern den Status von Beitrittskandidaten zuzuerkennen. Die 27 Staats- und Regierungschefs folgen auf ihrem Gipfeltreffen in Brüssel am 23. Juni 2022 dieser Empfehlung einstimmig. Bosnien-Herzegowina und Georgien wurde eine „Beitrittsperspektive" in Aussicht gestellt.

Hat ein Land den *Kandidatenstatus* erreicht, überwacht die EU-Kommission dessen Reformfortschritte und hält sie in jährlichen Fortschrittsberichten fest. Bei ausreichenden Fortschritten spricht die Kommission Empfehlungen für die Eröffnung von Beitrittsverhandlungen aus. Auch hier muss der Rat der EU einstimmig zustimmen. Ist auch diese Klippe umschifft, erteilt der Rat der Kommission ein Mandat zur Aufnahme von Verhandlungen. Legt ein Mitgliedstaat ein Veto gegen die Aufnahme von Beitrittsverhandlungen ein, wie jüngst Bulgarien in Bezug auf Nordmazedonien, kann sich der Beginn der Verhandlungen erneut um Jahre verzögern.

In den *Beitrittsverhandlungen* werden alle Bereiche verhandelt, die für die künftige Mitgliedschaft eine Rolle spielen – wie u.a. die Wirtschaftspolitik, die Außenpolitik oder die Rechtsstaatlichkeit. Ziel ist die Übernahme des gemeinschaftlichen Besitzstandes der EU, also des „Acquis communitaire", durch das Kandidatenland. Der Acquis wird im Rahmen der Verhandlungen in 35 Kapitel unterteilt.

Die Verhandlungen verlaufen zweispurig. Im Rat der EU legen die Mitgliedstaaten den Verhandlungsrahmen fest. Die Verhandlungen selbst führt die Kommission mit der Regierung des Kandidatenstaates. In sogenannten „Beitrittskonferenzen" wird über Öffnung und Schließung jedes einzelnen Verhandlungskapitels entschieden, und zwar nach *einstimmiger* Zustimmung aller Mitgliedstaaten.

Kommt es zu keinen Fortschritten oder gar zu Rückschritten, können einzelne Kapitel auch suspendiert werden – wie vielfach im Fall der Türkei geschehen. Auch die Verhandlungen insgesamt können ausgesetzt werden. Eine seit 2004 existierende „Suspensions-Klausel" sieht das Aussetzen von Beitrittsverhandlungen vor bei schwerwiegenden Verletzungen der Grundwerte der EU wie Freiheit, Demokratie, Wahrung der Menschenrechte und der Grundfreiheiten sowie der Rechtsstaatlichkeit.

Sind alle Kapitel erfolgreich geschlossen, wird ein **Beitrittsvertrag** entworfen, der die Verhandlungsergebnisse enthält – sowie etwaige Übergangsfristen, Schutzklauseln und das voraussichtliche Beitrittsdatum.

Der Beitrittsvertrag bedarf der Billigung durch den Rat der EU, die EU-Kommission sowie das → *Europäische Parlament*.

Mit Vertragsunterzeichnung erhält das Land den Status eines *„beitretenden Staates"* und damit schon gewisse Vorrechte; so kann es nun bereits an Sitzungen der → *Organe der EU* als „aktiver Beobachter" teilnehmen und besitzt dort ein Rede-, aber kein Stimmrecht.

Schließlich muss der Beitrittsvertrag von allen 27 EU-Mitgliedstaaten sowie dem beitretenden Land gemäß deren jeweiligen nationalen Bestimmungen ratifiziert werden. Ist dieser Prozess abgeschlossen, tritt der Vertrag in Kraft und besiegelt die Vollmitgliedschaft des beitretenden Staates.

III. „National overstretch"?

Mit den inzwischen acht *Beitrittskandidaten*

*Serbien (Verhandlungen seit 2014),

*Montenegro (Verhandlungen seit 2012),

*Albanien (Kandidat seit 2014),

*Nord-Mazedonien (Kandidat seit 2005)

*der Türkei (Verhandlungen seit 2005),

*Ukraine (Kandidat seit 2022),

*Moldau (Kandidat seit 2022) und

*Bosnien-Herzegowina (Beitrittskandidat seit 1. Januar 2023)

dem po*tentiellen Beitrittskandidaten*

*Kosovo (noch kein Antrag)

sowie dem *Bewerber*

*Georgien

stehen nun 10 Aspiranten vor den Toren Brüssels. Sie alle bitten um Einlass in einen Club, der leider keineswegs in der inneren Verfassung zu sein scheint, einen Zuwachs in diesen Dimensionen verkraften zu können. Die Entscheidungsfindung bei Fragen, die dem Einstimmigkeitsprinzip unterliegen, ist schon heute ungeheuer mühsam. Die Risse innerhalb der Union – etwa zwischen Nord und Süd, Ost und West, Gründer- und Beitrittsstaaten, Euro- und Nicht-Euro-Ländern oder zwischen Nettozahlern und Nettoempfängern lähmen die Handlungsfähigkeit der Union und sind zudem von erheblicher Bremswirkung, wenn es um Weiterentwicklungen der EU beispielsweise hin zu einer echten Föderation geht.

Kurzum – die EU riskiert, sich zu überheben. Alternative Kooperationsmodelle wären dringend gefragt – wie etwa eine „assoziierte Partnerschaft“ einzelner Beitrittskandidaten in Anlehnung an die von *Angela Merkel* bereits vor Jahren im Hinblick auf die Türkei propagierte „Privilegierte Partnerschaft“.

Es muss erlaubt sein, über Grenzen der Erweiterung nachzudenken. Ein *„imperial overstretch“*, so lehren es Historiker wie *Herfried Münkler*, war seit jeher eine Ursache für den Untergang großer Reiche.

▶ Beschäftigungspolitik

Den Wohlstand mehren und gleichzeitig den sozialen Zusammenhalt sichern – das ist eines der Kernanliegen der → *Europäischen Union (EU)*.

I. Beschäftigungspolitik in der Europäischen Union

In zahlreichen EU-Mitgliedstaaten ist die Arbeitslosigkeit ein drängendes Problem; ihre Bekämpfung gehört damit zu den wichtigsten Aufgaben auch der EU in ihrer Gesamtheit.

Spätestens mit dem → *Amsterdamer Vertrag* von 1999 hat man diesem Thema EU-weit hohe Priorität eingeräumt. Seinerzeit wurde der folgende grundlegende Ansatz in den Vertrag aufgenommen, der sich heute in Artikel 146 Abs. 2 AEUV findet:

> „Die Mitgliedstaaten betrachten die Förderung der Beschäftigung als Angelegenheit von gemeinsamem Interesse und stimmen ihre diesbezüglichen Tätigkeiten ... aufeinander ab, wobei die einzelstaatlichen Gepflogenheiten in Bezug auf die Verantwortung der Sozialpartner berücksichtigt werden.“

Damit bleibt zwar auch weiterhin jeder Mitgliedstaat für seine Beschäftigungspolitik zuständig und verantwortlich, richtet sie aber anhand einer koordinierten Strategie auf Gemeinschaftsebene aus.

II. Beschäftigungspolitische Leitlinien

Zentrales Element dieses Beschäftigungstitels ist ein im heutigen Artikel 148 AEUV geregeltes *jährliches Berichts- und Überwachungsverfahren:*

- In diesem Rahmen erstellen → *Rat der EU* und → *Europäische Kommission* einen gemeinsamen Jahresbericht zur Beschäftigungslage in Europa.
- Dieser wiederum bildet die Grundlage für beschäftigungspolitische Leitlinien, die der Rat, nachdem er unter anderem das → *Europäische Parlament* angehört hat, mit qualifizierter Mehrheit verabschiedet.
- Diese Leitlinien des Rates richten sich an die EU-Staaten, die daraufhin „nationale Aktionspläne" erarbeiten.
- Im Jahresverlauf erstellen die Mitgliedstaaten einen Bericht über die Maßnahmen, die sie zur Umsetzung der Leitlinien getroffen haben.

Rechtlich binden diese Leitlinien die Mitgliedstaaten nicht; sie entfalten allenfalls eine gewisse politisch-psychologische Wirkung.

III. Entwicklungsschritte

Allerdings ist man nicht erst 1999 auf EU-Ebene beschäftigungspolitisch aufgewacht. Bereits 1993 entwickelte die EU-Kommission in ihrem *Weißbuch über Wachstum, Wettbewerbsfähigkeit und Beschäftigung* eine Strategie für dauerhaftes Wachstum in der Europäischen Union. Darin wurde vor allem das wechselseitige Lernen einerseits aus Fehlern und andererseits aus bewährten Maßnahmen der einzelnen Mitgliedstaaten empfohlen.

Unter deutscher → *EU-Präsidentschaft* setzte der → *Europäische Rat* im Dezember 1994 in Essen die Ideen des Weißbuchs um und konzipierte eine Beschäftigungsstrategie für Europa mit den Eckpunkten:

- Qualifikation und Weiterbildung,
- Senkung der Lohnnebenkosten,
- flexiblere Arbeitsorganisation,
- aktivere Arbeitsmarktpolitik sowie
- besondere Ausbildungsangebote für Jugendliche.

Im November 1997 einigten sich die EU-Mitgliedstaaten auf einem europäischen Sondergipfel zum Thema Beschäftigungspolitik darauf, sich künftig in folgenden *vier Schwerpunktbereichen* an gemeinsamen Zielen zu orientieren:

1. Beschäftigung

Dazu zählt in erster Linie die Bekämpfung der Jugend- und Langzeitarbeitslosigkeit; mindestens 20 Prozent der Arbeitslosen sollen durch Arbeitsbeschaffungsmaßnahmen oder andere Fördermaßnahmen unterstützt werden.

2. Kleinere und mittlere Unternehmen

Hier sollen vor allem die Rahmenbedingungen für diese Unternehmen verbessert und beispielsweise Steuern und Abgaben gesenkt werden.

3. Flexible Arbeitsmärkte

Angestrebt werden Vereinbarungen zur Modernisierung und Flexibilisierung der Arbeitsorganisationen, die beispielsweise die Reduzierung der Überstunden oder die lebenslange Weiterbildung betreffen.

4. Chancengleichheit

Die Mitgliedstaaten haben sich verpflichtet, für ein hohes Beschäftigungsniveau von Frauen einzutreten. Um Familie und Beruf besser miteinander zu vereinbaren, soll das Angebot an Betreuungseinrichtungen für Kinder verbessert werden. Auch die Rückkehr in den Beruf nach einer Familienpause soll erleichtert werden. Ein weiterer Bestandteil dieses Bereiches ist die Integration Behinderter in den europäischen Arbeitsmarkt.

IV. „Beschäftigungspakt"

Im Juni 1999 stellte der Europäische Rat in Köln wiederum die Beschäftigungsproblematik als Schwerpunktthema heraus. Um die Arbeitslosigkeit nachhaltig abzubauen, wurde ein umfassender *„Europäischer Beschäftigungspakt"* verabschiedet, der *drei tragende Elemente* enthält:

(1) Die Koordinierung der Wirtschaftspolitik und Verbesserung des wechselseitigen Zusammenwirkens von Lohnentwicklung sowie Geld-, Haushalts- und Finanzpolitik.

(2) Die Weiterentwicklung der koordinierten Beschäftigungsstrategie zur Verbesserung der Effizienz der Arbeitsmärkte.

(3) Strukturelle Reformen zur Verbesserung der Innovationsfähigkeit und Effizienz der Güter-, Dienstleistungs- und Kapitalmärkte.

V. „Lissabon-Strategie" und „Europa 2020"

Schließlich traf sich der Europäische Rat im März 2000 in Lissabon zu der Sondertagung „Beschäftigung, Wirtschaftsreform und sozialer Zusammenhalt – hin zu einem Europa der Innovation und des Wissens". Dort verabschiedete man wirtschaftliche, soziale und ökologische Zielbeschreibungen, die man → *Lissabon-Strategie* taufte und nach denen die EU bis 2010 zur „wettbewerbsfähigsten und dynamischsten wissensbasierten Wirtschaftsregion der Welt" aufsteigen sollte. Beschäftigungsförderung zählte man zu den prioritären Aktionsbereichen der EU.

2010 löste die Wachstumsstrategie → *„Europa 2020"* die nur begrenzt erfolgreiche Lissabon-Strategie ab. Dieses Nachfolgeprogramm misst den Themen Arbeitsplätze und Arbeitskräfte noch größere Bedeutung bei; erstmals wurden hier in den Bereichen Beschäftigung, Bildung und Armutsbekämpfung Ziele auf EU-Ebene festgelegt. Und mehr noch: Im Rahmen des *Europäischen Semesters*, der zentralen Umsetzung der Europa-2020-Strategie, vereinbaren die EU-Finanzminister für jeden Mitgliedstaat einheitliche Empfehlungen zur Beschäftigungspolitik. Letztere wird damit mehr und mehr zu einem Bestandteil europäischer wirtschaftspolitischer Steuerung.

VI. Fazit

Mit dem Amsterdamer Vertrag hat die Europäische Union 1999 ausdrücklich eine eigenständige beschäftigungspolitische Kompetenz erhalten; in den EG-Vertrag wurde mit den (heutigen) Artikeln 145 bis 150 AEUV ein neuer Titel „Beschäftigung" eingefügt. Ein Jahr später wurde der EU-Beschäftigungspolitik mit der Lissabon-Strategie ein neuer Rahmen vorgegeben.

Dennoch bleibt das Instrumentarium der EU eher auf Informationsaustausch und Koordinierung beschränkt. Auf dem operativen Sektor sind nach wie vor nahezu ausschließlich die Nationalstaaten zuständig. Das stärkste der EU zur Verfügung stehende Instrument ist letztlich – man kann es durchaus so sehen – das Thematisieren von Fehlern und Fehlentwicklungen auf nationaler Ebene und jeweils daran anknüpfende Empfehlungen an die Adresse des betroffenen Mitgliedstaates.

Hervorzuheben aber bleibt die Chance, zeitlich fixierte oder auf konkrete Personengruppen oder Regionen ausgerichtete Projekte anzustoßen oder zu fördern. An erster Stelle ist hier der Europäische → *Sozialfonds (EFS)* zu nennen, in dessen Rahmen die EU aus ihrem → *Haushalt* in der Förderperiode 2007 bis 2013 rund 75,6 Milliarden Euro und für den Zeitraum 2014 bis 2020 rund 80 Milliarden Euro auf EU-Ebene in beschäftigungspolitische Maßnahmen investiert hat.

▶ Binnenmarkt

Ein Binnenmarkt ist ein gemeinsamer Raum ohne Binnengrenzen, in dem der freie und unbeschränkte Verkehr von Waren, Personen, Kapital und Dienstleistungen gewährleistet ist.

Der europäische Binnenmarkt ist innerhalb der (heutigen) → *Europäischen Union* (EU) am 1. Januar 1993 Wirklichkeit geworden. Mit seinerzeit über 370 Millionen Verbrauchern und einer Wirtschaftsleistung (Bruttoinlandsprodukt) von über 5,6 Billionen Euro wurde er zum größten einheitlichen Markt der industrialisierten Welt. Heute – Stand 2022 – zählt dieser Raum rund 447 Millionen Einwohner.

I. Vorgeschichte

Schon im Vertrag zur Gründung der → *Europäischen Wirtschaftsgemeinschaft (EWG)* von 1957 (→ *Römische Verträge*) wurde ein Gemeinsamer Markt als zentrales Ziel der Gründungsväter festgeschrieben. Die notwendigen Vorstufen zum europäischen Binnenmarkt waren die → *Freihandelszone* und später die → *Zollunion*, die in der → *Europäischen Gemeinschaft (EG)*, der „Vorgängerin" der heutigen EU, am 1. Juli 1968 verwirklicht wurde.

Der nächste Schritt auf dem Weg zum Binnenmarkt wurde erst Anfang der 80er Jahre getan: Man beseitigte Hindernisse für den freien Verkehr von Personen, Waren, Kapital und Dienstleistungen und glich die jeweiligen nationalen Rechtsvorschriften (→ *Rechtsangleichung*) der EG-Mitgliedstaaten einander an.

Den Durchbruch zum Binnenmarkt brachte die → *Einheitliche Europäische Akte (EEA)*, die am 1. Juli 1987 in Kraft trat. Darin einigten sich die Mitgliedstaaten der EG darauf, die

Warenkontrollen an den Binnengrenzen abzuschaffen. Sie einigten sich zudem darauf, die folgenden *vier Grundfreiheiten* zu verwirklichen:

(1) Freier Warenverkehr;
(2) Freier Personenverkehr;
(3) Freier Dienstleistungsverkehr;
(4) Freier Kapitalverkehr.

Bedeutsam war die Einigung auf ein festes Eckdatum für die Vollendung des europäischen Binnenmarktes, nämlich auf den 31. Dezember 1992.

II. Die wichtigsten Etappen

1982: Der → *Europäische Rat* verpflichtet sich in Kopenhagen auf das Ziel, den Binnenmarkt voranzubringen.

1984: Der Europäische Rat setzt in Fontainebleau einen „Ausschuss für institutionelle Fragen" ein. Seine Aufgabe: Vorschläge zur Reform der Römischen Verträge auszuarbeiten.

1984: Das → *Europäische Parlament (EP)* legt den Bericht „Verwirklichung des europäischen Binnenmarktes" vor.

1985: Der „Ausschuss für institutionelle Fragen" legt dem Europäischen Rat seine Vorschläge für Reform und Ergänzung der EG-Verträge vor.

1985: Die → *Europäische Kommission* veröffentlicht das → *Weißbuch* über die Vollendung des Binnenmarktes bis 1992. Es enthält über 300 Maßnahmen, die zur Realisierung des Marktes notwendig sind.

1985: Der Europäische Rat in Mailand beruft eine Regierungskonferenz ein. Ihre Aufgabe: Beratung und Vorschläge zur Verwirklichung der → *Europäischen Union*.

1985: Der Europäische Rat in Luxemburg verabschiedet die → *Einheitliche Europäische Akte (EEA)*, die wichtigste Reform der Römischen Verträge seit 1957, und legt das Zieldatum für den Binnenmarkt auf den 31. Dezember 1992 fest (s. auch I. Vorgeschichte).

1987: Nach Ratifizierung durch die seinerzeit zwölf EG-Mitgliedstaaten tritt die EEA in Kraft.

III. Das Arbeitsprogramm

Um den Binnenmarkt zu verwirklichen, mussten die im genannten → *Weißbuch* der Europäischen Kommission festgelegten rund 300 Einzelmaßnahmen vom → *Ministerrat der EG* verabschiedet werden. Es ging vor allem um die Beseitigung

- der Waren- und Personenkontrollen an den Binnengrenzen der EG (→ *Freizügigkeit*),
- der technischen Schranken im Bereich der Normen, des öffentlichen Auftragswesens, der Freizügigkeit, des Dienstleistungs- und Kapitalverkehrs und der industriellen Zusammenarbeit,
- der steuerlichen Schranken im Bereich der Verbraucher- und Mehrwertsteuern.

Da sich ein Binnenmarkt aus vielen einzelnen Teilmärkten zusammensetzt, so z. B. dem Arbeitsmarkt, dem Kapitalmarkt, dem Verkehrsmarkt usw., spielten auch Fragen der europäischen → *Sozialpolitik*, der → *Niederlassungsfreiheit*, der Berufsausbildung und der Anerkennung von Diplomen eine wichtige Rolle.

Die Realisierung des Binnenmarktprogramms ist kein mit dem 31. Dezember 1992 abgeschlossenes Kapitel der europäischen Integration. Es handelt sich um einen stetig zu verfolgenden Prozess.

IV. Vorteile

Eine von der Europäischen Kommission 1988 in Auftrag gegebene Studie – der → *Cecchini Bericht* – schätzte die Vorteile, die sich aus der Verwirklichung des Binnenmarktes ergeben würden, auf jährlich ca. 430 Milliarden DM. Dies aber war – und blieb – Zukunftsmusik.

1996 hatte man erste solide Erfahrungen gesammelt. Die Europäische Kommission der seit 1993 als → *Europäischen Union* firmierenden Gemeinschaft legte einen umfangreichen Bericht über „Wirkung und Wirksamkeit des Binnenmarktes" vor, der auf 38 Einzelstudien und einer Befragung von 13.000 Unternehmen basierte. Es handelte sich um Zwischenergebnisse, die angesichts der hohen Arbeitslosigkeit weit hinter den hochgesteckten Erwartungen zurückblieben.

Immerhin habe das Binnenmarktprogramm, so der Bericht, 300.000 bis 900.000 zusätzliche Arbeitsplätze geschaffen, von 1987 bis 1993 eine zusätzliche Einkommenssteigerung von 1,1 bis 1,5 Prozent bewirkt und die Inflationsraten um 1,1 bis 1,5 Prozent gesenkt. Am positivsten wurde das Binnenmarktprogramm in den Sektoren bewertet, in denen besonders viele nichttarifäre Handelshemmnisse bestanden, wie etwa in der Elektronik-, Lebensmittel- und Chemieindustrie sowie im Verkehrswesen.

V. Bilanz

Am 1. Januar 2023 wurde der Binnenmarkt 30 Jahre alt. Heute ist er viel mehr als ein Rechtsrahmen oder nur ein Markt: Er ist ein Raum der Freiheit, des Fortschritts, der Chancen, des Wachstums, des gemeinsamen Wohlstands und der Resilienz. Mit 447 Millionen Bürgerinnen und Bürgern, 23 Millionen Unternehmen und 15 Prozent des weltweiten BIP ist er der größte integrierte Binnenmarkt überhaupt. Gleichzeitig ist er eine der am stärksten nach außen gerichteten Regionen der Welt.

Zur Erfolgsbilanz in Kernbereichen des Programms zählen das Aufbrechen der öffentlichen Beschaffungsmärkte bei der Vergabe von Bau- und Lieferverträgen sowie die Ausdehnung der EU-Regelungen auf die Sektoren Energie, Wasser, Verkehr, Telekommunikation. Auch die Liberalisierung der Finanz- und Verkehrsdienstleistungen (→ *Verkehrspolitik, europäische*) oder die gegenseitige Anerkennung der Hochschuldiplome und Berufsabschlüsse sind Positivposten der Bilanz.

Die von Drittländern häufig heraufbeschworene Gefahr einer *„Festung Europa"* konnte weitgehend entschärft werden. Der innergemeinschaftliche Handel ging nicht zulasten von Einfuhren aus Drittländern; deren Anteil am Warenverbrauch konnte sich sogar steigern. Zudem ist der Wirtschaftsstandort Europa durch den Binnenmarkt auch für ausländische Investoren attraktiver geworden. Erst die Glaubwürdigkeit des Binnenmarktprojekts hat den Weg frei gemacht für weitere Integrationsschritte sowie für die Verknüpfung mit der → *Wirtschafts- und Währungsunion (WWU)*.

Weiterführende Literatur

Ulrich Brasche, „Europäische Integration – Wirtschaft, Euro-Krise, Erweiterung und Perspektiven", 4. Auflage, Berlin 2017, Kap. 2 | *Andreas Th. Müller/Werner Schroeder* (Hrsg.), „25 Jahre europäischer Wirtschaftsraum – Ein Integrationsszenarium auf dem Prüfstand, Europarecht Beiheft 1", Baden-Baden 2020 | *Hans Jörg Schrötter/Bettina Forst,* „Markt für Millionen", Bergisch-Gladbach 1990

▶ Binnenmigration

Innerhalb der → *Europäischen Union (EU)* versteht man unter *Binnenmigration* die Zu- und Abwanderung von Staatsangehörigen aus einem EU-Mitgliedstaat in einen anderen EU-Staat. Entscheidend ist also die Staatsangehörigkeit, nicht das Herkunfts- oder Zielland der wandernden Personen. Dagegen zählt die Zu- bzw. Abwanderung von Drittstaatsangehörigen aus einem bzw. in einen anderen Mitgliedstaat der EU nicht zur EU-Binnenmigration im oben genannten Sinne.

Eine „EU-Staatsangehörigkeit" gibt es nicht. Gemeint ist in diesem Kontext stets die nationale Staatsangehörigkeit eines der 27 Mitgliedstaaten der EU (siehe auch → *Unionsbürgerschaft*). Das Unionsrecht gewährt den Staatsangehörigen der EU-Mitgliedsländer und ihren Familienangehörigen – unabhängig davon, ob diese ebenfalls Staatsangehörige eines EU-Landes sind oder nicht – grundsätzlich Personenfreizügigkeit; sie können sich innerhalb der EU-Staaten frei bewegen und arbeiten.

Freizügigkeit in der EU

Freizügigkeitsberechtigt sind Erwerbstätige, selbstständige Erwerbspersonen, EU-Staatsangehörige, die sich zur Berufsausbildung aufhalten wollen, Arbeitssuchende sowie Erbringer von Dienstleistungen, die (unter Umständen einem Drittstaat angehörenden) Familienangehörigen dieser Personen sowie EU-Staatsangehörige und ihre Familienangehörigen, die ein Daueraufenthaltsrecht erworben haben (§ 2 Abs. 2 FreizügG/EU).

Nichterwerbstätige Unionsbürger, etwa Personen in Ruhestand oder Studierende, sind dann freizügigkeitsberechtigt, wenn sie über ausreichenden Krankenversicherungsschutz und ausreichende Existenzmittel verfügen (§ 4 FreizügG/EU).

Familienangehörige von EU-Staatsangehörigen im Sinne des Freizügigkeitsrechts sind Ehepartner oder Lebenspartner, Kinder bis zum 21. Lebensjahr sowie Verwandte in direkter aufsteigender und absteigender Linie, sofern ihnen Unterhalt gewährt wird (§ 3 Abs. 2 FreizügG/EU).

Staatsangehörige aus den Mitgliedstaaten der EU benötigen für ihre Einreise und für ihren Aufenthalt in Deutschland kein Visum bzw. Aufenthaltstitel (§ 2 Abs. 4 S. 1 FreizügG/EU).

Drittstaatsangehörige Familienangehörige benötigen ein Einreisevisum, sofern sie nicht im Besitz einer Aufenthaltskarte im Sinne von Artikel 5 Abs. 2 i. V. m. Artikel 10 Freizügigkeitsrichtlinie (Richtlinie 2004/38/EG) sind (§ 2 Abs. 4 S. 2, 3 FreizügG/EU).

EU-Staatsangehörige, die im Besitz eines gültigen Personalausweises oder Reisepasses sind, haben ein dreimonatiges voraussetzungsloses Aufenthaltsrecht (§ 2 Abs. 5 S. 1 FreizügG/EU). Drittstaatsangehörige Familienangehörige haben das gleiche Recht, wenn sie im Besitz eines anerkannten Passes oder Passersatzes sind und sie den EU-Staatsangehörigen begleiten oder ihm nachziehen (§ 2 Abs. 5 S. 2 FreizügG/EU).

Freizügigkeitsberechtigten Familienangehörigen, die Drittstaatsangehörige sind, wird im Falle eines länger als drei Monate währenden Aufenthalts eine Aufenthaltskarte für Familienangehörige von EU-Staatsangehörigen ausgestellt (§ 5 Abs. 1 FreizügG/EU).

Freizügigkeit besteht grundsätzlich auch für Staatsangehörige aus Norwegen, Island und Liechtenstein sowie der Schweiz (→ *Europäischer Wirtschaftsraum*).

▶ „Blaesheim-Prozess“

2001 trafen sich im elsässischen Blaesheim bei Straßburg erstmals die Staats- und Regierungschefs Frankreichs und Deutschlands sowie ihre Außenminister zu einem informellen Gespräch. Im Rahmen des hiernach benannten „Blaesheim-Prozesses“ erörtern sie seither in relativ kurzen Abständen aktuelle Fragen der europäischen und internationalen Politik. Staatspräsident *Jacques Chirac* und Bundeskanzler *Gerhard Schröder* hatten seinerzeit vereinbart, sich alle sechs bis acht Wochen zu treffen. Die Treffen haben üblicherweise den Charakter informeller Gespräche ohne feste Tagesordnung. Anlässlich der 79. deutsch-französischen Konsultationen in Schwerin am 30. Juli 2002 kam man überein, den Rhythmus künftig auf vier Wochen zu verkürzen. Dass diese zeitlichen Abstände seit 2003 wieder länger wurden, hängt mit den seither häufigeren Begegnungen des französischen Staatspräsidenten mit dem deutschen Bundeskanzler bzw. der Bundeskanzlerin am Rande von Konferenzen, wie beispielsweise während der Treffen des → *Europäischen Rates*, zusammen.

▶ Blaue Karte (Blue Card)

Zahlreiche Länder der → *Europäischen Union (EU)* sind als Einwanderungsziel beliebt. Eine EU-Richtlinie *„zur Einreise und zum Aufenthalt von Drittstaatsangehörigen zur Ausübung einer hoch qualifizierten Beschäftigung (Blaue Karte EU)“* von 2009 enthält umfassende Regelungen für Zuwanderer aus Staaten *außerhalb* der EU, die einer „hochqualifizierten Beschäftigung“ nachgehen wollen.

Die Richtlinie orientiert sich an den Belangen des Arbeitsmarktes; Fragen etwa einer Integrationsbereitschaft oder -fähigkeit bleiben ausgeklammert. Das eher eindimensionale Ziel lautet, den dauerhaften Zuzug von hoch qualifizierten Fachkräften zu erleichtern und die gesetzlichen Voraussetzungen für eine Beschäftigungsaufnahme ausländischer Studierender nach dem Studienabschluss an einer europäischen Hochschule zu verbessern.

Natürlich gelten auch für diese Zuwanderer zunächst die allgemeinen Hürden, die unser nationales Recht für einen Aufenthaltstitel vorsieht. Die Richtlinie schreibt zusätzlich folgende *Zulassungskriterien* vor:

- einen Arbeitsvertrag oder ein verbindliches Arbeitsplatzangebot für eine hoch qualifizierte Beschäftigung,
- den Nachweis eines akademischen Abschlusses oder, wenn dies nach nationalem Recht vorgesehen wird, den Nachweis über eine mindestens fünfjährige einschlägige Berufserfahrung,
- ein jährliches Mindestbruttogehalt von 58.400 Euro. Bei Beschäftigungen in den Berufsfeldern Mathematik, Informatik, Naturwissenschaften, Ingenieurwesen und der Humanmedizin (ausgenommen Zahnmedizin) gilt ein verringertes jährliches Mindestbruttogehalt von 45.552 Euro (Stand 2023 – die Gehaltsgrenzen werden für jedes Kalenderjahr neu angepasst).
- Die Beschäftigung muss der Qualifikation entsprechen.

Die Mitgliedstaaten der EU können ein Kontingent für die jährliche Zuwanderung im Rahmen dieser Richtlinie festlegen.

Hochqualifizierte mit einer Blauen Karte EU können nach 18 Monaten in einen anderen EU-Staat weiter wandern. Der zweite Mitgliedstaat kann jedoch verlangen, dass alle Voraussetzungen, die bei einer Ersteinreise in einen EU-Staat gelten, auch im zweiten Mitgliedstaat im Fall der Weiterwanderung zu erfüllen sind.

Die Richtlinie birgt einen besonderen Vorteil: Wer ein dauerhaftes Aufenthaltsrecht anstrebt, kann seine Aufenthaltszeiten in verschiedenen Mitgliedstaaten der EU zusammenzählen. Darüber hinaus können sich Inhaber der Blauen Karte EU bis zu zwölf Monate außerhalb der EU aufhalten, ohne dass sie dadurch den Aufenthaltstitel verlieren. Grundsätzlich tritt der Verlust nach sechs Monaten ein, soweit die Ausländerbehörde im Einzelfall nicht einem längeren Auslandsaufenthalt zugestimmt hat.

Deutschland hat diese Vorgaben 2012 mit § 18 b Abs. 2 Aufenthaltsgesetz (AufenthG) in nationales Recht umgesetzt. Auch mit den erweiterten Regeln des Fachkräfteeinwanderungsgesetzes von 2020 bleibt die Blaue Karte EU ein wichtiges Element der Erwerbsmigration nach Deutschland. Der dauerhafte Zuzug von hoch qualifizierten Fachkräften wird erleichtert und die gesetzlichen Voraussetzungen für eine Beschäftigungsaufnahme ausländischer Studierender nach dem Studienabschluss an einer deutschen Hochschule verbessert: Es wurde ein neuer, grundsätzlich auf vier Jahre befristeter Aufenthaltstitel, die „*Blaue Karte EU*“, eingeführt.

Vorteile

Eine *Blaue Karte EU* kann in allen EU-Mitgliedstaaten mit Ausnahme Dänemarks und Irlands beantragt werden.

- Sind die Zulassungskriterien erfüllt, besteht ein Rechtsanspruch auf die Blaue Karte EU.

- Der Familiennachzug ist erleichtert. Ehegatten auch ohne deutsche Sprachkenntnisse haben einen Anspruch auf eine Aufenthaltserlaubnis und dürfen sofort erwerbstätig sein.
- Mit der Blauen Karte EU erhält in Deutschland nach 33 Monaten eine Niederlassungserlaubnis, wer in dieser Zeit hochqualifiziert beschäftigt war, Beiträge zu einer Rentenversicherung geleistet hat und sich auf einfache Art auf Deutsch verständigen kann. Bei ausreichenden Deutschkenntnissen (Sprachniveau B1) verkürzt sich die Frist auf 21 Monate.

Die Blaue Karte wird in Deutschland gut angenommen. Ende 2021 waren rd. 70.000 Inhaberinnen und Inhaber einer Blue Card im Ausländerzentralregister erfasst, 6 Prozent mehr als im Vorjahr. Die Zahl der Fachkräfte mit Blue Card erreichte damit einen neuen Höchststand (Quelle: Statist. Bundesamt).

Die meisten Ende 2021 in Deutschland arbeitenden Blue Card-Inhaber kamen aus Indien (28 Prozent bzw. 19.900 Personen) gefolgt von China und der Türkei (jeweils 6 Prozent bzw. 4.200) sowie Russland (6 Prozent bzw. 4.000). Arbeitskräfte aus der Ukraine lagen mit rund 3 Prozent bzw. 2.300 Personen auf Rang 8. 28 Prozent der Fachkräfte mit Blue Card haben in Deutschland studiert.

Unter den Personen mit einem Aufenthaltstitel zur Erwerbstätigkeit stellten Blue Card-Inhaber rund 18 Prozent. Darüber hinaus waren 57.000 ehemalige Inhaberinnen und Inhaber einer Blue Card registriert, die inzwischen eine unbefristete Niederlassungserlaubnis erhielten; sie stellen 15 Prozent aller Personen mit einem Aufenthaltstitel zur Erwerbstätigkeit. Damit waren rund ein Drittel (33 Prozent) aller Personen mit einem solchen Aufenthaltstitel aktuelle oder ehemalige Inhaberinnen und Inhaber der 2012 eingeführten Blue Card EU.

Im Jahr 2021 wurde an insgesamt fast 25.000 Personen eine Blaue Karte EU erstmalig erteilt. Etwa die Hälfte von ihnen besaß schon einen anderen deutschen Aufenthaltstitel, beispielsweise im Rahmen eines Studiums.

Personen mit Aufenthaltstitel zum Zwecke der Erwerbstätigkeit am 31.12.2021

	Anzahl	Anteil
Insgesamt	381 595	100,0
Befristete Aufenthaltserlaubnis	295 380	77,4
darunter: Inhaberinnen und Inhaber einer Blue Card	69 865	18,3
Unbefristete Niederlassungserlaubnis	86 220	22,6
darunter: Ehemalige Inhaberinnen und Inhaber einer Blue Card	57 205	15,0

(Quelle: Ausländerzentralregister)

▶ „Bologna-Prozess“

Der „Bologna-Prozess“, eine europäische Studienreform, steht für eine umfassende Neuordnung der europäischen Hochschullandschaft, die inzwischen 49 Mitgliedstaaten – von Island bis Kasachstan – umfasst. Europas Hochschulen sollen durch:

- international kompatible Bachelor- und Masterstudiengänge,
- ein europaweit transferierbares Leistungspunktesystem (European Credit Transfer System – ECTS) sowie
- effiziente Qualitätssicherungssysteme

wettbewerbsfähiger werden. Letzterem dient ein zentrales Akkreditierungssystem, das die Einhaltung von Mindeststandards bei diesen neuen Studiengängen sicherstellt.

Durch entsprechende international anerkannte Studienabschlüsse soll die Mobilität der Studenten erhöht werden. Gerade das ECTS erleichtert einen Studienortwechsel über die Staatsgrenzen hinweg erheblich.

I. Beginn und Folgekonferenzen

Kernelement des angestrebten gemeinsamen europäischen Hochschulraums ist ein gestuftes Studiensystem aus Bachelor und Master mit europaweit vergleichbaren Abschlüssen. In ihrer am 19. Juni 1999 unterzeichneten sog. *Bologna-Deklaration* bekannten sich 29 Nationen dazu, in ihren Ländern:

- ein System leicht verständlicher und vergleichbarer Abschlüsse und
- ein zweistufiges System von Studienabschlüssen (undergraduate/graduate) zu schaffen,
- ein Leistungspunktesystem (nach dem oben genannten ECTS-Modell) einzuführen,
- die Mobilität durch Beseitigung von Mobilitätshemmnissen und
- die europäische Zusammenarbeit im Bereich der Qualitätssicherung sowie
- die europäische Dimension in der Hochschulausbildung zu fördern.

Man vereinbarte, alle zwei Jahre die erzielten Fortschritte der Teilnehmerländer auf gesonderten Konferenzen zu überprüfen. Die erste Nachfolgekonferenz fand mit bereits 33 europäischen Unterzeichnerstaaten am 19. Mai 2001 in Prag statt. An der zweiten Folgekonferenz am 18. und 19. September 2003 in Berlin nahmen mehr als 40 europäische Staaten teil. Die dritte Folgekonferenz tagte am 19. und 20. Mai 2005 in Bergen (Norwegen). 2007 traf sich die Ministerkonferenz vom 17. bis 18. Mai mit Teilnehmern aus nunmehr 46 Staaten in London. Gastgeber der Ministerkonferenz am 28. und 29. April 2009 im belgischen Löwen waren die Benelux-Länder, die auch das internationale Bologna-Sekretariat stellen. Weitere Treffen folgten 2009 in Louvain-La-Neuve, 2010 in Budapest und Wien und 2012 in Bukarest. 2015 trafen sich die Minister in Armenien, 2018 in Paris. Zum 20. Jubiläum trafen sich die europäischen Bildungsminister im Juni 2019 in Bologna. Die nächste ordentliche Ministerkonferenz folgte – coronabeding virtuell – im November 2020 in Rom. Die nächste Ministerkonferenz wird voraussichtlich 2024 Albanien ausrichten.

II. Bewertung

Der Bologna-Prozess basiert auf freiwilliger zwischenstaatlicher Koordinierung zwar außerhalb der → Europäischen Union (EU), aber mit Beteiligung der EU und ihrer Mitgliedstaaten. Auch der → *Europarat* ist eingebunden. Ziel des Bologna-Prozesses ist die Gestaltung von Vielfalt, nicht die Harmonisierung. Bei der Umsetzung der Reformen sind übergeordnete Ziele wie Mobilität, Qualität und Transparenz zu beachten und zu verfolgen.

Das augenfälligste Ergebnis der Bologna-Reform ist die Umstellung der Studiengänge auf das zweistufige *Bachelor-/Master-Studiensystem*. Es eröffnet den Studierenden neue Möglichkeiten einer Kombination attraktiver Qualifikationen sowie einer flexibleren Verbindung von Lernen, beruflichen Tätigkeiten und privater Lebensplanung. Mit dem Bachelor wird ein Konzept angeboten, das bereits nach drei bis vier Jahren zu einem berufsbefähigenden Abschluss führt, sodass früher als bisher ein Berufseinstieg möglich ist. Vor allem aber ist dieses Studiensystem international kompatibel und bildet so die Grundlage für mehr Mobilität im Studium weltweit.

Die Einführung des gestuften Studienmodells sollte nicht den Bruch mit der akademischen Tradition bedeuten. Auch in einer gestuften Studien- und Abschlussstruktur soll etwa die in Deutschland erreichte hohe Qualität der wissenschaftlichen Ausbildung erhalten werden. Allerdings reicht es nicht aus, bestehende Studienangebote lediglich umzuetikettieren. Entscheidend ist eine Reform der Studieninhalte und damit eine straffere Strukturierung der Curricula. Nur so kann das Ziel erreicht werden, in Deutschland die im internationalen Vergleich zu langen Studienzeiten zu verkürzen sowie das Alter der Absolventen und die Studienabbruchquoten zu senken.

III. Umsetzung in Deutschland

Zehn Jahre nach seiner Einführung konnte 2012 der Bologna-Prozess in Deutschland als so gut wie abgeschlossen bezeichnet werden: 85 Prozent der Studiengänge waren auf Bachelor- und Master-Abschlüsse umgestellt. Die damalige Bundesbildungsministerin *Annette Schavan* sprach von einer „europäischen Erfolgsgeschichte". Tatsächlich war der Zulauf an die Universitäten zu keiner Zeit höher, und die Zahl derer, die eine Zeit im Ausland studieren, hatte sich verdoppelt. Nur zwei Prozent der Bachelorabsolventen der Universitäten waren arbeitslos.

Nach Erhebungen des Bundesministeriums für Bildung und Forschung wurden über die Hälfte der Bachelor- und Masterstudiengänge in Deutschland völlig neu entwickelt, die übrigen entstanden bei der inhaltlichen und strukturellen Reform vorhandener Studiengänge. Die neuen Studiengänge werden in Modulen angeboten, über 70 Prozent dieser Studiengänge beinhalten ein Leistungspunktsystem und studienbegleitende Prüfungen.

Um die Hochschulen bei der Einführung des neuen Studiensystems zu unterstützen, stellt die Hochschulrektorenkonferenz im Rahmen ihres *Servicecenters Bologna* Expertinnen und Experten zur Verfügung, die die Hochschulen bei der konkreten Umsetzung der Bologna-Ziele organisatorisch und konzeptionell unterstützen. Dieses von der Bundesregierung geförderte Projekt umfasst auch den

Aufbau eines umfassenden Internetangebotes zu Themen rund um den Bologna-Prozess.

IV. Kritik

Wie bereits angeklungen handelt es sich beim Bologna-Prozess um eine Initiative der *Politik*. Sie ist wohlgemerkt nicht von den Hochschulen ausgegangen. Hintergrund war die Idee, Europa im Eiltempo als gemeinsamen Wirtschafts- und Kulturraum zu profilieren. Ein wesentliches Desiderat war deshalb eine höhere Quote an hoch qualifizierten Arbeitskräften. Die Nachfrage nach Hochschulabsolventen auf dem Arbeitsmarkt stieg seinerzeit stetig.

Inzwischen ist Ernüchterung eingekehrt. Nicht überall hat der Bologna-Prozess seine Ziele erreicht. Vielerorts klagen Studierende und Hochschullehrer über Verschulung und Beschneidung der akademischen Freiheit. Die Studienabschlüsse erweisen sich als nicht so vergleichbar wie ursprünglich gedacht. Es ist offenbar weiter schwierig, als Studierender ins Ausland zu wechseln.

Bei allen Erfolgen zeigte sich in den letzten Jahren, dass die notwendigen Veränderungsprozesse in den Hochschulen weitaus komplexer sind als gedacht. Es verwundert daher nicht, dass die Bologna-Reformen Kritik Unverständnis und sogar Gegenwehr ausgelöst hat. Man befürchtete etwa, dass der Bachelor „Akademiker zweiter Klasse" hervorbringt. Eine Universität müsse mehr leisten als Ausbildung, nämlich Bildung, und das tue sie mit dem Bachelor nicht. Auch seitens der Wirtschaft sparte man nicht mit Kritik: „Die Unternehmen brauchen Persönlichkeiten, nicht nur Absolventen."

Tatsächlich sind manche Unternehmen nicht uneingeschränkt begeistert von den meist sehr jungen Bachelorabsolventen: Sie seien zu unselbstständig, heißt es, und hätten zu wenig Lebenserfahrung. Die Studierenden der ersten Bologna-Generationen haben das als Erste begriffen; mit ihren bundesweiten Protesten im Jahr 2009 brachten sie einige Änderungen in Gang: Viele Bachelorstudiengänge sind seither nicht mehr starr auf sechs Semester befristet, und die komplizierte Anerkennung von Auslandssemestern wird zunehmend geschmeidiger.

Die Fehler der Reform werden also nicht nur gesehen, sondern sukzessive behoben; so bleibt Bologna wohl noch lange ein *Prozess*.

Weiterführende Literatur

Andrea C. Blätter, „Bologna emeritus? – 20 Jahre hochschulpolitische Integration Europas – Analyse und Kritik", Berlin 2019 | *Nicola Hericks* (Hrsg.), „Hochschulen im Spannungsfeld der Bologna-Reform – Erfolge und ungewollte Nebenfolgen aus interdisziplinärer Perspektive", Wiesbaden 2018 | *Stefan Kühl,* „Der Sudoku-Effekt – Hochschulen im Teufelskreis der Bürokratie. Eine Streitschrift", Bielefeld 2012

▶ „Brexit"

Bei einem Referendum des Vereinigten Königreichs am 23. Juni 2016 stimmten 51,89 Prozent der Wähler für den Austritt Großbritanniens aus der → *Europäischen Union* (EU) („Brexit").

Die Möglichkeit für Mitgliedstaaten, aus der EU auszutreten, wurde mit dem 2009 in Kraft getretenen → *Lissabon-Vertrag* erstmals in die Europäischen Verträge eingefügt; geregelt ist sie in Art. 50 EUV.

Mit Ablauf des 31. Januar 2020 hat Großbritannien die EU verlassen. Unmittelbar im Anschluss daran begannen Verhandlungen über die künftigen Beziehungen des Landes zur EU. Während dieser Verhandlungen waren die Briten noch für eine elf Monate währende Übergangszeit im Gemeinsamen → *Binnenmark*t sowie in der → *Zollunion* geblieben.

In ihrem am 29. Januar 2020 vorgestellten Arbeitsprogramm kündigte die → *Europäische Kommission* Verhandlungen mit dem Vereinigen Königreich über eine neue, „weit über den Handel hinausgehenden Partnerschaft bisher ungekannten Umfangs“ an, wobei dieses Land für die EU ein Partner, Verbündeter und Freund – wenngleich außerhalb der Union – bleiben werde.

I. Vorgeschichte

Das Vereinigte Königreich war 1973 der → *Europäischen Wirtschaftsgemeinschaft* (EWG), der „Vorläuferin“ der heutigen EU, beigetreten. 1975 hatte die britische Bevölkerung diesen Schritt in einer Volksabstimmung mit einer Mehrheit von 67 Prozent bestätigt. Dennoch blieb ein Austritt Großbritanniens aus der EWG latent ein innenpolitisches Thema; in den 1970er und 1980er Jahren wurde er hauptsächlich von Politikern der Labour Party und von den Gewerkschaften gefordert. Seit den 1990er Jahren trat vor allem die neugegründete „UK Independence Party“ (UKIP) (*Partei für die Unabhängigkeit des Vereinigten Königreichs*), eine EU-skeptische, gelegentlich auch als „radikalliberal“ bezeichnete britische Partei, für den Austritt aus der EU ein.

Der seit 2010 amtierende Premierminister *David Cameron*, gemäßigt proeuropäisch eingestellt, wies die von EU-Skeptikern in der Konservativen Partei wiederbelebte Idee eines EU-Mitgliedschaftsreferendums zunächst zurück. Dann aber, 2012, erklärte er, „das Beste für das Vereinigte Königreich“ erreichen zu wollen; dafür ziehe er unter Umständen auch ein Referendum in Betracht, wenn die Zeit dafür reif sei *(when the time is right) (zitiert nach „Telegraph“)*.

Im Januar 2013 kündigte Cameron schließlich an, im Fall seiner Wiederwahl im Mai 2015 werde er spätestens 2017 ein Referendum über den weiteren Verbleib des Landes in der EU abhalten lassen. Zuvor wolle er mit seinen europäischen Partnern verhandeln, um eine Reform der EU insbesondere in Bezug auf Einwanderung und staatliche Souveränität zu erreichen.

Bei der → *Europawahl* 2014 zeigte sich eine zunehmend EU-skeptische Grundstimmung im Land – mit 27,5 Prozent wurde UKIP stärkste Kraft. Bei der Unterhauswahl 2015 gewann UKIP fast vier Millionen Stimmen (12,6 Prozent).

Das von Cameron nach der Unterhauswahl eingebrachte Gesetz über ein EU-Referendum wurde im Dezember 2015 verabschiedet. Die Abstimmungsfrage lautete:

„Soll das Vereinigte Königreich ein Mitglied der Europäischen Union bleiben oder die Europäische Union verlassen?" Die Antwortmöglichkeiten waren ‚Mitglied der Europäischen Union bleiben' und ‚Die Europäische Union verlassen'".

Am 24. Juni 2016 wurde das Ergebnis des Referendums bekannt gegeben. Am selben Vormittag kündigte Cameron seinen Rücktritt bis Oktober 2016 an. Bei dieser Presseansprache sagte Cameron, er werde dem → *Europäischen Rat* am 28. Juni 2016 in Brüssel noch die Entscheidung des britischen Volkes erläutern. Den Austrittsantrag Großbritanniens nach Artikel 50 EUV sowie die Austrittsverhandlungen werde er seinem Nachfolger überlassen.

Am 29. März 2017 brachte Premierministerin *Theresa May* den Austrittsprozess gemäß Art. 50 EUV durch schriftliche Mitteilung an den → *Europäischen Rat* rechtlich wirksam auf den Weg. Damit errechnete sich nach der vertraglich vorgesehenen zweijährigen Verhandlungsperiode der 29. März 2019 als Austrittsdatum.

Der damalige französische Präsident *François Hollande* und EU-Kommissionspräsident *Jean-Claude Juncker* traten bereits im Oktober 2016 für „Härte" in den Brexitverhandlungen ein; es müsse eine „Drohung, ein Risiko, einen Preis" geben, um Nachahmer in der verbleibenden EU abzuschrecken und so „das Ende der EU" zu verhindern.

II. Das Nordirland-Protokoll

Im Februar 2020 kam es zum Abschluss eines Austrittsabkommens zwischen der EU und dem Vereinigten Königreich. Ein wesentlicher Bestandteil dieser vertraglichen Vereinbarung ist das sog. Nordirland-Protokoll (offiziell: *Protokoll zu Irland und Nordirland*, englisch: *Protocol on Ireland and Northern Ireland*). Mit diesem Protokoll war – nach überaus langwierigen und schwierigen Verhandlungen – eine Lösung gefunden worden, um

- einerseits dem britischen Wunsch nach einem Austritt aus EU-Binnenmarkt und Zollunion zu entsprechen, und
- andererseits zu vermeiden, dass zugleich zwischen dem britischen Nordirland und der in der EU verbleibenden Republik Irland eine neue „harte Grenze" entsteht. Denn die offenen Grenzen zwischen diesen beiden Teilen der Insel war ein zentraler Erfolg im Rahmen der Beilegung des Nordirlandkonflikts von 1998 (sog. Karfreitagsabkommen).

Um diese „Quadratur des Kreises" zu erreichen sieht das Protokoll vor, dass Nordirland einen Sonderstatus erhält und im EU-Binnenmarkt für Güter bleibt. Waren, die aus Großbritannien nach Nordirland eingeführt werden, müssen vor Einfuhr nach Nordirland gemäß EU-Standards kontrolliert werden.

Der ursprüngliche Entwurf des Protokolls wurde im Rahmen der Austrittsverhandlungen auch *Backstop* („Auffanglösung") genannt; zunächst nämlich sollte er nur als „Rückversicherung" gelten, falls nach dem offiziellen Austritt aus der EU am 31. Januar 2020 bis zum Ende der Übergangsphase am 31. Dezember 2020 keine bessere Regelung vereinbart werde. Der Entwurf sah vor, dass in diesem Fall das gesamte Vereinigte Königreich weiter an EU-Regulierungen gebunden bleibt, um verschiedene Rechtsregime in Großbritannien und Nordirland zu verhindern.

So weit, so gut. Nur – am 13. Juni 2022 brachte die britische Regierung einen Gesetzentwurf auf den Weg, der einseitige Maßnahmen vorsah – ein aus Sicht des deutschen Auswärtigen Amtes inakzeptabler Vertragsbruch. Am 27. Februar 2023 fanden EU-Kommission und britische Regierung schließlich – nach langem Ringen – mit dem *„Rahmenabkommen von Windsor“* einen Kompromiss. Die Einigung soll den Warenverkehr zwischen Nordirland und der britischen Hauptinsel „reibungslos“ machen:

- Für Waren von der Insel, die in Nordirland bleiben, wird eine „Green Line“ eingeführt, auf der nicht mehr Hunderte von Zertifikaten und Bescheinigungen nötig sind.
- Waren dagegen, die von Nordirland weiter nach Irland oder in den Rest der EU transportiert werden, müssen künftig auf die „Red Line“, auf der wie an einer EU-Außengrenze kontrolliert wird.
- Außerdem gibt es für Nordirland wohl eine Einigung bei der Mehrwertsteuerfrage und anderen Verbrauchsabgaben. Regeln, die bisher schon auf der Hauptinsel beispielsweise für Alkohol oder Pflanzen gelten, sollten zukünftig auch für Nordirland gelten. Auch in Großbritannien zugelassene Arzneimittel sind ab sofort in Nordirland erhältlich.

III. Fazit

Jahrelang hat das Nordirland-Protokoll für Streit zwischen Großbritannien und der EU gesorgt, aber auch im Vereinigten Königreich selbst. Viele britische Medien feierten die am 27. Februar 2023 verkündete Änderung des Protokolls daher als britischen Verhandlungserfolg. In Nordirland dagegen bleibt die Skepsis groß.

IV. Konsequenzen des Austritts

Mit einem Bruttoinlandsprodukt von zuletzt knapp 2,57 Billionen Euro war Großbritannien die sechstgrößte Volkswirtschaft der Welt und die zweitgrößte in der EU. Zur Wirtschaftsleistung des Staatenbundes trug das Vereinigte Königreich immerhin fast 18 Prozent bei.

Fazit: Ein Schwergewicht hat die EU verlassen.

Dementsprechend steuerte das Land zuletzt jährlich Milliardenbeiträge zum EU-Haushalt bei und war nach Deutschland und Frankreich drittgrößter Nettozahler (→ *Nettozahlungen an die Europäische Union*). Der Brexit bedeutet erhebliche Mehrausgaben für alle anderen EU-Länder.

Hinzu kommt, dass Deutschland und andere nördliche Länder in der Union, die eher wirtschaftsliberal geprägt sind, ihre Sperrminorität von 35 Prozent im → *Rat der EU* verloren haben. Das kann es anderen Mitgliedstaaten erleichtern, gegenläufige Interessen – etwa eine Lockerung der Haushaltsdisziplin – durchzusetzen.

Großbritannien war neben Frankreich das einzige EU-Land mit einem ständigen Sitz im Sicherheitsrat der Vereinten Nationen (UNO). Mit dem „Brexit“ verlor die EU auch hier an Macht.

Last not least kann die EU, seitdem Großbritannien ihr nicht mehr angehört, nicht mehr stolz davon sprechen, eine Staatengemeinschaft mit einer halbe Milliarde Menschen zu sein. Die Einwohnerzahl sank mit dem „Brexit“ von zuletzt 513 Millionen (2019) auf rund 446 Millionen.

V. Ausblick

Der Brexit war kein Betriebsunfall. Wenn laut den Umfragen der beiden Jahre *nach* dem Referendum, also nach den Debatten um eklatante Nachteile und düstere Austritts-Szenarien, immer noch die Hälfte der Briten den Brexit befürworteten, handelte es sich hier nicht um eine temporäre Verirrung. *„Mit dem kontinentalen Verständnis der europäischen Einigung fremdelten die Briten schon immer“* (Berthold Kohler, FAZ vom 17.1.2019). So ist die Auffassung, der Brexit berge für die verbleibende Gemeinschaft der 27 auch Vorteile, weil die „Brexiteers“ auf der Insel ohnehin keine Ruhe gegeben hätten, zumindest einen Gedanken wert.

Vielleicht hat auch der Flüchtlingszustrom des Jahres 2015 ur-britische Abneigungen gegen die EU punktgenau kurz vor dem Referendum vitalisiert. Es wird von deutscher Seite nicht gerne thematisiert, ist jedoch erwiesen: Viele Brexit-Befürworter waren auch von der Sorge vor einer unkontrollierten Einwanderung in die EU erfüllt, wie sie Deutschland auf Betreiben von Kanzlerin *Angela Merkel* erkennbar zuließ, wobei die kontinentale Rat- und Hilflosigkeit bis heute Markenkern der → *Asyl- und Flüchtlingspolitik* der EU geblieben ist.

VI. Anmerkung

Der Austritt eines Mitgliedstaates aus der EU ist eine Premiere, nachdem die Briten nun für den Brexit gestimmt haben. Doch geschrumpft sind die EU und ihr Vorläufer EWG schon mehrfach.

1. Algerien 1962

Das nordafrikanische Land gehörte nach dem Zweiten Weltkrieg weiter zu Frankreich. Die algerischen Gebiete waren dabei als französische Departements organisiert und direkter Bestandteil des Mutterlandes. Rechtlich wurde Algerien damit auch in die 1957 gegründete Europäische Wirtschaftsgemeinschaft (EWG) einbezogen. Nach einem blutigen Unabhängigkeitskrieg wurde Algerien 1962 ein selbstständiger Staat und verließ damit die EWG.

Mit Blick auf die Wirtschaftsbeziehungen zu Europa bewegte sich das Land danach jahrelang in einer Grauzone und hatte weitgehend ungehinderten Zugang zum europäischen Markt. Erst später wurden die Beziehungen durch Kooperationsabkommen und 2005 durch ein Assoziierungsabkommen mit der EU geregelt.

2. Grönland 1973

Die größte Insel der Welt wurde 1973 als Teil Dänemarks Mitglied der Europäischen Wirtschaftsgemeinschaft. Nachdem Grönland weitgehende Selbstverwaltungsrechte erhalten hatte, hielt die Regierung 1982 eine Volksbefragung über den Verbleib in der EWG ab. 53 Prozent sprachen sich für den Austritt aus. Grund für die ablehnende Haltung war die Überfischung grönländischer Gewässer durch Industrie-Fangflotten aus der EWG, welche die heimische Fischerei bedrohte.

Der „Gröxit" fand im Februar 1985 statt. Die Fläche der EWG wurde mit einem Schlag um mehr als die Hälfte kleiner. Die Grönländer sind heute dänische Staatsbürger, aber keine EU-Bürger.

3. Saint-Barthélemy 2012

Die kleine Inselgruppe in der Karibik gehörte ursprünglich zum französischen Übersee-Departement Guadeloupe. In einer Volksabstimmung löste sich das Gebiet mit rund 9.000 Einwohnern im Jahr 2007 los und wurde eine eigene französische Verwaltungseinheit. 2012 änderte Saint-Barthélemy dann auch seinen Status innerhalb Frankreichs, wurde Überseegebiet mit Autonomierechten und ist seitdem nicht mehr Teil der EU.

Auch wenn die Europäische Union damit 25 Quadratkilometer Karibik verlor, sind die Einwohner von Saint-Barthélemy weiter EU-Bürger. Und sie können durch ein Sonderabkommen sogar den Euro weiter als Währung nutzen.

Weiterführende Literatur

Charles Aldington, „Was sagt uns der Brexit über die Beziehungen der Bürger zur EU?", in: „Europa in der Krise – Vom Traum zum Feindbild", hrsg. von Bodo Hombach und Edmund Stoiber, Marburg 2017, S. 55–62 | *Stefan Kadelbach,* „Brexit – And what it means", Baden-Baden 2019 | *Kevin O'Rourke,* „A Short History of Brexit – From Brentry to Backstop", London 2019 | *Lisa Suckert,* „‚Return to what we were' – Wirtschaftstraditionen und ökonomische Identität im Zuge der Brexit-Kampagne", in: Leviathan, 48. Jahrgang, Heft 1/2020, S. 119–152

▶ Bundesstaat

Der Bundesstaat (Föderation) ist eine Vereinigung von selbstständigen Staaten (Gliedstaaten) zu einem neuen Staat (Zentralstaat). Gliedstaaten und Zentralstaat bilden den Gesamtstaat. Der Bundesstaat ist völkerrechtlich gegenüber dem Ausland und staatsrechtlich gegenüber seinen Bürgern *ein* Staat.

Die Gliedstaaten behalten zwar ihre Staatlichkeit, geben jedoch je nach der in der bundesstaatlichen Verfassung niedergelegten Aufgabenverteilung einen Teil ihrer Zuständigkeiten an den Zentralstaat ab. Aufgaben des Zentralstaats sind in der Regel die Außenpolitik, die Verteidigung, die Währungs- und Zollpolitik sowie die → *Verkehrspolitik*.

Die Bundesrepublik Deutschland ist ein Bundesstaat. Weitere Beispiele einer Föderation sind die USA seit 1787, die Schweiz seit 1848 oder das Deutsche Reich von 1871.

C

▶ Cecchini-Bericht

Der Cecchini-Bericht, benannt nach seinem Projektleiter *Paolo Cecchini*, ist eine von der → *Europäischen Kommission* im Jahre 1988 in Auftrag gegebene Studie über das seinerzeit geplante Traumziel eines gemeinsamen europäischen → *Binnenmarktes*.

Anhand von Umfragen bei 11.000 Unternehmen in der (damaligen) → *Europäischen Gemeinschaft (EG)* analysierte dieser Bericht die wirtschaftlichen Folgen des Binnenmarktes und prognostizierte der EG langfristig ein gigantisches Wirtschaftswachstum und große Wettbewerbsvorteile. Die Einsparungen sollten sich auf ca. 430 Milliarden DM belaufen.

Bald nach der 1993 erreichten Vollendung des Binnenmarktes musste man einräumen, dass sich diese hochgesteckten Erwartungen nicht uneingeschränkt erfüllt haben.

▶ CERN

Hinter dem Kürzel CERN (*Conseil Européen pour la Recherche Nucléaire)* verbirgt sich eine Großforschungseinrichtung im Kanton Genf/Schweiz, die offiziell *Europäische Organisation für Kernforschung* heißt und in einem gigantischen Teilchenbeschleuniger den Aufbau der Materie erforscht.

Die 23 Mitgliedstaaten, von denen CERN getragen wird, sind (nach der Höhe ihrer Beitragszahlungen geordnet): Deutschland, Frankreich, Vereinigtes Königreich, Italien, Spanien, Niederlande, Belgien, Norwegen, Polen, Schweiz, Schweden, Österreich, Griechenland, Dänemark, Finnland, Portugal, Tschechien, Ungarn, Slowakei, Bulgarien, Israel, Rumänien und Serbien.

Das Forschungszentrum CERN, gegründet 1954, war eines der ersten gemeinsamen Projekte Europas. Mit etwa 3.400 Mitarbeitern (Stand 2017) ist es das weltweit größte Forschungszentrum auf dem Gebiet der Teilchenphysik. Über 14.000 Gastwissenschaftler aus 85 Nationen arbeiten an CERN-Experimenten. Das Jahresbudget der Organisation belief sich 2019 auf rd. 1,14 Milliarden Euro; 21 Prozent davon werden von Deutschland getragen.

▶ CETA

Die Verhandlungen über das *Umfassende Wirtschafts- und Handelsabkommen zwischen der EU und Kanada,* kurz: CETA (*Comprehensive Economic and Trade Agreement),* sind auf dem EU-Kanada-Gipfel in Ottawa am 26. September 2004 abgeschlossen worden. CETA ist das erste Freihandelsabkommen der → *Europäischen Union (EU)* mit einem anderen hochindustrialisierten Land, das einen erleichterten Marktzugang für Güter, Dienstleistungen und Investitionen zum Ziel hat.

Beinahe alle Zölle sowie viele nichttarifäre Handelshemmnisse sollen abgebaut werden. Darüber hinaus ist CETA das erste Abkommen, das ein eigenes Kapitel über den Investitionsschutz sowie Bestimmungen über die Beilegung von Streitigkeiten zwischen Investoren und Staaten enthält. Besonders wichtig: Die EU und Kanada haben vereinbart, die Zusammenarbeit in Regulierungsfragen zu verbessern, ohne dabei die geltenden Sicherheitsstandards zu senken. Für über 145 Lebensmittelerzeugnisse sieht CETA einen Schutz in der Form geografischer Herkunftsangaben vor. Auch wahrt das Abkommen das Recht der Regierungen, im öffentlichen Interesse Vorschriften zu erlassen.

Am 15. Februar 2017 ratifizierte das Europäische Parlament das Abkommen; seit dem 21. September 2017 ist es vorläufig in Kraft. Der größte Teil des Abkommens findet seither Anwendung. Deutschland hatte gegen dieses Vorgehen keine Vorbehalte angemeldet.

Bei CETA handelt es sich um ein sog. gemischtes Abkommen. Die Teile, die inhaltlich in die Kompetenz der EU-Mitgliedstaaten fallen, müssen auch von ihnen ratifiziert werden. Diese abschließende Einigung aller 27 Nationalstaaten ist noch nicht erzielt worden. Mit Stand Januar 2023 haben 16 EU-Mitgliedstaaten und das Vereinigte Königreich das Abkommen ratifiziert.

Laut der → *Europäischen Kommission*, die CETA im Namen der EU-Staaten ausgehandelt hat, wird das Abkommen den Unternehmen in der EU ermöglichen, gleichberechtigt mit den Exporteuren der USA und unter den gleichen Wettbewerbsbedingungen auf dem kanadischen Markt zu konkurrieren, da die USA und Kanada ihren Handel bereits im Rahmen eines eigenen Nordamerikanischen Freihandelsabkommens (NAFTA) liberalisiert haben.

CETA ist zwar das bis dato umfassendste und ehrgeizigste aller bisher von der EU ausgehandelten Freihandelsabkommen; seine Bedeutung gegenüber der *Transatlantischen Handels- und Investitionspartnerschaft zwischen der EU und den Vereinigten Staaten von Amerika*, kurz: TTIP (*Transatlantic Trade and Investment Partnership*) (→ *TTIP*) wäre jedoch weitaus geringer. Die Verhandlungen zu TTIP sind allerdings von der US-amerikanischen Administration Mitte 2017 auf Eis gelegt worden.

▶ China-Osteuropa-Kooperation („17 plus 1“)

Überaus eng sind sie geworden, die wirtschaftlichen Verknüpfungen zwischen der → *Europäischen Union* (EU) und der Volksrepublik China. Natürlich ist das Reich der Mitte für europäische Unternehmen ein attraktiver Markt. Die Asymmetrien aber zwischen beiden Handelspartnern – sowohl in der gegenseitigen Abhängigkeit als auch bei den Wettbewerbsbedingungen – haben sich in den letzten Jahren verschärft. Die europäischen Importe aus der Volksrepublik übersteigen diejenigen Chinas aus der EU deutlich. Auch investieren europäische Firmen erheblich mehr in China, als dies andersherum der Fall ist. Hinzu kommt die Abhängigkeit Europas von Rohstoffen aus China – 60 Prozent der seltenen Erden stammen aus China sowie vom chinesischen Absatzmarkt. VW erzielt knapp 40 Prozent seiner Gewinne in der Volksrepublik. Dies führt in der Konsequenz dazu, dass sich Europa erpressbar macht.

Besonders hervorzuheben sind gezielte chinesische Investitionen in die Infrastruktur – auch in die kritische – innerhalb der EU, wie etwa 2022 der Einstieg der chinesischen Staatsreederei Cosco bei einem Container-Terminal in Hamburg. Um solchen Investitionen eine Art „Gerüst“ zu verleihen, hat der damalige chinesische Präsident *Wen Jiabao* bereits 2012 das Projekt „16 plus 1“ ins Leben gerufen – eine lose, aber institutionalisierte Kooperationsform zwischen China und seinerzeit 16 mittel- und osteuropäischen Staaten.

I. Mitgliedstaaten

In diesem Format kooperieren sowohl EU- als auch Nicht-EU-Staaten, wobei nicht übersehen werden darf, dass Letztere ausnahmslos bereits EU-Beitrittskandidaten sind:

(1) die fünf Balkanstaaten Albanien, Bosnien und Herzegowina, Nord-Mazedonien, Montenegro und Serbien sowie

(2) zwölf Mitgliedstaaten der → *Europäischen Union (EU)*, nämlich Bulgarien, Estland, Kroatien, Lettland, Litauen, Polen, Rumänien, Slowakei, Slowenien, Tschechien und Ungarn sowie – seit 2019 – Griechenland.

Zentrales Element des Forums sind jährliche Gipfeltreffen der Staats- und Regierungschefs dieser Länder.

II. Investitionen und Handel

In den zurückliegenden Jahren hat China im Rahmen dieses Formats in Osteuropa viele Milliarden Dollar investiert – teils als Darlehen, teils als Bauaufträge. Die meisten Gelder sind nach Serbien geflossen: mehr als zehn Milliarden Dollar. Dort hat Peking vor allem in die Stahl- und Rüstungsindustrie sowie in die Infrastruktur investiert. So soll etwa zwischen Belgrad und Budapest eine 336 Kilometer lange Hochgeschwindigkeitseisenbahnstrecke entstehen, finanziert zum Großteil durch Kredite der chinesischen Exim Bank.

In Griechenland haben die Chinesen seit 2009 über fünf Milliarden Euro investiert. Sie sind zudem Haupteigentümer des griechischen Hafens Piräus. Ein weiteres Beispiel ist der Kauf des Betreibers des internationalen Flughafens von Tirana/Albanien durch ein chinesisches Staatsunternehmen. Und in Rumänien werden ein Atomkraftwerk, Telefonnetze, Straßen und Brücken gebaut. Kurzum: Die Chinesen kommen mit viel Geld und sind bereit, es dort auszugeben, wo die EU Investitionen als eher unrentabel einschätzt. Die Projekte werden in der Regel mit chinesischen Krediten finanziert, und die Hälfte der Arbeiter kommt aus China.

Polen hat als größtes Land der Region bisher besonders viele chinesische Direktinvestitionen empfangen, und die polnische Wirtschaft boomt, ist 2018 um stolze fünf Prozent gewachsen. Es ist abzusehen, dass Polen bald keine Strukturförderungen (→ *Struktur- und Kohäsionspolitik*) mehr aus

Brüssel erhalten wird, und spätestens 2027 könnte das Land vom Nettoempfänger zum Nettozahler in der EU mutieren. Polen muss sich also nach Investoren außerhalb Europas umsehen, wenn es weiter wachsen will. In Ungarn übersteigen die chinesischen Investitionen in einigen Bereichen bereits die in Polen.

In jüngster Zeit wird Kroatien bevorzugt bedacht. Die Pelješac-Brücke, über die der Süden Kroatiens mit Dubrovnik ohne den bislang unumgänglichen Transit durch Bosnien und Herzegowina erreichbar wird, will man in Rekordzeit bauen. Auch andere große Investitionen in kroatische Straßen und Schienen sind beschlossene Sache, ebenso wie die Erlaubnis, kroatische Landwirtschaftsprodukte auf dem chinesischen Markt anzubieten. Vor allem aber könnte die praktisch insolvente kroatischen Werft Uljanik saniert werden. So erscheinen die Chinesen den Kroaten als die lang ersehnten Retter der maroden heimischen Wirtschaft.

III. Politische Einflussnahme?

Die Volksrepublik China ist die zweitgrößte Wirtschaftsmacht der Welt. Und dass dieses Land seine Wirtschaftskraft auch zu politischen Zwecken einsetzt, ist ebenfalls bekannt.

Weniger bekannt ist, dass China einen strategischen Plan für Osteuropa verfolgt. Anders als etwa in Deutschland oder Frankreich, wo China Marken und Know-how zu erwerben hofft, soll in den „17 plus 1“-Ländern über Investitionen in die Infrastruktur langfristig politischer Einfluss gewonnen werden – auch, um den Einfluss aus Washington, Paris oder Berlin zurückzudrängen.

Zwar hat 17 plus 1 bislang nicht zu einem chinafreundlichen „Block“ im Osten unseres Kontinents geführt. Allerdings gibt es durchaus Anzeichen, dass einzelne Mitglieder des Formats in eine bilaterale Abhängigkeit zu China geraten könnten. Als am ehesten gefährdet gilt Montenegro. 2014 begann die *China Road and Bridge Corporation* dort mit dem Bau einer Autobahn vom Küstenort Bar nach Boljare an der serbischen Grenze. Für das erste, schwierigste Teilstück stellte die chinesische Exim Bank einen Kredit über 809 Millionen Euro bereit. Für den Bau der restlichen drei Viertel der Strecke fehlen weitere 1,2 Milliarden Euro – bei einem Bruttoinlandsprodukt Montenegros von rund 5,4 Milliarden Euro. Die Schuldenfalle droht.

Im Juli 2016 war es Ungarn, das nach dem Verfahren vor dem Internationalen Schiedsgericht in Den Haag um Pekings Gebietsansprüche im Südchinesischen Meer ein stärkeres Engagement der EU verhinderte und damit unübersehbar chinesische Interessen vertrat.

IV. Ausblick

China rückt näher. Das Reich der Mitte, das sich bekanntlich nicht in eine von den USA dominierte liberale Ordnung integriert, wird unübersehbar zum einflussreichen Spieler auf einer Bühne, auf der einst die Sowjetunion und dann zunehmend die Europäer präsent waren. Alles in allem betrachtet man das Format 17 plus 1 aus Brüsseler Sicht mit gemischten Gefühlen. Erste Instrumente, um den chinesischen Aktivitäten auf EU-Ebene zu begegnen, gibt es bereits. So kündigte die → *Europäische Kommission* 2018 in ihrer neuen *Konnektivitätsstrategie* ein verstärktes europäisches Engagement im Infrastrukturbereich an. „Private und öffentliche Investitionen“ sollen gefördert werden. In ihrer Rede zur Lage der Union kritisierte EU-Kommissionspräsidentin *Ursula von der Leyen* am 13. September 2023 vor dem → *Europäischen Parlament (EP)* Chinas „unfaire Handelspraktiken“, etwa in der Solarindustrie, überraschend deutlich und kündigte eine *Antisubventionsuntersuchung* zu Elektrofahrzeugen aus China an. Der Preis dieser Autos werde „durch riesige staatliche Subventionen künstlich gedrückt“; das verzerre unseren Markt. Gemeinsame europäische Antworten auf chinesische Einflussbemühungen sind jedenfalls dringend geboten.

▶ „Columbus“ (Weltraumlabor)

Das Weltraumlabor „*Columbus*“ ist ein bemanntes Mehrzwecklabor für Arbeiten auf dem Gebiet der Grundlagenforschung. Es wurde im Auftrag der → *Europäischen Weltraumorganisation (ESA)* gebaut und ist der wichtigste europäische Beitrag zur internationalen Raumstation ISS. Am 2. Mai 2006 wurde es an die ESA übergeben. Von Cape Kennedy (USA) aus ist das Labor mit einem Space Shuttle der NASA in den Weltraum transportiert worden und hat am 11. Februar 2008 an die ISS angedockt.

Das Weltraumlabor als rund 880 Millionen Euro teurer Beitrag zur ISS macht die ESA zu einem gewichtigen Partner. Mindestens zehn Jahre lang soll im Labor „Columbus“ das Verhalten von Stoffen, Flüssigkeiten, Mikroorganismen, Gewebekulturen, Pflanzen und Insekten in der Schwerelosigkeit untersucht werden. Auch die Astronauten selbst spielen 350 Kilometer über der Erde „Versuchskaninchen“. Die Erkenntnisse sollen künftigen Langzeitreisen im All, aber auch dem Leben auf der Erde dienen. Weit über 100 von der ESA geleitete Experimente mit mehr als 500 beteiligten Wissenschaftlern wurden seit 2008 dort durchgeführt.

Das Labor „Columbus“ steht für die hohe Leistungsfähigkeit der europäischen Raumfahrt-Technologie. Gebaut hat es die EADS Space Transportation, eine 100-prozentige Tochtergesellschaft des deutsch-französisch-spanischen Raumfahrtkonzerns EADS (European Aeronautic Defence and Space Company N.V.), der auch zu 80 Prozent an der Airbus Industrie AG beteiligt ist.

Das Unternehmen hat u. a. die Trägerrakete Ariane entwickelt; es beschäftigt rund 850 Mitarbeiterinnen und Mitarbeiter.

▶ „Connecting Europe Facility“

Seit 1. Januar 2014 gibt es eine neue Fazilität, um den Ausbau der transeuropäischen Verkehrs- und Energienetze sowie den Breitbandausbau in Europa zu finanzieren. Der → *Rat der Europäischen Union (EU)* hat diese sog. *„Connecting Europe Facility“* (CEF) im Dezember 2013 verabschiedet. Die CEF soll gezielte Investitionen in wichtige Infrastrukturen ermöglichen und dazu beitragen, Lücken in den europäischen Verkehrs- und Energietrassen sowie in digitalen Netzen zu schließen.

Das Budget ist eindrucksvoll: rund 33 Milliarden Euro sind für die Umsetzung der CEF in der Förderperiode 2014 bis 2020 vorgesehen. Dabei entfallen auf den Bereich Energie ca. 5,9 Milliarden Euro, auf den Transport ca. 26 Milliarden Euro (→ *Verkehrspolitik, europäische)* und auf die digitalen Netze ca. 1,1 Milliarden Euro.

CEF-Investitionen zielen auch darauf ab, als Katalysator für weitere Förderungen zu wirken – sei es auf dem privaten Sektor oder auf andere Akteure des öffentlichen Bereichs. Das Ziel besteht darin, Alternativen zu traditioneller Zuschussfinanzierung zu schaffen und Finanzlücken für strategische Infrastrukturinvestitionen zu schließen.

Der Großteil der Projekte wird mithilfe von Projektaufrufen ausgewählt. Diese Projektaufrufe werden regelmäßig sowohl für das Jahres- als auch für das Mehrjahresarbeitsprogramm veröffentlicht.

Es ist zudem ein striktes Monitoring vorgesehen, welches nach dem Prinzip „use-it-or-lose-it“ funktioniert, sodass Mittel, die nicht in der vorgesehen Zeit für das vorgesehene Projekt verwendet werden, zurück in das CEF-Budget fließen und für andere Projekte zur Verfügung stehen.

Insgesamt handelt es sich um ein wichtiges Instrument zur Wachstumsförderung in Europa. Zielgerichtet sollen die grenzüberschreitende Infrastruktur in Europa verbessert, Lücken in den Verkehrsnetzen geschlossen und die nationalen Energienetze weiter verknüpft werden.

▶ „Copernicus“

Mit dem durchaus ehrgeizigen *Erdbeobachtungsprogramm „Copernicus“* will man umfassende Daten über Entwicklungen auf der Erde sammeln.

Das nach dem Mathematiker und Astronomen *Nikolaus Kopernikus* (1473–1543) benannte Programm stützt sich auf Informationen von geplant zehn eigenen Satelliten und anderen Raumfahrtprojekten sowie Daten von Messballons, Flugzeugen, Wetterstationen, Flusspegeln oder Messbojen.

Die so gewonnenen vielfältigen Informationen sollen dabei helfen, die Atmosphäre zu überwachen, die Folgen des Klimawandels zu verstehen und einzudämmen, die Sicherheit und den Schutz auf der See zu erhöhen sowie Hilfsaktionen bei Naturkatastrophen oder humanitären Krisen zu koordinieren.

Die Daten sollen der Politik bei Entscheidungen über Strukturmaßnahmen genauso verlässlich und dauerhaft zur Verfügung stehen wie Unternehmen, Landwirtschaft oder der Wissenschaft. Auch die Überwachung von Grenzen wird für Staaten einfacher.

EU und ESA als Träger

Copernicus ist aus dem europäischen Umwelt- und Sicherheitsüberwachungsprojekt GMES (Global Monitoring for Environment and Security) hervorgegangen. Getragen wird das Programm von der → *Europäischen Union (EU)* und der → *Europäischen Weltraumorganisation (ESA)*. Die EU steuert mit etwa 3,3 Milliarden Euro von 2014 bis 2020 zwei Drittel der Kosten für die Weltrauminfrastruktur bei. Die ESA zahlt etwa 1,7 Milliarden Euro.

Mit der Verordnung des → Europäischen Parlaments und des → *Rates* der EU vom 22. September 2010 *„über das Europäische Erdbeobachtungsprogramm (GMES) und seine ersten operativen Tätigkeiten" (EU 911/2010)* hat Copernicus eine Rechtsgrundlage erhalten; 2011 konnte die operationelle Phase beginnen. Am 23. Juni 2015 hat die ESA den ersten Satelliten ins All geschickt. Weitere sind gefolgt.

▶ Corona-Wiederaufbaufonds

Der sog. Corona-Wiederaufbaufonds ist ein Konjunkturpaket der → *Europäischen Union (EU)*. Sein Ziel ist es, die wirtschaftlichen und sozialen Auswirkungen der COVID-19-Pandemie in den besonders betroffenen Mitgliedstaaten abzumildern. Der Fonds wurde am 12. Februar 2021 formell gegründet.

Finanzielle Grundlage des Pakets sind der → Haushalt der EU und sein Mehrjähriger Finanzrahmen (MFR) 2021–2027 von über 1 Billion Euro sowie das temporäre Aufbauinstrument **„Next Generation EU"** (**NGEU**), das die → *Europäische Kommission* ermächtigt, an den Kapitalmärkten im Namen der EU Mittel bis zu 750 Mrd. EUR zu Preisen von 2018 aufzunehmen.

Der Großteil des Wiederaufbaufonds (672,5 Milliarden Euro) wird über eine neue → ***„Aufbau- und Resilienzfazilität"*** ausgezahlt, die restlichen 77,55 Milliarden Euro über bereits existierende EU-Förderprogramme (→ *Struktur- und Investitionsfonds (ESIF)*).

I. Vorgeschichte

Angestoßen haben ihn Deutschland und Frankreich. 750 Milliarden Euro sollte er umfassen. 250 Milliarden Euro sollten an Krediten vergeben werden; weitere 500 Milliarden Euro wollte man *als nicht rückzahlbare Zuschüsse* unter die – von der Corona-Pandemie besonders betroffenen – Mitgliedstaaten der → *Europäischen Union (EU)* streuen.

Naturgemäß meldeten „Nettozahler" wie Österreich, Dänemark, Schweden oder die Niederlande (die sog. *„sparsamen Vier"*) massive Bedenken gegen den diesem Vorschlag immanenten Paradigmenwechsel an, dass nämlich *zur* Finanzierung dieses gigantischen Hilfspakets erstmals im großen Stil im Namen der EU Schulden aufgenommen und gemeinsam über Jahrzehnte getilgt werden sollen – und zwar von *allen* EU-Staaten. Eine solche „Vergemeinschaftung von Schulden" gab es bisher in der EU nicht.

Nach seiner zweitlängsten jemals verzeichneten Sitzung einigte sich der → *Europäische Rat* am 21. Juli 2020 zwar auf die Gesamthöhe des Pakets, beschloss aber auf Druck der „sparsamen Vier" eine neue Aufteilung; 360 Milliarden werden nun als Kredite, nur noch 390 Milliarden Euro als Zuschüsse vergeben.

II. Wie werden die Hilfen verteilt?

Zunächst hatte die → *Europäische Kommission* vorgeschlagen, die Hilfen weitgehend abhängig von der Arbeitslosigkeit in den Jahren 2015 bis 2019 zu verteilen, da zu den Folgen der Corona-Krise noch keine belastbaren Zahlen vorlagen. Danach aber wäre das von der Krise kaum getroffene Polen – nach Italien und Spanien – zum drittgrößten Empfänger geworden. Daher wurde die Formel auf dem Gipfeltreffen wie folgt geändert: 70 Prozent des Geldes soll in den ersten zwei Jahren, also 2021 und 2022, auf der Basis des Kommissionsschlüssels verteilt werden, 30 Prozent im Jahr 2023 gemäß der Wirtschaftsentwicklung der Jahre 2020 und 2021.

Der Wiederaufbaufonds ermöglicht es den Mitgliedstaaten, ihre nationalen Fiskalregeln – in Deutschland die sog. Schuldenbremse – zu umgehen, indem sie auf EU-Ebene Schulden aufnehmen und sich die Gelder anschließend als Zuschüsse zuweisen.

III. Wer profitiert?

Als Hauptprofiteur gilt – mit 80 Milliarden Euro an nicht zurückzuzahlenden Zuschüssen und 127 Milliarden Euro an Krediten – eindeutig Italien, gefolgt von Spanien, dem 72 Milliarden an Zuschüssen und 68 Milliarden Euro an Krediten gewährt werden. Frankreich erwartet rund 40 Milliarden Euro. Die begünstigten Staaten sollen in nationalen „Reformplänen" darlegen, wie sie das Geld einsetzen wollen. Die EU-Staaten sollen diese Reformpläne mit qualifizierter Mehrheit annehmen.

IV.. Wie finanziert die EU diesen Aufbauplan?

Die Mitgliedstaaten geben zunächst nur Garantien ab, dass sie eines Tages für diese Anleihen geradestehen werden. Die EU selbst haftet nicht. Jedes Land trifft eine Haftungspflicht bis zur Höhe des eigenen Anteils am EU-Haushalt. Deutschland würde im Fall des Falles für bis zu 27 Prozent der beschlossenen 750 Milliarden Euro zu Kasse gebeten – was stolzen 202,5 Milliarden Euro entspricht. Zurückzahlen soll die EU die 750 Milliarden Euro Schulden bis Ende 2058, und zwar noch im Rahmen des Mehrjährigen Finanzrahmens (MFR) 2021 bis 2027.

Wichtig: Die Mitgliedstaaten haften über ihre künftigen Beiträge zum EU-Haushalt *gemeinschaftlich* für die Schulden des Fonds. Sollten Mitgliedstaaten ihren Zahlungsverpflichtungen also nicht mehr nachkommen, müssen die übrigen Mitgliedstaaten über ihren Anteil am EU-Haushalt hierfür einstehen. Der Wiederaufbaufonds führt damit zu schuldenfinanzierten Transfers zwischen den Mitgliedstaaten.

V. Ist damit die „Fiskalunion" Wirklichkeit?

Erstmals verschuldet sich hier die EU als Ganzes. Sie bekommt somit durch die am 21. Juli 2020 beschlossene Umsetzung ein neues Finanzierungsinstrument.

Die gemeinsame Verschuldung lässt die EU-Kommission zu einem entscheidenden finanzpolitischen Akteur in der Union werden. Anders als etwa die Hilfsmittel aus dem → *Europäischen Stabilitätsmechanismus (ESM)*, der unter der Kontrolle der Euro-Staaten steht und auf den weder EU-Kommission noch → *Europäisches Parlament* Zugriff haben, unterliegt der Corona-Wiederaufbaufonds der EU-Gesetzgebung. Die EU-Kommission erhält – dies ist wesentlich – die Kontrolle über die Verwendung dieser Mittel. Es ist also keinesfalls abwegig, wenn der französische Staatspräsident *Emmanuel Macron* am 21. Juli 2020 frohlockte, die EU-Behörde avanciere nun zum „europäischen Schatzamt", und seine Forderung nach einem „europäischen Finanzminister" sei ein Stück weit umgesetzt worden. In jedem Fall aber hat Macron recht, wenn er den Systemwechsel der gemeinsamen Schuldenaufnahme „historisch" nennt und konstatiert, für die EU habe eine neue Etappe „echter Transferzahlungen" und neuer Eigenmittel begonnen.

VI. Kritik

Berthold Kohler bewertet in der FAZ vom 22. Juli 2020 den Brüsseler Kompromiss dagegen eher als „mit einer präzedenzlosen Verschuldung erkaufte Kraftanstrengung", um den Absturz in eine wirtschaftliche und soziale Depression zu verhindern. Inwieweit das Programm mit der → *Nichtbeistandsklausel* des Artikels 125 Abs. 2 AEUV in Einklang steht, ist eine offene Frage. Rechtlich dürfte eine solche umfangreiche Ausgabe von Anleihen durch die EU allenfalls als Ausnahme in einem Notfall zulässig sein. Rechtlich erlauben es die EU-Verträge den Institutionen der EU nicht, eigene Schulden aufzunehmen.

Unübersehbar ist auch die – innerhalb der EU umstrittene – Tendenz hin zu einer Vergemeinschaftung von Schulden (siehe auch die Diskussion um → *Eurobonds*).

Wenig bekannt ist schließlich, dass das mittlere private Vermögen in Italien ziemlich genau doppelt so hoch ist wie das der Deutschen. Auch Spanier oder Franzosen übertreffen die mit Steuern, Sozialleistungen u.a. erheblich belasteten Deutschen in puncto Privatvermögen erheblich (Quelle: Stiftung Marktwirtschaft). Gerade Italien oder Spanien könnten theoretisch auf das private Vermögen ihrer Staatsangehörigen zurückgreifen, statt Finanzhilfen anderer Staaten in Anspruch zu nehmen – eine Option, die in diesen Ländern allerdings nicht diskutiert wird.

▶ Cotonou-Abkommen

→ *Lomé – Abkommen;* → *Afrika – Beziehungen zur Europäischen Union;* → *Entwicklungspolitik, europäische*

▶ „Creative Europe"

Das Programm *„Kreatives Europa"* ist das Rahmenprogramm der → *Europäischen Kommission* zur Unterstützung der Kulturbranche sowie des audiovisuellen Sektors für die Jahre 2014 bis 2020. Die verschiedenen Förderbereiche sollen Kultur-

und Kreativschaffende anregen, europaweit zu agieren, neue Zielgruppen zu erreichen und Fähigkeiten zu entwickeln, die im digitalen Zeitalter benötigt werden. Kreatives Europa baut auf den Vorläuferprogrammen „Kultur“ und „MEDIA“ auf. Ausgestattet ist es mit Mitteln aus dem → *Haushalt der Europäischen Union* in Höhe von 1,46 Milliarden Euro.

Der Vorschlag der EU-Kommission für das Nachfolgeprogramm von Creative Europe befindet sich derzeit in Verhandlungen. Die EU-Kommission hat für den Zeitraum 2021–2027 einen Gesamthaushalt von 1,85 Milliarden Euro vorgeschlagen; das entspräche einer Erhöhung um 27 Prozent. Davon würden 1,081 Milliarden Euro für MEDIA, 609 Millionen Euro für das Teilprogramm Kultur und 160 Millionen Euro für den sektorenübergreifenden Bereich bereitgestellt.

D

▶ Datenschutzrecht in der Europäischen Union

Ein Wirtschaftsraum wie die → *Europäische Union* (EU) mit heute rund 446 Millionen Verbrauchern benötigt gemeinsame Standards für den Datenschutz. Das informationelle Selbstbestimmungsrecht macht nicht an Ländergrenzen halt.

Seit 1995 gilt in der EU die *EG-Datenschutzrichtlinie*. Sie dient dem Schutz der Privatsphäre von natürlichen Personen bei der Verarbeitung personenbezogener Daten. Sie wurde aber in den Mitgliedstaaten nicht einheitlich umgesetzt, was zu einem ungleichen Datenschutzniveau innerhalb der EU geführt hat.

Die → *Europäische Kommission* hat daher eine Reform des Datenschutzes eingeleitet und 2012 *zwei Entwürfe für Rechtsakte zum EU-Datenschutz* vorgestellt:

(1) eine Verordnung zum allgemeinen Datenschutzrecht, die unter anderem Unternehmen verpflichtet, Verletzungen des Datenschutzes unverzüglich den nationalen Datenschutzbehörden zu melden und
(2) eine Richtlinie für den Polizei- und Justizbereich.

I. Die neue Datenschutz-Grundverordnung

Nach intensiver Diskussion dieser Vorschläge im → *Rat der EU*, im → *Europäischen Parlament (EP)* sowie in der breiten Öffentlichkeit ist am 25. Mai 2016 die neue *Datenschutz-Grundverordnung* der EU (DS-GVO) unmittelbar in allen Mitgliedstaaten in Kraft getreten. Bis zu diesem Tag mussten alle in den (seinerzeit) 28 Staaten der EU ansässigen Unternehmen ihre Verarbeitungspraxis den neuen Regelungen angepasst haben.

Die DS-GVO soll das Datenschutzrecht europaweit vereinheitlichen, die Rechte der von der Datenverarbeitung betroffenen Personen stärken und die Verantwortlichen bei Datenschutzverstößen empfindlich treffen. Trotz ihrer unmittelbaren Wirkung enthält die DS-GVO eine Vielzahl an Öffnungsklauseln, die auf nationaler Ebene zu einer Konkretisierung ermächtigen. So hat Deutschland das 40 Jahre alte deutsche Datenschutzrecht an die neue Rechtslage angepasst und ein neues Bundesdatenschutzgesetz (BDSG-neu) geschaffen, das zeitgleich mit dem Ablauf der in der DS-GVO verankerten Übergangsfrist in Kraft trat und sich im Hinblick auf die Anzahl seiner Artikel nahezu verdoppelt hat.

Kritische Stimmen beanstanden, das deutsche Datenschutzrecht stehe teilweise nicht in Einklang mit dem europäischen und gehe über dessen Regelungsrahmen weit hinaus. Zudem sei es insbesondere wegen der zahlreichen Verweisungen zu komplex. Datenschutzexperten ringen derzeit noch mit diversen Auslegungsfragen, für die zusätzlich auch noch die 173 Erwägungsgründe der DS-GVO herangezogen werden müssen.

Zentral wichtig ist die künftige Interpretation des Begriffs der „*Verarbeitung von Daten*“. Der ursprüngliche Dreiklang „Erhebung, Verarbeitung und Übermittlung“ von Daten ist überholt. Vielmehr werden sämtliche Maßnahmen unter den Begriff „Verarbeitung“ gefasst. Verarbeitung nach der DS-GVO meint „jeden mit oder ohne Hilfe automatisierter Verfahren ausgeführten Vorgang oder jede solche Vorgangsreihe im Zusammenhang mit personenbezogenen Daten wie das Erheben, das Erfassen, die Organisation, das Ordnen, die Speicherung, die Anpassung oder Veränderung, das Auslesen, das Abfragen, die Verwendung, die Offenlegung durch Übermittlung, Verbreitung oder eine andere Form der Bereitstellung, den Abgleich oder die Verknüpfung, die Einschränkung, das Löschen oder die Vernichtung“ (Art. 4 Nr. 2 DS-GVO).

Durch Art. 15 DS-GVO haben die Bürger neue Informationsrechte erhalten. Ähnlich einem Antrag nach dem deutschen Informationsfreiheitsgesetz (IFG) hat der Betroffene einen Anspruch darauf, dass ihm Kopien von allen zu seiner Person gespeicherten Daten sowie einer Beschreibung der Verarbeitungsprozesse übermittelt werden. (Anmerkung: Nach dem IFG hat jeder gegenüber den Behörden des Bundes einen voraussetzungslosen Anspruch auf Zugang zu amtlichen Informationen. Ein IFG-Antrag kann formlos gestellt werden. Antragsberechtigt ist jede natürliche oder juristische Person aus dem In- oder Ausland. Ein besonderes Interesse an der Auskunftserteilung muss nicht geltend gemacht werden. Der Zugang zu den gewünschten Informationen kann jedoch aus bestimmten Gründen eingeschränkt sein.)

Eine Übersicht über die Reform findet sich auf der Internetseite der Bundesbeauftragten für den Datenschutz.

Auch über eine EU-Datenschutzrichtlinie für den Polizeibereich sowie über ein geplantes EU-US-Datenschutzabkommen wurde verhandelt. Bürgerinnen und Bürger sollen, kurz gesagt, mehr Rechte erhalten, über ihre gespeicherten Daten zu verfügen. Dazu gehört vor allem das „Recht auf Vergessenwerden“.

II. Der Europäische Datenschutzbeauftragte

Das Amt wurde 2001 geschaffen. Der Datenschutzbeauftragte hat dafür zu sorgen, dass die → *Organe* und Einrichtungen der EU bei der Verarbeitung personenbezogener Daten den Schutz der Privatsphäre gewährleisten. Maßgeblich ist dabei nicht zuletzt das Grundrecht auf den Schutz personenbezogener Daten (→ *Grundrechte-Charta der EU*). Wer sein Recht auf Datenschutz durch den Missbrauch seiner personenbezogenen Daten von einem Organ oder einer Einrichtung der EU verletzt sieht, kann beim *Europäischen Datenschutzbeauftragten* Beschwerde einlegen. Wird eine Verletzung festgestellt, so kann der Beauftragte beispielsweise verlangen, die widerrechtlich verarbeiteten Daten zu berichtigen, zu sperren, zu löschen oder zu vernichten. Ist man mit dieser Entscheidung nicht einverstanden, so besteht die Möglichkeit, den → *Europäischen Gerichtshof* (EuGH) anzurufen.

▶ Deutsch-französische Beziehungen

Frankreich ist Deutschlands engster und wichtigster Partner in Europa. Mit keinem anderen Land gibt es eine so regelmäßige und intensive Abstimmung auf allen Gebieten. Vielfältige Formen der Zusammenarbeit haben sich entwickelt. Auf jeder Seite gibt es einen Beauftragten für die deutsch-französische Zusammenarbeit.

Halbjährlich treten die Kabinette beider Länder in Form gemeinsamer Ministerräte zusammen und erörtern die gesamte Bandbreite an sachpolitischen Themen. Das hat hohe Symbolkraft. Der 12. deutsch-französische Ministerrat verabschiedete am 4. Februar 2010 in Paris die „*Agenda 2020*", in der beide Länder ihren Willen zu noch engerer Zusammenarbeit für die kommende Dekade bekunden. Die „Agenda 2020" enthält eine Vielzahl von ambitionierten Projekten und Politikvorschlägen, die es umzusetzen gilt (Siehe auch → *Blaesheim-Prozess*).

I. Deutsch-Französischer Vertrag („Élysée-Vertrag")

Am 22. Januar 1963 unterzeichneten Bundeskanzler *Konrad Adenauer* und der französische Staatspräsident *Charles de Gaulle* im Élysée-Palast in Paris den Vertrag über die deutsch-französische Zusammenarbeit („Élysée-Vertrag"). Er besiegelte die Aussöhnung zwischen Deutschen und Franzosen nach Jahrhunderten der Gegnerschaft. Er wurde zum Grundstein nicht nur für die Freundschaft zwischen beiden Ländern, sondern auch für einen dauerhaften Frieden in Europa. 2013 konnte man den 50. Jahrestag der Unterzeichnung feiern.

Der Vertrag schreibt in der Außen-, Wirtschafts-, Verteidigungs- und Kulturpolitik regelmäßige Konsultationen sowohl der Fachminister als auch der Staats- und Regierungschefs beider Länder vor. Die deutsch-französische Zusammenarbeit soll auf allen Gebieten vertieft und die Integration Europas weiterentwickelt werden. Ein *Deutsch-Französisches Jugendwerk* wird ins Leben gerufen, um den → *Jugendaustausch* zu beleben.

Der Deutsche Bundestag bestand allerdings auf einer Präambel, die die Zugehörigkeit der Bundesrepublik Deutschland zur → *Nato* und die Freundschaft zu den Vereinigten Staaten von Amerika betont. In Frankreich sah man darin eine Entwertung des Vertrages. Ziel de Gaulles nämlich war es, ein „Europa der Vaterländer" unter der Führung Frankreichs zu schaffen. Aufgrund dieser Differenzen stagnierte die deutsch-französische Zusammenarbeit in den folgenden Jahren. Sie wurde unter Bundeskanzler *Helmut Schmidt* und Staatspräsident *Valéry Giscard d'Estaing* wiederbelebt und erwies sich auch unter deren Nachfolgern *Helmut Kohl* und *François Mitterrand* sowie unter *Gerhard Schröder* und *Jacques Chirac* immer wieder als Motor der europäischen Einigung.

II. „Vertrag von Aachen"

Am 22. Januar 2019 unterzeichneten Bundeskanzlerin *Angela Merkel* und Staatspräsident *Emmanuel Macron* im Krönungssaal zu Aachen einen neuen deutsch-französischen Vertrag.

Er soll den Élysée-Vertrag ergänzen, auf eine breitere Basis stellen und der Europäischen Einigung in schwieriger Zeit neue Impulse geben. U. a. will man einen „deutsch-französischen Wirtschaftsraum“ schaffen, künftig „Konsultationen auf allen Ebenen“ abhalten und gemeinsame Regeln für Rüstungsexporte entwickeln. Beide Länder streben gemeinsam einen ständigen deutschen Sitz im UN-Sicherheitsrat an.

Im Gegensatz zum Aussöhnungsvertrag 56 Jahre zuvor finden sich weder in noch zwischen den Zeilen des neuen 16-seitigen Vertrags *„über die deutsch-französische Zusammenarbeit und Integration“* Hinweise auf das, was man „Herzensangelegenheit“ nennt. Eine Wiederholung der Geschichte gibt es nicht: *„Merkel und Macron zeichnen ohne Überzeugung"*, drückte die Titelzeile des Pariser *Figaro* die weitverbreitete Skepsis aus.

Weiterführende Literatur

Nicole Colin et al. (Hrsg.), „Lexikon der deutsch-französischen Kulturbeziehungen nach 1945“, 2. Auflage, Tübingen 2015 | *Deutsch-Französisches Institut* (Hrsg.), „Frankreich Jahrbuch 2022. Politik der Zeitenwende? | Europa im Umbruch“, Baden-Baden 2023 | *Joachim Lange/Henrik Uterwedde* (Hrsg.), „Deutschland und Frankreich – Yin und Yang der EU- Reform?“, Baden-Baden 2019

▶ Dienstleistungsfreiheit

Die Dienstleistungsfreiheit ist eine der *vier Freiheiten*, die – neben dem unbeschränkten Verkehr von Waren, Personen und Kapital – im europäischen → *Binnenmarkt* verwirklicht werden sollten. Der Binnenmarkt wurde am 1. Januar 1993 als großer und einheitlicher Markt ohne Binnengrenzen innerhalb der → *Europäischen Union* (EU) vollendet. Dienstleistungen machen knapp 70 Prozent der Wirtschaftsleistung der EU aus.

2006 einigte sich der → *Rat der EU* nach langen Diskussionen auf Regeln, die grenzüberschreitende Dienstleistungen innerhalb der EU erleichtern sollen. Diese sog. Dienstleitungsrichtlinie ist in nationales Recht umgesetzt worden.

Dienstleistungsrichtlinie

Den Plan, die europäischen Märkte für Dienstleistungsanbieter grundlegend zu öffnen, legte die → *Europäische Kommission* bereits 2005 vor. Kern der Regelung sollte das *„Herkunftslandprinzip“* sein, in dem man den Schlüssel zu mehr Wettbewerb zu erkennen glaubte. Ein Anbieter, der in einem Staat der EU zugelassen ist, sollte danach ohne zusätzliche Anforderungen auch in allen anderen Ländern der EU tätig sein dürfen – solange er sich an das Recht seines Heimatlandes hält. Ein deutscher Architekt hätte seine Angebote in Belgien realisieren können, ohne bürokratischen oder rechtlichen Hürden des Nachbarlandes ausgesetzt zu sein. Böte andererseits eine tschechische Firma in Deutschland ambulante Pflege an, wäre sie den Auflagen deutscher Berufsgenossenschaften nicht unterworfen und könnte zu einem Viertel der hiesigen Löhne arbeiten.

Vor allem in Deutschland und Frankreich befürchteten Gewerkschaften, Handwerksverbände und Regierungen einen Verdrängungswettbewerb und „Sozialdumping". Das → *Europäische Parlament (EP)* strich daraufhin das Prinzip. Grenzüberschreitende Dienstleistungen, so das EP, müssen nach den Bedingungen des *Ziellandes* und nicht des Heimatlandes angeboten werden.

Der zuständige Rat der Wirtschafts- und Wettbewerbsminister (→ *Rat der Europäischen Union*) folgte nach langem Ringen der Vorgabe des EP. Nun verbietet die Richtlinie nur, Anbieter bei ihrem Zugang zu den Märkten anderer EU-Staaten zu diskriminieren. Bis zuletzt wurde darum gestritten, welche Berufsbereiche aus dem Schutzbereich der Regelung ganz ausgenommen werden sollen. Erreicht wurde dies etwa für die Gesundheitsdienste oder für kommunal erbrachte Leistungen wie den öffentlichen Nahverkehr, die Abfallentsorgung, für Sicherheitsfirmen oder das Glücksspiel. Ausgenommen wurden zudem soziale Dienstleistungen wie etwa die Altenpflege sowie – auf Betreiben Frankreichs – die Notare.

Hier ging es um Grundsätzliches – nämlich um die Balance zwischen liberalisierten Marktzugängen einerseits und dem Schutz sozialer, gesellschaftspolitischer und ökonomischer Anliegen andererseits. Dass in diesen schwierigen politischen Kraftfeldern überhaupt ein Kompromiss erzielt wurde, ist beachtlich. Er enthält zwar zahlreiche Ausnahmeregeln, aber auch nennenswerte Erleichterungen für Unternehmen, die sich in anderen EU-Staaten niederlassen wollen.

▶ Digitaler Binnenmarkt der Europäischen Union

I. Ziele und Strategie

Dies ist das Ziel: Der gemeinsame europäische → *Binnenmarkt* für Waren, Dienstleistungen und Kapital soll auch im digitalen Bereich Wirklichkeit werden. Kurzum: Für die Märkte der 27 Mitgliedstaaten der → *Europäischen Union (EU)*, die in anderen Bereichen bereits harmonisiert und integriert sind, sollen auch alle Schranken entfallen, die der Nutzung digitaler und Online-Technologien und -Dienste noch im Wege stehen. Nur in einem europäischen digitalen Binnenmarkt kann sichergestellt werden, dass Unternehmen Produkte und Dienstleistungen nach gemeinsamen Regeln und Standards innerhalb der gesamten EU anbieten können.

Daher hat die → *Europäische Kommission* am 6. Mai 2015 ihre *Strategie für den europäischen digitalen Binnenmarkt* vorgestellt. Sie verfolgt damit *drei grundlegende Ziele*:

(1) einen besseren Online-Zugang für Verbraucher/innen und Unternehmen zu Waren und Dienstleistungen in ganz Europa,
(2) den Ausbau verlässlicher, vertrauenswürdiger, hochleistungsfähiger und bezahlbarer Netze und Dienste,
(3) die Ausschöpfung des Wachstumspotenzials einer europäischen digitalen Wirtschaft.

Ein gemeinsamer europäischer Markt mit rund 446 Millionen Einwohnern bringt internationale Wettbewerbsvorteile; digitale Innovationen können so besser entwickelt und durchgesetzt werden.

Ein zentrales Ziel des digitalen EU-Binnenmarktes ist es auch, dass die europäische Wirtschaft im Digitalbereich wieder den Anschluss an die in diesem Bereich weit fortgeschrittenen Volkswirtschaften der USA, Japans und Südkoreas findet.

Kurzum: Die digitale Wirtschaft der EU soll deutlich ausgebaut und regulierungsbedingte Barrieren zwischen den EU-Mitgliedstaaten beseitigt werden. Umfassen soll der digitale Binnenmarkt das digitale Marketing, den elektronischen Handel (E-Commerce) und die Telekommunikation.

Die EU-Kommission ging gleich frisch ans Werk, begann zielstrebig mit dem Aufbau eines freien und sicheren digitalen Binnenmarktes und hat seit Mai 2015 im Rahmen dieser Strategie 35 Rechtssetzungsvorschläge und politische Initiativen präsentiert sowie nennenswerte Entwicklungen angestoßen:

- die Abschaffung der Roaming-Gebühren;
- die Modernisierung des Datenschutzes (→ *Datenschutzrecht in der EU*);
- die grenzüberschreitende Portabilität von Online-Inhalten;
- ein Abkommen zur Beseitigung von Hindernissen für den elektronischen Handel durch die Beendigung von ungerechtfertigtem Geoblocking (s.u. Punkt III. Geoblocking) und
- die 2019 vollendete Reform des digitalen Urheberrechtsschutzes (→ *Urheberrecht, europäisches*).

II. Roaming-Gebühren

Hierauf ist man in Brüssel besonders stolz: Seit dem 15. Juni 2017 können → *Unionsbürger* ihr mobiles Gerät bei Reisen innerhalb der EU zu denselben Preisen nutzen wie zu Hause. Roaming ist also seither zu Inlandspreisen möglich (*Roam like at Home*), wobei sich der Anbieter entsprechend der Regelung der „angemessenen Nutzung“ eine Obergrenze vorbehalten kann. Wer beispielsweise im Heimatland ein monatliches Minutenguthaben (für SMS und Datenvolumen) erworben hat, dem wird jeder Anruf, jede SMS und jeder Datenverbrauch im EU-Ausland von diesem Guthaben abgezogen, so als wäre er im eigenen Land; zusätzliche Kosten entstehen nicht. Das bedeutete das Ende der Roaming-Gebühren, wie Reisende sie bisher kannten.

III. Geoblocking

Mit der Verordnung (EU) 2018/302 vom 28. Februar 2018 über Maßnahmen gegen ungerechtfertigtes Geoblocking soll ungerechtfertigte Diskriminierung bei Online-Käufen auf der Grundlage der Staatsangehörigkeit, des Wohnortes oder des Ortes der Niederlassung des Kunden innerhalb des Binnenmarkts beendet werden. Das Verbot von Geoblocking ist ein wichtiger Bestandteil der Strategie für einen digitalen Binnenmarkt. Es wird seit Dezember 2018 in allen Mitgliedstaaten angewendet.

IV. Digitale Agenda für Europa

Das Ziel eines digitalen Binnenmarktes hat die EU-Kommission nicht erst seit 2015 im Visier. Eine der sieben Leitinitiativen im Rahmen ihrer Strategie → *„Europa 2020" für Wachstum und Beschäftigung* war die sog. *„Digitale Agenda für Europa"*. Sie bildete sozusagen die Basis für die europäische Politik auf dem Gebiet der Informations- und Kommunikationstechnologie (IKT) für kommende Jahre. Die *EU-Kommission* hat sie im Mai 2010 veröffentlicht.

Bereits diese Digitale Agenda konzipierte einen europäischen digitalen Binnenmarkt mit modernen Hochgeschwindigkeitsnetzen und interoperablen Anwendungen und damit die Förderung eines nachhaltigen wirtschaftlichen und sozialen Nutzens. Mit rund 100 Maßnahmen, wovon 21 direkt an die Mitgliedstaaten der EU gerichtet sind, und 16 Schlüsselaktionen soll das Entstehen eines digitalen Binnenmarktes gefördert werden. Alljährlich werden die Fortschritte in den Mitgliedstaaten überprüft und anhand eines Scoreboards visualisiert.

Am 19. April 2016 wurde der *„EU-eGovernment-Aktionsplan 2016 bis 2020, Beschleunigung der Digitalisierung der öffentlichen Verwaltung"* veröffentlicht. Mit dieser Initiative der EU will man der digitalen Transformation des öffentlichen Sektors auf die Sprünge helfen.

V. Cybersicherheit

Digitalisierung und *Cybersicherheit* sind zwei Seiten derselben Medaille. Um die Cybersicherheit in der EU weiter zu erhöhen, wird die EU-Kommission die Richtlinie über die Sicherheit von Netz- und Informationssystemen überarbeiten. Ferner werden Initiativen vorgeschlagen, um das digitale Finanzwesen besser gegen Cyberangriffe zu rüsten. Dazu wird auch ein Vorschlag über Kryptoanlagen zählen. „Im Interesse der führenden Rolle und strategischen Autonomie Europas im digitalen Bereich müssen unsere Industrie- und Innovationskapazitäten gestärkt werden" – so die EU-Kommission in ihrem im Januar 2020 vorgestellten Arbeitsprogramm. Zu diesem Zweck werde sie eine umfassende neue Industriestrategie für Europa vorschlagen, die den ökologischen und den digitalen Wandel unterstützen und für fairen Wettbewerb sorgen soll.

VI. Das neue Regulierungspaket für Online-Plattformen

Im Dezember 2020 hat die EU-Kommission ein Paket zu digitalen Diensten vorgelegt; es umfasst ein Gesetz über digitale Dienste und eines über digitale Märkte.

Die beiden Gesetze sind die Säulen einer beispiellosen Regulierung des digitalen Raums, die die europäischen Werte und das europäische Modell achtet. Zusammen bilden sie einen Rahmen, der den Herausforderungen aufgrund des Aufkommens digitaler Giganten und dem Schutz ihrer Nutzenden gerecht wird und zugleich ein Gleichgewicht wahrt, das der Innovation in der digitalen Wirtschaft förderlich ist.

1. Am 24. März 2022 haben Rat und → *Europäisches Parlament (EP)* eine vorläufige politische Einigung

über das *Gesetz über digitale Märkte* (engl. *Digital Market Act*, DMA) erzielt. Erreicht werden soll eine gerechtere und stärker wettbewerbsorientierte Gestaltung des digitalen Sektors. Das Gesetz gibt klare Regeln für große Online-Plattformen vor, um sicherzustellen, dass marktbeherrschende Digitalkonzerne, die angesichts einer großen Zahl von Nutzern als *„Gatekeeper"* fungieren, ihre Position nicht missbrauchen. Eine Plattform gilt als Gatekeeper, wenn sie

- in den vergangenen drei Geschäftsjahren in der EU einen Jahresumsatz von mindestens 7,5 Mrd. Euro erzielt hat oder ihr Börsenwert mindestens
- 75 Mrd. Euro beträgt und sie monatlich mehr als 45 Millionen in der EU niedergelassene bzw. mehr als 10.000 gewerbliche Nutzer hatte
  - und in mindestens drei EU-Staaten zentrale Plattformdienste betreiben. Zu diesen gehören Marktplätze und Stores für Software-Anwendungen, Suchmaschinen, soziale Netzwerke, Cloud-Dienste, Online-Vermittlungs- oder Werbedienste.

Verstößt ein Gatekeeper gegen die gesetzlichen Vorschriften, so droht ihm eine Geldbuße von bis zu 10 Prozent, im Wiederholungsfall von bis zu 20 Prozent seines weltweiten Gesamtumsatzes.

Das EU-Gesetz über digitale Märkte (DMA) ist am 1. November 2022 in Kraft getreten und gilt ab dem 2. Mai 2023.

2. Am 23. April 2022 einigten sich Rat und EP auf ein neues *Gesetz über digitale Dienstleistungen* (engl. *Digital Services Act*, DSA). Es gilt als weltweites Novum im Bereich der Regulierung des digitalen Raumes und folgt dem Grundsatz, dass alles, was außerhalb des Internets verboten ist, auch im Internet illegal sein soll. Ziel ist es,

- den Binnenmarkt für digitale Dienste zu stärken und kleineren Unternehmen zu Rechtsklarheit und gleichen Wettbewerbsbedingungen zu verhelfen,
- das Verbreiten illegaler Inhalte im digitalen Raum zu verhindern und die Grundrechte der Nutzenden zu schützen.

Sehr große digitale Plattformen und Dienste werden verpflichtet, die von ihnen ausgehenden systemischen Risiken jährlich zu analysieren. Diese Analyse dient der kontinuierlichen Überwachung, um folgende Risiken zu verringern:

- Verbreitung illegaler Inhalte
- nachteilige Auswirkungen auf Grundrechte
- Manipulationen von Diensten mit Auswirkungen auf demokratische Prozesse und die öffentliche Sicherheit
- nachteilige Auswirkungen auf geschlechtsspezifische Gewalt und auf Minderjährige sowie schwerwiegende Folgen für die körperliche und geistige Gesundheit von Nutzenden

Um die Entwicklung von Start-ups und kleineren Unternehmen im Binnenmarkt zu gewährleisten, werden Kleinst- und Kleinunternehmen mit weniger als 45 Millionen monatlich aktiven Nutzenden in der EU von bestimmten neuen Verpflichtungen befreit.

Plattformen, die Minderjährigen zugänglich sind, obliegen besondere Schutzmaßnahmen, um ihre Sicherheit im Internet zu gewährleisten, insbesondere wenn sie wissen, dass Nutzende minderjährig sind.

Sog. „Dark Patterns“ und Praktiken, die Nutzende in die Irre führen sollen, werden verboten.

Das Gesetz über digitale Dienste (DSA) ist am 16. November 2022 in Kraft getreten; es gilt ab dem 17. Februar 2024 in allen EU-Mitgliedstaaten.

VII. Ausblick

Ein voll funktionierender digitaler Binnenmarkt könnte der EU-Wirtschaft, so schätzt man optimistisch, jährlich bis zu 415 Milliarden Euro einbringen. Auch könnte (!) die EU damit weltweit im digitalen Bereich eine Führungsrolle übernehmen. Die EU ist jedenfalls auf dem Weg, ihr Potenzial auf diesem Sektor zu aktivieren. Umfassende Reformen sind geplant oder bereits umgesetzt. Für die Menschen in der EU wird der Zugang zu Informations- und Kulturangeboten erleichtert. Berufliche Aussichten werden verbessert.

▶ Drogenagentur der Europäischen Union

Das gab es bereits: eine *Europäische Beobachtungsstelle für Drogen und Drogensucht* (EMCDDA). Diese Stelle wird nun in die Drogenagentur der → *Europäischen Union (EU)* umgewandelt. Dies aber ist keine bloße Namensänderung; die Stelle wird auch mit einem robusteren Mandat ausgestattet, damit sie den aktuellen und künftigen Herausforderungen effizienter begegnen kann.

Die Zahlen sind alarmierend. Laut Europäischem Drogenbericht starben 2020 in der EU 5.796 Menschen durch eine Überdosis oder an den Folgen ihres Drogenkonsums – etwa 13 Prozent mehr als 2019. Zudem sei im Jahr 2020 ein Rekordhoch von 213 Tonnen Kokain sichergestellt worden. Zudem hätten die EU-Mitgliedstaaten 25.000 Sicherstellungen von Amphetamin gemeldet, was einer Rekordmenge von 21,2 Tonnen (15,4 Tonnen im Jahr 2019) entsprochen habe.

Das erweiterte Mandat weist der EU-Drogenagentur also eine neue Rolle zu, die u.a. umfasst:

- Abgabe von Warnungen für den Fall, dass besonders gefährliche Stoffe auf den Markt gelangen;
- Bewertung von Gefahrenlagen im Zusammenhang mit illegalen Drogen,
- Beobachtung und Bekämpfung des Drogenmischkonsums;
- Einrichtung eines Netzes kriminaltechnischer und toxikologischer Labore zur Vernetzung nationaler Labore, um den Informationsaustausch über neue Entwicklungen zu verbessern;
- Bereitstellen von Forschungsergebnissen und Unterstützung in gesundheitsbezogenen Fragen,

- verstärkte Zusammenarbeit mit internationalen Partnern wie dem Büro der Vereinten Nationen für Drogen- und Verbrechensbekämpfung, dem Internationalen Suchtstoffkontrollamt sowie mit regionalen, nationalen und anderen Agenturen und Einrichtungen in Erzeuger- und Transitländern.

Fazit: Die EU hat den illegalen Suchtmitteln den Kampf angesagt; sie will effizienter auf neue Gesundheits- und Sicherheitsherausforderungen durch illegale Drogen reagieren.

Die Neuregelung tritt als Verordnung nach förmlicher Annahme durch → *Europäisches Parlament* und → *Rat der EU* in Kraft.

▶ Dubliner Übereinkommen

Wer als Asylbewerber in die → *Europäische Union (EU)* kommt, hat damit nicht das Recht auf freie Wahl des Landes, in dem er Schutz erhält. Asylverfahren werden innerhalb der EU in dem Mitgliedstaat durchgeführt, welches der betreffende Asylbewerber zuerst betreten hat (*Ersteintrittsprinzip*). Hierauf haben sich die EU-Staaten am 15. Juni 1990 in Dublin verständigt. Das Ergebnis des Verfahrens – also die *Bewertung*, ob die betreffende Person tatsächlich politisch verfolgt und damit schutzbedürftig ist, oder ob sie aus wirtschaftlichen Motiven in die EU strebt – gilt seither in allen anderen Mitgliedstaaten gleichermaßen.

Die offenen Grenzen innerhalb der EU sollen also nicht dazu führen, dass Einreisewillige in jedem EU-Staat erneute Asylverfahren einleiten und auf diese Weise Abschiebungen verzögern oder verhindern können.

Das Dubliner Übereinkommen trat 1997 in Kraft. Es ist eine unabdingbare Voraussetzung für offene Binnengrenzen im Schengen-Raum (→ *Schengener Abkommen*), wird aber seit Jahren – und zunehmend – unterlaufen.

I. „Dublin II" und „III"

Im März 2003 ist das Dubliner Übereinkommen durch die Verordnung 343/2003/EG, die sogenannte *Dublin-II-Verordnung*, ersetzt worden. Sie bestimmte die Kriterien, nach denen ermittelt wird, welches Land für die Prüfung eines in einem Unterzeichnerstaat gestellten Asylantrags zuständig ist. Im Kern blieb es bei dem Grundgedanken, dass stets der Mitgliedstaat für die Durchführung des Asylverfahrens verantwortlich sein soll, der die Einreise veranlasst oder nicht verhindert hat. Stellt der Asylsuchende dennoch in einem anderen Mitgliedstaat seinen Asylantrag, so wird dort kein Verfahren durchgeführt; vielmehr wird er in den zuständigen Staat „überstellt" – soweit die Theorie.

Staaten mit EU-Außengrenzen sollten also an sorgfältigen Kontrollen interessiert sein, da sie mit etwaigen nachfolgenden Asylverfahren – und den damit verbundenen Kosten – belastet würden.

Seit dem 1. Januar 2014 kommt für alle Asylanträge ab diesem Zeitpunkt eine wiederum neue Verordnung (*Verordnung (EU) Nr. 604/2013*), die sogenannte *Dublin-III-Verordnung*, zur Anwendung. Sie erstreckt sich auf alle Formen des internationalen Schutzes, also auf Asylberechtigung, Flüchtlingseigenschaft sowie subsidiären Schutz (→ *Asyl- und Flüchtlingspolitik der EU*) und legt ebenso Regelungen zur Bestimmung des für das Asylverfahren zuständigen Mitgliedstaates fest – wobei die obigen Grundprinzipien der Zuständigkeit unverändert bleiben.

Alle EU-Mitgliedstaaten sowie die dem Schengener Abkommen beigetretenen Nicht-EU-Staaten Norwegen, Island, die Schweiz und Liechtenstein sind gehalten, diese Regelungen anzuwenden.

II. Eurodac

Um die Dublin-Regelungen zu flankieren und den zwingend notwendigen Informationsaustausch zu gewährleisten, hat man 2003 ein europäisches *automatisiertes Fingerabdruck-Identifizierungssystem* – kurz: „*Eurodac*" – geschaffen. Eine Eurodac–EG–Verordnung verpflichtet die Mitgliedstaaten der EU unmittelbar, von allen über 14 Jahre alten Asylbewerbern und unerlaubt eingereisten Ausländern Fingerabdrücke zu nehmen und zu speichern. Durch Vergleiche kann seither rasch geklärt werden, ob ein bestimmter Bewerber über ein anderes Mitgliedsland in das Gebiet der EU gelangt ist oder dort bereits Asyl beantragt hat.

III. „Dublin" – ineffektiv und für Deutschland nachteilig?

Es ist kein Geheimnis, dass das System praktisch nicht mehr funktioniert. Viele Länder – wie etwa Griechenland, aber auch Italien oder die Balkan-Staaten – lassen Flüchtlinge seit Jahren in Richtung ihrer bevorzugten Zielländer, vielfach also nach Deutschland, häufig unkontrolliert weiterreisen.

Im Herbst 2015 schließlich war es die deutsche Bundesregierung, die Hunderttausende Migranten monatelang unkontrolliert ins Land strömen ließ und die Dublin-Regelung vollends ad absurdum führte.

Im Sommer 2018 löste die *den geltenden europäischen Verordnungen entsprechende Möglichkeit* eines jeden Landes, bereits in einem anderen Mitgliedstaat registrierte Asylbewerber an der Grenze zurückzuweisen, in Berlin eine ernste Regierungskrise aus; Bundesinnenminister *Horst Seehofer* wollte diese Regelung pflichtgemäß vollziehen, Bundekanzlerin *Angela Merkel* dagegen beschwor eine „europäischen Lösung", die es jedoch – als Grundlage für die geplante Vorgehensweise des Bundesinnenministeriums – de facto längst gibt.

Vielfach folgen Asylbewerber und Flüchtlinge dem immer beliebteren Trend, sich in ihrem Ankunftsland nicht registrieren zu lassen, um in das von ihnen speziell ausgewählte Zielland – häufig nach Deutschland – weiterzureisen und dort ihre Anträge stellen zu können.

IV. Ein gerechtes Verteilsystem?

Im Mai 2015 hat die EU-Kommission reagiert. Sie legte ein Konzept zur Steuerung der Migration in Europa vor. Alle Flüchtlinge, die in der EU ankommen, sollten nach einem festen Schlüssel auf *alle* Mitgliedstaaten verteilt werden. Welches Land wie viele Menschen aufzunehmen habe, sollte sich bemessen u. a. nach Bevölkerungszahl, Wirtschaftskraft und Arbeitslosenquote sowie nach der Zahl der bereits aufgenommenen Migranten.

In welchem prozentualen Umfang die EU-Staaten ihre Verpflichtung aus dieser „*Fair-Share*“-Vereinbarung in den Jahren 2015 bis 2019 erfüllt haben, zeigt die folgende Übersicht:

Land/Jahr	**2015**	**2016**	**2017**	**2018**	**2019**
Österreich	333	164	171	102	84
Belgien	135	57	103	136	149
Bulgarien	179	179	60	45	34
Kroatien	3	31	24	22	35
Zypern	120	163	443	796	1.245
Tschechien	7	7	12	15	16
Dänemark	106	33	31	37	25
Estland	9	7	13	7	7
Finnland	188	35	56	55	49
Frankreich	41	47	101	134	129
Deutschland	197	318	169	153	124
Griechenland	60	246	509	635	664
Ungarn	996	174	35	8	5
Irland	19	13	29	38	43
Italien	55	84	322	81	54
Lettland	9	10	18	10	10
Litauen	8	8	19	15	21
Luxemburg	81	72	147	146	124
Malta	189	202	322	386	642
Niederlande	86	41	64	90	84
Polen	8	19	14	12	11
Portugal	14	7	15	12	15
Rumänien	4	6	27	13	14
Slowakei	3	1	3	3	4
Slowenien	6	31	61	129	152
Spanien	14	15	62	100	195
Schweden	496	91	149	135	149
Vereinigtes Königreich	20	21	35	43	44

(Quelle: Eurostat; Berechnungen des Autors, jeweils in Prozent)

Die eklatanten Unterschiede in der Aufnahmebereitschaft – gerade im Verhältnis östlicher und westlicher Mitgliedsländer – zeichneten sich frühzeitig ab. Noch bevor die Pläne offiziell auf dem Tisch lagen, lehnten bereits mehrere Mitgliedstaaten, allen voran Großbritannien, aber auch Tschechien, Ungarn und Polen, ein solches verbindliches Verfahren rundweg ab. Zwar stellte der → *Europäische Gerichtshof (EuGH)* am 2. April 2020 klar, dass letztere drei Länder sich nicht hätten weigern dürfen, die vom Rat der EU beschlossene Umverteilung umzusetzen; das Urteil beinhaltete aber weder eine unmittelbare Verpflichtung zu einer Aufnahme, noch wurden den Ländern Geldbußen auferlegt.

Natürlich kann dieses System nur die „Symptome" kurieren; die eigentlichen Wurzeln der Migrationsproblematik – etwa die Fluchtursachen oder der nicht realisierte bzw. nicht realisierbare Schutz der EU-Außengrenzen – waren und sind nach wie vor ungelöst. Dennoch wirft das unwürdige Scheitern des Verteilkonzepts ein Schlaglicht auf die „Solidargemeinschaft Europa".

V. „Dublin IV"?

Das Dubliner Regelwerk, so schon 2020 der frühere Bundesinnenminister Horst Seehofer, sei „gescheitert". Dementsprechend wird in Europa seit Jahren über eine Reform des gemeinsamen Asylsystems beraten. Insbesondere über dessen „Herzstück", die Neufassung der Dublin-Regeln, konnte im Rat der EU aber keine Einigung erzielt werden.

In ihrem am 29. Januar 2020 vorgelegten *Arbeitsprogramm für die nächsten Jahre* kündigte die Kommission einen *„neuen Migrations- und Asylpakt"* an. Sie werde „ein robusteres, humaneres und wirksameres Migrations- und Asylsystem schaffen", das auch das Vertrauen in den Schengen-Raum mit freiem Personenverkehr stärken werde. Was allerdings „robust" bedeutet, blieb ungesagt.

Geplant ist ein „Gesamtkonzept", das interne und externe Aspekte der Migration miteinander verbinden und damit auch die Dubliner Regelungen neu ausrichten soll. Inhaltlich gibt es seit 2018 konkrete Vorstellungen, nach denen der Kern des Dublin-Systems, das *Ersteintrittsprinzip*, aufgegeben werden soll.

Dies wäre, kurz gesagt, ein grundlegender Paradigmenwechsel. Statt im Ersteintrittsstaat könnten Migranten in dem Mitgliedstaat ihren Asylantrag stellen, in dem bereits Personen Aufnahme gefunden haben, zu denen sie familiäre oder andere Bindungen nachweisen („Ankerpersonen"); diese Möglichkeit bestand bisher nur in sehr engem Rahmen. Profitieren würden osteuropäische EU-Staaten, die bisher nur wenige Asylbewerber aufgenommen haben; Ankerpersonen sind hier kaum auszumachen. Entlastet würden Länder wie Italien und Griechenland; bekanntermaßen strebt die Mehrheit der dort eintreffenden Migranten die sofortige Weiterreise nach Norden an – oft nach Deutschland, wo eine im EU-Vergleich überdurchschnittlich hohe Zahl von „Ankerpersonen" bereitstehen dürfte. Vor allem könnte das Interesse an einer effizienten Sicherung der EU-Außengrenzen nachlassen, wenn Länder wie Griechenland, Spanien oder Italien die dort eintreffenden Asylsuchenden künftig unproblematisch weiterziehen lassen könnten. Nach einem neuen „Fairness-Mechanismus" (*fair share*) sollen Flüchtlinge bzw. Migranten automatisch auf andere EU-Staaten umverteilt werden, wenn die Zugangszahlen in einem Ersteintrittsstaat ein von der EU-Kommission festgelegtes Kontingent überschreiten; in solchen Fällen soll die Aufnahme zur Pflicht werden.

VI. Ausblick

Der eigentliche „Konstruktionsfehler" des Dublin-Systems aber bliebe unkorrigiert und jeder Versuch einer solidarischen Umverteilung auf Sand gebaut, solange sich die EU-Staaten nicht auf ein in der Praxis belastbares gemeinsames Asylregime sowie – vor allem – *vergleichbare nationale Regeln* etwa für die Anerkennung, den Familiennachzug, die Abschiebung oder die soziale Versorgung der Geflüchteten in *allen* EU-Mitgliedstaaten verständigen. Die diesbezüglichen rechtlichen und tatsächlichen Parameter aber unterliegen nationalem Recht und unterscheiden sich von Land zu Land erheblich; entsprechend unterschiedlich ist die Attraktivität der einzelnen EU-Staaten als „auserwähltes Zufluchtsland".

Ein Blick auf die beträchtlichen Unterschiede bei den *Anerkennungsquoten* in den Mitgliedstaaten verdeutlicht das Problem. So schwankte 2021 etwa die Anerkennungsquote von Menschen aus Afghanistan in erster Instanz zwischen 9 Prozent in Bulgarien und 100 Prozent in Spanien und Portugal (gezählt wurden Mitgliedstaaten, die mindestens 100 erstinstanzliche Entscheidungen an afghanische Bürgerinnen und Bürger erlassen haben).

Es mag überraschen, aber bereits 1999 hatte der Europäische Rat in Tampere/Finnland genau dies angemahnt:

> „gemeinsame Standards für ein gerechtes und wirksames Asylverfahren, gemeinsame Mindestbedingungen für die Aufnahme von Asylbewerbern und die Annäherung der Bestimmungen über die Zuerkennung und die Merkmale der Flüchtlingseigenschaft".

Ohne eine Harmonisierung dieser Basis-Voraussetzungen wird sich trotz aller Absichtsbekundungen die unerlaubte Wanderung innerhalb der EU („Sekundär-Migration") kaum verhindern lassen; in einem Raum ohne Personenkontrollen an Binnengrenzen werden Migranten auch weiterhin in Länder streben, in denen sie die günstigsten Bedingungen („*Pull*-Faktoren") vorzufinden hoffen.

E

▶ ECE

Die Wirtschaftskommission für Europa (ECE = *Economic Commission for Europe*) wurde 1947 als regionale Wirtschaftskommission der Vereinten Nationen gegründet.

▶ ECOFIN-Rat

Der → *Rat der Europäischen Union* wird mitunter auch „Ministerrat" genannt, denn hier kommen – je nach Zuständigkeitsbereichen gruppiert – die Fachminister aus den 27 Mitgliedstaaten der → *Europäischen Union (EU)* zusammen. So treffen sich beispielsweise im sogenannten „Allgemeinen Rat" die 27 Außenminister der EU-Länder oder im Rat „Umwelt" die Umweltminister. In der Zusammensetzung der Wirtschafts- und Finanzminister der EU-Staaten heißt der Rat „ECOFIN-Rat". Er ist, seiner thematischen Zuständigkeit folgend, das zentrale Gremium zur Koordinierung der Wirtschaftspolitik. Er tagt in der Regel einmal monatlich. Den Vorsitz führt der Fachminister oder die Fachministerin desjenigen Landes, das den im halbjährigen Turnus wechselnden Vorsitz im Rat innehat (→ *EU-Ratspräsidentschaft*).

Der ECOFIN-Rat ist zu unterscheiden von der → *Euro-Gruppe*, der nur diejenigen Mitglieder des ECOFIN-Rates angehören, deren Länder den → *Euro* eingeführt haben. Die Sitzungen der Euro-Gruppe finden in einem informellen Rahmen und zumeist zeitlich vor den Ecofin-Treffen statt.

▶ ECU

ECU steht für *European Currency Unit*, die englische Bezeichnung für die europäische Währungseinheit. Gleichzeitig erinnert die Abkürzung ECU an eine französische Silbermünze, die im Mittelalter geprägt wurde. Mit Beginn des → *Europäischen Währungssystems (EWS)* löste der ECU 1979 die frühere Europäische Rechnungseinheit (ERE) ab.

Der ECU war eine „Korbwährung" und diente innerhalb der → *Europäischen Gemeinschaft (EG)*, der „Vorgängerin" der heutigen → *Europäischen Union*, als Bezugsgröße u. a. für Wechselkurse, für Zölle, einheitliche Agrarpreise im Agrarmarkt der EG oder für Leistungen der EG an Entwicklungsländer.

In einigen Ländern gab es Girokonten, Sparbücher, Euroschecks oder Reiseschecks in ECU.

Der ECU war weder als Banknote noch als Münze jemals im Umlauf. Er war lediglich eine Verrechnungseinheit und hatte mit Einführung des → *Euro* ausgedient.

▶ EFTA

Die Europäische Freihandelszone (EFTA = *European Free Trade Association*) wurde am 20. November 1959 von Dänemark, Großbritannien, Norwegen, Österreich, Portugal, Schweden und der Schweiz gegründet. Sie war eine Reaktion auf die

Gründung der → *Europäischen Wirtschaftsgemeinschaft (EWG)* 1957, der diese Länder aus verschiedenen Gründen damals nicht beitreten wollten. 1970 wurden Island, 1986 Finnland und 1989 Liechtenstein Mitglieder der EFTA.

I. Ziel der EFTA

Ziel der EFTA war es, durch intensiveren Handel innerhalb der Freihandelszone den als Folge der EWG-Gründung befürchteten Rückgang des Warenaustausches mit den EWG-Mitgliedstaaten auszugleichen. Eine weitergehende politische Integration wurde nicht angestrebt. Als Freihandelszone gelang der EFTA bereits bis 1966 der Abbau praktisch aller Zölle und Beschränkungen im Handel mit gewerblichen Gütern zwischen den Partnerstaaten. Nicht einbezogen in den Freihandel blieben Agrarerzeugnisse und Meeresprodukte.

Da im Verhältnis zu den Drittländern kein gemeinsamer Außenzoll (→ *Zollunion*) erhoben wurde und auch die Handelspolitik insoweit in der Kompetenz der Einzelstaaten verblieb, kann jedes EFTA-Mitglied im Warenverkehr mit Drittländern Zölle und Mengenbeschränkungen nach eigenem Ermessen festlegen.

Einziges Organ der EFTA ist der aus Vertretern der Regierungen zusammengesetzte Ministerrat, der seine Beschlüsse einstimmig fasst. Die laufenden Geschäfte führt ein Sekretariat in Genf.

II. EFTA und EU

Der wirtschaftliche Erfolg der EFTA blieb begrenzt. Sie verlor deutlich an Bedeutung, als am 1. Januar 1973 Großbritannien, Irland und Dänemark und am 1. Januar 1986 Portugal der → *Europäischen Gemeinschaft (EG)* – der „Nachfolgerin" der EWG – beitraten und damit aus der EFTA ausschieden. 1995 vollzogen Finnland, Schweden und Österreich den Beitritt zur EG, die inzwischen → *Europäische Union* (EU) hieß. Damit umfasst die EFTA nunmehr nur noch Island, Liechtenstein, Norwegen und die Schweiz. Dennoch wollen diese Staaten an den 1959 vereinbarten Zielen festhalten und die eigenständige Rolle der EFTA weiter wahrnehmen.

III. Europäischer Wirtschaftsraum

Die EG schloss 1973 mit der Rest-EFTA ein Freihandelsabkommen. Zölle und mengenmäßige Beschränkungen für gewerbliche Produkte im Handel zwischen EG und EFTA wurden stufenweise bis 1977 beseitigt. Mit der gemeinsamen „Erklärung von Luxemburg" wurde 1984 eine Phase noch intensiverer Zusammenarbeit eingeleitet, die schließlich in den Vertrag über den → *Europäischen Wirtschaftsraum (EWR)* einmündete. Anfang 1994 trat das Vertragswerk in Kraft. Damit wurde der → *Binnenmarkt,* der innerhalb der Mitgliedstaaten der Europäischen Union zum 1. Januar 1993 verwirklicht wurde, auf die EFTA-Staaten – mit Ausnahme der Schweiz – ausgedehnt.

IV. Bilanz

Das vorrangige Ziel der EFTA, nämlich der Abbau der Zölle im Binnenhandel mit Industriegütern, wurde erreicht. Dennoch konnte sie sich der Anziehungskraft der EG – und später der Europäischen Union – immer weniger entziehen. Die EFTA-Staaten, die bis dato nicht beigetreten sind, nähern sich der EU erkennbar an; so haben sich Island, Norwegen und die Schweiz bereits dem → *Schengener Abkommen* angeschlossen und profitieren vom freien Personenverkehr innerhalb des gesamten Schengen-Raumes.

▶ Einheitliche Europäische Akte (EEA)

Am 2./3. Dezember 1985 verabschiedete der → *Europäische Rat* in Luxemburg einen Reformvertrag, den man „*Einheitliche Europäische Akte*" (EEA) taufte. Er trat nach Ratifizierung durch alle seinerzeit zwölf Mitgliedstaaten der → *Europäischen Gemeinschaft (EG)* am 1. Juli 1987 in Kraft. Die EEA war das bis dahin wichtigste Reformwerk seit Gründung der Gemeinschaft und ergänzte die → *Römischen Verträge* von 1957 um die neuen gemeinschaftlichen Tätigkeitsbereiche → *Umweltpolitik* sowie → *Forschung(spolitik)* und Technologie.

Als weitere Neuerung wurde in der EEA die seit 1970 bestehende → *Europäische Politische Zusammenarbeit (EPZ)* vertraglich verankert; die Gemeinsame Außenpolitik der Mitgliedstaaten erhielt eine völkerrechtlich verbindliche Grundlage.

Außerdem wurde das Beschlussverfahren im Europäischen Rat beschleunigt. In vielen Bereichen ersetzen Mehrheitsentscheidungen seither den bis dahin geltenden Grundsatz der Einstimmigkeit (→ *Qualifizierte Mehrheit*).

Auch das → *Europäische Parlament* wurde in seinen Befugnissen gestärkt. Neben Mitspracherechten in der Finanz- und Haushaltspolitik (→ *Haushalt der Europäischen Union*) erhielt das Straßburger Parlament Mitwirkungsrechte bei der Gesetzgebung (→ *Europäisches Gemeinschaftsrecht*) und Mitentscheidungsrechte über Abkommen der EG (der heutigen → *Europäischen Union (EU)*) mit Drittländern.

Mit diesen Reformen legte die EEA den Grundstein zur Vollendung des gemeinsamen europäischen → *Binnenmarktes;* sie setzte das – tatsächlich erreichte – Ziel fest, diesen Binnenmarkt bis zum 31. Dezember 1992 zu realisieren.

▶ Einheitlicher Europäischer Luftraum

In einem einheitlichen europäischen Luftraum („*Single European Sky*" – SES) sollen Flugrouten verkürzt, Wartezeiten in der Luft verringert und auf diese Weise der Ausstoß von Kohlendioxid reduziert werden. Fluggesellschaften versprechen sich davon hohe Einsparungen. Mit der Fertigstellung des SES-Projekts wird für den Zeitraum 2030 bis 2035 gerechnet. Rechtsgrundlage des Vorhabens ist Artikel 100 Absatz 2 AEUV.

Das Bundesverkehrsministerium beschrieb im März 2009 ebenso wortreich wie optimistisch die Hintergründe des Vorhabens:

> „Wir erwarten, dass der Luftverkehr in Europa weiter wächst. Bei geschätzten 7,8 Millionen Flügen pro Jahr können teure und umweltschädliche Umwege eingespart werden. Durch optimierte Flugrouten kommen Fluggäste schneller ans Ziel. Es gibt weniger Warteschleifen, weniger Schadstoffe in der Luft. Der Kerosinverbrauch sinkt um insgesamt etwa 560.000 Tonnen, entsprechend der Treibstoffkosten für die Airlines. Der CO_2-Ausstoß wird um rund 1.800.000 Tonnen verringert. Außerdem gewährleistet ein gemeinsames Luftraummanagement mehr Sicherheit und höhere Kapazitäten."

Diese – vernünftig klingenden – Ziele sollen im Rahmen einer gemeinsamen Überwachung des Luftraums über die nationalen Grenzen hinweg erreicht werden. Die → *Europäische Union (EU)* hat daher Richtlinien erlassen, um die bisher in nationaler Hoheit liegenden Aufgaben der Flugsicherung grenzübergreifend zu gestalten.

Auch in Deutschland wurden diese europarechtlichen Regelungen umgesetzt. Mit Gesetzen zur Anpassung des Artikels 87d des Grundgesetzes sowie zur Änderung luftverkehrsrechtlicher Vorschriften wurden die notwendigen Rechtsgrundlagen dafür geschaffen. Die Luftverkehrsverwaltung wurde insgesamt neu geregelt. So können zum Beispiel zertifizierte ausländische Organisationen im Bereich der grenzüberschreitenden Flugsicherung unter Kontrolle und Aufsicht des Bundes eingesetzt werden.

In einem nächsten Schritt soll ein gemeinsamer Luftraum zunächst über *Zentraleuropa* (*Functional Airspace Block Europe Central* – FABEC) errichtet werden. Mit nahezu 55 Prozent aller Flugbewegungen in Europa ist er einer der am dichtesten beflogenen Lufträume der Erde. Eine Machbarkeitsstudie aus dem Jahr 2008 belegt den Nutzen: Mehr Sicherheit, höhere Kapazität, Reduzierung der Treibstoffkosten, weniger Umweltbelastung.

Fazit: Aktuelle Gesetzesänderungen – speziell die Reform der Luftüberwachung und die europarechtskonforme Ausgestaltung der Luftverkehrsverwaltung – sollen es Deutschland ermöglichen, sich am Einheitlichen Europäischen Luftraum zu beteiligen. Das Luftraum-Management soll damit effektiver, Flugrouten sollen optimiert und Flugzeiten verkürzt werden. Letztlich soll auf diese Weise längerfristig Kerosin eingespart und der Ausstoß von CO_2 reduziert werden.

▶ Energiepolitik, europäische

Der Energiesektor ist für die Wettbewerbsfähigkeit, für Wachstum und Beschäftigung von zentraler Bedeutung. Fragen der Energiesicherheit bestimmen zugleich auch die globale Sicherheitsagenda des 21. Jahrhunderts wesentlich mit. Kurzum: Energiepolitik wird zunehmend zur Außenpolitik.

I. Erste energiepolitische Schritte der EU

Es passte in die Zeit, wenn auf europäischer Ebene zu Beginn des Jahres 2006 die Diskussion darüber aufflammte, ob die → *Europäische*

Union (EU) eine gemeinsame Energiepolitik anstreben soll, um damit zugleich nach außen wirkungsvoller auftreten zu können. Umstritten – und insoweit für die EU nicht untypisch – war damit sogleich, wo europäische Institutionen künftig verstärkt eingreifen sollten und welche Kompetenzen in nationaler Verantwortung zu bleiben haben.

Auf dem Gipfeltreffen der Staats- und Regierungschefs der EU (→ *Europäischer Rat*) am 24. März 2006, dem sogenannten „*Energiegipfel*", spielte diese Frage eine zentrale Rolle. Man entschied sich für eine Politik der kleinen Schritte: die → *Europäische Kommission* erhielt keine zusätzlichen Befugnisse; sie wurde aber beauftragt, eine europäische Energiestrategie zu entwickeln, die *auf drei Ziele ausgerichtet* ist:

(1) Versorgungssicherheit,
(2) verbesserte Wettbewerbsfähigkeit auf einem EU-Binnenmarkt der Energie und
(3) gleichzeitig eine hohe Umweltverträglichkeit.

Des Weiteren kamen die Staats- und Regierungschefs überein, die Energiepolitik nicht zu zentralisieren, aber zwischen den Mitgliedstaaten besser zu koordinieren. Insbesondere sei über den sog. Energiemix, den Anteil der verschiedenen Energieträger wie Gas oder Öl, weiterhin national zu entscheiden. Damit blieb auch der Einsatz von Atomenergie nationalen Regelungen vorbehalten. Hieran hat sich bis heute nichts geändert.

II. Energiepolitischer Aktionsplan 2007

Unter deutscher Ratspräsidentschaft konnte im März 2007 ein *Energiepolitischer Aktionsplan* für Europa für die Jahre 2007 bis 2009 verabschiedet werden. Im November 2008 legte die EU-Kommission neue weitreichende Vorschläge für mehr Versorgungssicherheit und Energieeffizienz in Europa vor, die der weiteren Umsetzung des Aktionsplans dienen sollen.

Der Energiepolitische Aktionsplan zielte darauf:

- den Wettbewerb zu intensivieren,
- die Versorgungssicherheit zu erhöhen,
- Energieeffizienz und Erneuerbare Energien auszubauen und
- neue technologische Lösungen zu fördern.

Im Kern geht es in der europäischen Energiepolitik seither darum, im Zieldreieck von Versorgungssicherheit, Wirtschaftlichkeit und Umweltverträglichkeit den Energieimportbedarf durch mehr Energieeffizienz, durch Einsparungen und durch den Ausbau erneuerbarer Energien – etwa durch die verstärkte Nutzung des Biomassepotenzials und nachwachsender Rohstoffe – zu begrenzen.

Für *erneuerbare* Energien setzte der Europäische Rat im März 2007 ein verbindliches Gesamtziel von anteiligen 20 Prozent am Energiemix der EU bis 2020 fest. Ebenso wurde ein verbindliches Mindestziel in Höhe von 10 Prozent für den Anteil von Biokraftstoffen am gesamten verkehrsbedingten Benzin- und Dieselverbrauch in der Europäischen Union ab 2020 vereinbart.

Die *Energieeffizienz* soll ebenfalls deutlich gesteigert werden, um das Ziel zu erreichen, 20 Prozent des Energieverbrauchs der EU gemessen an den Prognosen für 2020 einzusparen.

Auch *Forschung und Entwicklung* sind wichtige strategische Instrumente der Energiepolitik. Die EU-Kommission hat 2008 einen konkreten Strategischen Energietechnologieplan (*SET-Plan*) vorgelegt, der vom Europäischen Rat beschlossen wurde. Ziel des SET-Plans ist es, die Kosten sauberer Energie zu senken und den Unternehmen in der EU auf dem schnell wachsenden Sektor der kohlenstoffemissionsarmen Technologien die Übernahme einer Vorreiterrolle zu ermöglichen.

Im Übrigen wurde bestätigt, dass es Sache jedes einzelnen Mitgliedstaats bleibt, über den Energiemix und damit auch über den Einsatz der *Kernenergie* zu entscheiden. Angesichts des immer noch hohen Beitrages der Kernenergie zur Energieversorgung in der EU hielt der Europäische Rat es für notwendig, die Sicherheit bestehender nuklearer Anlagen und das Management radioaktiver Abfälle zu verbessern sowie einen breiten Dialog über die Chancen und Risiken der Kernenergie in der Gemeinschaft zu führen.

III. Energie-Charta

Bereits 1998 trat eine Energie-Charta in Kraft, die über 40 Staaten vornehmlich aus Europa und Asien ratifiziert haben. Sie setzt Standards im Investitionsschutz, im Handel sowie in der zunehmend bedeutsamen Konfliktregelung. Die Charta bezieht den Ausbau erneuerbarer Energien sowie Aspekte der Energieeffizienz als wichtige Ziele mit ein.

IV. Künftige Prioritäten

Eine sichere, wettbewerbsfähige und umweltverträgliche Energieversorgung ist Grundvoraussetzung für den wirtschaftlichen Erfolg Europas im Zeitalter der Globalisierung. Die EU-Kommission hat daher *sechs Prioritäten* im Visier, die eine europäische Energiepolitik bestimmen sollen:

1. Mehr Energieeffizienz

Es gilt, so die EU-Kommission, „die Bedeutung der *Energieeffizienz* als Faktor für Wettbewerbsfähigkeit und nachhaltige Entwicklung" zu erkennen.

2. Energiebinnenmarkt

Der Strom- und Gas-Binnenmarkt muss wettbewerbsorientiert funktionieren. Hier strebt die EU-Kommission mit ihrer Gas- und Elektrizitätsrichtlinie einen fairen Wettbewerb und gleiche Wettbewerbschancen innerhalb der EU an.

3. Erneuerbare Energien

Als bedeutsamer Bestandteil des „Energieträger-Mixes" sind die erneuerbaren Energien zu fördern. Hier ist Europa zwar weltweit führend und Deutschland sogar Vorreiter. Direkte Fördermaßnahmen sind aber auch künftig grundlegend bedeutsam, um Energieangebote aus erneuerbaren Quellen am Markt zu stabilisieren.

4. Forschung

Energie- und Forschungspolitik sind enger zu verknüpfen. Das 7. EU-Forschungsrahmenprogramm (→ *Forschungspolitik, europäische*) stärkt das darin enthaltene Projekt „Intelligente Energie".

5. Nukleare Sicherheit

Dort, wo die Kernenergie eine Komponente des Energieträger-Mixes eines EU-Mitgliedstaates ist – worüber unverändert allein der jeweilige Mitgliedstaat entscheidet – muss die sichere Entsorgung radioaktiver Stoffe gewährleistet sein.

6. Energiepolitische Außenbeziehungen

Es gilt, die Energiepolitischen Außenbeziehungen auszubauen. Die EU wird ihre bilaterale Zusammenarbeit mit wichtigen Förderländern fortsetzten. Dabei verschieben sich die Akzente in jüngster Zeit erheblich. Vorrangig soll es nun darum gehen, die Energieversorgung der EU unabhängiger zu machen von Lieferungen aus Drittstaaten. Genau dieses Anliegen ist ein zentraler Punkt des Konzepts, das die EU-Kommission am 25. Februar 2015 präsentierte und dem sie den Namen → *„Energie-Union"* gegeben hat.

Weiterführende Literatur

Peter Hennicke, „Die Energiewende in Europa – eine Fortschrittsvision", München 2019 | *Jan-Hendrik Kamlage/Patrizia Nanz*, „Krise und Partizipation in der Europäischen Union. Für eine neue Politik der Bürgerbeteiligung am Beispiel der Energiepolitik", in: „Europa, wie weiter? – Perspektiven eines Projekts in der Krise", hrsg. von Winfried Brömmel et al., Bielefeld 2015, S. 153–176 | *Andreas Seeliger*, „Energiepolitik – Einführung in die volkswirtschaftlichen Grundlagen", München 2018, Kap. 2

▶ „Energie-Union"

Noch ist sie nur eine Idee. Ein Plan, den der ehemalige Präsident der → *Europäischen Kommission Jean-Claude Juncker* am 25. Februar 2015 in Brüssel vorstellte. Das Ziel soll es sein, die Energieversorgung der EU unabhängiger zu machen von Lieferungen aus Drittstaaten. Auch will man sich innerhalb der EU besser vernetzen. Tatsächlich hat es die Zersplitterung des europäischen Energiemarktes großen Öl- und Gaslieferanten wie etwa Russland leicht gemacht, die Importabhängigkeit kleinerer EU-Länder monopolartig zu nutzen.

I. Idee und Ziel

Die Idee der „Energie-Union" ist also vom Ziel her konsensfähig. Allerdings – die Umsetzungsfragen sind noch ein weites, unbearbeitetes Feld. Wobei auch hier zentral zu berücksichtigen ist, dass jedes Mitgliedsland seine Energiepolitik national regelt und es auf diesem Sektor übergreifende Kompetenzen auf europäischer Ebene nicht gibt.

Kurzum: die Energie-Union ist ein neues Mammutvorhaben der EU. Zwei Gesichtspunkte lassen die Kompliziertheit dieses mutigen Konzepts beispielhaft aufleuchten:

(1) Zum einen beobachten wir eine höchst *ungleiche Verteilung europäischer Energie-Ressourcen.*

Während die Stromversorgung von EU-Staaten wie Malta oder Zypern zu fast 100 Prozent von Ölkraftwerken abhängt, ist Schweden mit einem 50-zu-50-Mix von Atom- und Wasserkraft bereits fast völlig CO_2-frei. Polens Stromversorgung basiert zu mehr als 80 Prozent auf dem Verbrennen von Kohle, die baltischen Staaten verheizen auch viel Holz in ihren Kraftwerken. Ökoenergie wollen sich die einen leisten, die anderen können es nicht.

(2) Diese Versorgungsvielfalt in der EU führt zu sehr *unterschiedlichen Interessenkonstellationen.* Tschechien etwa verwahrt sich gegen ungewollte Windstrom-Importe aus Deutschland und baut Stromblocker an die Grenzen. Polen blockiert wegen seiner Abhängigkeit von der Kohle schärfere Klimaschutzziele, die von anderen EU-Mitgliedern jedoch lautstark eingefordert werden.

II. Ausblick

Allzu große Erwartungen an die Energie-Union wären realitätsfern. Die Projektplaner stehen vor Herausforderungen, für die *Maroš Šefčovič*, der seinerzeit zuständige Vizepräsident der EU-Kommission, tief in die historische Schublade griff: *„Heute starten wir das ehrgeizigste europäische Energieprojekt seit der Gründung der Gemeinschaft für Kohle und Stahl."*

Messbare Erfolge einer Energie-Union – so sie tatsächlich zustande kommt – dürften also auf sich warten lassen. Die Väter der Montanunion hatten es vergleichsweise eher leicht, weil es bei der Zusammenlegung von Stahlwerken und Kohleminen nur um relativ verbrauchsferne Industriebranchen ging. Bei einer Zusammenfassung der europäischen Energiewirtschaft geht es jedoch um unmittelbare Daseinsvorsorge: Die Versorgung der Volkswirtschaften mit Strom, Wärme und Kraftstoffen gilt vielfach als eine so elementare Aufgabe des Staates, dass man sie nicht leichtfertig ausländischen Institutionen überlassen will.

Zudem kann hier das → *Subsidiaritätsprinzip* hineinspielen, wonach Energiepolitik am besten in den Händen der Nationalstaaten aufgehoben sei. Denn wenn etwas schiefgeht in der Energieversorgung, ist es die nationale Ebene, auf der sich der Volkszorn entladen würde.

Dennoch – das Konzept ist in der Welt. Und es hat gute Argumente auf seiner Seite. Als Fazit nochmals der ehemalige EU-Kommissionspräsident Juncker in seiner Pressemitteilung vom 25. Februar 2015:

> „Die Energie ist schon viel zu lange von den Grundfreiheiten unserer Union ausgeschlossen. [...] Jetzt geht es darum, dass Europa gemeinsam handelt – auf lange Sicht. Ich will, dass die Energie, die die Grundlage unserer Wirtschaft bildet, krisenfest, zuverlässig, sicher sowie zunehmend erneuerbar und nachhaltig ist."

▶ Entsenderichtlinie

Die Arbeitnehmer-Freizügigkeit, Bestandteil der vier Freiheiten im großen gemeinsamen → *Binnenmarkt* der → *Europäischen Union (EU)*, ist für so manchen eine feine Sache. Unternehmen mit Sitz im EU-

Ausland etwa können Aufträge in Deutschland annehmen und ihre Beschäftigten auf Baustellen in Berlin oder Schlachthöfe in Dortmund entsenden. Ob bei Speditionen, in Gaststätten oder in der Pflege: Nicht selten arbeiten Arbeitnehmer gerade aus östlichen EU-Staaten befristet als Entsandte ihrer Heimatländer in westlichen EU-Mitgliedstaaten. Für deutsche Unternehmen erledigen sie preiswert Aufträge und für ihre Heimatländer sind sie ein wichtiger Wirtschaftsfaktor.

Mit der *„Richtlinie 96/71/EG über die Entsendung von Arbeitnehmern im Rahmen der Erbringung von Dienstleistungen"* vom 16. Dezember 1996 (kurz: *Entsenderichtlinie*) wollte man gewährleisten, dass in einem Mitgliedstaat nicht über einen längeren Zeitraum Arbeitnehmer tätig sind, deren Arbeitsverhältnisse nicht dem Recht dieses Mitgliedstaates unterworfen sind. Diesen Grundsatz hatte bereits der → *Europäische Gerichtshof (EuGH)* in seinem Urteil *Rush Portuguesa* vom 27. März 1990 aufgestellt.

Die EU-Entsenderichtlinie sah allerdings nur vor, dass entsendende Unternehmen in dem jeweiligen Aufnahmestaat einige *Mindeststandards*, zum Beispiel den Mindestlohn, einhalten müssen. Tatsächlich kam es jedoch oft zu Einkommensunterschieden und Wettbewerbsverzerrungen, wenn die tatsächlichen Standards für die Arbeitnehmer vor Ort beispielsweise durch tarifliche Vorgaben höher sind. Während östliche Mitgliedstaaten mit niedrigem Lohnniveau aber auf der Freizügigkeit ihrer Bürger beharrten, beklagten westliche EU-Länder Lohndumping auf ihrem Arbeitsmarkt.

I. Die Reform: Gleiche Vergütung für entsandte wie lokale Arbeitnehmer

Über eine Reform der EU-Entsenderichtlinie wurde lange gestritten. Am 23. Oktober 2017 einigten sich die EU-Staaten schließlich auf einen Entwurf für eine überarbeitete Entsenderichtlinie. → *Europäisches Parlament* und → *Rat* der EU haben die Reform im Juni 2018 verabschiedet.

In Deutschland gilt die Neuregelung seit 2020.

Ziel der Änderungen ist es, Ungleichgewichte zwischen Mitgliedstaaten zu beheben und Sozialdumping zu bekämpfen. Vom ersten Tag der Entsendung an soll nun der Grundsatz „gleicher Lohn für gleiche Arbeit am gleichen Ort" gelten.

II. Die Neuregelungen im Einzelnen

- Mit dem neuen Gesetz haben entsandte Arbeitnehmer nicht mehr nur Anspruch auf den Mindestlohn, sondern auch auf den Tariflohn aus allgemeinverbindlichen Tarifverträgen.
- Arbeitnehmerinnen und Arbeitnehmer aus dem Ausland erhalten zudem künftig Weihnachts- und Urlaubsgeld sowie Schmutz- und Gefahrenzulagen.
- Bezahlen Arbeitgeber ihren Beschäftigten eine Zulage für Reise-, Unterbringungs- und Verpflegungskosten, darf dieser Betrag nicht auf den Mindestlohn angerechnet werden.

- Werden die entsandten Arbeitnehmer im Inland dienstlich auf Reisen geschickt, übernimmt der Arbeitgeber die Reisekosten.
- Entsendungen sollen künftig in der Regel auf zwölf Monate begrenzt sein, mit der Möglichkeit der Verlängerung auf 18 Monate. Danach gelten für die entsandten Arbeitnehmer alle arbeitsrechtlichen Vorschriften des Gastlandes.
- Für Fernfahrer gelten die geplanten Regelungen nicht. Der Straßenverkehrssektor wurde zunächst von den Änderungen ausgenommen. Über den Status von Fernfahrern, die nicht in jedem Land, durch das sie fahren, den landesüblichen Lohn bekommen (können), wird gesondert beraten.

III. Kritik

Kritik blieb nicht aus: weder aus der Industrie noch von Arbeitgebern. Unternehmen, die Mitarbeiter ins EU-Ausland entsenden, stünden vor einem „Flickenteppich nationaler Vorschriften", so etwa der Verband Deutscher Maschinen- und Anlagenbau. In Frankreich beispielsweise müssten Unternehmen Unterlagen über die Qualifikationen der entsandten Arbeitnehmer einreichen – auf Französisch. Italien fordere eine Kontaktstelle im Land für die Zeit der Entsendung.

Trotz der Reform der Richtlinie blieben zudem die Unterschiede bei der Sozialversicherung erhalten. Oft sind die entsandten Arbeitnehmer in ihrer Heimat preiswert kranken- oder rentenversichert, sodass die Lohnkosten unter dem Strich nach wie vor günstiger als bei einheimischen Arbeitnehmern sein können.

▶ Entwicklungspolitik, europäische

Die Verbindungen vieler Gründerstaaten der → *Europäischen Union* (EU) zu ihren früheren kolonialen Gebieten waren nennenswert. Wen wundert es also, wenn 1957 bei Gründung der → *Europäischen Wirtschaftsgemeinschaft (EWG)* sogleich Grundlinien einer europäischen Entwicklungspolitik formuliert wurden. Außereuropäische Länder und Hoheitsgebiete, zu denen einige Mitgliedstaaten besondere Beziehungen unterhielten, wurden mit der Gemeinschaft assoziiert (→ *Assoziierung*). Der EWG-Vertrag nannte als Ziel der Assoziierung, die wirtschaftliche und soziale Entwicklung dieser früheren Kolonialgebiete zu fördern und enge Wirtschaftsbeziehungen zwischen ihnen und der gesamten Gemeinschaft herzustellen. Mit dem schon 1957 eingerichteten → *Europäischen Entwicklungsfonds (EEF)* wurde die EWG frühzeitig entwicklungspolitisch aktiv.

Und heute? Mit einem Anteil von über 50 Prozent an der globalen Offiziellen Entwicklungshilfe (ODA) ist die EU gemeinsam mit ihren Mitgliedstaaten zum weltweit größten Geber aufgestiegen. Für viele Entwicklungsländer ist sie darüber hinaus der mit Abstand wichtigste Handelspartner.

I. Abkommen und Verträge

Überseeische Gebiete und Kolonien Europas wurden bekanntlich nach und nach unabhängig. Diesen zunächst assoziierten Gebieten wurde mit den → *Lomé-Abkommen* seit 1975 ein neuer Rahmen der Zusammenarbeit angeboten. Erstmals stand nun die entwicklungspolitische Perspektive im Vordergrund. Die Abkommen wurden fortlaufend erneuert. Sie setzen sich fort im jüngsten Partnerschaftsabkommen mit inzwischen 79 Staaten des afrikanischen, karibischen und pazifischen Raumes (→ *AKP-Staaten)*, das 2000 in Cotonou/Benin unterzeichnet wurde.

Darüber hinaus stellt die EU Mittel für entwicklungspolitische Maßnahmen in anderen Weltregionen – etwa im Mittelmeerraum (→ *Mittelmeer-Union*), in Asien (→ *ASEAN*), Afrika (→ *Afrika-Beziehungen zur Europäischen Union*), Lateinamerika (→ *Lateinamerika–Beziehungen zur Europäischen Union*) oder in Osteuropa im Rahmen der → *Östlichen Partnerschaft* bereit.

Vor diesem Hintergrund reifte die Überzeugung, der Entwicklungszusammenarbeit eine ausdrückliche Regelung im primären Gemeinschaftsrecht zu widmen. Eine entsprechende rechtliche Grundlage wurde in den 1993 in Kraft getretenen → *Maastrichter Vertrag* eingefügt. Sie findet sich heute in den Artikeln 208 bis 211 AEUV.

II. Aufgaben und Ziele

Man beachte zunächst folgende Prämisse: „Die Politik der Union und die Politik der Mitgliedstaaten auf dem Gebiet der Entwicklungszusammenarbeit ergänzen und verstärken sich gegenseitig“, so Artikel 208 Absatz 1 Satz 2 AEUV. Die Entwicklungszusammenarbeit zeichnet sich also – woran der seit 2009 geltende → *Lissabon-Vertrag* nichts geändert hat – durch eine zwischen Gemeinschaft und Nationalstaaten geteilte Zuständigkeit aus. Vor diesem Hintergrund fördert die EU seit jeher

- die nachhaltige wirtschaftliche und soziale Entwicklung der Entwicklungsländer,
- die harmonische schrittweise Eingliederung der Entwicklungsländer in die Weltwirtschaft sowie
- die Armutsbekämpfung in diesen Ländern.

Besonders zu unterstreichen ist das Ziel der Armutsbekämpfung. Diese Priorität haben → *Rat der EU* und → *Europäische Kommission* in ihrer gemeinsamen Erklärung zur Entwicklungspolitik vom 10. November 2000 gesetzt und am 22. November 2005 mit ihrem *„Konsens über Entwicklung“* erneut bestätigt. Der Konsens legte erstmalig in der über 50-jährigen Geschichte der Entwicklungszusammenarbeit umfassende gemeinsame Prinzipien fest, nach denen die EU und ihre Mitgliedstaaten ihre jeweilige Entwicklungspolitik im Geiste der Komplementarität, also der Ergänzung nationaler Maßnahmen durch die Entwicklungspolitik auf EU-Ebene, künftig umsetzen wollen. Konzentrieren will man sich auf neun Bereiche:

(1) Handel und regionale Kooperation;

(2) Umwelt und nachhaltiges Bewirtschaften der natürlichen Ressourcen;
(3) Infrastruktur, Kommunikation und Verkehr;
(4) Wasser und Energie;
(5) ländliche Entwicklung und Raumplanung, Landwirtschaft und Sicherung der Ernährung;
(6) Staatsführung, Demokratie, Menschenrechte und Reformen;
(7) Konfliktprävention;
(8) Entwicklung auf Gebieten wie Gesundheit und Bildung;
(9) sozialer Zusammenhalt und Beschäftigung.

Ein besonderes Augenmerk soll auf Demokratie und Menschenrechte, auf ökologische Nachhaltigkeit, Gleichberechtigung und verantwortungsvolle Staatsführung gerichtet sein.

Auch im Reformvertrag von Lissabon (→ *Lissabon-Vertrag*) wurde 2009 *„die Bekämpfung und auf längere Sicht die Beseitigung von Armut“* als ein *„Hauptziel“* der EU-Politik auf dem Gebiet der Entwicklungszusammenarbeit prominent verankert (Artikel 208 Absatz 1 Satz 3 AEUV).

III. Finanzierung und Ausblick

Die von der EU für entwicklungspolitische Maßnahmen verwendeten Gelder speisen sich zu drei Vierteln aus dem → *Haushalt der Europäischen Union*. Zu einem Viertel trägt sie der → *Europäische Entwicklungsfonds (EEF)*, der sich aus speziellen Beiträgen der EU-Mitgliedstaaten finanziert und dessen Leistungen auf die AKP-Staaten ausgerichtet sind.

Nicht nur die Abstimmung zwischen den Mitgliedstaaten, auch eine nennenswerte Kohärenz auf EU-Ebene, also die Abstimmung politischer und institutioneller Maßnahmen im Hinblick auf außenpolitische Ziele, stellt eine dauerhafte Herausforderung dar.

Zusammengefasst bleibt die Bilanz jahrzehntelanger Bemühungen der europäischen Entwicklungszusammenarbeit eher getrübt und tendenziell von Erfolglosigkeit gekennzeichnet. Hunderttausende Migranten, die aus Armut und Perspektivlosigkeit aus ihren afrikanischen Heimatländern über das Mittelmeer auf unseren Kontinent streben, sprechen insoweit eine bemerkenswert deutliche Sprache.

▶ „ERASMUS Plus“

Siehe → *Jugendpolitik*

▶ ESM

Siehe → *Europäischer Stabilitätsmechanismus*

▶ EU

→ *Europäische Union*

▶ EULEX

„EULEX“ steht für die sogenannte *Rechtsstaatlichkeitsmissionen* der → *Europäischen Union (EU)* im Rahmen der → *Gemeinsamen Sicherheits- und Verteidigungspolitik*.

I. EULEX Kosovo

Die erste und bislang einzige Mission dieser Art wurde 2008 in den Kosovo entsandt. Zwischen 1.800 und 2.000 Polizisten, Richter, Gefängnisaufseher und Zollbeamte sollten dem Land beim Aufbau von Polizei, Justiz und Verwaltung helfen, und dies mit weitreichenden, von der Administration des Kosovo unabhängigen Befugnissen. Sie wurden von ca. 1.000 örtlichen Personen unterstützt. Es handelte sich um eine rein technische Mission, die beobachtend und beratend tätig war. Militärisch abgesichert wurde EULEX Kosovo von der „Kosovo Force", kurz: → *KFOR* der → *NATO*.

Die Mission begann im Februar 2008, war ursprünglich bis zum 14. Juni 2010 befristet, wurde dann mehrfach und zuletzt bis zum 14. Juni 2018 verlängert.

Zusätzlich hat die EU den Posten des *Sonderbeauftragten der Europäischen Union im Kosovo* geschaffen. Er sollte die politischen Ziele der EU im Kosovo umsetzen:

> „Zu diesen Zielen gehört es, eine führende Rolle bei der Stärkung der Stabilität in der Region und der Umsetzung einer Regelung für den künftigen Status des Kosovo zu übernehmen, um zu einem stabilen, lebensfähigen, friedlichen, demokratischen und multi-ethnischen Kosovo zu gelangen, der auf der Grundlage gutnachbarschaftlicher Beziehungen zu Zusammenarbeit und Stabilität in der Region beiträgt und der sich der Rechtsstaatlichkeit und dem Schutz von Minderheiten und des kulturellen und religiösen Erbes verpflichtet." (Gemeinsame Aktion 2008/123/GASP des Rates vom 4. Februar 2008, Art. 2).

II. Bilanz

Seit 2008 ermittelt diese größte zivile Mission der EU im Kosovo zu Kriegsverbrechen, Korruption und organisierter Kriminalität. EULEX verweist zwar auf 650 erreichte Urteile als Erfolg, Kritiker sprechen aber von einem eher dürftigen Ergebnis.

Bereits 2010 und 2012 sollte die sich auf ein UN-Mandat berufende Mission beendet werden. Seit der staatlichen Unabhängigkeit des Kosovo 2008 ist die Anwesenheit fremder Aufseher völkerrechtlich immer schwerer erklärbar gewesen. Die Verlängerungen waren aber offenbar unumgänglich, weil die EU bei einem Abzug nicht garantieren konnte, dass wenigstens Grundzüge rechtsstaatlichen Handelns gewährleistet wären.

▶ EUPOL

→ *Gemeinsame Sicherheits- und Verteidigungspolitik*

▶ EURANET

„Euranet" bzw. „Euranet plus", das *Europäische Radionetzwerk*, informiert über politische, wirtschaftliche, kulturelle und gesellschaftliche Geschehnisse in Europa – und zwar nicht mehr nur aus nationaler, sondern aus übergreifender Sicht. Europäer senden für Europäer – so die neue Perspektive. Partnerstationen aus 13 europäischen Ländern senden täglich Nachrichten für 15 Millionen Hörer.

Am 25. Juli 2007 schlossen sich – auf Initiative der Deutschen Welle (DW) und Radio France Internationale (RFI) – 16 internationale, nationale und regionale europäische Sender aus 13 Staaten der → *Europäischen Union* (EU) zu einem paneuropäischen Medienverbund zusammen. Zu ihnen gehören öffentlich-rechtliche wie auch private Sender. Offiziell wurde das Projekt am 26. Februar 2008 von der Vizepräsidentin der → *Europäischen Kommission, Margot Wallström* vorgestellt. Trotz finanzieller Förderung garantiere die EU-Kommission den beteiligten Rundfunkanstalten die völlige redaktionelle Unabhängigkeit.

Ziel des Bündnisses ist es, die Berichterstattung aus und über Europa zu verbessern, die Kommunikation über das Zusammenleben in Europa anzustoßen und so das Entstehen einer europäischen Öffentlichkeit zu unterstützen.

Vizepräsidentin Wallström sagte:

> „Ich möchte einen europäischen Raum schaffen, in dem die Bürger über europäische Themen debattieren können."

Im ersten Jahr ab seinem Sendestart am 1. April 2008 sendete Euranet seine Programme in den *fünf Sprachen* Deutsch, Englisch, Französisch, Polnisch und Spanisch, in kleinerem Umfang in den weiteren Sprachen Bulgarisch, Griechisch, Portugiesisch, Rumänisch und Ungarisch. Längerfristig strebt das Medienprojekt an, in allen offiziellen → *Amtssprachen* der EU zu senden. Die Programme werden in den Hauptsendezeiten ausgestrahlt.

Ein europäischer „*University Circle*" will zudem das Angebot von Euranet unterstützen. Studierende von Journalismus-Studiengängen und Fremdsprachen verschiedener Universitäten europaweit haben die Möglichkeit, die Euranet-Programme als Studienmaterial zu verwenden sowie ihrerseits Anregungen und Vorschläge zu den Sendungen zurückzugeben.

▶ Eurasische Wirtschaftsunion

Die westlichen Medien haben kaum davon Notiz genommen: Am 1. Januar 2015 ist die *Eurasische Wirtschaftsunion* – kurz: EAWU – ins Leben getreten. Am 29. Mai 2014 haben die Präsidenten Russlands, Kasachstans und Weißrusslands den Gründungsvertrag für die Wirtschaftsunion unterzeichnet. Armenien hat am 10. Oktober 2014 ein Beitrittsabkommen unterzeichnet, und Kirgisien ist der Union am 8. Mai 2015 beigetreten.

Neben diesen fünf Staaten, die sich zu einem Binnenmarkt mit → *Zollunion* zusammengeschlossen haben, gelten eine Reihe weiterer Staaten als mögliche Beitrittskandidaten. Hierzu gehören unter anderem Tadschikistan, die Mongolei und Usbekistan. Teilweise ist zu solchen Schritten noch keine endgültige Position gefunden oder kommuniziert worden.

I. Ziel der EAWU

ist es, den Austausch von Waren, Kapital, Dienstleistungen und Arbeit zu erleichtern. Außerdem wollen diese fünf Länder nach dem Vorbild der → *Europäischen Union* Teile ihrer Wirtschaftspolitik koordinieren. In vollem Umfang soll die Union ab 2025 funktionieren.

II. Organe der EAWU

sind die Kommission in Moskau, die Entwicklungsbank in Kasachstan und der Gerichtshof in Minsk. Den Vorsitz hat seit 1. Januar 2015 Weißrussland inne. *Amts- und Arbeitssprachen* sind Armenisch, Kasachisch, Kirgisisch, Russisch und Weißrussisch.

Die Wirtschaftsunion zählt rund 183 Millionen Einwohner. Ihr Bruttoinlandsprodukt beläuft sich auf 3.915,7 Milliarden US-Dollar.

III. Entstehungsgeschichte

Die Gründung einer *Eurasischen Union* hat bereits 1994 der damalige kasachische Präsident *Nursultan Nasarbajew* ins Gespräch gebracht. Zwei Jahre später, im März 1996, wurde die *Gemeinschaft Integrierter Staaten* gegründet. Ihre Arbeit nahm sie faktisch nie auf, jedoch gründeten die fünf Mitglieder 2000 die *Eurasische Wirtschaftsgemeinschaft*. Ziel beider Bündnisse war der Abbau von Handelshemmnissen.

Im Juli 2010 wurde innerhalb der Wirtschaftsgemeinschaft zwischen Russland, Weißrussland und Kasachstan eine *Zollunion* gegründet. Alle Zollgrenzen zwischen den drei Staaten sind bis Juli 2011 abgebaut worden. Die Ukraine genießt durch verschiedene Freihandelsabkommen bei vielen Gütern zollfreien Zugang zum gemeinsamen Markt der Zollunion.

Im Oktober 2011 unterzeichneten Armenien, Kasachstan, Kirgisistan, Moldawien, Russland, Tadschikistan, die Ukraine und Weißrussland ein weiteres Abkommen zur Bildung einer *Freihandelszone*.

Am 18. November 2011 unterzeichneten die Präsidenten Russlands, Weißrusslands und Kasachstans ein Grundsatzabkommen, in dem man die Gründung der Eurasischen Wirtschaftsunion bis Januar 2015 festschrieb.

Am 1. Januar 2012 wurde als nächster Schritt in Russland, Kasachstan und Weißrussland der *Gemeinsame Wirtschaftsraum (CES)* für Waren, Kapital, Dienstleistungen und Arbeit verwirklicht. Er basiert auf den Normen und Grundsätzen der Welthandelsorganisation (WTO) und ist in jeder Phase seiner Entstehung offen für den Beitritt anderer Staaten.

Ebenfalls zum 1. Januar 2012 richtete man die *Eurasische Wirtschaftskommission* ein, die sowohl die Zollunion als auch den gemeinsamen Wirtschaftsraum reguliert.

Über Pläne, etwa ein eurasisches Parlament zu errichten, besteht innerhalb der Mitgliedstaaten noch kein Konsens. Eine interparlamentarische Zusammenarbeit aber gibt es bereits. Auch über die Einführung einer einheitlichen Währung in der Eurasischen Wirtschaftsunion ist mehrfach diskutiert, aber bislang nicht entschieden worden. Im Kern wollen die Staaten – und hier sollte so manches EU-Mitgliedsland nicht die Nase rümpfen – unabhängig und souverän sein.

IV. Ausblick

Haben wir es mit einem Gegenmodell zur *Europäischen Union* zu tun? Oder mit einem Versuch, durch die Hintertür der Ökonomie die alte Sowjetunion wieder auferstehen lassen?

Wohl kaum. Bei Betrachtung der Entstehungsgeschichte handelte es sich um das nicht unvernünftige Bestreben, dem wirtschaftlich auch 13 Jahre nach dem Zerfall der Sowjetunion noch immer eng verflochtenen postsowjetischen Raum einen erkennbaren Rahmen zu geben.

Man darf die Neugründung also getrost als die sachlich begründbare Institutionalisierung eines aus der Geschichte legitimierten Kooperationsverbandes verstehen, der wirtschaftlich Sinn ergibt – und der außerdem seit 2002 schon in der Organisation des *Vertrages über Kollektive Verteidigung* (OVKS) sicherheitspolitisch flankiert ist; Kasachstan beherbergt den russischen Weltraumbahnhof Baikonur, in Tadschikistan liegt eine russische Division, und in Kirgistan unterhält Moskau vier Stützpunkte.

Vielmehr wäre es an der Zeit, an die ursprüngliche Gründungsidee der Eurasischen Union zu erinnern, wie Präsident *Wladimir Putin* sie im Oktober 2011 in einem *Iswestija*-Artikel formuliert hat. Danach sollte die Union kein vom Westen abgeschottetes, Europa den Rücken zukehrendes Projekt sein, sondern der *Partner der EU bei der Entwicklung eines gemeinsamen Integrationsraumes*, der sich, die europäischen und die pazifischen Märkte verbindend, von Lissabon bis zu den Kurilen erstreckt. Vielleicht hätte sich in einem solchen ebenso visionären wie pragmatischen Rahmen eine Regelung auch der ukrainischen Frage finden lassen?

▶ EU-Ratspräsidentschaft

Die EU-Ratspräsidentschaft bezeichnet den Vorsitz im → *Rat der Europäischen Union*, der als Repräsentant der Mitgliedstaaten im System der → *Europäischen Union* (EU) eine Schlüsselrolle spielt.

Die Präsidentschaft wechselt alle sechs Monate von einem EU-Mitgliedstaat auf einen anderen, wobei sich nach einer früheren Regelung die Reihenfolge aus der alphabetischen Folge der Ländernamen in ihrer jeweiligen Sprache ergab. Seit 2008 sind auch die im Rahmen der → *Osterweiterung* hinzugekommenen Mitgliedstaaten in den Turnus einbezogen. Daraus ergibt sich für die kommenden Jahre die folgende Reihenfolge der EU-Ratspräsidentschaften:

Jahr	Januar bis Juni	Juli bis Dezember
2019	Rumänien	Finnland
2020	Kroatien	Deutschland
2021	Portugal	Slowenien
2022	Frankreich	Tschechische Republik
2023	Schweden	Spanien
2024	Belgien	Ungarn
2025	Polen	Dänemark
2026	Zypern	Irland
2027	Litauen	Griechenland
2028	Italien	Lettland
2029	Luxemburg	Niederlande
2030	Slowakei	Malta

Der Vorsitz im Rat der EU spielt eine wesentliche Rolle insbesondere als Impulsgeber im gesetzgeberischen und politischen Entscheidungsprozess. Der Präsidentschaft obliegt es, die Sitzungen des Rates einzuberufen, vorzubereiten und zu leiten.

Um trotz der regelmäßigen halbjährlichen Vorsitzwechsel eine gewisse Kontinuität zu gewährleiten, erstellen seit 2007 jeweils die drei Länder, die nacheinander die Ratspräsidentschaft innehaben, ein gemeinsames „Achtzehnmonatsprogramm". Diese Zusammenarbeit nennt man → *Trio-Präsidentschaft*. Seit dem 2009 in Kraft getretenen → *Lissabon-Vertrag* ist sie in den Verträgen verankert (Art. 236 AEUV).

Achtung: Die EU-Ratspräsidentschaft ist nicht zu verwechseln mit dem → *Europäischen Ra*t, also den regelmäßigen Gipfeltreffen der Staats- und Regierungschefs der Europäischen Union. Der Europäische Rat wählt sich einen eigenen Präsidenten, dessen zweieinhalbjährige Amtszeit vom sechsmonatigen Turnus der EU-Ratspräsidentschaft völlig unabhängig ist.

▶ EUREKA

Die *European Research Coordination Activity* (kurz: *EUREKA*) ist eine europäische Initiative zur grenzübergreifenden Zusammenarbeit in Forschung und Technologie. Am 17. Juli 1985 wurde EUREKA in Paris gegründet. 38 Staaten sowie die → *Europäische Kommission* zählen zu den Vollmitgliedern von EUREKA. Neben allen Mitgliedstaaten der → *Europäischen Union* (EU) (außer Bulgarien) sind dies Island, Israel, Kroatien, Mazedonien, Monaco, Norwegen, die Russische Föderation, San Marino, die Schweiz, Serbien, die Ukraine und die Türkei. Albanien und Bulgarien sind assoziiert. Der Vorsitz wechselt jährlich.

Ziele der EUREKA sind die intensivierte industrielle, technologische und wissenschaftliche Kooperation von Unternehmen und Forschungsinstituten, um die Wettbewerbsfähigkeit Europas auf dem Weltmarkt und in Schlüsselbereichen der Zukunft zu steigern. Die ausschließlich zivilen Projekte werden von Industrie, Wissenschaft und den Regierungen der beteiligten Länder bestimmt. Man spricht vom „Bottom-up-Prinzip": Angestoßen werden die Projekte sozusagen „von unten". Sie werden in Privatinitiative organisiert und können mit bis zu 50 Prozent ihrer Kosten gefördert werden.

▶ Euro

Ob Cappuccino in Rom, Austern im Nordwesten Frankreichs oder Skipass in Österreich – wir Europäer bezahlen selbstverständlich mit dem „Euro". Die Jugend kennt es kaum mehr anders: kein Studieren von Wechselkursen mehr, kein Portemonnaie voller fremder Münzen, keine Verluste beim Geldumtausch – bequemer geht es nicht.

Seit dem 1. Januar 1999 ist die → *Europäische Wirtschafts- und Währungsunion* (WWU) in Kraft. Damit war der Euro in zunächst elf Mitgliedstaaten der → *Europäischen Union* (EU) als gültige Zahlungseinheit eingeführt. Seit dem 1. Januar 2002 ist er als Zahlungsmittel in Geldscheinen und Münzen im Umlauf, seit dem 1. März 2002 als alleiniges Zahlungsmittel. 100 Cent entsprechen einem Euro. Sämtliche bis dahin auf DM lautende Bank- und Sparkonten wurden automatisch auf Euro umgestellt. Der Umtausch von DM in Euro bleibt bei der Deutschen Bundesbank zeitlich unbefristet möglich. Alle Beträge wurden nach einem für alle Mitgliedstaaten der Währungsunion verbindlichen Wechselkurs festgelegt. In Deutschland entspricht 1 Euro = 1,95583 DM.

Neben Deutschland gehören zum → *Euro-Raum* (auch „Euro-Zone" oder „Euro-Land") die weiteren 19 Staaten Belgien, Finnland, Frankreich, Irland, Italien, Luxemburg, die Niederlande, Österreich, Portugal, Spanien, Ungarn sowie seit 2001 Griechenland, seit 2007 Slowenien, seit 2008 Malta und Zypern – allerdings nicht der türkisch besetzte Nordteil der Insel – sowie seit 2009 die Slowakei, seit 2011 Estland, seit 2014 Lettland, seit 2015 Litauen und seit 2023 Kroatien an. Die übrigen EU-Staaten sind zwar Mitglieder der WWU, dem Euro-Verbund jedoch bisher nicht beigetreten.

Was mitunter übersehen wird: Über diese 20 EU-Staaten hinaus haben sechs weitere Staaten den Euro als gesetzliches Zahlungsmittel eingeführt, nämlich Andorra, Kosovo, Monaco, Montenegro, San Marino und Vatikanstadt. Diese Länder gehören der WWU nicht an; sie sind sozusagen „passive" Euronutzer. Schließlich haben sich verschiedene Länder außerhalb Europas, die währungspolitisch eng mit Frankreich verknüpft waren, an den Euro gebunden und nutzen ihn als Zahlungsmittel.

▶ Eurobonds („Corona-Bonds")

30. März 2020. Die sogenannten „Wirtschaftsweisen" stellen ein Sondergutachten des Sachverständigenrates zur gesamtwirtschaftlichen Entwicklung vor. Sie halten eine Rezession, bedingt durch die massiven Folgen der Corona-Krise, für unvermeidbar. Und dann taucht sie wieder auf – die seit Jahren diskutierte Frage: Brauchen wir angesichts dramatischer Notlagen in südlichen Mitgliedsländern der → *Europäischen Union* (EU) nun doch *Eurobonds*?

Mit dieser Art Anleihe würden die Mitgliedstaaten der EU, die den → *Euro* als Zahlungsmittel eingeführt haben, *gemeinsam* Schulden am Kapitalmarkt aufnehmen, diese aufgenommenen Mittel unter sich aufteilen und *gesamtschuldnerisch* für die Rückzahlung und die Zinsen dieser Schulden haften. *Lars Feld*, der Vorsitzende des Sachverständigenrates, spricht sich gegen eine solche „Vergemeinschaftung von Schulden aus". Andere Ratsmitglieder sehen darin einen Weg, den Südländern zu helfen.

I. Braucht Europa „Corona-Bonds"?

Die bekannte Kontroverse um solche „Euro-Anleihen" erhielt also durch die bedrohliche Ausbreitung der Corona-Pandemie neue Brisanz in Europa: In einem Brief an den Präsidenten des → *Europäischen Rates, Charles Michel*, forderten im März

2020 Italien, Spanien, Frankreich und sechs weitere EU-Länder „*Corona-Bonds*" als gemeinsames Schuldeninstrument im Kampf gegen die Corona-Epidemie. Deutschland, die Niederlande, Österreich sowie eine Reihe von skandinavischen und baltischen Staaten sind gegen die europäischen Gemeinschafts-Bonds. Bundeskanzlerin *Angela Merkel* erklärte anlässlich des EU-Gipfeltreffens am 26./27. März 2020, dass sie das Vorhaben nicht unterstütze.

II. Hintergrund

Alle Staaten des → *Euro-Raumes* nehmen in mehr oder minder regelmäßigen Abständen Geld am Kapitalmarkt auf, um Investitionen zu finanzieren. Dafür platziert jedes Land bislang eigenständig am Rentenmarkt – auch Anleihen- oder Bondmarkt genannt – Anleihen unterschiedlicher Laufzeit. Bei Fälligkeit muss es seine Darlehen zurückzahlen – jedes Land die seinen.

Am Kapitalmarkt gilt: Je größer das Risiko, dass ein Staat seine Schulden nicht zurückzahlen kann, desto höher die Zinsen, die die Investoren verlangen. Deutschland kann sich daher relativ günstig verschulden, Griechenland dagegen nur gegen hohe Zinsen. Mit anderen Worten: Wer in finanziellen Schwierigkeiten ist, für den ist es teuer, sich Geld zu beschaffen – was die finanzielle Situation weiter verschärfen kann.

Den Anstoß für die Diskussionen um eine Einführung von Eurobonds in den Euro-Ländern gab die → *Staatsschuldenkrise*. Schlagartig beförderte sie ans Tageslicht, was unter dem Deckmantel der gemeinsamen Währung lange von außen kaum wahrgenommen worden war: die prekäre Haushaltslage verschiedener Euro-Staaten. Plötzlich sah man die Bonität einiger Länder nicht mehr durch den rosaroten Film der Währungs-„Union" – mit der Folge, dass diese sich gleichsam über Nacht wieder zu deutlich höheren Zinsen refinanzieren mussten.

Aus der Sicht solcher Länder ist es also keineswegs abwegig, laut und vernehmlich über Eurobonds nachzudenken. Wenn nämlich alle Euro-Staaten, also auch die von den Ratingagenturen am höchsten bewerteten Staaten (z. B. Deutschland, Österreich, die Niederlande oder Finnland), für die Rückzahlung von Staatsanleihen gemeinsam haften, müssten bonitätsschwache Länder geringere Zinsen am Kapitalmarkt zahlen. Für zahlungskräftige Euro-Staaten jedoch würden sie steigen.

III. Pro und contra

Grundsätzlich muss jeder Euro-Staat für die von ihm zu verantwortenden Schulden selbst einstehen. Es gilt die → *Nichtbeistands-Klausel* (*No-Bailout-Klausel*) des EU-Vertrages, nach der jeder Staat die von ihm jeweils aufgenommenen Schulden selbst zu tragen und für sie zu haften hat (Artikel 125 Abs. 1 AEUV). Eurobonds hingegen würden die gesamtschuldnerische Haftung *aller* Euro-Länder für Schulden und Zinszahlungen bedeuten und damit nach verbreiteter Auffassung dem EU-Recht widersprechen.

Zudem befürchten Kritiker, dass mit gemeinsamen Anleihen falsche ökonomische und politische Anreize geschaffen würden. Der Spardruck ließe nach, und bonitätsschwache Länder würden gerade nicht dazu animiert, solide Haushalte vorzulegen und die Verschuldung abzubauen. Eurobonds packten daher gerade nicht das Grundübel an der Wurzel. Im Gegenteil: Sie erleichterten das Schuldenmachen und setzten daher an der falschen Stelle an.

Bereits am 26. Juni 2012 hatte Bundeskanzlerin *Angela Merkel* die Einführung von Eurobonds in einer Stellungnahme vor dem Deutschen Bundestag energisch abgelehnt. In ihrem 2013 geschlossenen Koalitionsvertrag für die 18. Wahlperiode des Deutschen Bundestages haben die Parteien CDU, SPD und CSU vereinbart, Eurobonds *nicht* einzuführen.

Befürworter wie der frühere Chef der Commerzbank, *Martin Blessing*, sehen in Eurobonds im Gegenteil ein Rezept für einen stabileren Euro und eine wettbewerbsfähigere Eurozone. Ihm gehe es um die Frage, wie unsere gemeinsame Währung nachhaltig gestärkt und seine Geburtsfehler behoben werden können (DIE ZEIT, 3.9.2014).

Eurobonds würden zudem die enormen finanzpolitischen Unterschiede zwischen den Euro-Ländern verringern. Die Geld- und Wirtschaftspolitik der Eurozone könnte auf diese Weise, so Blessing, symmetrischer und wirksamer werden. Die → *Europäische Zentralbank (EZB)* könnte ihre Geldpolitik besser auf die gesamte Eurozone ausrichten. Last not least würde die Attraktivität des Euro als globale Reservewährung durch einen einheitlichen Markt für Staatsschulden gestärkt.

IV. Ausweg ESM?

Als Kompromiss schlagen Politiker und Ökonomen den Einsatz des → *Europäischen Stabilitätsmechanismus* (ESM) vor. Als Konsequenz aus der Staatsschuldenkrise hat man ihn im Oktober 2012 als dauerhafte internationale Finanzinstitution in Kraft gesetzt. Er stellt angeschlagenen Staaten Kredite bereit, die er mit seinem Spitzenrating auf den Finanzmärkten zu günstigen Konditionen beschaffen kann. So hat der ESM bereits das verschuldete Griechenland vor dem Staatsbankrott gerettet.

Die Kredite funktionieren wie eine „Versicherungspolice". Das Geld wird nicht gleich ausgezahlt, sondern steht nur für den Extremfall bereit. Allerdings sind die Darlehen des ESM mit harten Reformauflagen und einer strengen Überwachung verknüpft. Auch könnten Hilfsprogramme des Euro-Rettungsfonds von den Finanzmärkten als Signal massiver finanzieller Schwierigkeiten des jeweiligen Landes interpretiert werden und Spekulanten auf den Plan rufen.

V. Fazit

Eurobonds brächten die gewünschten Vorteile nur, wenn sie mit einer *institutionellen Neuordnung der Eurozone* einhergingen. Vor allem müssten die Mitgliedstaaten bereit sein, mehr finanzpolitische Souveränität nach Brüssel abzugeben. Doch diese Bereitschaft ist derzeit sehr gering.

Gegenwärtig gibt es weder eine einheitliche Meinung, wie EU-Anleihen praktisch ausgestaltet sein könnten, noch eine Beschlusslage, ob sie zukünftig überhaupt eingeführt werden sollen.

In Deutschland kommt eine weitere Hürde hinzu. Nach Ansicht vieler Experten schließe der Tenor verschiedener Urteile des Bundesverfassungsgerichts die Einführung von Eurobonds aus oder erfordere eine Grundgesetzänderung.

Weiterführende Literatur

Alexander Brink et al. (Hrsg.), „Lehren aus Corona – Impulse aus der Wirtschafts- und Unternehmensethik", Baden-Baden 2020 | *Christian Fuchs,* „Verschwörungstheorien in der Pandemie: Wie über COVID-19 im Internet kommuniziert wird", Tübingen 2022 | *Friedrich Heinemann,* „Corona-Bonds würden Italien mehr schaden als nutzen", 21. April 2020 (https://www.dw.com/de/heinemann-corona-bonds-w%C3%BCrden-italien-mehr-schaden-als-nutzen/a-53190678) | *Sebastian Müller-Franken,* „Eurobonds und Grundgesetz", in: JuristenZeitung, 67. Jahrgang, Heft 5/2012, S. 219–225 | *Norbert Schuppan,* „Die Euro-Krise – Ursachen, Verlauf, makroökonomische und europarechtliche Aspekte und Lösungen", Berlin 2014, Kap. 4

▶ Eurocontrol

Der genaue Name für die *europäische Organisation für Flugsicherung* lautet *European Organisation for the Safety of Air Navigation.* Gegründet wurde Eurocontrol 1960 zur Sicherung der Luftfahrt. Mitgliedstaaten sind die → Benelux-Staaten, Deutschland, Frankreich, Großbritannien und Irland. Aufgabe von Eurocontrol ist in erster Linie die Lenkung und Überwachung des Luftverkehrs in Höhenbereichen über 7.500 Metern, also im oberen Luftraum der Mitgliedstaaten, sowie außerhalb von Hoheitsgebieten. Die Hoheitsgewalt für ihren Luftraum haben die Mitgliedstaaten insoweit auf Eurocontrol übertragen. Hauptziel von Eurocontrol ist der Aufbau eines nahtlosen paneuropäischen Flugsicherungssystems. Dies ist notwendig, um den Herausforderungen der anhaltenden Verkehrssteigerungen bei gleichbleibend hohem Sicherheitsniveau zu begegnen. Gleichzeitig will das System Kosten senken und eine maximale Umweltverträglichkeit erreichen (siehe auch → *Einheitlicher Europäischer Luftraum*).

▶ Euro-Gruppe

Namen wie „Euro-Gruppe" – oder chic auf neudeutsch: „Euro-Group" – bezeichnen das bisher informelle, aber einflussreiche Gremium, dem die Finanzminister derjenigen Mitgliedstaaten der → *Europäischen Union* (EU) angehören, die den → *Euro* als Zahlungseinheit eingeführt haben. Man spricht bei diesen Ländern von → *Euro-Raum.*

Die Euro-Gruppe trifft sich in der Regel monatlich in vertraulichem Rahmen im Vorfeld der formellen Treffen des Rates der 27 EU-Finanzminister (→ *ECOFIN-Rat*) (→ *Rat der Europäischen Union*). Vertreten sind in der Gruppe neben den Finanzministern und ihren Stellvertretern auch die → *Europäische Kommission* und die → *Europäische Zentralbank* (EZB).

Im September 2004 hat die Gruppe beschlossen, einen längerfristigen Vorsitz, sozusagen einen „Mr. Euro", einzurichten. Zum ersten Amtsinhaber wurde auf zwei Jahre der luxemburgische Premierminister Jean-Claude Juncker gewählt. Bis dahin rotierte der Vorsitz halbjährlich. Im Januar 2018 übernahm der portugiesische Finanzminister Mário Centeno den Vorsitz der Euro-Gruppe. Seine Nachfolge trat im Juli 2020 der irische Minister der Finanzen und Minister für öffentliche Ausgaben und Reformen, *Paschal Donohoe*, an. Die Amtszeit beträgt zweieinhalb Jahre. Der längere Vorsitz soll die Koordination stärken und der Euro-Gruppe ein wirtschaftspolitisches Gesicht nach außen geben.

▶ Eurojust

Die *Einheit für justizielle Zusammenarbeit* der Europäischen Union (EUROJUST) ist eine relativ junge Einrichtung. Gegründet wurde sie 2002, um die zuständigen Behörden der Mitgliedstaaten der → *Europäischen Union (EU)* bei der Verfolgung schwerer grenzüberschreitender und organisierter Kriminalität zu unterstützen.

Eurojust wird auf Antrag tätig. Sie koordiniert die Ermittlungen von Strafverfolgungsbehörden unterschiedlicher EU-Mitgliedstaaten, fördert deren Zusammenarbeit bei der Rechtshilfe und unterstützt die nationalen Behörden darin, ihre grenzübergreifende Strafverfolgung effektiver zu gestalten.

Jedes Land der EU entsendet ein *nationales* Mitglied in das *Kollegium* von Eurojust. Diese Mitglieder sind erfahrene leitende Staatsanwälte oder Richter. Das Kollegium wird von einem Verwaltungsteam unter Leitung eines *Verwaltungsdirektors* unterstützt. Die Experten von Eurojust gewährleisten ein exzellentes Fachwissen über die Rechtssysteme ihres Landes. Sie können zudem rasch in einen direkten Kontakt zu den nationalen Behörden treten und auf Hilfeersuchen schnell reagieren.

Seinen Sitz hat Eurojust in Den Haag. 2004 unterzeichneten Eurojust und die europäische Polizeibehörde → *Europol*, die ihren Sitz ebenfalls dort hat, eine Vereinbarung über eine enge Zusammenarbeit.

Ausblick

Die EU ist stolz auf ihren immer wieder – zuletzt in der Präambel des → *Lissabon-Vertrags* – visionär vorgetragenen Anspruch, ihren Bürgerinnen und Bürgern einen Raum der Freiheit, der Sicherheit und des Rechts *ohne Binnengrenzen* bieten zu können. Ebenso grenzüberschreitend aber entwickelt sich das organisierte Verbrechen, etwa der illegale Handel mit Menschen, mit Drogen oder Waffen. Mit der wachsenden Bedrohung für Sicherheit und Wohlstand wächst auch der Druck auf die Strafverfolgungsbehörden, die zunehmend auf raschen internationalen Informationsaustausch angewiesen sind. Hier setzt Eurojust an. Es gilt, Freiheit und Freizügigkeit zu schützen.

▶ Eurokorps

Das *Europäische Korps* (Eurokorps) ist eine seit dem 30. November 1995 einsatzbereite Eingreiftruppe, die sich aus Truppen Belgiens, Deutschlands, Frankreichs, Luxemburgs, Spaniens und Polens zusammensetzt.

I. Aufgaben

Seit 2002 steht das Eurokorps als „schnelles Reaktionskorps" auch für Aufträge und Einsätze im Rahmen der → *NATO* zur Verfügung, ist aber außerhalb der integrierten Kommandostruktur der Allianz angesiedelt. Als Instrument eigenständiger westeuropäischer Sicherheitspolitik im Rahmen der → *Europäischen Union* (EU) ist es in besonderer Weise europäisch ausgerichtet, zugleich aber eingebunden in die transatlantische Verteidigungs- und Wertegemeinschaft. Kurzum: das Eurokorps ist der → *Westeuropäischen Union (WEU)* ebenso wie der NATO gleichgewichtig zugeordnet.

II. Struktur

Das Eurokorps ist als gemeinsames Instrument der Regierungen aller beteiligten Nationen konzipiert. Im Frieden verbleiben die Verbände des Eurokorps unter nationalem Kommando. Die gemeinsame Entscheidung über einen Einsatz des Korps, bei der die Zielsetzungen der EU zu berücksichtigen sind, bleibt ebenfalls in der Verantwortung der jeweiligen Regierungen.

Die hochmodernen, kampstarken Eurokorps-Großverbände werden von einem multinationalen Korpsstab in Straßburg geführt. Die Schlüsselfunktionen im Stab wechseln zwischen den beteiligten Nationen.

III. Fazit

Das Eurokorps hat Modellcharakter und Symbolkraft im Hinblick auf den Willen und die Handlungsfähigkeit der Europäer, Krisen und Konflikte auf dem eigenen Kontinent zu meistern und gleichermaßen die transatlantische Verteidigungsbereitschaft mit einem eigenen europäischen Pfeiler zu stärken.

▶ „Euro-Krise"

→ *Staatsschuldenkrise*

▶ Euro-Land

→ *Euro-Raum*

▶ Euro-Plus-Pakt

Geschlossen haben ihn die Staats- und Regierungschefs des → *Euro-Raums* im März 2011. Neben den heute 20 Euro-Staaten beteiligen sich auch Bulgarien, Dänemark, Polen und Rumänien. Der Pakt steht allen Mitgliedstaaten der → *Europäischen Union (EU)* offen.

I. Ziele des Paktes

Der Euro-Plus-Pakt soll das Wachstum in den Unterzeichnerstaaten fördern und bewirken, dass sich die ökonomischen Bedingungen in den Ländern einander auf hohem Niveau annähern. Er hat dabei in erster Linie Maßnahmen im Blick, die in die Zuständigkeit der Nationalstaaten fallen und

- die Wettbewerbsfähigkeit verbessern,
- die Beschäftigung fördern,
- die Tragfähigkeit der öffentlichen Finanzen langfristig stärken sowie
- die Finanzstabilität unterstützen.

Die Pakt-Länder vereinbaren jährlich nationale Maßnahmen, um innerhalb von jeweils zwölf Monaten gemeinsame Ziele zu erreichen. Es geht dabei um zentrale Politikbereiche für die Stärkung der Wettbewerbsfähigkeit. Fortschritte messen die Mitgliedstaaten anhand objektiver Indikatoren – zum Beispiel der Lohnstückkosten. Jedes Jahr gehen die Staats- und Regierungschefs konkrete nationale Verpflichtungen gegenüber ihren Amtskollegen ein. Diese *Selbstverpflichtungen* sollen so konkret wie möglich sein. Zwar kann kein Land gezwungen werden, die beschlossenen Schritte tatsächlich in die Tat umzusetzen. Doch die Verankerung des Euro-Plus-Paktes auf der Ebene der Staats- und Regierungschefs übt durchaus Druck aus. Kurzum: Die Stärkung der Wettbewerbsfähigkeit wird innerhalb der Eurozone und in den anderen Teilnehmerländern zur Chefsache.

II. Leitvorgaben

- Die bestehende wirtschaftspolitische Steuerung will man verstärken. Dieses Bestreben steht im Einklang mit der praktizierten wirtschaftspolitischen Steuerung in der EU. Es soll mit den bestehenden Instrumenten – der Strategie → *„Europa 2020“*, dem Europäischen Semester, den Integrierten Leitlinien, dem → *Stabilitäts- und Wachstumspakt* und dem neuen Rahmen für die Überwachung der Wirtschaftspolitik – vereinbar sein und auf ihnen aufbauen.
- Wettbewerbsfähigkeit und Konvergenz sollen gefördert werden. Die von den Staats- und Regierungschefs vereinbarten gemeinsamen Ziele verfolgen die Teilnehmer mit ihrem eigenen politischen Instrumentarium.
- Die neuen konkreten Verpflichtungen sind Bestandteil der nationalen Reform- und Stabilitätsprogramme und unterliegen dem regulären Überwachungsrahmen. Der → *Europäische Rat* überprüft jährlich die Erfüllung auf politischer Ebene, nachdem die → *Europäische Kommission* eine Bewertung abgegeben hat. Die Mitgliedstaaten verpflichten sich, ihre Partner zu konsultieren, bevor sie wichtige Wirtschaftsreformen verabschieden.

III. Fazit und Zusammenfassung

Der Euro-Plus-Pakt wurde ins Leben gerufen, als die → *Staatsschuldenkrise* den Euro-Raum erschütterte. Es musste etwas geschehen. Um die Ziele der neu aufgelegten Wachstumsstrategie → *„Europa 2020“* zu erreichen und die ökonomischen Belange der → *Wirtschafts- und Währungsunion* zu stärken, verpflichteten sich die Euro-Länder sowie weitere EU-Staaten, jährlich auf nationaler Ebene möglichst konkrete Schritte zur währungspolitischen Konsolidierung zu planen und umzusetzen. Ein einheitlicher Zyklus der Koordinierung, das

„Europäische Semester“ (→ „Europa 2020“), verzahnt die Elemente der wirtschaftspolitischen Steuerung besser mit der haushaltspolitischen Überwachung.

Wirtschaftliche Fehlentwicklungen in einzelnen Euro-Staaten sollen frühzeitiger erkannt und klar benannt werden. Probleme einzelner Mitgliedstaaten will man künftig offener und ehrlicher diskutieren. Fehlentwicklungen sollen konsequent Frühwarnungen und spezifische Korrekturempfehlungen der Kommission nach sich ziehen („blaue Briefe“).

▶ „Euro-Raum“

Als „Euro-Raum“, „Euro-Land“ oder auch „Euro-Zone“ wird inoffiziell das Gebiet der an der → *Europäischen Wirtschafts- und Währungsunion (WWU)* teilnehmenden Mitgliedstaaten der → *Europäischen Union* (EU) bezeichnet, in denen beginnend mit dem 1. Januar 1999 der → *Euro* als gültige Zahlungseinheit eingeführt ist. Zum „Euro-Raum“ gehören:

- **Seit Einführung:** Deutschland und weitere EU-Staaten: Belgien, Finnland, Frankreich, Irland, Italien, Luxemburg, die Niederlande, Österreich, Portugal, Spanien;
- **Seit 1. Januar 2001:** Griechenland;
- **Seit 1. Januar 2007:** Slowenien;
- **Seit 1. Januar 2008:** Malta und Zypern;
- **Seit 1. Januar 2009:** Slowakei;
- **Seit 1. Januar 2011:** Estland;
- **Seit 1. Januar 2014:** Lettland;
- **Seit 1. Januar 2015**: Litauen;
- **Seit 1. Januar 2023**: Kroatien.

Die übrigen EU-Staaten sind der Währungsunion bisher nicht beigetreten.

▶ „Euro-Rettungsschirm“

Der vielzitierte „Rettungsschirm“ wurde 2010 aufgespannt, um die Krisen in Irland oder Portugal, später auch in Griechenland in den Griff zu bekommen und „Ansteckungseffekte“ auf andere Euro-Länder zu verhindern. Mit 500 Milliarden Euro schwebte er über der → *Staatsschuldenkrise* – mit einer zeitlichen Begrenzung bis zum 30. Juni 2013.

Woher kam diese Riesensumme? Sie setzte sich zusammen aus Mitteln

- einerseits der Euro-Staaten (→ *Euro-Gruppe*) über die sog. „Europäische Finanzstabilisierungsfazilität“ – EFSF, also einer zwischenstaatlichen Zweckgemeinschaft, in Höhe von 440 Milliarden Euro. Die ESFS hatte Kredite von rund 200 Milliarden Euro für Irland, Portugal und Griechenland zugesagt. Die Auszahlung war an klar definierte finanz- und wirtschaftspolitische Auflagen geknüpft. → *Europäische Kommission*, → *Europäische Zentralbank (EZB)* und Internationaler Währungsfonds (IWF) überwachten als sogenannte → *Troika* die strikte Einhaltung. Inzwischen hat der dauerhafte → *Europäische Stabilitätsmechanismus – ESM* die EFSF ersetzt.
- andererseits des → *Haushalts der Europäischen Union* über den

sog. „Europäischen Finanzstabilisierungs-Mechanismus" – EFSM, also einem Gemeinschaftsinstrument der EU, in Höhe von 60 Milliarden Euro. Mit seiner Ablösung durch den ESM fiel der EFSM 2012 ersatzlos weg.

Allerdings hat man den EFSM im Juli 2015 angesichts der prekären Situation in Griechenland reaktiviert: bis zum Start des neuen aus dem ESM finanzierten Hilfspakets für Hellas griffen die EU-Partner noch einmal auf ihn zurück und versetzten das hochverschuldete Land mit einer *Brückenfinanzierung* von 7,16 Milliarden Euro aus diesem Rettungsfonds in die Lage, akut fällige Rückzahlungen an die Europäische Zentralbank (EZB) sowie an den Internationalen Währungsfonds (IWF) zu begleichen.

▶ Europa 2020

„*Europa 2020*" ist der Name für eine auf zehn Jahre angelegte Wachstumsstrategie der → *Europäischen Union (EU)*. Sie wird auch nach 2020 jährlich fortgeschrieben. 2010 löste sie die bisherige, nur begrenzt erfolgreiche → „*Lissabon-Strategie*" ab, mit der man die EU seinerzeit – im Jahre 2000 – zum dynamischsten Wirtschaftsraum der westlichen Welt trimmen wollte. Trotz einer grundlegenden Neujustierung der Lissabon-Strategie im Jahr 2005 blieb sie weit hinter den ursprünglichen Erwartungen zurück.

Die Strategie wollte bis 2020 *fünf Kernziele* erreichen, bezogen auf:

(1) Beschäftigung,
(2) Forschung und Entwicklung,
(3) Klima/Energie,
(4) Bildung,
(5) soziale Eingliederung und Armutsbekämpfung.

Eine zentrale Neuerung der Europa-2020-Strategie war der Prozess, der „*Europäisches Semester*" heißt, und auf den sich die Staats- und Regierungschefs der EU im März 2011 geeinigt haben. Der Name klingt akademisch; es geht aber um handfeste Politik. Im Rahmen des Europäischen Semesters wird nämlich die Strategie 2020 umgesetzt und überwacht, und zwar in jährlichen Zyklen, jeweils beginnend mit dem *Jahreswachstumsbericht* der → *Europäischen Kommission*. Dieser Bericht setzt Prioritäten in der Haushalts- und Wirtschaftspolitik auf europäischer Ebene. Auf dieser Grundlage basteln dann die Mitgliedstaaten an ihren nationalen Reformprogrammen.

Das „Europäische Semester" ist also ein Zyklus, in dessen Verlauf die EU-Staaten ihre Wirtschafts- und Fiskalpolitik aufeinander abstimmen und sie an den auf EU-Ebene vereinbarten Zielen ausrichten.

Fazit: Die → *Staatsschuldenkrise* hat deutlich gemacht, dass eine stärkere wirtschaftspolitische Steuerung und eine bessere Koordinierung der Politik zwischen den Mitgliedstaaten erforderlich sind. Europa 2020 hat auf diese Weise das Verhältnis der EU-Mitgliedstaaten untereinander neu bestimmt. Plötzlich war es für Länder interessant, was in den anderen Ländern geschieht, welche Akzente der Nachbar setzt oder welche Rezepte man jenseits der Grenze ausprobiert.

▶ Europa der Bürger

Die Skepsis gegenüber einer Integration Europas, die sich aus der Sicht vieler Europäer nicht selten über ihre Köpfe hinweg vollzieht. Bereits 1984 unternahm der → *Europäische Rat* daher Versuche, die Bürgerinnen und Bürger der → *Europäischen Gemeinschaft (EG), der* „Vorgängerin" der → *Europäischen Union* (EU), in den Aufbau einer lebendigen Gemeinschaft einzubeziehen. Ein speziell eingesetzter Ausschuss für das „Europa der Bürger" („*Adonnino-Ausschuss*") hat 1985 versucht, aufzuzeigen, wie das Gefühl des europäischen Bürgers, Teil der Gemeinschaft zu sein, gestärkt werden kann.

Die → *Europäische Kommission* hat daher im November 1985 ein umfangreiches Arbeitsprogramm zu diesem Thema verabschiedet. Weiteren Auftrieb erhielt die Idee 1987 mit der → *Einheitlichen Europäischen Akte* (EEA) und dem Ziel, bis Ende 1992 einen grenzenlosen → *Binnenmarkt* zu schaffen, sowie mit dem → *Maastrichter Vertrag* von 1993, der die → *Unionsbürgerschaft* einführte: Sie garantiert jedem und jeder Angehörigen eines Landes der EU das aktive und passive Wahlrecht bei Wahlen zum → *Europäischen Parlament* (→ *Europawahl*) sowie bei Kommunalwahlen an seinem Wohnsitz; vor allem aber gewährt sie ein uneingeschränktes Freizügigkeits- und Aufenthaltsrecht in allen EU-Mitgliedstaaten.

I. Stärkung der europäischen Identität

Um die → *Europäische Identität* zu stärken, gibt es inzwischen:

- die Fahne der EU, die → *Europahymne* und das Emblem der Gemeinschaft,
- den → *Europäischen Führerschein*,
- den europäischen Reisepass (→ *Europapass*),
- einheitliche Schilder an den Hoheitsgrenzen zwischen den EU-Mitgliedstaaten als Ersatz der früheren Zollschilder,
- verschiedene europäische Programme zur → *Jugendpolitik* (Erasmus plus) sowie – alljährlich die → *Kulturhauptstadt* Europas,
- und, seit 1994, den → *Europäischen Bürgerbeauftragten* (Ombudsmann, an den sich jeder Unionsbürger mit Beschwerden über Missstände bei den → *Organen* oder sonstigen Institutionen der EU wenden kann.

Auch das gab es: das „*Europäische Jahr der Bürgerinnen und Bürger*": 2013, zum 20. Jubiläum der Unionsbürgerschaft, wollte man die individuellen Rechte und Vorteile, die aus der Unionsbürgerschaft resultieren, in zahlreichen Veranstaltungen und Konferenzen verstärkt ins Bewusstsein der Menschen rücken. Ein Schwerpunkt der Aktionen lag auf dem Thema „demokratische Partizipation auf EU-Ebene" (siehe im Einzelnen unter → *Unionsbürgerschaft*).

Zu nennen sind weiterhin u. a.:

- Anreize für Sportveranstaltungen auf Gemeinschaftsebene,

- kulturbezogene Aktionen, wie z. B. die Unterstützung kultureller Ereignisse europäischen Zuschnitts, der Schutz des architektonischen Erbes oder
- das 1985 erarbeitete Programm „Europa gegen den Krebs", das vorbeugende Maßnahmen, Aufklärung der Öffentlichkeit sowie eine Koordinierung der ärztlichen Krebsforschung vorsieht.

II. „Basis-Partizipation"

Zum Thema Basis-Partizipation hat man sich im → *Lissabon-Vertrag* 2009 etwas Neues ausgedacht: die → *„Europäische Bürgerinitiative"*, kurz EBI. Mit ihr sollen Bürgerinnen und Bürger, die einem EU-Mitgliedstaat angehören, bewirken können, dass sich die EU-Kommission mit einem bestimmten Thema befasst. Die Hürden sind allerdings hoch: mindestens eine Million Unionsbürger aus mindestens einem Viertel der Mitgliedstaaten müssen zusammenkommen.

Im Januar 2020 hat die EU-Kommission ihre Idee einer → *„Konferenz zur Zukunft Europas"* vorgestellt. Das Projekt startete am 9. März 2020 und eröffnete den Europäerinnen und Europäern zwei Jahre lang die Chance, sich deutlicher als bisher Gehör zu verschaffen und Einfluss auf die Zukunft Europas zu nehmen.

▶ Europa der Regionen

„Eurokratie", „Brüsseler Machtapparat", „Euro-Zentralismus" – Schlagworte, die in Diskussionen über das „wie" und das „wohin" der Europäischen Integration immer wieder auftauchen. Das Eintreten für ein „Europa der Regionen" soll solchen Bewertungen ein Leitbild entgegenstellen, das die Bedeutung kultureller und politischer Vielfalt, von Eigenständigkeit und Handlungsfähigkeit der Regionen hervorhebt und für Bürgernähe von politischen Entscheidungen wirbt.

I. Vielfalt und Heterogenität

So wie das Europa der Regionen für Erhalt und Stärkung der Vielfalt steht, ist es selbst durch eine erhebliche Heterogenität geprägt. Die Gemeinschaft der 27 Mitgliedstaaten der → *Europäischen Union* (EU) umfasst föderale → *Bundesstaaten* wie Belgien, Deutschland und Österreich ebenso wie streng zentralistisch organisierte Länder wie Finnland, Griechenland oder Irland. Die Bandbreite an historisch gewachsenen und verwurzelten Staatsstrukturen ist erheblich.

Die Einrichtung von Regionen, die Definition ihrer Zuständigkeiten, die Beziehungen zwischen regionalen und lokalen Gebietskörperschaften sowie die Beteiligung der Regionen an den Außenbeziehungen ihrer jeweiligen Staaten – all das unterliegt national unterschiedlichen traditionellen, kulturellen, geografischen, ökonomischen und nicht zuletzt politischen Faktoren. Bei aller Heterogenität dieses bunten Kontinents gehört gerade die Vielfalt zu seinen vielleicht größten Reichtümern. Das Eintreten für Europas Vielfalt verlangt daher vor allem Respekt vor unterschiedlichen historischen Entwicklungen und eine Absage an alle Überlegungen, die auf eine Standardisierung der Regionalstrukturen zielen.

II. Institutionalisierungsschritte

Das Europa der Regionen findet einen institutionalisierten Rahmen in der *Versammlung der Regionen Europas (VRE)*. Bereits 1985 als *Rat der Regionen* gegründet, ist die VRE heute Dachorganisation zahlreicher interregionaler Zusammenschlüsse und mit ca. 300 Mitgliedern aus ganz Europa ein repräsentatives Sprachrohr der Regionen. Zu den zentralen Aufgaben der VRE zählt die Mitwirkung in europäischen Gremien.

Eine möglichst direkte Mitwirkung im Rahmen der → *Europäischen Union* (EU) ist für die meisten Regionen umso wichtiger, als sie auf nationaler Ebene kaum Einflussmöglichkeiten auf die Europapolitik haben, oft genug aber von den Entscheidungen der EU unmittelbar betroffen sind. Auch die etwa 140 regionalen und kommunalen Verbindungsbüros bei der EU in Brüssel ersetzen die direkte Beteiligung am europäischen Willensbildungsprozess nicht. Eine gesetzlich geregelte Mitwirkung der Regionen an europapolitischen Weichenstellungen auf nationaler Ebene besteht überdies nur in föderal verfassten Staaten; in Deutschland garantiert Artikel 23 des Grundgesetzes den Ländern eine entsprechende Einflussnahme über den Bundesrat.

Unter Federführung der VRE und der deutschen Bundesländer konnte schon 1993 im → *Maastrichter Vertrag* die Errichtung eines → *Ausschusses der Regionen (AdR)* durchgesetzt werden. Auch das Verankern des → *Subsidiaritätsprinzips* in den Europäischen Verträgen sowie neue Möglichkeiten für ein direktes Mitwirken der Regionen im → *Rat der Europäischen Union* gehören zu den regionalpolitischen Erfolgen von Maastricht. Ein eigenständiges Klagerecht der Regionen vor dem → *Europäischen Gerichtshof* (EuGH) konnte aber bisher nicht erreicht werden.

III. Bilanz

Seit der Errichtung des AdR wird ein „institutionelles“ Europa der Regionen zunehmend sichtbar. Die Regionen konzentrieren sich verstärkt auf einen gemeinsamen Einfluss auf europäische Entscheidungen. Diese Tendenz wird von der → *Europäischen Kommission* mit einer wachsenden Zahl auch finanzieller Anreize gefördert – vielleicht auch, um verschiedenen → *Unabhängigkeitstendenzen in Europa* entgegenzuwirken, denen die EU-Kommission in hohem Maße kritisch gegenübersteht.

Die Regionen Europas sind also auf gutem Wege, einer allzu starken Konzentration von Aktivitäten auf EU-Ebene die regionale Eigenständigkeit als Gegenkonzept zu einer Integration von oben entgegenzusetzen.

▶ „Europa der verschiedenen Geschwindigkeiten“

I. Grundlagen

Das Bild von einem „*Europa der verschiedenen Geschwindigkeiten*“ skizziert den Ansatz, dass nicht alle Mitgliedstaaten der → *Europä-*

ischen Union (EU) stets alle Integrationsschritte gleichermaßen anstreben, sondern sich in bestimmten Bereichen unterschiedlich stark an der Fortentwicklung und Vertiefung der Integration beteiligen. Gern werden hier zwei Paradebeispiele angeführt:

- 1985 einigten sich Deutschland, Frankreich und die Benelux-Staaten – allerdings außerhalb der Gemeinschaftsstrukturen – im sog. → *Schengener Abkommen* darauf, Personenkontrollen an ihren gegenseitigen Binnengrenzen abzuschaffen. Weitere Staaten traten später ebenfalls dem „Schengen-Raum“ bei, und mit dem → *Amsterdamer Vertrag* von 1999 wurde das Abkommen in den rechtlichen Besitzstand der EU überführt. Bis heute beteiligen sich nicht alle EU-Mitgliedstaaten an diesem Grenzkodex.
- Dem → *Euro-Raum* gehörten zu Beginn zunächst elf Mitgliedstaaten der EU an. Weitere neun Länder kamen bisher hinzu. Weitere wiederum streben den Beitritt an. Dänemark – und seinerzeit Großbritannien – haben dagegen bereits zu Beginn erklärt, nicht teilnehmen zu wollen.

Dass einige Mitgliedstaaten bei der Vertiefung der Zusammenarbeit vorangehen und andere später folgen, ist also nicht neu und nicht zu beanstanden. Wichtig ist, dass eine engere Zusammenarbeit einiger Mitgliedstaaten andere nicht ausschließt, sondern allen offensteht.

II. „Kerneuropa“

Auch andere, teils umstrittene Varianten des Modells der verschiedenen Geschwindigkeiten sind auf dem Markt: Ein Konzept schlägt vor, ein *Kerneuropa* schneller fortzuentwickeln – bis hin zur Gründung einer formalen Europäischen Föderation (→ *Bundesstaat*). Dem steht das alternative Konzept der *„abgestuften Integration“* gegenüber, die die Fortentwicklung auf multinationale Verträge verlegt. Damit verwandt ist das Modell eines *„Europa à la carte“*, bei dem jeder Staat sich nur an denjenigen Vertragselementen beteiligt, an denen er interessiert ist („Rosinenpicken“).

III. „Verstärkte Zusammenarbeit“

Von diesen Modellen zu unterscheiden ist wiederum das seriöse Instrument der *„Verstärkten Zusammenarbeit“*. Es wurde bereits 1997 mit dem → *Amsterdamer Vertrag* eingeführt (*„Flexibilitätsklausel“*) und erlaubt die engere Kooperation zwischen den Regierungen einzelner EU-Mitgliedstaaten. Über diesen politischen Mechanismus können mindestens neun Mitgliedstaaten im Rahmen der bestehenden Verträge Rechtsakte setzen, die dann auch nur in diesen Mitgliedstaaten gelten. Dazu und zum Erlass der notwendigen Durchführungsbestimmungen nehmen die jeweiligen Mitgliedstaaten die Verfahren und Organe der EU in Anspruch. Der institutionelle Rahmen der EU bleibt also gewahrt. Allerdings sind im → *Rat der EU* nur diejenigen Mitgliedstaaten stimmberechtigt, die sich an der verstärkten Zusammenarbeit beteiligen. Weitere Mitgliedstaaten können sich der Zusammenarbeit jederzeit anschließen.

▶ Europahymne

Der → *Europarat* in Straßburg entschied sich im Januar 1972 für eine Europahymne. Die Wahl fiel auf die *Ode an die Freude* aus dem vierten Satz der Neunten Symphonie von *Ludwig van Beethoven.*

Auch die → *Europäische Gemeinschaft* (EG) – seit 1993 → *Europäische Union* (EU) genannt – führte 1986 gemeinsame Symbole ein. Die auch von ihr übernommene Beethoven-Hymne sowie die blaue Flagge mit dem Kranz der zwölf goldenen Sterne setzten sich in kurzer Zeit als Erkennungsmerkmale der EU durch.

▶ Europäische Agentur für Flugsicherheit (EASA)

Die Europäische Agentur für Flugsicherheit (*European Aviation Safety Agency*, kurz: EASA) steht im Mittelpunkt der Luftverkehrspolitik der → *Europäischen Union (EU)*. Ihr Ziel ist die Förderung der höchstmöglichen gemeinsamen Sicherheits- und Umweltstandards in der Zivilluftfahrt. Damit ist die EASA sozusagen der „TÜV" des zivilen europäischen Luftverkehrs.

Gegründet wurde die EASA am 15. Juli 2002. Sie ist eine Institution (kein → *Organ*) der Europäischen Union. Ihre rechtliche Grundlage findet sie in der Verordnung (EG) 1592/2002 vom 15. Juli 2002 (→ *Europäisches Gemeinschaftsrecht (EGR)*). Ihre Gründung war ein ebenso wichtiges wie dringendes Anliegen von Politik und Wirtschaft. Im September 2003 nahm die EASA ihre Arbeit auf; seit November 2004 hat sie ihren endgültigen Standort in Köln.

Die Agentur wird von einem Exekutivdirektor geleitet. Kontrolliert wird sie von einem Verwaltungsrat, in dem alle EU-Mitgliedstaaten sowie die → *Europäische Kommission* vertreten sind.

Die EASA hat im Wesentlichen folgende Aufgaben:

- Sie erarbeitet einheitliche Regelungen für den zivilen Luftverkehr in Europa,
- zertifiziert Flugzeuge, Luftfahrtgeräte sowie Entwicklungsbetriebe,
- überwacht die Anwendung der Regelungen durch die Mitgliedstaaten,
- unterstützt und berät die EU-Kommission in Luftfahrtfragen und
- führt Untersuchungen und Forschungen zur Verbesserung der Flugsicherheit und des Umweltschutzes im Luftverkehr durch.

Fazit: Mit der Verordnung (EG) Nr. 1592/2002 wurde nicht nur die EASA gegründet; gleichzeitig wurde der Grundstein für ein einheitliches EU-Luftrecht geschaffen. Inzwischen wurde sie durch die Verordnung (EG) 216/2008 ersetzt. Damit sind der Agentur weitere Aufgaben in den Bereichen des Flugbetriebs, der Lizenzierung des fliegenden Personals und der Sicherheit der Flugzeuge aus Drittländern zugewiesen worden.

Ein wesentliches Ziel der neuen Verordnung ist es, einheitlich hohe Sicherheits- und Umweltstandards im zivilen Luftverkehr in Europa zu schaffen. Weiterhin will sie effizientere Zertifizierungsverfahren erreichen und europäische Luftfahrtnormen weltweit fördern. Die EASA hat damit über Europa hinaus auch weltweite Bedeutung erhalten.

▶ Europäische Arzneimittel-Agentur (EMA)

Niemand kannte sie, kaum hörte man jemals von ihr. Dann, 2020, brach die Corona-Pandemie auch über unserem Kontinent herein. Und plötzlich war sie in aller Munde – die **Europäische Arzneimittel-Agentur** (engl. *European Medical Agency,* kurz *EMA*). Zuständig ist sie für die Beurteilung und Überwachung von Arzneimitteln. In den Corona-Zeiten machte sie besonders im Rahmen der mit Spannung erwarteten Zulassung von Impfstoffen gegen Corvid-Infektionen Schlagzeilen.

Die EMA ist eine Agentur der → Europäischen Union (EU). 1993 wurde sie unter dem Namen *European Agency for the Evaluation of Medicinal Products* errichtet, 1995 nahm sie ihre Arbeit auf. Ihr ursprünglicher Standort London wurde im Zuge des → „Brexit" aufgegeben. Seit März 2019 hat sie ihren Sitz in Amsterdam. Die aktuelle Rechtsgrundlage für die EMA ist die Verordnung (EG) Nr. 726/2004.

I. Aufgaben

Die EMA spielt eine zentrale Rolle bei der Arzneimittelzulassung in der EU sowie in den Staaten des → *Europäischen Wirtschaftsraums* (EWR). Auf der Basis ihrer wissenschaftlichen Beurteilung erteilt die → Europäische Kommission zustimmende oder abschlägige Bescheide auf die von Arzneimittelherstellern gestellten Zulassungsanträge. Wichtig: Wird die Genehmigung erteilt, kann das Arzneimittel in der gesamten EU und im EWR vertrieben werden.

Ein weiterer Arbeitsschwerpunkt ist die fortlaufende Überwachung der Sicherheit von bereits in der EU zugelassenen Arzneimitteln (Pharmakovigilanz). Die EMA definiert Sicherheitsstandards und koordiniert das Pharmakovigilanzsystem der EU (EudraVigilance).

Die EMA arbeitet eng mit internationalen Stellen zusammen, die sich mit der globalen Harmonisierung von Arzneimittelzulassungsbedingungen befassen.

II. Verwaltung und Finanzierung

Nach dem Umzug von London nach Amsterdam zählte die EMA nur noch 728 Mitarbeiter, konnte in der Übergangszeit daher nicht alle Aufgaben zeitgerecht erfüllen.

Die Arbeit der EMA wird von einem Verwaltungsrat *(Management Board)* überwacht. Er ist mit Vertretern aus den Mitgliedstaaten der EU sowie aus den der EU assoziierten Ländern Island, Liechtenstein und Norwegen besetzt. Die Vertreter werden durch Beauftragte des → Europäischen Parlaments, Vertretern der EU-Kommission sowie durch Repräsentanten von Ärzte-, Tierärzte- und Patientenverbänden ergänzt. Die Vertreter der assoziierten Länder haben im Verwaltungsrat Beobachterstatus.

Der Verwaltungsrat ist insbesondere für das Budget zuständig. Für das Jahr 2021 umfasste es 385,9 Millionen Euro und speiste sich aus drei Quellen:

- Rund 86 Prozent des Budgets stammen aus Gebühren, die die Pharmaunternehmen für die Bearbeitung der Zulassungsanträge zu entrichten haben.
- Die EU steuert durchschnittlich 14 Prozent bei, etwa über Programme zu seltenen Erkrankungen oder Arzneimitteln für Kinder sowie der Förderung kleiner und mittelständischer Unternehmen.
- Weniger als 1 Prozent stammt aus sonstigen Quellen.

III. Ausschüsse

Wesentliche Aufgaben bei der Beurteilung und Überwachung von Arzneimitteln werden von verschiedenen Ausschüssen der EMA wahrgenommen. In diesen Ausschüssen sind Repräsentanten aus allen EU-Ländern und aus den EU-assoziierten Ländern Island, Liechtenstein und Norwegen vertreten. Die Mitglieder sind in der Regel hochrangige Mitarbeiter der nationalen Arzneimittelbehörden. Das Sekretariat unterstützt und koordiniert die Arbeit dieser Ausschüsse.

In den Ausschüssen und Arbeitsgruppen konsultiert die EMA im Rahmen der zentralen Zulassungsverfahren rund 3.700 externe Wissenschaftler; jährlich finden etwa 5.000 Videokonferenzen und 600 Meetings statt.

IV. Fazit

Die Europäische Arzneimittel-Agentur (EMA) schützt und fördert die Gesundheit von Mensch und Tier durch die Bewertung und Überwachung von Arzneimitteln innerhalb der EU und des Europäischen Wirtschaftsraums (EWR).

▶ Europäische Atomgemeinschaft

Die Europäische Atomgemeinschaft (EAG oder Euratom) wurde zeitgleich mit der → *Europäischen Wirtschaftsgemeinschaft (EWG)* am 25. März 1957 in Rom gegründet (→ *Römischen Verträge*).

Artikel 1 des Euratom-Vertrages bezeichnet es als Aufgabe der EAG, die erforderlichen Voraussetzungen für die schnelle Bildung und Entwicklung von Kernindustrien zu schaffen, um damit die Lebensqualität in den Mitgliedstaaten zu heben und zur Entwicklung der Beziehungen mit anderen Ländern beizutragen. Zu diesem Zweck soll die EAG

- die Forschung, die Ausbreitung technischer Kenntnisse und Investitionen fördern,
- für den Gesundheitsschutz sorgen,
- die Versorgung mit Erzen und Kernbrennstoffen sicherstellen und
- einen Gemeinsamen Markt für die auf dem Kerngebiet verwendeten Stoffe und Ausrüstungen, Investitionen und Fachkräfte errichten.

Ein solcher Gemeinsamer Markt für die Atomindustrie existiert bis heute nicht. Atomkraftwerke und das entsprechende Zubehör sowie Brennelemente werden in der EAG, soweit möglich, von den jeweiligen nationalen Herstellern gekauft, ohne dass ein Wettbewerb mit anderen westeuropäischen Anbietern zugelassen würde. Die EAG hat sich gegen diese vertragswidrige Praxis der nationalen Atomwirtschaften nicht durchsetzen können. Auch eine europäische Atomindustrie, in der industrielle Interessen aller EAG-Mitgliedstaaten zum Tragen kämen, ist bisher nicht vorhanden.

Unter ihrer Verantwortung für die Sicherheit der Gesundheit kann die EAG Grundnormen zum Strahlenschutz erlassen und überwachen.

Die EAG betreibt eine Gemeinsame Forschungsstelle (→ *Forschung*), die in den vier Forschungszentren Ispra (Italien), Geel (Belgien), Petten (Holland) und Karlsruhe (Deutschland) Forschungsprogramme zu Fragen der Reaktorsicherheit durchführt. Der Jahresetat der Forschungsstelle beträgt ca. 200 Millionen Euro. Weitere rund 150 Millionen Euro fließen in die gemeinsame Fusionsforschung am gemeinschaftlichen Projekt Joint European Tours (JET) und in verschiedene nationale Einrichtungen.

Ursprünglich hatte die EAG eigene Organe. Mit der Verschmelzung der drei europäischen Gemeinschaften → *Europäische* Wirtschaftsgemeinschaft (EWG), → *Europäische Gemeinschaft für Kohle und Stahl (EGKS)* und EAG am 1. Juli 1967 sind die Organe der EAG in die der → *Europäischen Gemeinschaften (EG)* aufgegangen (→ *Organe der Europäischen Union*). Von den einstigen EAG-Behörden besteht als einzige wichtige Institution nur noch die Euratom-Versorgungsagentur weiter.

Mitgliedstaaten der EAG sind alle Mitgliedstaaten der heutigen → *Europäischen Union*.

▶ Europäische Bewegung Deutschland

Der Name strahlt Dynamik aus – zu Recht. Die *Europäische Bewegung Deutschland e.V. (EBD)* setzt sich seit 1949 engagiert für die Europäische Integration ein. Als gemeinnütziger Verein ist sie ein überparteilicher Zusammenschluss von über 250 Interessengruppen im Bereich Europapolitik in Deutschland. Sie wird vom Auswärtigen Amt gefördert und kooperiert eng mit allen europapolitisch relevanten Akteuren auf nationaler und europäischer Ebene, insbesondere mit der Bundesregierung, der → *Europäischen Kommission* und dem → *Europäischen Parlament (EP)*. Das Netzwerk EBD fühlt sich, kurz gesagt, einem klaren pro-europäischen Auftrag verpflichtet und ist Teil der Europäischen Bewegung International.

I. Organisation

Die über 250 Mitgliedsorganisationen repräsentieren nahezu alle gesellschaftlichen Gruppen wie Wirtschafts- und Berufsverbände, Gewerkschaften, Bildungsträger, wissenschaftliche Institute, Stiftungen, Parteien, Unternehmen und Kommunen.

Die europapolitischen Expertisen, Informationen und Aktivitäten der Mitgliedsorganisationen werden im Netzwerk gebündelt, vernetzt und verstärkt.

Organ der Mitgliedsorganisationen ist die *Mitgliederversammlung*.

Politisch und organisatorisch führt der *Vorstand* die Geschäfte des Vereins, unterstützt vom *Team des Generalsekretärs*.

Präsidentin der EBD e.V. ist seit 2018 *Dr. Linn Selle*; sie hat diesem Buch ein Geleitwort gewidmet. Ihre Vorgänger im Amt waren u.a. *Walter Scheel*, *Annemarie Renger*, *Hans-Dietrich Genscher* und *Wolfgang Thierse*.

II. Ziele

Die EBD fördert gemäß ihrer Satzung die europäische Integration in Deutschland und die grenzüberschreitende Kooperation der europäischen Zivilgesellschaft. In enger Kooperation mit den politischen Institutionen will sie die europapolitische Kommunikation, die europäische Vorausschau und die europapolitische Koordinierung in Deutschland nachhaltig verbessern. Zugleich unterstützt das EBD-Netzwerk seine Mitgliedsorganisationen in europäischen Informations-, Kooperations- und Bildungsaktivitäten. Seit 2013 definiert die Mitgliederversammlung der EBD jedes Jahr die Politik der Bewegung, die neben den inhaltlichen Arbeitsschwerpunkten die Grundlage der Aktivitäten der EBD bildet.

III. Rückblick und Erfolge

Die heutige EBD wurde als deutsche Unterorganisation der internationalen Europäischen Bewegung am 13. Juni 1949 unter dem Namen *„Deutscher Rat der Europäischen Bewegung"* in Wiesbaden gegründet. Gründungspräsident war der ehemalige Reichstagspräsident Paul Löbe. Zu den Mitgliedern zählten u. a. Konrad Adenauer, Ludwig Erhard und Theodor Heuss. Schon zu Gründungszeiten besaß die Europäische Bewegung einen überparteilichen Charakter.

Voraufgegangen war 1947 in Großbritannien auf Betreiben Winston Churchills die Gründung des *„United Europe Movement (UEU)"*, das sich an der Zielsetzung eines europäischen Staatenbundes orientierte.

In den Anfangsjahren ging es zum einen um die Mitwirkung in der internationalen Europäischen Bewegung, zum anderen setzte man auf die Koordinierung der deutschen Europaaktivitäten. Ab 1950 tagte man in regelmäßigen Abständen und gab Stellungnahmen zu europolitischen Themen ab.

Seit Gründung des → *Europa-Kollegs* in Brügge 1949 wählte der Deutsche Rat die Stipendiaten des Kollegs aus. Ebenfalls organisierte er den 1953 geschaffenen Europäischen Schultag, der seit 1978 unter dem Namen *„Europäischer Wettbewerb"* Schülerinnen und Schüler mit dem Integrationsgedanken vertraut machen soll.

Seit den 1990er Jahren heißt der Deutsche Rat – in Angleichung an die anderen nationalen Sektionen der internationalen Europäischen Bewegung – nun Europäische Bewegung Deutschland (EBD). Man setzte verstärkt auf eine intensive Bildungs- und Medienarbeit, gründete etwa den

Preis *„Frauen Europas – Deutschland"* und bot ein Forum für Debatten über die Wirtschafts- und Währungsunion oder die EU-Osterweiterung an. In dieser Zeit zog das Büro des Generalsekretärs der EBD von Bonn nach Berlin um, wo sich heute auch die Hauptgeschäftsstelle befindet.

Zu Beginn der 2000er Jahre wurden die an wechselnden Orten bei Mitgliedsorganisationen oder in Botschaften in Berlin stattfindenden *EBD Briefings* – eine europapolitische Dialogform, die zivilgesellschaftliche Gruppen wie auch politische Institutionen in den politischen Kommunikationsprozess einbindet – zu den bekanntesten Projekten der EBD. Die Vielzahl dieser Briefings und Grünbuch-Analysen zu wichtigen europäischen Entwicklungen hat die Kooperation mit den Mitgliedsorganisationen, der Vertretung der EU-Kommission in Deutschland und verschiedenen Bundesministerien intensiviert. Für diese Arbeit wurde das Netzwerk 2009 mit dem „EurActiv Award for Debating Europe Nationally" ausgezeichnet.

Zu ihrem 65. Gründungstag 2014 brachte die EBD eine Neuauflage der wegweisenden Gründungsrede *Carlo Schmids* „Deutschland und der Europäische Rat" heraus; sie kann als pdf heruntergeladen werden: *Carlo Schmid: Deutschland und der Europäische Rat.*

► Europäische Bürgerinitiative

Zum Thema Basis-Partizipation hat man sich 2009 im → *Lissabon-Vertrag* etwas Neues ausgedacht: die *„Europäische Bürgerinitiative"*, kurz EBI. Mit ihr sollen Bürgerinnen und Bürger, die einem Mitgliedstaat der → *Europäischen Union (EU)* angehören, bewirken können, dass sich die → *Europäische Kommission* mit einem bestimmten Thema befasst – mit welchem Ergebnis auch immer. Die Hürden sind allerdings hoch: mindestens eine Million Unionsbürger aus mindestens einem Viertel der Mitgliedstaaten müssen zusammenkommen. Die EU-Verordnung zur EBI ist am 11. April 2012 in Kraft getreten.

I. „Right2Water"

Die erste europäische Bürgerinitiative *„Wasser ist ein Menschenrecht"* erreichte im September 2013 mit – nach eigenen Angaben – insgesamt 1.857.605 Unterzeichnern (aus 25 EU-Ländern) in sieben Ländern der EU das geforderte Quorum. Und sie hatte Erfolg. Wie im Vertrag von Lissabon vorgesehen fand am 17. Februar 2014 im → *Europäischen Parlament (EP)* eine Anhörung statt. Die Forderungen der EBI lauteten:

- Anerkennung des UN-Menschenrechts auf Wasser und sanitäre Grundversorgung;
- keine Liberalisierung der Wasserdienstleistungen in der EU;
- universeller (globaler) Zugang zu Wasser und sanitärer Grundversorgung.

Die Unterstützer der europäischen Initiative *„Right2Water"* forderten also, die Verwaltung der EU-Wasserressourcen nicht den Regeln des europäischen → *Binnenmarktes* zu unterwerfen. Die Wasserwirtschaft solle vielmehr von der Liberalisierungsagenda ausgeschlossen werden.

Am 19. März 2014 bezeichnete die EU-Kommission in ihrer offiziellen Antwort die Bedeutung des Menschenrechts auf Wasser und Abwasserentsorgung sowie die Wichtigkeit von Wasser als öffentliches Gut von grundlegendem Wert und erklärte: *„Wasser ist kein kommerzielles Produkt"*. Die EU-Kommission reagierte damit auf die Proteste und änderte den Vorschlag für eine umstrittene Richtlinie, die die Wasserversorgung in eine geplante Konzessionsrichtlinie aufnehmen wollte. Mit anderen Worten: Die EBI hat funktioniert.

II. „Stop TTIP"

Weniger erfolgreich war die selbstorganisierte Europäische Bürgerinitiative *„Stop TTIP"*. Ihr Ziel war es, die Institutionen der EU und ihre Mitgliedstaaten dazu zu bewegen, die Verhandlungen mit den USA über die Transatlantische Handels- und Investitionspartnerschaft (→ *TTIP*) zu beenden und das umfassende Wirtschafts- und Handelsabkommen mit Kanada (→ *CETA*) nicht zu ratifizieren.

„Stop TTIP" übersprang innerhalb nur weniger Monate zwei wichtige formale Hürden für eine offizielle EBI: im Dezember 2014 lagen eine Million Unterschriften in sieben EU-Mitgliedstaaten vor. Die EU-Kommission aber argumentierte, die Verhandlungsmandate zu TTIP sowie zu CETA seien keine Rechtsakte, sondern interne Vorbereitungsakte zwischen den EU-Organen und daher mit einer Bürgerinitiative nicht anfechtbar.

III. „Bienen und Bauern retten!"

„Summ, summ, summ..." – damit könnte es bald vorbei sein. Diese Sorge geht jedenfalls um in Europa. Und sie ist alles andere als unberechtigt. Tatsächlich geht in der EU der Bestand jeder dritten Bienen-, Schmetterlings- und Schwebfliegenart zurück. Gleichzeitig sind 80 Prozent der Nutz- und Wildpflanzenarten auf die Bestäubung durch sie angewiesen. Der Hälfte der landwirtschaftlichen Flächen in der EU droht bereits ein Bestäubungsdefizit.

Hier setzte die Bürgerinitiative *„Bienen und Bauern retten! Eine bienenfreundliche Landwirtschaft für eine gesunde Umwelt"* an. Sie forderte die EU-Kommission auf,

- für den schrittweisen Ausstieg aus synthetischen Pestiziden bis 2035 zu sorgen,
- die biologische Vielfalt in Agrarlandschaften wiederherzustellen und
- die landwirtschaftlichen Betriebe beim Übergang zu einer nachhaltigen Landwirtschaft zu unterstützen.

Am 5. April 2023 hat die EU-Kommission reagiert, nachdem über eine Million Unterschriften gesammelt werden konnten. Sie forderte das → *Europäische Parlament (EP)* und den Rat der EU auf, die bereits vorgelegten Gesetzgebungsvorschläge, die zum Schutz und zur Erholung der Bestäuberpopulationen in Europa beitragen, rasch und ohne Abstriche anzunehmen. Damit war der Weg frei, um dieses Anliegen der Initiatoren als Verordnung rechtlich festzuschreiben.

Die Bürgerinitiative steht im Einklang mit den auf der → *Konferenz zur Zukunft Europas* formulierten Forderungen, dass Lebensmittel sicher, nachhaltig, gerecht und klimaverträglich produziert werden, erschwinglich sind, und dass gleichzeitig die biologische Vielfalt und die Ökosysteme geschützt werden.

Der Erfolg der Bürgerinitiative – es ist die bis dato siebte, auf die die EU-Kommission reagierte – ist ein deutliches Zeichen einer breiten öffentlichen Unterstützung für Maßnahmen zugunsten von Bestäubern, der biologischen Vielfalt und nachhaltiger Landwirtschaft.

IV. Die Reform von 2019

Am 12. März 2019 verabschiedete das Europäische Parlament eine Reform der EBI. Zukünftig soll es für die Bürger leichter sein, eine EBI zum Erfolg zu führen. Bürokratische Hürden werden abgebaut. Vor allem sollen die Initiatoren selbst entscheiden können, wann sie mit Unterschriftensammlungen beginnen. Das Parlament wird zudem öffentliche Anhörungen über erfolgreiche EBI durchführen und so den Anliegen der Bürgerinnen und Bürger mehr Öffentlichkeit geben.

Die überarbeitete EBI-Verordnung räumt den Mitgliedstaaten die Möglichkeit ein, das Mindestalter zur Teilnahme an einer EBI in ihrem Land auf 16 Jahre zu senken. Gerade junge Menschen sollen sich an Europäischen Bürgerinitiativen beteiligen können.

V. Fazit

Die EBI ist das Instrument transnationaler Bürgerbeteiligung schlechthin. Insgesamt hat es sich als taugliches Werkzeug erwiesen, um ergebnisorientiert öffentliche Debatten über Europa zu führen, der europäischen Politik neue Impulse zu verleihen, die Zivilgesellschaft zu stärken und das Entstehen einer europäischen Öffentlichkeit zu befördern.

Die Reform zeigt, dass auch EU-Kommission und → *Rat der EU* dies erkannt haben. Allerdings hat die EU-Kommission die EBI-Reform erst nach mehrfacher Aufforderung des Europäischen Parlaments in Angriff genommen – ein Beispiel dafür, wie wichtig die Arbeit des Parlaments für die Belange der demokratischen Dimension der EU ist.

▶ Europäische Friedensfazilität (EFF)

I. Grundlage der EFF

Gemeint ist damit ein Budget, in das alle 27 Mitgliedstaaten der → *Europäischen Union (EU)* einzahlen, und das alle außenpolitischen Maßnahmen der EU mit militärischen und verteidigungspolitischen Bezügen im Rahmen der → *Gemeinsamen Außen- und Sicherheitspolitik (GSVP)* der EU abdecken soll. Eingerichtet wurde es durch einen Beschluss des → *Rates der EU* am 22. März 2021.

Die **Europäische Friedensfazilität (EFF)** (englisch: *European Peace Fa-*

cility, EPF) ist für die Jahre 2021 bis 2027 mit Mitteln in Höhe von bis zu 5,7 Milliarden Euro ausgestattet. Es handelt sich um ein haushaltsexternes Instrument; die Beträge sind von den Mitgliedstaaten außerhalb des ordentlichen → Haushalts der EU zusätzlich aufzubringen. Deutschland trägt den höchsten Anteil an diesen Zahlungen; bis zum Jahr 2027 beläuft er sich laut einer Sprecherin der Bundesregierung auf etwa 845 Millionen Euro.

II. Ziele der EFF

Diese sind laut einer Pressemitteilung des Rates der EU vom 18. Dezember 2020 „die Konfliktverhütung, die Friedenserhaltung und die Stärkung der internationalen Sicherheit und Stabilität." Dabei will die EU nicht nur selbst aktiv werden, sondern auch „Partnerländer sowie regionale und internationale Organisationen" in die gleiche Lage versetzen. Im Klartext: die EU finanziert im Rahmen der GSVP etwa auch militärische Ausrüstungen wir Kleinwaffen und Munition für solche „Partnerländer".

III. Konkrete Maßnahmen

Durch Beschluss vom 2. Dezember 2021 wurden durch die EFF zunächst vier Maßnahmen in Georgien, Moldau, der Republik Mali und der Ukraine unterstützt. Durch Beschlüsse vom 21. April 2022 wurden dann 45 Mio. Euro für Mosambik sowie 600 Mio. Euro für die Afrikanische Union bereitgestellt.

Am 28. Februar 2022 verabschiedete der Rat der EU „ein neues Maßnahmenpaket als Reaktion auf die militärische Aggression Russlands gegen die Ukraine" in Höhe von 500 Mio. Euro. Dieses Paket wurde durch Beschlüsse vom 23. März und 13. April 2022 auf 1,5 Milliarden Euro erhöht. Mit diesen Mitteln sollte die Lieferung von Ausrüstung und Material für die ukrainischen Streitkräfte finanziert werden. Im Mai 2022 kündigte der EU-Außenbeauftragte *Josep Borrell* an, die EU stelle zusätzlich 500 Millionen Euro aus der EFF für die Ukraine bereit. Weitere 500 Millionen Euro – wiederum aus der EFF – folgten im Juli 2022. Damit erhöhten sich die Zahlungen aus der EFF an die Ukraine bis zu diesem Zeitpunkt auf 2,5 Milliarden Euro.

IV. Kritik

Im → *Europäischen Parlament (EP)* wurden umfassende parlamentarische Kontrollrechte bei der Verwendung der EEF-Mittel gefordert. Im Deutschen Bundestag gab es Stimmen, die die EU als einen „Waffen- und Munitionslieferanten" bezeichneten und von einem Paradigmenwechsel sprachen, der „erschreckend wenig in der Öffentlichkeit diskutiert" werde. Greenpeace kritisierte, dass der Fonds die deutschen Grundsätze für Waffenexporte aushöhle. Schon im November 2020 warnten 40 Nichtregierungsorganisationen, „... dass die vorgeschlagene Fazilität nicht nur die eigentlichen Konfliktursachen nicht angeht, sondern auch die Gefahr birgt, dass sie Verstöße gegen das humanitäre Völkerrecht und die internationalen Menschenrechtsnormen begünstigt und das Risiko von Schäden für die Zivilbevölkerung insgesamt erhöht". (zitiert nach Martina

Fischer: EU „Peace Facility" – Mit Waffen für den Frieden? 2022).

V. Fazit

Der entscheidende Mehrwert der EFF ist die neu geschaffene Möglichkeit von Unterstützungsmaßnahmen für Partner der EU. Sie umfassen auch deren Ausstattung mit militärischen Gütern. Die EFF folgt dabei einem globalen Ansatz und ist nicht auf eine bestimmte Region begrenzt.

Ohne Frage hat der Krieg in der Ukraine den Blick auf die EFF verändert und Kritik an diesem Finanzierungsinstrument verstummen lassen. Seit dem russischen Angriff ist seine Bedeutung in Krisen- und Konfliktfällen evident.

▶ Europäische Gemeinschaft (EG)

I. Begriff

Der Ausdruck „Europäische Gemeinschaft" (EG) – im allgemeinen Sprachgebrauch meist im Singular benutzt – ist seit 1967 die Sammelbezeichnung für drei zunächst eigenständig gegründete und organisierte Gemeinschaften, nämlich die

- → *Europäische Gemeinschaft für Kohle und Stahl (EGKS)* von 1951,
- → *Europäische Atomgemeinschaft (EAG oder Euratom)* von 1957 und
- → *Europäische Wirtschaftsgemeinschaft (EWG)* von 1957.

II. Entwicklung

Die Gründung von EAG und EWG auf der Grundlage der → *Römischen Verträge* vom 25. März 1957 war die eigentliche Geburtsstunde der EG. Am 1. Juli 1967 trat dann der *Fusionsvertrag* in Kraft, mit dem die bis dahin getrennt arbeitenden Organe der drei europäischen Gemeinschaften ein gemeinsames institutionelles Dach erhielten: die → *Europäische Kommission*, den → *Ministerrat* der EG (heute: → *Rat der Europäischen Union*), das → *Europäische Parlament (EP)*, den → *Europäischen Gerichtshof (EuGH)* sowie den 1977 geschaffenen → *Europäischen Rechnungshof*, den → *Wirtschafts- und Sozialausschuss* der EG und den → *Ausschuss der Regionen*.

Mit dem „Vertrag über die Europäischen Union", dem sogenannten → *Maastrichter Vertrag,* wurde die EG 1993 Bestandteil eines neuen Gesamtgefüges, dem der Name „Europäische Union" (EU) zugedacht wurde. Die Felder der Zusammenarbeit zwischen den – seinerzeit – zwölf Mitgliedstaaten wurden erkennbar erweitert. Kurzum: Der Maastrichter Vertrag setzte deutliche Zeichen für eine Fortentwicklung der Gemeinschaft hin zu einer politischen Union.

Grundlagen der neuen Union sind nach dem Maastrichter Vertrag:

- der bisherige Vertrag zur Gründung der Europäischen Wirtschaftsgemeinschaft vom 25. März 1957, der sogenannte EWG-Vertrag, der sich als die Magna Charta des europäischen Einigungswerkes erwiesen hat. Er wurde mit dem Vertragswerk von Maastricht zum einen um die → *Wirtschafts- und Währungsunion (WWU)* und verschiedene andere Bereiche erweitert. Zum anderen wurde er umbenannt in „Vertrag zur Gründung der Europäischen Gemeinschaft", kurz: EG-Vertrag.

- die → *Gemeinsame Außen- und Sicherheitspolitik (GASP)* sowie
- die Zusammenarbeit in der Innen- und Rechtspolitik.

Die EG blieb Kernstück und tragendes Element. Sie ist neben der GASP als „zweite Säule" und der Zusammenarbeit der Justiz- und Innenminister als „dritter Säule" eine der sogenannten drei Säulen, auf denen die heutige → Europäische Union (EU) ruht.

III. Aufgaben

Die Aufgaben der EG sind im EG-Vertrag neu definiert worden. Vor allem wurde der Vertragsinhalt ausgedehnt auf Materien wie die → *Sozialpolitik*, die → *Kulturpolitik*, den → *Verbraucherschutz*, auf → *Forschung* und technologische Entwicklung, den Umweltschutz oder die Entwicklungszusammenarbeit. Vor allem wurde mit der Ausrichtung auf die WWU die Weiche gestellt für die Einführung des → *Euro*.

Der im Juni 1997 beschlossene und am 1. Mai 1999 in Kraft getretene → *Amsterdamer Vertrag* führte die Reformen der Gemeinschaft sowie der Union fort: Die Kompetenzen der EG wurden präzisiert und ergänzt, z. B. in der → *Beschäftigungspolitik*. Institutionen und Entscheidungsverfahren wurden weiter reformiert.

Im Gegensatz zur EG war die Europäische Union zunächst keine „juristische Person". Internationale Verträge wurden von der EG unterzeichnet. Der 2009 in Kraft getretene Reformvertrag von Lissabon (→ *Lissabon-Vertrag*) erkannte der Europäischen Union erstmals eine einheitliche Rechtspersönlichkeit zu, was vor allem ihre internationale Handlungsfähigkeit gestärkt hat. Seither kann die EU internationale Verträge selbst unterzeichnen.

IV. Fazit

Wenn man es auf eine knappe – und entsprechend ungenaue – Formel bringen will, dann ist die EG die „Nachfolgerin" der EWG und die „Vorgängerin" der heutigen EU.

▶ Europäische Gemeinschaft für Kohle und Stahl (EGKS)

Die Europäische Gemeinschaft für Kohle und Stahl (EGKS oder Montanunion) wurde auf Initiative des französischen Außenministers *Robert Schuman* (→ *Schuman-Plan*) am 18. April 1951 in Paris von Belgien, der Bundesrepublik Deutschland, Frankreich, Italien, Luxemburg und den Niederlanden gegründet. Der Gründungsvertrag trat am 25. Juli 1952 in Kraft und galt für die Dauer von 50 Jahren. Er wurde nicht verlängert; am 23. Juli 2002 lief er aus.

Mit diesem EGKS-Vertrag, dem alle der (heutigen) → *Europäischen Union* angehörenden Staaten beigetreten sind, schlossen die Mitgliedstaaten ihre Kohle- und Stahlindustrie zu einem Gemeinsamen Markt zusammen. Damit war ein erster Schritt zu einer wirtschaftlichen → *Integration* in Europa getan. Der EGKS-Vertrag übertrug wichtige nationale Kompetenzen im Bereich der Kohle- und Stahlwirtschaft in die Hoheitsgewalt der EGKS, der damit überstaatliche Souveränitätsrechte zufielen (→ *Supranationales Prinzip*). Dies war das erste Mal, dass Staaten freiwillig auf ihre Hoheitsrechte zugunsten einer internationalen Behörde verzichteten.

Aber auch in anderer Hinsicht war ein historischer Neuanfang eingeleitet: Ehemalige Kriegsgegner begannen, kriegswichtige Schlüsselindustrien zu vereinheitlichen.

Am 1. Juli 1967 sind die drei Europäischen Gemeinschaften (→ *Europäische* Wirtschaftsgemeinschaft, → *Europäische Atomgemeinschaft* und EGKS) und ihre Organe miteinander verbunden worden. Das Exekutivorgan der EGKS, die Hohe Behörde, wurde durch die → *Europäische Kommission* ersetzt. Erster Präsident der Hohen Behörde der EGKS war *Jean Monnet*, Mitbegründer des Schuman-Plans.

▶ „Europäische Identität“

Die Integration Europas ist 1957 mit der Vision an den Start gegangen, *„die Grundlagen für einen immer engeren Zusammenschluss der europäischen Völker zu schaffen“ (→ Römische Verträge)*. Ihre historische Initiative sollte nach der Vorstellung der Gründer also nicht auf einen bloßen markt- und wirtschaftspolitischen Zweckverband hinauslaufen. Andererseits ist vielen Beobachtern zufolge die Nationalstaatlichkeit bis heute ein entscheidender Identifikationsfaktor der Mitgliedstaaten der heutigen → *Europäischen Union (EU)* geblieben.

I. Fahne – Hymne – Werte – Kultur

Also hat man sich einiges einfallen lassen, um ein grenzübergreifendes Zusammengehörigkeitsgefühl zu begründen oder zu intensivieren. Zu nennen sind etwa die → *„Unionsbürgerschaft“*, der → *„Europapass“*, der → *„Europäische Führerschein“*, der → *Europäische Bürgerbeauftragte* oder – nicht zu vergessen – die blaue, goldbesternte Fahne und unsere → *Europahymne* aus der Feder des deutschen Komponisten Ludwig van Beethoven.

Weiterhin verleihen die Staats- und Regierungschefs der EU alljährlich den Titel → *„Kulturhauptstadt Europas“*. Die Initiative will „den Reichtum der Kulturen in Europa hervorheben und die kulturellen Eigenschaften würdigen, die den Kontinent verbinden und die bei uns Europäern das Gefühl stärken, einem gemeinsamen Kulturkreis anzugehören“ (zitiert nach Creative Europe). Den Anfang machte 1985 die Hauptstadt des Landes, das als „Wiege“ der europäischen Kultur gilt: Athen.

Seit 2009 kommt zudem der → *Grundrechte-Charta der EU* volle Rechtsverbindlichkeit zu. Sie gewährleistet zwar Prinzipien und Werte, über die wir Europäer über alle Grenzen hinweg einig sind („Werte-Union“). Diese „europäischen Werte“ aber sind von universeller Autorität und daher als identitätsstiftendes Abgrenzungsmerkmal nur bedingt geeignet.

Schon seit 1979 wählen wir in der EU alle gemeinsam unser → Europäisches Parlament. Allerdings wählt jedes Land seine nationalen Kandidaten nach eigenen Wahlgesetzen. So übt diese → *Europawahl* auf uns „Unionsbürger" seit jeher eine eher begrenzte Faszination aus. Aber die Tendenz lässt hoffen; an den Wahlen im Mai 2019 beteiligten sich EU-weit 50,6 Prozent der Wahlberechtigten – gegenüber 43,1 Prozent bei den Wahlen 2014.

II. National oder europäisch – ein Gegensatz?

Der Begriff „Europäische Identität" taucht in den Verträgen nicht auf. Im Gegenteil verpflichtet Artikel 4 Abs. 2 EUV die Union, „die jeweilige nationale Identität" der Mitgliedstaaten zu achten. Und schon geraten wir in den ebenso plakativen wie konstruierten Gegensatz beider Identitäten. Müssen wir das Irisch-Sein, Polnisch-Sein, Dänisch-Sein zurückfahren, um einer europäischen Identität Raum zu geben?

Der – gescheiterte – Versuch, mit einem → „Verfassungsvertrag" eine gewisse Staatsähnlichkeit der EU zu demonstrieren, hat gezeigt, dass Ansätze eines „von oben oktroyierten Zusammenfügens" höchst vorsichtig zu dosieren sind. Vielleicht ist es ja genau der falsche – mitunter von überzeugten Föderalisten voller Idealismus befürwortete – Weg, zwanghaft an einem Rückbau der nationalen Identitäten zu arbeiten. Zum einen finden sich außerhalb unseres mit seiner Identität nachhaltig hadernden Landes kaum europäische Nachbarn, die nicht stolz sind auf ihr Land und mit Freude ihre Nationalhymne singen. Zum anderen findet unsere Identität als Europäer, kurz gesagt, seinen Kern in der ausgeprägten Nationalstaatlichkeit, in der wir uns organisieren. In der Vielfalt liegt unser „Wir-Gefühl" – ein Gefühl, das mit einem Bekenntnis zu unseren Nationen gerade nicht im Widerspruch steht. Von dem deutschen Historiker Hermann Heimpel stammt das Wort: „Dass es Nationen gibt, ist historisch das Europäische an Europa."

Kurzum: Nationale Identitäten und ein Bekenntnis zu einem geeinten Europa bilden kein „Entweder – Oder"; sie bilden ein „Sowohl – Als auch". Beides ist wertvoll – und für unsere Integration unverzichtbar. Vielleicht sollten wir mit dieser Erkenntnis viel entspannter umgehen?

III. Eine immer enger zusammenwachsende Union?

Bei allem Verständnis für die besondere Bedeutung, die der Nationalstaatlichkeit gerade in den osteuropäischen Staaten zukommt, die nach sieben Jahrzehnten unter sowjetischer Bevormundung nun ihre wiedergewonnene Selbstbestimmung nicht gleich wieder an der Garderobe in Brüssel abgeben wollen, sei eines angemerkt:

Unser Staatenverbund – dies darf man nach erfolgtem „Brexit" wieder hoffnungsvoll äußern – will eine immer enger zusammenwachsende Union werden. Dazu bedarf es eines Bewusstseins ihrer gemeinsamen Erfahrungen und Prägungen, ihrer gemeinsamen Herausforderungen und ihrer gemeinsamen Verantwortung. Eines dieser Herausforderungen war es, unseren in West und Ost gespaltenen Kontinent wieder zusammenzufügen. Auch für die 2004 und 2007 beigetretenen Staaten aber gilt, dass sich unsere Gemeinschaft keinesfalls auf eine bloße Freihandelszone beschränkt, die auf das Bewusstsein eigener Identität nicht angewiesen ist. Ohne dieses Bewusstsein wäre eine europäische Solidarität, von der gerade die neuen Mitgliedstaaten in besonderem Maße profitieren, schwer einzufordern.

All dies gilt auch für künftige Mitglieder – wobei es Grenzen der Erweiterung geben muss. So endet diese Union naturgemäß dort, wo es die Voraussetzungen für ein europäisches „Wir-Gefühl" nicht gibt. Ein „*imperial overstretch*", so lehren es Historiker wie *Herfried Münkler*, war seit jeher eine Ursache für den Untergang großer Reiche.

Weiterführende Literatur

Geoffrey Barraclough, „Die Einheit Europas als Gedanke und Tat", Göttingen 1964 | *Peter Nitschke* (Hrsg.), „Gemeinsame Werte – Stärken und Schwächen im normativen Selbstverständnis der Europäischen Integration", Baden-Baden 2019 | *Herfried Münkler*, „Macht in der Mitte – Die neuen Aufgaben Deutschlands in Europa," Hamburg 2015 | *Heinrich Schneider*, „‚Europäische Identität' – Ist das Thema abschiedsreif? Oder nötigen die Krisen zu einem neuen Begriffsverständnis?", in: integration, 38. Jahrgang, Heft 4/2015, S. 306–336 | *Silvio Vietta*, „Europas Werte – Geschichte – Konflikte – Perspektiven", Freiburg 2019 | Heinrich August Winkler, „Was heißt europäische Identität?", in: Kulturjournal des Goethe-Instituts, 1.2004, S. 19 f. | *Ders.*, „Werte und Mächte: Eine Geschichte der westlichen Welt", München 2019

▶ Europäische Investitionsbank

Die Europäische Investitionsbank (EIB) ist Bank und zugleich ein eigenständiges → *Organ* der → *Europäischen Union (EU)*. Sie wurde 1957 auf der Basis der → *Römischen Verträge* in Luxemburg gegründet und beschäftigt heute rund 950 Mitarbeiter.

- Als *Bank* beachtet sie die banküblichen wirtschaftlichen Grundsätze der Kreditvergabe und arbeitet mit anderen Finanzinstitutionen zusammen.
- Als *Finanzierungsinstitution* der EU gewährt sie langfristige Darlehen und Bürgschaften für Investitionen, die zur ausgewogenen wirtschaftlichen Entwicklung und Integration der Union beitragen.

Um ihre Finanztätigkeiten zu ermöglichen, nimmt die EIB Anleihen auf den Kapitalmärkten der EU, aber auch auf dem Weltmarkt auf. Sie erhält keine Mittel aus dem → *Haushalt der Europäischen Union*.

I. Aufgaben

Artikel 309 AEUV beschreibt es als die generelle Aufgabe der EIB, „*zu einer ausgewogenen und reibungslosen Entwicklung des Binnenmarktes im Interesse der Union beizutragen*". Vorrangige Aufgabe der EIB ist es, die Entwicklung wirtschaftlich schwacher Regionen zu fördern. So macht sie zwei Drittel ihres jährlichen Darlehensvolumens für die Finanzierung von produktiven Investitionsvorhaben in Regionen verfügbar, die einen Entwicklungsrückstand aufweisen oder von rückläufigen Tendenzen im Industriebereich betroffen sind. Auf diese Weise unterstützt die EIB die Ziele der Europäischen → *Struktur- und Kohäsionspolitik*.

Weitere Schwerpunkte bei der Darlehensvergabe sind die Finanzierung von Infrastrukturvorhaben

- zum Schutz der Umwelt, zur Verbesserung städtischer Gebiete und zur Bewahrung des architektonischen Erbes der EU,
- zur Modernisierung und zum Ausbau von Einrichtungen, die der Bildung und der Gesundheit dienen,
- zur Verbesserung der internationalen Wettbewerbsfähigkeit der europäischen Industrie und der Förderung ihrer Integration im europäischen Wettbewerbsfeld sowie zur Unterstützung kleiner und mittlerer Unternehmen.

II. Arbeitsweise

Die Beschlüsse der Bank werden von den folgenden *satzungsmäßigen Organen* gefasst:

- An der Spitze der EIB steht der Rat der Gouverneure, der sich aus Ministern – in der Regel den Finanzministern – aller EU-Mitgliedstaaten zusammensetzt. Er erlässt die Leitlinien der Kreditpolitik der Bank, genehmigt die Bilanz und den Jahresbericht, ermächtigt die EIB zur Finanzierung von Projekten außerhalb der EU und entscheidet über Kapitalerhöhungen.
- Der Verwaltungsrat entscheidet über die Gewährung von Darlehen und die Aufnahme von Anleihen und gewährleistet die ordnungsgemäße Führung der EIB. Seine Mitglieder werden von allen EU-Staaten sowie von der → *Europäischen Kommission* benannt.
- Das neunköpfige Direktorium ist das Exekutivorgan der Bank, das die laufenden Geschäfte führt.
- Der Prüfungsausschuss ist ein unabhängiges, unmittelbar dem Rat der Gouverneure rechenschaftspflichtiges Organ, das die Aufgabe hat, die Geschäfte und die Bücher der Bank zu prüfen.

Dem Beschluss der EIB, eine Investition zu fördern, geht eine Projektprüfung voraus, die finanztechnische, volkswirtschaftliche und technische Aspekte der geplanten Maßnahme unter die Lupe nimmt; hierfür stehen mehr als 40 Fachingenieure bereit. Ein Kriterium ist stets, dass das Projekt den Zielen der EU dient. Die EIB verfolgt keinen Erwerbszweck.

Da die Mitgliedstaaten der EU die Anteilseigner der EIB sind, hat die Bank das bestmögliche Rating (AAA) auf den Kapitalmärkten. Diese Einstufung erlaubt es der EIB, sehr umfangreiche Finanzmittel zu äußerst wettbewerbsfähigen Konditionen zu mobilisieren. Die fehlende Gewinnorientierung der EIB begünstigt ihre Kreditbedingungen. Ein von der EIB vergebenes Darlehen darf jedoch höchstens 50 Prozent des Finanzierungsbedarfs eines Projekts decken.

Die EIB gewährt ihre Darlehen zwar vorrangig innerhalb der EU, ist aber auch in die – finanzielle – Zusammenarbeit der Union mit Drittländern eingebunden. Sie arbeitet heute in mehr als hundert Ländern außerhalb der EU und leistet einen nennenswerten Beitrag zur Europäischen → *Entwicklungspolitik*. So vergibt die EIB seit Langem Darlehen an die mit der EU assoziierten Länder (→ *Assoziierung*) und die am → *Lomé-Abkommen* beteiligten → *AKP-Staaten* sowie an Südafrika, weiterhin an Drittländer aus dem Mittelmeerraum, an Staaten Mittel- und Osteuropas und an die Länder Asiens und Lateinamerikas, mit denen die Europäische Union Kooperationsabkommen geschlossen hat.

III. Bedeutung

Die Bedeutung der EIB ist beständig gewachsen; sie ist zu einer der wichtigsten internationalen Banken und zu einem der größten Emittenten auf den Kapitalmärkten geworden. Eine ihrer Stärken liegt darin, dass sie sich flexibel den immer wieder neu zu definierenden Zielen und Aufgaben der Europäischen Union anzupassen vermag.

▶ Europäische Kommission

Die Europäische Kommission mit Sitz in Brüssel ist ein überstaatliches → *Organ der* → *Europäischen Union (EU)*. Im institutionellen Gefüge der EU kommt ihr eine Schlüsselstellung zu. Ihre einschließlich des Präsidenten – nach Ausscheiden Großbritanniens (→ *Brexit*) – 27 Mitglieder werden von den nationalen Regierungen auf fünf Jahre ernannt, sind aber verpflichtet, ihr Amt in völliger Unabhängigkeit von ihren Regierungen und ausschließlich im Interesse der Europäischen Union auszuüben.

Den Präsidenten bzw. die Präsidentin der Kommission wählt seit 2014 das → *Europäische Parlament (EP)*. Das ist neu und wurde 2009 im → *Lissabon-Vertrag* festgelegt. Bis dato wählten ihn die Regierungen der EU-Staaten sozusagen „hinter den Kulissen" im gegenseitigen Einvernehmen.

Achtung: das EP kann nur einen Präsidentschaftskandidaten wählen, der im zuvor von den Staats- und Regierungschefs der Mitgliedstaaten vorgeschlagen worden ist.

In Abstimmung mit dem Kommissionspräsidenten benennen die nationalen Regierungen dann die übrigen 26 Kommissionsmitglieder. Auch der Ernennung der kompletten EU-Kommission muss das Europäische Parlament am Ende zustimmen. Eine weitere demokratische Legitimation ergibt sich daraus, dass das EP die Mitglieder der EU-Kommission jederzeit durch einen Misstrauensantrag zwingen kann, ihre Ämter geschlossen niederzulegen.

I. Struktur

Beschlüsse fasst die Kommission als Organ mit der Stimmenmehrheit ihrer Mitglieder. Dennoch hat jedes Mitglied spezielle, federführend wahrzunehmende Aufgabenbereiche. 1999 wurden mit dem → *Amsterdamer Vertrag* die Kompetenzen des Präsidenten gestärkt; er übernimmt die politische Führung und erhält disziplinarische Rechte gegenüber den übrigen Kommissionsmitgliedern. Präsidentin der EU-Kommission ist seit November 2019 die frühere deutsche Verteidigungsministerin *Ursula von der Leyen*.

Bis 2004 entsandten die „großen" Mitglieder Deutschland, Frankreich, Großbritannien, Spanien und Italien je zwei Kommissare, die übrigen Mitgliedstaaten je einen nach Brüssel.

Im Hinblick auf die bevorstehende → *Osterweiterung* der EU um zehn neue Mitgliedstaaten musste über Größe und Zusammensetzung der Kommission ernsthaft nachgedacht werden. Auf seinem Gipfeltreffen im Dezember 2000 in Nizza (→ *Vertrag von Nizza*) hat sich der → *Europäische Rat* mit erheblicher Mühe auf eine Neuregelung verständigt: Danach besteht die Kommission ab 2004 aus je einem Kommissar pro Mitgliedstaat. Die fünf großen EU-Staaten verzichten also seither auf je einen Kommissar, um Platz für Vertreter der neu beigetretenen Länder zu machen. Man verständigte sich in Nizza nicht auf eine Obergrenze, bestimmte aber, dass über eine Verkleinerung der Kommission *einstimmig* entschieden werden muss, sobald die EU auf 27 Mitgliedstaaten angewachsen ist.

Der 2009 in Kraft getretene → *Lissabon-Vertrag* schrieb das Prinzip „Ein Kommissar je Land" bis 2014 fest. Verkleinert werden sollte erst dann – und zwar gemäß der Vorgabe, dass jeder Mitgliedstaat während zwei von drei Amtszeiten einen Vertreter stellt („Rotationsmodell"). Bei 28 Mitgliedstaaten hätte dies zu einer deutlich schlankeren EU-Kommission mit 19 Kommissaren geführt. Rein *theoretisch* hatte sich also die Rotationsregelung durchgesetzt, von der man sich nebenbei eine Entkoppelung der den Kommissaren zugeordneten Fachbereiche von den jeweiligen *nationalen* Regierungen erhoffte. Allerdings hat man einen Vorbehalt in den Vertrag eingebaut: Sollte der Europäische Rat einstimmig eine Änderung dieser Kommissar-Begrenzung beschließen, so findet sie nicht statt.

Und so kam es denn auch: Obwohl vertraglich vorgesehen war, die EU-Kommission um ein Drittel zu verkleinern, beschloss der Europäische Rat bereits im Mai 2013 aus *politischen* Gründen und in bemerkenswert perfekter Einstimmigkeit, dem neuen Mitgliedsland Kroatien einen eigenen Kommissar zuzugestehen und die Zahl der Kommissare auf 28 zu erhöhen. Und – auch für diesen Kommissar fand man neue Aufgaben, darüber hinaus 375 neue Angestellte, die einem Kommissar eben zustehen, Dienstwagen inklusive.

II. Zusammensetzung

Die europäische Kommission gliedert sich (Stand: Dezember 2022) in folgende Zuständigkeitsbereiche:

Präsidentin (siehe Punkt III. Bisherige Präsidenten der Europäischen Kommission) und **EU-Kommissare.**

Vizepräsidenten (Kommissare)

Ressort	Name	Mitgliedstaat	nationale Partei	Europapartei
Stärkung Europas in der Welt (Hoher Vertreter der EU für Außen- und Sicherheitspolitik)	Josep Borrell	Spanien	PSC	SPE
Werte und Transparenz	Věra Jourová	Tschechien	ANO 2011	ALDE
Förderung der Europäischen Lebensweise	Margaritis Schinas	Griechenland	ND	EVP
Interinstitutionelle Beziehungen und Vorausschau	Maroš Šefčovič	Slowakei	SMER	SPE
Neuer Schwung für die Europäische Demokratie	Dubravka Šuica	Kroatien	HDZ	EVP

Weitere Kommissare

Ressort	Name	Mitgliedstaat	nationale Partei	Europapartei
Haushalt und Verwaltung	Johannes Hahn	Österreich	ÖVP	EVP
Justiz und Rechtsstaatlichkeit	Didier Reynders	Belgien	MR	ALDE
Innovation und Jugend	Marija Gabriel	Bulgarien	GERB	EVP
Gesundheit	Stella Kyriakides	Zypern	DISY	EVP
Energie	Kadri Simson	Estland	K	ALDE
Internationale Partnerschaften	Jutta Urpilainen	Finnland	SDP	SPE
Binnenmarkt (inkl. Verteidigung und Raumfahrt)	Thierry Breton	Frankreich	parteilos	

Ressort	Name	Mitgliedstaat	nationale Partei	Europapartei
Nachbarschaft und Erweiterung	Olivér Várhelyi	Ungarn	Fidesz	EVP
Handel	Phil Hogan	Irland	FG	EVP
Wirtschaft (inkl. Steuern und Zollunion)	Paolo Gentiloni	Italien	PD	SPE
Umwelt und Ozeane	Virginijus Sinkevičius	Litauen	LVŽS	parteilos
Beschäftigung und soziale Rechte	Nicolas Schmit	Luxemburg	LSAP	SPE
Gleichstellung	Helena Dalli	Malta	MLP	SPE
Landwirtschaft	Janusz Wojciechowski	Polen	PiS	EKR
Kohäsion und Reformen	Elisa Ferreira	Portugal	PS	SPE
Verkehr	Adina Vălean	Rumänien	PNL	EVP
Krisenmanagement	Janez Lenarčič	Slowenien	parteilos	
Inneres	Ylva Johansson	Schweden	SAP	SPE

Die Verwaltungsbehörde der EU-Kommission – sie beschäftigt insgesamt rund 33.000 Mitarbeiter, von denen wiederum fast jeder Zehnte im Sprachendienst tätig ist – ist in 26 Generaldirektionen gegliedert.

III. Bisherige Präsidenten der Europäischen Kommission

1. Präsidenten der Kommission der *Europäischen Wirtschaftsgemeinschaft* (EWG)

Nr.	Name	Beginn der Amtszeit	Ende der Amtszeit	Heimatstaat	Partei	Politische Richtung
1	Walter Hallstein	10. Januar 1958	30. Juni 1967	Deutschland	CDU	christdemokratisch

2. Präsidenten der (fusionierten) Kommission der *Europäischen Gemeinschaften* (EG) bzw. der *Europäischen Union* (EU)

Nr.	Name	Beginn der Amtszeit	Ende der Amtszeit	Heimatstaat	Partei	Politische Richtung / europäische Partei
1	Jean Rey	6. Juli 1967	30. Juni 1970	Belgien	PRL	liberal
2	Franco Maria Malfatti	1. Juli 1970	21. März 1972	Italien	DC	christdemokratisch
3	Sicco Leendert Mansholt	22. März 1972	5. Januar 1973	Niederlande	PvdA	sozialdemokratisch
4	François-Xavier Ortoli	6. Januar 1973	5. Januar 1977	Frankreich	UDR	konservativ
5	Roy Jenkins	6. Januar 1977	5. Januar 1981	Vereinigtes Königreich	Labour	SPE
6	Gaston Thorn	6. Januar 1981	5. Januar 1985	Luxemburg	DP	ELDR
7	Jacques Delors	6. Januar 1985	22. Januar 1995	Frankreich	PS	SPE
8	Jacques Santer	23. Januar 1995	15. März 1999	Luxemburg	CSV	EVP
9	Manuel Marín	16. März 1999	15. September 1999	Spanien	PSOE	SPE
10	Romano Prodi	16. September 1999	21. November 2004	Italien	La Margherita	EDP
11	José Manuel Barroso	22. November 2004	31. Oktober 2014	Portugal	PSD	EVP
12	Jean-Claude Juncker	1. November 2014	30. November 2019	Luxemburg	CSV	EVP
13	Ursula von der Leyen	1. Dezember 2019	*amtierend*	Deutschland	CDU	

IV. Aufgaben der Kommission

1. Initiativrecht

Im Gesetzgebungsverfahren hat allein die Kommission das Recht, Gesetzentwürfe einzubringen und sie dem → *Rat der Europäischen Union* vorzuschlagen. Der Rat der EU (nicht zu verwechseln mit dem → *Europäischen Rat* oder gar mit dem → *Europarat*!) kann nur auf Vorschlag der Kommission hin Beschlüsse fassen. Deshalb gilt die Kommission als „Motor" der Gemeinschaft.

2. Exekutive

Sie ist das Exekutivorgan der Union, d. h., sie hat das Recht, die EU-Gesetze nach Beschluss durch den Rat der EU auszuführen und in die Praxis umzusetzen. Hierfür kann sie die erforderlichen Durchführungsverordnungen erlassen.

3. Verwaltung des Haushalts

Sie stellt den Vorentwurf des → *Haushalts der Europäischen Union* auf und ist an den Beratungen bis zur Verabschiedung des endgültigen Haushalts beteiligt. Ihr obliegt die Verwaltung der Finanzmittel sowie der → *Struktur- und Investitionsfonds (ESIF)* der Europäischen Union.

4. Kontrolle der Verträge

Sie hat das Recht, die Einhaltung der → *Römischen Verträge* und des EU-Rechts zu kontrollieren (→ *Europäisches Gemeinschaftsrecht*). Sie ist die „Hüterin" der Verträge. Falls ein EU-Mitgliedstaat gegen sie verstößt, hat die Kommission das Recht und die Pflicht, einzuschreiten und notfalls gegen das betreffende Land Klage beim → *Europäischen Gerichtshof (EuGH)* zu erheben.

5. Mitbestimmung der Gemeinsamen Europäischen Außenpolitik

Seit Inkrafttreten der → *Einheitlichen Europäischen Akte (EEA)* 1987 ist die Kommission an der → *Europäischen Politischen Zusammenarbeit (EPZ)* sowie seit dem → *Maastrichter Vertrag* von 1993 an der → *Gemeinsamen Außen- und Sicherheitspolitik der Europäischen Union (GASP)* beteiligt. Hier steht ihr ein den EU-Mitgliedstaaten vergleichbares Initiativrecht zu.

Schließlich vertritt die Kommission die EU auf internationaler Ebene. So führt sie in deren Namen Verhandlungen über Handels-, Kooperations- und → *Freihandelsabkommen* mit einzelnen Staaten oder Gruppen von Staaten, die nicht der Union angehören. Mit mehr als hundert solcher Drittländer hat die Europäische Union bereits Abkommen geschlossen.

V. Ausblick

Am 29. Januar 2020 hat die seit Dezember 2019 amtierende EU-Kommission unter dem Titel *„Eine Union, die mehr erreichen will"* ihr Arbeitsprogramm vorgelegt. Gleich im ersten Jahr dieser neuen Amtsperiode wolle sie „die Vision, die Richtung und das Tempo für die nächsten fünf Jahre vorgeben". Ihre Vorhaben hat sie in *sechs übergreifende Zielbeschreibungen* gegliedert:

(1) Ein europäischer Grüner Deal (→ *„Green Deal"*);

(2) Ein Europa, das für das digitale Zeitalter gerüstet ist;

(3) Eine Wirtschaft im Dienst der Menschen;
(4) Ein stärkeres Europa in der Welt;
(5) Förderung unserer europäischen Lebensweise;
(6) *Neuer Schwung für die Demokratie in Europa.*

Bei jeder der in diesem Arbeitsprogramm aufgeführten Initiativen, so die Kommission, gehe es letztlich darum, „den Menschen in Europa zu dienen. Sie sollen das Leben erleichtern und gesünder machen, die Gesellschaften gerechter gestalten, vielfältigere und zugänglichere Möglichkeiten schaffen sowie die Volkswirtschaften modernisieren und auf umfassendere Ziele ausrichten."

▶ Europäische Nachbarschaftspolitik

Der Ökonom *Friedrich List* träumte schon 1820 von offenen Grenzen in Europa:

> „Welches Leben würde der Handel gewinnen, wenn die Landstraßen von der Ost- und Nordsee bis an das Adriatische Meer, von der Weichsel bis an den Rhein offen stünden!"

Diese Vision ist mit der → *Osterweiterung* der → *Europäischen Union (EU)* seit 2004 ein Stück weit Wirklichkeit geworden. Aber sie sollte nicht an Weichsel oder Adria enden. Also rief die EU ebenfalls 2004 die *Europäische Nachbarschaftspolitik (ENP)* ins Leben. Nach vollzogener Osterweiterung wollte man über diesen Kreis hinaus auch in anderen Nachbarstaaten Wohlstand, Sicherheit, Stabilität sowie rechtsstaatliche und demokratische Strukturen fördern.

I. Adressaten der Nachbarschaftspolitik

Die Nachbarschaftspolitik der EU richtet sich an die unmittelbaren Nachbarn. Die Beziehungen zu Russland und den Ländern des westlichen Balkans fallen nicht unter die ENP und werden daher im Folgenden nicht genannt.

(1) Im Süden an Marokko, Algerien, Tunesien, Libyen, Ägypten, Israel, palästinensische Gebiete, Jordanien, Libanon und Syrien,
(2) im Osten an Armenien, Aserbaidschan, Belarus, Georgien, Moldau und die Ukraine. Mit diesen Ländern wurde 2009 die → *Östliche Partnerschaft* als eine *regionale Komponente der ENP* gegründet.
(3) Der sog. → *Mittelmeer-Union* gehören alle EU-Staaten, die Mittelmeeranrainer (außer Libyen) sowie Jordanien und Mauretanien – und damit insgesamt 43 Staaten – an. Sie ist allerdings bis heute nicht viel mehr als eine „politische Briefkastenfirma". (Günter Verheugen)
(4) *Die Schwarzmeersynergie* hat eine verstärkte Zusammenarbeit mit dem strategisch wichtigen Schwarzmeerraum zum Ziel.

II. Das Ziel

Ziel dieser neuen Politik ist es, die Reformprozesse bei diesen Nachbarn zu unterstützen. Die EU setzt dabei

- auf finanzielle Unterstützung,
- stärkere wirtschaftliche Integration,
- engeren politischen Dialog und
- vertiefte sektorale Zusammenarbeit – auch der Partner untereinander.

2011 hat die EU ihre Nachbarschaftspolitik neu ausgerichtet, um demokratische Transformationsprozesse der Nachbarstaaten gezielter unterstützen zu können. Man veröffentlichte „*Eine neue Antwort auf eine Nachbarschaft im Wandel*". Im Vordergrund steht jetzt eine gegenseitige Rechenschaftspflicht und eine gemeinsame Verpflichtung zur Achtung universeller Werte wie Menschenrechte, Demokratie und Rechtsstaatlichkeit.

III. Das Prinzip

Je umfassender ein Land bei seinen internen Reformen vorankommt, desto mehr Unterstützung soll es erhalten („more for more"). Interessierten Partnern werden engere Handelsbeziehungen, umfassende Freihandelszonen und ein verbesserter Marktzugang in Aussicht gestellt.

IV. Gemischte Bilanz

Drei Jahre nach dieser Neuausrichtung, im März 2014, zog man in Brüssel eine eher gemischte Bilanz. Die Reformbemühungen in den östlichen wie auch den südlichen ENP-Ländern seien fortgesetzt und von der EU unterstützt worden. Jedoch führten zunehmende Sicherheitsprobleme in einigen Ländern auch zu negativen Entwicklungen.

Seit 2014 ermöglicht das neue *Europäische Nachbarschaftsinstrument (ENI)* eine stärkere Differenzierung entsprechend den jeweiligen Reformleistungen und regionalen Bedürfnissen. Für den Zeitraum 2014 bis 2020 war das ENI mit 15,4 Milliarden Euro ausgestattet.

Die ENP hat eine große Schwäche: Ihr Hauptziel ist die Kooperation mit den Nachbarstaaten im Süden und Osten, allerdings ohne diesen auch auf lange Sicht eine Beitrittsperspektive zu geben. Brüssels Forderungen nach Reformen in diesen Ländern, ohne deren Beitritts-Hoffnungen entgegenzukommen, könnten sich als kontraproduktiv erweisen.

Weiterführende Literatur

Katrin Böttger, „Die Entstehung und Entwicklung der Europäischen Nachbarschaftspolitik, Akteure und Koalitionen", Baden-Baden 2010 | *Barbara Lippert*, „Die EU und ihre Nachbarschaftsbeziehungen – etablierte Assoziierungsmodelle und neue Grundformen", in: integration, 42. Jahrgang, Heft 2/2019, S. 83–96

▶ Europäische Öffentlichkeit

→ *Europawahl*

▶ Europäische Politische Gemeinschaft

I. Gründung

6. Oktober 2022: Ein neues Format taucht im europäischen Begriffsdschungel auf. 43 Staats- und Regierungschefs Europas kommen in Prag

zusammen – zum Gründungstreffen der *„Europäischen Politischen Gemeinschaft“*. Frankreichs Präsident *Emmanuel Macron* hatte das Projekt bei einer Rede zum Europatag am 9. Mai 2022 in Straßburg vorgeschlagen – um *„einen neuen Raum der politischen Kooperation, der Zusammenarbeit in Fragen von Energie und Sicherheit, beim Transport, bei Infrastruktur und der Reisefreiheit vor allem für junge Menschen zu finden.“*

Wer ist mit von der Partie? Bei 43 Staaten – der → *Europarat* hat 47 Mitglieder – könnte man eher fragen: Wer ist nicht dabei? EU-Beitrittskandidaten wie die Ukraine, die Türkei oder Albanien waren zum Auftakt in Prag geladen; außerdem Länder, die noch auf den Kandidatenstatus warten – wie etwa Georgien. Aber auch Großbritannien, das trotz des → *Brexit* den Kontakt nach Europa nicht verlieren will.

II. Ziele und Vorhaben

Was, so fragten sich viele, mag Sinn und Ziel dieser Veranstaltung sein? Für EU-Ratspräsident *Charles Michel* ging es darum, die europäischen Länder „auf Augenhöhe“ zusammenzubringen.

Sicherlich lassen sich viele Argumente gegen die in Prag gegründete „Europäische Politische Gemeinschaft“ anführen. So war zu hören, das neue Format sei eine totes Gleis für Staaten, die es nicht in die EU schaffen, oder dass es andere gesamteuropäische Institutionen gäbe wie den Europarat (FAZ online vom 6.10.2022). Auch könne die Initiative ohne ein gewisses Maß an formaler Struktur keine Schlagkraft entwickeln.

Natürlich haben sich in Europa weitgehend EU und NATO als beherrschende Ordnungsfaktoren durchgesetzt. Trotzdem war das Prager Gipfeltreffen keine überflüssige Veranstaltung. Nicht nur wegen des Krieges in der Ukraine gab es in dieser Zeit viele Themen, die ganz Europa betreffen. Ein Motiv der Initiative war unübersehbar – mit der Zusammensetzung des Treffens sollte Russland gezielt isoliert werden.

▶ Europäische Politische Zusammenarbeit (EPZ)

Europäische Politische Zusammenarbeit (EPZ) – so nannte man seit 1970 das Zusammenwirken der seinerzeit zwölf Mitgliedstaaten der → *Europäischen Gemeinschaft (EG)*, der „Vorgängerin“ der heutigen → *Europäischen Union (EU)*, auf dem Gebiet der Außenpolitik. Ziel der EPZ war es, den EG-Staaten im Wege der gegenseitigen Unterrichtung und eines einheitlichen europäischen Vorgehens möglichst wirkungsvoll Einfluss auf internationale Angelegenheiten einzuräumen.

Der „Vertrag über die Europäische Union“ von 1993 (→ *Maastrichter Vertrag*) bedeutete für die EPZ eine entscheidende Zäsur und schließlich ihr Ende. Sie erfuhr eine mutige Fortentwicklung mit der als zentrales Element der EU eingeführten → *Gemeinsamen Außen- und Sicherheitspolitik (GASP)*.

I. Entstehung und Entwicklung

Die EPZ basierte nicht auf den Gründungsverträgen der EG (→ *Römische*

Verträge). Sie ist in den 1950er Jahren entstanden, als in der Phase des Aufbaus eines neuen Europa nach dem Zweiten Weltkrieg die Zusammenarbeit in der Außenpolitik zur zentralen Aufgabe wurde. Die grundlegenden Verfahrensweisen der EPZ legte man erst 1970 mit der Billigung des → *Luxemburger Kompromisses* fest. Danach ist die Zusammenarbeit der Außenminister der EG-Mitgliedstaaten in mehreren Schritten weiterentwickelt worden. Mit dem Inkrafttreten der → *Einheitlichen Europäischen Akte* am 1. Juli 1987 hatte die EPZ erstmals eine völkerrechtlich verbindliche vertragliche Grundlage erhalten.

II. Inhalte und Funktionen

Im Mittelpunkt standen übergreifende Themen der internationalen Politik, wie z. B. Flüchtlingsfragen, Menschenrechte, Terrorismus, Abrüstung sowie Vorgänge in den für Westeuropa besonders wichtigen Regionen der Welt.

Der Abstimmungsmodus blieb wohlgemerkt *rein intergouvernemental*; die nationalen Regierungen gaben im Rahmen ihrer Zusammenarbeit keine Souveränitätsrechte ab. Dennoch stellte die EPZ den Mitgliedstaaten einen effizienten Rahmen zur Verfügung, in dem sie sich über europäische Außen- und Sicherheitspolitik verständigen konnten.

Tatsächlich avancierte die EG zunehmend zu einem wertvollen Gesprächs- und Kooperationspartner bei wichtigen weltpolitischen Entscheidungen. Auf zahlreichen internationalen Konferenzen konnten die Mitgliedstaaten nach vorheriger Abstimmung im Rahmen der EPZ außenpolitisch mit einer Stimme sprechen.

▶ Europäische Säule sozialer Rechte (ESSR)

→ *Sozialpolitik, europäische*

▶ Europäische Sicherheitsstrategie (ESS)

→ *Gemeinsame Außen- und Sicherheitspolitik*

▶ Europäische Sicherheitspolitik – Übersicht

Siehe auch → *Gemeinsame Sicherheits- und Verteidigungspolitik*

Die → *Europäische Union (EU)* ist nach ihrem Selbstverständnis ein Friedensprojekt. Das mag im Innenverhältnis überzeugend gelungen sein. Europa aber ist noch nicht befriedet. Politische Beobachter kommen zu dem Schluss, dass wir nach dem Ende des Zweiten Weltkriegs einer Befriedung unseres Kontinents näher waren als heute.

Kurzum: Die Sicherheit in Europa und rund um Europa ist ein zentrales Thema geworden und hat vielfältige Facetten. Das, was wir klassisch „Europäische Sicherheitspolitik" nennen, ist eine von ihnen. An ihr zeigt sich exemplarisch, wie mühevoll das Unterfangen ist, die EU der heute 27 Staaten dem Ziel näherzubringen, eine gemeinsame Sicherheitsarchitektur zu schaffen.

I. Begriffe und Entwicklungen

Die Geschichte der gemeinsamen Außen- und Sicherheitspolitik der Europäer war über Jahrzehnte geprägt von vergeblichen Versuchen, eigene Konzepte zu formulieren und effiziente Strukturen zu schaffen. Speziell die Sicherheitspolitik der europäischen Staaten wurde über Jahrzehnte von der Bündniszugehörigkeit zur → *NATO* und der Dominanz der USA bestimmt.

1. EPZ

Mit der → *„Europäischen Politischen Zusammenarbeit" (EPZ)* begann 1970 der lange und steinige Weg zu mehr außenpolitischer Gemeinsamkeit der zwölf EG-Staaten (damals „Europäische Gemeinschaft"). Sie beruhte nicht auf den → *Römischen Verträgen* von 1957. Es ging auch nicht um eine eigenständige gemeinsame Außenpolitik. Die Zusammenarbeit war rein intergouvernemental; die Staaten gaben keinerlei Souveränitätsrechte ab. Die bescheidenen Ziele der EPZ waren:

- gegenseitige Unterrichtung und
- einheitliches Vorgehen für mehr Einfluss der gesamten EG nach außen.

2. EEA

Die *Einheitliche Europäische Akte* (EEA) gab der EPZ eine völkerrechtlich verbindliche Grundlage.

3. GASP

Der Vertrag von Maastricht brachte die Fortentwicklung der EPZ zur → *„Gemeinsamen Außen- und Sicherheitspolitik"* (GASP) als ein zentrales Element der seither sogenannten „Europäischen Union"(EU): Erstmals verankerte die EU die Außenpolitik in den Europäischen Verträgen. Zu dieser gemeinsamen Außenpolitik soll lt. Vertrag „eine schrittweise Festlegung einer Verteidigungspolitik" gehören, „die zu einer gemeinsamen Verteidigung führen könnte". Der Konjunktiv sagte alles: Es war allein der Bereitschaft der Mitgliedstaaten überlassen, ob sie mehr Kooperation zulassen. Kurzum: Es blieb bei der *„Intergovernementalen Funktionslogik"*.

Im → *Amsterdamer Vertrag* wurde die GASP ergänzt, um den intergouvernementalen Charakter dezent aufzuweichen. Z. B. führte man das Prinzip der „konstruktiven Enthaltung" ein, um Stimmenthaltungen nicht stets als Veto bewerten zu müssen. Um der GASP ein „Gesicht" zu geben, wurde zudem das Amt eines „Hohen Vertreters" geschaffen. Er hat Koordinations- und Vermittlerfunktion zwischen Rat der EU, EU-Kommission und Mitgliedstaaten.

4. ESVP

Der Amsterdamer Vertrag legte auch den Grundstein für die *„Europäische Sicherheits- und Verteidigungspolitik" (ESVP)* und damit für den Aufbau einer eigenen EU-Sicherheitsarchitektur. Ihre Ziele sind u. a.

- die EU militärisch handlungsfähig zu machen sowie
- ein Europäisches Eingreifcorps aufzubauen.

Als Problem tauchte zunehmend das Verhältnis zur → *NATO* am Horizont auf.

5. GSVP

Mit dem → *Lissabon-Vertrag* wird die ESVP in → *„Gemeinsame Sicherheits- und Verteidigungspolitik" (GSVP)* umbenannt und erweitert um eine Solidaritätsklausel für Katastrophen und eine gegenseitige Verteidigungsverpflichtung bei bewaffneten Angriffen (im Einklang mit der NATO).

Die GSVP ist gem. Art. 42 I des Lissabon-Vertrags integraler Bestandteil der GASP. Damit unterfällt sie dem „Hohen Vertreter für die Außen- und Sicherheitspolitik". 1999 wurde *Javier Solana* mit diesem Amt betraut. Seine Markenzeichen waren Medienpräsenz und Besuchsdiplomatie.

Fazit: Lissabon steht für wichtige Ergänzungen, war aber keine Revolution: Der intergouvernementale Charakter der GASP/ESVP wurde bestätigt. Letzte Entscheidungen in der Außen- und Sicherheitspolitik verbleiben unverändert bei den Nationalstaaten!

6. ESS

Sechs Monate nach dem US-Angriff auf den Irak verabschiedete der Rat der EU die von Solana vorgelegte *„Europäische Sicherheitsstrategie" (ESS)*. Sie sollte einen allgemeinen konzeptionellen Rahmen für die Außenpolitik der EU bilden. Identifiziert werden *fünf zentrale Sicherheitsbedrohungen*:

(1) Terrorismus;
(2) Weiterverbreitung von Massenvernichtungswaffen;
(3) Staatsversagen/Staatsverfall;
(4) Organisierte Kriminalität;
(5) Regionale Konflikte.

7. Strategischer Kompass

Am 21. März 2022 hat der → Rat der EU den sog. → *Strategischen Kompass* gebilligt. Den Anstoß für diesen *Aktionsplan für die Stärkung der Sicherheits- und Verteidigungspolitik der EU bis 2030* gab der von Russland am 24. Februar 2022 begonnene Angriff auf die Ukraine. Nun will man im vor uns liegenden Jahrzehnt die europäische Handlungs- und Verteidigungsbereitschaft erhöhen und auf den Gebieten der Sicherheit und Verteidigung „einen Quantensprung nach vorn" machen.

II. Bilanz

Bei kaum einem anderen Thema der Europäischen Integration klaffen Einschätzungen und Erwartungen in Wissenschaft, Politik und Medien so weit auseinander wie bei der Europäischen Außen- und Sicherheitspolitik. Häufig herausgestellt wird das Missverhältnis zwischen welt- und wirtschaftspolitischem Gewicht der EU einerseits – und der gegenüber Nationalstaaten zwergenhaften Unvollkommenheit ihrer außen- und sicherheitspolitischen Handlungsfähigkeit andererseits. Es ist kein Geheimnis, dass bei Versuchen substanzieller Weiterentwicklungen sehr häufig Großbritannien als zentraler Bremser in Erscheinung trat; eines der – wenigen – Positiva des → *Brexit* könnte darin liegen, dass die Gemeinsame Sicherheitspolitik nach dem Ausscheiden der Briten vielleicht neuen Schwung erhält.

EU-Kommissionspräsident *Jean-Claude Juncker* fand 2018 in seiner Rede zur Lage der Union zu diesem Thema klare Worte: „Wir müssen in der Außenpolitik mehr als bisher mit einer Stimme sprechen". Er wiederholte seine Forderung von 2017, dass wir „in bestimmten Bereichen unserer Außenbeziehungen zur Beschlussfassung mit qualifizierter Mehrheit übergehen müssen. Nicht überall – aber in bestimmten Bereichen." Er nannte u. a. die Menschenrechte.

Trotz aller strukturellen Hindernisse hat die EU-Außen- und Sicherheitspolitik in den zurückliegenden beiden Jahrzehnten deutliche Fortschritte gemacht. Zu nennen ist beispielsweise die im Dezember 2017 beschlossene *„Ständige Strukturierte Zusammenarbeit"* im Bereich der Sicherheit und Verteidigung (→ *PESCO*). Dennoch bleibt die EU-Sicherheitspolitik ein Langzeitprojekt – Ausgang offen.

▶ Europäische Struktur- und Investitionsfonds (ESIF)

I. ESIF = Fünf Bonds

Wie schön, dass es seit 2014 im europäischen Begriffsdickicht ein neues Kürzel gibt! ESIF – nicht zu verwechseln mit ESEF oder ESM oder ESEM oder Ähnlichem. Im Newcomer-Kürzel ESIF – es steht für die *Europäischen Struktur- und Investitionsfonds* – sind verschiedene Fonds zusammengefasst, die als Steuerungsinstrumente für die gemeinsame Sozial-, Regional-, Struktur- und Kohäsionspolitik der → *Europäischen Union* (EU) von immenser Bedeutung sind (siehe → *Sozialpolitik europäische* sowie → *Struktur- und Kohäsionspolitik*).

Je nach Zielrichtung unterscheiden wir *fünf* verschiedene Fonds:

(1) den Europäischen Fonds für regionale Entwicklung (kurz *„Regionalfonds"*);
(2) den Europäischen → *Sozialfonds*;
(3) den → *Kohäsionsfonds*;
(4) den Europäischen Landwirtschaftsfonds für die Entwicklung des ländlichen Raums (kurz *„Agrarfonds"*);
(5) den Europäischen Meeres-, Fischerei- und Aquakulturfonds (bis 2020: Europäischer Meeres- und Fischereifonds).

Selbstverständlich existieren für jeden dieser Fonds wiederum eigene Kürzel – damit wir nicht durcheinanderkommen.

Der Knalleffekt des neuen gemeinsamen strategischen Rahmens der ESIF ist, dass – hoffentlich – dafür gesorgt ist, dass nun alle bestehenden EU-Fonds ohne Überschneidungen und Doppelungen *koordiniert* zusammenwirken.

Für den Haushaltszeitraum 2014 bis 2020 standen für die im ESIF verbundenen Strukturfonds insgesamt 376 Milliarden Euro zur Verfügung. Damit sind stolze 36,7 Prozent der gesamten Haushaltsmittel (→ *Haushalt der EU*) in die Struktur- und Kohäsionspolitik geflossen. Zudem war die gesamte Kohäsionspolitik in dieser Förderperiode auf die Ziele ausgerichtet, die in der neuen Strategie *„Europa 2020 für intelligentes, nachhaltiges und integratives Wachstum“* (→ *„Europa 2020“*) formuliert sind.

Für den Förderzeitraum 2021 bis 2027 stehen EU-weit erneut rund 378 Milliarden Euro zur Verfügung. Damit ist die Kohäsions- und Strukturpolitik nicht nur die wichtigste regionale Investitionspolitik der EU, sondern auch Ausdruck der Solidarität innerhalb ihrer Mitgliedstaaten.

1. Ziele der ESIF

Am 22. Dezember 2013 traten neue Bestimmungen und Rechtsvorschriften in Kraft, die für EU-Investitionen im Planungszeitraum 2014 bis 2020 gelten. Mit diesem Legislativpaket wurden erstmals *gemeinsame* Bestimmungen für diese fünf „Europäischen Struktur- und Investitionsfonds“ festgelegt mit dem *Ziel,*

- diese verschiedenen EU-Finanzierungsinstrumente stärker strategisch auszurichten und komplementär zu nutzen
- und ihren Einsatz so zu kombinieren und zu vereinfachen, dass eine möglichst große Wirkung in den Bereichen Wachstum und Beschäftigung erzielt wird.

2. „Partnerschaftsvereinbarungen“

Nun waren die EU-Mitgliedstaaten am Zug. Sie mussten für die fünf ESI-Fonds strategische Pläne mit Investitionsprioritäten erstellen. Diese *„Partnerschaftsvereinbarungen“* waren zwischen der → *Europäischen Kommission* und den nationalen Behörden nach Konsultation der Entscheidungsträger auf verschiedenen Ebenen, also auch der Zivilgesellschaft sowie lokaler und regionaler Vertreter auszuhandeln.

Jeder Mitgliedstaat hatte der EU-Kommission seine Partnerschaftsvereinbarung binnen vier Monaten nach Inkrafttreten der obigen Verordnungen zu übermitteln.

3. „Operationelle Programme“

In diesen *operationellen Programmen (OP)* werden die Investitionsprioritäten und Ziele der Partnerschaftsvereinbarungen nach konkreten Maßnahmen aufgegliedert. Die OP können einen kompletten Mitgliedstaat oder eine Region betreffen. Denkbar sind auch Kooperationsprogramme, in die mehrere Länder einbezogen sind.

Anschließend werden die OP von den Mitgliedstaaten und Regionen – sprich: von den „Verwaltungsbehörden“ – umgesetzt. Dabei hat man sich gemäß den neuen Bestimmungen nun weitaus stärker auf Ergebnisse und Zielvorgaben zu konzentrieren; überdies müssen die Fortschritte während des gesamten Zeitraums gemessen, begleitet und veröffentlicht werden.

II. Die Fonds im Einzelnen

1. Der „Regionalfonds“ (EFRE)

„Regionalfonds“ ist die geläufige Bezeichnung für den → *Europäischen Fonds für regionale Entwicklung (EFRE)*. Als einer der Strukturfonds der Europäischen Union wurde er 1975 ins Leben gerufen. Er ist ein Vorzeigebeispiel gemeinsamer Europäischer Regionalpolitik und soll zum

Ausgleich der markantesten regionalen Ungleichgewichte in der EU beitragen. Seine Ziele sind u. a.

- die Stärkung der Angewandten Forschung, Entwicklung und Innovation,
- die Stärkung der Wettbewerbsfähigkeit von Unternehmen,
- die Senkung der CO_2-Emissionen oder
- die strukturelle Entwicklung rückständiger Regionen oder benachteiligter städtischer Gebiete.

Bereits der Vertrag zur Gründung der → *Europäischen Wirtschaftsgemeinschaft* (EWG) von 1957 nennt das Ziel, den Rückstand weniger begünstigter Regionen zu verringern. (Im Einzelnen → *Europäischer Fonds für regionale Entwicklung (EFRE)*)

2. Der Sozialfonds (ESF)

Der *Europäische Sozialfonds (ESF)*, seit der Förderperiode 2021 bis 2027 „Sozialfonds Plus", ist das älteste und wichtigste Instrument für die Verteilung sozialer Ausgleichszahlungen innerhalb der Europäischen Union. Seine Hauptaufgabe ist die Finanzierung von Programmen, die Arbeitsplätze schaffen und sichern. Gefördert werden etwa Maßnahmen zur beruflichen Aus- und Weiterbildung, der Qualifikation und Eingliederung von Jugendlichen und Langzeitarbeitslosen oder zur Verbesserung der Chancengleichheit von Frauen und Männern. (Im Einzelnen → *Sozialfond Plus*)

3. Der Kohäsionsfonds

1994 sind die europäischen Strukturfonds durch den *Kohäsionsfonds* ergänzt worden. Mit ihm wurden zunächst nur die vier sog. Kohäsionsländer Griechenland, Portugal, Irland und Spanien gefördert. Während mit dem EFRE und dem ESF rückständige Regionen bedacht werden, hilft der Kohäsionsfonds solchen EU-Staaten auf die Sprünge, deren nationales Pro-Kopf-Einkommen unter 90 Prozent des EU-Durchschnitts liegt. Mit ihm werden Maßnahmen in den Bereichen Umwelt und Verkehrsinfrastruktur unterstützt. (Im Einzelnen → *Kohäsionsfonds*)

4. Der „Agrarfonds" (ELER)

„Agrarfonds" war die geläufige Bezeichnung für den 1962 als einen der drei ersten Strukturfonds der EU eingerichteten *Europäischen Ausrichtungs- und Garantiefonds für die Landwirtschaft (EAGFL)*. Mit dem Beginn der Haushaltsperiode 2007 bis 2013 wurde dieses wichtige Förderinstrument für die ländliche Entwicklung umbenannt in → *Europäischer Landwirtschaftsfonds für die Entwicklung des ländlichen Raums (ELER)*.

ELER ist heute das zentrale Förderinstrument zur Entwicklung ländlicher Regionen. Hier geht es um langfristige strategische Ziele:

- eine starke Wettbewerbsfähigkeit der Landwirtschaft,
- die sichere nachhaltige Bewirtschaftung der natürlichen Ressourcen und
- die Unterstützung der Wirtschaftskraft in den ländlichen Regionen.

Das Budget des ELER für die Haushaltsperiode 2021 bis 2027 umfasst 78,8 Mrd. Euro. Zusätzlich stehen in diesem Zeitraum 10 Mrd. Euro im EU-Rahmenprogramm *„Horizon Europe“* für Forschung und Innovation, Ernährung, Landwirtschaft, ländliche Entwicklung und Bioökonomie bereit. Diese Mittel müssen mit weiteren nationalen Mitteln von Bund, Ländern und Kommunen kofinanziert werden. Der Bund beteiligt sich mit jährlich rund 600 Millionen Euro an Entwicklungsmaßnahmen, die die Bundesländer zu großen Teilen in ihren jeweiligen ELER-Förderprogrammen umsetzen.

5. Der Europäische Meeres-, Fischerei- und Aquakulturfonds (EMFAF)

Im Dezember 2011 hat die EU-Kommission einen neuen Fonds für die EU-Meeres- und Fischereipolitik vorgeschlagen: den *Europäischen Meeres- und Fischereifonds (EMFF)*. Dieser neue Fonds ersetzte während der Förderperiode 2014 bis 2020 den bisherigen *Europäischen Fischereifonds (EFF)*.

Der EMFF bildete die zentrale Säule für die Finanzierung der künftigen Gemeinsamen Fischereipolitik der EU. 5,8 Milliarden Euro standen für den Zeitraum von 2014 bis 2020 insgesamt zur Verfügung. Bis 2015 konnte parallel auch noch aus dem EFF gefördert werden.

Für den Zeitraum vom 1. Januar 2021 bis zum 31. Dezember 2027, also für die Laufzeit des entsprechenden mehrjährigen Finanzrahmens, wurde der *Europäische Meeres-, Fischerei- und Aquakulturfonds, kurz EMFAF*, eingerichtet. 6,1 Milliarden Euro (zu Preisen von 2021) stehen für diesen Zeitraum an Haushaltsmitteln bereit. Der neue Fonds soll die Gemeinsame Fischereipolitik, die Meerespolitik und die internationalen Verpflichtungen der Union in diesem Bereich gezielt aus dem Haushalt der EU unterstützen. Eine solche Unterstützung, so das Bundeslandwirtschaftsministerium, sei „ein Schlüsselelement für die nachhaltige Fischerei und die Erhaltung der biologischen Meeresschätze, für die Ernährungssicherheit durch die Bereitstellung von Meereserzeugnissen, für das Wachstum einer nachhaltigen blauen Wirtschaft und für gesunde, sichere, geschützte, saubere und nachhaltig bewirtschaftete Meere und Ozeane“.

Fazit: Der EMFAF unterstützt die Gemeinsame Fischereipolitik sowie die Meerespolitik der EU und die EU-Agenda für die internationale Meerespolitik. Er leistet einen Beitrag zum Klimaschutz und trägt dazu bei, die Ziele des → *„Green Deal“* zu erreichen.

Hintergrund: Die Umstellung auf Nachhaltigkeit erfordert einige radikale Veränderungen bei der Art und Weise, wie wir Fische fangen. Durch den Fonds erhalten die Fischer die Anreize, die erforderlich sind, damit die Fischerei die Meeresökosysteme weniger schädigt, die Überfischung beendet wird und die Dezimierung der Fischbestände rückgängig gemacht werden kann. Wenn wir den Fischbeständen Zeit geben, sich zu erholen, müssen die fischereiabhängigen Gemeinden alternative Einkommensquellen finden. Der EMFF wird ihnen dabei helfen.

Auch die Verwendung dieser Fondsmittel unterliegt der geteilten Mittelverwaltung. Jeder Mitgliedstaat erstellt für den Förderzeitraum ein operationelles Programm mit Vorgaben, wie und wofür die ihm zugeteilten Gelder verwendet werden sollen. Sobald die Kommission das Programm genehmigt hat, entscheiden die Mitgliedstaaten selbst, welche konkreten Projekte finanziert werden. Die Förderfähigkeit der zu unterstützenden Maßnahmen und die Umsetzung des Programms werden auch hier von den Mitgliedstaaten und der Kommission gemeinsam überwacht.

III. Sonstige Finanzierungsinstrumente

Neben den Strukturfonds gibt es einige weitere strukturpolitische Finanzinstrumente der Europäischen Union, u. a. Garantien und Beteiligungsfinanzierungen des Europäischen Investitionsfonds (EIF) seit 1994 oder Darlehen der → *Europäischen Investitionsbank (EIB)*.

▶ Europäische Union (EU)

Die Europäische Union (kurz: EU) der aktuell 27 europäischen Nationen umfasst ein Territorium, auf dem heute rund 446 Millionen Menschen leben, und das sich über einen erheblichen Teil des europäischen Kontinents erstreckt, vom Polarkreis bis zur Straße von Gibraltar, von der Irischen See bis zur Ägäis, vom Cabo de São Vicente an der portugiesischen Atlantikküste bis nach Tallinn, der Hauptstadt Estlands an der Ostsee.

Die Europäer schufen sich einen Binnenmarkt ohne Zollgrenzen, leben im größten zusammenhängenden Wirtschaftsraum der industrialisierten Welt und sind weltweit in der Entwicklungshilfe führend. Man ist ausdrücklich denselben Grundwerten, der Demokratie, dem Rechtsstaat und der Achtung der Menschenrechte verpflichtet.

I. Entstehungsgeschichte

Genau genommen begann der lange, aber erstaunlich erfolgreiche Weg zur EU am 18. April 1951 mit der Gründung der → *Europäischen Gemeinschaft für Kohle und Stahl* (EGKS oder MONTANUNION) in Paris: Belgien, Frankreich, die Bundesrepublik Deutschland, Italien, Luxemburg und die Niederlande schlossen sich mit dem Ziel zusammen,

> „den ersten Grundstein für eine weitere und vertiefte Gemeinschaft unter Völkern zu legen, die eine lange Zeit durch blutige Auseinandersetzungen entzweit waren".

Am 25. März 1957 gründeten diese sechs EGKS-Staaten in Rom die → *Europäische Wirtschaftsgemeinschaft (EWG)* und die → *Europäische Atomgemeinschaft (Euratom)*, auch hier in dem *„festen Willen, die Grundlagen für einen immer engeren Zusammenschluss der europäischen Völker zu schaffen"* (→ *Römische Verträge*).

Anfangs hatten die drei Gemeinschaften eigenständige Organe. Seit 1967 haben sie ein gemeinsames institutionelles Dach:

- die → *Europäische Kommission*,
- den → *Ministerrat* (heute → *Rat der Europäischen Union* genannt),
- das → *Europäische Parlament (EP)*,

- den → *Europäischen Gerichtshof (EuGH)*,
- den → *Wirtschafts- und Sozialausschuss* sowie
- seit 1977 den → *Europäischen Rechnungshof*.

Die 1957 gegründete EWG – sozusagen die Vorgängerin der EU – war von Anfang an auf Erweiterung angelegt. In der Präambel des EWG-Vertrags werden die anderen Völker Europas aufgefordert, sich der EWG anzuschließen. Bereits seit den 1960er Jahren wurden mit einigen europäischen Ländern Assoziierungsverträge und Handelspräferenz-Abkommen geschlossen.

II. Vorgeschichte der Gemeinschaft

19. September 1946: *Winston Churchill*, ehemaliger britischer Premierminister, schlägt in Zürich die Gründung der Vereinigten Staaten von Europa vor – allerdings ohne Großbritannien einzubeziehen (!).

5. Mai 1949: Zehn europäische Staaten gründen den → *Europarat* (1951: Eintritt der Bundesrepublik Deutschland).

9. Mai 1950: Bekanntgabe des → *Schuman-Plans* in Paris und Bonn.

18. April 1951: Unterzeichnung des Vertrags über die Gründung der → *Europäischen Gemeinschaft für Kohle und Stahl (EGKS)*. Mitglieder: Belgien, Bundesrepublik Deutschland, Frankreich, Italien, Luxemburg, Niederlande.

27. Mai 1952: Belgien, Bundesrepublik Deutschland, Frankreich, Italien, Luxemburg und Niederlande unterzeichnen in Paris den Vertrag zur Gründung der → *Europäischen Verteidigungsgemeinschaft (EVG)*.

25. Juni 1952: Der EGKS-Vertrag tritt in Kraft.

30. August 1954: Der EVG-Vertrag (Pleven-Plan) scheitert am Widerstand Frankreichs.

24. Oktober 1954: Die Bundesrepublik Deutschland wird Mitglied der → *NATO*.

1. bis 3. Juni 1955: Konferenz von Messina über Gründung einer europäischen Wirtschaftsgemeinschaft.

25. März 1957: Unterzeichnung der → *Römischen Verträge* zur Gründung der → *Europäischen Wirtschaftsgemeinschaft (EWG)* und der → *Europäischen Atomgemeinschaft (Euratom)*.

1. Januar 1958: EWG und Euratom treten in Kraft.

III. Wichtige vertragliche Schritte

Die Gründungsverträge sind bis dato in *fünf wichtigen Schritten* aktualisiert und fortentwickelt worden:

(1) 1986 beschlossen die seinerzeit zwölf Mitgliedstaaten eine erste umfassende Änderung der Gründungsverträge, die → *Einheitliche Europäische Akte* (EEA). Sie einigten sich darauf, den → *Binnenmarkt* bis Ende 1992 vollenden zu wollen.

(2) 1992 unterzeichneten diese zwölf Staaten in der niederländischen Stadt Maastricht den „Vertrag über die Europäische Union" (→ *Maastrichter Vertrag*). Er trat am 1. November 1993 in Kraft. Damit war die Europäische Uni-

on gegründet. Sie ruht auf drei „Säulen“: die Europäischen Gemeinschaften, die → *Gemeinsame Außen- und Sicherheitspolitik* und die Zusammenarbeit bei der inneren Sicherheit und Justizpolitik. Insbesondere wurden Bedingungen sowie der Zeitplan für eine → *Wirtschafts- und Währungsunion* (WWU) und damit für die Einführung des → *Euro* festgelegt. Weiter schuf der Vertrag den Rahmen für eine Zusammenarbeit in der → *Gemeinsamen Außen- und Sicherheitspolitik* sowie in der Innen- und Rechtspolitik.

(3) 1997 wurden in Amsterdam umfassende Vertragsänderungen beschlossen (→ *Amsterdamer Vertrag*) und konkrete Schritte vereinbart, um die EU bürgernäher zu gestalten und ihre politische Struktur nach innen wie nach außen sichtbarer und wirksamer zu machen. Außerdem sollte die Union für eine neue große Aufgabe gerüstet werden: Die baldige Erweiterung um Nachbarstaaten Mittel- und Osteuropas (→ *Osterweiterung*).

(4) Letzterem Ziel diente auch ein Gipfeltreffen der Staats- und Regierungschefs der EU in Nizza, wo man am 11. Dezember 2000 ein Reformpaket schnürte, das als → *„Vertrag von Nizza“* in die Annalen der EU eingegangen ist. Am 1. Februar 2003 ist er in Kraft getreten. Neu geregelt wurde die Gewichtung der Stimmenanteile der einzelnen Mitgliedstaaten bei Abstimmungen im Rat der Europäischen Union sowie die künftige Größe der Europäischen Kommission.

(5) In einem am 29. Oktober 2004 feierlich unterzeichneten „Vertrag über eine Verfassung für Europa“ (→ *Verfassung für Europa*) sollten diese wichtigsten europäischen Verträge bzw. Vertragsänderungen in einem grundlegenden Rechtsakt zusammengeführt werden. Verfahren sollten vereinfacht und Neuerungen eingeführt werden, die die Handlungsfähigkeit der Union stärken sollten. Den zunächst zügigen Ratifizierungsverfahren in zahlreichen Mitgliedstaaten setzte der negative Ausgang der Volksbefragungen in Frankreich und Holland im Frühsommer 2005 ein jähes Ende. Im Juni 2007 einigte man sich unter deutscher Ratspräsidentschaft erneut auf eine grundlegende Vertragsreform. Die wesentlichen Elemente des gescheiterten Verfassungsvertrages sollten gerettet und die EU auf eine neue Grundlage gestellt werden. Nach dem Ort, an dem man ihn am 13. Dezember 2007 unterzeichnete, nennt man diesen „Vertrag über die Arbeitsweise der Union“ (AEUV) auch den → *Lissabon-Vertrag*. Am 1. Dezember 2009 trat er in Kraft.

IV. Beitrittsrunden

In bisher *sieben Beitrittsrunden* ist diese Gemeinschaft von sechs auf zuletzt 28 Staaten angewachsen:

(1) Die erste Erweiterung wurde mit dem Beitritt Dänemarks, Großbritanniens und Irlands am 1. Januar 1973 vollzogen.

(2) Nachdem in den südeuropäischen Staaten Griechenland, Spanien und Portugal in den 1970er Jahren Regierungssysteme errichtet bzw. wieder errichtet wurden, die westlichen Demokratien entsprachen, konnte in einer zweiten Erweiterungsrunde Griechenland am 1. Januar 1981 als 10. Mitglied der Gemeinschaft aufgenommen werden.
(3) Nach achtjährigen Verhandlungen folgten am 1. Januar 1986 Portugal und Spanien. Hiermit wurde die sog. *Süderweiterung* abgeschlossen.
(4) Am 1. Januar 1995 hatte die EU mit dem Beitritt Finnlands, Österreichs und Schwedens, der „*Norderweiterung*", eine Ausdehnung auf 15 Mitglieder erreicht.
(5) Am 1. Mai 2004 gelang die → *Osterweiterung*: Die mitteleuropäischen Staaten Polen, die Slowakei, Slowenien, Tschechien und Ungarn, die baltischen Staaten Estland, Lettland und Litauen sowie die Mittelmeerinseln Malta und Zypern traten der EU bei.
(6) Mit der Aufnahme Rumäniens und Bulgariens zählte die EU seit dem 1. Januar 2007 27 Mitglieder.
(7) Am 1. Juli 2013 folgte als 28. Mitglied schließlich Kroatien.

Erstmals in der erstaunlichen Wachstumsgeschichte der EU hat ein Land die Entscheidung getroffen, die EU zu verlassen. Am 23. Juni 2016 stimmte eine knappe Mehrheit der Briten in einem Referendum für den Austritt ihres Landes aus der EU. Zähe Verhandlungen zwischen Großbritannien und der EU-Kommission folgten. Am 31. Januar 2020 trat das Vereinigte Königreich aus der EU aus (→ *Brexit*).

V. Neue Beitrittswünsche

Ein neues Mitglied kann nur aufgenommen werden, wenn es die EU-Mitgliedstaaten einstimmig beschließen. In den letzten 20 Jahren haben zahlreiche Staaten die EU-Mitgliedschaft beantragt. Die damit begonnenen Verfahren sind bislang noch nicht abgeschlossen (→ *Beitritt zur Europäischen Union*).

(1) 2004 beantragte Nord-Mazedonien die EU-Mitgliedschaft und erhielt vom Europäischen Rat im Dezember 2005 den Status eines Beitrittskandidaten.
(2) Albanien hat 2009 einen Antrag auf EU-Mitgliedschaft gestellt; seit Juni 2014 ist das Land Beitrittskandidat. Gegen die bereits zugesagte Aufnahme von Beitrittsverhandlungen mit Albanien und Nord-Mazedonien legte Frankreich auf einem EU-Gipfel im Oktober 2019 sein Veto ein. Die Verhandlungen konnten nicht beginnen. In ihrem im Januar 2020 vorgestellten Arbeitsprogramm bewertet die EU-Kommission eine glaubwürdige Beitrittsperspektive für die Balkan-Region als „strategisch enorm bedeutsam für die Union und die Region selbst". Sie werde weiterhin auf die Aufnahme von Beitrittsverhandlungen mit Nordmazedonien und Albanien drängen.
(3) Im Dezember 2008 beantragte Montenegro die EU-Mitglied-

schaft. Seit Dezember 2010 hat das Land den Status eines Beitrittskandidaten. Am 26. Juni 2012 entschied der Rat für Allgemeine Angelegenheiten der EU, Beitrittsverhandlungen mit Montenegro aufzunehmen. Die erste Beitrittskonferenz fand am 29. Juni 2012 in Brüssel statt. Die in den Verhandlungen prioritären Rechtsstaatskapitel 23 und 24 wurden im Dezember 2013 geöffnet.

(4) Serbien hat im Dezember 2009 einen Beitrittsantrag zur EU gestellt. Im Juni 2013 hat der Europäische Rat beschlossen, Beitrittsverhandlungen mit Serbien zu eröffnen. Sie begannen am 21. Januar 2014.

(5) Seit 1963 bestehen vertragliche Beziehungen zwischen der EU und der Türkei, 1996 wurde eine Zollunion errichtet. Beitrittsverhandlungen wurden 2005 aufgenommen.

(6) Bosnien und Herzegowina stellte am 15. Februar 2016 einen Antrag auf Mitgliedschaft. Seit 1. Januar 2023 ist das Land Beitrittskandidat.

(7) Auch der Kosovo soll eine Beitrittsperspektive erhalten; noch aber ist die ehemalige serbische Provinz, die sich am 17. Februar 2008 für unabhängig erklärt hat, nicht von allen EU-Staaten anerkannt worden. Auch ein Antrag auf Beitritt zur EU wurde noch nicht gestellt.

(8) 2009 beantragte Island die EU-Mitgliedschaft. 2010 wurden offizielle Beitrittsverhandlungen aufgenommen. Sie schritten zügig voran, weil Island, das dem → Europäischen Wirtschaftsraum (EWR), dem → Schengener Abkommen und der → EFTA angehört, schon einen guten Teil der EU-Standards übernommen hatte. Doch dann, nach einem Regierungswechsel im April 2013, unterbrach die neue Mitte-Rechts-Koalition die Verhandlungen und erklärte in einem Schreiben an den Rat der EU, Island möchte nicht mehr als Kandidatenland für einen EU-Beitritt betrachtet werden. Die EU entsprach diesem Wunsch. Tatsächlich bargen die Beitrittsverhandlungen allerlei Zündstoff; insbesondere hätte Island seine Fischgründe mit den anderen Mitgliedsländern teilen müssen. Island wäre mit rund 340.000 Einwohnern das kleinste Land der Union geworden.

(9) Am 1. März 2022 stellte die von Russland überfallene Ukraine einen Antrag auf Beitritt zur EU. Bereits am 23. Juni 2023 wurde dem Land der Status eines Beitrittskandidaten zuerkannt.

(10) Moldau folgte diesem Beispiel, stellte am 3. März 2023 einen Beitrittsantrag und erhielt ebenfalls am 23. Juni 2023 den Kandidatenstatus.

Damit stehen nun – Stand Oktober 2023 – acht Beitrittskandidaten, mit dem Kosovo ein potenzieller Beitrittskandidat sowie Georgien als „Bewerber“ vor den Toren Brüssels.

VI. „How many presidents do you have?"

Diese spöttische Frage eines US-amerikanischen Journalisten weist tief hinein in die – auf den ersten Blick verwirrenden – Organisationsstrukturen der EU. Kurz gesagt: Jedes → *Organ* der EU hat seinen eigenen Präsidenten:

Da ist zunächst der → *Europäische Rat*, womit die Gipfeltreffen der Staats- und Regierungschefs der EU gemeint sind. Dort werden sozusagen die Leitlinien der Politik der EU bestimmt. Dieses Gremium wählt sich in Abständen von zweieinhalb Jahren einen hauptamtlichen Präsidenten.

Hiervon zu unterscheiden ist die sog. → *EU-Ratspräsidentschaft*. Sie bezeichnet den in sechsmonatigem Turnus wechselnden Vorsitz im → *Rat* der EU, der Vertretung der 27 Mitgliedstaaten. Dieser Rat, das Scharnier zwischen EU-Ebene und nationalstaatlicher Interessenvermittlung, entscheidet als Legislativorgan der EU (gemeinsam mit dem Europäischen Parlament) über eingebrachte Gesetzesvorschläge. Der jeweilige Staats- oder Regierungschef des EU-Landes, das den Vorsitz führt, ist dann „Ratspräsident".

Natürlich hat auch die Europäische Kommission, sozusagen die „Regierung" der EU, einen eigenen Präsidenten. Im Dezember 2019 wurde erstmals eine Frau, die Deutsche *Ursula von der Leyen*, für eine Amtszeit von 5 Jahren gewählt.

Dass sich das Europäische Parlament ebenfalls einen Präsidenten wählt, entspricht guter parlamentarischer Gepflogenheit.

Alles in allem kann man der berühmten Frage des ehemaligen US-amerikanischen Außenministers *Henry Kissinger „Wen rufe ich an, wenn ich Europa sprechen will?"* durchaus ein gewisses Verständnis entgegenbringen.

VII. Es wurde viel erreicht

Die EU ist kein Staat; ihre Mitgliedstaaten sind aber enger miteinander verbunden als in jedem anderen Bündnis weltweit. 165 Staaten haben diplomatische Beziehungen zur EU. Sie erlässt eigene Gesetze (→ *Europäisches Gemeinschaftsrecht*) und hat ein Parlament, das alle fünf Jahre von den Bürgerinnen und Bürgern der Mitgliedstaaten direkt gewählt wird. Die EU stellt jährlich einen Milliarden-Haushalt auf (→ *Haushalt der Europäischen Union*), hat einen Rechnungshof und einen Europäischen Gerichtshof. In vielen zentralen Feldern der Politik treffen die Organe der EU verbindliche Entscheidungen, welche die Mitgliedstaaten und ihre Bürger unmittelbar betreffen.

Die Einigung Europas ist kein abgeschlossener Prozess. Trotz aller Rückschläge entwickelt sich dieses einzigartige politische Experiment weiter – mal unmerklich, mal mit überraschendem Schwung, immer aber auf das vertraglich verbriefte Ziel einer immer engeren Zusammenarbeit der Völker Europas zu. Und wenn auch die Nationalstaatlichkeit bis heute ein entscheidender Identifikationsfaktor der Mitgliedstaaten geblieben ist, so sollten wir nicht übersehen, dass gerade das Bekenntnis zu geschichtlicher Individualität ein Kernelement europäischer Lebensform darstellt.

Ein europäisches „Wir-Gefühl" aber widerspricht diesem Bekenntnis keineswegs, sondern tritt hinzu – als Bereicherung um die Dimension der Zugehörigkeit zu einem faszinierenden Projekt europäischer Einheit und Einigkeit *(→ Europäische Identität)*.

Der Friedenspreisträger des Deutschen Buchhandels, *Reinhold Schneider*, schrieb 1956 hellsichtig:

> „Wer seine Tradition nicht behauptet, hat dem andern wenig zu bringen. Und nicht die Vermischung, sondern der Zusammenklang der Eigenarten allein verdient den Namen Europa."

Er schrieb es ein Jahr vor Unterzeichnung der Römischen Verträge – nie war es gültiger als heute.

Im Oktober 2012 erhielt dieses Einigungs-Projekt „EU" den → *Friedensnobelpreis*. Vielleicht behält der frühere tschechische Präsident *Václav Havel* recht, wenn er in einer Rede im Mai 1996 in Aachen ausrief:

> „Heute hat Europa als Zivilisationsphänomen eine Chance, die es in seiner ganzen bisherigen Geschichte noch nicht gehabt hat. Die Europäische Union ist der beispiellose Versuch, Europa zu einem einzigen Raum der Demokratie und Solidarität zu machen."

Abbildung 2: Mitgliedstaaten der Europäischen Union, Stand 2020 (ohne GB!)

Quelle: stock.adobe.com, © Peter Hermes Furian

Abbildung 3: Beitrittskandidaten

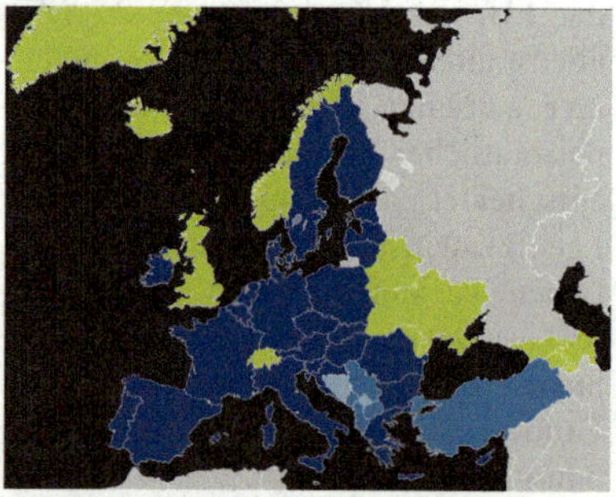

Quelle: Kolja21 – EU28-further_enlargement_map.svg, CC BY-SA 4.0, https://commons.wikimedia.org/w/index.php?curid=86466606; Mittelblau: Beitrittskandidat; Hellblau: Mgl. Beitrittskandidat; Grün: Mitgliedschaft möglich.

Weiterführende Literatur

Andreas Grimmel (Hrsg), „Die neue Europäische Union – Zwischen Integration und Desintegration", Baden-Baden 2020 | *Claus Leggewie*, „Europa zuerst! – Eine Unabhängigkeitserklärung", Berlin 2017 | *Christoph Möllers*, „Demokratiesicherung in der Europäischen Union – Studie zu einem Dilemma", Tübingen 2018 | *Werner Weidenfeld*, „Die Europäische Union", 6. Auflage, Paderborn 2021

▶ Europäische Verfassung

Ein am 18. Juni 2004 beschlossener „*Vertrag über eine Verfassung für Europa*" wurde am 28. Oktober 2004 von den Staats- und Regierungschefs der EU-Mitgliedstaaten in Rom feierlich unterzeichnet (→ *Verfassung für Europa*). Nach dem negativen Ausgang der Volksbefragungen in Frankreich am 29. Mai 2005 und in den Niederlanden am 2. Juni 2005 war der Entwurf gescheitert. Die wesentlichen Inhalte des Vertragswerkes sind jedoch in den → *Lissabon-Vertrag* eingeflossen, den alle seinerzeit 27 Staats- und Regierungschefs der Europäischen Union am 13. Dezember 2007 unterzeichnet haben.

▶ Europäische Verteidigungsgemeinschaft (EVG)

Der *Vertrag zur Gründung der Europäischen Verteidigungsgemeinschaft (EVG)* wurde am 27. Mai 1952 von Belgien, der Bundesrepublik Deutschland, Frankreich, Italien, Luxemburg und den Niederlanden unterzeichnet.

I. Vorgeschichte: Der Pleven-Plan

Am 26. Oktober 1950 schlug der französische Ministerpräsident *René Pleven* der französischen Nationalversammlung vor, eine europäische Armee aufzustellen. An ihrer Spitze sollte ein europäischer Verteidigungsminister stehen, der einer neu zu schaffenden Europäischen Versammlung verantwortlich sein sollte. Grundgedanke dieses „Pleven-Plans" war, die bereits bestehenden nationalen Streitkräfte nur zu gewissen Teilen in die europäische Armee einzugliedern, während neu aufzustellende Streitkräfte einem gemeinsamen Kommando unterstellt werden sollten – dies betraf vor allem die deutschen Streitkräfte.

Nach schwierigen Verhandlungen wurde der Vertrag zur Gründung der EVG auf dieser Grundlage am 27. Mai 1952 von den sechs westeuropäischen Staaten unterzeichnet. Wie schon beim → *Schuman-Plan* verweigerte Großbritannien sich auch hier und hielt sich der europäischen → *Integration* fern.

II. Ziele

Eines der wichtigen Ziele der EVG war die Wiederbewaffnung der Bundesrepublik Deutschland und die Eingliederung ihrer Streitkräfte in eine → *supranationale* (überstaatliche) europäische Verteidigungsorganisation. Ein zweiter grundlegender Gedanke ging dahin, durch eine integrierte europäische Armee bewaffnete Konflikte der sechs Vertragsstaaten untereinander unmöglich zu machen. Über die militärische Integration hinaus sah der EVG-Vertrag auch für die europäische Integration einen politischen Rahmen vor.

III. Das Scheitern der EVG

Der EVG-Vertrag trat jedoch nicht in Kraft. Am 30. August 1954 scheiterte er am Veto der französischen Nationalversammlung. Die Gründe: Frankreich scheute einerseits vor dem supranationalen Charakter der EVG zurück. Andererseits fürchtete es die Entstehung eines möglichen deutschen Übergewichts in einer Europaarmee. Das Problem wurde durch die Erweiterung des Brüsseler Paktes (→ *Westunion*) zur → *Westeuropäischen Union* sowie durch den Beitritt der Bundesrepublik Deutschland zur → *NATO* gelöst.

▶ Europäische Weltraumorganisation (ESA)

Die Europäische Weltraumorganisation ESA (*European Space Agency*) ist Europas Tor zum Weltraum. Sie soll die Entwicklung der europäischen Raumfahrt koordinieren und fördern. Gegründet wurde die ESA am 31. Mai 1975 mit dem Ziel, eine von den USA unabhängige Raumfahrt- und Weltraumtechnologie in Europa zu entwickeln, zu koordinieren und zu fördern. Ihren Hauptsitz hat die ESA in Paris.

Zu Beginn des neuen Jahrtausends konnte man konstatieren, dass die ESA – auf Augenhöhe mit Raumfahrtagenturen wie die NASA, JAXA oder Roskosmos – zu einer nennenswerten Institution in der Weltraumforschung aufgestiegen ist.

I. Mitglieder

Die Europäische Weltraumorganisation ESA zählt – Stand 2023 – 22 Mitgliedstaaten. Zu den zehn Gründungsmitgliedern von 1975 gehören Belgien, Dänemark, die Bundesrepublik Deutschland, Frankreich, Großbritannien, Italien, Niederlande, Schweden, die Schweiz und Spanien.

Im Laufe der Jahre sind Finnland, Luxemburg, Norwegen, Griechenland, Österreich, Polen, Irland, Portugal, Estland, Rumänien und Tschechien hinzugekommen. Nach einigen Jahrzehnten der Kooperation gehört – als jüngstes Beitrittsland – auch Ungarn zur ESA und hat damit Zugang zur Internationalen Raumstation (NASA).

Es sind also noch nicht alle Mitgliedstaaten der → *Europäischen Union (EU)* Mitglied der ESA. Andererseits sind mit der Schweiz und Norwegen zwei Nicht-EU-Staaten Mitglieder der ESA. Die ESA ist im Übrigen eine gegenüber der EU völlig eigenständige Organisation. Aber man kooperiert bei manchen Projekten, etwa beim Erdbeobachtungsprogramm Copernicus oder dem Satellitennavigationssystem → *Galileo*.

Seit dem 1. Januar 1979 ist Kanada assoziiert und in einen *Kooperationsvertrag* eingebunden, der dem Land die Teilnahme an den Entscheidungsprozessen und Programmen der ESA und eine gerechte Zuteilung an Industrieverträgen zusichert. Auch Lettland, Litauen, Slowenien, die Slowakische Republik und Zypern haben mit der ESA Kooperationsverträge geschlossen. Bulgarien und Malta verhandeln derzeit über Kooperationsverträge.

Des Weiteren gibt es ein Kooperations- und Partnerschaftsabkommen zwischen der ESA und Russland. Diese Kooperation begann 1990 mit Wissenstransfers, der Ausbildung von Astronauten und der Durchführung von ESA-Experimenten bei russischen Missionen. 2005 wurden in den Rahmenvertrag zwischen der ESA und Russland auch die gemeinsame Partnerschaft bei der Entwicklung, dem Bau und der Nutzung von Trägerraketen vereinbart. Dazu gehört der Aufbau einer Startplattform für Sojus-Raketen am Centre Spatial Guyanais, dem europäischen Weltraumbahnhof in Französisch-Guayana.

II. Aufgaben

Zu den Aufgaben der ESA gehört es unter anderem:

- das europäische Satellitenprogramm (Beobachtung der Sonne, der Sterne, der Galaxien und natürlich der Erde) durchzuführen;
- eine Internationale Raumstation zu realisieren; hier arbeiten die ESA, die NASA, Russland, Japan und Kanada zusammen, um das bislang größte Weltraumlabor zu schaffen;
- die Aktivitäten der Trägerrakete Ariane zu überwachen, die von dem europäischen Weltraumbahnhof Französisch Guayana aus abgeschossen wird;
- Experimente in den Labors durchzuführen, um neue Metalle oder Medizinarten zu finden.

III. Aufbau und Zentren der ESA

Am Hauptsitz der ESA in Paris werden die Beschlüsse für Zukunftsprojekte gefasst. Weitere wichtige Einrichtungen sind – nach bestimmten Aufgabenbereichen organisiert – auf verschiedene Mitgliedstaaten verteilt.

1. Niederlande

Das Europäische Weltraumforschungs- und Technologiezentrum ESTEC (European Space Research and Technology Centre) in Noordwijk; es ist die Konstruktionszentrale für die meisten ESA-Raumfahrzeuge.

2. Deutschland

Das Europäische Raumflug-Kontrollzentrum ESOC (European Space Operation Centre) in Darmstadt ist für die Überwachung der ESA-Satelliten verantwortlich; das Europäische Astronautenzentrum EAC (European Astronauts Centre) bei Köln bildet Astronauten für künftige Missionen aus.

3. Italien

Das Europäische Raumfahrtforschungsinstitut ESRIN (European Space Research Institute) in Frascati bei Rom ist das Rechenzentrum der ESA; es sammelt und speichert die meisten von den Satelliten gesendeten Daten, um sie von dort aus den Wissenschaftlern für ihre Arbeit zur Verfügung zu stellen.

4. Spanien

Im Europäischen Weltraum-Astronomiezentrum ESAC (European Space Astronomy Centre) in Villafranca laufen die wissenschaftlichen Daten aller astronomischen und planetaren ESA-Missionen in sogenannten „science operation centres" zusammen und werden dort archiviert.

5. Großbritannien

Das neue Europäische Zentrum für Weltraumanwendungen und Telekommunikation (ECSAT) in Harwell, Oxfordshire, spezialisiert sich auf Partnerschaften und die Kommerzialisierung von Raumfahrtaktivitäten.

Weiterhin unterhält die ESA Verbindungsbüros in Belgien, Russland und den USA, einen Raumflughafen in Französisch-Guayana sowie Bodenstationen („Tracking Stations") zur Kommunikation mit den ESA-Satelliten und Sonden in verschiedenen Teilen der Welt.

IV. Organisation und Finanzierung

Als Lenkungsgremium trifft der *ESA-Rat* die Grundsatzentscheidungen, die den Rahmen für die Entwicklung des europäischen Weltraumprogramms abstecken. Unabhängig von der Größe und dem geleisteten Beitrag ist jedes Mitgliedsland mit einer Stimme im ESA-Rat vertreten.

An der Spitze der ESA steht ein *Generaldirektor*, der alle vier Jahre vom ESA-Rat gewählt wird. Weiterhin hat jede Forschungssparte ein eigenes Direktorat, das dem Generaldirektor untersteht. Amtierender Generalsekretär ist seit Juli 2015 der Deutsche Johann-Dietrich Wörner.

Die ESA beschäftigt rund 2.300 hoch qualifizierte Mitarbeiter (Stand: 2019) aus allen Mitgliedstaaten.

Das Weltraumforschungsprogramm und das allgemeine Budget der ESA werden von allen Mitgliedsländern gemeinsam finanziert, wobei sich die nationalen Anteile nach dem Bruttoinlandsprodukt des jeweiligen Landes richten. Bezüglich der anderen Programme entscheiden die Mitgliedsländer selbst, ob sie sich finanziell beteiligen. Frankreich finanziert im Jahr 2020 knapp 27 Prozent des Gesamtbudgets der ESA. Auf Deutschland entfällt ein Anteil von 20,1 Prozent, gefolgt von Italien mit 13,7 und Großbritannien mit 9,5 Prozent.

Die Finanzierung beruht auf dem System eines geografischen Mittelrückflusses; die ESA investiert über Industrieaufträge für Raumfahrtprogramme in jedem Mitgliedstaat Beträge, die in etwa den Beitragsgeldern des jeweiligen Landes entsprechen.

▶ Europäische Wirtschaftsgemeinschaft (EWG)

Es ist der 25. März 1957. Ein historischer Tag. In Rom unterzeichneten die sechs in der → *Europäischen Gemeinschaft für Kohle und Stahl (EGKS, Montanunion)* zusammengeschlossenen Staaten Belgien, die Bundesrepublik Deutschland, Frankreich, Italien, Luxemburg und die Niederlande feierlich den inzwischen legendären *Vertrag über die Gründung der Europäischen Wirtschaftsgemeinschaft (EWG)*.

Der EWG-Vertrag und der am gleichen Tag zwischen diesen Staaten geschlossene Vertrag über die Gründung der → *Europäischen Atomgemeinschaft (EAG; Euratom)* werden auch → *Römische Verträge* genannt.

Sie traten am 1. Januar 1958 in Kraft.

I. Ziele

Laut EWG-Vertrag ist es Aufgabe der Gemeinschaft, durch das Errichten eines Gemeinsamen Marktes (→ *Binnenmarkt*) und die schrittweise Annäherung der Wirtschaftspolitik der Mitgliedstaaten folgende Ziele zu fördern:

- eine harmonische Entwicklung des Wirtschaftslebens innerhalb der Gemeinschaft,
- eine beständige und ausgewogene Wirtschaftsausweitung,
- größere Stabilität,
- eine beschleunigte Anhebung der Lebenshaltung,
- engere Beziehungen zwischen den Mitgliedstaaten.

Zur Verwirklichung dieser Ziele sieht der EWG-Vertrag u. a. vor:

- die Errichtung einer → *Zollunion* zwischen den Mitgliedstaaten durch die Beseitigung von Binnenzöllen und mengenmäßigen Beschränkungen bei der Ein- und Ausfuhr von Waren,
- die Einführung eines gemeinsamen Zolltarifes und einer gemeinsamen Handelspolitik gegenüber Drittländern,
- den ungehinderten Personen-, Dienstleistungs-, Waren- und Kapitalverkehr innerhalb der Gemeinschaft (→ *Freizügigkeit*, → *Dienstleistungsfreiheit*, → *Kapitalverkehr*),
- die Einführung einer gemeinsamen → *Agrarpolitik* und → *Verkehrspolitik*,
- den Schutz des Wettbewerbs innerhalb des Gemeinsamen Marktes,
- die Koordination der Wirtschaftspolitik der Mitgliedstaaten und Angleichung der innerstaatlichen Rechtsvorschriften (→ *Rechtsangleichung*),
- die Errichtung eines Europäischen → *Sozialfonds* und einer → *Europäischen Investitionsbank*.

II. Zusammenschluss zur Europäischen Gemeinschaft (EG)

Bereits während der Verhandlungen zur Gründung von EWG und EAG wurde ein Zusammenlegen der Parlamentarischen Versammlungen und der Gerichtshöfe dieser beiden Gemeinschaften mit den entsprechenden Organen der EGKS zur → *Europäischen Gemeinschaft (EG)* vereinbart. 1965 schlossen die Mitgliedstaaten einen „Vertrag zur Einsetzung eines gemeinsamen Rats und einer gemeinsamen Kommission der Europäischen Gemeinschaften (EG)“, den sogenannten Fusionsvertrag. Damit war für die drei Gemeinschaften EWG, EAG und EGKS ein gemeinsames institutionelles Dach geschaffen. Seit dem 1. Juli 1967 gibt es für alle drei Gemeinschaften einen gemeinsamen → *Ministerrat der EG*, ein gemeinsames → *Europäisches Parlament (EP)* und eine gemeinsame → *Europäische Kommission* mit Sitz in Brüssel.

Mit dem → *Maastrichter Vertrag*, der am 1. November 1993 in Kraft trat, wurde die EG als Ganzes zu einem tragenden Element der neu gegründeten → *Europäischen Union*.

▶ Europäische Zentralbank (EZB)

Die in Deutschland einzigartige Skyline von „Mainhatten" hat seit 2015 einen neuen Glanzpunkt: eine aus zwei Türmen bestehende, 185 Meter hoch aufragende, architektonisch grandiose Glasfassade glitzert in der Sonne. In diesem Neubau im Ostend von Frankfurt am Main „residiert" seither die Europäische Zentralbank, kurz: EZB.

I. Aufgabe und Organisation

Gegründet wurde die Europäische Zentralbank (EZB) am 1. Juni 1998. Ihre Aufgabe ist es, die *Preisstabilität* in den Ländern der → *Europäischen Union* (EU) zu sichern, in denen der → *Euro* seit 1999 als Zahlungseinheit und seit dem 1. Januar 2002 auch als Zahlungsmittel eingeführt ist (→ *Wirtschafts- und Währungsunion – WWU*).

Arbeit und Aufgaben der EZB wurden erstmals 1992 im → *Maastrichter Vertrag* festgelegt. Mit dem → *Lissabon-Vertrag* erhielt sie 2009 den Status eines → *Organs* der Europäischen Union. Die wichtigsten Bestimmungen zu ihrer Funktionsweise finden sich in den Artikeln 282 ff. AEUV.

Die EZB ist eine supranationale Institution mit eigener Rechtspersönlichkeit. In ihr vereinigt sich die Sachkompetenz aller nationalen Zentralbanken des Euro-Währungsgebietes; sie setzen gemeinsam mit der EZB die stabilitätsorientierte Geldpolitik für alle am Euro teilhabenden EU-Staaten um.

Diesem Währungsgebiet, umgangssprachlich auch → *Euro-Raum* genannt, gehören die 19 EU-Staaten Belgien, Deutschland, Finnland, Frankreich, Irland, Italien, Luxemburg, die Niederlande, Österreich, Portugal, Spanien sowie Griechenland, die Slowakei, Slowenien, Malta, Zypern, Estland, Lettland und Litauen an.

Die EZB ist institutionell, finanziell und vor allem operativ unabhängig. Kurzum, sie soll in der Lage sein, politischen Einflüssen zu trotzen.

II. Organe der EZB

Höchstes Beschlussorgan ist der *EZB-Rat*. Er setzt sich zusammen aus den sechs Mitgliedern des Direktoriums und den Präsidenten der nationalen Zentralbanken. Seit Januar 2015 finden Abstimmungen innerhalb des Rates nach einem Rotationsverfahren statt. Die fünf größten Euro-Länder Deutschland, Frankreich, Italien, Spanien und die Niederlande bilden die Gruppe 1 und erhalten vier feste Stimmrechte im EZB-Rat, die monatlich zwischen ihnen rotieren. Die verbleibenden zehn Stimmrechte wechseln monatlich zwischen den restlichen Ländern, welche die Gruppe 2 bilden.

Wichtigste Aufgabe des Rats ist das Festlegen der Geldpolitik im „Euro-Land". Dabei kann er insbesondere die Zinssätze bestimmen, zu denen sich Geschäftsbanken Kapital von den Zentralbanken beschaffen können. Auf diese Weise nimmt der EZB-Rat indirekt auf die Zinsen im gesamten Euro-Währungsgebiet Einfluss, also auch auf die Zinssätze, die nationale Geschäftsbanken von ihren Kreditkunden verlangen bzw. die Sparer für ihre Spareinlagen erhalten.

Das *Direktorium der EZB* besteht aus dem Präsidenten, dem Vizepräsidenten und vier weiteren Mitgliedern. Sie werden im gegenseitigen Einvernehmen von den Staats- und Regierungschefs der dem Euro-Währungsgebiet angehörenden EU-Staaten ernannt. Das Direktorium ist für die Umsetzung der vom EZB-Rat festgelegten Geldpolitik zuständig und erteilt den nationalen Zentralbanken die entsprechenden Weisungen.

Präsidentin der EZB ist seit Dezember 2019 die Französin *Christine Lagarde*. Sie führt sowohl im Rat als auch im Direktorium den Vorsitz.

Das dritte Beschlussorgan der EZB ist der *Erweiterte Rat*. Ihm gehören der Präsident und der Vizepräsident sowie die Präsidenten der nationalen Zentralbanken *aller* EU-Mitgliedstaaten an. Die weiteren Mitglieder des Direktoriums können an den Sitzungen des Erweiterten Rats teilnehmen, besitzen aber kein Stimmrecht. Der Erweiterte Rat beteiligt sich an Beratungs- und Koordinierungsaufgaben der EZB sowie an Vorbereitungen für mögliche Erweiterungen des Euro-Währungsgebietes.

III. Die EZB – neuer Machtfaktor im Gefüge der EU-Institutionen?

Im Zuge des Projekts → *Bankenunion* hat man seit November 2014 die Aufsichts- und Untersuchungsbefugnisse der EZB im Rahmen ihrer *Bankenaufsicht* erstaunlich ausgeweitet. Die EZB hat nun auch folgende Aufgaben und Befugnisse:

- Sie ist jetzt ausschließlich für die Erteilung der im EU-Recht geregelten Banklizenzen oder deren Entzug zuständig.
- Sie beurteilt den Erwerb qualifizierter Beteiligungen.
- Sie überwacht bei den von ihr unmittelbar beaufsichtigten Banken die Eigenkapital- und Liquiditätsanforderungen.
- Zudem kann sie Kapitalpuffer festlegen, Geldbußen verhängen und bei Fehlverhalten der Banken frühzeitig intervenieren. So kann sie etwa die Geschäftsaktivitäten von Banken einschränken, die variable Vergütung begrenzen oder Geschäftsleiter abberufen.
- Darüber hinaus erhält sie in einem begrenzten Rahmen Rechtssetzungsbefugnis und kann damit Verordnungen erlassen und Leitlinien oder Empfehlungen veröffentlichen.

Vor allem: *sowohl Geldpolitik als auch Bankenaufsicht sind nun in der EZB angesiedelt*. Ziel- und Interessenskonflikte sind damit programmiert. Um sie zu vermeiden, verpasste man der EZB u. a. ein neues Aufsichtsgremium, das *Supervisory Board*. Es besteht aus Vertretern der EZB und der nationalen Aufsichtsbehörden. Vorlagen des Supervisory Boards gelten als angenommen, wenn das höchste Beschlussorgan, der EZB-Rat, sie nicht innerhalb einer bestimmten Frist ablehnt. Eine Schlichtungsstelle, der Vertreter der teilnehmenden Mitgliedstaaten angehören, soll gegebenenfalls aufkommende Meinungsverschiedenheiten zwischen EZB-Rat und Supervisory Board ausräumen.

IV. „Der Euro – die neue Lira"?

„Der Euro – so stark wie die Mark", so der verheißungsvolle Titel einer offiziellen Broschüre der Bundesregierung, mit der man uns 2002 über den Verlust der D-Mark hinwegtrösten wollte. 20 Jahre später erklangen andere Töne: „Der Euro wird zur Lira" (WELT am Sonntag, 24.7.2022, S. 15).

1. Anleihekäufe 2015 bis 2022

Am 22. Januar 2015 hatte der Rat der EZB beschlossen, für mindestens 1,1 Billionen Euro – das sind 1.100 Milliarden Euro oder über 3.000 Euro pro Bürgerin und Bürger der Währungsunion – neues Geld zu „drucken", um damit Staatsanleihen und andere Wertpapiere zu kaufen. Das Risiko eines Anleiheausfalls sollte in den einzelnen Ländern bleiben.

Insbesondere in Deutschland wurde der Beschluss der EZB, in diesem gigantischen Umfang Staatsanleihen anzukaufen, dezidiert kritisch gesehen. Damit, so beispielsweise die Frankfurter Allgemeine Zeitung am 22. Januar 2015, beerdige Europas mächtigste Behörde die Prinzipien der Währungsunion. „Denn trotz scheinbarer Haftungsgrenze kommt es zur Vergemeinschaftung von Milliardenrisiken." Am 9. März 2015 haben Zentralbank und nationale Notenbanken diese „Geldschwemme" für das Finanzsystem gestartet. Allein in den ersten fünf Wochen ihres massiven Bond-Kaufprogramms erwarben die Euro-Währungshüter für insgesamt 61,68 Milliarden Euro öffentliche Schuldtitel. In den Jahren 2015 und 2018 hat die EZB dann für rund 2,6 Billionen Euro-Staatsanleihen und andere Wertpapiere gekauft. Zum 1. November 2019 wurde das Programm in geringerem Umfang neu aufgelegt.

Das Bundesverfassungsgericht hat die Staatsanleihekäufe der EZB für teilweise verfassungswidrig erklärt. Zwar könne „eine offensichtliche Umgehung des Verbots monetärer Staatsfinanzierung noch nicht festgestellt werden", die milliardenschweren Anleihekäufe der EZB seit 2015 aber seien kompetenzwidrig ergangen. Bundesregierung und Bundestag hätten Grundrechte verletzt, indem sie nicht dagegen eingeschritten seien. Einer der Kläger, *Peter Gauweiler*, sah im Ankaufprogramm „der Sache nach ein Programm zur finanziellen Unterstützung der überschuldeten Staaten"; Politiker würden animiert, zusätzliche Schulden auf Kosten Dritter zu machen: Hoch verschuldete Staaten „werden durch die EZB-Politik um dreistellige Milliardenbeträge ‚entlastet', während den deutschen Sparern die Nullzinspolitik bereits weit über 200 Milliarden gekostet hat", so *Gauweiler*.

Immerhin: Die Verfassungsrichter stellten sich mit ihrem Urteil gegen den → Europäischen Gerichtshof (EuGH). Dieser hatte das Kaufprogramm im Dezember 2018 abgesegnet. Seit dem Karlsruher Urteil durfte sich die Deutsche Bundesbank nur noch unter bestimmten Bedingungen am sog. „Public Sector Purchase Programme" (PSPP), also dem Großteil des Anleiheprogramms, beteiligen.

Zum 1. Juli 2022 beendete die EZB ihre milliardenschweren Anleihekäufe und machte den Weg frei für die erste Zinserhöhung im Euroraum seit elf Jahren.

Unübersehbar aber wurde zugleich die Zwickmühle, in der die EZB operiert: Nicht nur die Geldentwertung erreichte ein Rekordniveau, sondern auch die Verschuldung etlicher EU-Mitgliedstaaten.

2. Das „Urproblem"

Es ist allgemein bekannt: der zentrale Konstruktionsfehler der Gemeinschaftswährung, das Fehlen einer gemeinsamen Wirtschafts-, Finanz- und Fiskalpolitik aller 20 Euro-Länder, ist alles andere als behoben. Die Mehrheit der nationalen Parlamente und Regierungen steht einer weitergehenden Übertragung fiskalpolitischer Entscheidungs- und Durchgriffsrechte auf die europäische Ebene skeptisch bis ablehnend gegenüber; eine „Europäisierung" scheint eher bei der Vergemeinschaftung von Kosten, Risiken und Schulden (Beispiele: → Eurobonds oder → Corona-Wiederaufbau-Fonds) populär.

Der sog. → Stabilitäts- und Wachstumspakt erlaubt eine Schuldenaufnahme von maximal 60 Prozent des Bruttoinlandsprodukts (BIP). Sieben der Euro-Staaten aber weisen eine Schuldenquote von mehr als 100 Prozent auf. Spanien kommt mit 120 Prozent auf das Doppelte, das traditionell hochverschuldete Italien auf stolze 150 Prozent, Griechenland sogar auf 190 Prozent. Weniger bekannt – das durchschnittliche private Vermögen eines Italieners ist genau doppelt so hoch wie das eines Deutschen. Auch die Spanier übertreffen die mit Steuern, Sozialabgaben u. ä. erheblich belasteten Deutschen in puncto Privatvermögen erheblich.

Zurück zum Urproblem: Die Faustregel lautet: höhere Staatsverschuldung – höhere Zinsen. Mit der Gemeinschaftswährung kam zunächst die Wahrnehmung auf, als seien die sehr unterschiedlichen Bonitäten der Euro-Länder gleichsam in einem nivellierenden Kabel gebündelt. Alle zahlten nun ähnliche Zinsen. Mit der Bankenpleite 2009 flog der Etikettenschwindel auf. Man schaute wieder auf den konkreten Schuldenstand jedes einzelnen Landes. *Hans-Werner Sinn* sagte es so: „Eine Konföderation kann nur existieren, wenn Staaten, die sich höher verschulden, höhere Zinsen zahlen müssen."

Die Rückbesinnung auf dieses Grundprinzip kam nun Staaten wie Spanien, Portugal, Irland oder auch Italien und vor allem Griechenland, die sich jahrelang unter dem Euro-Mantel verstecken konnten, teuer zu stehen. Aber auch für alle anderen wurde es teuer. Mit gewaltigen „Rettungsschirmen" und schließlich dem 700 Milliarden Euro schweren ESM, dem → *„Europäischen Stabilitätsmechanismus"*, für den Deutschland im Fall des Falles mit bis zu 200 Milliarden Euro geradesteht, stemmten sich die Mitgliedstaaten gegen die drohende Staatspleiten der obigen Euroländer – und damit gegen ein Scheitern der Gemeinschaftswährung. Der Preis war hoch, nicht nur wegen der bereitgestellten Geldmengen; preisgegeben wurde de facto das in den Verträgen verankerte Kerngebot des no-bailout (→ *Nichtbeistandsklausel*): Kein Mitgliedstaat haftet für Schulden eines anderen Mitgliedstaates. De facto aber ist genau das passiert. Es war die Geburtsstunde von Begriffen wie „Schuldenunion“ oder Transfer-Union“.

3. Das „Transmissionsschutzinstrument“ (TPI)

Fast zeitgleich mit dem Ende der immensen Anleihekäufe wurde erneut in die Trickkiste gegriffen. Am 21. Juli 2022 verabschiedete der EZB-Rat einstimmig ein sog. *Transmissionsschutzinstrument* (*Transmission Protection Instrument* (TPI)); noch am selben Tag wurde es von der EZB-Präsidentin verkündet.

Dieses neue Instrument sieht – man höre und staune – vor, dass die EZB gezielt die Staatsanleihen schwächelnder Euro-Länder kauft – und dies notfalls *„unbegrenzt!“*. Sollten, so die Begründung, die Zinsen für die Staatsanleihen einzelner Euro-Länder zu rasch steigen oder sich zu sehr von dem Zins für die Bundesanleihen entfernen, könne es zu einer „Fragmentierung“ der Eurozone kommen; die „Transmission“, also die Übertragung der geldpolitischen Schritte der EZB auf alle Euro-Länder, sei dann nicht mehr gewährleistet. Die Bedingungen für die Inanspruchnahme des TPI aber sind bis dato eher vage. Kurzum – das TPI kann und soll hohe Zinsen für die Staatsanleihen einzelner Euro-Länder verhindern.

Ökonomen in Deutschland kritisieren Lagardes Manöver scharf: „Zinsen sind eine Schulden- und Inflationsbremse. Dieser Selbststabilisierungsmechanismus der Marktwirtschaft wird mit dem neuen Instrument fundamental geschwächt“, sagt *Hans-Werner Sinn*. Die Kritik zielt insbesondere auf vier Aspekte:

- Das TPI garantiere der EZB für Staatsanleihekäufe ein *unlimitiertes* Kaufvolumen und eine *unlimitierte* Kaufdauer bei Gleichbehandlung aller Forderungen;
- Das TPI führe zu einer *monetären Staatsfinanzierung*, also einer Finanzierung der Haushalte der unterstützten Länder mit dem Geld der EZB zu Lasten der Länder, die nicht durch das TPI finanziert werden, was nach EU-Recht verboten sei.
- Das TPI setze *falsche Anreize;* es werde die Verschwendung der Länder weiter fördern, da sie auch bei ansteigenden Schulden nur die durch das TPI *künstlich niedrig gehaltenen Zinsen* zahlen müssten. Dies wiederum gehe zu Lasten der Länder, die nicht durch das TPI finanziert werden.
- Mit dem TPI werde die EZB zu einer Instanz, die über die Finanzierbarkeit hoher Staatsschulden und damit auch über das Schicksal von Regierungen entscheide. Eine solche politische Funktion sei aber *mit der geldpolitischen Aufgabe einer unabhängigen Zentralbank nicht vereinbar.*

Fazit: EZB-Chefin *Christine Lagarde* hält auch nach dem Ende der Anleihekäufe den Geldhahn für die Steuersünder offen; Länder wie Italien sollen sich weiter ähnlich günstig Kredite besorgen können wie die soliden Staaten. Statt der – überfälligen – Aufforderung an verschuldete Staaten, endlich ihre nationalen Haushalte in Ordnung zu bringen, sehen wir ein gezieltes „weiter so".

4. Ausblick ins Ungewisse?

Die EZB setzt also den umstrittenen Kurs von *Mario Draghi*, *Christine Lagardes* Vorgänger, fort. Das Vorbild der geldpolitischen Tradition einer Deutschen Bundesbank, die über Jahrzehnte die D-Mark zu einer Hartwährung geformt hatte, ist Geschichte. Präsident *Emmanuel Macron* wusste genau, warum er eine Französin an die eigentlichen Machthebel der Geldpolitik beförderte. Es hatte Methode: Bis auf eine halbe Amtszeit eines Niederländers beim Start der Währungsunion stand stets entweder ein Franzose oder ein Italiener an der Spitze der EZB.

Es wäre an der Zeit, die Ursachen der Inflation und die Fehlkonstruktion der Währungsunion anzugehen. Stattdessen wird das Rad der Geldvermehrung nur noch schneller gedreht. Die Enteignung von Mittelschicht und Armutsgefährdeten hat bereits eine unübersehbare Dynamik erreicht.

Und die EZB? Sie hat die eine Aufgabe, die Stabilität des Euro zu gewährleisten. Stattdessen stabilisiert sie den Hang verschiedener Länder, es sich auf ihren abredewidrig hohen Schuldenbergen zu Lasten der anderen gemütlich zu machen. Vielleicht lässt sich die Zukunft europäischer Währungs- und Fiskalpolitik tatsächlich zugespitzt mit dieser Frage umschreiben: „Der Euro – die neue Lira?"

Weiterführende Literatur

Juergen B. Donges, „Die unkonventionelle Geldpolitik der EZB – überzogene Erwartungen, problematische Nebenwirkungen", Paderborn 2018 | *Lars P. Feld et al.*, „Das entgrenzte Mandat der EZB – das OMT-Urteil des EuGH und seine Folgen", Berlin 2016 | *Jens Klose*, „Europäische Wirtschaftspolitik", Stuttgart 2018, Kap. 3 | *Alexander Thiele*, „Die Europäische Zentralbank", 2. Auflage, Tübingen 2021

▶ Europäischer Bürgerbeauftragter (Ombudsmann)

Der Europäische Bürgerbeauftragte oder auch Ombudsmann untersucht Beschwerden über Missstände und Unzulänglichkeiten bei den Organen oder sonstigen Institutionen der → *Europäischen Union (EU)*. Nicht befassen kann er sich mit Beschwerden über den → *Europäischen Gerichtshof (EuGH)* sowie über nationale, regionale oder kommunale Verwaltungen der einzelnen Mitgliedstaaten der EU.

Die Institution wurde mit dem → *Maastrichter Vertrag* ins Leben gerufen. Seit 1994 kann jeder Unionsbürger (→ *Unionsbürgerschaft*) sowie jede natürliche oder juristische Person mit Wohnort oder satzungsmäßigem Sitz in einem EU-Staat entweder unmittelbar bei dem Bürgerbeauftragten oder über ein Mitglied des → *Europäischen Parlaments (EP)* eine solche Beschwerde erheben. Der Bürgerbeauftragte unterrichtet den Beschwerdeführer so rasch wie möglich über die Weiterbehandlung der Beschwerde und über das Ergebnis seiner Untersuchungen.

Der Europäische Bürgerbeauftragte wird nach jeder Wahl zum EP (→ *Europawahl*) von diesem Parlament für die Dauer der jeweils fünfjährigen Wahlperiode ernannt. Er muss Unionsbürger sein. Eine Wiederernennung ist zulässig.

Sein Amt übt er in völliger Unabhängigkeit zum Wohl der Europäischen Union und ihrer Bürger aus. Er ist von keiner Regierung und keiner sonstigen Institution weisungsabhängig.

▶ Europäischer Emissionshandel

Der *Europäische Emissionshandel (EU-ETS)* ist seit 2005 das zentrale Klimaschutzinstrument der → *Europäischen Union (EU)*. Eingeführt hat man es seinerzeit, um das internationale Klimaschutzabkommen von Kyoto umzusetzen. Neben den 27 EU-Mitgliedstaaten haben sich auch Norwegen, Island und Liechtenstein dem EU-Emissionshandel angeschlossen (EU 30). Das Vereinigte Königreich nahm bis 31.12.2020 teil; seit dem 01.01.2021 ist dort ein nationales Emissionshandelssystem in Kraft.

I. Worum geht es?

Im EU-ETS werden die Emissionen von europaweit rund 10.000 Anlagen der Energiewirtschaft und der energieintensiven Industrie erfasst. Zusammen verursachen diese Anlagen rund 36 % der Treibhausgas-Emissionen in Europa. Seit 2012 ist auch der innereuropäische Luftverkehr mit einbezogen – also alle Flüge, die innerhalb des → Europäischen Wirtschaftsraums (EWR) starten oder landen. Seit 2020 ist das System mit dem Schweizer Emissionshandelssystem verlinkt.

II. Wie funktioniert es?

Der EU-ETS funktioniert nach dem Prinzip des sog. „Cap & Trade“. Eine Obergrenze (Cap) legt fest, wie viele Treibhausgas-Emissionen von den emissionshandelspflichtigen Anlagen insgesamt ausgestoßen werden dürfen. Die Mitgliedstaaten geben eine entsprechende Menge an Emissionsberechtigungen an die Anlagen aus – teilweise kostenlos, teilweise über Versteigerungen.

Eine Berechtigung erlaubt den Ausstoß einer Tonne Kohlendioxid-Äquivalent (CO_2-Äquivalent). Die Emissionsberechtigungen können auf dem Markt frei gehandelt werden (Trade). Auf diese Weise bildet sich ein Preis für den Ausstoß von Treibhausgasen. Dieser Preis setzt Anreize bei den beteiligten Unternehmen, ihre Treibhausgas-Emissionen zu reduzieren.

Seit 2008 sammelte sich eine große Menge überschüssiger Emissionsberechtigungen im EU-ETS an; dies wiederum trug wesentlich zu einem Preisverfall der Berechtigungen bei, der dann zwischen 2011 und 2017 zu beobachten war. Seit Mitte 2017 sind die Preise wieder deutlich gestiegen. Ende 2021 lag der Preis bei etwa 80 Euro.

Für die im April 2021 abgeschlossene Handelsperiode des EU-ETS (2013–2020) wurde erstmals eine europaweite *Emissionsobergrenze* (Cap) von insgesamt 15,6 Milliarden Emissionsberechtigungen festgelegt, verteilt auf acht Jahre. Allerdings wurde die Menge jedes Jahr um rund 38 Millionen Berechtigungen reduziert. Mit Beginn der Handelsperiode 2021 bis 2027 haben sich die Rahmenbedingungen im EU ETS erneut verändert.

III. „Fit für 55"

Hinter dieser Chiffre verbirgt sich kein neues Senioren-Fitness-Studio; Sie steht vielmehr für ein Maßnahme-Paket, mit dem die EU die Treibhausgasemissionen bis 2030 um mindestens 55 Prozent gegenüber dem Vergleichsjahr 1990 senken und bis 2050 klimaneutral werden will. Das → *Europäische Parlament (EP)* hat im April 2023 weite Teile dieses Klimaschutzpaketes beschlossen (siehe auch → *„Green Deal"*).

Ein Kernelement von „Fit für 55" ist die Verschärfung des EU-Emissionshandelssystems. Künftig sollen die Emissionsrechte im Wege einer jährlichen Cap-Absenkung noch stärker gekürzt werden – bis 2030 im Vergleich zu 2005 schrittweise um 62 Prozent (bisher 43 Prozent). Effiziente Unternehmen sollen künftig kostenlose Emissionszertifikate erhalten. Dagegen soll es bei ineffizienten Anlagen Kürzungen geben, wenn die Verantwortlichen keine Effizienzmaßnahmen durchführen.

Bislang erhielten der Luftverkehr und besonders im internationalen Wettbewerb stehende Industriesektoren kostenlose Emissionszertifikate. Diese sollen schrittweise abgeschafft werden. Auch die Seeschifffahrt soll ab 2024 in den Emissionshandel einbezogen werden. Für Gebäude und den Straßenverkehr soll ab 2027 ein eigenes Handelssystem geschaffen werden – diese Sektoren unterliegen bislang nicht dem Emissionshandel.

1. Das CO2-Grenzausgeichssystem

Dieses neues Instrument soll dafür sorgen, dass Klimaschutzbemühungen in der EU nicht dadurch konterkariert werden, dass die Produktion aus der EU in Staaten mit weniger strengen Klimaschutzvorschriften verlagert wird. Das *CO2-Grenzausgeichssystem* gilt etwa für Stahl, Zement, Düngemittel, Strom oder Wasserstoff. Wer diese Waren einführen will, müsste die Differenz zwischen dem im Produktionsland gezahlten CO_2-Preis und dem höheren Preis der CO_2-Zertifikate im EU-Emissionshandelssystem ausgleichen.

2. Der Klimasozialfonds

Ein *Klimasozialfonds* soll außerdem die Mehrausgaben für Verbraucher abfedern, um Energie- und Mobilitätsarmut zu verhindern. Der Fonds soll vor allem Maßnahmen in effizientere Gebäude und emissionsärmere Mobilität unterstützen und hauptsächlich einkommensschwächeren Haushalten und Kleinunternehmen zugutekommen. Er ist Teil des → Haushalts der EU und soll bis zu einer Höhe von 65 Mrd. Euro aus externen Einnahmen finanziert werden. Der Rat der EU hat die Regelung im April 2023 angenommen.

IV. Fazit

Ob „Fit for 55" tatsächlich als „Größtes Klimaschutz-Gesetz aller Zeiten" bezeichnet werden kann, wie es *Peter Liese*, Mitglied des Europäischen Parlaments, euphorisch getan hat, bleibt abzuwarten. Hervorzuheben aber ist die soziale Komponente der Regelung: Wollen nämlich Staaten die Einnahmen aus dem EU-Emissionshandelssystem nutzen, müssen sie dies künftig nach sozialen Kriterien tun; sozial Schwache können gezielter unterstützt werden.

▶ Europäischer Entwicklungsfonds (EEF)

Der Europäische Entwicklungsfonds (EEF) war das wichtigste Instrument der → *Europäischen Union (EU)* im Rahmen der Europäischen Entwicklungszusammenarbeit *(→ Entwicklungspolitik, europäische)* mit den Staaten in Afrika, im Karibischen und Pazifischen Raum, den sogenannten → *AKP-Staaten*, und den überseeischen Ländern und Gebieten. Bereits in den → *Römischen Verträgen* von 1957 war er vorgesehen, um technische und finanzielle Hilfe zunächst für afrikanische Länder bereitzustellen, zu denen einige EU-Gründerstaaten koloniale Beziehungen unterhielten.

Der EEF war ein 1959 gegründetes, vom → *Haushalt der EU* getrenntes Sondervermögen, das sich aus Beiträgen der EU-Mitgliedstaaten finanzierte.

Jeder EEF wurde für einen Zeitraum von mehreren Jahren geschlossen. Die Laufzeiten richteten sich nach der jeweiligen Geltung der Partnerschaftsabkommen (→ *Lomé-Abkommen*). So entsprach der 9. EEF mit einer Laufzeit von 2000 bis 2007 dem im Juni 2000 in Cotonou/Benin unterzeichneten Abkommen, das seither nicht mehr Lomé-, sondern *Cotonou-Abkommen* heißt. Der 10. EEF folgte der Laufzeit des überarbeiteten Abkommens von Cotonou und sah für den Zeitraum 2008 bis 2013 eine Mittelausstattung in Höhe von 22,68 Millionen Euro vor. Der Großteil der Mittel kam Regionalprogrammen zugute, was die Bedeutung der regionalen wirtschaftlichen Integration als Basis der nationalen und lokalen Entwicklung betonen sollte.

Der 11. EEF lief von 2014 bis 2020. Er umfasste 30,5 Milliarden Euro. Zusätzlich wurden 2,6 Milliarden Euro von der → *Europäischen Investitionsbank (EIB)* in Form von Darlehen aus ihren eigenen Mitteln bereitgestellt.

Der Fonds finanziert Projekte zur

- Verbesserung der Infrastruktur,
- Förderung von Landwirtschaft und Industrie,
- technischen Zusammenarbeit,
- Vermarktung und Verkaufsförderung von Exporterzeugnissen der AKP-Länder.

Außerdem leistet der EEF Hilfsmaßnahmen bei außergewöhnlichen Notfällen wie Hunger- oder Dürrekatastrophen.

Seit 2021 wird die Funktion des EEF hauptsächlich durch das Instrument für Nachbarschaft, Entwicklungszusammenarbeit und internationale Zusammenarbeit (NDICI-GE) erfüllt. Vorhaben, die vor 2021 im Rahmen des EEFs zugesagt wurden, werden jedoch weiter umgesetzt.

▶ Europäischer Fonds für regionale Entwicklung (EFRE)

Der Europäische Fonds für regionale Entwicklung (EFRE), auch „*Regionalfonds*" genannt, wurde 1975 als wichtigstes Instrument einer gemeinsamen → *Regionalpolitik* der → *Europäischen Gemeinschaft (EG)*, der „Vorgängerin" der heutigen → *Europäischen Union*, eingerichtet. Als einer der fünf → *Europäischen Struktur- und Investitionsfonds (ESIF)* ist er ein besonders wichtiger Bestandteil europäischer Strukturpolitik. Der EFRE soll dazu dienen, solche regionalen Ungleichgewichte in der Gemeinschaft auszugleichen, die insbesondere auf eine vorwiegend landwirtschaftliche Struktur, industrielle Wandlungen und eine strukturbedingte Unterbeschäftigung zurückzuführen sind.

Die Gründung des EFRE geht u. a. auf den politischen Druck Großbritanniens, Irlands und Dänemarks zurück. Sie machten die Errichtung eines solchen Regionalfonds im Hinblick auf ihre strukturschwächeren Gebiete zur Voraussetzung für ihren Beitritt zur EG am 1. Januar 1973. Mit der Süderweiterung der Gemeinschaft durch Griechenland 1981 sowie Spanien und Portugal 1986 nahm die Bedeutung der gemeinsamen Regionalpolitik zu. Die am 1. Mai 2004 vollzogene → *Osterweiterung* verlieh wird ihr weiteres Gewicht, das sich mit Aufnahme Bulgariens und Rumäniens 2007 sowie Kroatiens 2013 noch deutlich erhöhte.

Wie der → *Europäische Landwirtschaftsfonds für die Entwicklung des ländlichen Raumes (ELER)* oder der europäische → *Sozialfonds (ESF)* ist der EFRE Teil des → *Haushalts der Europäischen Union*. Seine finanzielle Ausstattung ist in den letzten Jahren ständig gewachsen. Der EFRE beteiligt sich mit nicht rückzahlbaren Zuschüssen hauptsächlich an nationalen Förder- und Entwicklungsprogrammen.

▶ Europäischer Fonds für strategische Investitionen (EFSI)

Europa, so der frühere Präsident der → *Europäischen Kommission*, *Jean-Claude Juncker*, brauche einen Kickstart. Im November 2014 stellte er kühn ein milliardenschweres Investitionsprogramm für die europäische Wirtschaft vor, den sogenannten *Europäischen Fonds für strategische Investitionen (EFSI)*. Damit solle eine Botschaft an die Menschen in der → *Europäischen Union (EU)* und der Welt gehen, dass Europa „zurück im Geschäft" sei, so *Juncker*.

Konkret ging es um die Vergabe von Krediten für bestimmte Investitionsprojekte, um auf diese Weise ein Vielfaches an privaten Investitionen zu erzeugen. Zusätzliche Darlehen in Verkehrs-, Telekommunikations- oder Forschungsprojekte sollten die schwächelnde Konjunktur in Schwung bringen. Der → *Europäischen Investitionsbank (EIB)* war die Hauptrolle zugedacht, um Startkapital bereitzustellen. Ziel der Initiative war es, in den folgenden Jahren Investitionen von mindestens 315 Milliarden Euro auszulösen. Die EU-Kommission beschloss das Paket am 24. November 2014.

I. Die Grundgedanken des europäischen Konjunkturprogramms

Kernidee war es, Privatinvestoren als Multiplikatoren durch eine Verlusthaftung anzulocken. Danach bot die öffentliche Hand an, anteilig die ersten auflaufenden Verluste aus Investitionen zu übernehmen, die von der EIB getragen werden. Gefördert werden vor allem Projekte der Infrastruktur, der Forschung und Entwicklung. Ziel ist es, das Wachstum in Europa anzukurbeln und die vor allem in südlichen Ländern hohe Arbeitslosigkeit zu bekämpfen.

II. Verlängerung und Aufstockung

Im Dezember 2017 hat der → *Rat der EU* die Verlängerung des EFSI bis zum 31. Dezember 2020 beschlossen; damit sollten zusätzliche Investitionen im Wert von 500 Milliarden Euro mobilisiert werden. Die EU-Haushaltsgarantie wurde auf 26 Milliarden Euro und der Beitrag der EIB von derzeit 5 Milliarden Euro auf 7,5 Milliarden Euro erhöht.

III. InvestEU

Für den EU-Haushaltsplan 2021–2027 hat die EU-Kommission im Juni 2018 ein neues Programm namens *„InvestEU"* vorgeschlagen, um Finanzierungen aus dem EU-Haushalt in Form von Darlehen und Garantien unter einem Dach zu vereinen. Der Grund: Bis dato gab es 14 verschiedene Instrumente zur Investitionsförderung in der EU, wobei der EFSI das Hauptinstrument darstellt. Die Kommission will nun auf dem Erfolg des EFSI-Modells aufbauen und durch das Zusammenlegen aller derzeit verfügbaren Instrumente zur Investitionsförderung Größenvorteile erzielen.

Ziel des Fonds „InvestEU" ist es, öffentliche und private Investitionen in der EU zu mobilisieren, um Investitionslücken in Europa zu schließen. Der Kommissionsvorschlag sieht vor, 15,2 Mrd. Euro für den Fonds „InvestEU" bereitzustellen. Zusammen mit privaten und öffentlichen Investitionen rechnet die Kommission über den Zeitraum der siebenjährigen Haushaltsperiode 2021 bis 2027 mit mehr als 650 Mrd. € an zusätzlichen Investitionen in der gesamten EU.

Durch InvestEU sollen vier Politikbereiche gefördert werden:

- nachhaltige Infrastruktur,
- Forschung, Innovation und Digitalisierung,
- Klein- und Mittelbetriebe
- soziale Investitionen und Kompetenzen.

▶ Europäischer Führerschein

Am 27. März 2006 hat sich der Rat der Verkehrsminister (→ *Rat der Europäischen Union*) auf die inzwischen 3. Führerscheinrichtlinie (2006/126/EG) verständigt. Sie legt den Erwerb, die Gestaltung, das Format und die Ausstattung sowie die Gültigkeitsdauer neuer Dokumente für alle Mitgliedstaaten der

→ *Europäischen Union (EU)* einheitlich fest. Ein Grund für diese Einigung lag in einem zunehmenden Missbrauch: Seit Jahren stieg die Zahl derjenigen, die sich nach dem Entzug ihrer Fahrerlaubnis – etwa wegen Trunkenheit am Steuer – in einem Nachbarland einen neuen Führerschein ausstellen ließen. Nun werden Führerscheinanfragen grenzübergreifend möglich.

I. Eckpunkte der Neuregelung

Neu erteilte Führerscheine sehen innerhalb der EU einheitlich aus und sind fälschungssicher gestaltet.

Ihre Gültigkeitsdauer wird begrenzt; nach jeweils 15 Jahren sind sie zu erneuern. Neue Fahrprüfungen sollen damit nicht einhergehen.

Wer ab Anwendung der Neuregelung bereits einen Führerschein besitzt, hat die Pflicht, ihn – allerdings innerhalb einer Frist von 20 Jahren – gegen den neuen europäischen Führerschein einzutauschen.

Die Richtlinie führt EU-weit den Grundsatz „ein Führerschein pro Fahrer" ein. Dem „Führerschein-Tourismus" wird ein Riegel vorgeschoben.

II. Umsetzung in deutsches Recht

In Deutschland ist diese Richtlinie mit der am 19. Januar 2009 in Kraft getretenen Neuregelung der *Fahrerlaubnis-Verordnung* in nationales Recht umgesetzt worden. Fahrerlaubnisse anderer EU-Staaten, die von diesem Zeitpunkt an ausgestellt werden, werden in Deutschland nicht mehr anerkannt, wenn ihren Inhabern zuvor hierzulande die Fahrerlaubnis wegen schwerer Verkehrsdelikte entzogen worden ist. Der bisherige Grundsatz der gegenseitigen Anerkennung aller Führerscheine, die in anderen EU-Mitgliedstaaten ausgestellt wurden, wurde also zugunsten einer effizienten Bekämpfung des „Führerscheintourismus" eingeschränkt.

III. Vorgeschichte

Der 3. Führerscheinrichtlinie der EU sind folgende Harmonisierungsschritte vorausgegangen:

- Die 1. Führerscheinrichtlinie (80/1263/EWG) brachte erste Harmonisierungen des Fahrerlaubnisrechts wie etwa Mindeststandards für Prüfung und Eignung zum Führen von Kraftfahrzeugen oder den prüfungsfreien Umtausch bei Umzügen innerhalb der EU.
- Die 2. Führerscheinrichtlinie (91/439/EWG) löste 1996 die 1. Richtlinie ab. Sie führte ein internationales Fahrerlaubnis-Klassensystem ein, legte das jeweilige Mindestalter für die Führerscheinklassen fest und regelte die unbefristete Anerkennung der Führerscheine aus anderen Mitgliedstaaten bei Wohnsitzwechsel innerhalb der EU.

EU-weit sind heute noch etwa 110 verschiedene Führerscheinmodelle gültig; sechs Typen finden sich allein in Deutschland.

▶ Europäischer Gerichtshof (EuGH)

Die → *Europäische Union* (EU) ist zwar kein Staat – aber sie hat ein eigenes Gericht: den Europäischen Gerichtshof (EuGH). Er wurde 1957 errichtet und ist eines der → *Organe* der EU. Sein Sitz ist Luxemburg.

Jeder EU-Mitgliedstaat entsendet einen Richter, der für höchste richterliche Ämter qualifiziert ist und Gewähr für Unabhängigkeit bietet. Die heute 27 Richter und elf Generalanwälte des EuGH werden im gegenseitigen Einvernehmen von den Regierungen der Mitgliedstaaten für sechs Jahre ernannt. Eine Wiederernennung ist möglich.

Als unabhängiges Gericht wacht der EuGH darüber, dass das in allen Mitgliedstaaten der EU anerkannte Prinzip der Rechtsstaatlichkeit auch auf europäischer Ebene gewahrt bleibt. Ebenso wie ein Staat muss auch die Europäische Union alle ihre Maßnahmen aus Gesetzen ableiten. Das Recht der EU (→ *Europäisches Gemeinschaftsrecht*) wiederum muss sich auf die → *Römischen Verträge* stützen. Die Entscheidungen des EuGH sind unanfechtbar und für alle Verfahrensbeteiligten bindend.

Der EuGH ist ein:

(1) **Verfassungsgericht:** Er sichert die Anwendung der Verträge. Aufgrund einer Klage eines Mitgliedstaates, eines der Organe der EU, eines Unternehmens oder eines → *Unionsbürgers* entscheidet der EuGH, ob in einem Einzelfall gegen geltendes Recht verstoßen wurde. Der EuGH entscheidet auch über die endgültige Auslegung strittiger Texte in den Römischen Verträgen.

(2) **Verwaltungsgericht:** Als Verwaltungsgericht gewährleistet der EuGH den Gerichtsschutz des einzelnen Bürgers gegen Akte der europäischen Gewalt. In einer sogenannten Vorabentscheidung leistet der EuGH bei möglicher europäischer Rechtsverletzung den nationalen Gerichten Rechtshilfe.

(3) **Zivilgericht:** Er ist für die Rechtsprechung im Bereich der Haftung für Schäden zuständig, die durch die → *Organe der EU* oder Bedienstete der EU verursacht werden.

(4) **Schiedsgericht:** Der EuGH kann in bestimmten Fällen von der EU oder den Mitgliedstaaten als Schiedsgericht angerufen werden oder als Gutachterinstanz bezüglich vertraglicher Vereinbarungen mit Drittstaaten oder internationalen Organisationen beauftragt werden.

I. Der EuGH schützt die Grundrechte

Seit der Gemeinsamen Erklärung zur Achtung und Wahrung der → *Menschenrechte* in der EG von 1977 entscheidet der EuGH auch über die Wahrung der Grundrechte der EU-Bürger gegenüber der Hoheitsgewalt der Gemeinschaft. Auch die Regeln der seit 2009 rechtsverbindlichen → *Grundrechte-Charta der EU* sind einklagbar.

II. Vorabentscheidungen

Neben direkten Klagen, die von der → *Europäischen Kommission*, einem anderen *Organ der EU*, einem Mitgliedstaat oder von natürlichen und juristischen Personen unmittelbar beim EuGH erhoben werden, ist als Verfahrensart das sogenannte *Vorabentscheidungsersuchen* möglich: Ein nationales Gericht eines EU-Staates kann Fragen über Auslegung und Gültigkeit von Europäischem Gemeinschaftsrecht vorlegen, wenn es eine Entscheidung des EuGH zum Erlass eines Urteils (auf nationaler Ebene) für erforderlich hält. Das jeweils letztinstanzliche nationale Gericht ist in solchen Fällen sogar verpflichtet, den EuGH anzurufen. Im Rahmen der europarechtlichen Dimension der Rechtsfrage bindet die Entscheidung des EuGH das nationale Gericht.

III. Vertragsverletzungen

Sie sind öffentlichkeitswirksam, mitunter sogar spektakulär – die *Vertragsverletzungsklagen*, in denen der EuGH gerügte Verstöße gegen das Unionsrecht überprüfen muss. Sie richten sich gegen Handlungen oder Unterlassungen der Mitgliedstaaten. In einem Großteil der Fälle geht es darum, dass EU-Staaten bestimmte Richtlinien nicht, verspätet oder nicht ordnungsgemäß in ihr nationales Recht umgesetzt haben. Klageberechtigt sind EU-Kommission und die anderen Mitgliedstaaten. Der Klageerhebung ist ein außergerichtliches (Mahn-)Verfahren vorgeschaltet.

IV. Gericht erster Instanz der EU

Die zunehmende Integration der Mitgliedstaaten hat in den 1980er Jahren zu einem erheblichen Anwachsen der Verfahren und zu einer Überlastung des EuGH geführt. Immer längere Verfahren waren die Folge. In der → *Einheitlichen Europäischen Akte (EEA)* wurde daher die Errichtung eines Europäischen Gerichts erster Instanz (EuG) vorgesehen, das am 31. Oktober 1989 in Luxemburg seine Arbeit aufgenommen hat. Es sollte zunächst der Entlastung des EuGH dienen und in wichtigen Bereichen als Tatsacheninstanz fungieren. In der Folgezeit wurden seine Zuständigkeiten ausgedehnt; gleichzeitig wurde es zu einer eigenständigen Rechtsprechungsinstitution aufgewertet.

Das Gericht erster Instanz besteht aus zwölf Richtern, die von den Regierungen der Mitgliedstaaten im gegenseitigen Einvernehmen für sechs Jahre ernannt werden. Die Wiederwahl ausscheidender Richter ist zulässig. Das EuG tagt in Kammern, die aus drei oder fünf Richtern bestehen.

Das EuG ist die Eingangsinstanz für direkte Klagen gegen Handlungen oder Unterlassungen der Organe der EU sowie für Schadenersatzklagen gegen die Union. Gegen Entscheidungen des EuG können Rechtsmittel beim EuGH eingelegt werden. Rechtsmittel sind auf Rechtsfragen beschränkt und können nur gestützt werden auf die Unzuständigkeit des Gerichts, auf Verfahrensfehler oder die Verletzung des → *Europäischen Gemeinschaftsrechts* durch das Gericht.

V. Neue Zuständigkeiten seit 1999

Der → *Amsterdamer Vertrag* von 1999 brachte für den EuGH neue Zuständigkeiten. Die → Asyl-, Flüchtlings- und Einwanderungspolitik wurde in den Rahmen des Gemeinschaftsrechts einbezogen. Damit unterliegen auch die in diesen Bereichen ergehenden Rechtsakte der Auslegung und Überprüfung durch den EuGH. In einem Zusatzprotokoll wurden auch die Regelungen des → *Schenge-*

ner Abkommens in den rechtlichen Rahmen der EU integriert.

VI. Urteile des EuGH

Der EuGH hat im Laufe der Jahre zahlreiche Urteile gefällt, die die europäische Integration und das Recht der Europäischen Union in wichtigen Bereichen weiterentwickelt haben.

So hat der EuGH beispielsweise Studenten aus der EU das Studium in einem anderen EU-Land erheblich erleichtert: 1985 entschied er, dass zusätzliche Studiengebühren für Studenten aus anderen EU-Staaten gegen das Diskriminierungsverbot des EG-Vertrags verstoßen; von Bürgern aus anderen EU-Ländern dürfen nur die Gebühren und Abgaben verlangt werden, die Studenten aus dem jeweiligen Land auch entrichten müssen.

Auch im Bereich der Gleichberechtigung von Frauen und Männern legte der EuGH Grundsätze fest.

Heftige Diskussionen hatte das sogenannte Bierurteil von 1987 zur Folge: Mit dem Verkaufsverbot von Bier, das nicht nach dem deutschen Reinheitsgebot aus dem Jahre 1516 gebraut ist, behindere Deutschland den freien Handel innerhalb der Gemeinschaft; auch Bier, das nach anderen Rezepturen gebraut werde, könne als „Bier" auf dem deutschen Markt angeboten werden.

Ähnlich erging es den Italienern mit ihrem Nationalgericht: auch sie müssen nun solche Nudeln auf dem italienischen Markt dulden, die nicht aus Hartweizengrieß hergestellt sind – zum Beispiel deutsche Eiernudeln.

VII. Rechtseinheit

Natürlich haben auch die nationalen Gerichte der EU-Mitgliedstaaten darauf zu achten, dass das Unionsrecht auf mitgliedschaftlicher Ebene respektiert wird. Sämtliche national anhängigen Verfahren sind daher auch anhand der Maßstäbe des Europäischen Gemeinschaftsrechts zu überprüfen. Eine gewisse Gefahr voneinander abweichender Anwendungen des Unionsrechts in den einzelnen Mitgliedstaaten ist daher latent vorhanden. In einer Union, die sich dezidiert als Rechtsgemeinschaft versteht, ist jedoch eine einheitliche Geltung ihrer Rechtsordnung unverzichtbar. Zur Wahrung dieser Rechtseinheit ist dem EuGH die letztinstanzliche Kontrolle über die Anwendung des Unionsrechts zugewiesen; dies schließt die Befugnis ein, das Europäische Gemeinschaftsrecht für alle Mitgliedstaaten verbindlich auszulegen und fortzuentwickeln.

Tritt also die Ausübung der Kompetenzen durch Organe der EU in Widerspruch zum deutschen Grundgesetz, geht Europarecht vor. Kritiker weisen darauf hin, dass dem Grundgesetz durch die extensive Interpretation der übertragenen Kompetenzen seitens des EuGH erhebliches Terrain abhandenkomme. Die Reichweite deutscher Grundrechte, so die Kritik, werde durch die Auslegung der → *Grundrechte-Charta der EU* ständig geschmälert, weil der EuGH andere Prioritäten setze als das Bundesverfassungsgericht. Während die Karlsruher Richter den personalen und kommunikativen Grundrechten einen höheren Stellenwert als den wirtschaftlichen einräumen, halten es die Luxemburger Richter umgekehrt.

Weiterführende Literatur

Domenica Dreyer-Plum, „Grundsatzentscheidungen von EGMR und EuGH im Spannungsfeld von Menschenrechten und Einwanderungspolitik", in: „Gerichtsverbünde, Grundrechte und Politikfelder in Europa", hrsg. von Britta Rehder und Ingrid Schneider, Baden-Baden 2016, S. 259–288 | *Matthias Pechstein* (Hrsg.), „Entscheidungen des EuGH – Kommentierte Studienauswahl", 12. Auflage, Tübingen 2023

▶ Europäischer Konvent (zur Zukunft Europas)

Eine Verfassung für Europa? Diese Frage ist so alt wie die Geschichte der Europäischen Integration. Sie tauchte auf, verblasste wieder, verschwand aber nie völlig aus der an Visionen nicht armen Gedankenwelt derer, die an die Idee eines einigen Europas glauben.

I. Erste Entwürfe

1982 setzte das → *Europäische Parlament (EP)* einen Verfassungsausschuss unter Vorsitz des italienischen Europaabgeordneten *Altiero Spinelli* ein. Zwei Jahre später lag dem EP der „Spinelli-Entwurf", der erste Entwurf zur Gründung einer Europäischen Union, vor. Er räumte dem EP größere Entscheidungsbefugnisse ein und sah eine neue Kompetenzverteilung zwischen der *Union* und den Mitgliedstaaten nach bundesstaatlichen (föderativen) und arbeitsteiligen (subsidiären) Prinzipien vor (→ *Bundesstaat*). Der Entwurf wurde vom Parlament mehrheitlich gebilligt.

Die Christdemokraten im EP legten 1983 einen eigenen Verfassungsentwurf vor, den „Luster/Pfennig-Entwurf". Er orientierte sich noch stärker am föderativen Prinzip in Anlehnung an die Bund-Länder-Beziehung in der Bundesrepublik Deutschland.

1989 erhielt das neu gewählte EP vom → *Europäischen Rat* offiziell den Auftrag, eine Verfassung für die Europäische Union auszuarbeiten.

II. Der „Konvent"

Den letztlich effizienten Anlauf nahm der → *Europäische Rat* im Dezember 2001. In der belgischen Stadt Laeken beschloss man, einen *„Konvent zur Zukunft Europas"* einzuberufen. Die Leitung des Konvents wurde einem verdienten Europäer, dem früheren französischen Staatspräsidenten *Valéry Giscard d'Estaing* übertragen.

In einer Broschüre der Europäischen Kommission konnte man nachlesen:

> „Der Europäische Konvent hat die Aufgabe, einen strukturellen Rahmen für die Europäische Union vorzuschlagen, der abgestimmt ist auf die globale Entwicklung, auf die Bedürfnisse der Bürger Europas und auf die künftige Entwicklung der Union."

Jetzt sollten also schleunigst die Schularbeiten gemacht werden für die Aufnahme einer großen Zahl neuer Mitgliedstaaten speziell aus Mittel- und Osteuropa; die EU selbst sollte – getreu dem immer wieder beschworenen Motto: Erweiterung *und* Vertiefung – „beitrittsfähig" gemacht werden.

Diesem aus 105 Vertretern der Mitgliedstaaten sowie der damals zehn Beitrittsländer bestehenden „Verfassungskonvent" gelang es in der Tat, einen eindrucksvollen *Verfassungsentwurf* vorzulegen. In 338 Artikeln fasste er die bisherigen Europäischen Verträge – also die → *Römischen-Verträge,* den → *Maastrichter Vertrag* und den → *Amsterdamer Vertrag* – zusammen, baute die bereits im Dezember 2000 feierlich proklamierte → *Grundrechte-Charta der EU* gekonnt mit ein und fügte neue, der Vertiefung und Regierbarkeit einer wachsenden Union verpflichtete Elemente hinzu.

III. Kernpunkte und Knackpunkte

Letztere bargen – als eigentliche Kernpunkte – auch die zentralen Knackpunkte, die auf dem wohltönend als „Verfassungsgipfel" geplanten Treffen der EU-Staats- und Regierungschefs im Dezember 2003 in Brüssel offen zutage traten. Wen wundert es, wenn es um derart heiße Fragen wie die Verteilung von Macht und Gewicht in der wichtigsten Gesetzgebungsinstanz der EU, dem → „Ministerrat", also dem heutigen → *Rat der Europäischen Union,* geht.

In Nizza (→ *Vertrag von Nizza*) hatten die Staats- und Regierungschefs im Dezember 2000 – mit mehr oder weniger heißer Nadel und um ein Scheitern des Gipfels in letzter Minute zu vermeiden – eine eher willkürliche Stimmengewichtung beschlossen, die für „mittelgroße" Staaten äußerst günstig war: man bescherte Spanien und Polen mit jeweils 27 Stimmen im Rat ein fast gleiches Gewicht wie Großbritannien, Italien, Frankreich und Deutschland, denen je 29 Stimmen zuerkannt wurden. Auch Frankreich sah diese Lösung nicht ungern; das deutlich bevölkerungsstärkere Deutschland war mit den Franzosen gleichgestellt. Die Absprachen von Nizza waren am 26. Februar 2001 in Kraft getreten.

Der Entwurf des Konvents wollte hier mit einer „Doppelten Mehrheit" Gerechtigkeit herstellen: eine Mehrheit der Staatenstimmen sollte nur gelten, wenn sie zugleich für mindestens 60 Prozent der Bevölkerung der Europäischen Union steht. Polen und Spanien, die beiden Nizza-Profiteure, lehnten diese Lösung ab – und ließen den Verfassungsentwurf scheitern.

Der Plan war allerdings nur vorläufig gescheitert. Die Idee einer Europäischen Verfassung lebte weiter. Als Geist in die Flasche zurück bekam man sie nicht. Bereits unter irischer Präsidentschaft im ersten Halbjahr 2004 – und damit weitaus früher als erwartet – gelang es dem irischen Premierminister und Ratspräsidenten *Bertie Ahern* durch geschicktes Verhandeln, die Staats- und Regierungschefs der EU-Mitgliedstaaten nach diversen Änderungen an *Giscard d'Estaings* Entwurf doch noch auf einen Verfassungsvertrag einzustimmen. Nach harten Verhandlungen einigte man sich am späten Abend des 18. Juni 2004 in Brüssel auf einen *„Vertrag über eine Verfassung für Europa"* (→ *Verfassung für Europa*). Auch er sollte scheitern. Die grundlegenden Reformelemente aber sind später in den → *Lissabon-Vertrag* eingeflossen, der am 1. Dezember 2009 in Kraft trat.

▶ Europäischer Landwirtschaftsfonds für die Entwicklung des ländlichen Raumes (ELER)

Nicht immer ist unser neues Europa auf den ersten Blick durchschaubar – insbesondere dann nicht, wenn es um die diversen „Fonds“ geht. Ein Beispiel: der *„Europäische Ausrichtungs- und Garantiefonds für die Landwirtschaft“*, kurz EAGFL oder auch „Agrarfonds“. Eingerichtet wurde er 1962. Aus dem EAGFL wurde die Gemeinsame → *Agrarpolitik* der (heutigen) → *Europäischen Union (EU)* finanziert.

Dann aber, mit Beginn der Haushaltsperiode 2007 bis 2013, wurde der EAGFL aufgeteilt; für seine bisherigen Aufgaben wurden zwei getrennte Fonds eingerichtet:

a) einerseits der „Europäische Garantiefonds für die Landwirtschaft“ (EGFL):

   Der EGFL finanziert Ausgaben der einheitlichen gemeinsamen Marktorganisation, Direktzahlungen an Inhaber landwirtschaftlicher Betriebe, die Absatzförderung für Agrarerzeugnisse sowie einmalige Ausgaben, etwa für Veterinärmaßnahmen (siehe auch → *Agrarpolitik, europäische*); und

b) andererseits der „Europäische Landwirtschaftsfonds für die Entwicklung des ländlichen Raumes“ (ELER):

   Der ELER kofinanziert Maßnahmen zur Stärkung der Wettbewerbsfähigkeit der Land- und Forstwirtschaft, Agrarumweltmaßnahmen, Vorhaben zur Verbesserung der Lebensqualität im ländlichen Raum, zur Förderung der Diversifizierung der ländlichen Wirtschaft sowie zum Aufbau lokaler Kapazitäten.

   Wie der → *Europäische Fonds* für regionale Entwicklung (EFRE) und der Europäische → *Sozialfonds* sind auch EGFL und ELER Teile des → *Haushalts der Europäischen Union*. Die Bedeutung der beiden Fonds lässt sich daran erkennen, dass sie bis heute den weitaus größten Posten des gesamten EU-Haushalts umfassen.

ELER hat zwei Abteilungen:

(1) Abteilung Garantie: Sie ist der größte Teil des Fonds; sie finanziert die den Landwirten garantierten Preise und die → *Ausfuhrerstattungen* beim Export von Agrarüberschüssen auf den Weltmarkt.

(2) Abteilung Ausrichtung: Sie finanziert Maßnahmen zur Verbesserung der → *Strukturpolitik* in der Landwirtschaft und bezuschusst Anpassungen der Erzeugung an den Markt, Qualitätsverbesserungen, Rationalisierungen und Absatzförderungen.

Auch in der Förderperiode 2023 bis 2027 wird der ländliche Raum durch den ELER unterstützt. Dabei sollen mithilfe des Fonds auch europäische Strategien wie der → „Green Deal“, die Strategie „Vom Hof auf den Tisch“ und die „Biodiversitätsstrategie“ zum Schutz der natürlichen Ressourcen umgesetzt werden.

Das Budget des ELER für die Haushaltsperiode 2021 bis 2027 umfasst 78,8 Mrd. Euro. Zusätzlich stehen in diesem Zeitraum 10 Mrd. Euro im EU-Rahmenprogramm *„Horizon Europe"* für Forschung und Innovation Ernährung, Landwirtschaft, ländliche Entwicklung und Bioökonomie bereit.

Die Verwendung der Fondsmittel aller fünf → *Europäischen Struktur- und Investitionsfonds (ESIF)* unterliegt einer geteilten Mittelverwaltung: Jeder Mitgliedstaat erstellt für den Förderzeitraum ein *operationelles Programm* mit Vorgaben, wie und wofür die ihm zugeteilten Gelder verwendet werden sollen.

Sobald die → *Europäische Kommission* das Programm genehmigt hat, entscheiden die EU-Staaten selbst, welche konkreten Projekte finanziert werden. Die Förderfähigkeit der zu unterstützenden Maßnahmen und die Umsetzung des Programms werden von den Mitgliedstaaten und der EU-Kommission gemeinsam überwacht.

▶ Europäischer Meeres-, Fischerei- und Aquakulturfonds (bis 2020: Europäischer Meeres- und Fischereifonds) (EMFAF)

→ *Europäische Struktur- und Investitionsfonds (ESIF)*

▶ Europäischer Rat

Wenn man von ihm hört, dann tagt er meistens gerade – als Gipfeltreffen der Staats- und Regierungschefs aller Mitgliedstaaten der → *Europäischen Union* (EU).

Diese Gipfeltreffen waren in den Gründungsverträgen von 1957 (→ *Römische Verträge*) nicht vorgesehen. Es gibt sie seit 1969. Seit dem Gipfeltreffen 1974 in Paris finden sie als ständige Einrichtung mindestens zweimal jährlich statt, um Grundsatzfragen europäischer Politik zu erörtern. Unter der Bezeichnung *„Europäischer Rat"* wurden sie erstmals in der → *Einheitlichen Europäischen Akte (EEA)* vom 3. Dezember 1985 als Institution – nicht als → *Organ der Europäischen Union* – vertraglich verankert.

Heute *ist* der Europäische Rat ein *Organ* der EU. Der → *Lissabon-Vertrag*, in Kraft seit 1. Dezember 2009, wertete ihn in den Artikeln 235 und 236 AEUV entsprechend auf – und dies zu Recht: Im Laufe der Jahre hat er sich zu einer ausgesprochen zentralen Institution im Gefüge der europäischen Gremien entwickelt. Er bestimmt, kurz gesagt, die Leitlinien der Politik der EU. Die Staats- und Regierungschefs beteiligen sich auf diesem Wege direkt an integrationspolitischen Weichenstellungen, treffen Richtungsentscheidungen und tragen unmittelbar Verantwortung für grundlegende Entwicklungen in der EU. Der Präsident der → *Europäischen Kommission* wird zu den Arbeiten und Beratungen des Rats hinzugezogen.

Der *Präsident* des Europäischen Rates wird vom Europäischen Rat mit qualifizierter Mehrheit für eine Amtszeit von zweieinhalb Jahren gewählt. Eine Bestätigung durch das → *Europäische Parlament* ist nicht vorgesehen. Eine einmalige Wiederwahl ist möglich. Seit dem 1. Dezember 2019 hat der Belgier *Charles Michel* dieses Amt inne. *Hinweis:* Das Amt ist nicht zu verwechseln mit der → EU-Ratspräsidentschaft, die in sechsmonatigem Turnus von einem auf ein anderes EU-Land übergeht.

Zu den Aufgaben des Präsidenten gehört die Vorbereitung der Arbeit des Europäischen Rates. Er leitet dessen Sitzungen, hat dort jedoch kein Stimmrecht.

Achtung: Der Europäische Rat ist weder zu verwechseln mit dem → *Rat der Europäischen Union* noch mit dem → *Europarat.* Es handelt sich um jeweils ganz unterschiedliche und voneinander unabhängige Einrichtungen:

(1) Der → *Rat der Europäischen Union*, der bis 1993 → *Ministerrat* hieß, ist ein eigenständiges → *Organ der EU* mit Sitz in Brüssel. Sein Vorsitz, die → *EU-Ratspräsidentschaft*, wechselt alle sechs Monate von einem EU-Mitgliedsland auf ein anderes EU-Mitgliedsland. Das Amt des Präsidenten des Europäischen Rates ist von diesem Turnus unabhängig.

(2) Der → *Europarat*, eine 1949 in Straßburg gegründete zwischenstaatliche Organisation mit heute 47 Mitgliedstaaten, dient der Zusammenarbeit aller Nationen Europas. Er ist mit der Europäischen Union weder rechtlich noch organisatorisch verbunden.

Weiterführende Literatur

Generalsekretär des Rates (Hrsg.), „Der Europäische Rat – Juli 2018 bis November 2019“, Luxemburg 2019, https://op.europa.eu/de/publication-detail/-/publication/cbf7e140-10e0-11ea-8c1f-01aa75ed71a1/language-de/format-PDF/source-search (Zuletzt abgerufen: 6. Mai 2020) | *Uwe Puetter,* „The European Council & the Council – New Intergovernmentalism and Institutional Change“, Oxford 2014 | *Wolfgang Wessels/Thomas Traguth,* „Der hauptamtliche Präsident des Europäischen Rates: ‚Herr‘ oder ‚Diener‘ im Haus Europa?“, in: Integration, 33. Jahrgang, Heft 4/2010, S. 297–311

▶ Europäischer Rechnungshof

Der Europäische Rechnungshof (ER) mit Sitz in Luxemburg ist ein Organ der → *Europäischen Union (EU)* (→ *Organe der Europäischen Union*). Er prüft alle Einnahmen und Ausgaben der EU auf ihre Rechtmäßigkeit, Ordnungsmäßigkeit und Wirtschaftlichkeit. Außerdem unterstützt er das → *Europäische Parlament (EP)* bei der Kontrolle des → *Haushalts der EU*. Die Ergebnisse seiner Kontrolle veröffentlicht er jährlich in einem Rechnungsprüfungsbericht. Der Unabhängigkeit des ER gegenüber den anderen Organen der EU sowie gegenüber den EU-Mitgliedstaaten entspricht es, dass er frei über die Organisation und den Zeitplan seiner Kontrollarbeiten sowie über die Veröffentlichung seiner Berichte entscheidet.

Die Prüfberichte des Rechnungshofs werden dem Europäischen Parlament sowie dem → *Rat der Europäischen Union* übermittelt und bilden die Grundlage für die Entscheidung zur Entlastung der → *Europäischen Kommission*.

Der Europäische Rechnungshof besteht aus 27 Mitgliedern, die die 27 EU-Mitgliedstaaten repräsentieren. Sie werden vom Rat der EU – nach Anhörung des Europäischen Parlaments – im gegenseitigen Einvernehmen auf sechs Jahre ernannt. Dem Europäischen Rechnungshof gehören Beamte aus allen Mitgliedstaaten an.

Obschon die Gründungsverträge von 1957 (→ *Römische Verträge*) die Errichtung des Europäischen Rechnungshofs vorsahen, wurde ein entsprechender Schritt erst 1975 vollzogen. Am 25. Oktober 1977 nahm der Europäische Rechnungshof seine Tätigkeit auf.

▶ Europäischer Stabilitätsmechanismus (ESM)

Im Jahr 2010 begann, was man heute → *Staatsschuldenkrise* nennt. Defizite der Stabilitätsmechanismen, die mit der Einführung des → *Euro* einhergingen, traten offen zutage. Man begann, gegenzusteuern. So haben die Staats- und Regierungschefs des → *Euro-Raums* seither ein nennenswertes Bündel an Maßnahmen auf den Weg gebracht, um der *„Staatsschuldenkrise"* die Stirn zu bieten.

Wo setzte die Politik an? *Vier Strategien* oder „Säulen" wurden entwickelt, nämlich:

(1) eine neue haushaltspolitische Überwachung,
(2) eine verbesserte wirtschaftspolitische Steuerung,
(3) eine umfassende Finanzmarktreform
(4) und – besonders hervorzuheben – völlig neue Stabilitätsmechanismen.

Die wichtigste Stabilitätsmaßnahme ist ohne Zweifel der *„Europäische Stabilitätsmechanismus"*, kurz *ESM*.

Was, so fragte sich mancher Zeitungsleser, ist das eigentlich? Zunächst ist das viel Geld. 700 Milliarden Euro Stammkapital stehen hier bereit, um in Not geratenen Mitgliedstaaten des Euro-Raums mit Krediten unter die Arme zu greifen.

Woher kommen diese Summen? Die 19 Euro-Länder stellten zunächst insgesamt 80 Milliarden als Bareinlagen zur Verfügung. Der deutsche Anteil liegt bei knapp 22 Milliarden Euro. Weitere 620 Milliarden Euro kann der ESM bei Bedarf zusätzlich aus diesen Ländern abrufen. Hier wäre Deutschland mit rund 168 Milliarden Euro dabei.

Basis des ESM ist ein völkerrechtlicher Vertrag; mit den EU-Verträgen hat er rechtlich nichts zu tun. Am 19. September 2012 ist er in Kraft getreten. Kritiker fragten sich: Darf sich unser Land am Parlament vorbei in solch einer schwindelnden Höhe Verpflichtungen auferlegen? Das Bundesverfassungsgericht hatte über entsprechende Klagen zu entscheiden.

Am 7. September 2012 verkündete es sein Urteil: Deutschland kann sich am ESM beteiligen, aber bei den veranschlagten 190 Milliarden Euro müsse es unter allen Umständen bleiben. Werde dieser Rahmen überschritten, müsse der Deutsche Bundestag zustimmen.

Damit konnte der ESM starten – als dauerhafte internationale Finanzinstitution, vergleichbar mit dem Internationalen Währungsfonds (IWF). Seit 8. Oktober 2012 ist er in Kraft.

Achtung: Der ESM greift nur, wenn die Krisenprävention und alle anderen Maßnahmen fehlgeschlagen sind. Hilfen aus dem ESM sind zudem an sehr konkrete Bedingungen und Auflagen geknüpft: Unterstützung erhält ein Staat nur, wenn das Risiko besteht, dass er sich nicht mehr über Anleihen finanzieren kann, und wenn gleichzeitig der Finanzstabilität der Eurozone insgesamt Gefahr droht. Hilfen aus dem ESM können nur die Staaten in Anspruch nehmen, die bis zum 1. März 2012 den → *Fiskalvertrag* ratifiziert und spätestens ein Jahr nach dessen Inkrafttreten die Bestimmungen zur Schuldenbremse (→ *Staatsschuldenkrise*) in nationales Recht umgesetzt haben.

Wer aber entscheidet, ob eine Finanzhilfe gewährt wird und welche Auflagen zu beachten sind? Hierfür gibt es den *Gouverneursrat* des ESM, zusammengesetzt aus den Finanzministern der Euro-Länder. Ein *Direktorium* aus je einem Vertreter der Euro-Staaten kümmert sich um den laufenden Geschäftsbetrieb.

Weiterführende Literatur

Stefan Pilz, „Der Europäische Stabilitätsmechanismus – eine neue Stufe der europäischen Integration“, Tübingen 2016 | *Rolf Strauch,* „Reform der Wirtschafts- und Währungsunion: Vom ESM zum Europäischen Währungsfonds“, in: „Die Zukunft der Europäischen Union“, hrsg. von Andreas Th. Müller et al., Baden-Baden 2019, S. 41–50

▶ Europäischer Wirtschaftsraum (EWR)

Der Europäische Wirtschaftsraum (EWR) wurde 1994 mit dem Ziel eingerichtet, die Bestimmungen über den → *Binnenmarkt* der → *Europäischen Gemeinschaften (EG)* – der Vorgängerin der → *Europäischen Union (EU)* – auf die seinerzeit sieben Länder der Europäischen Freihandelszone (→ *EFTA*) auszudehnen.

I. EWR und EU

Die Schweiz ratifizierte das EWR-Abkommen aufgrund eines ablehnenden Referendums nicht. Die einstigen EFTA-Staaten Österreich, Finnland und Schweden traten 1995 der EU bei. Im EWR verblieben nur Island, Norwegen und Liechtenstein.

Alle Mitgliedstaaten der EG – der späteren EU – gehörten von Anfang an dem EWR an. Die mit der → *Osterweiterung* 2004, 2007 und 2013 der EU beigetretenen 13 neuen Mitgliedstaaten wurden automatisch Teil des EWR.

Rechtsgrundlage für den EWR ist heute Art. 217 AEUV, der auch Assoziierungsabkommen regelt. Für die

Schweiz bestehen bilaterale Abkommen.

Mit dem → *Brexit* hat das bisherige EU-Mitglied Großbritannien auch den EWR verlassen.

II. Geltungsbereich des EWR

Der EWR geht über herkömmliche → *Freihandelsabkommen* hinaus, da er die vollen Rechte und Pflichten des EU-Binnenmarkts auf die EFTA-Staaten (mit Ausnahme der Schweiz) ausdehnt. Der EWR beinhaltet die vier Freiheiten des Binnenmarktes – freier Waren-, Personen-, Dienstleistungs- und Kapitalverkehr – sowie damit verbundene Politikbereiche wie Wettbewerb, Transport, Energie und die wirtschaftliche und währungspolitische Zusammenarbeit. Das Abkommen schließt politische Maßnahmen ein, die sich ausschließlich auf die vier Freiheiten beziehen. Dazu zählen sozialpolitische Maßnahmen einschließlich Gesundheit und Sicherheit am Arbeitsplatz, Arbeitsrecht und die Gleichbehandlung der Geschlechter. Weiterhin umfasst es politische Maßnahmen in den Bereichen Verbraucherschutz, Umwelt, Statistik und Gesellschaftsrecht sowie schließlich flankierende politische Maßnahmen, etwa auf den Gebieten von Forschung und technischer Entwicklung, die nicht auf verbindlichen Rechtsakten beruhen, sondern im Wege der Zusammenarbeit umgesetzt werden.

Ebenso wie 23 EU-Staaten gehören auch Island, Norwegen, die Schweiz und Liechtenstein dem Schengen-Raum an (→ *Schengener Abkommen)* und verzichten auf Personenkontrollen an ihren Binnengrenzen.

▶ Europäisches Gemeinschaftsrecht (EGR)

Ein *„Europäisches Gemeinschaftsrecht“* (EGR) gibt es seit 1957. Seither ist es unaufhaltsam in diverseste Lebensbereiche eingesickert. Das fängt bei den Führerscheinklassen an und hört bei der Pflicht, große Vorhaben etwa im Baubereich europaweit auszuschreiben, noch lange nicht auf.

I. Die Grundlagen

Angefangen hat alles mit dem Abschluss der Verträge zur Gründung der → *Europäischen Wirtschaftsgemeinschaft (EWG)* und der → *Europäischen Atomgemeinschaft (EAG; Euratom)* am 25. März 1957 in Rom (→ *Römische Verträge*). Der in der Praxis wichtigste Vertrag, der EWG-Vertrag, gilt als die Magna Charta der europäischen Integration. Seine Regelungen haben sich als flexible Grundlage des Ausbaus der Gemeinschaft bis hin zur heutigen → *Europäische Union* (EU) erwiesen.

Die Gründungsverträge sind bisher in vier zentralen Schritten fortgeschrieben worden:

(1) Die → *Einheitliche Europäische Akte (EEA)* von 1986 hatte vor allem Bestimmungen zum Inhalt, die zur Vollendung des gemeinsamen → *Binnenmarktes* bis zum 31. Dezember 1992 notwendig waren.

(2) Der → *Maastrichter Vertrag* von 1992 schuf die Voraussetzungen für die Gründung der → *Europäischen Union (EU)* im Novem-

ber 1993. Er ergänzte die Gründungsverträge um die Bedingungen sowie den Zeitplan für die → *Wirtschafts- und Währungsunion (WWU)* und damit für den → *Euro*. Auch wurde vereinbart, innerhalb der EU künftig eine → *Gemeinsame Außen- und Sicherheitspolitik (GASP)* zu gestalten.

(3) Der → *Amsterdamer Vertrag*, in Kraft seit 1999, sollte die EU fit machen für die seinerzeit bevorstehende → *Osterweiterung*.

(4) Der → *Lissabon-Vertrag*, in Kraft seit 2009, gilt als besonders wichtiges Reformwerk, um die EU von einer wirtschaftlichen zu einer politischen Union weiterzuentwickeln. Er stärkte die Institutionen, sorgte für mehr Bürgernähe und strukturierte vor allem klarer als bisher, wo die Kompetenzen der europäischen Ebene aufhören und wo die Nationen und Regionen durchaus eigenständig und realitätsnah selbst entscheiden sollten.

II. Eigenständige Rechtsordnung

Das Europäische Gemeinschaftsrecht (EGR) ist weder Völkerrecht, also internationales Recht, noch ist es staatliches, also nationales Recht. Als Recht der *Europäischen Union* ist es eine eigenständige Rechtsordnung (sui generis). In ihr wird das Ziel einer → *Integration* der Mitgliedstaaten hin zu einer immer engeren Gemeinschaft der Völker Europas besonders deutlich.

Dieses „eigentümliche" Recht gliedert sich in zwei Stufen:

Die 1. Stufe besteht aus den Gründungsverträgen der Gemeinschaft (→ *Römische Verträge*), Heute heißen sie *„Vertrag über die Europäische Union* (EUV)" einerseits und *„Vertrag über die Arbeitsweise der Europäischen Union* (AEUV)" andererseits. Gemeinsam mit den vier oben genannten vertraglichen Ergänzungen bilden sie das *primäre Gemeinschaftsrecht.*

Die 2. Stufe bildet das aus diesen Vertragswerken abgeleitete, von den → *Organen der EU* geschaffene *sekundäre Gemeinschaftsrecht.*

Auf dieser zweiten Stufe können die vertraglich hierzu legitimierten Organe der EU – das sind → *Europäische Kommission*, → *Rat der Europäischen Union* und → *Europäisches Parlament (EP)* in einem genau geregelten Zusammenwirken – folgende Rechtsakte erlassen:

- *Verordnungen*, die grundsätzlich unmittelbar in allen EU-Mitgliedstaaten gelten und direkte Auswirkungen auf die EU-Bürgerinnen und EU-Bürger haben.
- *Richtlinien*, die die EU-Staaten dazu verpflichten, die in der Richtlinie enthaltene Regelung in eigener Regie in nationales Recht umzusetzen (→ *Rechtsangleichung*).
- *Entscheidungen*, die sowohl an einen Mitgliedstaat als auch an Bürger gerichtet sein können, sich auf Einzelfälle beziehen und unmittelbar verbindlich sind.

Das EGR ist für die EU-Mitgliedstaaten zwingend. Es hat Vorrang vor dem nationalen Recht und schränkt damit die nationale Souveränität ein.

Schließlich gibt es noch *Empfehlungen* und *Stellungnahmen*, die aber unverbindlich sind.

III. Gesetzgebungsverfahren

Unser Demokratieverständnis basiert auf dem bewährten Prinzip der Gewaltenteilung: staatliche Machtfülle ist zu verteilen auf das Parlament als gesetzgebende Gewalt (Legislative), die Regierung (Exekutive) und das Gerichtswesen (Judikative).

Die Europäische Union ist zwar weit mehr als ein bloßer → *Staatenbund;* sie ist aber auch kein Staat. So ließ es sich über Jahrzehnte irgendwie ertragen, dass ausgerechnet der → *Rat der Europäischen Union* – der Repräsentant der nationalen Regierungen, also der *Exekutive* der Mitgliedstaaten – das zentrale Gesetzgebungsorgan der Gemeinschaft war. Die → *Europäische Kommission*, die allein über das sogenannte Initiativrecht verfügt, machte zwar die Gesetzesvorschläge; der Rat aber hatte das letzte Wort.

Die Rolle des → *Europäischen Parlaments (EP)* bei der europäischen Gesetzgebung war dagegen durch eher kümmerliche Kompetenzen gekennzeichnet. In den Anfangsjahren der Gemeinschaft hatte es zunächst nur beratende Funktion. Die EU-Kommission leitete ihre Vorschläge dem Rat der EU sowie dem EP zu; das EP gab daraufhin seine Stellungnahme ab, das war alles. In diesem *Anhörungsverfahren* konnte man die Auffassung des EP berücksichtigen, musste es aber nicht.

Erst seit 1987 verlangte der EG-Vertrag die Zustimmung des EP in einigen ausgewählten Politikbereichen. Mit zunehmender Verlagerung nationaler Zuständigkeiten auf Organisationsstrukturen der EU musste das EP schließlich zu demokratiekonformerer Beachtung und Bedeutung gelangen: das sogenannte *Mitentscheidungsverfahren* stellt das EP heute im europäischen Gesetzgebungsverfahren *gleichberechtigt* neben den Rat. Eingeführt wurde dieses Verfahren1992 mit dem Maastrichter Vertrag, allerdings noch begrenzt auf Bereiche, die etwa den → *Binnenmarkt*, den Verbraucherschutz oder Umweltprogramme betrafen. Der → *Amsterdamer Vertrag* weitete 1999 den Anwendungsbereich des Mitentscheidungsverfahrens auf fast alle Politikbereiche aus, in denen der Rat der EU mit Mehrheit entscheiden kann.

IV. Rechtsakte der EGKS

Der 2003 ausgelaufene Vertrag der → *Europäischen Gemeinschaft für Kohle und Stahl (EGKS)* vom 18. April 1951 kannte andere Formen der Rechtsetzung, nämlich die Entscheidung (entsprechend der Verordnung und der Entscheidung des EG-Vertrags), die Empfehlung (entsprechend der Richtlinie) und die Stellungnahme (entsprechend der Stellungnahme und der Empfehlung).

V. Aufgabe des Europäischen Gerichtshofs

Besondere Bedeutung für das Recht der EU kommt der Rechtsprechung des → *Europäischen Gerichtshofs (EuGH)* zu. Der EuGH entscheidet über Zweifelsfragen, die bei Auslegung und Anwendung von Gemeinschaftsrecht vor den *nationalen* Gerichten der Mitgliedstaaten auftreten. Er hat darüber hinaus aus den gemeinsamen Verfassungstraditionen der Mitgliedstaaten europäische Grundrechte entwickelt und sie – mit späterer ausdrücklicher Zustimmung der Organe der EU – zu allgemeinen Rechtsgrundsätzen des EGR erklärt (→ *Grundrechte-Charta der Europäischen Union*).

▶ Europäisches Haus

Es war kein Geringerer als der damalige sowjetische Staats- und Regierungschef *Michail Gorbatschow*, der Ende der 1980er Jahre das bereits von seinen Vorgängern *Leonid Breschnew* und *Andrei Gromyko* ins Spiel gebrachte Bild vom *„gemeinsamen europäischen Haus"* aufgenommen, nach Westen gewandt mehrfach für diese Vision geworben und es unter anderem in seinem Buch „Perestroika" erweitert und präzisiert hat. Wenig später sprach er sogar von einem „europäischen Commonwealth", in dem alle Staaten auf dem Kontinent einschließlich der Vereinigten Staaten von Amerika und Kanada gleichberechtigt zusammenwirken würden.

Bereits 1967 hatte die → *NATO* vorgeschlagen, eine gerechte und dauerhafte Europäische Friedensordnung vom Atlantik bis zum Ural zu schaffen.

Am 25. September 2001 schließlich warb der russische Präsident Wladimir Putin im Deutschen Bundestag, begleitet von stehenden Ovationen, für ein „einheitliches Großeuropa" und eine „moderne, dauerhafte und standfeste internationale Sicherheitsarchitektur" auf unserem Kontinent; die USA und Kanada schloss er ausdrücklich mit ein. Viele Beobachter schätzten sein Angebot seinerzeit als glaubwürdig ein. Wurde eine Jahrhundertchance verpasst?

▶ Europäisches Parlament (EP)

Die → *Europäische Union (EU)* ist kein Staat. Aber sie hat eine Volksvertretung: das *Europäische Parlament (EP)*. Hier spiegelt sich die Vielfalt der Union wider. Alle Mitgliedstaaten entsenden Abgeordnete, die unmittelbar von den Bürgerinnen und Bürgern auf jeweils fünf Jahre gewählt werden (→ *Europawahl*).

Solche direkten Wahlen fanden erstmals 1979 statt. Bis dahin wurden die Abgeordneten von den nationalen Parlamenten der Mitgliedstaaten bestimmt.

Seit seinem Bestehen setzt sich das EP für demokratische und handlungsfähige Institutionen und Entscheidungsprozesse in der EU ein und drängt auf mehr Transparenz. Der Wunsch der europäischen Abgeordneten war und ist es, eine *Bürgerunion* zu schaffen, in der die Interessen der Menschen im Mittelpunkt stehen. Die EU soll mehr sein als eine bloße Wirtschaftsgemeinschaft. Ohne Zweifel wurden diese Bestrebungen des EP vertragspolitisch honoriert. Von Vertragsänderung zu Vertragsänderung – und zuletzt im Reformvertrag von Lissabon 2009 (→ *Lissabon-Vertrag*) – wurden die Rechte des Parlaments weiter entwickelt, seine

Entscheidungsbefugnisse gestärkt und seine Mitspracherechte erweitert.

I. Die Abgeordneten

In der zurückliegenden – achten – Wahlperiode 2014 bis 2019 repräsentierten noch 751 Abgeordnete aus 28 Mitgliedstaaten die Europäische Union und ihre bis dahin rund 506 Millionen Bürgerinnen und Bürger in der ganzen Breite ihres politischen Spektrums. Dies war die in den EU-Verträgen festgelegte Höchstzahl. Mit dem Ausscheiden Großbritanniens aus der EU am 31. Januar 2020 (→ *Brexit*) reduzierte sich die Zahl der Abgeordneten im EP auf 705. Von den insgesamt 73 Sitzen des Vereinigten Königreichs wurden 27 auf andere Mitgliedstaaten umverteilt; die restlichen 46 Sitze werden für künftige EU-Erweiterungen in Reserve gehalten.

Durch diese Neuverteilung der Sitze verliert kein Mitgliedstaat Sitze. Einige Mitgliedstaaten gewinnen einen bis fünf Sitze hinzu, um ihre Unterrepräsentation infolge demografischer Änderungen zu beheben. Kein EU-Mitglied kann mehr als 96 Sitze haben und keines weniger als 6. Deutschland, dem bereits 96 Sitze im EP zugestanden worden waren, konnte demnach keinen zusätzlichen Sitz mehr erhalten. Auch für weitere zwölf EU-Staaten blieb die Zahl ihrer Sitze unverändert.

Seit dem 1. Februar 2020 verteilen sich die Sitze im EP wie folgt auf die einzelnen EU-Mitgliedstaaten (in Klammern die bisherige Anzahl der Sitze):

Belgien	= 21 Abgeordnete (21)
Bulgarien	= 17 Abgeordnete (17)
Dänemark	= 14 Abgeordnete (13)
Deutschland	= 96 Abgeordnete (96)
Estland	= 7 Abgeordnete (6)
Finnland	= 14 Abgeordnete (13)
Frankreich	= 79 Abgeordnete (74)
Griechenland	= 21 Abgeordnete (21)
Irland	= 13 Abgeordnete (11)
Italien	= 76 Abgeordnete (73)
Kroatien	= 12 Abgeordnete (11)
Lettland	= 8 Abgeordnete (8)
Litauen	= 11 Abgeordnete (11)
Luxemburg	= 6 Abgeordnete (6)
Malta	= 6 Abgeordnete (6)
Niederlande	= 29 Abgeordnete (26)
Österreich	= 19 Abgeordnete (18)
Polen	= 52 Abgeordnete (51)
Portugal	= 21 Abgeordnete (21)
Rumänien	= 33 Abgeordnete (32)
Schweden	= 21 Abgeordnete (20)
Slowakei	= 14 Abgeordnete (13)
Slowenien	= 8 Abgeordnete (8)
Spanien	= 59 Abgeordnete (54)
Tschechische Republik	= 21 Abgeordnete (21)
Ungarn	= 21 Abgeordnete (21)
Zypern	= 6 Abgeordnete (6)

1. Rückblick

Die Zahl der Abgeordneten im EP wuchs mit den Erweiterungen der EU:

- Um der neuen Größe Deutschlands nach der Wiedervereinigung 1990 Rechnung zu tragen, erhielt unser Land 18 zusätzliche Abgeordnete, die vorher bereits als Beobachter aus den neuen Bundesländern entsandt worden waren. Zugleich erhöhte man die Gesamtzahl der Europaabgeordneten von seinerzeit 518 auf 567, um anteilsmäßig auch die Abgeordneten-Kontingente einiger anderer Staaten um je sechs Sitze (Frankreich, Großbritannien, Italien und die Niederlande), um vier (Spanien) bzw. um je einen Sitz (Belgien, Griechenland, Portugal) zu erhöhen.
- Im → *Vertrag von Nizza* wurde 2000 im Vorfeld des Beitritts von zehn vorwiegend mittel- und osteuropäischen Staaten (→ *Osterweiterung*) die Gesamtzahl der Mandate für das EP auf 732 erhöht und eine neue Sitzverteilung festgelegt. Diese Regelung galt seit 2004. Zugleich wurden Regelungen für den vorgesehenen Beitritt Bulgariens und Rumäniens getroffen.
- Seit 26. September 2005 verfügten Bulgarien und Rumänien über einen Beobachterstatus im EP. Mit dem Beitritt beider Staaten zur EU erhielten diese 18 Beobachter Bulgariens und 35 Beobachter Rumäniens Abgeordnetenstatus. Die Gesamtzahl der Mitglieder des EP erhöhte sich damit vorübergehend um 53 auf 785 Abgeordnete.
- Mit Beginn der 7. Wahlperiode, also seit Juni 2009, wurde diese Zahl auf insgesamt 736 Sitze zurückgeführt; mehrere Staaten mussten Abgeordnetenmandate zugunsten der beiden neuen EU-Staaten abgeben. Als einziges größeres Mitgliedsland durfte Deutschland seine bisherige Zahl von 99 Abgeordneten behalten.
- Der am 1. Dezember 2009 in Kraft getretene Reformvertrag von Lissabon (→ *Lissabon-Vertrag*) begrenzt die Zahl der Abgeordneten des EP auf 750 – zuzüglich des Präsidenten (Artikel 14 Absatz 2 EU-Vertrag). Jedes Mitgliedsland ist demnach mit mindestens sechs Parlamentariern vertreten. Deutschland wird als einzigem Mitgliedstaat die maximal mögliche Zahl von 96 Abgeordneten zugestanden.
- Am 12. September 2023 stimmte der Ausschuss für konstitutionelle Fragen mit großer Mehrheit für die Vergrößerung des EP von bisher 705 auf 720 Sitze. Sie soll schon bei der Europawahl im Juni 2024 greifen. Von den 15 zusätzlichen Sitzen sollen jeweils zwei an Frankreich, Spanien und die Niederlande gehen. Österreich, Dänemark, Belgien, Polen, Finnland, die Slowakei, Irland, Slowenien und Lettland sollen jeweils einen weiteren Sitz erhalten.

2. „Degressive Proportionalität"

Die Repräsentanz der einzelnen EU-Staaten im EP ist offenkundig ausgesprochen unterschiedlich. So stellt etwa Luxemburg mit rund 430.000 Einwohnern sechs Abgeordnete, d. h. einen für jeweils 83.000 Einwohner. Deutschland hingegen entsendet 96 Abgeordnete bei rund 83 Millionen Einwohnern – ein Verhältnis von eins zu 860.000. Etwa im Mittel liegt Rumänien mit rund 20 Millionen Einwohnern und 33 Sitzen. Dieses Prinzip der sog. *„degressiven Proportionalität“* ruft naturgemäß immer wieder Kritik hervor: Bevölkerungsreichere Staaten dürfen zwar in absoluten Zahlen mehr, im Verhältnis zu ihrer Einwohnerzahl jedoch weniger Abgeordnete stellen als bevölkerungsärmere.

Diese Regelung versucht, den extremen Größenunterschieden zwischen den EU-Staaten gerecht zu werden. Würden die Parlamentsmandate jeweils im direkten Verhältnis zur Einwohnerzahl auf nationale Kontingente aufgeteilt, so kämen die kleinsten Länder Malta, Luxemburg und Zypern nicht einmal auf einen Sitz. Alternativ müsste man, wenn man die Sitzzahl der kleinen Länder beibehalten wollte, das Parlament auf mehrere Tausend Abgeordnete erweitern. Beide Optionen funktionieren offensichtlich nicht. Schon bei der Gründung des Parlaments entschied man sich deshalb für die degressive Proportionalität – auch wenn das hieß, den Grundsatz der Erfolgsgleichheit aller Stimmen aufzugeben. Dennoch ist die fehlende Wahlgleichheit ein dauerhaftes Problem für die demokratische Legitimation des EP – was gerade von Europaskeptikern immer wieder hervorgehoben wird.

II. Organisation

Die Mitglieder des EP bilden keine nationalen, sondern übernationale, nach Parteizugehörigkeiten gebildete Fraktionen. Das im Mai 2019 neu gewählte Europäische Parlament ist am 2. Juli 2019 erstmals zusammengetreten. Sieben Fraktionen wurden gebildet.

Nach der Geschäftsordnung des EP muss eine Fraktion mindestens 25 Abgeordnete umfassen, die in mindestens einem Viertel der Mitgliedstaaten gewählt wurden. EU-Abgeordnete können nur einer Fraktion angehören. Sie können sich jedoch auch keiner Fraktion anschließen, also „fraktionslos“ bleiben. Derzeit gibt es 50 Fraktionslose (NI – auf Französisch „Non-Inscrits").

Fraktionen spielen eine wichtige Rolle bei der Festlegung der Tagesordnung des Parlaments, erhalten mehr Redezeit bei Debatten und verfügen über mehr Büroräume, Personal und finanzielle Mittel, um Sitzungen zu organisieren und Informationsarbeit zu leisten. Außerdem entscheiden sie über die Organisation von Ausschüssen und Delegationen.

Nachfolgend sind die Fraktionen nach ihrer Größenordnung (Stand: 8. November 2023) aufgeführt:

Fraktion	Vorsitz	Anzahl der Mitglieder
Fraktion der Europäischen Volkspartei (Christdemokraten) (EVP)	Manfred Weber (Deutschland). Wurde zum vierten Mal in das Europäische Parlament gewählt. EVP-Vorsitzender seit 2014.	178
Fraktion der Progressiven Allianz der Sozialdemokraten im Europäischen Parlament (S&D), vor allem aus der Sozialdemokratische Partei Europas (SPE)	Iratxe García Pérez (Spanien). EU-Abgeordnete seit 2004.	141
Fraktion „Renew Europe", vor allem aus der Partei Allianz der Liberalen und Demokraten für Europa (ALDE)	Dacian Cioloş (Rumänien). Wurde zum ersten Mal in das Europäische Parlament gewählt. War Ministerpräsident Rumäniens und von 2010–2014 EU-Kommissar für Landwirtschaft und ländliche Entwicklung.	101
Fraktion der Grünen / Freie Europäische Allianz (Grüne/EFA)	Ko-Präsidenten: Terry Reintke (Deutschland) und Philippe Lamberts (Belgien). Reintke ist seit 2014 EU-Abgeordnete und wurde 2022 Ko-Präsidentin der Fraktion. Lamberts wurde ebenfalls 2009 Abgeordneter und 2014 Ko-Präsident der Fraktion.	72
Fraktion Identität und Demokratie (ID)	Marco Zanni (Italien). Seit 2014 EU-Abgeordneter.	60
Fraktion der Europäischen Konservativen und Reformer (EKR)	Ko-Vorsitzende: Ryszard Legutko (Polen) und Raffaele Fitto (Italien). Legutko ist seit 2009 EU-Abgeordneter und wurde 2017 Ko-Vorsitzender der EKR-Fraktion. Fitto ist seit 2014 EU-Abgeordneter (Er war auch bereits von 1999–2000 Mitglied des Europäischen Parlaments.)	66
Konföderale Fraktion der Vereinigten Europäischen Linken / Nordische Grüne Linke (GUE/NGL)	Ko-Vorsitzende: Manon Aubry (Frankreich), die 2019 erstmals ins Europäische Parlament gewählt wurde, und Martin Schirdewan (Deutschland). Er ist seit 2017 Mitglied des Europäischen Parlaments.	37

Außerdem sind die Abgeordneten des EP verschiedenen Ausschüssen zugeordnet und auf diese Weise für bestimmte Sachbereiche zuständig. Neben den ständigen 18 Fachausschüssen können zusätzlich Untersuchungs- und Sonderausschüsse eingesetzt werden.

Das EP hat noch keinen endgültigen Sitz. Sein Plenum tritt zwölfmal pro Jahr für jeweils eine Woche in Straßburg zusammen; die Ausschüsse und Fraktionen des EP tagen in Brüssel. Das Generalsekretariat des EP, in dem ca. 3.500 Bedienstete beschäftigt sind, ist in Luxemburg angesiedelt.

III. Aufgaben und Befugnisse

1. Demokratische Kontrolle

Das EP kontrolliert die Arbeit der → *Europäischen Kommission*. Durch schriftliche und mündliche Anfragen, durch monatliche Fragestunden und Debatten über das Arbeitsprogramm der Kommission übt das EP seine Kontrollrechte aus. Und was politisch durchaus bedeutsam und hervorzuheben ist: Das EP wählt seit 2014 den Präsidenten der EU-Kommission. Zudem kann das gesamte Kollegium der EU-Kommission erst an die Arbeit gehen, wenn das EP seine Zustimmung erteilt hat. Auch hat allein das EP das Recht, die Kommission durch ein Misstrauensvotum zum Rücktritt zu zwingen.

2. Verabschiedung des EU-Haushalts

Herausragend sind die Haushaltsbefugnisse des EP. Es sind die „Königsrechte" für jedes Parlament. Wer über das Geld bestimmt, der hat die Macht, politische Schwerpunkte zu setzen. Diese Macht teilt sich das EP mit dem → *Rat der Europäischen Union*. Das Verfahren ist kompliziert und langwierig. Schließlich geht es um nennenswerte Summen.

Seit 1971 verfügt die Gemeinschaft über einen eigenen Haushalt (→ *Haushalt der Europäischen Union*). Das EP wurde an Aufstellung und Verabschiedung des Finanzetats beteiligt. 1975 wurden die Haushaltsbefugnisse des EP erweitert: Es erhielt das Haushaltsbewilligungsrecht für Ausgaben, die nicht zwingend gesetzlich vorgeschrieben sind. Diese sogenannten nicht obligatorischen Ausgaben konnte das EP in begrenztem Maß erhöhen und ihre Verteilung ändern. Für die obligatorischen, d. h. gesetzlich vorgeschriebenen Ausgaben konnte das EP Vorschläge machen. Der Rat der EU konnte diese Vorschläge nur durch → *Qualifizierte Mehrheit* ablehnen.

Mit dem → *Lissabon-Vertrag* ist seit 2010 die Unterscheidung zwischen obligatorischen und nicht-obligatorischen Ausgaben entfallen. Somit gilt für alle Haushaltsverfahren das gleiche Prozedere; das EP ist in das Erstellen des Haushalts als vollständig gleichberechtigter Partner eingebunden. Es kann nun bei sämtlichen Ausgabenkategorien in vollem Umfang mitentscheiden. Das schließt insbesondere die → *Agrarpolitik* ein.

Schließlich kann das EP bei schwerwiegenden Gründen den gesamten Haushalt der EU ablehnen und eine Neuaufstellung fordern, was bereits zweimal, 1979 und 1985, in die Tat umgesetzt wurde. Auf Drängen des EP wurden die Agrarausgaben gesenkt und mehr Mittel für die Förderung wirtschaftlich schwacher Regionen eingesetzt (→ *Regionalpolitik*).

3. Gesetzgebung

Zu Beginn hatte das EP nur beratende Funktion. Inzwischen sind seine legislativen Befugnisse kontinuierlich gestärkt worden

Die → *Einheitliche Europäische Akte (EEA)*, in Kraft seit 1987, hat das Mitwirkungsrecht des EP am

Gesetzgebungsverfahren ausgeweitet. Das bisherige Anhörungsverfahren zwischen EP und den anderen → *Organen der EU* wurden in einigen Sachbereichen durch ein Verfahren der Zustimmung ersetzt. Mit seiner absoluten Mehrheit konnte das EP Vorschläge und Gesetzesentwürfe des Rates der EU abändern.

Außerdem erhielt das EP durch die EEA das Recht, über den Beitritt eines Landes zur EU und bei Abkommen mit Drittländern mitzuentscheiden.

Insgesamt sind die Befugnisse des EP beständig gewachsen. Seit dem → *Maastrichter Vertrag* von 1993 ist das Recht des EP zur legislativen Mitentscheidung (sog. *Mitentscheidungsverfahren*, → *Europäisches Gemeinschaftsrecht*) grundsätzlich anerkannt, wenn auch auf Rechtsakte in bestimmten Teilbereichen begrenzt wie u. a. der Freizügigkeit, dem Niederlassungs- und Dienstleistungsrecht, Aktionen im Verbraucherschutz, dem Gesundheitswesen oder bei Fördermaßnahmen in der Bildungs- und Kulturpolitik.

Ebenfalls mit dem Maastrichter Vertrag wurde das *Zustimmungsverfahren* von zwei auf neun Bereiche ausgedehnt. Bei der Festlegung von Aufgaben und Organisation der Europäischen → *Strukturfonds*, zu der das EP früher nur gehört wurde, muss es nun zustimmen.

Mit dem → *Amsterdamer Vertrag* von 1999 wurden die Rechte des EP nochmals erweitert. Seither kann es bei rund 80 Prozent der Gesetzgebungsverfahren mitentscheiden. Damit gilt das Mitentscheidungsverfahren heute für die meisten Politikbereiche, in denen der Rat der EU mit Mehrheit entscheiden kann. Ausgeklammert blieben Teile der Agrar-, Steuer- sowie der Innen- und Rechtspolitik. Das Zustimmungsverfahren gilt seither u. a. auch bei Entscheidungen, die Sanktionen bei Grundrechtsverletzungen durch einen Mitgliedstaat betreffen oder sich auf das Beitrittsverfahren, die → *Struktur- und Investitionsfonds* (ESIF) oder den Abschluss bestimmter internationaler Übereinkünfte beziehen.

Der → *Lissabon-Vertrag* dehnte das Mitentscheidungsverfahren weiter aus. Seit 2010 besteht bei einem erheblichen Teil der Rechtsvorschriften der EU im Rahmen der Beschlussfassung zwischen EP und Rat der EU Gleichberechtigung.

4. Verleihung des Sacharow-Preises

Seit 1988 verleiht das EP jährlich einen *„Sacharow-Preis* für geistige Freiheit" u. a. für das Eintreten für den Schutz der Menschenrechte und die Achtung des Völkerrechts. Der Preis ist nach dem sowjetischen Dissidenten, Atomphysiker und Friedensnobelpreisträger von 1975, *Andrej Sacharow* (1921–1989), benannt. Der Preis ist international hoch angesehen; er ist mit 15.000 Euro dotiert (→ *Sacharow-Preis)*.

IV. Die Ausschüsse des europäischen Parlaments

In *18 Ausschüssen*, in denen jeweils alle Fraktionen vertreten sind, werden die Plenarsitzungen des EP vorbereitet:

(1) Politischer Ausschuss mit Unterausschüssen für Sicherheit, Abrüstung und Menschenrechte,

(2) Ausschuss für Landwirtschaft, Fischerei und Ernährung,
(3) Haushaltsausschuss,
(4) Ausschuss für Wirtschaft, Währung und Industriepolitik,
(5) Ausschuss für Energie, Forschung und Technologie,
(6) Ausschuss für Außenwirtschaftsbeziehungen,
(7) Ausschuss für Recht und Bürgerrechte,
(8) Ausschuss für soziale Angelegenheiten,
(9) Verkehrsausschuss,
(10) Ausschuss für Regionalpolitik und Raumordnung,
(11) Ausschuss für Umweltfragen, Volksgesundheit und Verbraucherschutz,
(12) Ausschuss für Jugend, Kultur, Bildung, Information und Sport,
(13) Ausschuss für Entwicklung und Zusammenarbeit,
(14) Ausschuss für Haushaltskontrolle,
(15) Ausschuss für Geschäftsordnung und Petitionen,
(16) Institutioneller Ausschuss,
(17) Ausschuss für die Rechte der Frau,
(18) Wahlprüfungsausschuss.

V. Bilanz

Die Staaten Europas sind ausnahmslos demokratisch verfasst. Ihr Zusammenschluss zur heutigen Europäischen Union hat sich daher ebenfalls an den grundlegenden Prinzipien der modernen Demokratie zu orientieren. Es ist also konsequent, dass man auch auf europäischer Ebene eine parlamentarische Vertretung geschaffen hat, der wichtige Funktionen bei der europäischen Gesetzgebung sowie bei der Kontrolle der Regierungsfunktionen auf Unionsebene zukommt. Wobei man nicht verhehlen sollte, dass es im EP ein echtes Gegenüber von Regierungsfraktionen und Oppositionsfraktionen nicht gibt. Aufgrund der heutigen Fraktions- und Parteienstruktur im EP mit *sieben Fraktionen* und einer Gruppe der Fraktionslosen sind ständige Absprachen zwischen den Fraktionen jedoch unerlässlich.

Zusammengefasst ist das Europäische Parlament

- die Vertretung der europäischen Bürgerinnen und Bürger,
- gesetzgebende Gewalt der EU – und zwar gemeinsam mit dem Rat der EU.

Seine Aufgaben sind

- die Verabschiedung von EU-Rechtsvorschriften,
- die Verabschiedung des EU-Haushalts – ebenfalls gemeinsam mit dem Rat der EU sowie
- die Kontrolle anderer Organe der EU, insbesondere der EU-Kommission.

Das Europäische Parlament ist das einzige Organ der EU, über dessen Zusammensetzung wir Europäer *unmittelbar* bestimmen können: In der alle fünf Jahre stattfindenden sog. → *Europawahl*. Im Anschluss an die Europawahl 2014 konnte das EP erstmals den Präsidenten der EU-Kommission wählen. So bestimmt es der Vertrag von Lissabon. Dieser Präsident war im Wahlkampf als europaweiter „Spitzenkandidat“ seiner Parteienfamilie aufgestellt worden. Also ging man auch bei der Europawahl 2019 euphorisch davon aus, dass wir → *Unionsbürger* mit unseren Wählerstimmen mit beeinflussen, wer neuer Präsident des einzigen für Gesetzesinitiativen und die Umsetzung von EU-Regeln verantwortlichen Exekutivorgans der EU wird.

Dann kam der Dämpfer: keiner der „Spitzenkandidaten" des vorausgegangen Walkampfes fand die Gnade der Staats- und Regierungschefs der EU. Das EP aber kann nur ins Präsidium der EU-Kommission wählen, wer ihm seitens der Staats- und Regierungschefs vorgeschlagen wird. Die Europawahl 2019 wird in Erinnerung bleiben als Exempel für die Kräfteverhältnisse in unserer Union: Das letzte Wort haben unverändert die Nationalstaaten.

Dennoch ist festzuhalten: Das EP redet in wichtigen Fragen mit: 80 Prozent der bundesdeutschen Rechtsregeln in der Umweltpolitik, 70 Prozent in der Agrarpolitik und 40 Prozent in der Wirtschaftspolitik werden durch europäisches Recht maßgeblich beeinflusst.

Schließlich ist es ein vorrangiges Ziel des EP, Sprachrohr der Menschen in der EU zu sein und die Wunschvorstellung eines → *„Europa der Bürger"* ein Stück weit mit Leben zu erfüllen. So pochte das EP schon früh auf eine Aufhebung der Kontrollen an den Binnengrenzen der Gemeinschaft. Es verfolgte das Ziel eines unbeschränkten Aufenthaltsrechts für EU-Bürger in allen Mitgliedstaaten – lange bevor 1995 mit der Umsetzung des sog. → *Schengener Abkommens* tatsächlich in einer großen Zahl von Mitgliedstaaten die Binnengrenzen fielen.

So richtig „weit weg" ist das EP auch nicht. Wer in einem Mitgliedstaat der EU wohnt und sich in seinen Rechten als Unionsbürger verletzt glaubt, wer sich beschweren oder das EP auffordern möchte, zu einem bestimmten Thema Stellung zu nehmen, der kann sich – allein oder mit anderen gemeinsam – an den *Petitionsausschuss* des EP wenden, und zwar in seiner Landessprache, sofern sie Amtssprache eines EU-Landes ist. Man hat Anspruch auf eine Antwort, ebenfalls in dieser Sprache.

Weiterführende Literatur

Andreas Holzapfel (Hrsg.): „Kürschners Handbuch Europäisches Parlament – 9. Wahlperiode", Rheinbreitbach 2022 | *Andreas Maurer,* „Europaparlament und Europawahlen", Stuttgart 2020 | *Ders./Doris Dialer,* „Das Europäische Parlament", 2. Auflage, Baden-Baden 2020 | *Jürgen Schröder,* „Politische Rhetorik im Europäischen Parlament", in: „Handbücher Rhetorik, Band 10: Handbuch Politische Rhetorik", hrsg. von Armin Burkhardt, Berlin 2020, S. 1153–1171 | *Linn Selle,* „Wie können Parlamente bei künftigen EU-Haushaltsverhandlungen gestärkt werden? Ein Diskussionsbeitrag", in: integration, 41. Jahrgang, Heft 1/2018, S. 58–65

▶ Europäisches Patentamt (EPA)

Das Europäische Patentamt (EPA) mit Sitz in München und Büros in Berlin, Den Haag und Wien ist ein Organ der zwischenstaatlichen *Europäischen Patentorganisation (EPO)*. Dem EPA obliegt es, europäische Patente zu prüfen und zu erteilen. Ein Verwaltungsrat überwacht diese Aufgaben.

Am 7. Oktober 1977 nahm das EPA seine Arbeit auf. Es handelt sich nicht um eine Einrichtung der → *Europäischen Union*. Das EPA steht für ein modellhaftes Zusammenwirken der Staaten Europas auf dem Gebiet des gewerblichen Rechtsschutzes. An ihrer Spitze steht ein Präsident. Dieses Amt hat seit 1. Juli 2018 der Portugiese *António Campinos* inne.

Die Bediensteten des EPA kommen hauptsächlich aus den Vertragsstaaten. Fast 70 Prozent von ihnen sind studierte Naturwissenschaftler, Ingenieure oder Juristen. Sie müssen die drei offiziellen Amtssprachen Deutsch, Französisch und Englisch beherrschen.

Ende 2017 waren 6.850 Bedienstete beim EPA beschäftigt. Sie sind auf fünf verschiedene Dienstorte aufgeteilt: München, Den Haag, Berlin, Wien und Brüssel. Ende 2017 waren 3.806 Bedienstete (56 Prozent des Gesamtpersonals) in München, 2.708 (40 Prozent des Gesamtpersonals) in Den Haag, 293 in Berlin und 93 in Wien beschäftigt.

I. Mitgliedstaaten

Der Europäischen Patentorganisation gehören – Stand: Januar 2023 – alle Mitgliedstaaten der Europäischen Union (EU) sowie zwölf Nicht-EU-Mitglieder an, unter anderem Großbritannien, Norwegen, Island, die Schweiz und die Türkei. Auch gibt es Nicht-Mitgliedstaaten wie Bosnien und Herzegowina, auf die sich aber die Schutzwirkung europäischer Patentanmeldungen erstreckt.

Mitgliedstaat	**Beitritt**
Albanien	1. Mai 2010
Österreich	1. Mai 1979
Belgien	7. Oktober 1977
Bulgarien	1. Juli 2002
Schweiz	7. Oktober 1977
Zypern	1. April 1998
Tschechische Republik	1. Juli 2002
Deutschland	7. Oktober 1977
Dänemark	1. Januar 1990
Estland	1. Juli 2002
Spanien	1. Oktober 1986
Finnland	1. März 1996
Frankreich	7. Oktober 1977
Vereinigtes Königreich	7. Oktober 1977
Griechenland	1. Oktober 1986
Ungarn	1. Januar 2003
Kroatien	1. Januar 2008
Irland	1. August 1992
Island	1. November 2004
Italien	1. Dezember 1978
Liechtenstein	1. April 1980
Litauen	1. Dezember 2004
Luxemburg	7. Oktober 1977
Lettland	1. Juli 2005
Monaco	1. Dezember 1991
Mazedonien	1. Januar 2009

Mitgliedstaat	Beitritt
Malta	1. März 2007
Niederlande	7. Oktober 1977
Norwegen	1. Januar 2008
Polen	1. März 2004
Portugal	1. Januar 1992
Rumänien	1. März 2003
Serbien	1. Oktober 2010
Schweden	1. Mai 1978
Slowenien	1. Dezember 2002
Slowakei	1. Juli 2002
San Marino	1. Juli 2009
Türkei	1. November 2000

II. Aufgaben und Verfahren

Aufgabe des EPA ist das Erteilen europäischer Patente nach einem einheitlichen und zentralisierten Verfahren. Dabei genügt es, eine Patentanmeldung in einer der drei Amtssprachen Deutsch, Englisch und Französisch einzureichen, um Patentschutz in allen Mitgliedstaaten der Organisation zu erlangen. Im Jahr 2019 wurden beispielsweise 181.406 Anmeldungen eingereicht und 137.784 Patente erteilt.

Nahezu die Hälfte (ca. 45 Prozent) der beim EPA eingehenden Patentanmeldungen stammen aus den Mitgliedstaaten. Stark vertreten sind auch die USA, China und Japan. Die Verteilung in Prozent:

Mitgliedstaat	Patentanmeldungen	Anteil
USA	46.201	25,5 Prozent
Deutschland	26.805	14,8 Prozent
Japan	22.066	12,1 Prozent
China	12.247	6,7 Prozent
Frankreich	10.163	5,6 Prozent
Korea	8.287	4,6 Prozent
Schweiz	8.249	4,5 Prozent
Niederlande	6.954	3,8 Prozent
Großbritannien	6.156	3,4 Prozent
Italien	4.456	2,5 Prozent
Schweden	4.381	2,4 Prozent
Rest EPO Mitgliedstaaten	15.329	8,5 Prozent
Andere	10.112	5,6 Prozent

Nach ihrer Erteilung gehen europäische Patente in die Verwaltung jener Nutzer über, die der Anmelder in seiner Patentanmeldung benannt hat. Sie entfaltet dieselbe Wirkung wie ein entsprechendes nationales Patent. Ihre Laufzeit ist einheitlich 20 Jahre; für Patente auf Arznei- und Pflanzenschutzmittel ist eine Schutzverlängerung möglich.

Europäische Patente werden erst nach einer umfassenden Neuheitsrecherche und nach gründlicher Prüfung erteilt; sie bieten so erhebliche Rechtssicherheit.

Als Gegenleistung für das ausschließliche Nutzungsrecht an seiner Erfindung legt der Anmelder sein technisches Wissen offen. Deshalb gehören Patentanmeldungen stets zu den aktuellsten Dokumenten über technische Innovationen. Vor dem Hintergrund des intensiven Wettbewerbs um Schlüsseltechnologien gewinnt die Informationsfunktion von Patenten immer stärker an Bedeutung. In enger Zusammenarbeit mit den nationalen Patentämtern öffnet das EPA diesen Wissensschatz für benutzerfreundliche technische Informationsmedien.

III. Finanzierung

Das EPA trägt sich finanziell vollständig selbst; es ist auch administrativ weitgehend unabhängig. Seinen Betriebs- und Investitionshaushalt bestreitet das Amt ausschließlich aus Verfahren sowie aus einem Teil der Jahresgebühren für erteilte europäische Patente. Auch das Rentensystem der Bediensteten aus allen Vertragsstaaten wird mit diesen Einnahmen finanziert.

IV. Internationale Zusammenarbeit

Das Europäische Patentübereinkommen ist mit dem *Vertrag über die internationale Zusammenarbeit auf dem Gebiet des Patentwesens* verknüpft, der in über hundert Ländern ein vereinfachtes Anmeldeverfahren gestattet.

▶ Europäisches Semester

→ *„Europa 2020“*

▶ Europäisches Währungssystem (EWS)

Das Europäische Währungssystem (EWS) wurde am 13. März 1979 mit einem Abkommen zwischen den nationalen Zentralbanken der seinerzeit neun Mitgliedstaaten der → *Europäischen Gemeinschaft (EG)*, der „Vorgängerin“ der → *Europäischen Union*, ins Leben gerufen. Zum Jahresende 1998 wurde das System aufgelöst; am 1. Januar 1999 trat die Europäische → *Wirtschafts- und Währungsunion (WWU)* in Kraft.

Ziel des EWS war es, durch engere währungspolitische Zusammenarbeit über die Grenzen hinweg eine stabile Währungszone in Europa zu schaffen. Mit dem EWS wurde der 1972 errichtete Europäische Wechselkursverbund, die sogenannte → *Währungsschlange*, weiterentwickelt. Die zentralen Bestandteile des EWS waren:

- die neue europäische Währungseinheit → *ECU*,
- der Wechselkurs- und Interventionsmechanismus,
- die Kreditmechanismen.

Die Mitgliedstaaten des EWS hatten für ihre Währungen untereinander feste gegenseitige (bilaterale) Leitkurse vereinbart; so war jedes Mitgliedsland gegenüber jedem anderen Mitgliedsland auf einen bestimmten Wechselkurs festgelegt. Die Marktkurse jeder Währung durften von diesen Leitkursen maximal um bis zu plus/minus 2,25 Prozent abweichen (Ausnahmen: Italien und Spanien plus/minus sechs Prozent). Erreichte ein Land diese Abweichungen, so waren die betroffenen Zentralbanken zur Intervention durch Kauf bzw. Verkauf der anderen Währung verpflichtet.

Dem EWS gehörten alle Mitgliedstaaten der EG sowie später alle Mitgliedstaaten der Europäischen Union an.

Die Währungseinheit des EWS, die Korbwährung ECU, wurde am 1. Januar 1999 abgeschafft und im Verhältnis 1:1 in den → *Euro* überführt. Für das Verhältnis des Euro zu Währungen von EU-Staaten, die noch nicht an der neuen Wirtschafts- und Währungsunion (WWU) teilnehmen und den Euro noch nicht als Einheitswährung übernommen haben, wurde ein neuer Wechselkursmechanismus geschaffen (auch EWS II genannt).

▶ Europa-Kolleg Brügge

Das Europa-Kolleg Brügge wurde 1949 von den damals zehn Gründerstaaten des → *Europarats* ins Leben gerufen. Es bietet jährlich 250 Hochschulabsolventen die Möglichkeit, sich während eines einjährigen Aufbaustudiums vertiefend mit der europäischen Integration zu beschäftigen. Bei erfolgreichem Abschluss wird ein Diplom erworben.

Zugelassen werden Bewerber und Bewerberinnen mit einem Hochschulabschluss in den Bereichen Rechts-, Wirtschafts- oder Politikwissenschaften, die über ausreichende Kenntnisse der beiden Arbeitssprachen des Europa-Kollegs, Englisch und Französisch, verfügen.

Deutsche Stipendien für das Europa-Kolleg werden von der → *Europäischen Bewegung Deutschland* vergeben.

▶ Europapass

Der „Europapass“ ist ein einheitlich gestaltetes Pass*formular* für alle 27 Länder der → *Europäischen Union (EU)*. Mit der Staatsangehörigkeit hat er rein gar nichts zu tun; er ersetzt lediglich den bisherigen nationalen Reisepass. Ausgestellt wird er nach wie vor von den *nationalen* Behörden der einzelnen EU-Mitgliedstaaten für deren jeweilige Staatsangehörige. In Deutschland gibt es den Europapass seit Januar 1988.

▶ Europarat

Der Europarat ist die älteste und regional umfassendste zwischenstaatliche Organisation freiheitlicher demokratischer Staaten Europas. Am 5. Mai 1949 wurde er in Straßburg gegründet. Die Bundesrepublik Deutschland trat dem Europarat 1950 bei. Heute gehören ihm 46 Mitgliedsländer an. Hauptanliegen des Europarats sind die Festigung der Einheit des europäischen Kontinents und der Schutz der Würde seiner Bewohner.

Der Europarat ist eine selbstständige Institution und mit der → *Europäischen Union* (EU) weder rechtlich noch organisatorisch verbunden. Daher ist er auch deutlich zu unterscheiden einmal vom → *Europäischen Rat*, dem Gipfeltreffen der Staats- und Regierungschefs der EU-Mitgliedstaaten, und zum anderen vom → *Rat der Europäischen Union*, einem Organ der EU, in dem die Fachminister der EU-Länder ständig zusammenarbeiten.

Angegliedert an den Europarat ist der 1959 eingesetzte *Europäische Gerichtshof zum Schutz der Menschenrechte* (→ *Menschenrechte*), er wacht über die Einhaltung der *Europäischen Konvention zum Schutz der Menschenrechte und Grundfreiheiten*.

Der *Gesamthaushalt* des Europarates beläuft sich 2023 auf 479 Millionen Euro.

Die beiden *Amtssprachen* sind Englisch und Französisch. Deutsch, Italienisch und Russisch sind Arbeitssprachen.

I. Organisation

Das Amt der Generalsekretärin hat seit 2019 *Marija Pejčinović Burić* (Kroatien) inne. Ihr *Generalsekretariat* in Straßburg unterstützt mit rund 1.800 europäischen Beamten verschiedene Instanzen, die den Europarat bilden. Zu diesen gehören:

1. Das Ministerkomitee

Das Ministerkomitee ist die Entscheidungsinstanz des Europarats. Jeder Mitgliedstaat ist durch seinen Außenminister oder durch den ständigen Vertreter der Regierung im Komitee vertreten. Zu dessen Aufgaben zählt die Genehmigung des Haushalts; es entscheidet über den Beitritt neuer Mitglieder und legt die Schwerpunkte der Aktivitäten der Organisation fest.

2. Die Parlamentarische Versammlung

Der Parlamentarischen Versammlung gehören 636 Delegierte an, die von den Parlamenten aller 47 Mitgliedsländer entsandt werden und alle wichtigen politischen Gruppierungen der nationalen Parlamente repräsentieren. Die Versammlung gilt als „Motor“ der europäischen Zusammenarbeit. Sie tritt viermal im Jahr zusammen, diskutiert über aktuelle Aspekte europäischer Politik, kann Entschließungen annehmen und Empfehlungen an das Ministerkomitee richten, das seinerseits Empfehlungen an die Regierungen der Mitgliedstaaten aussprechen kann.

3. Der Kongress der Gemeinden und Regionen des Europarates

Er ist das „Sprachrohr für die Demokratie vor Ort“. Er setzt sich aus Vertretern aller Mitgliedstaaten zusammen und teilt sich in zwei Kammern auf: die Vertretung der Gemeinden und die Vertretung der Regionen. Der Kongress hat beratende Funktion; seine 291 Mitglieder kommen einmal im Jahr zu einer Plenarsitzung in Straßburg zusammen. Hauptziel des Kongresses ist die Stärkung der demokratischen Strukturen und des europäischen Einigungsprozesses an der Basis, insbesondere in den neuen Demokratien Mittel- und Osteuropas.

II. Ziele

Die Ziele des Europarats umfassen im Wesentlichen drei Bereiche:

(1) den Schutz und die Stärkung der Demokratie, der Menschenrechte und der Rechtsstaatlichkeit;

(2) die Suche nach Lösungen für die großen Probleme der europäischen Gesellschaft, wie etwa die Diskriminierung von Minderheiten, Drogenmissbrauch, Bio-

ethik, soziale Ausgrenzung, Umweltschutz, Korruption und organisierte Kriminalität;

(3) die Stärkung des Bewusstseins einer europäischen Identität und die Förderung des gegenseitigen Verständnisses zwischen Völkern unterschiedlicher Kulturen sowie die Zusammenarbeit aller Nationen Europas.

Nach 1989 unterstützte der Europarat die Länder Mittel- und Osteuropas dabei, neben den Wirtschaftsreformen auch die politischen, rechtlichen und konstitutionellen Reformen zum Erfolg zu führen und zu konsolidieren.

III. Arbeitsschwerpunkte

Zu den zentralen Aufgaben des Europarates gehören u. a. die Bewahrung des kulturellen Erbes, der gemeinsame Schutz natürlicher Ressourcen, die Harmonisierung einzelstaatlicher Gesetze und der stufenweise Abbau nationaler Unterschiede. Insgesamt hat der Europarat bisher über 190 Konventionen oder Verträge mit Gesetzeskraft verabschiedet. Dazu gehören als bedeutendste:

- die Europäische Konvention zum Schutz der Menschenrechte und Grundfreiheiten aus dem Jahr 1950 (→ *Menschenrechte*) sowie
- die Europäische Sozialcharta von 1961 (→ *Sozialpolitik, europäische*), weiterhin
- das Übereinkommen zum Datenschutz (1981),
- das Europäische Übereinkommen zur Verhütung von Folter und erniedrigender Behandlung oder Strafe (1987),
- die Antidoping-Konvention (1989) und
- das Menschenrechtsübereinkommen zur Biomedizin (1997).

IV. Symbole

Seit 1964 wird alljährlich am 5. Mai der *Europatag* gefeiert; er soll die Idee der europäischen Einigung lebendig halten.

Die *Europafahne* – ein Kreis von zwölf goldenen Sternen auf azurblauem Grund – wurde 1955 vom Europarat ausgewählt und 1986 auch von der damaligen → *Europäischen Gemeinschaft* (der heutigen Europäischen Union) übernommen.

1972 entschied sich der Europarat für eine → *Europahymne*; die Wahl fiel auf die *Ode an die Freude* aus dem vierten Satz der Neunten Symphonie von *Ludwig van Beethoven*.

V. Die Mitgliedstaaten

Die heute 46 Mitgliedstaaten des Europarats in der Reihenfolge ihrer Aufnahme:

- Belgien, Dänemark, Frankreich, Großbritannien, Irland, Italien, Luxemburg, die Niederlande, Norwegen und Schweden (Gründungsmitglieder; 5. Mai 1949),
- Griechenland, Türkei (1949),
- Island, Deutschland (1950),
- Österreich (1956),
- Zypern (1961),
- Schweiz (1963),
- Malta (1965),
- Portugal (1976),
- Spanien (1977),
- Liechtenstein (1978),

- San Marino (1988),
- Finnland (1989),
- Ungarn (1990),
- Polen (1991),
- Bulgarien (1992),
- Estland, Litauen, Slowenien, Tschechische Republik, Slowakei, Rumänien (1993),
- Andorra (1994),
- Lettland, Albanien, Moldawien, Mazedonien, Ukraine (1995),
- Kroatien (1996),
- Georgien (1999),
- Armenien, Aserbaidschan (2001),
- Bosnien und Herzegowina (2002),
- Serbien und Montenegro (2003),
- Monaco (2004) sowie
- Montenegro (2007).

Russland, Mitglied seit 1996, war von 2014 bis 2019 und erneut ab 25. Februar 2022 suspendiert; am 16. März 2022 folgte der Ausschluss aus dem Europarat. Belarus und Kosovo sind Beitrittskandidaten. Beobachterstatus haben

- Kanada, Israel und Mexiko in der parlamentarischen Versammlung und
- Japan, Mexiko, die USA und der Heilige Stuhl im Ministerkomitee.

VI. Ausblick

In den über sieben Jahrzehnten seines Bestehens hat sich der Europarat als „demokratisches Gewissen Europas" verstanden. Oft sind unspektakuläre, aber nützliche Schritte unter seinem Dach erreicht worden.

Die Standards für Demokratie und Rechtsstaatlichkeit schienen jedoch bis in die 1990er Jahre hinein nicht von allen Mitgliedsländern in gleicher Weise beherzigt worden zu sein, was dem Ansehen des Europarats als prinzipientreuer Organisation nicht immer zuträglich war. So konstatierte die Parlamentarische Versammlung etwa kurz nach der 1996 erfolgten Aufnahme Russlands Gewaltakte der russischen Armee gegen Zivilisten in Tschetschenien. Vor allem über die Türkei erschienen bis in die jüngste Zeit erschütternde Berichte unterschiedlicher Menschenrechtsorganisationen; systematische Folterungen dort gelten als erwiesen. Appelle des Europarats sind dahingehend formuliert, die Türkei müsse ihre Reformen fortsetzen, um sich den Normen des Europarats weiter anzunähern.

Insgesamt ist dem Europarat mit dem Ende des Ost-West-Konfliktes und dem Fall des Eisernen Vorhangs ein völlig neues Aufgabenfeld zugewachsen. Von 23 Mitgliedstaaten im Jahre war die Zahl bis 2007 auf 47 angewachsen – mit allen Entwicklungsaufgaben, die mit der Festigung der jungen Demokratien Mittel- und Osteuropas und der Stabilisierung rechtsstaatlicher Prinzipien einhergehen. Kurzum: Es galt, den bisherigen „westeuropäischen Demokratieklub" als paneuropäische Organisation zu strukturieren.

Dennoch verstehen sich Zweck und Aufgabe des Europarates heute, im Schatten der Europäischen Union und in Konkurrenz zur Organisation für Sicherheit und Zusammenarbeit in Europa (→ *OSZE*) nicht mehr von selbst.

Die neue Sinnfrage beantwortete der frühere Generalsekretär *Terry Davis* 2004 eher vage:

> „Der Europarat ist die Zukunft. Das Europa der Zukunft ist ein geeintes Europa auf der Grundlage der Werte von Demokratie, Menschenrechten und Herrschaft des Rechts."

▶ Europarecht

Im weiteren Sinne wird unter „Europarecht" das Recht der internationalen Zusammenschlüsse in Europa verstanden. Im engeren Sinne bezeichnet man mit Europarecht das Recht der → *Europäischen Union* (→ *Europäisches Gemeinschaftsrecht*).

▶ Europatag

→ *Schuman-Plan*

▶ Europa-Union Deutschland

Die Europa-Union Deutschland (EUD) ist die größte Bürgerbewegung für Europa in Deutschland. Sie tritt seit über 70 Jahren für eine weitreichende europäische Integration ein – überparteilich und unabhängig. Gemeinsam mit ihrem Jugendverband, den *Jungen Europäischen Föderalisten (JEF)*, setzt sich die Europa-Union für ein friedliches, freiheitliches und föderales Europa ein, das auf Demokratie, Rechtsstaatlichkeit und Transparenz gegründet ist. Ihre mehr als 17.000 Mitglieder sind in 16 Landesverbänden mit rund 300 Kreis-, Orts- und Stadtverbänden demokratisch organisiert. Die EUD bringt Menschen zusammen, die sich ehrenamtlich für ein vereintes Europa engagieren.

Die Europa-Union ist der deutsche Zweig der Union Europäischer Föderalisten (UEF), Gründungsmitglied des → *Netzwerks Europäische Bewegung* Deutschland und Mitglied im Bundesnetzwerk Bürgerschaftliches Engagement (BBE).

I. Ziele

„Europa vordenken", so die Devise der Europa-Union seit ihrer Gründung im Jahr 1946. Ihr Wunsch ist ein Europäischer Bundesstaat auf Grundlage einer Verfassung, die Demokratie, Freiheit und Chancengleichheit sichert. Zentrale Forderungen der Europa-Union waren beispielsweise die Direktwahlen des → *Europäischen Parlaments*, eine gemeinsame europäische Währung (→ *Euro*) und das Abschaffen der Roaming-Gebühren; all dies ist längst Wirklichkeit geworden.

Die EUD versteht sich als Mittlerin zwischen Bürgerinnen und Bürgern und den europäischen Institutionen und engagiert sich für ein bürgernahes Europa, das von einem möglichst breiten gesellschaftlichen Konsens getragen wird. Tausende ehrenamtliche Multiplikatoren wirken daran mit, die europäische Idee in die Gesellschaft hinein zu vermitteln.

II. Mitglieder und Veranstaltungen

Unter ihren Mitgliedern vereint die EUD Vertreter aller gesellschaftlichen Gruppen. In Arbeitsgruppen und bei Gremiensitzungen können sich Mitglieder entsprechend ihrer Interessen einbringen und an Positionen und Projekten mitarbeiten. Europaexperten, die sich beruflich mit europäischen Themen befassen, sind in der Arbeitsgruppe „Europa Professionell" organisiert. Im Europäischen Parlament, im Bundestag und mehreren Landtagen gibt es zudem interfraktionelle Parlamentariergruppen, denen Abgeordnete angehören, die Mitglieder der Europa-Union sind.

Mit ihren vielfältigen Veranstaltungsformaten schafft die EUD Öffentlichkeit für Europa, lädt ein zur Diskussion über die Zukunft der → *Europäischen Union (EU)* und macht den Wert der EU für die Menschen verständlich und erlebbar. Ob Studienfahrt, Straßenaktion, Schulprojekt oder Diskussionsrunde: Es geht darum, Europa zu erleben und sich einzubringen. Neben dem vielseitigen Angebot in den Landes- und Kreisverbänden bietet der Europa-Union Bundesverband hochkarätige Veranstaltungsreihen an. Gemeinsam mit dem Deutschen Beamtenbund (dbb) lädt die EUD seit vielen Jahren zu Europäischen Abenden in Berlin ein. Seit 2014 veranstaltet die EUD zudem in Kooperation mit zahlreichen Partnern die deutschlandweite Bürgerdialogreihe *„Wir müssen reden!"*, in deren Rahmen über aktuelle europapolitische Themen und die Frage nach Bedeutung und Zukunft der EU diskutiert wird.

Präsident der EUD ist seit 2011 *Rainer Wieland* MdEP. Seine Vorgänger waren u. a. *Hans-Gert Pöttering*, *Elmar Brok* und *Peter Altmaier*.

III. Fazit

Europa lebt vom Engagement seiner Menschen. Im Rahmen der Europa-Union kann jedermann – vor Ort wie international – den Kurs der europäischen Politik mitbestimmen oder bundes- und europaweit Kontakte und Verbindungen knüpfen. Dabei profitiert man von einem europaweiten Netzwerk engagierter Menschen. Als Mitglied kann man sich an spannenden Diskussionsrunden beteiligen, erhält vielfältige Einladungen zu Veranstaltungen, Aktionen, Europafesten und Studienfahrten sowie Zugriff auf diverse Informationsmaterialien.

Kontakt:

Europa-Union Deutschland e. V.

Bundesgeschäftsstelle

Chausseestraße 84

D-10115 Berlin

Fon: +49-(0)30-9210140 00

E-Mail: info(at)europa-union.de

▶ Europawahl

I. Wer bzw. was wird bei der sog. Europawahl gewählt?

Der Begriff „Europawahl" hat sich eingebürgert. Aber er ist missverständlich. Natürlich wird nicht Europa gewählt, sondern das → *Europäische Parlament (EP)*. Genauer: das Parlament der → *Europäischen Union (EU)* mit Sitz in Straßburg. Die Wählerinnen und Wähler geben ihre Stimme Kandidaten der verschiedenen Parteien, die sich um Sitze im EP bewerben. Jedes Mitgliedsland stellt eigene Kandidaten auf; in jedem Land der EU stehen dementsprechend auch nur diese nationalen Kandidaten zur Wahl.

In der aktuellen 9. Wahlperiode 2019 bis 2024 vertreten 705 Abgeordnete des EP (→ *MdEP*) die rund 446 Millionen Bürgerinnen und Bürger in den 27 EU-Mitgliedstaaten. 96 Abgeordnete kommen aus Deutschland, wurden also von den deutschen Wählerinnen und Wählern bestimmt. Die nächsten Wahlen zum EP finden 2024 statt.

II. Wer darf hier wählen?

In Deutschland ist jeder → *Unionsbürger* mit vollendetem 18. Lebensjahr wahlberechtigt. Unionsbürger ist, wer die Staatsangehörigkeit eines der heute 27 Mitgliedstaaten der EU besitzt, also Franzose, Däne, Deutscher, Portugiese, Ungar etc. ist.

Unionsbürger, die in einem anderen Mitgliedstaat der EU wohnen oder leben, sind auch in diesem Aufenthaltsland aktiv und passiv wahlberechtigt.

In Deutschland dürfen also alle Staatsangehörigen der übrigen Mitgliedstaaten der EU wählen – vorausgesetzt, sie wohnen hier seit mindestens drei Monaten oder halten sich hier gewöhnlich auf. Allerdings darf das Wahlrecht nur einmal und persönlich ausgeübt werden; eine doppelte Stimmabgabe sowohl im Wohnsitz- als auch im Heimatland ist nicht erlaubt.

Um von ihrem Europawahlrecht in Deutschland Gebrauch zu machen, müssen sich Wähler aus anderen EU-Mitgliedstaaten ins Wählerverzeichnis ihres derzeitigen Wohnortes eintragen lassen. Deutsche, die in einem anderen Mitgliedstaat der EU wohnen oder leben, können entsprechend dort zur Wahl gehen.

Deutsche, die außerhalb der EU leben, können per Briefwahl wählen.

Achtung: Wer als Unionsbürger im EU-Ausland wählt, wählt die Kandidaten des Gastlandes. Er bestimmt dagegen nicht über die nationalen Mandate seines Herkunftslandes. Denn: Jedes EU-Mitgliedsland stellt eigene Kandidaten auf; in jedem Land der EU stehen dementsprechend auch nur diese nationalen Kandidaten zur Wahl.

III. Wer darf sich wählen lassen?

Für einen Sitz im EP (passives Wahlrecht) kann in Deutschland kandidieren, wer mindestens 18 Jahre alt ist, die deutsche Staatsangehörigkeit besitzt oder als Unionsbürger einen Wohnsitz in Deutschland hat bzw. sich dort gewöhnlich aufhält.

Kandidieren kann man nur auf Bundes- oder Landeslisten von – nationalen – Parteien oder sonstigen politischen Vereinigungen. Die Parteien oder Vereinigungen stellen Listen mit ihren Kandidatinnen und Kandidaten für das Europäische Parlament auf.

Das für eine Kandidatur zum EP vorgeschriebene Mindestalter ist – wie so vieles im bunten Europa – von Land zu Land unterschiedlich geregelt. In vielen Ländern (z. B. in Deutschland) kann man sich bereits mit 18 Jahren zur Wahl stellen. Bei unseren Nachbarn Belgien, Tschechien und Polen ist man mit 21 passiv wahlberechtigt, in Rumänien mit 23 und in Estland und Italien erst mit 25 Jahren.

IV. Seit wann gibt es eine Europawahl?

Eine direkte Wahl zum EP fand einheitlich in allen – damals noch neun – Mitgliedstaaten der Europäischen Gemeinschaft erstmals vom 7. bis 10. Juni 1979 statt. Seither wählen die Angehörigen der EU-Mitgliedstaaten alle fünf Jahre „ihr“ Parlament. Bis zu dieser ersten Direktwahl wurden die Abgeordneten von den nationalen Parlamenten der Mitgliedstaaten entsandt.

V. Was ist das für ein Parlament, das da gewählt wird?

Das Europäische Parlament (EP) ist die Völkervertretung und gemeinsames → *Organ der Europäischen Union*.

Seine verschieden Arbeitsorte haben dem EP mitunter Spott eingetragen („Wanderzirkus“). In Straßburg, seinem offiziellen Sitz, hält es zwölf Mal im Jahr seine Plenartagungen ab; weitere Plenartagungen finden in Brüssel statt. In Brüssel treten ferner die parlamentarischen Ausschüsse zusammen. Das Generalsekretariat und dessen Dienststellen schließlich, also die Verwaltung, befinden sich – mit ca. 3.500 Beschäftigten – in Luxemburg. Dem Vorwurf, ein durchaus nicht billiges Reiseparlament zu sein, kann das EP also kaum entgehen. Monat für Monat werden Hunderte graugrüner Aktenkisten gepackt und transportiert; mehrere Speditionen leben davon. Den umherziehenden Abgeordneten folgt ein Tross parlamentarischer Mitarbeiter, von EU-Beamten und Pressevertretern.

VI. Sind Wahltermin und Wahlverfahren in allen EU-Mitgliedstaaten einheitlich?

Weder – noch! Es gibt zwar einen einheitlichen Wahlzeitraum, der sich über mehrere Tage erstreckt. Über den genauen Wahltag aber entscheiden die Staaten selbst. In einigen Ländern finden Wahlen traditionell an einem Wochentag statt, in anderen Ländern – wie etwa in Deutschland – präferiert man den Sonntag.

Doch nicht nur die Wahltermine unterscheiden sich. Die Bürger Europas wählen auch nach unterschiedlichen Wahlverfahren entsprechend den jeweiligen nationalen Wahlgesetzen. So besteht in Griechenland, Luxemburg und Zypern Wahlpflicht.

Weitere nationale Eigenheiten betreffen etwa die Unterteilung des Wahlgebietes oder die unterschiedlich hohen *Sperrklauseln*. 16 Länder haben keine, die anderen EU-Staaten haben Sperrklauseln zwischen drei und fünf Prozent.

In Deutschland besteht gemäß einem Urteil des Bundesverfassungsgerichts vom 26. Februar 2014 für Parteien, die in das EP einziehen wollen, keine solche Hürde mehr. Gegen die bis dahin geltende Drei-Prozent-Hürde bei der Europawahl waren mehrere Klagen erhoben worden. Begründung: die Hürde nütze vor allem großen Parteien, denn proportional erhielten sie mehr Sitze im EU-Parlament, wenn kleine Parteien scheiterten.

Seit 1997 gibt es Bestrebungen, gemeinsame Wahlgrundsätze in der gesamten EU zu schaffen. Auf der Basis eines im → *Amsterdamer Vertrag* von

1997 erteilten Mandats haben die Abgeordneten des EP im Juli 1998 einen Entwurf für gemeinsame Wahlgrundsätze verabschiedet. Bisher wurden sie allerdings nicht umgesetzt. Immerhin wurde 1999 erstmals in allen Ländern der EU nach den Grundsätzen der Verhältniswahl gewählt.

VII. Welche Rolle spielen die Parteien für die Wahl?

Die nationalen Parteien in den Mitgliedsländern stellen jeweils eigene Kandidaten auf. In jedem Land der EU stehen dementsprechend nur diese nationalen Kandidaten zur Wahl. Werden sie gewählt, fungieren sie nicht mehr als national orientierte Abgeordnete, sondern sind eingebunden in europaübergreifende Parteikonstellationen, die im EP dann die Fraktionen bilden.

VIII. Was sind „transnationale Listen“?

Die Gelegenheit schien günstig. Mit dem Austritt Großbritanniens aus der EU standen 73 freiwerdende Sitze im EP zur Disposition. Warum sollte man diese Mandate nicht europaweit zur Wahl stellen? Die Kandidaten erhielten die Chance, sich grenzübergreifend an die europäischen Wähler zu wenden. Die EU-Kommission stand der Idee aufgeschlossen gegenüber; schließlich würde die europäische Dimension der Wahl gestärkt. Liberale und Sozialdemokraten im EP waren dafür; ohnehin befänden sich die Europawahlen „im Gefängnis nationaler Wahlsysteme und nationaler Listen“ (Jo Leinen MdEP). Christdemokraten dagegen lehnten transnationale Listen ab, weil sie „viel Distanz zwischen Wähler und Abgeordnete bringen“ würden (Manfred Weber MdEP).

Aus der Idee wurde nichts. Ein einstimmiges Votum des Rates der EU wäre ebenso erforderlich gewesen wie Änderungen des Wahlrechts in allen 27 Mitgliedstaaten.

IX. Gibt es bei der Europawahl auch „Spitzenkandidaten“?

Für die Europawahl 2014 haben einige Parteien erstmals Kandidaten benannt, die für die jeweilige politische Gruppierung in *allen* Mitgliedstaaten der EU als die „Spitzenkandidaten“ für das Amt des Präsidenten der → *Europäischen Kommission*, dem wichtigen „Exekutiv-Organ“ der EU, galten. Seinerzeit wurden die Wählerinnen und Wähler nicht enttäuscht. Der Kandidat der Parteienfamilie, die die meisten Wählerstimmen auf sich vereint hatte (seinerzeit *Jean-Claude Juncker*), wurde tatsächlich mit diesem Amt betraut. Nach der Europawahl 2019 dagegen setzten sich die Staats- und Regierungschefs der EU durch – und bestimmten mit *Ursula von der Leyen* eine EU-Kommissionspräsidentin, die im Wahlkampf nicht als Spitzenkandidatin aufgetreten war.

X. Wie ist das Wahlverfahren in Deutschland geregelt?

Das Wahlverfahren in Deutschland ist im Europawahlgesetz (EuWG) von 1978 geregelt. Es enthält Bestimmungen über das Wahlsystem, das Wahlgebiet, das aktive und passive Wahlrecht, die Stellung der Auslandsdeutschen, das Wahlvorschlagsrecht, die

Wahlprüfung und die Erstattung der Wahlkampfkosten.

Die deutschen Abgeordneten werden auf der Basis von Bundeslisten oder verbundenen Landeslisten nach dem Verhältniswahlrecht gewählt. Bei der Landesliste kandidieren für jedes Bundesland die regionalen Kandidaten einer Partei, bei der Bundesliste kandidieren alle Kandidaten einer Partei für die gesamte Bundesrepublik. Zur Wahl stellen dürfen sich alle politischen Parteien und sonstige mitgliedschaftlich organisierte politische Vereinigungen mit einer Einschränkung: Parteien, die nicht im deutschen Bundestag vertreten sind, brauchen für die Zulassung in die Bundesliste 4.000 und für die Landesliste 2.000 Unterschriften.

Jeder Wähler hat – anders als bei der Wahl zum Deutschen Bundestag – nur eine Stimme.

XI. Wie sah die Wahlbeteiligung aus?

Hier zeigt sich ein merkwürdiger Widerspruch zu der unstreitig eindrucksvollen institutionellen Weiterentwicklung des EP: die Wahlen zum EP üben auf uns Unionsbürger eine im Vergleich zu nationalen Wahlen eher bescheidene Faszination aus. Die These von der Europawahl als einer Wahl, der wenig Interesse entgegengebracht wird („*Low-interest-Wahl*"), bestätigte sich nachhaltig: Die Wahlbeteiligung *in Deutschland* schrumpfte von 62,5 Prozent im Jahr der ersten Direktwahl 1979 über 60,6 Prozent im Jahre 1984 auf 58,5 Prozent 1989; 1994 schien sie sich bei 60,0 Prozent auf bescheidenem Level einzupendeln, sackte bei den Europawahlen 1999 aber auf 45,2 Prozent ab. 2004 schien mit kümmerlichen 43 Prozent Wahlbeteiligung die Talsohle erreicht. Sie wurde jedoch 2009 mit 42,5 Prozent nochmals unterschritten und stabilisierte sich 2014 dezent bei 47,9 Prozent. Damit war Deutschland allerdings kein Außenseiter: In der gesamten EU beteiligten sich 2009 ebenso wie 2014 etwa 43 Prozent aller Wahlberechtigten an der Europawahl.

Dann aber, bei der Europawahl im Mai 2019, verzeichnete die Bundesrepublik Deutschland mit 61,4 Prozent den dritthöchsten Wert aller EU-Staaten ohne Wahlpflicht. EU-weit lag die Wahlbeteiligung bei 50,6 Prozent.

XII. Verteilung der Abgeordneten auf die EU-Mitgliedstaaten?

Das Parlament verfügt über 705 Sitze. Die Zahl der auf das jeweilige Mitgliedsland entfallenden Sitze orientiert sich grundsätzlich an dessen Bevölkerungsgröße. Zugleich aber wird den kleineren Staaten eine ausreichende politische Vertretung im EP gewährt. So verfügt beispielsweise Deutschland über 96 Sitze im Parlament, Griechenland über 21 und Malta über sechs Sitze (näheres unter→ *Europäisches Parlament*).

XIII. Wie wichtig ist diese Wahl für die Europäische Politik?

In den zurückliegenden 60 Jahren europäischer Einigung hat sich das EP zu einem einflussreichen Organ entwickelt. Insbesondere der → *Lissabon-Vertrag* von 2009 hat die Spielräume des EP markant erweitert.

Eines darf man keinesfalls übersehen: Das EP ist die einzige Institution der

EU, die – gerade durch die direkten Wahlen – von den Menschen unmittelbar legitimiert ist. Im Rahmen der immer wieder geführten Debatten um ein „*Demokratie-Defizit*" ragt das demokratisch und allein von uns Unionsbürgern bestimmte EP leuchtend heraus. Der → *Rat der Europäischen Union* als einflussreichstes Organ, in dem die aus den nationalen Wahlen hervorgegangenen Regierungen der Mitgliedstaaten vertreten sind, ist allenfalls mittelbar legitimiert, und die → *Europäische Kommission* wiederum wird zunächst vom Rat bestimmt. Vor allem: Seit 2014 steht dem EP das letzte Wort darüber zu, wer Präsident der EU-Kommission wird. Die Europawahl beeinflusst damit seither deutlicher und unmittelbarer als je zuvor die Politik in der EU.

XIV. Fazit

Die Rolle des EP im Gefüge unserer Europäischen Union wird immer noch unterschätzt. Vielen Europäern ist nicht bewusst, wie einflussreich dieses Parlament heute ist.

Ein Grund für die nach wie vor nur mäßige Beteiligung an den Europawahlen dürfte darin zu suchen sein, dass es eine „*europäische Öffentlichkeit*" nicht gibt. Spannende übergreifende Themen, die einen Wahlkampf zu einem echten „europäisch eingefärbten" Ereignis machen könnten, gibt es zwar reichlich, sie werden aber nicht koordiniert aufgegriffen oder den Wählern als für die Wahlentscheidung grundlegend vermittelt. Selbst brennende, originär europäische Politikbereiche – sei es der Datenschutz, die Migration oder die Umweltpolitik – werden in aller Regel aus nationalen Blickwinkeln wahrgenommen.

Für eine europäische Öffentlichkeit konstitutiv wären gemeinsame Medien, die übergreifende Themenschwerpunkte herausarbeiten und ein nachbarschaftliches Interesse fördern. Nur so könnte ein politischer Raum entstehen, in dem eine grenzübergreifende Codierung konsensfähiger Interessen möglich wäre. Schließlich fehlt – als klassisches Beispiel für ein gesamteuropäisches Thema – eine gemeinsame europäische Perspektive, ein Aspekt, den man früher einmal mit „*Finalität*" umschrieben hat. Wenn wir aber ein strukturelles Öffentlichkeitsdefizit konstatieren müssen, so hat dies naturgemäß erhebliche Relevanz für eine an demokratischen Parametern orientierte europäische Basiskonstruktion.

Weiterführende Literatur

Claus Leggewie, „Nebenwahlen? Hauptsache! Europa vor einer Richtungsentscheidung", in: Aus Politik und Zeitgeschichte, Heft 4/5 2019: Europa wählt, S. 4–10 | *Manuel Müller*, „Die Europawahlen 2019: Neue Machtstrukturen", in: „Jahrbuch der europäischen Integration 2019", hrsg. von Werner Weidenfeld/Wolfgang Wessels, Baden-Baden 2019, S. 57–70 | *Wolfgang Schreiber/Hans Jörg Schrötter*, „Die Wahl des Europäischen Parlaments in der Bundesrepublik Deutschland; Entstehungsgeschichte–Politische Bedeutung–Rechtsgrundlagen", Schriften der Bundeszentrale für politische Bildung, Bonn 1978 | *Hans Jörg Schrötter*, „Europawahl 2014", Deutsche Gesellschaft e.V., europe direct, Berlin 2014 | *Antonios Souris*, „Die Europawahl 2019 in Deutschland: Grüne Höhenflüge und die ‚Zerstörung der

CDU'", in: Gesellschaft, Wirtschaft, Politik, 68. Jahrgang, Heft 3/2019, S. 323–329

▶ European Sky Shield Initiative (ESSI)

Die *European Sky Shield Initiative (ESSI)*, auch European Skyshield Initiative geschrieben, ist ein geplantes Projekt zum Aufbau eines verbesserten europäischen Luftverteidigungssystems. Die Initiative geht auf eine Anregung Deutschlands zurück; Bundeskanzler *Olaf Scholz* hatte sie im August 2022 angekündigt.

I. Das Ziel

Die europäischen Mitgliedstaaten der → *NATO* wollen sich besser gegen Angriffe durch Geschosse, Flugkörper oder Luftfahrzeuge wappnen. Es geht also um die Stärkung des europäischen Pfeilers in der gemeinsamen Luftverteidigung der NATO. Lücken im bisherigen Schutzschirm über Europa sollen geschlossen werden. Unter anderem will man gemeinsam neue Waffensysteme beschaffen, die dann im Verbund möglichst günstig ein großes Gebiet abdecken.

II. Stand der Dinge

Am 13. Oktober 2022 unterzeichneten 15 europäischen Staaten – Belgien, Bulgarien, Deutschland, Estland, Finnland, Lettland, Litauen, die Niederlande, Norwegen, Rumänien, die Slowakei, Slowenien, Tschechien, Ungarn und das Vereinigte Königreich – die Absichtserklärung zum Aufbau eines europäischen Luftverteidigungssystems. Diese Länder sind, mit Ausnahme Finnlands, mindestens seit 2004 Mitglieder der NATO.

Die Initiative steht weiteren Staaten offen. So wurde am 15. Februar 2023 im Rahmen eines NATO-Treffens in Brüssel bekannt, dass sich auch Dänemark und Schweden der Sky Shield Initiative anschließen.

III. Wege zur Umsetzung

Die Nationen wollen gemeinsam die erforderlichen Waffensysteme beschaffen und deren Betrieb sicherstellen. Dabei wird darauf geachtet, welches Land welchen Bedarf hat. Durch die gemeinsame Beschaffung werden die Interoperabilität zwischen den einzelnen Staaten und der operative Einsatzwert im Rahmen der NATO erhöht; die Länder sollen sich beispielsweise gegenseitig mit den Systemen und der entsprechenden Munition unterstützen können.

Das gemeinsame Beschaffen spart Kosten, da die Abwehrsysteme gleich in höherer Stückzahl geordert werden können. Gemeinsame logistische Konzepte sowie gemeinsame Instandsetzung und Materialerhaltung können zudem die Betriebskosten reduzieren. Jede Nation finanziert hierbei ihre eigenen Anteile.

IV. ESSI und NATO

Das gemeinsame Luftverteidigungssystem soll vor Bedrohungen aus Luft- und Weltraum schützen. Ein wichtiges Kriterium ist die NATO-Kompatibilität; man will „interoperabel" sein. Das gilt auch für den Aspekt der gemeinsamen Instandsetzung. Es ist beabsichtigt, die ausgebauten oder neu geschaffenen Fähigkeiten der gemeinsame Beschaffungsinitiative in die vom NATO-Befehlshaber für Europa geführten Luftverteidigung des NATO-Gebietes einzubinden.

Teilnehmer des European Sky Shields (Stand: 13. Oktober 2022) :

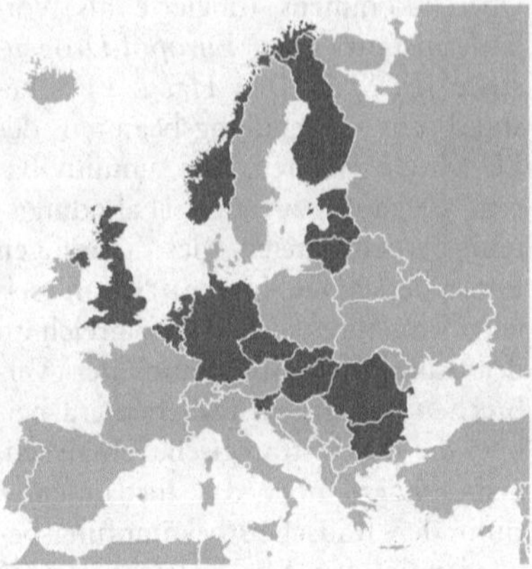

▶ Europol

Angesichts der Internationalisierung des Verbrechens haben die Mitgliedstaaten der (heutigen) → *Europäischen Union (EU)* bereits 1991 auf einem Gipfeltreffen in Luxemburg die Idee eines europäischen Polizeiamtes präsentiert, das sie Europol nannten.

Europol sollte der erste Schritt zur Verwirklichung einer gemeinsamen grenzübergreifenden Kriminalitätsbekämpfung in Europa sein.

I. Aufgaben

1993 machte man mit diesen Plänen ernst: Der Aufbau einer europäischen Polizeibehörde wurde im → *Maastrichter Vertrag* festgeschrieben. In einer dem Vertrag beigefügten Erklärung heißt es zu deren Aufgaben und Kompetenzen:

> „Europol dient dem Informations- und Erfahrungsaustausch, einer zentralen Analyse internationaler Kriminalität und der Unterstützung der nationalen Polizeibehörden der einzelnen EU-Mitgliedstaaten."

Operative Funktionen sollen Europol danach nicht zukommen. In einem internationalen Übereinkommen vom 26. Juli 1995 wurden die Zuständigkeiten verbindlich geregelt. Auf dieser Basis konnte Europol am 1. Januar 1999 in Den Haag in vollem Umfang die Arbeit aufnehmen.

Ein wichtiger Teil des Übereinkommens bezieht sich auf den Aufbau eines Informations- und Analysesystems, das den nationalen Strafverfolgungsbehörden zentral gesammelte Informationen über Straftäter und internationale kriminelle Organisationen zur Verfügung stellt. Dazu wurde ein eigenes Computernetz aufgebaut. Der Zugriff auf sensible personenbezogene Daten wird dabei aus datenschutzrechtlichen Gründen restriktiv gehandhabt.

Mit dem → *Amsterdamer Vertrag* von 1999 wurden diese Funktionen ausgedehnt auf die Unterstützung von Ermittlungsmaßnahmen von EU-Mitgliedstaaten. Außerdem darf Europol seither Ermittlungsersuchen an die Mitgliedstaaten richten.

Zuständig war Europol zunächst nur in den Bereichen illegaler Drogenhandel, Handel mit nuklearen und radioaktiven Substanzen, Schleuserkriminalität, Menschenhandel, sexueller Missbrauch von Kindern sowie Autodiebstahl, spätestens zwei Jahre nach Inkrafttreten des Übereinkommens von 1995 auch im Terrorismusbereich. Der → *Rat der EU* kann die Zuständigkeit von Europol durch einstimmigen Beschluss auf andere Kriminalitätsformen ausdehnen, die in einer Liste des Übereinkommens aufgeführt sind.

II. Organisation

Der Mitarbeiterstab von über 1.000 Beschäftigten besteht aus Strafverfolgungsbeamten, Technikern und Verwaltungspersonal. Jeder EU-Staat ist außerdem durch Verbindungsbeamte vertreten, die für den Nachrichtenaustausch zwischen Europol und den jeweiligen zentralen nationalen Dienststellen zuständig sind. Die entsprechende zentrale Dienststelle für Deutschland ist das Bundeskriminalamt in Wiesbaden.

Zu den Organen von Europol zählt der *Verwaltungsrat*, der grundsätzlich an allen wichtigen Entscheidungen außerhalb des fachlichen Aufgabenbereichs mitwirkt. Er setzt sich aus je einem Vertreter jedes Mitgliedstaates zusammen. Seine Beschlüsse benötigen grundsätzlich eine Zweidrittelmehrheit.

Der *Direktor* wird nach Stellungnahme des Verwaltungsrats vom Rat der EU einstimmig auf vier Jahre mit einmaliger Wiederwahlmöglichkeit ernannt. Er ist u. a. für die Erfüllung der Europol gestellten Aufgaben verantwortlich. Auf Beschluss des Rats kann er sowie seine beiden Stellvertreter mit Zweidrittelmehrheit entlassen werden. Direktoren von Europol waren zehn Jahre lang Deutsche: von 1998 bis 2004 *Jürgen Storbeck* und von 2005 bis 2009 *Max-Peter Ratzel.* Am 8. März 2018 hat der → *Rat* der EU die Belgierin *Catherine De Bolle* zur Exekutivdirektorin von Europol ernannt.

III. Europol-Drogenstelle

Bis zum Inkrafttreten des Europol-Übereinkommens fungierte als Vorläuferinstanz eine *Europol-Drogenstelle (EDS)* in Den Haag. EDS bestand aus Verbindungsbeamten der EU-Mitgliedstaaten, die unmittelbaren Zugang zu den Fahndungs- und Arbeitsdateien des jeweiligen Entsenderstaates hatten. Schon seinerzeit konnte die EDS erfolgreich an der Aufklärung internationaler Verbrechen mitwirken. Daneben erarbeitete die EDS strategische Analysen, insbesondere über das Instrumentarium der Rauschgiftbekämpfungsbehörden in den Mitgliedstaaten oder über neue Schmuggelrouten, Methoden der Geldwäsche sowie Taktiken krimineller Organisationen.

IV. Fazit

Europol hat keine exekutiven Befugnisse. Die Behörde dient vielmehr vorwiegend dem Informationsaustausch unter den nationalen Polizeibehörden der 27 EU-Mitgliedstaaten und liefert regelmäßig Analysen, etwa über die organisierte Kriminalität in Europa. Immer noch resultieren viele funktionale Probleme daraus, dass wichtige Konventionen, mit denen die Arbeit der Schaltstelle aufgewertet würde, von zahlreichen Mitgliedstaaten nicht ratifiziert wurden. Andererseits werden europäische Sicherheitsexperten nicht müde zu betonen, die Rolle von Europol müsse gestärkt werden. Zuletzt hat die neue EU-Kommission in ihrem im Januar 2020 vorgelegten Arbeitsprogramm verkündet, sie werde „das Mandat von Europol ausbauen, um die operative polizeiliche Zusammenarbeit zu verstärken". Man darf gespannt sein.

Das Faktum, dass dem globalisierten Verbrechen auch ein internationales Netzwerk an Ermittlern entgegengesetzt werden muss, ist das eine; viele Behörden aber sind bis heute eher zögerlich, wenn es um die Übermittlung ihrer – nationalen – Erkenntnisse an Europol geht.

▶ Eurostat

Das statistische Amt „Eurostat" hat den Auftrag, die → *Europäische Union (EU)* mit datenorientierten Analysen und Prognosen zu versorgen. In regelmäßigen Abständen erstellt das Amt hochwertige statistische Informationsdienste, die den Vergleich entscheidungs- und handlungsrelevanter Daten zwischen den EU-Mitgliedstaaten und Regionen ermöglichen.

Diese Aufgabe ist – als unerlässliche Grundlage für Entscheidungen und Bewertungen auf europäischer Ebene – von hoher Bedeutung nicht nur für die → *Organe der Europäischen Union*, sondern ebenso für die Entscheidungsträger der nationalen Administrationen und nicht zuletzt für die Öffentlichkeit und die Medien.

Als zentrale Institution mit Sitz in Luxemburg koordiniert Eurostat die uneinheitlichen nationalen Statistiken in einer einheitlichen und vergleichbaren Systematik. Hervorzuheben ist die Rolle von Eurostat im Vorfeld der am 1. Mai 2004 vollzogenen → *Osterweiterung*; in diesem Umfeld galt es, die statistischen Systeme in den Beitrittsländern zu koordinieren und eigene Programme für diese Länder sowie auch die Staaten der früheren Sowjetunion (Tacis) aufzulegen.

Eurostat arbeitet eng mit internationalen Organisationen wie UNO und → *OECD*, aber auch mit Ländern außerhalb der EU, etwa mit den nationalen statistischen Ämtern der Mittelmeerländer sowie einer Vielzahl afrikanischer Staaten zusammen.

Als Generaldirektion der → *Europäischen Kommission* wird Eurostat von einem Generaldirektor geleitet. Ihm unmittelbar unterstellt sind ein Hauptberater und sechs Direktoren als Leiter der folgenden Arbeitsbereiche:

- Direktion A: Ressourcen;
- Direktion B: Methoden und Statistische Instrumente;
- Direktion C: Wirtschafts- und Währungsstatistik;
- Direktion D: Statistiken, Binnenmarkt, Beschäftigung und Soziales;
- Direktion E: Agrar-, Fischerei-, Strukturfonds- und Umweltstatistik;
- Direktion F: Statistik der Außenbeziehungen.

▶ Eurosur

Am 1. Dezember 2013 startete die → *Europäische Union* (EU) ein neues europäisches Grenzüberwachungssystem (englisch: *European border surveillance system* – kurz: *Eurosur*). Per Satellitenüberwachung sollen illegale

Einwanderungen und Flüchtlingskatastrophen verhindert werden. Die EU-Länder nutzen das Kommunikationssystem, um Informationen über verdächtige Bewegungen an den Außengrenzen und auf See auszutauschen. Dabei wird auch die EU-Grenzschutzagentur → *FRONTEX* einbezogen. Vor allem der Luftraum über dem Mittelmeer wird überwacht. Laut → *Europäischer Kommission* steht die Humanität im Mittelpunkt. So dürfen illegale Flüchtlinge nicht in Drittstaaten abgeschoben werden, in denen ihr Leben bedroht ist. Das Ziel lautet, Boote aufzuspüren, *bevor* sie in See stechen.

Wenn es zudem eine Aufgabe von Eurosur ist, auch nordafrikanische Staaten gezielt mit Informationen zu versorgen, um das Ablegen von Flüchtlingsbooten zu verhindern, so kann man angesichts der seither in ungeahnter Dimension angestiegenen Flüchtlingsströme gerade aus diesen Ländern und über das Mittelmeer nur von einem evidenten Versagen des Überwachungssystems sprechen (siehe auch → *Asyl- und Flüchtlingspolitik der EU*).

▶ Eurozonenbudget

Noch ist es nur ein Plan – das *Eurozonenbudget für Konvergenz und Wettbewerbsfähigkeit im* → *Euro-Raum*. Angestoßen hat ihn Frankreichs Staatspräsident *Emmanuel Macron*. Seither wird über einen solchen gesonderten Haushalt für die Euro-Staaten kontrovers diskutiert.

Deutschland und Frankreich verständigten sich im Juni 2018 darauf, mit einem *gemeinsamen Etat für die Euro-Länder* die Währungsunion resistenter gegen Krisen zu machen. Bei den Details gingen die Vorstellungen aber auseinander, etwa bei der Frage, welchen Umfang der Etat haben sollte. Die 19 Euro-Staaten müssten in das Budget einzahlen, und nur für sie würden diese Gelder dann verfügbar sein. Für die anderen EU-Mitgliedstaaten wäre das Ganze eine neutrale Angelegenheit.

Mit den Budget-Mitteln sollen, so die Idee, Zusammenhalt und Wettbewerbsfähigkeit der Euro-Länder sowie die Stabilität der Euro-Zone erhöht werden. In strukturschwachen Regionen sollen Investitionen angekurbelt und das wirtschaftliche Gefälle zwischen den nördlichen und südlichen Euro-Ländern abgemildert werden.

Klar dürfte inzwischen sein, dass ein solches eigenes Budget im Rahmen des Gesamthaushalts der → *Europäischen Union (EU)* verwaltet und Teil des regulären siebenjährigen → *Haushalts* der EU werden würde. So wäre sichergestellt, dass das Budget mit den EU-Haushaltsregeln in Einklang steht und alle Regeln zur Haushaltskontrolle und parlamentarischen Mitbestimmung anwendbar sind.

Geteilte Bewertungen

Diesem „Herzensanliegen" von *Emmanuel Macron* (Handelsblatt, 19.11.2018) liegt die Prämisse zugrunde, staatliche Zahlungen seien ein probates Mittel gegen Verwerfungen der Wettbewerbsfähigkeit zwischen Regionen oder Staaten. Erfahrungen etwa in Italien mit seiner rund 150-jährigen Geschichte der Transfers aus dem ökonomisch dynamischen Norden in den dauerstagnierenden Süden lassen bezüglich dieser Annahme Zweifel zu.

Verschiedene deutsche Ökonomen bezweifeln grundsätzlich, dass die Probleme der Eurozone durch ein gemeinsames neues Budget oder andere zusätzliche Transferzahlungen zu beseitigen seien. Die Einführung eines Transfermechanismus, der dauerhaft Kaufkraft von Norden nach Süden verlagert, sei keine Lösung für das Problem der unterschiedlichen Konjunkturentwicklung in Nord- und Südeuropa: „Das lähmt sowohl das Wachstum im Süden als auch im Norden, weil die Anreize verloren gehen. Subventionen regen wirtschaftliche Dynamik nie an. Damit löst man die strukturellen Probleme im Süden nicht“ (so Stefan Kooths, Kieler Institut für Weltwirtschaft (IfW)).

Insgesamt besteht die Sorge, ob eine solche Reform vielleicht genau die falschen Signale an Krisenstaaten senden könnte.

F

▶ Fair Share

→ *Dubliner Übereinkommen*

▶ Finanztransaktionssteuer

Die Finanztransaktionssteuer (FTS) gehört zu den Kapitalverkehrssteuern. Sie funktioniert wie eine Umsatzsteuer auf börsliche und außerbörsliche Finanztransaktionen. Der Staat belegt den Handel mit Finanzprodukten mit einer minimalen Steuer. Vereinzelt wird die Finanztransaktionssteuer auch als Finanzmarktsteuer oder Finanzmarkttransaktionssteuer (englisch: Financial Transaction Tax – FTT) bezeichnet.

Unter dem Eindruck der weltweiten Finanzkrise ab 2007 (→ *Staatsschuldenkrise*) wurde in Europa – und besonders in Deutschland – über die Einführung einer solchen Finanztransaktionssteuer diskutiert. So stellte der frühere Präsident der Europäischen Kommission, *José Manuel Barroso*, einen Gesetzentwurf zur Einführung einer Finanztransaktionssteuer in der → *Europäischen Union* (EU) vor.

I. Ziel der Finanztransaktionssteuer

Ziel des Vorhabens ist es, den überwiegend automatisierten computergestützten Hochfrequenzhandel (*High Frequency Trades*) zu verteuern, da dieser unerwünschte selbstverstärkende Effekt vor allem in Krisenphasen zur Folge hat. Mit einem sehr geringen prozentualen Anteil von anfangs 0,01 bis 0,1 Prozent je Transaktion möchte man hier gegensteuern, ohne den Privatanleger nennenswert zu belasten.

Andererseits verdienen Kapitalmarktplätze mit diesen umfangreichen Transaktionen Geld. Daher konnten sich die Finanzminister der EU bislang nicht auf eine einheitliche europäische Regelung zur FTS verständigen. Man scheiterte insbesondere an Ländern wie dem zum 31. Januar 2020 aus der EU ausgetretenen Vereinigten Königreich, wo der Anteil des Finanzsektors am Wirtschaftsvolumen groß und die Furcht vor einem Umsatzrückgang in der Folge einer FTS daher besonders ausgeprägt ist.

II. Geschichte der Finanztransaktionssteuer

2012: Einer gesamteuropäischen Regelung vorgreifend haben einige EU-Länder verschiedene Gesetze zu Börsensteuern oder anderen Steuern auf Finanzgeschäfte beschlossen. So gilt seit dem 1. August 2012 in Frankreich eine allgemeine FTS auf den Erwerb sogenannter „Kapitalwertpapiere“. Auch in Belgien, Zypern, Irland, Finnland und Griechenland gelten gewisse Formen einer Finanztransaktionssteuer.

Nach einem Treffen der EU-Finanzminister im Oktober 2012 in Luxemburg war zu hören, dass nach Frankreich wohl elf weitere EU-Staaten inklusive Deutschland die FTS einführen werden. Daraus wurde jedoch nichts.

2016: Im Oktober 2016 schien eine Einigung von mindestens zehn EU-Ländern auf eine europäische FTS wahrscheinlich.

2017: Nach der Bundestagswahl 2017 haben CDU/CSU und SPD den Abschluss der Finanztransaktionssteuer in ihrem Koalitionsvertrag festgelegt.

2018: Die geplante Einführung des Gesetzesentwurfs für 2018 scheiterte erneut. Zehn Mitgliedstaaten verhandelten weiter.

2019: Anfang Februar 2019 hat Bundesfinanzminister *Olaf Scholz* gemeinsam mit dem französischen Finanzminister *Bruno Le Maire* den anderen europäischen EU-Finanzministern vorgeschlagen, eine Finanztransaktionssteuer ab 2021 in zehn EU-Ländern einzuführen. Im Juni 2019 verständigten sich die zehn EU-Staaten Deutschland, Frankreich, Belgien, Griechenland, Italien, Portugal, Österreich, der Slowakei, Slowenien und Spanien darauf, dass in ihren Ländern ab 2022 eine solche Steuer gelten soll, die aber lediglich Aktien großer Unternehmen mit einem Wert vom mehr als einer Milliarde Euro betrifft. Dazu zählen in Deutschland rund 145 Unternehmen. Seit dem 9. Dezember 2019 liegt dazu ein Gesetzesentwurf vor.

Über diesen Plänen aber hängt das Damoklesschwert, dass neben Österreich weitere Staaten Bedenken anmelden.

Da sich das Vorhaben im Rahmen der vertraglich vorgesehenen *„Verstärkten Zusammenarbeit“* bewegt (→ *Europa der verschiedenen Geschwindigkeiten*), ist eine Mindestzahl von neun teilnehmenden EU-Staaten zwingend erforderlich.

▶ Fiskalunion

Eine Fiskalunion verfügt über gemeinsame Institutionen, die befugt sind, Fiskalpolitik zu betreiben, also Steuern und Staatsausgaben zu beeinflussen. Im Rahmen der → *Europäischen Union* (EU) würde sie bedeuten, dass die bisher nationale Budgetverantwortung unter Abgabe von wesentlichen Souveränitätsrechten der einzelnen Länder zu einer gemeinsamen, von der EU koordinierten Angelegenheit wird. In letzter Konsequenz würden eine europäische Wirtschaftsregierung sowie vor allem auch eine gemeinsame monetäre Haftung installiert.

Eine Fiskalunion gibt es (noch) nicht. Der Terminus beschreibt eher die Vision einer erweiterten und stärker als bisher gemeinsam betriebenen zentralisierten Wirtschafts- und Fiskalpolitik der Mitgliedstaaten der → *Wirtschafts- und Währungsunion (WWU)* der EU. Mit dem 2013 in Kraft getretenen → *Fiskalvertrag* hat die EU erste Schritte auf dem Weg hin zu einer *Fiskalunion* getan.

▶ Fiskalvertrag

25 Mitgliedstaaten der → *Europäischen Union (EU)* haben ihn am 2. März 2012 unterzeichnet. Großbritannien hielt sich vornehm zurück, ebenso Tschechien. Sein richtiger Name: *Vertrag über Stabilität, Koordinierung und Steuerung der Wirtschafts- und Währungsunion* spricht für sich.

Die unterzeichnenden Länder verpflichten sich, einheitliche und dauerhaft verbindliche Haushaltsregeln in ihren nationalen Rechtsordnungen zu verankern – vorzugsweise in ihren Verfassungen. Auf den Punkt gebracht spricht man hier von „*Schuldenbremse*". Auch wird die zulässige Defizitgrenze für die einzelnen Länder weiter herabgesetzt – auf eine Obergrenze von 0,5 Prozent des Bruttoinlandsprodukts (BIP).

Seit Januar 2013 ist der Fiskalvertrag in Kraft. Er ist eng verknüpft mit dem Europäischen Stabilitätsmechanismus → *ESM*. Hilfen aus dem ESM können nur Staaten in Anspruch nehmen, die den Fiskalvertrag bis zum 1. März 2013 ratifiziert und spätestens ein Jahr nach dessen Inkrafttreten die Schuldenbremse in ihr nationales Recht umgesetzt haben. Der Fiskalvertrag will also dem Grundprinzip Rechnung tragen, dass Solidarität und Subsidiarität Hand in Hand gehen müssen.

▶ Forschungspolitik, europäische

Die europäische Dimension in Forschung und technologischer Entwicklung wird für die europäische Wirtschaft zunehmend zur Existenzbasis (siehe auch → *EUREKA*). Technologische Innovationen prägen das moderne Leben in allen Facetten. Die Globalisierung der Märkte ist ganz besonders in High-Tech-Sektoren Realität.

Angesichts erkennbarer Schwächen europäischer Unternehmen gegenüber der US-amerikanischen und südostasiatischen Konkurrenz hält die → *Europäische Union (EU)* erhebliche Anstrengungen in diesem Bereich für unabdingbar, um Europas Wettbewerbsfähigkeit auf den Weltmärkten zu erhalten.

I. Anfänge einer Gemeinsamen Forschungspolitik

Anfangs war die europaübergreifende Forschung nur für Einzelbereiche geregelt, so in der → *Europäischen Gemeinschaft für Kohle und Stahl* von 1951 für die Kohle- und Stahlforschung oder in der → *Europäischen Atomgemeinschaft* von 1957 für die Kernforschung.

1974 legte der → *Europäische Rat* Ziele einer gemeinsamen Forschungs- und Technologiepolitik fest:

- Sicherung der Ressourcen (Energie, Wasser, Rohstoffe),
- Förderung der internationalen Wettbewerbsfähigkeit,
- Verbesserung der sozialen Lebens- und Arbeitsbedingungen,
- Schutz von Umwelt und Natur.

Diesen Zielen müssen die von der → *Europäischen Kommission* konzipierten Forschungsrahmenprogramme seither verpflichtet sein.

Erst seit den Reformen der → *Einheitlichen Europäischen Akte* (EEA) von 1987, die die → *Römischen* Verträge von 1957 ergänzten, verfügt die Gemeinschaft über eine gemeinsame Rechtsgrundlage für eine gemeinschaftliche Forschungs- und Technologiepolitik.

II. EU-Forschungsrahmenprogramme

Das Forschungsrahmenprogramm ist das wichtigste Instrument der Forschungsfinanzierung in Europa. Mit ihm fördert die Europäische Union die Zusammenarbeit von Wirtschaft und Wissenschaft in grenzübergreifenden Forschungsprojekten. Ziel ist es, einen *„Europäischen Forschungsraum“* zu etablieren, also einen europäischen „Binnenmarkt“, in dem Kapazitäten und Dynamik von Forschung und Innovation gebündelt werden.

Die Programme werden in vierjährigen Abständen mit aktuell überarbeiteten Schwerpunkten neu aufgelegt. Zur Ausführung der Programme gibt es die Möglichkeit der:

- *direkten Aktion* durch die Gemeinsame Forschungsstelle. Die EU übernimmt sämtliche Kosten.
- *indirekten Aktion* durch öffentliche Ausschreibungen. Die EU übernimmt 50 Prozent der Forschungskosten.
- *konzertierten Aktion* durch Koordinierung nationaler Projekte durch die → Europäische Kommission. Die Programme werden von den EU-Mitgliedsländern ausgeführt.

Die Mittel für die gemeinsame Forschung stammen aus dem → *Haushalt der Europäischen Union*.

In die Programme können auch Drittländer einbezogen werden. Das gilt insbesondere für Forscherteams aus Mittelmeerdrittländern, Lateinamerika, Asien, Afrika und den karibischen und pazifischen Staaten.

Erstmals 1987 wurden die Forschungsschwerpunkte der Gemeinschaft für einen Zeitabschnitt von vier Jahren, also bis 1991, in einem *„Rahmenprogramm für Forschung und technologische Entwicklung“* festgelegt. Das Rahmenprogramm war mit rund 13 Milliarden DM ausgestattet und sah die Förderung der folgenden acht Forschungsbereiche vor:

- Lebensqualität: Forschungen im Bereich der Gesundheit (Krebs, Aids), Strahlenschutz, Umwelt (Ozonschicht).
- Informationstechniken: z. B. das Projekt ESPRIT (*European Strategic Programme for Research*) in den Informationstechnologien (Mikroelektronik, Software), Forschungen zur Telekommunikation und zur Verkehrssicherheit.
- Industrielle Modernisierung: u. a. Untersuchungen zum Recycling und Einsatz neuer Technologien in der verarbeitenden Industrie.
- Biotechnologie: Projekte zur biotechnischen Anwendung in der Landwirtschaft.
- Energie: Die drei großen Projekte waren:
  - Forschungen zur nuklearen Sicherheit in der Gemeinsamen Forschungsstelle der Gemeinschaft,
  - Erforschung alternativer Energien (Sonnen- und Windenergie),
  - Forschungen zur Kernfusion im Projekt JET (*Joint European Tours*).
- Entwicklungshilfe: Gemeinsame Vorhaben von Europäischer Union und Entwicklungsländern in Landwirtschaft und Tropenmedizin.
- Meeresforschung: Erkundung des Meeresbodens.
- Forschungskooperation: Programme zur spitzentechnologischen Zu-

sammenarbeit großer Forschungsanstalten und Untersuchungen zur sozialen und ökologischen Folgenabschätzung der neuen Technologien.

Ende 1993 legte die *EU-Kommission* ihr Weißbuch zu *Wachstum, Wettbewerbsfähigkeit und Beschäftigung* vor. Sie empfahl, den Bereichen Forschung und technologische Entwicklung erheblich mehr Aufmerksamkeit zu widmen. Diese Vorstellungen flossen in das 4. Rahmenprogramm ein, das für den Zeitraum 1994 bis 1998 Mittel in Höhe von 12,3 Milliarden ECU bereitgestellt hatte.

Das von 1998 bis 2002 geltende „5. Rahmenprogramm für Forschung, technologische Entwicklung und Demonstration", ausgestattet mit einem Budget von 14,96 Milliarden Euro, widmete sich den Schwerpunkten

- anwendungsorientierte Forschung,
- stärkere Beachtung kleiner und mittelständischer Unternehmen,
- nachhaltige wirtschaftliche Entwicklung.

Das 6. Forschungsrahmenprogramm von 2002 bis 2006 war mit einem Gesamtbudget von 17,5 Milliarden Euro ausgestattet und sollte dazu beitragen, Kooperationen im Rahmen konkreter Projekte in Schlüsselbereichen der medizinischen, ökologischen, industriellen oder sozialökonomischen Forschung auszulösen. Auch für die Mobilität von Forschern und die internationale wissenschaftliche Zusammenarbeit wurden nennenswerte Fördermittel bereitgestellt. Thematischen Prioritäten waren:

- Biowissenschaften, Genomik und Biotechnologie im Dienst der Gesundheit;
- Technologien für die Informationsgesellschaft;
- Nanotechnologien und -wissenschaften;
- Luft- und Raumfahrt;
- Lebensmittelqualität und -sicherheit;
- nachhaltige Entwicklung, globale Veränderungen und Ökosysteme;
- Bürger und Staat in der Wissensgesellschaft.

Das 7. Forschungsrahmenprogramm begann 2007. Mit einem Gesamtbudget von rund 54 Milliarden Euro für den Zeitraum bis 2013 war es das weltweit größte Forschungsförderprogramm. Schwerpunkte legte es in den Bereichen Gesundheit, Biotechnologie, Informationstechnologie, Nanotechnologie, Luft- und Raumfahrt, Energie, Verkehr und Umwelt. Es enthielt als Novum den *Europäischen Forschungsrat*, der Spitzenforscher sowie herausragenden wissenschaftlichen Nachwuchs mit jährlich ca. einer Milliarde Euro gefördert hat.

Das seit 2014 laufende 8. Rahmenprogramm *„Horizont 2020"* stellt wiederum das weltweit finanzstärkste Förderprogramm für Forschung und Innovation dar. Über die Laufzeit bis 2020 standen nun sogar rund 80 Milliarden Euro zur Verfügung. Horizont 2020 zielte darauf ab, nachhaltiges Wachstum und zukunftsfähige Arbeitsplätze in Europa zu schaffen und so die Wettbewerbsfähigkeit Europas zu stärken.

Horizont 2020 legte zugleich einen starken Fokus auf Innovation. In diesem Sinne wurden mit Horizont 2020 Projekte gefördert, die die gesamte Innovationskette abdecken – von der Grundlagenforschung bis hin zur Vorbereitung marktfähiger Produkte und Dienstleistungen. Drei Schwerpunkte sind zu nennen:

(1) Horizont 2020 fördert die exzellente Wissenschaft in Europa und unterstützt unter anderem die besten Köpfe des Kontinents in allen Phasen ihrer wissenschaftlichen Karriere.
(2) Die Industrie und speziell kleine und mittlere Unternehmen sind bedeutende Treiber für Innovation und Wettbewerbsfähigkeit; sie werden unterstützt und vernetzt.
(3) Die großen gesellschaftlichen Herausforderungen, wie etwa der demografische Wandel oder eine saubere, bezahlbare Energieversorgung, stellen den dritten Schwerpunkt dar.

Das 9. EU-Rahmenprogramm für Forschung und Innovation ging unter dem stolzen Namen „Horizont Europa“ im Januar 2021 an den Start. Sein Umfang übertrifft das Vorgängerprogramm Horizont 2020 und gilt nun als eines der größten Förderprogramme für Forschung und Innovation weltweit. Die Inhalte orientieren sich an wichtigen gesellschaftlichen Fragestellungen wie etwa Gesundheit, Umwelt und Verkehr. Ein zentrales Ziel ist es, Exzellenz in der europäischen Wissenschaft zu fördern.

Das EU-Rahmenprogramm ruht auf den drei Säulen:

a) „*Wissenschaftsexzellenz*“; hier finden sich Programme zur thematisch nicht festgelegten (Individual-)Förderung,
b) „*Globale Herausforderungen und industrielle Wettbewerbsfähigkeit Europas*“, was sechs Cluster umfasst: 1. Gesundheit, 2. Kultur, Kreativität und eine inklusive Gesellschaft, 3. zivile Sicherheit für die Gesellschaft, 4. Digitalisierung, Industrie und Weltraum, 5. Klima, Energie und Mobilität und 6. Lebensmittel, Bioökonomie, natürliche Ressourcen, Landwirtschaft und Umwelt,

sowie

c) „*Innovatives Europa*“, wo Instrumente mit Schwerpunkt Innovation und Marktaufnahme verortet sind.

Für die Laufzeit des Programms Horizont Europa steht von 2021 bis 2027 innerhalb des mehrjährigen Finanzrahmens (→ Haushalt der EU) ein Gesamtbudget von bis zu 95,5 Mrd. € (in laufenden Preisen) zur Verfügung.

Ausführliche Informationen über Horizont Europa sind im neuen Internetportal www.horizont-europa.de verfügbar.

III. Zwischenfazit

Bei allen Bestrebungen, die internationale Wettbewerbsfähigkeit der Forschung im Rahmen der EU zu sichern, darf nicht übersehen werden, dass die Europäische Union sowohl gegenüber Japan als auch den USA mit Wettbewerbsdefiziten zu kämpfen hat. Grenzübergreifende Forschung ist für die europäische Wirtschaft eine Überlebensfrage.

IV. Die Gemeinsame Forschungsstelle der Europäischen Union (GFS)

Diese wurde 1957 als Instrument der → *Europäischen Atomgemeinschaft* gegründet. Ihr gehören Institute in Ispra (Italien), Geel (Belgien), Petten (Niederlande) und Karlsruhe (Deutschland). Schwerpunkte lagen in der Kernforschung, der nuklearen Sicherheit sowie in der Entwicklung und dem Bau von Kernreaktoren. Durch nationales Konkurrenzdenken geriet die GFS jedoch schnell in eine Krise. Erst ab 1973 gewann sie wieder an Bedeutung, als sie ihre Forschungsaktivitäten auf nichtnukleare Bereiche ausdehnte. Zurzeit liegen die Schwerpunkte der GFS auf der nuklearen Sicherheit, der Erforschung neuer Energiequellen und der Umweltforschung (→ *Umweltpolitik*). Die Stelle beschäftigt rund 2.000 Mitarbeiter. Der Jahresetat beträgt rund 250 Millionen Euro.

V. Forschungseinrichtungen der Europäischen Union in Deutschland

- Europäische Organisation für Astronomische Forschung in der südlichen Hemisphäre (ESO) in Garching;
- Europäische Konferenz für Molekularbiologie (EMBC) und Europäisches Laboratorium für Molekularbiologie (EMBL) in Heidelberg;
- Gemeinsame Forschungsstelle der EG (GFS) in Karlsruhe;
- Europäischer Transschall-Windkanal (ETW) in Köln;
- Institut für Silizium-Technologie in Itzehoe (seit 1994).

▶ Freihandelsabkommen

Freihandelsabkommen sind völkerrechtliche Verträge. Sie sollen den Handel zwischen den Vertragsstaaten von Zöllen und Handelsbarrieren befreien. Die Vertragspartner verzichten untereinander auf → *Handelshemmnisse* – wie etwa Ein- oder Ausfuhrverbote und Einfuhrkontingente –, betreiben jedoch gegenüber Drittländern eine autonome Außenhandelspolitik. Gegebenenfalls verbieten Freihandelsabkommen auch andere staatliche Eingriffe wie Subventionen. In neueren Freihandelsabkommen sind mitunter Absprachen über das Geistige Eigentum und Einschränkungen für staatliche Beteiligungen an Unternehmungen bzw. Wirtschaftssektoren enthalten.

I. Ziel von Freihandelsabkommen

Ziel eines Freihandelsabkommens ist es, über den freien Warenverkehr Vorteile bei der Güterverteilung und eine Steigerung des Außenhandels zu erreichen. Entwicklungspolitische Bedeutung haben Freihandelsabkommen, die Entwicklungsländern den Zugang zu den Märkten der Industrieländer öffnen sollen.

Typische Freihandelsabkommen in Europa sind die Europäische Freihandelszone (→ *EFTA*) und der → *Europäische Wirtschaftsraum (EWR)*.

II. Freihandelsabkommen der EU

Die → *Europäische Union* (EU) hat mit einer Vielzahl von Nicht-EU-Staaten Freihandelsabkommen abgeschlossen, plant solche Abkommen oder steht in Verhandlungen. Spektakulär, mitunter umstritten oder besonders bedeutsam waren in jüngerer Zeit einige im Folgenden kurz skizzierten Freihandelsabkommen.

1. EU/Südkorea

Am 11. Juli 2011 haben die EU und Südkorea ein Freihandelsabkommen abgeschlossen. Seither wurden die Handelsbeziehungen gerade auch zwischen Deutschland und Südkorea stark intensiviert. Derzeit ist Südkorea der viertgrößte Abnehmer deutscher Waren außerhalb Europas und zweitgrößter Abnehmer in Asien – nach China.

2. CETA

Am 20. September 2017 ist das *Umfassende Wirtschafts- und Handelsabkommen zwischen der EU und Kanada*, kurz: CETA (*Comprehensive Economic and Trade Agreement*) (→ *CETA*) vorläufig in Kraft getreten. Ob es in vollem Umfang in Kraft treten kann, ist offen; bezüglich derjenigen Vertragsteile, die von allen EU-Mitgliedstaaten ratifiziert werden müssen, ist eine abschließende Einigung noch nicht erzielt worden.

3. TTIP

Die relativ weit ausverhandelte *Transatlantische Handels- und Investitionspartnerschaft zwischen der EU und den Vereinigten Staaten von Amerika*, kurz: TTIP (Transatlantic Trade and Investment Partnership) (→ *TTIP*) wurde seitens der US-amerikanischen Administration 2017, kurz nach Amtsantritt von Präsident *Donald Trump*, auf Eis gelegt.

4. JEFTA

Mit dem Freihandelsabkommen zwischen der EU und Japan (JEFTA), das am 1. Februar 2019 in Kraft getreten ist, sollen die wirtschaftlichen und politischen Beziehungen zwischen diesen beiden wichtigen Handelsräumen, aber auch die generelle Rolle der EU in Asien gestärkt werden.

5. EU/MERCOSUR

2019 einigten sich der südamerikanische Wirtschaftsverbund MERCOSUR – der „Gemeinsame Markt Südamerikas", bestehend aus Brasilien, Argentinien, Paraguay und Uruguay – und die EU auf ein umfassendes Freihandelsabkommen. Der ausgehandelte Vertragsentwurf scheiterte an der Ablehnung Österreichs. Am 12. Januar 2020 forderte Bundeskanzler *Sebastian Kurz* die EU-Kommission zu einer Neuverhandlung des Freihandelsabkommens auf (→ *Lateinamerika – Beziehungen zur Europäischen Union*). Passiert ist seither nicht viel; das Abkommen liegt auf Eis.

6. EU/Vietnam

Am 12. Februar 2020 billigte das Europäische Parlament das Freihandelsabkommen der EU mit Vietnam. Mit diesem Abkommen werden im Laufe von zehn Jahren die Zölle zwischen Vietnam und der EU fast vollständig abgeschafft. Gleichzeitig wird europäischen Markenprodukten direkter Schutz gewährt. Den Europäern wird der Zugang zum Markt für öffentliche Aufträge in Vietnam geöffnet. Darüber hinaus enthält das Abkommen rechtsverbindliche Verpflichtungen zum Klimaschutz und zu Arbeits- und Menschenrechten.

Ein separates Investitionsschutzabkommen sieht vor, dass unabhängige Richter Streitigkeiten zwischen Investoren und dem Staat beilegen sollen.

- Das Handelsabkommen tritt in Kraft, sobald ihm auch der → *Rat* der EU formell zugestimmt hat und die beiden Gesetzgeber, also Rat und → *Europäisches Parlament*, sich gegenseitig mitteilen, dass ihre Verfahren abgeschlossen sind.
- Das Investitionsschutzabkommen muss vor seinem Inkrafttreten noch von den nationalen Parlamenten aller EU-Mitgliedstaaten ratifiziert werden.

Vietnam ist nach Singapur der zweitgrößte Handelspartner der EU im Verband Südostasiatischer Nationen (→ *ASEAN*). Zu den wichtigsten EU-Einfuhren aus Vietnam gehören Telekommunikationsausrüstung, Kleidung und Lebensmittel. Die EU exportiert hauptsächlich Waren wie Maschinen und Beförderungsmittel, Chemikalien und landwirtschaftliche Produkte nach Vietnam.

▶ Freihandelszone

Eine Freihandelszone entsteht, wenn sich zwei oder mehrere Staaten zusammenschließen, um Zölle und andere Beschränkungen im Handel untereinander zu beseitigen. Gegenüber Drittländern bleiben jedoch die jeweiligen nationalen Außenzölle bestehen. Beispiel für eine Freihandelszone ist die → *EFTA*. Die Freihandelszone ist eine Vorstufe zur → *Zollunion*. (Siehe auch → *Freihandelsabkommen*)

▶ Freizügigkeit

Seit 1968 ist innerhalb der (heutigen) → *Europäischen Union (EU)* die Freizügigkeit verwirklicht. Jeder Bürger eines Mitgliedstaates hat grundsätzlich das Recht, in einem anderen EU-Land zu leben, zu arbeiten und zu wohnen, ohne aufgrund seiner Staatsangehörigkeit benachteiligt zu werden.

Die Freizügigkeit galt zunächst nur für Arbeitnehmer und Selbstständige. Eine EG-Richtlinie gewährt inzwischen auch Studenten, Rentnern und anderen nicht Erwerbstätigen innerhalb der EU das freie Aufenthaltsrecht. Voraussetzung hierfür sind der Nachweis einer Krankenversicherung und ausreichende finanzielle Mittel. Die Behörden haben das Recht, die Aufenthaltsgenehmigung in gewissen Abständen zu überprüfen. Für Studenten ist ein Aufenthaltsrecht von einem Jahr, für Rentner von fünf Jahren vorgesehen.

Im Rahmen des Beitritts der zehn vornehmlich mittel- und osteuropäischen Staaten am 1. Mai 2004 (→ *Osterweiterung*) ebenso wie beim 2007 folgenden Beitritt Bulgariens und Rumäniens wurden Übergangsfristen für diese neuen EU-Länder vereinbart, die inzwischen ausgelaufen sind. Ein Blick auf die Entwicklung der → *Binnenmigration* zeigt, dass gerade die Bürgerinnen und Bürger einiger dieser neu hinzugekommenen Mitgliedstaaten von ihrer Freizügigkeit recht lebhaft Gebrauch machen – und sich häufig Deutschland als Ziel auswählen.

▶ Fridays for Future

Es klingt wie ein modernes Märchen. Ein trotziges kleines Mädchen setzt sich mit einem Pappschild vor das schwedische Parlament in Stockholm, statt in die Schule zu gehen; kurz darauf demonstrieren junge Menschen auf der ganzen Welt für einen verantwortungsvolleren Umgang mit unserem Planeten.

I. Worum es geht?

Fridays for Future, deutsch „*Freitage für die Zukunft*" (kurz *FFF*), ist heute eine globale soziale Bewegung, angestoßen und getragen von Schülern und Studierenden, die sich für möglichst umfassende, schnelle und effiziente Klimaschutz-Maßnahmen einsetzen, um das auf der Weltklimakonferenz 2015 in Paris im sog. Weltklimaabkommen vereinbarte 1,5-Grad-Ziel der Vereinten Nationen noch einhalten zu können.

Nach der Eigendarstellung von FFF wenden sich die Schulstreiks gegen „das Versagen der politisch Verantwortlichen gegenüber dem durch Treibhausgasemissionen verursachten menschengemachten Klimawandel". Dieser sei mit seinen Folgen eine „schon lange bestehende reale Bedrohung für die Erde und die Menschheit" und stelle die Zukunft der Demonstranten und nachfolgender Generationen infrage.

Der Streik ist laut FFF nicht gegen Schulen und Universitäten gerichtet, sondern soll zum Handeln ermahnen. Man brauche nicht für eine Zukunft zu lernen, die nicht lebenswert sei. Die Kernforderung lautet: „Handelt endlich – damit wir eine Zukunft haben!"

Zu den wichtigsten Teilzielen der Proteste gehören:

- ein Ende des Abbaus fossiler Brennstoffe im Rahmen einer Energiewende;
- das Abschaffen der Subventionen für fossile Energieerzeugung;
- die Steigerung der Investitionen in erneuerbare Energien und
- der Ausbau des öffentlichen Personennahverkehrs im Rahmen einer Verkehrswende.

Des Weiteren solle das aktive Wahlrecht bereits mit 16 Jahren gewährt werden, um die Partizipationsmöglichkeiten junger Menschen zu erweitern.

II. Die Ursprünge

Erstmals am 20. August 2018 verweigerte die damals 15-jährige Klimaschutzaktivistin *Greta Thunberg* den Unterrichtsbesuch. Stattdessen saß sie, zunächst für einen Zeitraum von drei Wochen, täglich während der Unterrichtszeit vor dem schwedischen Reichstagsgebäude in Stockholm und zeigte ein Schild mit der Aufschrift *Skolstrejk för klimatet* (deutsch: *Schulstreik für das Klima*).

Kurz darauf kündigte Thunberg an, sie werde nach den Parlamentswahlen am 8. September 2018 ihren Unterrichtsboykott an Freitagen so lange fortsetzen, bis die Klimapolitik Schwedens den Grundsätzen des Pariser Klimaabkommens entspreche. Als Hashtag verwendete sie u. a. *#FridaysForFuture*. Ihr Protest weckte internationale Aufmerksamkeit. In verschiedenen Städten weltweit bildeten sich Gruppen, die sich der von ihr initiierten Bewegung anschlossen. In Deutschland wurde das erste Mal am 7. Dezember 2018 in Bad Segeberg gestreikt. Der darauf folgende Streik am 14. Dezember in Kiel fand erstmals große Resonanz in den Medien.

Ausgehend von Schweden fanden Aktionen auch in Australien, England, Italien, den Niederlanden, Belgien, Kanada, Frankreich, Schweiz, Österreich, Irland und Schottland statt. Mitte März 2019 erreichte die Bewegung dann globale Ausmaße mit einigen Hundert Demonstranten in Japan, Mexiko, Chile, Philippinen, Vanuatu und Indien.

Am 28. November 2019 rief das → *Europäische Parlament* den Klimanotstand aus.

III. Die Entwicklung in Deutschland

Fridays for Future in Deutschland (FFFD) – ihr Slogan: „*Wir sind hier, wir sind laut, weil ihr unsere Zukunft klaut*" – nutzte im Januar 2019 eine Webpräsenz, Kanäle in sozialen Medien sowie Plakate und Flugzettel. Die Jugendlichen und jungen Erwachsenen organisieren sich über verschiedene Messenger, hauptsächlich über in Regionalgruppen unterteilte WhatsApp-Gruppenchats.

Am 15. Februar 2019 gab es in Deutschland 155 FFFD-Ortsgruppen. An diesem Tag nahmen 30.000 Schüler, Studierende und Auszubildende an FFFD-Demonstrationen teil, davon 3.000 in Hannover und 1.000 in Berlin, wo bereits am 25. Januar 5.000 Menschen demonstriert hatten. Am 1. März 2019 nahm Thunberg in Hamburg an einer Demonstration teil. Am 15. März, zugleich dem ersten globalen Protesttag von *Fridays for Future*, waren in Deutschland 220 Proteste angekündigt, an denen laut der Veranstalter 300.000 Menschen teilnahmen, darunter 25.000 in Berlin, 10.300 in München, 10.000 in Hamburg und 6.500 in Karlsruhe.

Am 8. April 2019 veröffentlichte FFFD auf einer Pressekonferenz einen *Forderungskatalog* mit kurz- und langfristigen Zielen. Folgende Forderungen wurden laut *Fridays for Future* zusammen mit Wissenschaftlern (u. a. der HTW Berlin und des Fraunhofer-Instituts für Energiewirtschaft und Energiesystemtechnik) entwickelt:

- Senkung der Treibhausgasemissionen in Deutschland bis 2035 auf netto null;
- Umsetzung des Kohlausstiegs bis 2030;
- 100 Prozent erneuerbare Energien in der Energieversorgung bis 2035.

Zudem sollten bis Ende 2019

- die Subventionen für fossile Energien abgeschafft,
- ein Viertel aller Kohlekraftwerke abgeschaltet
- und eine Kohlenstoffsteuer auf alle Treibhausgasemissionen in Höhe der erwarteten Folgekosten der Erderwärmung eingeführt sein, um die Lasten zukünftiger Gene-

rationen zu kompensieren (laut Umweltbundesamt führte dies zu einem CO_2-Preis von ca. 180 Euro pro Tonne).

IV. Ausblick

Vom 5. bis 9. August 2019 versammelten sich 450 Delegierte aus 38 europäischen FFF-Bewegungen zum internationalen Gipfeltreffen „SMILE for Future“ in Lausanne/Schweiz („Summer Meeting in Lausanne Europe“). Hier ging es vor allem um die Strategie der FFF-Bewegung. Die Teilnehmer einigten sich auf eine Deklaration, die die Dramatik unterstreichen sollte:

> „What happens in the next months and years will determine how the future of humankind will look like. Our collective extinction is a scarily realistic outcome.“

▶ Friedensnobelpreis 2012

Die Überraschung war gelungen, die Zustimmung war breit: Am 10. Dezember 2012 verlieh das Friedensnobelpreiskomitee in Oslo den Friedensnobelpreis 2012 in einer feierlichen Zeremonie an die → *Europäische Union (EU)*. Gewürdigt hat das Nobel-Komitee die Leistung der EU und ihrer Menschen, über sechs Jahrzehnte zu einem friedlichen Europa beigetragen zu haben und zu einer Friedensmacht geworden zu sein.

Die Auszeichnung war eine gute Nachricht für Europa und ein starkes Signal an alle Zweifler. Während die krisengebeutelte Europäische Union inmitten der → *Staatsschuldenkrise* um Lösungen rang, zeichnete das Komitee in Oslo die EU mit dem wichtigsten Preis der Welt aus.

Die Anerkennung gibt uns Europäern recht, wenn wir den Grundwerten unseres Kulturkreises wie Freiheit, Demokratie, Gleichheit, Rechtsstaatlichkeit und der Wahrung der Menschenrechte hohe Bedeutung beimessen. Sie sind das Fundament unserer Union. Denn Europa ist mehr als nur ein gemeinsamer Wirtschafts- und Währungsraum. Europa ist eine Wertegemeinschaft, die sich für ein friedliches Miteinander unter den Menschen stark macht.

Das Nobelpreiskomitee hob vor allem auch die deutsch-französische Aussöhnung als herausragendes Ereignis in der Geschichte der Europäischen Integration hervor.

▶ „FRONTEX“

Die Gründung der *„Europäischen Agentur für die operative Zusammenarbeit an den Außengrenzen“* („*FRONTEX*“) im Jahr 2004 ist eine Konsequenz aus dem → *Schengener Abkommen*, das 1995 in Kraft trat. Rasch erkannte man, welche Bedeutung einer Absicherung der Außengrenzen des Schengen-Raumes angesichts offener Binnengrenzen zwischen den Vertragsstaaten nun zukam. Frontex’ Auftrag lautete dementsprechend, die Mitgliedstaaten darin zu *unterstützen*, diese Außengrenzen vor „illegalen Aktivitäten“ wie Schlepperei, Drogenhandel oder illegaler Migration zu schützen. Dafür stellen → *Europäische Kommission*, → *Europäisches Parlament* und Mitgliedstaaten der Agentur mehrere Millionen Euro jährlich zur Verfügung.

I. Die Startphase

In den ersten Jahren zeigten die EU-Staaten wenig Begeisterung für die Idee, ihre nationale Kontrolle der Ein- und Ausreise, ein grundlegender Akt ihrer Souveränität, mit einer EU-Struktur zu teilen. Man einigte sich zwar auf gemeinsame Regeln für Kontrollen an den Außengrenzen, also den sog. Schengener Grenzkodex (→ *Schengener Abkommen*), bevorzugte aber einen dezentralen und informellen Umsetzungsmodus, der sich beispielsweise auf ein Netzwerk nationaler Kontaktstellen stützte – ein, wie sich bald zeigte, unwirksamer Ansatz.

Erst 2004, im Zuge der ersten → *Osterweiterung* der EU um zahlreiche östliche Nachbarn, überwanden die nationalen Regierungen ihre Zurückhaltung. Mit der Verordnung (EG) 2007/2004 des Rates der EU vereinbarte man immerhin eine teilweise Europäisierung des Schutzes der Außengrenzen und schuf mit Frontex eine permanente EU-Struktur. Aber Achtung: die Agentur wurde eingerichtet, um die Bemühungen der nationalen Behörden zu *ergänzen* – nicht, um sie zu ersetzen. Ihr liegt ein zwischenstaatliches institutionelles Modell zugrunde, nach dem auch weiterhin in erster Linie die EU-Staaten für die Kontrolle ihres jeweiligen nationalen Abschnitts der EU-Außengrenze verantwortlich sind.

Im Mai 2005 begann die Arbeit: Bittet seither ein Mitgliedstaat Frontex um Unterstützung, laufen alle Fäden in einem Kommunikationszentrum in Warschau zusammen: Die Agentur plant und entscheidet, wie viele Beamte bereitgestellt werden sollen, koordiniert die Einsätze und schreibt Berichte. Die Mitgliedstaaten wiederum stellen Personal und Ressourcen zur Verfügung.

Seit August 2016 stehen 1.500 Einsatzkräfte bereit.

Schon 2007 wurde das Mandat erstmals um operative Aufgaben erweitert; Frontex wurde das vorübergehende Entsenden von Soforteinsatzteams (RABIT, engl. Rapid Intervention Teams) in Mitgliedstaaten gestattet, die mit einem außergewöhnlichen Anstieg illegaler Grenzübertritte konfrontiert sind. 2011 wurde Frontex in die Lage versetzt, europäische Grenzschutzteams zu bilden, die neben nationalen Kontingenten an gemeinsamen Operationen teilnehmen konnten.

Dier sog. Flüchtlingskrise von 2015/2016 war Anlass, den rechtliche Rahmen komplett zu überarbeiten und die operativen Befugnisse der Agentur erheblich auszuweiten. Die gleichzeitige Umbenennung in *Europäische Agentur für die Grenz- und Küstenwache* machte zudem deutlich: Frontex war über ihre bloße Unterstützungsrolle hinausgewachsen und hatte sich zu einem eigenständigen Akteur entwickelt, der nunmehr eine regulierende, überwachende und – begrenzt – operative Rolle erfüllt.

II. Die Verordnung von 2016

So verstand sich die kleine Agentur, obwohl ihr unverändert weder gesetzgebende noch exekutive Kompetenzen zustehen, zunehmend – und nicht zu Unrecht – als „Dreh- und Angelpunkt" europäischer Grenzpolitik. Sie füllte ein Vakuum, das das Gespann der seinerzeit 28 EU-Mitgliedstaaten in ihren unentschlossenen und in wesentlichen Punkten sowie uneinigen migrationspolitischen Ansätzen unübersehbar zu Schau stellte. So konnte sich Frontex immer mehr zu einer EU-Grenzpolizei entwickeln, was naturgemäß Kritiker auf den Plan rief.

Die Kritik hatte Gründe. Denn während das ursprüngliche Mandat lediglich sechs Aufgaben zählte, wurden in einer neuen Frontex-Verordnung von 2016 über 30 Aufgaben aufgelistet. Hierzu gehören einige Exekutivaufgaben, Rückführungsmaßnahmen sowie Such- und Rettungsoperationen. Weiterhin sind die Analyse und der Austausch von Daten nun zentrale Bestandteile des Aufgabenbereichs von Frontex.

Konkret: Frontex hatte nun Migrationsströme zu überwachen, Risiken zu bewerten, potenzielle neue Bedrohungen zu signalisieren und mögliche Schwachstellen der EU-Außengrenze aufzuzeigen. Damit ist sie zweifellos zu einer Drehscheibe für Informationen und Fachwissen geworden.

III. Die Neuregelung von 2019

Am 8. November 2019 hat der Rat der EU eine neue Verordnung über die Europäische Grenz- und Küstenwache angenommen. Danach

a) verdreifacht sich der Haushalt von Frontex für den Zeitraum 2021 bis 2027 auf 1,3 Milliarden Euro pro Jahr;
b) wächst das stehende Korps einschließlich der Fachkräfte der Mitgliedstaaten bis 2027 schrittweise auf 10.000 Einsatzkräfte an, von denen die Agentur etwa ein Drittel selbst rekrutieren kann, während der größte Teil ihres Personals nach wie vor aus entsandten nationalen Beamten bestehen wird;
c) wird das Mandat dahingehend erweitert, dass die Agentur – im Einvernehmen mit dem jeweiligen EU-Staat – technische und operative Unterstützung bei Rückführungsaktionen leisten kann;
d) werden auch Exekutivmissionen in Drittstaaten ohne direkte Grenze zu einem Mitgliedsstaat möglich, sofern ein Statusabkommen besteht. Ebenso kann die Agentur vorübergehende Außenstellen, sog. „Antenna Offices", in Drittländern eröffnen, um die für ihre operative Tätigkeit erforderliche Koordination und Logistik zu gewährleisten. Dieser „Grenzvorbereich" umschließt den gesamten Westbalkan, erstreckt sich bis zum Südkaukasus und umfasst große Teile Nordafrikas bis hinein in die Sahelregion;
e) wird das Europäische Grenzüberwachungssystem (→ *Eurosur*) in den Frontex-Rahmen eingegliedert, um ihn noch effektiver zu machen.

Das → *Europäische Parlament* hat die Verordnung am 17. April 2020 gebilligt.

IV. Gemischte Bilanz

Trotz anhaltender Souveränitätsbedenken der EU-Mitgliedstaaten ist die Bedeutung von Frontex stetig gestiegen. Gerade die jüngste Mandatsänderung hat die Kompetenzen und Befugnisse der Agentur in Bezug auf die Organisation, Koordinierung und Durchführung von Rückführungsmaßnahmen illegaler Einwanderer unübersehbar gestärkt.

Andererseits drehen sich zahlreiche politische und rechtliche Kontroversen um die Art und Weise, wie die Agentur zusammen mit den Mitgliedstaaten die Verwaltung und Kontrolle der Außengrenzen – etwa im Zusammenhang mit Rückführungsmaßnahmen – ausführt. Immer wieder ist von „zu viel unkontrollierter Macht“ die Rede. Dabei gebietet es die Fairness, festzuhalten, dass Frontex stets an der Seite nationaler Behörden agiert, die die Hauptverantwortung für die Kontrolle ihrer Außengrenzen tragen und das Kommando und die Kontrolle ausüben; die Agentur hat also weder die Mittel noch das Mandat, unabhängig oder ohne die Genehmigung des jeweiligen Mitgliedsstaats zu agieren.

V. Das Dilemma bleibt

Das Stichwort „Frontex“ weist tief hinein in ein aktuell kaum lösbares Dilemma:

- Nicht erst in der Flüchtlingskrise 2015, sondern schon während der ersten großen Flüchtlingswellen nach Spanien und Italien im Jahr 2006 war unübersehbar geworden, dass das Schengen-System einzelne Staaten außergewöhnlich belastet, und dass sich vor allem die Schengener Außengrenzen nicht so schützen lassen, wie es das Versprechen der „Grenzsicherung“ eigentlich erwarten ließ (→ *Asyl- und Flüchtlingspolitik* der Europäischen Union).
- Andererseits setzt der „Schengen-Raum der offenen Grenzen“, eine besonders strahlende Errungenschaft der vereinten Europäer, die effiziente Sicherung von dessen Außengrenzen aber zwingend voraus.

Was aber „effiziente Sicherung der EU-Außengrenzen“ ***genau*** bedeutet, bedeuten soll oder bedeuten darf, bleibt unverändert unklar.

Seit 2014 ist es Frontex verboten, Einwandererboote zur Umkehr auf das offene Meer zu zwingen. Sie dürfen nur Warnungen aussprechen und die Boote „anweisen“, nicht in die Territorialgewässer eines EU-Staates einzudringen. Grenzpolizisten der EU-Staaten sowie Frontex-Mitarbeiter wurden zudem verpflichtet, in Seenot geratene Flüchtlinge zu retten sowie Flüchtlingen Zugang zu medizinischer Versorgung, Übersetzungsdiensten und Rechtsberatung zu gewähren. Die Zahlen belegen, dass gleichsam „über Nacht“ deutlich mehr Boote ablegten, von den Küsten Nordafrikas. Es sprach sich offenbar wie ein Lauffeuer herum, bei den Schleusern, aber auch bei den Wanderern aus Schwarzafrika oder aus östlichen Kriegs- und Krisengebieten: Wer erst einmal auf See ist, der wird gerettet.

Im Spätsommer 2020 schleuste der belarussische Präsident *Alexander Lukaschenko* gezielt Zehntausende Migranten an die polnische Grenze, um die EU zu erpressen. Als Reaktion begann die polnische Seite umgehend mit dem Bau von Sperranlagen. Das Angebot der EU, Frontex-Beamte zur Unterstützung zu entsenden, lehnte Polen – wissend um deren begrenztes Mandat in solchen Krisen – rundweg ab.

Im April 2023 beschloss das Parlament in Litauen, illegal die Grenze überquerende Migrantinnen und Migranten – im Falle eines Notstands auf staatlicher Ebene und eines Ausnahmezustands aufgrund eines massiven Zustroms von Ausländern – an der Einreise zu hindern und sie zurückzuschicken. Schließlich habe man die nationalen Sicherheitsinteressen Litauens zu wahren. Auf diese Weise aber, so die Kritik von Menschenrechtsorganisationen, legalisiere man verbotene „Pushbacks".

So mag die Bedeutung der Agentur gestiegen sein; die „Patentlösung" für einen „effizienten Schutz der EU-Außengrenzen" und speziell gegen illegale Migration aber hat auch Frontex nicht im Gepäck. *„Sicherung der Außengrenzen"* dürfte derzeit allenfalls bedeuten, dass man die Menschen, die auf eigenes Betreiben über das Mittelmeer oder auf anderen Routen in die EU streben, zumindest registriert, im günstigen Fall rettet, in jedem Fall aber nach Europa bringt. Ob die Agentur das Phänomen der unkontrollierten Migration tatsächlich an der Wurzel packen kann, bleibt angesichts ihrer begrenzten Kompetenzen und einem überdeutlichen Anstieg an unberechtigt Zuwandernden in die EU mehr als zweifelhaft.

G

▶ Galileo (Satellitennavigation)

Galileo, das erste globale, ausdrücklich für zivile Zwecke konzipierte satellitengestützte Positions- und Navigationsprogramm Europas (GNSS), ist ein Projekt der → *Europäischen Union (EU)*. In seiner technischen Entwicklungsphase wird es gemeinsam mit der Europäischen Weltraumorganisation (→ *ESA*) durchgeführt. Den Startschuss für das europäische System Galileo gab der → *Europäische Rat* im Mai 2003.

Neben den Staaten der EU sowie Norwegen und der Schweiz als weitere Mitgliedstaaten beteiligen sich verschiedene weitere Länder wie China, Indien, Israel, Marokko, Saudi-Arabien, Südkorea und die Ukraine an dem Programm. Großbritannien verlor mit dem → *„Brexit"* auch die Rechte an der Nutzung des Galileo-Systems und will ein eigenes Navigationssystem aufbauen.

Der Sitz der Agentur für das Europäische GNSS, die Galileo-Agentur (GSA), befindet sich seit 2014 in der tschechischen Hauptstadt Prag. Von 30 Satelliten, über die Galileo verfügt, befinden sich – Stand 2021 – 28 im Orbit; 22 von ihnen sind in Betrieb. Sie umkreisen die Erde in einer Höhe von rund 23.000 km mit einer Geschwindigkeit von 3,6 km/Sekunde. Kontrolliert werden sie durch ein Netz von Bodenstationen. Empfänger in der Größe mobiler Handgeräte wie Smartphones oder Navigationssysteme können aus den Funksignalen der Satelliten die eigene Position mit einer Genauigkeit von ungefähr vier Metern bestimmen.

Galileo basiert auf den gleichen Prinzipien wie das US-amerikanische Satellitennavigationssystem GPS und das russische System GLONASS. Galileo soll als Konkurrent und Ergänzung zum amerikanischen System GPS funktionieren. Im Gegensatz zu GPS wird Galileo zivil kontrolliert werden, aber mit GPS vernetzt sein. Ein Empfangsgerät kann dann sowohl das Galileo-Signal als auch das GPS-Signal empfangen und verarbeiten. Die EU stellt Mittel in Höhe von 3,4 Milliarden Euro bereit.

Die Hauptanwendung von Galileo liegt in den Bereichen Verkehr und Mobilität; hier werden wohl rund 90 Prozent der Umsätze aus der künftigen Galileo-Anwendung erwirtschaftet werden. Das Spektrum der Nutzungsvarianten reicht über den Fußgänger- und Fahrradverkehr, den Straßen- und den Bahnverkehr bis zur Schifffahrt und zum Luftverkehr, zum Flottenmanagement und zu Informations- und Leitsystemen. So werden künftig weltweit Mautsysteme möglich, die eine zeitlich und räumlich hochdifferenzierte Erfassung auf allen Straßen erlauben.

▶ Gemeinsame Außen- und Sicherheitspolitik (GASP)

Wenn heute im europäischen Kontext von der „Gemeinsamen Außen- und Sicherheitspolitik", kurz GASP, die Rede ist, dann ist die Zusammenarbeit der Mitgliedstaaten der → *Europäischen Union (EU)* in außen-, sicherheits- und verteidigungspolitischen Fragen gemeint.

I. Vorgeschichte

Eine koordinierte Zusammenarbeit in der Außenpolitik war in den Gründungsverträgen der Gemeinschaft von 1957 (→ *Römische Verträge*) nicht vorgesehen, was sich spätestens seit Beginn der 1970er Jahre als Manko erwies. Zum einen avancierte die damalige → *Europäische Gemeinschaft (EG)*, die „Vorgängerin" der heutigen Europäischen Union, allein durch ihre → *Außenbeziehungen* im handelspolitischen Bereich zu einem gewichtigen Akteur auf der internationalen Bühne. Zum anderen wurde immer unübersehbarer, wie nützlich eine abgestimmte Position der Westeuropäer angesichts zunehmender Verflechtungen der internationalen Wirtschaft sein kann.

II. Entwicklungsstufen

1986 wurde in der → *Einheitlichen Europäischen Akte (EEA)*, der ersten grundlegenden Reform der Römischen Verträge, erstmals völkerrechtlich verbindlich eine → *Europäische Politische Zusammenarbeit (EPZ)* der EG auch in außenpolitischen Fragen festgeschrieben. Die EPZ war allerdings noch keine gemeinsame Außenpolitik, sondern bildete einen eher lockeren Rahmen für gegenseitige Konsultationen der Mitgliedstaaten untereinander.

Mit dem Vertrag über die Gründung der Europäischen Union, dem → *Maastrichter Vertrag*, der am 1. November 1993 in Kraft trat, wurde die EPZ weiterentwickelt und unter der neuen Bezeichnung GASP zur „Zweiten Säule" der Europäischen Union ausgestaltet. Ziel war es, der Identität der Gemeinschaft auf internationalem Parkett deutlichere Konturen zu geben und ihrer Fortentwicklung hin zu einer politischen Union Schubkraft zu verleihen.

Der Maastrichter Vertrag nennt folgende Ziele der GASP:

- Wahrung gemeinsamer Werte, grundlegender Interessen, der Unabhängigkeit und der Unversehrtheit der Europäischen Union.
- Stärkung der Sicherheit der Europäischen Union und ihrer Mitgliedstaaten.
- Wahrung des Friedens und Stärkung der internationalen Sicherheit im Einklang mit den Grundsätzen der Charta der Vereinten Nationen.
- Förderung internationaler Zusammenarbeit.
- Entwicklung und Stärkung von Demokratie und Rechtsstaatlichkeit sowie die Achtung der Menschenrechte und Grundfreiheiten.

Mit der dritten großen Reform der Gründungsverträge, dem → *Amsterdamer Vertrag* von 1999, wurde die GASP weiter intensiviert.

III. Entscheidungsverfahren und Akteure der GASP

Der Übergang von der EPZ zur GASP war nicht das Erreichen des Ziels einer tatsächlichen EU-einheitlichen Außenpolitik. Er war lediglich ein weiterer Schritt auf dem Weg dorthin. Nach wie vor bleibt die Zusammenarbeit der Mitgliedstaaten „intergouvernemental": Jeder Staat der EU verfolgt in eigenen Angelegenheiten seine eigene nationale Außenpolitik, holt dabei jedoch die Standpunkte der übrigen Regierungen ein und berücksichtigt sie.

Wenn eine außen- oder sicherheitspolitische Frage *„von allgemeiner Bedeutung"* auftaucht, unterrichten sich die Außenminister der nationalen Regierungen in den Gremien der GASP bzw. im → *Rat der EU* und stimmen ihr Verhalten untereinander ab.

Der → *Europäische Rat* der Staats- und Regierungschefs der EU bestimmt in Bereichen *wichtiger gemeinsamer Interessen* der Mitgliedstaaten in einer „Gemeinsamen Strategie" grundlegende politische Leitlinien – allerdings nur *einstimmig*.

Über Fragen der Ausführung solcher Grundsatzentscheidungen kann dann mit → *qualifizierter Mehrheit* entschieden werden. Eine Planungs- und Analyseeinheit soll die Arbeiten der GASP vorbereiten und unterstützen.

Um die GASP zu stärken, wurde 1999 mit dem → *Amsterdamer Vertrag* das Amt eines „Hohen Vertreters für die Gemeinsame Außen- und Sicherheitspolitik" geschaffen und in Personalunion mit dem Amt des Generalsekretärs des → *Rats der EU* verbunden. Der Europäische Rat berief 1999 den Spanier *Javier Solana* in dieses Amt.

Der im Dezember 2008 in Lissabon unterzeichnete Reformvertrag (→ *Lissabon-Vertrag*), in Kraft seit 1. Dezember 2009, weist in Artikel 18 Absatz 2 dem „Hohen Vertreter der Union für die Außen- und Sicherheitspolitik" die Leitung der GASP zu.

Er wird vom Europäischen Rat mit qualifizierter Mehrheit und mit Zustimmung des Präsidenten der EU-Kommission ernannt, führt den Vorsitz im Rat „Auswärtige Angelegenheiten" und gehört zugleich als Vizepräsident der EU-Kommission an. Mit diesem „Doppelhut" – Legitimation durch Kommission sowie Rat – trägt er die Verantwortung für die Umsetzung der Außenpolitik und vertritt insoweit die Union. Beendet wird damit die bisherige institutionelle Aufteilung auswärtiger Aufgaben auf das von den nationalen Regierungen verliehene Amt des „Hohen Vertreters für die GASP" einerseits und den für Außenbeziehungen zuständigen Kommissar der EU-Kommission andererseits. Zudem wird ihm ein eigener *Europäischer Auswärtiger Dienst* zur Seite gestellt. Amtsinhaber ist seit 1. Dezember 2019 der Belgier *Josep Borrell*.

IV. Sicherheits- und Verteidigungspolitik

Besonders hervorzuheben ist der sehr umfassende Zuständigkeitsrahmen der GASP, der auch sicherheits- und verteidigungspolitische Themen – und damit auch die → *Gemeinsame Sicherheits- und Verteidigungspolitik (GSVP)* – umfasst. Letzteres ergab sich aus den nach dem Ende des Ost-West-Konfliktes veränderten sicherheitspolitischen Interessen.

Die europäischen Staaten begriffen schlagartig, dass sie größere Verantwortung für die Sicherheit auf dem Kontinent übernehmen mussten. Bei alldem aber bleibt – wie immer wieder betont wird – die → *NATO* natürlich der Kern der europäischen Sicherheitsarchitektur.

V. Europäische Sicherheitsstrategie (ESS)

Wie belastbar dieses Postulat der gemeinsamen Verantwortung von Fall zu Fall tatsächlich ist, wurde aller Welt im Vorfeld – und während – des am 20. März 2003 von den USA unter Führung des Präsidenten *George W. Bush* angezettelten, nach vielfacher Auffassung völkerrechtswidrigen Angriffs auf den Irak mehr als manifest.

Nur ein halbes Jahr nach diesem US-Angriff auf den Irak, im Dezember 2003, verabschiedete der Rat der EU die von *Javier Solana* vorgelegte erste *„Europäische Sicherheitsstrategie (ESS)“*. Sie war nicht in erster Linie eine Strategie, sondern eine Zusammenfassung der Prinzipien und Zielvorstellungen der EU. Die ESS benennt als die wichtigsten fünf Sicherheitsbedrohungen den Terrorismus, die Weiterverbreitung von Massenvernichtungswaffen, regionale Konflikte, Staatsversagen/Staatszerfall und das Organisierte Verbrechen. Die europäische Sicherheitspolitik will neben aktiver Krisenprävention notfalls auch militärische Interventionen nicht ausschließen. Fünf Jahre später, 2008, wurde ein bilanzierender und verschiedene Ziele weiter konkretisierender Bericht über die Umsetzung der ESS angenommen.

VI. EU-Außenpolitik – „Does exist but failure“?

Über kaum ein anderes Thema der Europäischen Integration klaffen Erwartungen und Einschätzungen in Wissenschaft, Politik oder Medien derart weit auseinander wie hier bei der GASP.

Zum Ersten ist festzuhalten, wie langwierig und schwierig sich die Herausbildung der heutigen EU-Außenpolitik gestaltete. Ein Kraftakt war sie allemal.

Zum Zweiten lassen manche Erwartungen von außen das häufig beklagte Missverhältnis zwischen dem weltpolitischen Gewicht der EU als größtem kaufkräftigem Binnenmarkt, als größtem Geber von Entwicklungshilfe oder als Staatenverbund mit einem hohen Bruttosozialprodukt ihre eher dezente Rolle auf außenpolitischem Parkett besonders augenfällig erscheinen.

Zum Dritten – und trotz vieler tragfähiger Strukturen – dominiert nach wie vor die intergouvernementale Logik die Außenpolitik der Union, wenn auch in der Praxis etwas abgeschwächt. Was hinzukommt: GASP wie auch GSVP unterfallen nicht der Jurisdiktion des → *Europäischen Gerichtshofs (EuGH)*. So bleibt es in letzter Konsequenz den Mitgliedstaaten überlassen, ob sie ihre Außenpolitik an den Beschlüssen der GASP ausrichten oder nicht; Sanktionen haben sie nicht zu befürchten.

Zudem hat die Erweiterung auf heute 27 Staaten eine bunte Vielfalt außenpolitischer Interessen mit sich gebracht und die Meinungsbildung innerhalb der GASP alles andere als vereinfacht. Auch wenn der besondere Charakter der GASP als ein maßgeblich von den Mitgliedstaaten bestimmter Bereich der Politik bis heute ein Faktum ist, so hat sie doch die Sichtbarkeit der EU in der internationalen Politik kontinuierlich erhöht.

So hat die EU beispielsweise kurz nach dem Ausbruch von Kampfhandlungen zwischen Georgien und Südossetien im August 2008 rasch reagiert und in schwierigen Verhandlungen einen Waffenstillstand erreicht. Kurzum: Die GASP ist heute ein zentrales politisches Element der EU. Sie umfasst erstmals auch eine vertraglich verankerte Verantwortung der Union in allen Fragen der Sicherheit sowie eine verteidigungspolitische Perspektive.

Weiterführende Literatur

Annegret Bendiek, „Europa verteidigen – Die Gemeinsame Außen- und Sicherheitspolitik der Europäischen Union“, Stuttgart 2018 | *Ulrich Hufeld/Sebastian Graf von Kielmansegg*, „Die Gemeinsame Außen- und Sicherheitspolitik der EU – Roundtable-Notizen“, in: „25 Jahre Vertrag von Maastricht“, hrsg. von Michael Anderheiden, Baden-Baden 2018, S. 193–204 | *Elfriede Regelsberger*, „Europäische Außen-, Sicherheits- und Verteidigungspolitik: Das Institut für Europäische Politik als Motor für Forschung und Debatte (1974–2009), in: „Wegbegleiter der europäischen Integration“, hrsg. von Hartmut Marhold, Baden-Baden 2019, S. 215–232

▶ Gemeinsame Sicherheits- und Verteidigungspolitik

Es ist kein Geheimnis – nationale Reflexe sind ein zuverlässiges Kernelement europäischer Politik. Blicken wir aber auf den Bereich, den wir heute die *Gemeinsame Sicherheits- und Verteidigungspolitik* – kurz GSVP – nennen, so findet sich kaum ein anderes Feld der Europäischen Integration, auf dem diese Reflexe anschaulicher zu besichtigen sind.

I. Die Anfänge

Es liest sich wie ein längst vergessenes Märchen, aber schon im Mai 1952 hatten die → *Benelux*-Staaten, die Bundesrepublik Deutschland, Frankreich und Italien einen „Vertrag zur Gründung der → *Europäischen Verteidigungsgemeinschaft (EVG)*“ unterzeichnet. Großbritannien hielt sich bereits damals gerne fern. Doch in Kraft trat der Vertrag nicht; Frankreichs Vorbehalte nicht nur gegen den supranationalen Charakter der EVG, sondern auch gegen ein mögliches deutsches Übergewicht gaben den Ausschlag. Ein neuer Versuch hieß → *Westeuropäische Union (WEU)*. Gegründet wurde sie 1954 in Paris. Auf eine eigene Verteidigungsstruktur wurde jedoch – unter ausdrücklichem Verweis auf die → *NATO* – verzichtet.

Um es kurz zu machen: Bis zum Ende des Kalten Krieges waren die Bemühungen, sicherheits- und verteidigungspolitische Wege und Ziele auf europäischer Ebene zu gestalten, immer wieder sanft beerdigt worden. Die nationale Souveränität schien wie an kaum einer anderen Stelle um jeden Preis erhaltenswert, die Interessen der westeuropäischen Staaten und die Einschätzung ihrer jeweiligen Stärke schienen allzu unterschiedlich zu sein. Hinzu kam die enorme Abhängigkeit – nicht nur des westlichen Deutschlands – von der Stärke der

NATO und dem nuklearen Schutz der USA.

Vor diesem Hintergrund verdient es hervorgehoben zu werden, dass es mit der → *Europäischen Politischen Zusammenarbeit (EPZ)* in den 1980er Jahren gelang, sich auf – allerdings rein intergouvernementale – Abstimmungsverfahren über bestimmte Aspekte der Sicherheit zu verständigen. Mit dem 1993 in Kraft getretenen Vertrag von Maastricht (→ *Maastricht-Vertrag*) reanimierte man die WEU. Man befürwortete ihre Ausgestaltung als Verteidigungskomponente der EU sowie als europäischer Pfeiler in der NATO und ordnete sie 1999 mit dem → *Amsterdamer Vertrag* erkennbarer der → *Europäischen Union (EU)* zu.

II. Europäische Sicherheits- und Verteidigungspolitik (ESVP)

Nicht fehlen darf hier zunächst der Hinweis auf den immer wieder gern zitierten → *Europäischen Rat* 1999 in Köln. Auf diesem Gipfeltreffen formulierten die Staats- und Regierungschefs der EU das Ziel, europäische Eingreifkräfte aufzubauen – allerdings auf der Basis freiwilliger Beiträge der jeweiligen Mitgliedstaaten. Zudem billigte man in Köln dazu notwendige neue sicherheitspolitische und militärische Gremien der EU. Es war nichts Geringeres als die „Geburtsstunde" einer *Europäischen Sicherheits- und Verteidigungspolitik* (kurz: ESVP), die im Dezember 2000 in Nizza (→ *Vertrag von Nizza*) vertraglich bestätigt wurde.

Diese ESVP war damit ein fester Bestandteil der Politik der Europäischen Union geworden. Sie war u. a. dem Ziel verpflichtet, die EU militärisch handlungsfähiger zu machen sowie ein „Europäisches Eingreifkorps" mit 60.000 Soldaten aufzubauen, das seit 2003 einsatzbereit ist.

III. Gemeinsame Sicherheits- und Verteidigungspolitik (GSVP)

In dem im Dezember 2008 in Lissabon unterzeichneten Reformvertrag (→ *Lissabon-Vertrag),* wurde die ESVP nicht nur umbenannt in „*Gemeinsame Sicherheits- und Verteidigungspolitik*" (GSVP); sie wurde vor allem erweitert:

- Eingeführt wurde eine *Solidaritätsklausel der Mitgliedstaaten für Katastrophenfälle* innerhalb der EU. Dazu heißt es im Vertrag:
  „Die Union und ihre Mitgliedstaaten handeln gemeinsam im Geiste der Solidarität, wenn ein Mitgliedstaat von einem Terroranschlag, einer Naturkatastrophe oder einer vom Menschen verursachten Katastrophe betroffen ist."

Die Europäische Union will in solchen Situationen alle ihr zur Verfügung stehenden Mittel mobilisieren.

- Darüber hinaus sieht der neue Vertrag eine *gegenseitige Verteidigungsverpflichtung* vor; im Falle eines bewaffneten Angriffs auf das Hoheitsgebiet eines Mitgliedstaats müssen die anderen Mitgliedstaaten alle in ihrer Macht stehende Hilfe und Unterstützung leisten – natürlich im Einklang mit den Pflichten aus dem NATO-Vertrag.
- Auch die *Bekämpfung des Terrorismus* kam als weitere Aufgabe hinzu.

Die GSVP ist heute in den Artikeln 42 bis 46 EUV geregelt. Das Aufgabenspektrum des Bündnisses umfasst humanitäre Aufgaben und Rettungseinsätze, friedenserhaltende Aufgaben sowie Kampfeinsätze bei der Krisenbewältigung, einschließlich friedensschaffender Maßnahmen. Im Bereich der Krisenbewältigung ist das zivile Instrumentarium weit gefächert und umfasst u. a.

- Polizeimissionen,
- Stärkung der Rechtsstaatlichkeit,
- Stärkung der Zivilverwaltung und
- Katastrophenschutz.

Mit der GSVP werden also nicht nur militärische, sondern vor allem auch zivile Aspekte verfolgt.

1. Entscheidungsstrukturen

Der Lissabon-Vertrag hat die Zusammenarbeit auf dem Terrain der Sicherheit und der Verteidigung in einigen wichtigen Punkten, aber keineswegs grundlegend reformiert. Vielmehr wurden der intergouvernementale Charakter der GSVP sowie das Prinzip der *Einstimmigkeit* bestätigt. Auch weiterhin nehmen der Europäische Rat und der Rat für Auswärtige Angelegenheiten (→ *Rat der EU*) die zentralen Positionen ein. Der Europäische Rat formuliert die Leitlinien, und der Rat für Auswärtige Angelegenheiten fasst auf dieser Grundlage seine Beschlüsse. Demgegenüber haben EU-Kommission und Europäisches Parlament weiterhin kaum Mitspracherechte. Der entscheidende Einfluss verbleibt bei den Mitgliedstaaten.

Die GSVP berührt auch nicht den besonderen Charakter der nationalen Sicherheits- und Verteidigungspolitik der einzelnen Mitgliedstaaten.

Eine Ausnahme vom Einstimmigkeitsprinzip stellt die sogenannte *Ständige Strukturierte Zusammenarbeit (SSZ)* dar: Seit dem Lissabon-Vertrag steht es gemäß Artikel 42 Abs. 6 EUV einzelnen EU-Staaten frei, auf der Grundlage einer qualifizierten Mehrheitsentscheidung des Rats für Auswärtige Angelegenheiten untereinander enger zusammenzuarbeiten und flexibler zu reagieren, indem eine Aufgabe auf eine Gruppe von Staaten übertragen wird.

Heute verfügt die GSVP über ein institutionelles Gerüst, um gebotene Operationen auf europäischer Ebene zu meistern:

- Das Politische und Sicherheitspolitische Komitee (PSK) leistet für die gesamte GASP die Tagesarbeit, indem es zum Beispiel die Treffen des Rats vorbereitet.
- Der Militärausschuss, bestehend aus den Generalstabschefs der Mitgliedsländer, berät das PSK in militärischen Fragen.
- Der Militärstab übernimmt als Teil des Generalsekretariats des Rates für Auswärtige Angelegenheiten unter anderem die strategische Planung von Einsätzen.
- Seit 2004 koordiniert die Europäische Verteidigungsagentur die Zusammenarbeit der EU-Staaten (mit Ausnahme Dänemarks) in Bereichen der Rüstung, der Forschung und der Technologie.
- Da mit der GSVP nicht nur militärische, sondern auch zivile Aspekte verfolgt werden, existiert mit dem Ausschuss für die zivilen Aspekte der Krisenbewältigung auch hierfür ein Gremium.

2. Militärische Kompetenzen der GSVP

Die EU verfügt über keine eigenen militärischen Kräfte. Ähnlich wie andere internationale Organisationen ist man auf die militärische Ausstattung der EU-Mitgliedstaaten angewiesen.

Ob aber diese ihre Armeen in einen Kampfeinsatz entsenden, richtet sich nach dem jeweiligen innerstaatlichen Recht. In Deutschland entscheidet hierüber der Deutsche Bundestag.

Das Gesamtziel der EU im Bereich der militärischen Fähigkeiten sieht vor, innerhalb von 60 Tagen bis zu 60.000 Soldaten für einen Einsatz von mindestens einem Jahr verlegen zu können (European Headline Goal). Außerdem wurden sogenannte → *Kampfgruppen* („Battlegroups") eingerichtet; diese Gruppen in einer Stärke von rund 1.500 Soldaten sollen nach einem entsprechenden Beschluss des Rates der EU innerhalb von 10 bis 15 Tagen einsatzfähig sein.

3. Der „Hohe Vertreter"

Gemäß Artikel 42 Absatz 1 EUV ist die GSVP integraler Bestandteil der → *Gemeinsamen Außen- und Sicherheitspolitik (GASP)*. Damit unterfällt sie – wie in Artikel 18 Absatz 2 Satz 3 EUV ausdrücklich betont – dem neuen erweiterten Kompetenzrahmen des „Hohen Vertreters der Union für die Außen- und Sicherheitspolitik". Er vertritt die Europäische Union in den Bereichen der GASP, führt im Namen der Union den politischen Dialog mit Dritten und vertritt den Standpunkt der EU auf internationaler Ebene (Artikel 27 Absatz 2 EUV).

4. Verhältnis zur NATO

Schon in der politischen Diskussion um die ESVP spielten immer wieder das Verhältnis zur → *NATO* und die Auseinandersetzung mit Vorbehalten der USA eine Rolle. Den Europäern war und ist es nachhaltig wichtig, zu vermitteln, dass Europa nicht etwa die Position einer „Gegenmacht" zur USA anstrebt und dass die Europäische Union nur dann militärisch aktiv werden wird, wenn die NATO es selbst als Ganzes nicht beabsichtigt.

So steht auch die GSVP nicht in Konkurrenz zur NATO und soll diese für Europa nicht ersetzen, sondern ergänzen. Entsprechende, auf lange Sicht angelegte Vereinbarungen zwischen EU und NATO wurden bereits im Dezember 2002 abgeschlossen. Im März 2003 einigten sich beide Seiten auf ein Abkommen, das der EU den Rückgriff auf Mittel und Fähigkeiten der NATO ermöglicht. Die Grundlagen für eine strategische Partnerschaft zwischen EU und NATO sind damit erkennbar.

5. Missionen und Instrumente der GSVP

2003 startete die EU ihre erste Mission „Concordia" in Nord-Mazedonien. Seitdem tragen zivile Experten, Polizisten und Soldaten in mehr als 30 Missionen zu Frieden und Stabilität bei. Die Europäische Union arbeitet mit Partnern zusammen. Ein Beispiel ist die *Operation EU NAVFOR Atalanta:* Sie richtet sich gegen Piraten, die die Schifffahrt am Horn von Afrika bedrohen. Drittstaaten wie Serbien, Neuseeland und die Ukraine haben sich beteiligt. Mit den USA, China, Japan, Russland und anderen Staaten, die Schiffe vor Ort haben, tauscht die EU Informationen über die Lage an einer der wichtigsten Schifffahrtsrouten der Welt aus.

Krisenprävention, Krisenbewältigung und Krisennachsorge – das sind elementare Felder der GSVP im Rahmen ihrer Verpflichtung, die Sicherheit Europas zu gewährleisten. Zivile, polizeiliche und militärische Instrumente stehen bereit – von zivilen Krisenreaktionsteams bis hin zu zwei einsatzfähigen EU-Gefechtsverbänden. EU-Experten sind gefragt als Beobachter zur Absicherung von Waffenruhen (Beispiel: EUMM Georgia) oder bei der Überwachung von Grenzen (EU Border Assistance Mission Rafah, EUBAM Moldawien/Ukraine). Mit ihrer Mission → *EULEX* unterstützte die EU bis 2018 den Aufbau rechtsstaatlicher Strukturen im Kosovo (→ *KFOR*). In Afghanistan sorgte die ebenfalls zivile Mission EUPOL im Rahmen der GSVP von 2007 bis 2021 für den Aufbau der nationalen afghanischen Polizei, hilft bei der Korruptionsbekämpfung und bei der Umsetzung rechtsstaatlicher Prinzipien.

Seit 2021 erweitert die → *Europäische Friedensfazilität (EFF)* (*European Peace Facility, EP*) die Bandbreite ziviler und militärischer Instrumente der GSVP um eine neue konkrete Komponente. Sie eröffnet die Möglichkeit, Partner der EU umfassend zu unterstützen und auch mit militärischen Gütern auszustatten. Die Unterstützungsmaßnahmen sind nicht regional begrenzt. Das Budget der EFF umfasst bis 2027 mit bis zu 5,7 Mrd. Euro; diese Mittel werden von den EU-Mitgliedstaaten außerhalb des regulären → Haushalts der EU bereitgestellt.

Insgesamt hat die GSVP in den zurückliegenden Jahren eine beachtliche Dynamik entwickelt.

IV. „Verteidigungsunion"?

Die Europäische Integration war von ihrem Grundgedanken her als Friedensprojekt gedacht – vor allem im Innenverhältnis.

In den zurückliegenden Jahrzehnten sah sich das Einigungswerk von äußeren Krisenherden umringt – und musste sich Gedanken machen, wie es sich verteidigen und für mehr Stabilität in seiner Nachbarschaft sorgen kann. Zu beobachten ist jedenfalls eine zunehmende Fokussierung der aktuellen EU-Zukunftsdebatten auf die Themen Sicherheit und Verteidigung. Hier kulminiert die erkennbare Notwendigkeit, zusammenzuhalten und nach vorne zu denken. Trotz aller struktureller Hürden hat sich die EU-Außen- und Sicherheitspolitik in jüngerer Zeit deutlich weiterentwickelt:

1. Zu nennen ist beispielsweise die im Dezember 2017 beschlossene *„Ständige Strukturierte Zusammenarbeit"* im Bereich der Sicherheit und Verteidigung (→ *PESCO*).
2. Im März 2022 billigte der Rat der EU den sog. → *Strategischen Kompass*. Mehr Sicherheit und Verteidigung der EU im vor uns liegenden Jahrzehnt – das soll mit diesem *Aktionsplan* für die Stärkung der Sicherheits- und Verteidigungspolitik der EU bis 2030 erreicht werden. Der Aktionsplan enthält

konkrete Vorschläge mit einem genauen Zeitplan für seine Umsetzung, um die Fähigkeit der EU zu verbessern, in Krisen entschlossen zu handeln und ihre Sicherheit zu verteidigen.

Dennoch – „Verteidigungsunion" ist bis heute weniger ein konkret zu fassendes neues Projekt als vielmehr eine einen Trend beschreibende Zukunftsvision. Oder, genauer gesagt, eine Dauerbaustelle.

V. Fazit

Trotz aller struktureller Hindernisse hat die Gemeinsame Außen- und Sicherheitspolitik der EU in den beiden zurückliegenden Jahrzehnten deutliche Fortschritte gemacht. Dennoch: Die Gemeinsame Sicherheitsarchitektur für heute 27 EU-Staaten war und ist ein mühevolles Unterfangen. Sie bleibt ein Langzeitprojekt – Ausgang offen.

Weiterführende Literatur

Suzana E. Anghel, „Der Europäische Rat und die Gemeinsame Sicherheits- und Verteidigungspolitik (GSVP) – Vorgaben und Umsetzung im Bereich der Krisenbewältigung seit dem Vertrag von Lissabon", Brüssel 2016 | *Uwe Bartels et al.* (Hrsg.), „Strategische Autonomie und die Verteidigung Europas – Auf dem Weg zur Europäischen Armee?", Bonn 2017 | *Sebastian Graf von Kielmansegg*, „Gemeinsame Verteidigung und Verteidigungspolitik", in: „Die Welt und Wir – Die Außenbeziehungen der Europäischen Union", hrsg. von: Stefan Kadelbach, Baden-Baden 2017, S. 267–292 | *Michael Staack/Dan Krause* (Hrsg.): „Europa als sicherheitspolitischer Akteur", Leverkusen 2014

▶ Genfer Flüchtlingskonvention

Die Genfer Flüchtlingskonvention (GFK), genauer: das *„Abkommen über die Rechtsstellung der Flüchtlinge"*, wurde am 28. Juli 1951 auf einer UN-Sonderkonferenz in Genf verabschiedet und trat am 22. April 1954 in Kraft.

Die Konvention war zunächst darauf beschränkt, europäische Flüchtlinge unmittelbar nach dem Zweiten Weltkrieg zu schützen. Ergänzt wurde sie durch das *„Protokoll über die Rechtsstellung der Flüchtlinge"*, mit dem im Jahr 1967 jegliche zeitliche und räumliche Einschränkung, die in der ursprünglichen Genfer Flüchtlingskonvention enthalten war, aufgehoben wurde. Insgesamt 149 Staaten sind bisher der GFK und/oder dem Protokoll von 1967 beigetreten.

Bis heute ist die GFK das wichtigste internationale Dokument für den Flüchtlingsschutz. Die Konvention legt klar fest, wer als „Flüchtling" gilt und welchen rechtlichen Schutz, welche Hilfe und welche sozialen Rechte sie oder er von den Unterzeichnerstaaten erhalten sollte. So hat ein anerkannter Flüchtling zum Beispiel das Recht auf medizinische Versorgung; geflüchtete Kinder haben das Recht, eine Schule zu besuchen.

Die GFK definiert aber auch die Pflichten, die ein Flüchtling dem Gastland gegenüber erfüllen muss und schließt bestimmte Gruppen – wie z. B. Kriegsverbrecher – vom Flüchtlingsstatus aus.

Wirkungsbereich umstritten

Die meisten großen Fluchtkrisen der vergangenen Jahre wurden durch Bürgerkriege ausgelöst. Der Wortlaut der GFK bezieht sich jedoch nicht eindeutig auf Menschen, die vor *kriegerischen* Auseinandersetzungen fliehen oder Verfolgung durch *nichtstaatliche* Gruppen wie Rebellen oder Terrororganisationen fürchten.

Das Flüchtlingshilfswerk der Vereinten Nationen (UNHCR) vertritt dazu eine klare Position: Entscheidend sei nicht der Urheber der Verfolgung, sondern die Tatsache, dass eine Person internationalen Schutz benötigt, weil ihr eigener Staat diesen nicht mehr garantieren kann oder will.

In der → *Europäischen Union (EU)* können Menschen aus Krisengebieten unter sogenannten subsidiären Schutz gestellt werden (→ *Asyl- und Flüchtlingspolitik der Europäischen Union*). Sie werden damit zwar nicht offiziell als Flüchtling im Sinne der Genfer Flüchtlingskonvention anerkannt, werden aber auch nicht in ihr Herkunftsland zurückgeschickt, solange ihnen dort ein „ernsthafter Schaden" droht – also zum Beispiel Folter, die Todesstrafe oder willkürliche Gewalt aufgrund eines bewaffneten Konflikts.

Wichtig aber bleibt der Hinweis, dass Flüchtlinge, die bereits in einem sicheren Zielland Aufnahme nach der GFK gefunden haben, ihren Flüchtlingsstatus naturgemäß verlieren, wenn sie dieses Land freiwillig verlassen und weiterwandern. Sie sind dann *„Migranten"*, die – etwa hinsichtlich etwaiger Visapflichten oder Aufenthaltsmodalitäten – den normalen Bestimmungen jedes weiteren Gastlandes unterliegen. Dies gilt etwa für syrische Flüchtlinge, die zunächst im Nachbarland Türkei regulär Zuflucht gefunden haben, dann aber weiter in Richtung EU streben. Für sie finden sich im politischen Diskurs mitunter auch Bezeichnungen wie *„Geflüchtete"* oder *„Schutzsuchende"*, die die Konvention nicht kennt, und mit denen man versucht, den sperrigen, aber vielfach zutreffenderen Terminus der (illegalen) Migration zu umgehen.

▶ Globalisierungsfonds

Die Idee, einen Fonds einzurichten, der die Folgen des globalen Strukturwandels in Europa abfedert, stammt vom damaligen Präsidenten der → *Europäischen Kommission*, *José Manuel Barroso*. Im Herbst 2005 stellte er sie vor. Er wolle auf den Vorwurf reagieren, die → *Europäische Union (EU)* schütze die Menschen zu wenig vor den Folgen der Globalisierung.

Deutschland äußerte zunächst – ebenso wie Dänemark, Schweden, die Niederlande und Estland – deutliche Kritik. Man verwies auf damit verbundene zusätzliche Kosten sowie auf die bestehenden → *Strukturfonds* der EU, die ebenfalls Globalisierungsfolgen mildern sollen. Auf dem Gipfeltreffen der Staats- und Regierungschefs der EU im Dezember 2005 wurde der Vorschlag dann doch angenommen.

Im Unterschied zu den Strukturfonds – insbesondere dem Europäischen → *Sozialfonds* –, die einen strategischen und langfristigen Ansatz haben, soll der *Europäische Fonds zur Anpassung an die Globalisierung (EGF)* einmalige, zeitlich begrenzte und individuelle Unterstützungen für Arbeitnehmer und Arbeitnehmerinnen anbieten.

I. 500-Millionen-Fonds

Am 1. März 2006 wurde der Fonds beschlossen. Nach Zustimmung aller EU-Staaten und des → *Europäischen Parlaments (EP)* hat er Anfang 2007 die Arbeit aufgenommen. Mit jährlich bis zu 500 Millionen Euro sollen bis zu 50.000 entlassene Beschäftigte bei der Stellensuche, der Umschulung und der Aufnahme einer selbstständigen Tätigkeit unterstützt werden. Mit Lohnkostenzuschüssen will man zudem älteren Arbeitnehmern helfen. Hilfen sind weiter vorgesehen für größere Umstrukturierungsmaßnahmen bei globalisierungsbedingten Herausforderungen wie Handelsstreitigkeiten, Finanz- und Wirtschaftskrisen, dem Übergang zu einer CO_2-armen Wirtschaft in der Folge von Digitalisierungen oder Automatisierungen.

Finanziert werden soll das Ganze aus Haushaltsmitteln der EU, die bis zum Ende des jeweiligen Haushaltsjahres nicht abgerufen worden sind.

2014 ist dieser Europäische Fonds zur Anpassung an die Globalisierung (EGF) in die zweite Förderperiode gestartet. In diesem Zeitraum bis 2020 verfügte der EGF über ein maximales Jahresbudget von 150 Millionen Euro. 2021 startete die dritte siebenjährige EU-Förderperiode. Von 2021 bis 2027 stehen EU-weit jährlich bis zu 186 Mio. Euro für EGF-Projekte bereit.

II. Das Procedere

Aus diesem Fonds können bis zu 60 Prozent der Kosten von Projekten bestritten werden, die etwa entlassenen Arbeitnehmern helfen können, einen neuen Job zu finden oder ihr eigenes Unternehmen zu gründen. Die übrigen Mittel werden im Wege der nationalen Kofinanzierung durch die Bundesregierung zur Verfügung gestellt. Die Förderdauer kann mehr als 24 Monate betragen.

Die Mittel des Fonds müssen von den EU-Mitgliedstaaten beantragt werden. Das funktioniert bürokratisch: das Bundesministerium für Arbeit und Soziales (BMAS) reicht einen Antrag bei der EU-Kommission ein. Zuvor prüft das BMAS gemeinsam mit der Bundesagentur für Arbeit und den Sozialpartnern der betroffenen Unternehmen, ob ein größeres Umstrukturierungsereignis vorliegt, das eine Förderung mit EGF-Mitteln ermöglicht. Über den Antrag entscheiden dann – als die EU-Haushaltsbehörden – die EU-Kommission, der Rat der EU und das EP.

III. Förderkriterien

Die Hilfen sind an Bedingungen geknüpft:

- So müssen die Arbeitsplatzverluste in direktem Zusammenhang mit „weitreichenden Veränderungen im Welthandelsgefüge“ stehen. Dies kann aus Standortverlagerungen in Länder außerhalb der EU resultieren oder daraus, dass in einer Branche die Importe aus

Drittstaaten in die EU massiv steigen und europäische Firmen deshalb Marktanteile verlieren.

- Auch greift der Fonds erst, wenn es in einem Unternehmen und seinen Zulieferern zu mindestens 1.000 Entlassungen innerhalb eines Zeitraums von neun Monaten kommt.
- Keine Hilfen gibt es bei Arbeitsplatzverlusten durch Betriebsverlagerungen innerhalb der EU, weil dies der Idee des Binnenmarktes widersprechen würde.

IV. Bewertung

An dieser „Geste der Solidarität“ wird vor allem zweierlei kritisiert: Zum einen ergebe gerade letztere Begrenzung wenig Sinn, da der Großteil der Jobverluste die Folge von Standortverlagerungen *innerhalb* der Europäischen Union sei. Zum anderen handele es sich bei der bereitgestellten Summe um einen geschickten Versuch, den → *Haushalt der Europäischen Union* auf Kosten der Mitgliedstaaten aufzustocken; Beträge, die in Brüssel nicht abgerufen werden, fließen nämlich ansonsten zurück in die Kassen der nationalen Finanzminister.

Schließlich fällt das Wort von der „Image-Werbung“. Ein Fonds, der erst bei mehr als 1.000 Entlassungen greift, wecke den Verdacht, die EU-Kommission wolle nur bei besonders spektakulären Fällen öffentlichkeitswirksam ihr soziales Gewissen zur Schau stellen. Doch wer will es der Kommission verdenken, wenn sie nicht nur die Rolle des strengen Wettbewerbshüters spielen möchte, der das Soziale vernachlässigt?

▶ „Goldenes Visum“

Unter diesem Name haben die Griechen 2013 folgendes Programm aufgelegt: Wer mindestens 250.000 Euro – seit 2022 sind es 500.000 Euro – für eine Immobilie in Griechenland ausgibt, erhält eine Aufenthaltsgenehmigung für fünf Jahre – laut Werbeslogan die „günstigste Eintrittskarte“ nach Europa. Diese kann verlängert werden; vor allem berechtigt sie zu freiem Reisen ohne Personenkontrollen im Schengen-Raum (→ *Schengener Abkommen*) und kann nahe Familienangehörige des Käufers einschließen. Nach einer Statistik des Migrationsministeriums in Athen wurden bis November 2018 immerhin 9.756 goldene Visa ausgestellt; 5.367 entfielen auf Investoren aus China, 1.028 auf Türken und 1.012 auf Russen. Auch 200 Syrer waren darunter.

I. „Goldener Pass“?

Für einen griechischen *Pass* reicht der Immobilienkauf nicht. Hier waren andere Länder erfinderischer. Am 9. Januar 2014 berichtete DIE WELT: „Die rumänischen Behörden bürgern gegen eine Gebühr massenhaft Bewohner der Nachbarrepublik Moldau ein.“ Moldauer und Ukrainer erhielten auf diesem bequemen Weg einen „Freifahrschein“ in die → *Europäische Union (EU)* mit sämtlichen Vorteilen, der Arbeitserlaubnis und der Reisefreizügigkeit. Kurzum: wurde zum „Einfallstor in die EU“ (so DIE WELT).

Nach internen Angaben gewährten rumänische Behörden allein 2011 und 2012 rund 152.000 Ausländern, meist aus Moldau, die Staatsangehörigkeit. Augenzeugen berichten, dass Kleingruppen von bis zu 20 Moldauern in Bussen vor die Konsularabteilungen gefahren werden. Bis 2014 erwartete Rumänien insgesamt 700.000 bis 800.000 Anträge auf eine rumänische Staatsangehörigkeit. Man profitiert beidseitig: Höhere Einwohnerzahlen versprechen Rumänien gemäß dem Schlüssel für die Zuteilung von EU-Fördermitteln aus den → *Strukturfonds* mehr Geld aus Brüssel.

Längst haben zahlreiche andere EU-Staaten das lukrative Geschäft mit den „Goldenen Visa“ bzw. „Goldenen Pässen“ für sich entdeckt. Der Preis für die begehrte Staatsbürgerschaft eines EU-Landes sind mittlere oder größere Investments im avisierten neuen Heimatstaat. Die Organisation Transparency International hat das Phänomen 2018 untersucht und festgestellt, dass man in vielen europäischen Ländern die Staatsangehörigkeit oder die Aufenthaltserlaubnis kaufen kann „wie ein Luxusgut“ (zitiert nach FAZ vom 23. Januar 2019, S. 2).

II. Stirnrunzeln in Brüssel

Die Staatsangehörigkeit eines Mitgliedstaates der EU bietet erhebliche Vorteile: Sie garantiert das Recht, in allen EU-Staaten zu arbeiten, zu studieren und zu leben sowie das Recht, an den Wahlen zum → *Europäischen Parlament (EP)* teilzunehmen. Sie öffnet das Tor zu einem großen Raum der Freizügigkeit – in vielen Fällen auch zu einem Raum ohne Personenkontrollen an den Binnengrenzen der Unterzeichnerstaaten des → *Schengener Abkommens*.

Man ist also → *Unionsbürger*, was nicht darüber hinwegtäuschen darf, dass jedes EU-Land für sich und ausschließlich nach eigenen nationalen Regeln entscheidet, wem es einen Pass oder eine Aufenthaltsgenehmigung erteilt. Die Union hat insoweit keine Rechtsetzungsbefugnis. Nach den vertraglichen Regelungen ist die Unionsbürgerschaft akzessorisch zur – nationalen – Staatsbürgerschaft (Art. 20 Abs. 1 Satz 2 AEUV). „Unionsbürger“ ist, wer die Staatsangehörigkeit eines der 27 EU-Mitgliedstaaten besitzt.

Die Möglichkeiten der → *Europäischen Kommission*, hier regelnd einzugreifen, sind also denkbar gering. Dennoch sind ihr die Programme, die einen Wohnsitz oder gar die Staatsbürgerschaft in der EU vermitteln, ein Dorn im Auge. Denn sie öffnen nicht nur wohlmeinenden Menschen die Tür zur EU und bergen nennenswerte Risiken. Das → *Europäische Parlament* verwies in diesem Zusammenhang 2018 nicht nur auf eine „Abwertung“ europäischer Staatsangehörigkeiten, sondern auch „auf das Potenzial für Korruption, Geldwäsche und Steuerhinterziehung“ (zitiert nach FAZ a.a.O.).

Im März 2020 wurden die europäischen Abgeordneten konkreter; sie forderten ein *Verbot* der Praxis, Staatsbürgerschaften im Gegenzug für Investitionen zu vergeben, und mahnten EU-weite Regeln für den Erwerb von Aufenthaltsrechten durch Investitionen an.

2022 reagierte die EU-Kommission; sie forderte die Regierungen der EU-Staaten auf, den Verkauf von Staatsbürgerschaften an ausländische Investoren einzustellen; es gehe darum, gegen diese kombinierte Multi-Milliarden-Euro-Industrie vorzugehen. Sie sei *„ein Einfallstor für organisierte Kriminalität“* und man müsse *„verhindern, dass die Inhaber ... Geldwäsche betreiben und Einfluss auf politische Entscheidungen nehmen“* – so die Kommission. Bereits in der Vergangenheit hatte die EU generell auf die Risiken für die Sicherheit, die Transparenz und die gemeinsamen europäischen Werte hingewiesen, die diesen Programmen innewohnen. Im Zuge des Angriffs Russlands auf die Ukraine nahmen diese Bedenken merklich zu. So forderte Brüssel die Mitgliedsländer auf, zu überprüfen, ob Personen, gegen die aufgrund des Krieges Sanktionen verhängt wurden, im Besitz eines von ihnen ausgestellten goldenen Passes oder Visums waren.

III. Das „Sündenregister“

Allein Zypern verdiente mit Einbürgerungen in sieben Jahren zwischen 7 und 8 Milliarden Euro. Über die Hälfte der 4.000 auf diesem Wege Eingebürgerten waren russische Oligarchen. Im November 2020 stoppte Zypern den Verkauf seiner Staatsbürgerschaften.

Das in Portugal 2012 eingeführte „Goldene Visum“ erbrachte bis 2022 Einnahmen von ca. 6,5 Milliarden Euro. Ausländer konnten für eine Aufenthaltsgenehmigung entweder eine Immobilie erwerben oder einen Teil ihres Vermögens in das Land investieren. Im Februar 2023 beendete man das lukrative Programm.

2022, zwei Jahre nach dem → Brexit, schaffte die britische Regierung ihr Goldenes-Visum-Programm ab, das es wohlhabenden Ausländern ermöglichte, sich im Land niederzulassen, wenn sie einen Teil ihres Vermögens mitbrachten. Die Entscheidung richtete sich auch gegen die im Land weitverbreitete Geldwäsche, vor allem durch russische Oligarchen.

Im Februar 2023 hat auch Irland sein goldenes Visumsprogramm – das Immigrant Investor Programme – abgeschafft, mit dem sich im Land niederlassen konnte, wer 500.000 Euro spendete oder drei Jahre lang jährlich 1 Million Euro in das Land investierte. Für russische Staatsbürger war das Programm bereits im März 2022 wegen der kriegsbedingt gegen Russland verhängen EU-Sanktionen ausgesetzt worden.

In Malta liegt die Mindestinvestitionssumme bei 690.000 Euro für eine Staatsbürgerschaft innerhalb von 12 bis 36 Monaten. Am 20. Oktober 2020 startete die EU gegen Malta ein Vertragsverletzungsverfahren wegen des Handels mit Staatsbürgerschaften. Bis einschließlich 2020 nahm Malta mehr als 1,4 Milliarden Euro durch diesen Handel ein.

Spanien führte sein Programm „Residenz durch Investition“ 2023 ein. Auch hier wird Ausländern und ihren Familien, die in Immobilien im Land investieren, ein Aufenthaltsrecht zum Leben, Arbeiten und Studieren in Spanien gewährt. Erforderlich ist eine Investition von 500 000 Euro in Immobilien. Es genügt auch, Unternehmensanteile oder Bankeinlagen im Wert von mindestens 1 Million Euro bei spanischen Finanzinstituten zu halten oder in Staatsanleihen im Wert von mindestens 2 Millionen Euro zu investieren.

Italien ist ein weiteres beliebtes Ziel für alle, die einen Aufenthalt durch Investitionen anstreben. Das 2017 eingeführte goldene Visum gewährt Nicht-EU-Bürgern für eine Investition in Italien eine Aufenthaltserlaubnis für zwei Jahre. Die Mindestinvestition beträgt 500.000 Euro.

Besonders schnelle Verfahren bietet Griechenland. Ausländer können innerhalb von 60 Tagen nach Antragstellung eine Aufenthaltsgenehmigung erhalten. Inhaber eines goldenen Visums sind nicht verpflichtet, in Griechenland zu bleiben, um ihr Visum zu behalten.

IV. Völkerrechtliche Grenzen?

Ob die Staaten allerdings bei der Verleihung ihrer Staatsbürgerschaft tatsächlich völlig frei sind, ist umstritten. So müssen sie bestimmte, allerdings sehr weit gefasste *völkerrechtliche* Grenzen beachten. Deren Verletzung führt dazu, dass andere Staaten die Verleihung der Staatsbürgerschaft nicht anerkennen müssen.

Völkerrechtlich verbindliche Regeln, die den Erwerb der Staatsangehörigkeit betreffen, finden sich in Artikel 6 des Europäischen Übereinkommens über die Staatsangehörigkeit vom 6. November 1997. Darin heißt es:

> „Jeder Vertragsstaat sieht in seinem innerstaatlichen Recht die Möglichkeit der Einbürgerung von Personen vor, die sich rechtmäßig und gewöhnlich in seinem Hoheitsgebiet aufhalten.“

Wer lediglich als „Pass-Tourist“ mit dem Kleinbus für 20 Minuten über die Grenze kommt, dürfte sich kaum „gewöhnlich“ dort aufhalten.

▶ „Green Deal“

Es war die Überraschung im Arbeitsprogramm der neuen → *Europäischen Kommission*. Kaum im Amt, da verkündete ihre frisch gewählte Präsidentin am 11. Dezember 2019 vor dem → *Europäischen Parlament (EP)* ihr Ziel, Europa bis 2050 zum „ersten klimaneutralen Kontinent“ zu machen. Geplant sei ein kompletter Umbau von Energieversorgung, Industrie, Verkehr und Landwirtschaft, damit ab 2050 keine neuen Treibhausgase mehr in die Atmosphäre gelangen und die globale Erwärmung gestoppt wird. Kommissionspräsidentin *Ursula von der Leyen* nannte diesen Plan „Green Deal“; er sei „ein Fahrplan zum Handeln“: „Unser Ziel ist es, unsere Wirtschaft mit unserem Planeten zu versöhnen.“

I. Der Grundgedanke

Mit dem Green Deal sollen die Vorgaben, die sich die internationale Staatengemeinschaft im Rahmen des Pariser Klimaschutzabkommens von 2015 gesetzt haben, verwirklicht werden. Die → Europäische Union (EU) strebt damit zugleich an, Vorbild für andere Staaten und Regionen zu sein. Die Chiffre „Green Deal“ steht also für eine *Strategie*, mit der die EU ihr obiges Ziel für 2050 erreichen will, und umschreibt die *konzeptionelle Grundlage* für einen Wandel, dem sich seither alle 27 EU-Mitgliedstaaten verbindlich verschrieben haben.

II. Europäisches Klimaschutz-Gesetz

Mit der Verordnung über das *Europäische Klimagesetz,* in Kraft seit Mai 2021, hat das politische Ziel der EU, bis 2050 Klimaneutralität zu erreichen, rechtliche Verbindlichkeit erlangt. Zudem haben die EU und ihre Mitgliedstaaten damit die Verpflichtung angenommen, die Netto-Treibhausgasemissionen in der EU bis 2030 um mindestens 55 % gegenüber 1990 zu senken. Dieses Ziel ist aus einer Folgenabschätzung der Kommission hervorgegangen und ist rechtlich bindend.

Zu den wichtigsten Maßnahmen der Verordnung zählt es,

- das Tempo der Emissionsreduktionen bis 2050 vorzugeben, um Unternehmen und Interessenträgern sowie Bürgerinnen und Bürgern Planungssicherheit zu geben,
- ein System zu entwickeln, mit dem die Fortschritte auf dem Weg zum Klimaziel überwacht werden,
- für einen kosteneffizienten und sozial gerechten ökologischen Wandel zu sorgen.

III. Strategien zur Umsetzung des Green Deal

1. Die EU-Strategie zur Anpassung an den Klimawandel

enthält eine langfristige Vision, wie die EU bis 2050 eine ***klimaresiliente Gesellschaft*** werden kann, die vollständig an die unvermeidbaren Auswirkungen des Klimawandels angepasst ist. Sie wurde im Juni 2021 vom Rat „Umwelt" gebilligt. Vorgesehen sind darin

- ein besserer Datenaustausch, um Informationen über die Auswirkungen des Klimawandels leichter zugänglich zu machen sowie
- naturbasierte Lösungen zur Stärkung der Klimaresilienz und zum Schutz der Ökosysteme.

Im März 2022 hat der Rat der EU Schlussfolgerungen verabschiedet, wonach der *Katastrophenschutz* an extreme Wetterereignisse infolge des Klimawandels anzupassen ist. Schwerpunktmäßig gehe es um Prävention, Vorsorge, Reaktion und Wiederaufbau.

2. Die EU-Biodiversitätsstrategie für 2030

soll zur Wiederherstellung der ***biologischen Vielfalt in Europa bis 2030*** beitragen. Die darin dargelegten Maßnahmen umfassen:

- ein Ausweiten geschützter Land- und Meeresgebiete in Europa,
- das Wiederherstellen geschädigter Ökosysteme, indem weniger und weniger schädliche Pestizide eingesetzt werden,
- die Aufstockung der Mittel für diese Maßnahmen und eine bessere Überwachung der Fortschritte.

Im Oktober 2020 hat der Rat „Umwelt" *Schlussfolgerungen zur biologischen Vielfalt* angenommen und die Ziele der EU-Biodiversitätsstrategie für 2030 gebilligt. Die Mitgliedstaaten erkannten an, dass es gilt, die direkten und indirekten Ursachen für den Verlust von Biodiversität und Natur anzugehen. Sie bekräftigten, dass in die Biodiversitätsziele auch andere Sektoren wie Landwirtschaft,

Fischerei und Forstwirtschaft umfassend einzubeziehen seien.

3. Die Strategie „Vom Hof auf den Tisch“

will ein europäisches nachhaltiges Lebensmittelsystem von der Erzeugung bis zum Verbrauch entwickeln. Schlussfolgerungen dazu hat der Rat im Oktober 2020 angenommen. Über die Prioritäten Ernährungs- und Lebensmittelsicherheit hinaus geht es darum,

- die Versorgung mit ausreichenden und erschwinglichen Lebensmitteln im Rahmen der Belastbarkeitsgrenzen des Planeten zu gewährleisen,
- eine nachhaltige Lebensmittelerzeugung zu unterstützen und
- nachhaltigeres Lebensmittelkonsumverhalten und gesündere Ernährung zu fördern.

4. Die Europäische Industriestrategie,

im März 2020 vom Rat angenommen und im Mai 2021 von der EU-Kommission aktualisiert, will Europas Resilienz und Wettbewerbsfähigkeit steigern und die europäische Industrie in die Lage versetzen, beim grünen und digitalen Wandel eine Führungsrolle zu übernehmen und beim Übergang zu Klimaneutralität und Digitalisierung weltweit zur treibenden Kraft zu werden.

5. Im Aktionsplan für die Kreislaufwirtschaft

sind über 30 Aktionspunkte zum Design nachhaltiger Produkte, zum Kreislaufprinzip in Produktionsprozessen und zur Stärkung der Position von Verbrauchern und öffentlichen Auftraggebern vorgesehen. Im Mittelpunkt stehen Sektoren wie Elektronik und IKT, Batterien, Verpackungen, Kunststoffe, Textilien, Bauwesen und Gebäude sowie Lebensmittel. Der Rat nahm den Plan im Dezember 2020 an. Fazit: Die Entkopplung des Wirtschaftswachstums von der Ressourcennutzung und das Umstellen auf kreislauforientierte Systeme für Produktion und Verbrauch sind der Schlüssel zur Verwirklichung der Klimaneutralität der EU bis 2050.

6. Batterien und Altbatterien:

Die EU-Kommission will *verbindliche Anforderungen für alle Batterien* festlegen, die in der EU auf den Markt gebracht werden, und zwar in allen Bereichen wie Industrie, Autos, Elektrofahrzeuge und Geräte. Dabei ist der gesamte Lebenszyklus von Batterien in den Blick zu nehmen – vom Produktionsprozess über Designanforderungen bis zum „zweiten Leben“ durch Recycling bzw. die Verwendung von Recyclingmaterial in neuen Batterien.

Der Rat der EU präzisierte den Vorschlag im März 2022 und regte eine „Batteriepass“, strenge Beschränkungen für gefährliche Stoffe, ein CO_2-Fußabdruck für Batterien und eine erweiterte Herstellerverantwortung an.

7. Die EU-Nachhaltigkeitsstrategie für Chemikalien,

vom Rat im März 2021 gebilligt, enthält eine langfristige Vision für die Chemikalienpolitik der EU mit dem Ziel,

- die menschliche Gesundheit besser zu schützen,

- die Wettbewerbsfähigkeit der Industrie zu stärken,
- zu einer schadstofffreien Umwelt beizutragen.

Die Strategie ist ein wesentlicher Bestandteil des europäischen Green Deal und des Null-Schadstoff-Ziels.

8. Die Forststrategie für entwaldungsfreie Einfuhren

bildet einen Schwerpunkt des Green Deal und spielt eine Schlüsselrolle bei den Bemühungen, die Treibhausgasemissionen bis 2030 um mindestens 55 % zu senken. Die vorgeschlagenen Maßnahmen sollen

- eine nachhaltige Waldbewirtschaftung fördern
- Waldbesitzer und Waldbewirtschafter mit finanziellen Anreizen zu umweltfreundlichen Verfahren ermuntern,
- die Wälder vergrößern und ihre Biodiversität verbessern, unter anderem durch das Anpflanzen von 3 Milliarden neuer Bäume bis 2030.

Laut den Vereinten Nationen ging zwischen 1990 und 2020 weltweit eine Landfläche, die größer ist als die der EU, infolge von Entwaldung verloren. Im November 2021 betonte der Rat der EU daher die wichtige Rolle der Wälder für die menschliche Gesundheit; es müsse „ein Gleichgewicht zwischen den ökologischen, sozialen und wirtschaftlichen Aspekten einer nachhaltigen Waldbewirtschaftung“ gefunden werden. Im Juni 2022 sprach sich der Rat für *verbindliche Sorgfaltspflichten* für alle Marktteilnehmer und Händler aus, die die Produkte Palmöl, Rindfleisch, Holz, Kaffee, Kakao und Soja in der EU vermarkten, bereitstellen oder aus der EU exportieren.

9. Ein gerechter Übergang:

Das Ziel, bis 2050 Klimaneutralität zu erreichen, ist für einige stärker auf fossile Brennstoffe angewiesene EU-Staaten schwieriger zu erreichen als für andere. Die EU hat daher einen *Mechanismus für einen gerechten Übergang* eingeführt, um den Regionen, die am stärksten vom Übergang zu einer CO_2-armen Wirtschaft betroffen sind, finanzielle und technische Unterstützung zu leisten. Er wird dazu beitragen, im Zeitraum 2021 bis 2027 mindestens 65 bis 75 Mrd. Euro zu mobilisieren,

- um Menschen und Gemeinschaften den Weg für Beschäftigungsmöglichkeiten und Umschulungen zu ebnen, die Energieeffizienz von Wohnraum zu verbessern und Energiearmut zu begegnen;
- um Unternehmen den Übergang zu CO_2-armen Technologien für Investoren durch finanzielle Unterstützung und Investitionen für Forschung und Innovation atraktiver zu machen;
- damit Mitgliedstaaten oder Regionen in neue grüne Arbeitsplätze, einen nachhaltigen öffentlichen Verkehr, digitale Konnektivität und saubere Energieinfrastruktur investieren.

Mit Mitteln von insgesamt 17,5 Mrd. Euro unterstützt der *Fonds für einen gerechten Übergang* die Regionen, die von fossilen Brennstoffen und emissionsintensiven Industrien abhängig sind, und federt gesellschaftliche und wirtschaftliche Kosten ab, die durch grünen Wandel entstehen. Die Verordnung zur Einrichtung des Fonds hat der Rat der EU im Juni 2021 angenommen.

10. Saubere, erschwingliche und sichere Energie:

Da 75 Prozent der Treibhausgasemissionen der EU auf Energieverbrauch und Energieerzeugung entfallen, ist die Dekarbonisierung des Energiesektors ein entscheidender Schritt hin zu einer klimaneutralen EU. So wird

- die Entwicklung und Nutzung sauberer Energiequellen wie erneuerbarer Offshore-Energie und Wasserstoff unterstützt,
- die Integration der Energiesysteme in der gesamten EU gefördert,
- durch EU-Energiekorridore eine vernetzte Energieinfrastruktur entwickelt,
- die geltenden Rechtsvorschriften über Energieeffizienz und erneuerbare Energien überarbeitet, auch mit Blick auf die Ziele für 2030.

11. EU-Renovierungswelle:

Der Gebäudesektor ist einer der größten Energieverbraucher in Europa und für mehr als ein Drittel der Treibhausgasemissionen in der EU verantwortlich. Im Juni 2021 hat der zuständige Rat der EU-Schlussfolgerungen zur *Strategie der Kommission für eine Renovierungswelle* angenommen. Ziel sei es, die Quote energetischer Renovierungen in der EU bis 2030 mindestens zu verdoppeln. Drei besonders relevante Aspekte wurden betont: soziale Inklusion, wirtschaftliche Erholung und grüner Wandel.

IV. „Fit für 55“

Selbst in der oft sperrigen Terminologie der EU gibt es gelegentlich chic anmutende neue Programmvokabeln; „Fit für 55“ steht für ein Paket, das eine Fülle von Vorschlägen bündelt, mit denen

a) bestehende Rechtsvorschriften im Bereich Klima, Energie und Verkehr aktualisiert und
b) neue Gesetzgebungsinitiativen eingeführt werden sollen.

Kurzum – Ziel der „Fitness-Veranstaltung“ ist es, die Rechtsvorschriften der EU an die Klimaziele der EU anzupassen. Am 28. April 2023 ist „Fit für 55“ – ein Herzstück des Green Deal – in die konkrete Umsetzung gestartet; der Rat der EU-Energieministerinnen und -minister hat erste Bausteine des Pakets verabschiedet:

- in der EU neu zugelassenen Pkw und Kleintransporter müssen ab 2035 emissionsfrei sein. Gleichzeitig werden die Weichen dahingehend gestellt, dass die europäische Automobilindustrie innovativ und international wettbewerbsfähig bleibt. Zudem will die EU-Kommission in einem delegierten Rechtsakt festlegen, wie ausschließlich mit klimaneutralen E-Fuels betriebene Fahrzeuge zu den CO_2 -Emissionsreduktionszielen beitragen würden.
- In Sektoren, die bisher nicht unter das EU-Emissionshandelssystem (EU-ETS) (→ Europäischer Emissionshandel) fallen, werden ehrgeizige jährliche Treibhausgasemissonsgrenzen festgelegt. Das Emissions-

reduktionsziel für Gebäude, Landwirtschaft, Abfall, Industrie (außerhalb des ETS) und Verkehr wird bis 2030 von 29 Prozent auf 40 Prozent gegenüber dem Stand von 2005 erhöht.

- Neue Vorschriften über Landnutzung und Forstwirtschaft erhöhen das Ziel für den Netto-CO_2-Abbau durch natürliches Absenken auf 310 Millionen Tonnen CO_2-Äquivalent bis 2030.
- Ebenfalls am 28. April 2023 hat der Rat eine Änderung der sog. *Marktstabilitätsreserve* im Rahmen des EU-ETS beschlossen, eines Mechanismus, der seit 2019 einen Korridor von in Umlauf befindlichen Emissionsberechtigungen definiert: Wird die zulässige Zahl unterschritten, so werden zusätzliche Zertifikate in den Markt gebracht; überschüssige Zertifikate dagegen werden entnommen und der Markt auf diese Weise stabilisiert.
- „Fit für 55" enthält auch einen Vorschlag zur Überarbeitung der *Erneuerbare-Energien-Richtlinie.* Danach soll der derzeitige EU-Zielwert von „mindestens 32 Prozent" für den Anteil von Energie aus erneuerbaren Quellen am Gesamtenergiemix bis 2030 auf mindestens 40 Prozent steigen. Rat und EP erzielten im März 2023 eine dahingehende Einigung.

VI. Fazit

Die EU-Kommissionspräsidentin formulierte es wie folgt: Das alte Wachstumsmodell, das auf fossilen Energien und Verschmutzung gründe, habe sich überlebt. Gefragt sei nun eine Strategie „für ein Wachstum, das mehr zurückgibt, als es wegnimmt": „Der Europäische Grüne Deal ist unsere neue Wachstumsstrategie."

▶ Grünbuch

Grünbücher veröffentlicht die → *Europäische Kommission.* Sie sollen auf europäischer Ebene den Austausch über grundlegende politische Ziele der → *Europäischen Union* in bestimmten Bereichen in Gang setzen.

Die durch ein Grünbuch eingeleiteten Diskussionen und Konsultationen können die spätere Veröffentlichung eines → *Weißbuches* zur Folge haben. In einem Weißbuch werden dann konkrete Maßnahmen für ein gemeinschaftliches Vorgehen auf diesen Feldern europäischer Politik vorgeschlagen.

▶ Grüne Hauptstadt Europas

→ *Umweltpolitik*

▶ Grundrechte-Charta der Europäischen Union

Von 1999 bis Ende 2000 erarbeitete in Brüssel ein Konvent unter dem Vorsitz des Alt-Bundespräsidenten Roman Herzog eine *Europäische Charta der Grundrechte.* Dem Konvent gehörten Vertreter der Regierungen und der Parlamente der Mitgliedstaaten der → *Europäischen Union* (EU) sowie des → *Europäischen Parlaments* (EP) an. Die Arbeiten gingen auf eine Initiative

Deutschlands zurück. Feierlich proklamiert wurde die Charta anlässlich des → *Europäischen Rats* im Dezember 2000 in Nizza (→ *Vertrag von Nizza*). Zunächst war sie rein deklaratorischer Natur. Mit dem → *Lissabon-Vertrag* erhielt sie 2009 volle Rechtsverbindlichkeit.

Die Charta stützt sich auf die Freiheits-, Gleichheits- und Verfahrensgrundrechte, die sich aus der Europäischen Menschenrechtskonvention (→ *Menschenrechte*) und gemeinsamen Verfassungsüberlieferungen der Mitgliedstaaten ergeben. Zentrale Vorarbeit leistete der → *Europäische Gerichtshof (EuGH)*; in seiner Rechtsprechung entwickelte er schrittweise einen detaillierten Grundrechtskatalog, beruhend auf den in den nationalen Verfassungen – also etwa dem deutschen Grundgesetz – verankerten Grundrechten, die zur gemeinsamen europäischen Rechtstradition zählen.

▶ GUS

I. Gründung

Die *Gemeinschaft Unabhängiger Staaten* (GUS) wurde 1991 auf der Basis des Abkommens von Minsk (Weißrussland) und Almaty (Kasachstan) als *Staatengemeinschaft souveräner ehemaliger Sowjetrepubliken* bei Wahrung der Souveränität und Gleichberechtigung der Mitgliedstaaten gegründet. Sitz der GUS ist die weißrussische Hauptstadt Minsk; die Versammlung tagt im Taurischen Palais in St. Petersburg.

Gründungsmitglieder sind Armenien, Aserbaidschan, Kasachstan, Kirgisistan, Moldau, Russland, Tadschikistan, Turkmenistan, die Ukraine, Usbekistan und Weißrussland. Georgien trat 1993 bei, erklärte aber infolge des kriegerischen Konflikts um Südossetien im August 2008 seinen Austritt aus der GUS, der am 18. August 2009 rechtsgültig wurde. Turkmenistan ist seit August 2005 nur noch beigeordnetes Mitglied. Estland, Litauen und Lettland sind nicht beigetreten; sie sind seit dem 1. Mai 2004 Mitglieder der → *Europäischen Union (EU)*.

Hauptziele der GUS sind sowohl die Bildung eines „gemeinsamen militärisch-strategischen Raumes" als auch die Zusammenarbeit bei der internationalen Friedenssicherung (u. a. bei Abrüstungsmaßnahmen). Weiterhin strebt die GUS die Koordinierung der Außenpolitik, das Herstellen eines gemeinsamen wirtschaftlichen Raumes, die Zusammenarbeit im Transport- und Zollwesen sowie bei Umweltschutz, Migrationspolitik und Bekämpfung des organisierten Verbrechens an. Der Rat der Staatsoberhäupter, der „GUS-Gipfel", tagt mindestens zweimal im Jahr.

Am 7. Mai 2009 haben die sechs GUS-Mitglieder Armenien, Aserbaidschan, Georgien, Moldau, die Ukraine und Weißrussland mit der EU eine → *„Östliche Partnerschaft"* geschlossen. Russland wurde übergangen und hat gegen diesen Schritt Protest eingelegt. Seit 2014 bereitete die Ukraine ihren Rückzug aus der GUS vor. Im April 2018 kündigte der damalige ukrainische Präsident Petro Poroschenko erneut an, sein Land werde die GUS verlassen. Am 19. Mai 2018 unterzeichnete er das entsprechende Dekret. Als Grund nannte er die unzureichende Solidarität des Bündnisses angesichts der Annexion der Krim durch Russland.

II. Bilanz

In den 1990er Jahren arbeiteten die GUS-Staaten in der Gesetzgebung und in der Strafverfolgung bisweilen eng zusammen. Spätestens mit Beginn des neuen Jahrtausends nahmen die Aktivitäten der Staatengemeinschaft zusehends ab. An einem im Oktober 2011 geschlossenen Freihandelsabkommen beteiligen sich nur noch acht GUS-Mitglieder.

Inzwischen dürfte der GUS politisch nur noch eine symbolische Bedeutung zukommen. Gipfeltreffen finden noch statt, wie etwa im Oktober 2021 in Minsk. Eine größere Bedeutung aber haben bilaterale Abkommen gewonnen. Russland und Belarus bilden seit 1999 mit der *Russisch-Belarussischen Union* faktisch einen Staatenbund innerhalb der GUS. Mit der → *Eurasischen Wirtschaftsunion* verfolgt Russland außerdem zusammen mit Belarus, Armenien, Kasachstan und Kirgisistan ein weiteres Integrationsprojekt im postsowjetischen Raum, das sich unabhängig von den GUS-Gremien entwickelt hat.

H

▶ Hallstein-Doktrin

Die sogenannte Hallstein-Doktrin, von *Konrad Adenauer* in der Regierungserklärung vom 29. September 1955 als offizieller Grundsatz deutscher Außenpolitik formuliert, geht auf *Walter Hallstein*, seinen damaligen außenpolitischen Berater, zurück. Die Doktrin besagt, dass die Bundesrepublik Deutschland aufgrund ihres demokratisch legitimierten *Alleinvertretungsanspruchs* für das gesamte deutsche Volk mit keinem Staat diplomatische Beziehungen aufnehmen oder unterhalten werde, der gleichzeitig diplomatische Beziehungen mit der (damaligen) Deutschen Demokratischen Republik (DDR) pflegt.

Über diese Brücke erlangte die Frage der Souveränität Deutschlands weltweite Dimension. Die Hallstein-Doktrin erwies sich als probates Instrument, mit dem das westliche Lager die DDR-Regierung über fast zwei Jahrzehnte erfolgreich zu isolieren vermochte. Bis 1969 gelang es der DDR nicht, diplomatische Beziehungen zu nicht-kommunistischen Regierungen aufzunehmen.

Die Anwendung dieser Doktrin führte 1957 zum Abbruch der diplomatischen Beziehungen zu Jugoslawien und 1963 zu Kuba. Durch die Aufnahme diplomatischer Beziehungen zu Rumänien 1967 und erneut zu Jugoslawien 1969 wurde die Hallstein-Doktrin fragwürdig. Spätestens mit Abschluss des Grundlagenvertrags mit der DDR 1972 wurde sie aufgegeben. Ihr endgültiger Schlusspunkt war der Beitritt beider deutscher Staaten zu den Vereinten Nationen im Jahr 1973.

Walter Hallstein war von 1958 bis 1967 erster Präsident der Kommission der → *Europäischen Wirtschaftsgemeinschaft (EWG)*.

▶ Handelshemmnisse

Um den europäischen → *Binnenmarkt* der → *Europäischen Union* (EU), dem heute größten zusammenhängenden Markt der industrialisierten Welt, zu verwirklichen, mussten die im → *Weißbuch* zur Vollendung des Binnenmarktes von 1985 genannten Handelsschranken und -hemmnisse beseitigt und die verschiedenen nationalen Rechtsvorschriften angeglichen werden (→ *Rechtsangleichung*). Handelshemmnisse wurden im Übrigen bereits in den → *Römischen Verträgen* von 1957 untersagt.

So sind direkte Handelshemmnisse wie → *Zölle* und mengenmäßige Beschränkungen im Import und Export innerhalb der EU mit der 1993 erreichten Verwirklichung des gemeinsamen Binnenmarktes praktisch verschwunden. Im Gegenzug haben jedoch indirekte oder sogenannte nichttarifäre Handelshemmnisse zugenommen. Indirekte Hemmnisse sind z. B. technische Normen, Prüfverfahren, Vorschriften oder Qualitätsanforderungen, die innerhalb der EU von Land zu Land unterschiedlich sind und den freien Warenaustausch behindern.

Der Abbau der Handelshemmnisse im Welthandel war immer auch Ziel des *GATT* sowie seit 1995 dessen

Nachfolgeorganisation, der Welthandelsorganisation WTO (*World Trade Organisation*).

▶ Harmonisierung

Harmonisierung ist ein Begriff aus dem → *Europäischen Gemeinschaftsrecht* und steht für die Angleichung unterschiedlicher nationaler Rechts- und Verwaltungsvorschriften der einzelnen Mitgliedstaaten der → *Europäischen Union*. Vorrangiges Ziel der Rechtsangleichung ist es, Wettbewerbsnachteile innerhalb des gemeinsamen europäischen → *Binnenmarktes* zu vermeiden (→ *Rechtsangleichung)*.

▶ Haushalt der Europäischen Union

Souveräne Staaten haben es gut: Sie können Steuern erheben und für ihre Einnahmen selbst sorgen. Die → *Europäische Union (EU)* ist kein Staat; sie besitzt keine Finanzhoheit, kann also ihre Einnahmen weder selbst bestimmen noch als Steuern erheben. Der Haushalt der EU wird, kurz gesagt, aus Mitteln der EU-Mitgliedstaaten finanziert.

I. Einnahmen

Diese Mittel fließen der EU nach einem bestimmten Schlüssel zu und stehen ihr dann als „*Eigenmittel*“ zur Verfügung. Diese Eigenmittel stützen sich auf *vier Einnahmearten*:

(1) Abschöpfungen, Prämien und Ausgleichsbeträge aus der Gemeinsamen → *Agrarpolitik*;

(2) Zölle des gemeinsamen Zolltarifs auf den Warenverkehr mit Drittländern;

(3) Einnahmen aus einem festen Anteil an den Mehrwertsteuer-Einnahmen der Mitgliedstaaten, der schrittweise von 1,4 Prozent im Jahr 1994 auf 0,75 Prozent für die Jahre 2002 und 2003 bis auf 0,5 Prozent 2005 gesunken ist und aktuell nur noch 0,3 Prozent beträgt. Für Deutschland wurde der Betrag wegen seiner starken finanziellen Belastung auf 0,15 Prozent reduziert.

(4) Einnahmen aus einem prozentualen Anteil am Bruttonationaleinkommen (BNP) aller EU-Länder, also ihrer wirtschaftlichen Leistung während eines Jahres. Dieser Anteil lag bisher bei etwa einem Prozent des BNP des jeweiligen Mitgliedstaates. Für die Haushaltsperiode 2021 bis 2027 wurde er auf rund 1,06 Prozent der Wirtschaftsleistung (vor der Corona-Krise) angehoben.

Die beiden ersten Einnahmequellen haben im Laufe der Jahre an Bedeutung verloren, die beiden letzteren sind immer wichtiger geworden:

- Zölle und Abschöpfungen tragen heute nur noch zu elf Prozent zur Finanzierung der EU bei.
- Ein auf der Basis der Mehrwertsteueraufkommen der Mitgliedstaaten einheitlich errechneter und dann aus den nationalen Haushalten bereitgestellter Beitrag macht rund 14 Prozent der EU-Einnahmen aus.
- Rund 73 Prozent des EU-Haushalts wird als Anteil am Brutto-

nationaleinkommen der Mitgliedstaaten erhoben.

Einnahmen und Ausgabe müssen übereinstimmen. Über Schuldenaufnahmen darf der EU-Haushalt gemäß Artikel 311 AEUV nicht finanziert werden. Also bedarf es eines möglichst verbindlichen Finanzrahmens.

II. Das Verfahren

Zunächst legen die Regierungen der Mitgliedstaaten alle sieben Jahre in regelmäßig zähen Ringkämpfen perspektivisch fest, wie viel Geld die EU für welche Bereiche ausgeben darf und soll. Vor allem: Die Mitgliedstaaten müssen hier *einstimmig* entscheiden.

Das sich anschließende Verfahren ist kompliziert. Schließlich geht es um nennenswerte Summen. Das Aufstellen, das Ausführen und das Kontrollieren des Haushalts ist Aufgabe von *vier Organen* der EU:

- die → *Europäische Kommission* arbeitet ihn aus,
- der → *Rat der EU* und das → *Europäische Parlament (EP)* stellen ihn auf, und
- dem → *Europäischen Rechnungshof* obliegt die spätere Prüfung.

Aber die „Fronten" verlaufen nicht nur zwischen diesen Organen der EU. Der eigentliche „high noon" spielt sich im Rat der EU ab, der die Ebene der Nationalstaaten repräsentiert. Hier stehen sie sich gegenüber, die „Interessengruppen". Da finden sich die „Nettozahler" (→ *Nettozahlungen* an die Europäische Union) Schulter an Schulter zusammen, also Deutschland, Dänemark, Österreich, Schweden und die Niederlande, die mehr Geld an die EU überweisen, als sie aus Brüssel erhalten. Ihnen stehen Agrarstaaten wie Frankreich gegenüber, aber auch die Ost- und Südeuropäer, die in besonderem Umfang von den Strukturfonds profitieren. Nord gegen Süd, Ost gegen West, alles ist zu besichtigen. Jeder gegen jeden? Wenn man am Ende trotz alledem ein Ergebnis erzielt, ist das Wort „Kompromiss" jedenfalls passend.

Auf diese Weise ist auch – nach wie üblich politisch höchst brisanten Verhandlungen zwischen Rat der EU, Europäischem Parlament und EU-Kommission – der *Mehrjährige Finanzrahmen (MFR)* der EU für die Finanzperiode 2014 bis 2020 schließlich zustande gekommen. Am 2. Dezember 2013 wurde er verabschiedet. Sein Gesamtvolumen belief sich auf 960 Milliarden Euro.

Die Verhandlungen über den MFR für die Jahre 2021 bis 2027 hatten einerseits die gigantische zusätzliche Aufgabe zu bewältigen, den mit dem Ausscheiden des Vereinigten Königreichs entfallenden Anteil an dessen bisherigen Nettozahlungen zu kompensieren – und dies bei diversen auf europäischer Ebene neu hinzugekommenen Aufgaben wie etwa dem Klimaschutz oder der Digitalisierung.

Andererseits stand er ganz im Zeichen der durch die Corona-Pandemie in verschiedenen EU-Staaten ausgelösten wirtschaftlichen Verwerfungen. So musste der Haushalt 2021 bis 2027 in enger Verknüpfung mit einem 750 Milliarden Euro schweren → *Corona-Wiederaufbaufonds* verhandelt werden. Und plötzlich kristallisierte sich eine völlig neue „Frontstellung“ heraus: Die Nettozahler Österreich, Dänemark, Schweden und die Niederlande, genannt „die sparsamen Vier“, zu denen sich auch Finnland gesellte, stemmten sich gegen den Rest. Sie erhoben massive Bedenken gegen eine weder an Reformzusagen noch Kontrollen geknüpfte Vergabe derart hoher Summen.

In einem fünftägigen Sitzungsmarathon einigten sich die Staats- und Regierungschefs (→ *Europäischer Rat*) am 21. Juli 2020 schließlich – nach extrem kontroversen, nächtelangen Diskussionen – nicht nur auf ein mittelfristiges EU-Haushaltsbudget für die Jahre 2021 bis 2027 mit einem Volumen von 1.074 Milliarden Euro, sondern zugleich auf ein gigantisches Corona-Hilfspaket in Höhe 750 Milliarden Euro. Mit einem Gesamtvolumen von rund 1.800 Milliarden Euro wurde das größte Haushalts- und Finanzpaket in der Geschichte der EU beschlossen.

III. Der Einfluss des Europäischen Parlaments

Der Einfluss des EP, das den Haushalt am Ende verabschiedet, war vor 2010 gestuft:

Bei „*obligatorischen*“ Ausgaben, die sich zwingend aus dem → *Europäischen Gemeinschaftsrecht* ergeben – wie insbesondere die Ausgaben für die Agrarpolitik, die immer noch den Löwenanteil der Gesamtausgaben der EU verschlingen –, konnte das EP zwar Änderungen vorschlagen; der Rat der EU aber behielt das letzte Wort.

Bei „*nichtobligatorischen*“ Ausgaben, zu denen wichtige Bereiche wie die → *Struktur- und Regionalpolitik*, Forschung und Technologie sowie → *Entwicklungspolitik* gehören, konnte das EP die Ausgaben (innerhalb fester Obergrenzen) auch gegen den Rat der EU durchsetzen.

Mit dem → *Lissabon-Vertrag* ist seit 2010 die Unterscheidung zwischen obligatorischen und nicht-obligatorischen Ausgaben weggefallen. Somit gilt für alle Haushaltsverfahren das gleiche Prozedere; das EP ist in das Erstellen des Haushalts als vollständig gleichberechtigter Partner eingebunden. Es kann heute bei sämtlichen Ausgabenkategorien in vollem Umfang mitentscheiden. Das schließt insbesondere die Agrarpolitik ein.

Schließlich kann das EP bei schwerwiegenden Gründen den gesamten Haushalt der EU ablehnen und eine Neuaufstellung fordern.

IV. Der Mehrjährige Finanzrahmen

Der Mehrjährige Finanzrahmen (MFR) der EU (frühere Bezeichnung: *Finanzielle Vorausschau*) ist das zentrale Planungsinstrument für die Verwendung der EU-Gelder. Gemäß Artikel 312 AEUV soll er sicherstellen, dass die Ausgaben der Union *innerhalb der Grenzen ihrer Eigenmittel* eine geordnete Entwicklung nehmen. Seine Regelungen sind substanziell; sie fixieren detailliert die Finanzausstattung aller wesentlichen Ausgabeprogramme der EU für einen Zeitraum von sieben Jahren. Die festgelegten Obergrenzen sind zugleich für den jeweiligen *jährlichen Haushaltsplan* der Union verbindlich, der in einem gesonderten Verfahren beschlossen wird.

Seit dem Lissabon-Vertrag wird der MFR in Form einer regulären EU-Verordnung (→ *Europäisches Gemeinschaftsrecht*) erlassen; der Rat muss diese Verordnung *einstimmig* beschließen, und zwar nach Zustimmung des EP, für die lediglich eine Mehrheit erforderlich ist (Artikel 312, Absatz 2 AEUV).

1. Haushaltsperiode 2014–2020

Für den Haushalt 2014 bis 2020 wurde der Finanzrahmen auf 960 Milliarden Euro – und damit auf etwa 1 Prozent des EU-Bruttonationaleinkommens (BNE) – begrenzt. Vor dem Hintergrund der → *Staatsschuldenkrise* und angeschlagener nationaler Haushalte setzte sich die deutsche Regierung gegen eine Erhöhung der EU-Ausgaben ein – mit Erfolg. Stattdessen sollten die veranschlagten Mittel effizienter eingesetzt werden. Trotz der gelungenen Konsolidierung blieb Deutschland unverändert größter Nettozahler der Union und trägt knapp 20 Prozent zum EU-Etat bei (→ *Nettozahlungen* an die Europäische Union.

Der Gesamtumfang des MFR 2014 bis 2020 verteilte sich zu

- 39 Prozent auf die Agrarpolitik,
- 34 Prozent auf die Strukturpolitik,
- 13 Prozent auf Forschung und Technologie,
- 6 Prozent auf die Außenpolitik,
- 6 Prozent auf die Verwaltung und
- 2 Prozent auf die Unionsbürgerschaft, auf Sicherheit und Recht.

2. Haushaltsperiode 2021–2027

Der am 21. Juli 2020 vom Europäischen Rat beschlossene MFR für die Haushaltsperiode 2021 bis 2027 sprengt mit seinem Volumen von 1.074 Milliarden Euro jede bisherige Dimension – und dies, obwohl mit Großbritannien ein bisher gewichtiger Nettozahler ausgeschieden ist. Natürlich mussten andere Nettozahler einspringen – allen voran Deutschland, dessen jährlicher Beitrag zum Haushalt der EU auf 40 Milliarden Euro pro Jahr ansteigt.

Eine grundlegende Neuausrichtung des Budgets erfolgte nicht. Weiterhin fließen zwei Drittel der Mittel in die Förderung der Landwirte und die klassische Strukturpolitik.

Weiter bestehen blieb auch die Rabatt-Regel in der EU. Diese ermöglicht es einigen Staaten, ihre Beiträge an die EU zu deckeln. Davon profitieren in der Periode 2021 bis 2027 vor allem die Niederlande, Österreich, Dänemark und Schweden, also die *„sparsamen Vier"*; sie ließen sich ihre Zugeständnisse bei den Corona-Hilfen mit nennenswerten Rabatten auf ihre Einzahlungen in den regulären EU-Haushalt abringen. Österreichs Rabattsumme etwa wurde von 237 Millionen auf 565 Milliarde Euro angehoben. Den Niederlanden wird künftig ein Rabatt von 1,921 Milliarden Euro gewährt. Schweden verkündete nach dem Gipfeltreffen vom 21. Juli 2020, seine Rabatte seien nun „so hoch wie nie". Der deutsche Rabatt allerdings blieb mit 3,671 Milliarden Euro pro Jahr unverändert.

3. Der Faktor „Rechtsstaatlichkeit"

Was mit dem MFR auf sieben Jahre in Stein gemeißelt wird, ist die *Verteilung* der Gelder. Diese Verteilung aber wurde bislang nur sehr zaghaft und wenig flexibel etwa an Integrationsfortschritte, Kooperationsbereitschaft oder aktive Signale europäischer Solidarität geknüpft. Man denke etwa an die – in zahlreichen Mitgliedstaaten seit Jahren fehlende – Bereitschaft, sich an einer fairen Verteilung von Flüchtlingen zu beteiligen.

Erstmals während der Verhandlungen über den MFR für die Jahre 2021 bis 2027 hatte die EU-Kommission vorgeschlagen, die Hilfen aus dem Corona-Wiederaufbaufonds ebenso wie die Mittel aus dem regulären EU-Haushalt an die Einhaltung rechtsstaatlicher Kriterien zu knüpfen – und traf auf den vehementen Widerstand Polens und Ungarns, unterstützt von Tschechien und Slowenien. Daher hat die EU einen Anfang 2021 in Kraft getretenen „neuen Rechtsstaatsmechanismus" beschlossen. Danach soll ein Verstoß gegen bestimmte Werte der EU nun auch finanziell geahndet werden können. Nach einer Verordnung mit dem Titel *„Allgemeine Konditionalitätsregelung zum Schutz des Haushalts der Union"* können Zahlungen aus dem EU-Haushalt für Länder gekürzt bzw. Mittel der Strukturfonds (→ Struktur- und Investitionsfonds, ESIF) eingefroren werden, wenn gegen die Rechtsstaatlichkeit verstoßen wird und sich die Verstöße negativ und hinreichend direkt auf die finanziellen Interessen der Union auswirken (→ *Rechtsstaatsmechanismus*).

V. Ausgaben

Die Ausgaben, die tatsächlich im Verlauf eines Haushaltsjahres anfallen, werden in einem *jährlichen Haushalt* zur Verfügung gestellt. Dieser Jahresetat mit einem Umfang von rund 135 Milliarden Euro (2014) ist in der EU alljährlich ein zentrales politisches Projekt, wobei bereits der mehrjährige Finanzrahmen auf sieben Jahre vorausgeplant hat, welche finanziellen Spielräume in jedem einzelnen Jahr für jedes Programm zu veranschlagen sind.

Auch der jährliche Haushalt ist – ähnlich wie der MFR – stets das Ergebnis eines besonderen Gesetzgebungsverfahrens (Artikel 314 AEUV) und – vor allem – eines Vermittlungsprozesses, der unterschiedliche Positionen und Interessen zusammenführen muss. In Kraft tritt er erst, wenn Rat der EU und Europäisches Parlament ihm zugestimmt haben.

Die Ausgaben gliederten sich – Stand 2014 – in folgende große Blöcke:

- Mit knapp 64 Milliarden Euro – 44,85 Prozent des Gesamthaushalts – sollte die Wettbewerbsfähigkeit gefördert, Wachstum und Beschäftigung geschaffen und der wirtschaftliche, soziale und territoriale Zusammenhalt gestärkt werden.
- 59,3 Milliarden – 41,5 Prozent des Gesamthaushalts – flossen in die Agrarpolitik und die Förderung des ländlichen Raumes.
- 2,2 Milliarden – 1,5 Prozent des Gesamthaushalts – wurden für Justiz- und Innenpolitik, also den Raum der Freiheit, der Sicherheit und des Rechts, eingesetzt.

- 8,3 Milliarden – 5,8 Prozent des Gesamthauhalts – wendete die EU für ihre Außenpolitik einschließlich humanitärer Hilfen auf.
- 8,4 Milliarden – 5,9 Prozent des Gesamthaushalts – kostete der sog. Verwaltungsapparat, also die zu (Un-)Recht vielgeschmähte *„Eurokratie"*.

VI. Die heutige EU – eine „Transfer-Union"?

Tatsächlich verfügt die EU seit einiger Zeit über verschiedene Transferinstrumente, die nicht mehr in ihren regulären Haushaltsrahmen eingebunden sind und außerhalb ihres Budgets ein erstaunliches Eigenleben entwickeln. So gibt es neben dem aufwendig austarierten Haushalt heute nennenswerte zusätzliche Fiskalkapazitäten auf intergouvernementaler Ebene – wie etwa den → *Europäischen Stabilitätsmechanismus (ESM)*. Mit immerhin 700 Milliarden Euro in seinem Stock ragt er – als unstreitig paralleles Finanzierungsinstrument – ziemlich dicht an den Mehrjährigen Finanzrahmen heran. Und die von den Euro-Staaten getragene sog. → *„Europäische Finanzstabilisierungsfazilität" (EFSF)*, also eine ebenfalls zwischenstaatliche Zweckgemeinschaft, ist mit „Rettungsschirm"-Geldern in Höhe von 440 Milliarden Euro ausgestattet.

Zumeist bleibt auch unerwähnt, dass die Empfängerländer solcher Hilfsgeschenke häufig zugleich diejenigen Mitgliedstaaten sind, die als Nettoempfänger ohnehin von Geldern aus dem „normalen" Haushalt profitieren.

Gerade das vehemente Eintreten Italiens für die Einführung von „Corona-Bonds" (→ *Eurobonds*) im Mai 2020 zeigte, wie unverhohlen einige EU-Staaten Erwartungen an den Tag legen, die unübersehbar von einer gewissen „Transfer-Ideologie" geprägt sind.

Wie real das kontrovers diskutierte Szenario einer „Transfer-Union" bereits ist und wie derartige Erwartungen tatsächlich auch bedient werden, zeigte der von Deutschland und Frankreich am 18. Mai 2020 vorgeschlagene sog. → *Corona-Wiederaufbaufonds*. Dieses gigantische 750-Milliarden-Euro-Unterstützungspaket wird nicht nur über eine gemeinsame Schuldenaufnahme finanziert; diese Verschuldung unterliegt auch der EU-Gesetzgebung, und die EU-Kommission erhält – dies ist wesentlich – die Kontrolle über die Verwendung der Mittel. Es ist also keinesfalls abwegig, wenn der französische Staatspräsident *Emmanuel Macron* den Systemwechsel der gemeinsamen Schuldenaufnahme „historisch" nennt und konstatiert, für die EU habe eine neue Etappe *„echter Transferzahlungen"* und neuer Eigenmittel begonnen.

Kurzum: Es sind stets die Netto*zahler*, die Hilfspakete dieser Dimension zu stemmen haben. Ob dabei die Balance zwischen Solidarleistungen und mitgliedstaatlicher Eigenverantwortlichkeit gewahrt wird, bleibt abzuwarten.

VII. Fazit

Ebenso wie seinerzeit die finanzielle Krise Griechenlands haben die aktuellen, durch die Corona-Pandemie ausgelösten wirtschaftlichen Verwerfungen aller Welt erneut offenbart, dass wesentliche, für Währungsunion wie Binnenmarkt möglicherweise überlebenswichtige Funktionen von einem Staatshaushalt auf EU-Ebene nicht zu leisten sind und dass völlig neue Transfermechanismen unausweichlich erscheinen. Angesichts veränderter Herausforderungen muten Debatten um Nettozahlungen oder an Bruttoinlandseinkommen orientierte Obergrenzen wie überkommene Gedankenspiele aus längst vergangenen Epochen an. Die „Transfer-Union" – sprich: das Eintreten der zahlungskräftigen Länder für die bedürftigeren – ist zur Realität geworden.

I / J

▶ Integration

In der Sprache des europäischen Einigungswerks wird mit Integration der Zusammenschluss souveräner europäischer Staaten in der → *Europäischen Union* (EU) umschrieben. In diesem Sinne ist die Integration der heute 27 EU-Mitgliedstaaten eine bisher einmalige Form eines – freiwilligen – Zusammenfindens von Staaten, bei der nationale Hoheitsrechte aufgegeben oder eingeschränkt und auf neu geschaffene, überstaatliche (→ *Supranationales Prinzip*) Institutionen (→ *Organe der Europäischen Union*) übertragen werden. Dabei beinhaltet der Begriff Integration zwar das mögliche Ziel, nicht aber die zwingende Konsequenz, dass die betroffenen Staaten ihre Souveränität ganz verlieren, sich auflösen oder gemeinsam eine größere staatliche Einheit bilden.

Häufig wird der Integration die Kooperation, die völkerrechtlich vereinbarte Zusammenarbeit souveräner Staaten, gegenübergestellt.

▶ Institut für Europäische Politik

Seit 1959 ist das Institut für Europäische Politik e.V. (IEP) in Berlin als gemeinnützige Organisation auf dem Gebiet der europäischen Integration tätig. Es zählt zu den führenden außen- und europapolitischen Forschungseinrichtungen in Deutschland.

Das IEP arbeitet an der Schnittstelle von Wissenschaft, Politik, Verwaltung und politischer Bildung. Aufgabe des Instituts ist es, Themen europäischer Politik und Integration wissenschaftlich zu untersuchen und die praktische Anwendung der gefundenen Ergebnisse zu fördern. Zudem bietet es bürgernahe Diskussionsforen und Ausbildungsprogramme. Auch gibt es wissenschaftliche Publikationen zu aktuellen Themen der europäischen Integration wie die Vierteljahreszeitschrift „Integration“ heraus.

Das IEP ist seit 1962 Mitglied des → *Netzwerks Europäische Bewegung* Deutschland (EBD) und Gründungsmitglied der Trans European Policy Studies Association (TEPSA) mit Sitz in Brüssel.

▶ Jugendpolitik

Jugendpolitik findet auf nationaler Ebene statt. In der → *Europäischen Union (EU)* ist sie kein eigenständiger Politikbereich. Die Gründungsverträge (→ *Römische Verträge*) von 1957 enthielten keine Bestimmungen hierzu.

Erstmals wurde die Jugend 1992 im → *Maastrichter Vertrag* erwähnt; er sah die *„Förderung der Mobilität von Lernenden und Lehrenden“* und die *„Förderung des Ausbaus des Jugendaustauschs und des Austauschs sozialpädagogischer Betreuer“* vor (heutiger Art. 165 AEUV). Darüber hinaus bezog man Jugendliche ausdrücklich in die heute unter Artikel 166 AEUV fallenden Fördermaßnahmen im Bereich der beruflichen Bildung ein.

Eine Harmonisierung nationaler Vorschriften der EU-Mitgliedstaaten ist im Bereich der Jugendpolitik nicht vorgesehen. Der → *Rat der EU* erlässt hier zumeist Empfehlungen (→ *Europäisches Gemeinschaftsrecht*).

I. Bildungs- und Jugendinitiativen der EU

Bis heute ist die Jugendpolitik rechtlich eine Domäne der Mitgliedstaaten geblieben. Die EU aber machte ihrem Ruf, immer wieder zu ungeahnter Form aufzulaufen, wenn es um die Kreation neuer Aufgabenfelder geht, auch hier alle Ehre – wenn auch zunächst Jahrzehnte verstreichen mussten. So wird inzwischen mitunter von einer „Jugendpolitik der EU" gesprochen.

Europäische Initiativen begannen Ende der 1980er Jahre, als man nennenswerte Programme zur Förderung von Bildung und Mobilität junger Menschen auf den Weg brachte.

1. Erasmus-Programm für Mobilität und Zusammenarbeit in der Hochschulbildung

Mit dem „Erasmus-Programm für Mobilität und Zusammenarbeit in der Hochschulbildung" (*European Community Action Scheme for the Mobility of University Students*) fördert die EU die Mobilität von Studenten und Dozenten sowie die Zusammenarbeit der europäischen Hochschulen. Erasmus begann 1987 mit unbegrenzter Dauer. Es soll mit Stipendien oder Zuschüssen die Hochschulstudenten der EU motivieren, einen Teil ihres Studiums, d. h. drei bis zwölf Monate, in einem anderen EU-Staat zu absolvieren. Weiterhin steht es Dozenten zur Verfügung, die Lehrveranstaltungen an einer Universität eines anderen EU-Landes abhalten.

2. Weißbuch: Neuer Schwung für die Jugend Europas

Eine neue Ebene erreichte die europäische Jugendpolitik mit einem *Weißbuch*, das die → *Europäische Kommission* nach umfangreichen nationalen und europäischen Konsultationen im November 2001 veröffentlichte. Unter dem Titel *„Neuer Schwung für die Jugend Europas"* wurden *vier politische Prioritäten* formuliert:

(1) Partizipation: Jugendliche sollen stärker in das gesellschaftliche Geschehen eingebunden werden und sich mehr am System der repräsentativen Demokratie beteiligen.
(2) Information: Jugendliche sollen besseren Zugang zu Informationsdiensten erhalten und sie sollen am Erstellen jugendrelevanter Informationen beteiligt werden.
(3) Freiwilligenarbeit: Sie soll stärker gefördert, leichter zugänglich und auf neue Anwendungsgebiete ausgeweitet werden. Die dabei erworbenen Fähigkeiten sollen offiziell anerkannt werden (siehe unten: „Jugend in Aktion").
(4) Besseres Verständnis: Vorhandenes Wissen über Jugendliche und die Jugendpolitik soll erweitert, Akteure in der Jugendpolitik und in der Jugendarbeit sollen stärker vernetzt werden.

3. Europäischen Pakt für die Jugend

2005 verabschiedete der → *Europäische Rat* einen „*Europäischen Pakt für die Jugend*“, um auf die enttäuschende Bilanz der ehrgeizigen → *Lissabon-Strategie* zu reagieren. Es wird angestrebt, die Jugendarbeitslosigkeit einzudämmen, den Zugang zur Berufsbildung zu verbessern, nicht-formales Lernen anzuerkennen und die Mobilität junger Menschen zu fördern.

4. Jugend in Aktion

In den Jahren 2007 bis 2013 konnte mit dem EU-Programm „*Jugend in Aktion*“ Jugendpolitik in der EU mit insgesamt 915 Millionen Euro gefördert werden. Im Mittelpunkt standen Austauschmaßnahmen, Jugendinitiativen, Demokratieprojekte, Freiwilligendienste oder ein Strukturierter Dialog zwischen Jugend und Politik. Seit 2014 wird „Jugend in Aktion“ mit neuem Programm für Jugend, Bildung und Sport fortgeführt.

II. Die „EU-Jugendstrategie“

Im November 2009 einigte sich der Rat der Jugendminister der Mitgliedstaaten (→ *Rat der EU*) auf einen erneuerten Rahmen für die jugendpolitische Zusammenarbeit in Europa für den Zeitraum 2010 bis 2018. Diese „*EU-Jugendstrategie*“ (Genauer: „*EU-Strategie für die Jugend: Investitionen und Empowerment – Eine neue offene Methode der Koordinierung, um auf die Herausforderungen und Chancen einzugehen, mit denen die Jugend konfrontiert ist*“) beschreibt ein umfassendes jugendpolitisches Konzept für die europäische Zusammenarbeit im Jugendbereich sowie für die (Neu-)Gestaltung nationaler Jugendpolitiken.

Die Mitgliedstaaten verpflichten sich mit der Annahme der Strategie zu einer umfassenden jugendpolitischen Zusammenarbeit, und erhalten Impulse für eigene jugendpolitische Ansätze.

Die EU-Jugendstrategie benennt acht vorrangige Politikbereiche: Bildung, Beschäftigung, Kreativität und unternehmerische Initiative, Gesundheit und Sport, Partizipation, soziale Integration, Freiwilligentätigkeit, Jugend und die Welt. In Deutschland haben sich seit 2010 Bund und Länder zunächst darauf konzentriert, sozial benachteiligte junge Menschen in das Regelsystem von Bildung, Ausbildung und Arbeit zu integrieren, Partizipation und Demokratie zu stärken und informelle und nicht formale Bildung in der Jugendarbeit anzuerkennen und sichtbar zu machen.

III. Erasmus Plus

Der Name ist Programm. *Erasmus von Rotterdam* (1466 bis 1536) war nicht nur Gelehrter, sondern auch der vielleicht erste Europäer im heutigen Sinn. Immerhin feierte das nach ihm *benannte „ERASMUS-Programm für Mobilität und Zusammenarbeit in der Hochschulbildung*“ am 15. Juni 2022 sein 35-jähriges Bestehen. Seit dem Start des EU-Programms im Jahr 1987 konnten insgesamt rund 12 Millionen Menschen gefördert werden; allein ca. 7 Millionen Mobilitäten von Studierenden und Personal im Hochschulbereich wurden ermöglicht. Die → Europäische Zentralbank (EZB) würdigte das Programm mit einer 2-Euro-Gedenkmünze.

1. Ziele

2014 wurde das modernisierte EU-Programm für allgemeine und berufliche Bildung, Jugend und Sport – kurz: „*ERASMUS Plus*" ins Leben gerufen. Es galt für den Zeitraum 2014 bis 2020 und war mit 14,7 Milliarden Euro ausgestattet. Die EU-Mitgliedstaaten wurden darin unterstützt, ihr Potenzial an arbeitsbereiten Menschen effizient zu nutzen. Auch wurde der Grundsatz des lebenslangen Lernens bekräftigt.

Erasmus plus hilft Personen jeden Alters, ihr Wissen und ihre Erfahrungen in verschiedenen Ländern weiterzuentwickeln. Es richtet sich zudem an alle Arten von Organisationen wie Hochschulen, Bildungs- und Ausbildungsträger, Denkfabriken, Forschungseinrichtungen oder private Unternehmen.

Das Programm vereinigte alle EU-Programme für allgemeine und berufliche Bildung, Jugend und Sport auf europäischer und internationaler Ebene. Es führt sieben wichtige Programme – z. B. das Studentenaustauschprogramm *Erasmus* (s.o.), das Programm *Comenius* für Schulbildung oder das Programm *Leonardo da Vinci* für Berufsbildung – weiter.

Ziele des Programms sind u. a. die Reduzierung der Arbeitslosigkeit, die Förderung der Erwachsenenbildung, die Motivation junger Menschen zur Teilhabe am demokratischen Leben in der EU oder die Förderung von Zusammenarbeit und Mobilität im Austausch mit Partnerländern der EU. Insgesamt ist Erasmus plus als ein Beitrag zur Strategie → *Europa 2020* für Wachstum, Beschäftigung, soziale Gerechtigkeit und Inklusion zu verstehen.

Weitere Informationen bei:

- EURYDICE, Informationsnetz zum Bildungswesen in Europa, www.eurydice.org
- Erasmus: www.eu.daad.de
- Bundesministerium für Bildung, und Forschung (BMBF): www.bmbf.de

2. Das Nachfolgeprogramm 2021 bis 2027

Am 18. Mai 2021 verabschiedete das → Europäische Parlament (EP) die *Neuauflage* von ERASMUS Plus. Von 2021 bis 2027 stehen nun über 28 Milliarden Euro bereit – fast doppelt so viel wie in den vergangenen sieben Jahren.

Das neue Erasmus + trat rückwirkend zum 1. Januar 2021 in Kraft. Es setzt programmatisch und finanziell stärker auf Inklusion. EU-Kommission und Mitgliedstaaten müssen Aktionspläne vorlegen, um denjenigen, die bislang weniger Möglichkeiten zur Teilnahme hatten, besseren Zugang zu dem Programm zu bieten. Konkret betrifft das etwa behinderte, in Armut oder an einem abgelegenen Ort lebende Menschen oder Menschen mit Migrationshintergrund.

Das Programm wurde ausgeweitet, um auch Studierenden in Erwachsenenbildungsgängen bis zu sechsmonatige Aufenthalte in einem anderen Staat der EU zu ermöglichen. Menschen aller Altersgruppen und mit unterschiedlichen Hintergründen können neue Arbeits- und Lebenskompetenzen erwerben und sich so besser auf Veränderungen – bedingt etwa durch den ökologischen und digitalen Wandel – einstellen.

Für Antragsteller ist das neue Programm einfacher zu handhaben, mit benutzerfreundlicheren IT-Systemen und weniger Formalitäten. Auch bietet es ein spezielles Förderprogramm für kleinere Organisationen wie Jugendverbände oder Sportvereine an. Der ökologische Fußabdruck soll reduziert werden, zum Beispiel durch Anreize für Teilnehmer, klimafreundliche Transportmittel zu wählen.

3. Initiative Discover EU

Discover EU ist eine Aktion von Erasmus+. Zweimal im Jahr werden rund 35.000 Interrail-Tickets an junge Europäerinnen und Europäer verlost. Circa 6.000 der Tickets gehen nach Deutschland. Seit dem Startschuss der Aktion im Juni 2018 haben mehr als 200.000 junge Menschen einen Travel-Pass erhalten. Wer 18 Jahre alt ist und in der EU oder in einem der mit Erasmus+ assoziierten Länder – Island, Liechtenstein, Nordmazedonien, Norwegen, Serbien und der Türkei – wohnt, hat die Chance, auf einer Reise die Vielfalt Europas, sein Kulturerbe und seine Geschichte zu entdecken und Menschen aus jedem Winkel des Kontinents kennenzulernen.

4. Fazit

Erasmus+, das „erfolgreichste aller EU-Programme" (so das EP), bleibt nicht nur das Vorzeigeprogramm der EU für allgemeine und berufliche Bildung, Jugend und Sport; es ist nun mit deutlich mehr Geld ausgestattet und enthält wesentliche Verbesserungen. Es stärkt das europäische Zusammengehörigkeitsgefühl (→ „Europäische Identität"), und die Europäer erhalten bessere Beschäftigungschancen. Sabine Verheyen, Vorsitzende des Ausschusses für Kultur und Bildung des EP, sagte: „Erasmus+ ist eine europäische Erfolgsgeschichte, und dank unserer Bemühungen können wir sie fortsetzen. Menschen mit unterschiedlichem Hintergrund können sich mithilfe von Erasmus+ vernetzen und eine echte europäische Gemeinschaft aufbauen."

Auf den NA-Webseiten kann man sich ausführlich über die weiteren Entwicklungen des jeweiligen Bildungsbereichs zum Programm ab 2021 informieren:

- NA DAAD – Hochschulbildung;
- NA PAD – Schulbildung;
- NA BIBB – Berufs- und Erwachsenenbildung;
- NA JfE – JUGEND IN AKTION.

K

▶ Kabotage

Kabotage ist ein Begriff aus der europäischen → *Verkehrspolitik*. Er bezeichnet die Zulassung von Verkehrsunternehmern (Spediteuren u. a.) zum Güterkraftverkehr innerhalb eines Staates, in dem sie nicht ansässig sind.

Innerhalb der → *Europäischen Gemeinschaft (EG)*, der „Vorgängerin" der heutigen → *Europäischen Union (EU)*, war die Kabotage lange Zeit verboten. 1989 beschloss der → *Ministerrat der EG eine Verordnung* (→ *Europäisches Gemeinschaftsrecht*), die die Kabotage unter bestimmten Voraussetzungen erstmals zuließ. Sie trat 1990 in Kraft.

Ausgegeben wurde zunächst ein begrenztes Kontingent von Transportgenehmigungen für den Güterkraftverkehr in der gesamten EG. Sie galten jeweils für zwei Monate. Nach der Einigung des → *Rats der Europäischen Union* über eine Regionalvignette und Vereinbarungen über die LKW-Besteuerung wurde die Zahl der Kabotagegenehmigungen für 1994 auf 30.000 festgelegt; sie wurde jährlich um 30 Prozent erhöht.

Vom 1. Juli 1998 an war die Kabotage innerhalb der damaligen 15 EU-Mitgliedstaaten freigegeben. Im Luftverkehr ist die Kabotage in der EU schrittweise bis 1997 freigegeben worden. Für die im Rahmen der → *Osterweiterung* 2004 und 2007 neu der EU beigetretenen Staaten gilt Folgendes:

- Malta, Slowenien und Zypern wurden keine Beschränkungen auferlegt.
- Für die übrigen Beitrittsländer wurden Übergangsfristen vereinbart. Deutschland hat die letztmögliche Frist ausgeschöpft und die Kabotage für die sieben Mitgliedstaaten Estland, Lettland, Litauen, Polen, die Slowakei. Tschechien und Ungarn am 1. Mai 2009 freigegeben.

▶ Kaliningrad (Königsberg)

Die traditionsreiche deutsche Stadt Königsberg, Heimat von *Immanuel Kant*, fiel in den letzten Wochen des Zweiten Krieges nach zwei vernichtenden britischen und amerikanischen Luftangriffen in Schutt und Asche. Seit dem Ende des Krieges gehört das Gebiet um Königsberg, also das frühere nördliche Ostpreußen, zu Russland und trägt den Namen Kaliningrad.

Seit dem Zerfall der Sowjetunion und der wiedererlangten Souveränität der Nachbarländer Litauen und Weißrussland hat Kaliningrad keine unmittelbare Verbindung zum russischen Stammland. Nach der Aufnahme der beiden angrenzenden Staaten Polen und Litauen in die → *Europäische Union (EU)* am 1. Mai 2004 (→ *Osterweiterung*) wurde das Gebiet um Kaliningrad darüber hinaus zu einer russischen Enklave innerhalb der Europäischen Union.

I. Transitabkommen

Seit 1996 ist das Gebiet eine russische Sonderwirtschaftszone. Sie profitierte vor allem von den beiden eisfreien Häfen Kaliningrad und Baltijsk sowie ihren Straßen- und Schienenverbindungen.

Der EU-Beitritt Litauens und Polens warf daher für Kaliningrad schon im Vorfeld eine Reihe praktischer Fragen auf, die u. a. Verkehrsverbindungen, Handel, Visaerfordernisse und Grenzkontrollen betrafen. So kurios es auch ist: Für den Transit von einem Teil des russischen Staatsgebietes in den anderen gelten nun grundsätzlich die Visums- und Grenzkontrollvorschriften der EU. Ein Kompromiss für Transitreisende von und nach Königsberg wurde erst nach schwierigen Verhandlungen mit Russland im November 2002 gefunden. Statt eines Visums wurde ab 1. Juli 2003 für russische Staatsangehörige bei Reisen von und nach Königsberg ein „Dokument für den erleichterten Transit" eingeführt.

Seit dem 1. August 2012 dürfen Bewohner der Enklave, die seit mindestens drei Jahren dort leben, ohne Visum für neunzig Tage halbjährlich in einen 50 Kilometer breiten Streifen grenznah nach Polen einreisen. Umgekehrt dürfen Bewohner der betreffenden polnischen Gebiete visumfrei nach Kaliningrad fahren. 2014 reisten in diesem „kleinen Grenzverkehr" rund 3,2 Millionen Polen und 3,3 Millionen Russen in die jeweilige Nachbarregion.

II. Litauens Teilblockade

Der im Spätherbst 2013 beginnende Ukraine-Konflikt hatte auf diese Regelungen zunächst wenig Einfluss. Nach dem russischen Einmarsch in die Ukraine im Februar 2022 aber entschied Litauen, den Bahnverkehr zwischen Russland und Kaliningrad zu beschränken. Güter, die unter die kriegsbedingt von der EU verhängten Sanktionen gegen Russland fallen, dürfen nicht mehr mit der Bahn über Litauen nach Kaliningrad gebracht werden. Betroffen sind Waren wie Metalle, Zement, Holz, Baumaterial, Chemikalien und Hochtechnologieprodukte. Lebensmittel und nicht sanktionierte Güter werden weiter geliefert.

Moskaus Antwort folgte prompt; man werde auf solche „feindlichen Handlungen" mit Gegenmaßnahmen antworten: „Deren Folgen werden schwere negative Auswirkungen auf die Bevölkerung Litauens haben."

III. Strategische Bedeutung

Kaliningrad war schon immer ein wichtiger Militärstützpunkt. Die Stadt diente während beider Weltkriege als Festung und war wegen ihrer geografischen Lage an der Ostsee auch im Kalten Krieg von großer strategischer Bedeutung. Militärisch ist die Region für Russland ein wichtiger Brückenkopf in Europa, in direkter Grenze zur → *NATO*.

Als Reaktion auf die – aus russischer Sicht absprachewidrigen – Nato-Osterweiterungen hat Moskau seine Militärpräsenz in der Exklave erheblich ausgebaut. In den vergangenen Jahren stationierte Russland dort atomwaffenfähige Raketen und das Luftabwehrsystem S-400. Im Februar 2022, kurz vor dem Einmarsch in der Ukraine, kamen auch Hyperschallraketen hinzu.

▶ Kampfgruppen („Battlegroups“)

Zur Verstärkung ihrer militärischen „Krisenreaktionskräfte“ stellt die → *Europäische Union (EU)* seit 2005 mehrere hochmobile, schnell einsatzbereite Kampfgruppen – sog. Battlegroups – auf. Sie sollen in Kriegsgebiete außerhalb der EU-Grenzen entsandt werden, um dort etwa EU-Bürgern oder zivilen Helfern zu Hilfe zu kommen.

Gebildet werden 13 solcher rotierenden Kampfgruppen von jeweils etwa 1.500 Soldaten. Seit 2007 hält die EU je zwei Kampfgruppen (Battlegroups) mit je rund 1.500 Soldaten einsatzbereit. Mit halbjährlicher Rotation wechseln sich verschiedene EU-Mitgliedstaaten mit der Abstellung von Soldaten ab. Die im Regelfall multinationalen Verbände sind als schnelle Eingreiftruppe der Europäischen Union gedacht und können die Voraussetzungen für längerfristige Einsätze schaffen.

Eine Kampfgruppe besteht in der Regel aus einem Bataillon Kampftruppen und den für einen unabhängigen Einsatz nötigen Kampfunterstützungs- und Versorgungseinheiten. Der Kampfverband soll fünf Tage nach einem Beschluss des → *Rates der EU* in das konkrete Einsatzgebiet verlegt werden können und spätestens nach zehn Tagen in der Lage sein, seine Mission zu erfüllen.

Ein Problem vor allem bei sehr kurzfristigen Kampfeinsätzen der Battlegroups ist, dass in vielen Truppenstellerstaaten (wie zum Beispiel in Deutschland) ein Parlamentsbeschluss vorausgehen muss. Bis zur Zustimmung kann der geeignete Moment für eine Militärintervention möglicherweise verstrichen sein.

Neben den meisten EU-Mitgliedstaaten beteiligen sich die beiden Nicht-EU-Staaten Norwegen und die Türkei am Aufbau der Battlegroups.

Finanziert werden die Kampfgruppen – als nicht dauerhaft bestehende militärische Verbände – über die Truppensteller, also die jeweiligen Nationen. Dauerhaft installierte europäische Streitkräfte gibt es bis dato nicht; sie sind auch nicht geplant. Insofern besteht auch zur → *NATO* nicht etwa eine Konkurrenz; vielmehr kann Europa mit seinen eigenen militärischen Verbänden Beiträge zu Einsatzkontingenten der NATO leisten, rasch auf Krisen und Konflikte reagieren oder die NATO bei Bedarf entlasten.

▶ Kapitalmarktunion

Die Kapitalmarktunion ist das gegenwärtig bedeutsamste finanzpolitische Projekt der → *Europäischen Kommission* und des → *Rates der Europäischen Union (EU)* für die EU-Mitgliedstaaten. Es ist ein Langfristvorhaben, dessen konkrete Ausgestaltung noch nicht abschließend bestimmt ist.

Der frühere Präsident der EU-Kommission, *Jean-Claude Juncker*, beschrieb die Zielsetzungen des Vorhabens erstmals anlässlich der Bestätigung seiner Ernennung durch das → *Europäische Parlament* am 15. Juli 2014 wie folgt:

„Wir müssen die neuen europäischen Bankenvorschriften durch eine Kapitalmarktunion vervollständigen. Um die Finanzierung unserer Wirtschaft zu verbessern, sollten wir die Entwicklung und Integration der Kapitalmärkte weiter vorantreiben. Dies würde die Kapitalbeschaffung insbesondere für kleine und mittlere Unternehmen verbilligen."

I. Ziele der Kapitalmarktunion sind,

- neue Finanzierungsquellen für Unternehmen, insbesondere kleine und mittlere Unternehmen, zu erschließen,
- die Kosten der Kapitalaufnahme zu senken,
- das Angebot für Sparer in der gesamten EU zu erweitern,
- grenzübergreifende Investitionen zu erleichtern und mehr ausländische Investitionen in der EU anzuziehen,
- langfristige Projekte zu unterstützen und
- das Finanzsystem der EU stabiler, widerstandsfähiger und wettbewerbsfähiger zu machen.

Um diese Ziele zu erreichen, hat die EU-Kommission einen *Aktionsplan* für den schrittweisen Aufbau einer Kapitalmarktunion vorgeschlagen. Bei den meisten Maßnahmen geht es darum, finanzielle Mittlertätigkeiten auf die Kapitalmärkte zu verlagern und Hindernisse auszuräumen, die grenzübergreifenden Investitionen im Wege stehen.

In ihrer im Juni 2017 veröffentlichten Halbzeitbilanz hat die EU-Kommission die bereits verwirklichten Maßnahmen aufgelistet und zugleich den Aktionsplan überarbeitet. Neu sind die sogenannten *„priority actions"*: Sie sind Ausdruck der ökonomischen Analyse der Kommission zu langfristigen Entwicklungen und zu Versäumnissen innerhalb des Finanzsystems. Auch neue Parameter – wie der → *Brexit* und die technologischen Entwicklungen im Finanzdienstleistungsbereich (*„FinTech"*) – wurden berücksichtigt.

II. Aktionsplan 2020 und Ausblick

Die Kommission hat am 24. September 2020 einen neuen Aktionsplan veröffentlicht, um Fortschritte bei der Vollendung der Kapitalmarktunion zu erzielen. Der Plan, im Dezember 2020 vom → *Rat der EU* gebilligt, legt verschiedene legislative und nicht-legislative Maßnahmen fest, um drei Hauptziele zu erreichen:

- eine grüne, digitale, inklusive und widerstandsfähige wirtschaftliche Erholung durch einen besseren Finanzierungszugang für europäische Unternehmen,
- Gestaltung der EU als noch sichereren Platz für die langfristige Spar- und Anlagetätigkeit der Menschen,
- Integration der nationalen Kapitalmärkte in einen echten Binnenmarkt.

Die Kapitalmarktunion bleibt ein Großprojekt, das wegen seiner Komplexität viele Einzelmaßnahmen in verschiedenen Regelungsbereichen erfordert. Offenbar besteht die Tendenz, diese Union zunehmend über regulatorische Maßnahmen auf supranationaler Ebene zu erreichen.

Kapitalverkehr

Der gemeinsame europäische → *Binnenmarkt* ermöglicht seit dem 1. Januar 1993 innerhalb der → *Europäischen Union (EU)* den freien Verkehr von Personen, Waren, Dienstleistungen und Kapital. Bereits 1988 war die völlige → *Liberalisierung* des Geld- und Kapitalverkehrs beschlossen worden, 1990 fielen die letzten Devisenbeschränkungen.

Der freie Kapitalverkehr betrifft u. a.:

(1) Kreditinstitute: Durch gegenseitige Anerkennung nationaler Zulassungen können alle Kreditinstitute Niederlassungen in den anderen EU-Mitgliedstaaten einrichten. Außerdem dürfen sie innerhalb der EU ihre Dienstleistungen anbieten, ohne hierfür Zweigstellen gründen zu müssen. Die Kontrolle übt das Land aus, in dem das jeweilige Kreditinstitut seinen Sitz hat. Das Bankaufsichtsrecht der EU-Mitgliedstaaten wurde entsprechend angeglichen (→ *Harmonisierung*).

(2) Wertpapiere: Ziel der Harmonisierung war es, einen Gemeinsamen Markt für Wertpapiere zu schaffen. Dazu mussten der Mindeststandard an vorgeschriebenen Informationen für den Anleger vereinheitlicht und der Zulassungsprospekt des Unternehmens für die Börse in allen Mitgliedstaaten anerkannt werden. Hierzu hat der → *Rat* der EU verschiedene Richtlinien (→ *Europäisches Gemeinschaftsrecht*) verabschiedet, z. B.:

- zur gegenseitigen Anerkennung der Börsenzulassungsprospekte bei amtlicher Notierung,
- zu den Anlagevorschriften für Investmentfonds,
- zur Veröffentlichungspflicht anlässlich des Erwerbs und der Veräußerung einer größeren Beteiligung an einer börsenorientierten Gesellschaft sowie
- eine Verkaufsprospekt-Richtlinie für Wertpapiere.

Karlspreis (zu Aachen)

1950 ist der *Internationale Karlspreis zu Aachen* erstmals verliehen worden. Als Grenzstadt erlebte Aachen die Schrecken des Zweiten Weltkriegs in besonderem Ausmaß. 1949 zeichneten sich mit dem Kalten Krieg neue Bedrohungen ab. In dieser Situation stiftete der Aachener Bürger *Dr. Kurt Pfeiffer* den Karlspreis. Idee und Zielsetzung der Auszeichnung hat er wie folgt formuliert:

> „Der Karlspreis zielt auf freiwilligen Zusammenschluss der europäischen Völker, um in neu gewonnener Stärke die höchsten irdischen Güter – Freiheit, Menschlichkeit und Frieden – zu verteidigen, den unterdrückten und Not leidenden Völkern wirksam zu helfen und die Zukunft der Kinder und Enkel zu sichern."

Benannt ist der Preis nach *Karl dem Großen*, eine für das gemeinsame europäische Geschichtsverständnis prägende Persönlichkeit. Er war es auch, der Aachen am Ende des 8. Jahrhunderts zu seiner Hauptresidenz erkor und dort seine Königspfalz erbauen ließ. Ein „Neues Rom" wollte er hier Wirklichkeit werden lassen. Die Namenswahl soll also eine Brücke von der Vergangenheit in die Zukunft schlagen.

Seither ist der Internationale Karlspreis zu Aachen über 50-mal vergeben worden. Die Auszeichnung fungiert gleichermaßen als europapolitische Mahnung, als Ermunterung und natürlich als Anerkennung für vollbrachte Leistungen. Die Fortschritte beim Aufbau eines geeinten Europas dürften wir damit nicht zuletzt auch dem politischen und sozialen Engagement der Karlspreisträger zu verdanken haben.

Preisträger des Jahres 2020 ist der rumänische Ministerpräsident *Klaus Johannis*. 2019 wurde der Generalsekretär der Vereinten Nationen, *António Guterres*, mit dem Internationalen Karlspreis zu Aachen ausgezeichnet. Unter den Preisträgern der jüngeren Zeit finden sich klangvolle Namen wie *François Mitterrand* und *Helmut Kohl* (1988), *Königin Beatrix der Niederlande* (1996), *Bill Clinton* (2000), *Papst Johannes Paul II.* (2004), *Jean-Claude Juncker* (2006), *Angela Merkel* (2008), *Wolfgang Schäuble* (2012), *Martin Schulz* (2015) oder *Emmanuel Macron* (2018).

2019 ging der Preis an den Generalsekretär der Vereinten Nationen, *Antònio Guterres*.

2020/2021 hieß der Preisträger *Klaus Johannis*, Präsident Rumäniens.

2022 erhielten die belarussischen Bürgerrechtlerinnen *Maria Kalesnikava, Swetlana Tichanowskaja* und *Veronica Tsepkalo* den Internationalen Karlspreis zu Aachen.

Am 14. Mai 2023 wurde der Preis an *Wolodymyr Selenskyj*, Präsident der Ukraine, und *das ukrainische Volk* verliehen.

▶ Kerneuropa

→ *„Europa der verschiedenen Geschwindigkeiten"*

▶ KFOR

KFOR steht für *„Kosovo Force"*, die von der → *NATO* laut Beschluss des Nato-Rats vom 25. Mai 1999 auf den Balkan entsandte Friedenstruppe für den Kosovo. Grundlage des Einsatzes ist bis heute die Resolution 1244 des Sicherheitsrates der Vereinten Nationen vom 10. Juni 1999.

KFOR hat neben militärischen zugleich zahlreiche weitere Aufgaben zur Durchsetzung von Recht und Ordnung übernommen. So kümmert sich KFOR etwa um die Versorgung der Bevölkerung mit Verkehrsmitteln sowie mit Sanitäts- und Reparaturdiensten und nimmt so eine Schlüsselrolle bei der inneren Konsolidierung ein.

Einsatzkräfte

Die Gesamtstärke von KFOR betrug ursprünglich mehr als 50.000 Soldaten aus über 40 Staaten. Im August 2007 waren es noch 16.000. Bis Januar 2012 sank diese Zahl weiter auf etwa 6.000 Soldaten; im Juni 2017 wurde sie auf 4.500 Soldaten reduziert. Nach aktuellem Stand (Oktober 2022) wird die KFOR-Truppe von 27 Staaten gestellt und umfasst 3.762 Soldaten.

Die deutsche Bundeswehr beteiligt sich seit dem 12. Juni 1999 an der NATO-Mission im Kosovo. Zu Beginn waren etwa 6.000 deutsche Soldaten im Einsatz; Deutschland übernahm genau wie Frankreich und Italien die militärische Führung über einen Sektor des Kosovos. Im Zuge der Befriedung des Konflikts wurde auch das deutsche Kontingent stark verkleinert; 2022 dienten noch etwa 80 Soldaten der Bundeswehr unter dem Mandat der KFOR.

Deutsche Streitkräfte können eingesetzt werden, solange ein Mandat der UNO, ein entsprechender Beschluss des NATO-Rates sowie die konstitutive Zustimmung des Deutschen Bundestages vorliegen.

Hintergrund

Am 17. Februar 2008 erklärte sich die bisherige süd-serbische Provinz Kosovo – gegen den Widerstand Serbiens und Russlands – für unabhängig. Deutschland hat die Republik Kosovo am 21. Februar 2008 anerkannt. Die Regierung von Kosovo wünscht die fortgesetzte Präsenz von KFOR; sie soll weiterhin ein friedliches Umfeld gewährleisten. Hierbei arbeitet KFOR eng mit den Missionen der Vereinten Nationen (UNMIK) und der Rechtsstaatlichkeitsmission der Europäischen Union (→ *EULEX*) im Kosovo zusammen. Letztere lief im Juli 2020 aus.

▶ Kohäsionsfonds

„30 Jahre Kohäsionsfonds: 179 Milliarden Euro für wirtschaftlichen Zusammenhalt in EU“ – so lautete die stolze Überschrift einer Pressemitteilung der → *Europäischen Kommission* vom 3. April 2023. Der Kohäsionsfonds der → *Europäischen Union (EU)* zählt zu den fünf → *Europäischen Struktur- und Investitionsfonds (ESIF)*. Eingerichtet wurde er 1994.

I. Ziele

Ursprüngliches politisches Ziel war es, den rückständigsten Mitgliedstaaten der EU Hilfen anzubieten, damit sie die Kriterien zur Mitgliedschaft in der → *Wirtschafts- und Währungsunion* erfüllen können.

Heute soll der Kohäsionsfonds ganz allgemein dazu beitragen, den wirtschaftlichen, sozialen und territorialen Zusammenhalt – sprich: die Kohärenz – der EU möglichst nachhaltig zu stärken (→ Struktur- und Kohärenzpolitik). Er trägt laut Artikel 177 AEUV bei zu Vorhaben in den Bereichen

- der Umwelt, aber auch der nachhaltigen Entwicklung und der Energie, die einen Nutzen für die Umwelt haben;
- der → *transeuropäischen Netze (TEN)* auf dem Gebiet der Verkehrsinfrastruktur.

Seit 2014 werden aus dem Kohäsionsfonds auch Verkehrsinfrastrukturprojekte im Rahmen der neuen Fazilität → *„Connecting Europe Facility“* gefördert. Derartige Projekte zielen auf die Verbindung von Verkehrssystemen in verschiedenen Mitgliedstaaten ab.

II. Förderfähige Länder

Der Kohäsionsfonds ist Mitgliedstaaten vorbehalten, deren Pro-Kopf-

Bruttonationaleinkommen (BNE) unter 90 Prozent des EU-Durchschnitts liegt. Für den Zeitraum 2014 bis 2020 wurden aus dem Kohäsionsfonds Mittel für Bulgarien, Kroatien, die Tschechische Republik, Estland, Griechenland, Ungarn, Lettland, Litauen, Malta, Polen, Portugal, Rumänien, die Slowakei und Slowenien bereitgestellt.

Im Zeitraum 2021 bis 2027 weist die EU dem Kohäsionsfonds 42,6 Mrd. Euro (zu Preisen von 2018) zu, wovon sich der Beitrag für die Fazilität „Connecting Europe" auf 10 Mrd. Euro beläuft. Es werden wiederum Projekte in den bereits von 2014 bis 2020 unterstützten 15 EU-Mitgliedstaaten gefördert.

Zuweisungen im Rahmen des Kohäsionsfonds für die Jahre 2021-2027 je Mitgliedstaat:

Mitgliedstaat	**Mittel (in Mio. EUR)**
Bulgarien	1.467
Tschechien	7.389
Estland	952
Griechenland	3.508
Kroatien	1.372
Zypern	207
Lettland	1.204
Litauen	1.645
Ungarn	3.015
Malta	192
Polen	10.750
Portugal	3.946
Rumänien	4.094
Slowenien	834
Slowakei	1.868
Gesamt	42.556*

* Einschließlich technischer Hilfe (in Höhe von 114 Mio.).

Quelle: Europäische Kommission, zu Preisen von 2018.

Voraussetzung für den Erhalt europäischer Mittel ist ein Programm, das mit der EU-Kommission vereinbart werden muss (im Einzelnen → *Europäische Struktur- und Investitionsfonds (ESIF))*. Sobald die Kommission das Programm genehmigt hat, entscheiden die Mitgliedstaaten selbst, welche konkreten Projekte finanziert werden. Die Förderfähigkeit der zu unterstützenden Maßnahmen und die Umsetzung des Programms werden von den Mitgliedstaaten und der Kommission gemeinsam überwacht. Von den Regionen wird grundsätzlich, aber in unterschiedlicher Höhe, eine Kofinanzierung verlangt, um sicherzustellen, dass die Gebiete tatsächlich Interesse an den Maßnahmen haben. Der Kofinanzierungssatz kann bis zu 85 % des Projektwerts betragen.

III. Förderbeispiele

Aus dem Kohäsionsfonds wurden prominente Großprojekte finanziert, die ganze Regionen und Städte verändert und ihnen dabei geholfen haben, den Anschluss an andere EU-

Staaten zu erreichen. So unterstützte der Fonds u.a.

- 1998 den Bau der Vasco-da-Gama-Brücke in Lissabon, die mit 12,3 km längste Brücke in der EU;
- den Bau des Alqueva-Staudamms im Süden Portugals, der zu den größten strategischen Wasserreservoirs Europas gehört;
- den Bau und Ausbau von 7.800 km TEN-V-Straßen und 3.650 km TEN-V-Schienen mit zahlreichen Brücken und Tunneln; hier spielte der Fonds eine Schlüsselrolle beim Ausbau des transeuropäischen Verkehrsnetzes (TEN-V) (→ *Transeuropäische Netze (TEN)*). Auch unterstützte er die zweite Eisenbahntrasse zwischen Koperd, dem wichtigsten Adria-Hafen Sloweniens, und Divača, die die Güterverkehrskapazität erheblich erhöht und die Anbindung an das österreichische Schienennetz sicherstellt.
- In Spanien trug der Kohäsionsfonds zum Aufbau der modernen Hochgeschwindigkeitsstrecke Madrid–Barcelona–französische Grenze bei; sie ist mit einer Gesamtlänge von 804 km eine der Hauptverkehrsachsen zwischen Spanien und dem übrigen Europa.
- Mit der Eisenbahnstrecke Warschau–Gdynia in Polen wurde der Personenverkehr auf dem Ostsee-Adria-Korridor verbessert. Nun verkehren moderne Schienenfahrzeuge zwischen den wichtigsten Städten Polens.
- Investiert wurde auch in den öffentlichen Personennahverkehr, z. B. in die U-Bahnen in Warschau, Budapest, Bukarest, Sofia und Prag. In Bratislava wurde die Straßenbahnlinie Petržalka mit ihrer berühmten Brücke mit Unterstützung aus dem Kohäsionsfonds gebaut.
- Schließlich hat der Fonds zum Flughafenausbau beigetragen, um die seit 2004 beigetretenen Mitgliedstaaten besser anzubinden. Beispiele sind die Flughäfen von Tallinn, Warschau, Breslau und Rzeszów.

IV. Bekämpfung des Klimawandels, Schutz der Umwelt und der Gesundheit der Menschen

Aus dem Fonds wurden auch Investitionen für den Anschluss von 6 Millionen Menschen an sauberes Trinkwasser und 10,5 Millionen Menschen an die Abwasserbehandlung unterstützt. Außerdem wurde das Recycling von 4,2 Millionen Tonnen Siedlungsabfall gefördert. Beispiele sind u.a.

- die Abfallbehandlungsanlage im griechischen Alexandroupolis; sie ermöglicht es, das Abfallvolumen von vier Gemeinden der Präfektur Rodopi und zwei Gemeinden der Präfektur Evros um 60 Prozent zu verringern.
- Ähnliches gilt für die Abwasserbehandlung im Süden Maltas und die Wasserbewirtschaftung in den größten Ballungsräumen Lettlands.
- Im Bereich der sauberen Energie wurden Investitionen in die

- Installation von Technologien zur Stromerzeugung aus erneuerbaren Quellen für fast 20.000 Haushalte in Litauen gefördert.
- Zudem investierte der Fonds in den Waldbrandschutz für 8,3 Millionen Menschen und in den Hochwasserschutz für 11,4 Millionen Menschen. Dazu gehört der Bau eines Hochwasserschutzsystems und eines Staubeckens gegen Überschwemmungen durch den Fluss Tisza in Ungarn.

V. Fazit

Die Kohäsionspolitik ist die wichtigste Investitionspolitik der EU und ein überaus konkreter Ausdruck von Solidarität. Der Kohäsionsfonds hat sich als Impulsgeber für Konvergenz, Wettbewerbsfähigkeit und nachhaltige Entwicklung sowie für den → Binnenmarkt erwiesen. Er leistet einen wichtigen Beitrag zu einheitlicheren Wettbewerbsbedingungen in unserer Union und ist eines der wichtigsten EU-Förderinstrumente. Kurzum – er hat das Leben von Millionen Menschen in Europa verbessert und ganze Länder modernisiert.

▶ Konferenz zur Zukunft Europas

Im Januar 2020 hat die neue → *Europäische Kommission* ihre Idee einer „*Konferenz zur Zukunft Europas*" vorgestellt. Ziel des Projekts war es, der Stimme der europäischen Bürgerinnen und Bürger in der → *Europäischen Union (EU)* deutlicher als bisher Gehör zu verschaffen.

Die Konferenz sollte auf früheren Erfahrungen, etwa mit Bürgerdialogen, aufbauen; sie sollte vor allem auch neue Elemente enthalten wie etwa eine *mehrsprachige Online-Plattform*, die die Transparenz der Debatte gewährleistet, eine breite Beteiligung fördert, die Reichweite vergrößert und den Menschen bessere Möglichkeiten zur Mitgestaltung gibt.

Die feierliche Eröffnung der Konferenz am 9. Mai 2021 in Straßburg knüpfte an den legendären → *Schuman-Plan* an, der am 9. Mai 1950 verkündet worden war.

Ein Jahr später, pünktlich am 9. Mai 2022, konnte in Straßburg der Abschlussbericht an die Präsidentinnen des → *Europäischen Parlaments* und der EU-Kommission sowie dem Präsidenten des → *Rates der EU* übergeben werden. Der Bericht enthält 49 Vorschläge zu neun Themenbereichen:

- Klimawandel und Umwelt;
- Gesundheit;
- eine stärkere Wirtschaft, soziale Gerechtigkeit und Beschäftigung; die EU in der Welt;
- Werte und Rechte, Rechtsstaatlichkeit, Sicherheit;
- digitaler Wandel;
- Demokratie in Europa;
- Migration;
- Bildung, Kultur, Jugend und Sport.

Die Vorschläge enthalten allgemeine Ziele und über 300 konkrete Aufträge für die EU. Innerhalb ihrer Zuständigkeitsbereiche prüfen die drei → *Organe* nun, wie diese Vorschläge im Rahmen der Verträge umgesetzt werden können.

I. Die Beteiligten

Gedacht war die Konferenz als Forum, an dem Bürgerinnen und Bürger aus allen Regionen der Union teilnehmen können. Sie richtete sich ganz besonders an junge Menschen. Auch andere EU-Institutionen, nationale Parlamente, Sozialpartner, regionale und lokale Behörden sowie die Zivilgesellschaft waren eingeladen, sich zu beteiligen. Die Kommission verspricht, die Ideen und Rückmeldungen der Bürger in die Politikgestaltung der EU einfließen zu lassen.

Eingerichtet wurde eine mehrsprachige Online-Plattform; sie bot allen die Möglichkeit, Ideen einzubringen, zu debattieren und europaweit an Veranstaltungen teilzunehmen. Bis Mai 2022 verzeichnete die Plattform rund 5 Millionen Einzelbesucher, über 50.000 aktive Teilnehmer und 28.000 erörterte Ideen.

Ein weiteres zentrales Merkmal der Konferenz waren die europäischen Bürgerforen. Rund 800 zufällig ausgewählte, für die Vielfalt Europas repräsentative Bürgerinnen und Bürger nahmen in vier Foren zu je 200 Personen teil und formulierten Empfehlungen. Jedes Forum war zu einem Drittel mit jungen Menschen (16 bis 26 Jahre) besetzt.

Analog dazu organisierten sechs EU-Mitgliedstaaten – neben Deutschland auch Belgien, Frankreich, Italien, Litauen und die Niederlande – nationale Bürgerforen.

Ein Konferenzplenum erörterte dann die über die Foren und die Online-Plattform eingegangenen Beiträge und ordnete sie thematisch. Es trat von Juni 2021 bis April 2022 sieben Mal zusammen und legte dann einem sog. Exekutivausschuss 49 Vorschläge zu neun Themenbereichen (s.o.) vor.

II. Die Ergebnisse und ihre Umsetzung

Die Konferenz gewährte den Organen der EU konkrete Einblicke in die Sorgen, Hoffnungen und Wünsche der Menschen in Europa. Innerhalb ihrer Zuständigkeiten prüfen die Organe nun, welche konkreten Folgemaßnahmen möglich sind. Eine sog. „Feedback-Veranstaltung“ brachte die Europäer im Herbst 2022 hierzu auf den aktuellen Stand.

III. Ausblick

Die Europäische Union muss sich mitunter den Vorwurf gefallen lassen, sie sei „bürokratisch“ oder „undemokratisch“. Nun wurde offenbar gegengesteuert – mit einem neuen öffentlichen Forum für eine offene, inklusive und transparente Debatte. Die Menschen in Europa sollten Einfluss auf die Zukunft ihres Kontinents nehmen – und haben diese Chance genutzt.

Als amtierender Präsident des Rates der EU fasste es der französische Staatspräsident *Emmanuel Macron* am 9. Mai 2022 so zusammen:

> *„Wir müssen ... sicherstellen, dass die Union den Wünschen und Erwartungen der Bürgerinnen und Bürger gerecht wird. Die Konferenz zur Zukunft Europas, die wir heute abschließen, ist eine einzigartige Übung, die in diesem Umfang noch nie da gewesen ist.*

Sie setzt frische Impulse für unseren Kontinent.“

▶ Konvergenzkriterien

Die Konvergenzkriterien wurden 1992 im → *Maastrichter Vertrag* festgelegt und bedeuteten sozusagen die Eintrittsbedingungen für die Mitgliedstaaten der → *Europäischen Union* (EU), die an der → *Wirtschafts- und Währungsunion (WWU)* teilnehmen und in den Verbund der → *Euro-Länder* aufgenommen werden wollen. Die Kriterien sollen, kurz gesagt, die Stabilität des → *Euro* gewährleisten.

Angesichts der → *Staatsschuldenkrise* 2009/2010 hat man etliche Mängel dieser Kriterien erkannt und neue Strukturen geschaffen.

An der WWU teilnehmen können danach nur EU-Staaten, die

- eine anhaltende Preisstabilität nachweisen,
- kein übermäßiges Haushaltsdefizit aufweisen,
- im bisherigen Europäischen Währungssystem, das durch die WWU ersetzt wurde, zwei Jahre lang keine Wechselkursspannungen ausgelöst haben und
- deren langfristiger Zinssatz höchstens um zwei Prozent höher als in den preisstabilsten EU-Ländern liegt.

Jedes WWU-Teilnehmerland muss der → *Europäischen Kommission* ein „Stabilitätsprogramm“ vorlegen, also ein Programm seiner künftigen Haushalts- und Wirtschaftspolitik. Zu berücksichtigen sind das Vorjahr, das laufende Jahr und mindestens drei folgende Jahre. Die EU-Kommission bewertet diese Programme. Der → *Rat der Europäischen Union* prüft anschließend, ob die vereinbarten Grundzüge der Wirtschaftspolitik eingehalten werden, ob Prognosen realistisch sind und ob geplante Maßnahmen ausreichen, um einen ausgeglichenen Haushalt zu garantieren. Gegebenenfalls empfiehlt er Korrekturen.

Übersteigt das Haushaltsdefizit eines Staates die Obergrenze von drei Prozent des Bruttoinlandprodukts, werden erhebliche Geldbußen verhängt, sofern nicht gewisse Ausnahmesituationen – wie etwa Naturkatastrophen oder andere unvorhersehbare Ereignisse – vorliegen. Festgelegt wurden diese Strafmaßnahmen in einem 1997 in Amsterdam vereinbarten → *Stabilitäts- und Wachstumspakt,* der die Konvergenzkriterien konkretisiert und für jeden an der WWU teilnehmenden Staat verbindlich ist.

▶ Kopenhagener Kriterien

Jeder europäische Staat kann die Mitgliedschaft in der → *Europäischen Union* (EU) beantragen. Die Geografie bildet den Rahmen, doch es sind die Wertvorstellungen, die die eigentlichen Grenzen Europas ausmachen. Hier stehen Grundwerte wie Freiheit und Solidarität, Toleranz und Menschenrechte, Demokratie und Rechtstaatlichkeit an oberster Stelle. Der Vertrag von Lissabon (→ *Lissabon-Vertrag*) nennt erstmals solche Werte, die Leitlinien für das Handeln der EU sind. Er weist damit den Weg zu einer tieferen gegenseitigen Bindung der Union, die über eine bloße Zweckgemeinschaft der Mitgliedstaaten hinausweist.

Doch die Beitrittsbedingungen gehen darüber hinaus. Bereits 1993 haben die Staats- und Regierungschefs der EU-Mitgliedstaaten in Kopenhagen sehr konkrete Voraussetzungen festgelegt, die ein Neubewerber in rechtlicher, politischer und wirtschaftlicher Hinsicht zu erfüllen hat. *Vier dieser Kriterien* sind hervorzuheben:

- Das *politische Kriterium*: Institutionelle Stabilität, demokratische und rechtsstaatliche Ordnung, Wahrung der Menschenrechte sowie Achtung und Schutz von Minderheiten.
- Das *wirtschaftliche Kriterium*: Eine funktionsfähige Marktwirtschaft und die Fähigkeit, dem Wettbewerbsdruck innerhalb des gemeinsamen → *Binnenmarktes* standzuhalten.
- Das *Acquis-Kriterium*: Die Fähigkeit, sich die aus einer EU-Mitgliedschaft erwachsenden Verpflichtungen und Ziele zu eigen zu machen. Gemeint ist die Übernahme des gemeinschaftlichen Regelwerkes, des „gemeinschaftlichen Besitzstandes" (Acquis communautaire).
- Schließlich darf eine Erweiterung nicht zum Risiko für die Weiterentwicklung der EU werden. Ein gelegentlich vergessenes Kopenhagener Kriterium besagt, dass die Union ihre Fähigkeit zu Integration und Vertiefung erhalten muss (siehe auch → *Europäische Identität*).

▶ KSZE

Seit dem 1. Januar 1995 trägt die *Konferenz für Sicherheit und Zusammenarbeit in Europa* (KSZE) den Namen „Organisation für Sicherheit und Zusammenarbeit in Europa" (→ *OSZE*). Der Sitz des Generalsekretariats der OSZE ist Wien.

▶ „Kulturhauptstadt Europas"

Auf der Grundlage eines Beschlusses des → *Europäischen Rats* von 1983 wird seit 1985 alljährlich eine europäische Stadt zur kulturellen Hauptstadt Europas erklärt. Mindestens eine Stadt der → *Europäischen Union (EU)* und ggf. eines europäischen Drittstaates trägt seither diesen Titel. So wird der Vielfalt des kulturellen Reichtums unseres Kontinents ein wirkungsvoller Rahmen geboten.

1999 war es Weimar. Im Jahr 2000 waren es gleich sieben Städte, unter ihnen Prag, Krakau und Avignon. Die Kulturhauptstädte 2001 waren Porto und Rotterdam, 2002 Brügge und Salamanca, 2003 Graz, 2004 Genua und Lille. Für 2005 fiel die Wahl auf Cork, für 2006 auf das griechische Patras. Kulturhauptstadt 2007 war Luxemburg, und zwar als Region, gemeinsam mit seinen deutschen Nachbarregionen Saarland, Rheinland-Pfalz, seiner französischen Nachbarregion Lothringen und seiner belgischen Nachbarregion Wallonien sowie Hermannstadt/Sibiu in Rumänien. Kulturhauptstädte 2008 waren das englische Liverpool und das norwegische Stavanger. 2009

Linz (Österreich) und Wilna (Litauen). 2010 trug erstmals eine ganze Region den Titel „Kulturhauptstadt". Mit Essen an der Spitze präsentierten sich 53 Städte im Ruhrgebiet. Kulturhauptstädte 2010 waren das ungarische Pecs und Istanbul.

Seit 2011 treten jeweils zwei Städte in verschiedenen Mitgliedstaaten der EU im „Tandem" auf und gestalten eine Vielzahl von Aktivitäten gemeinsam. 2011 waren es die Städte Turku (Finnland) und Tallinn (Estland). 2012 folgten Guimarães (Portugal) und Maribor (Slowenien). Die beiden Kulturhauptstädte Europas 2013 waren Kosice (Slowakei) sowie die zweitgrößte Stadt Frankreichs, Marseille zusammen mit der Provence. 2014 fiel die Wahl auf Umeå in Nordschweden sowie auf die lettische Hauptstadt Riga. 2015 waren es die belgische Stadt Mons und das tschechische Pilsen.

2016 trugen das spanische San Sebastian und Breslau in Polen den Titel, 2017 das dänische Aarhus und Paphos auf Zypern.

2018 waren das niederländische Leeuwarden, die Hauptstadt Frieslands, gemeinsam mit Maltas UNESCO-geschützter Hauptstadt Valetta Kulturhauptstädte.

2019 trug erstmals ein Ort in Bulgarien; das bulgarische Plowdiw, den Titel und durfte sich im Verbund mit der italienischen Stadt Matera mit der Auszeichnung „Kulturhauptstadt 2019" schmücken.

Wegen der Corona-Pandemie fiel ein großer Teil des kulturellen Programms aus; daher durften die Kulturhauptstädte 2020 Galway (Irland) und Rijeka (Kroatien) ihren Titel bis April 2021 behalten.

2022 trugen die drei Städte Esch-sur-Alzette (Luxemburg), Kaunas (Litauen) und Novi Sad (Serbien) für ein Jahr den Titel.

Die Auszeichnung „Kulturhauptstadt Europas" bleibt heiß begehrt.

2023 haben Temeswar in Rumänien, Veszprem in Ungarn und Elefsina in Griechenland den Titel ergattert.

Für 2024 fiel die Wahl auf Bad Ischgl Salzkammergut sowie auf die zweitgrößte Stadt Estlands, Tartu.

2025 wird Deutschland – neben Slowenien – ein weiteres Mal eine Kulturhauptstadt Europas stellen. Im Rahmen einer öffentlichen Ausschreibung (September 2018 bis Ende September 2019) haben sich die acht Städte Chemnitz, Dresden, Gera, Hannover, Hildesheim, Magdeburg, Nürnberg und Zittau um den Titel „Kulturhauptstadt Europas 2025" beworben.

▶ Kulturpolitik, europäische

Von *Jean Monnet* (1888–1979), dem Präsidenten der Hohen Behörde der Montanunion (1952–1955) und Mitbegründer des „Aktionskomitees für die Vereinigten Staaten von Europa", stammt der Ausspruch, wenn er das Werk der europäischen Einigung noch einmal anfangen könnte, würde er mit der Kultur beginnen.

Als erste größere europäische Institution befasste sich der 1949 gegründete → *Europarat* mit kulturellen

Aufgaben. Er verabschiedete 1954 eine *Europäische Kulturkonvention*, welche die Grundlagen für die kulturelle Zusammenarbeit und den gegenseitigen Kulturaustausch der Mitgliedstaaten regelte. 1962 wurde der *Rat für kulturelle Zusammenarbeit* geschaffen. Er organisiert bis heute regelmäßige Konferenzen der europäischen Kultusminister und führt selbst eigene kulturelle Aktivitäten durch.

I. Europäische Kulturstiftung

Auf private Initiative hin entstand 1954 in Amsterdam die Europäische Kulturstiftung. Sie wird hauptsächlich durch Projektbeiträge europäischer Staaten, der → *Europäischen Kommission* und der niederländischen Regierung finanziert. Die Kulturstiftung unterhält in 23 Ländern Nationalkomitees sowie eigene Forschungsinstitute zu kultur-, bildungs- und sozialpolitischen Fragen.

II. Kulturpolitik der Europäischen Union

Die Verträge zur Gründung der → *Europäischen Gemeinschaften* (*EG*) von 1957 (→ *Römische Verträge*) sahen eine gemeinsame Kulturpolitik nicht vor. Dennoch gab es seit 1977 erste gemeinsame kulturelle Aktionen der EG-Mitgliedstaaten. Den Durchbruch auf dem Weg zu einer europäischen Kulturpolitik brachte 1993 der → *Maastrichter Vertrag*, mit dem als „Nachfolgerin" der EG die → *Europäische Union* (EU) gegründet wurde. Dieser Vertrag legitimierte in einem „Kultur-Artikel", dem Artikel 128 EG-Vertrag, erstmals rechtsverbindlich eine Zuständigkeit der Gemeinschaft für kulturpolitisches Handeln und Kulturförderung. Aber auch diese Regelung – sie entspricht dem heutigen Artikel 167 AEUV – unterliegt dem → *Subsidiaritätsprinzip* des Artikels 5 EUV. Die EU kann danach Projekte nicht selbst initiieren, sondern nur solche fördern, die in den einzelnen EU-Staaten ohnehin geplant sind und sich durch eine „europäische Dimension" auszeichnen.

Die sogenannte Kulturhoheit liegt also bei den Mitgliedstaaten. So kann bis heute der Beitrag der EU zu einer über die nationalen Grenzen hinaus wirkenden Kulturpolitik nur darin bestehen, Aktivitäten der Mitgliedsländer zu ergänzen und ihre Zusammenarbeit zu fördern.

Letzterer Rolle wird sich die EU zunehmend bewusst und verleiht ihr Struktur. Diverse Kulturförderprogramme wurden weitgehend im Programm *„Kultur 2000"* zusammengeführt: ein Rahmenprogramm, das zwar nur mit bescheidenen 167 Millionen Euro im → *Haushalt* der Europäischen Union ausgewiesen war, aber nach vielerlei Diskussionen auf dem Gipfeltreffen der Staats- und Regierungschefs der EU (→ *Europäischer Rat*) 1999 in Köln mit blumigen Worten verabschiedet wurde:

> „Zur europäischen Einigung gehört auch das Bewusstsein der kulturellen Zusammengehörigkeit. Deshalb fördert die Europäische Union die kulturelle Zusammenarbeit und den Kulturaustausch. Es gilt, die Vielfalt und die Tiefe der europäischen Kulturen zu erhalten und zu fördern."

Das Programm ist 2006 ausgelaufen. Mit dem Nachfolgeprogramm *„Kultur 2007"* standen für den Zeitraum

2007 bis 2013 insgesamt 400 Millionen Euro für kulturelle Aktivitäten in den teilnehmenden Staaten bereit. Das Folgeprogramm lief über den Zeitraum 2014 bis 2020. Ziel der Programme bleibt es, den interkulturellen Dialog zu fördern und bedeutende europäische Kulturgüter zu erhalten.

III. Das Kulturprogramm der Europäischen Kommission

In folgenden fünf Bereichen schlägt die → *Europäische Kommission* eine verstärkte Zusammenarbeit zwischen den EU-Mitgliedstaaten vor:

1. Verwirklichung eines europäischen Kulturraums

Hier geht es hauptsächlich um:

- den freien Verkehr von Kulturgütern und kulturellen Dienstleistungen,
- die Verbesserung der Lebens- und Arbeitsbedingungen der Kulturschaffenden,
- das Entstehen neuer Arbeitsplätze und einer weltweit wettbewerbsfähigen europäischen Kulturindustrie,
- die Erarbeitung kultureller Statistiken und informativer Vernetzung,
- die Förderung von Mäzenatentum und Sponsoring kleiner und mittlerer Betriebe im kulturellen Bereich,
- eine gemeinsame Verlagspolitik zu Fragen der Buchpreise, Autoren- und Verlegerrechte sowie um die Zusammenarbeit im Bibliothekswesen.

2. Förderung der audiovisuellen Industrie

Ziel einer gemeinsamen → *Medienpolitik* ist es, die Wettbewerbsfähigkeit von Film und Fernsehen gegenüber den USA und Japan zu erhöhen. Hier geht es um Verbesserungen im Verleih, in der Produktion und bei der Finanzierung.

3. Zugang zu den kulturellen Ressourcen

Es handelt sich darum, das gemeinsame europäische Kulturerbe der Öffentlichkeit zugänglich zu machen. Deshalb sollen:

- die Sprachkenntnisse durch Sprachunterricht und Sprachreisen verbessert werden,
- junge Künstler und regionale Kulturaktivitäten besonders gefördert werden,
- Baudenkmäler durch Restaurierungshilfen geschützt werden.

4. Kulturelle Aus- und Weiterbildung

Die Berufe im kulturellen Bereich (Journalismus, Bild- und Tontechnik, Restauration, Übersetzungswesen) sollen durch Stipendien, Fortbildungskurse und gemeinsamen Austausch weiterentwickelt werden.

5. Kultureller Dialog mit der übrigen Welt

Der Kulturaustausch mit Ländern außerhalb der EU soll stärker unterstützt werden. Dies gilt besonders für die → *AKP-Länder*, mit denen die EU im Rahmen der Entwicklungshilfe auf der Grundlage des aktuellen Cotonou-Abkommens (→ *Afrika – Beziehungen zur EU*) auch die kulturelle Zusammenarbeit vereinbart hat.

IV. Zwischenstaatliche Zusammenarbeit

Neben der gemeinsamen Kulturpolitik auf EU-Ebene leisten zwischenstaatliche Kulturabkommen einen wichtigen Beitrag zu den kulturellen Beziehungen der Länder Europas. Eine Besonderheit bilden die engen *deutsch-französischen* Beziehungen (→ *Deutsch-Französischer Vertrag*), die 1963 (im Rahmen des Élysée-Vertrages) zur Gründung des Deutsch-Französischen Jugendwerkes und 1988 zu einem gemeinsamen Kulturrat geführt haben. 1991 wurde der deutsch-französische Kulturkanal ARTE gegründet, der im Mai 1992 auf Sendung ging.

Auf Initiative von Bundeskanzler *Gerhard Schröder* und dem russischen Präsidenten *Wladimir Putin* wurden die *deutsch-russischen Kulturbegegnungen 2003/2004* ins Leben gerufen. Das erste der beiden Kulturaustauschjahre vermittelte russische Kultur in Deutschland, das zweite zeigte deutsche Kunst in Russland. Angestrebt war ein nachhaltiger Kulturaustausch, der etwa auch dauerhafte Städtepartnerschaften initiiert. Insgesamt kam es zu über 3.000 Veranstaltungen in Deutschland und Russland. Am 14. Januar 2005 fanden die zweijährigen Kulturbegegnungen mit einem Festakt in der St. Petersburger Philharmonie und der Einweihung der mit deutschen Haushaltsmitteln restaurierten „Wacker-Orgel“ ihren feierlichen Abschluss.

Weiterführende Literatur

Thomas Höpel, „Kulturpolitik in Europa im 20. Jahrhundert – Metropolen als Akteure und Orte der Innovation“, Göttingen 2017 | *Felicitas Koch*, „Die Kulturförderung der Europäischen Union“, Baden-Baden 2012 | *Tuuli Lähdesmäki et al.* (Hrsg.), „Dissonant Heritages and Memories in Contemporary Europe“, Cham 2019 | *Norbert Sievers et al.* (Hrsg.), „Transformatorische Kulturpolitik – Kulturstatistik, Chronik, Literatur, Adressen“, Bielefeld 2016

L

▶ Lateinamerika – Beziehungen zur Europäischen Union

Die → *Europäische Union* (EU) ist seit Jahrzehnten ein wirtschaftlicher und politischer Partner für Lateinamerika und die Karibik. Für zahlreiche lateinamerikanische Länder ist die EU der wichtigste Handelspartner (siehe auch → *AKP-Staaten*).

Die Beziehungen zwischen den beiden Kontinenten haben sich, ausgehend von binationalen Kontakten, im Verlauf der vergangenen Jahrzehnte substanziell weiterentwickelt. Beide Seiten teilen gemeinsame Werte wie Menschenrechte, demokratische Grundsätze und Multilateralismus. Heute spiegelt die Partnerschaft die zunehmende Bedeutung und das wachsende Potenzial der lateinamerikanischen und karibischen Region sowie den Willen beider Weltregionen wider, die Beziehungen weiter zu vertiefen.

I. Spezialisierte Dialoge und Kooperationsabkommen

Die Zusammenarbeit zwischen EU und Lateinamerika ist gekennzeichnet durch spezialisierte Dialoge auf binationaler Ebene, also mit einzelnen Ländern wie z. B. Mexiko oder Chile sowie zwischen der EU und spezifischen Subregionen wie der Andengemeinschaft, CARIFORUM, MERCOSUR (siehe unten) oder Zentralamerika.

Dementsprechend finden sich eine Vielzahl von *Kooperationsabkommen* zwischen Ländern und Ländergruppen Lateinamerikas mit der EU auf verschiedenen Ebenen. Diese Abkommen basieren auf *drei Grundpfeilern*:

(1) dem politischen Dialog,
(2) dem Ausbau der Handelsbeziehungen,
(3) der Entwicklungszusammenarbeit.

II. Rio-Gruppe und EU-Lateinamerika-Gipfel

Mitte der 1980er Jahre, auf dem Höhepunkt der Krise in Zentralamerika, wurde mit den zentralamerikanischen Ländern ein bilateraler politischer Dialog eingeleitet und institutionalisiert. Die *Konferenzen von San José*, nach der Hauptstadt Costa Ricas benannt, finden nun seit 1984 regelmäßig statt.

Aus dem „San-José-Prozess“ wiederum erwuchsen Kontakte zur „*Rio-Gruppe*“, der als ständige Mitglieder elf lateinamerikanische Länder – Argentinien, Brasilien, Bolivien, Chile, Ecuador, Kolumbien, Mexiko, Paraguay, Peru, Uruguay und Venezuela – angehören.

Auf dieser breit angelegten Grundlage gibt ein *institutionalisierter Dialog* zwischen der EU und Lateinamerika die strategische Richtung vor. Der Politische Dialog vollzieht sich

- einerseits seit 1990 als jährlicher Dialog auf Außenministerebene zwischen der Europäischen Union und der *Rio-Gruppe*,
- andererseits als *Gipfeltreffen* der Staats- und Regierungschefs von Europäischer Union und Lateinamerika/Karibik.

1999, bei ihrem Gipfeltreffen in Rio de Janeiro, trafen diese Staats- und Regierungschefs dann eine beachtenswerte Entscheidung: künftig will man in dieser Konstellation alle zwei Jahre zusammenkommen. Es war die Geburtsstunde des *EU-Lateinamerika-Gipfels*. In der Schlusserklärung von Rio bekundeten die vertretenen Staaten die Absicht, künftig in internationalen und bi-regionalen Fragen verstärkt zusammenzuarbeiten, die Beziehungen der beiden Regionen also auf politischer, kultureller, sozialer sowie wirtschaftlicher Ebene zu intensivieren – kurzum: man nahm eine *strategische Partnerschaft* ins Visier.

Seit diesem Treffen in Rio finden Gipfeltreffen abwechselnd in Lateinamerika und in Europa – genauer: in dem Land statt, das turnusmäßig die → *EU-Ratspräsidentschaft* innehat. 2002 traf man sich in Madrid.

Das vierte Gipfeltreffen der Staats- und Regierungschefs der EU, Lateinamerikas und der Karibik fand am 11. und 12. Mai 2006 in Wien statt. Es stand unter dem Motto „Stärkung der bi-regionalen strategischen Assoziation" und sollte die Möglichkeit eröffnen, eine Bilanz der seit dem – dritten – Gipfel in Guadalajara/Mexiko im Jahre 2004 erzielten Fortschritte zu ziehen und über eine Intensivierung der Partnerschaft nachzudenken. 2008 kam man in Lima/Peru zusammen, 2010 zum sechsten Gipfel erneut in Madrid.

2011 konstituierte sich die *Gemeinschaft der Lateinamerikanischen und Karibischen Staaten* (kurz: *CELAC*). Sie besteht aus allen souveränen Staaten Amerikas mit Ausnahme der Vereinigten Staaten und Kanadas und zählt eine Gesamtbevölkerung von über 600 Millionen Menschen. Die im Zweijahresturnus stattfindenden EU-Lateinamerika-Gipfel werden seither als *CELAC-EU-Gipfel* fortgeführt:

- als erster CELAC-EU-Gipfel (zugleich siebter EU-Lateinamerika-Gipfel) im Januar 2013 in Santiago de Chile;
- als zweiter CELAC-EU-Gipfel (zugleich achter EU-Lateinamerika-Gipfel) im Mai 2015 in Brüssel.
- Im Juli 2018 traf man sich erneut in Brüssel.

EU-Lateinamerika-Gipfel: Die lateinamerikanischen/karibischen Mitgliedstaaten dieser Partnerschaft mit der Europäischen Union sind:

- Antigua und Barbuda
- Argentinien
- Bahamas
- Barbados
- Belize
- Bolivien
- Brasilien
- Chile
- Kolumbien
- Costa Rica
- Kuba
- Dominica
- Dominikanische Republik
- Ecuador
- El Salvador
- Grenada
- Guatemala
- Guyana
- Haiti

- Honduras
- Jamaika
- Mexiko
- Nicaragua
- Panama
- Paraguay
- Peru
- St. Kitts und Nevis
- St. Lucia
- St. Vincent und die Grenadinen
- Surinam
- Trinidad und Tobago
- Uruguay
- Venezuela.

III. Partnerschaften und Freihandelsabkommen

Im Dezember 2005 hat die → *Europäische Kommission* ein Konzept zu einer *„verstärkten Partnerschaft zwischen der Europäischen Union und Lateinamerika"* angenommen. Im März 2006 folgte eine Mitteilung zur Karibik mit dem Tenor *„Eine Partnerschaft zwischen der Europäischen Union und der Karibik zur Förderung von Wachstum, Stabilität, Entwicklung"*.

2019 einigen sich der südamerikanischen Wirtschaftsverbund MERCOSUR – der „Gemeinsame Markt Südamerikas", bestehend aus Brasilien, Argentinien, Paraguay und Uruguay – und die EU auf ein umfassendes → *Freihandelsabkommen*. Mit diesem Abkommen würden die MERCOSUR-Länder ihre Märkte gegenüber der EU öffnen. Auf beiden Seiten des Atlantiks könnten Zölle im Wert von über 4 Milliarden Euro pro Jahr eingespart werden. Es geht damit um das umfangreichste Handelsabkommen, das die EU je geschlossen hat. Es legt zugleich hohe Standards fest und schafft einen Rahmen für die gemeinsame Behandlung von Fragen des Umweltschutzes und der Arbeitnehmerrechte sowie der Verpflichtungen im Bereich der nachhaltigen Entwicklung. EU-Standards, die die Lebensmittelsicherheit betreffen, blieben unverändert, und alle Einfuhren müssten den strengen Normen der EU entsprechen.

Der ausgehandelte Vertragsentwurf scheiterte an der Ablehnung Österreichs. Am 12. Januar 2020 forderte Bundeskanzler *Sebastian Kurz* die EU-Kommission zu einer Neuverhandlung des Freihandelsabkommens auf. Österreich sei wie andere EU-Länder „zu Recht nicht zufrieden" mit der Vereinbarung. Er sei „gespannt, ob es gelingt, hier noch eine andere Vereinbarung zu treffen" und teilte mit, „so, wie das Abkommen jetzt ist, wird es nicht kommen." Seither liegt das Abkommen auf Eis.

Weiterführende Literatur

Anna Ayuso, „Reframing Multilevel Interregionalism between Latin America and the EU", in: „Interregionalism and the Americas", hrsg. von Gian Luca Gardini et al., London 2018, S. 19–36 | *Klaus Georg Binder*, „Der Handelsteil des EU-Mercosur-Abkommens – Ein bedingt geeignetes Mittel der Klimapolitik", in: „Europa gestaltet globale Handelsbeziehungen – Die Abkommen mit Japan, Mercosur und Vietnam", hrsg. von Claudia Schlembach, München 2020, S. 30–39 | *Susanne Gratius*, „Lateinamerika und die EU: Interregionalismus und Wertegemeinschaft", in: „Handbuch Lateinamerika", hrsg. von

Günther Maihold et al., Baden-Baden 2019, S. 355–364

▶ Lissabon-Strategie

Auf ihrem Gipfeltreffen im März 2000 in Lissabon haben die Staats- und Regierungschefs der → *Europäischen Union* (EU) (→ *Europäischer Rat*) eine Strategie für wirtschaftliche und strukturelle Reformen beschlossen. Mit ihr strebte die EU das ehrgeizige Ziel an, bis 2010 zur „wettbewerbsfähigsten und dynamischsten wissensbasierten Wirtschafsregion der Welt" aufzusteigen.

Dieses Szenario blieb bekanntlich ein frommer Wunsch. Bereits im Lissabon-Report 2004 wurde der EU bei ihrem Streben nach größerer Wettbewerbsfähigkeit mehr Nachdruck empfohlen. Im Frühjahr 2005 einigten die Staats- und Regierungschefs der EU sich darauf, am Wachstumsziel der Lissabon-Strategie grundsätzlich festzuhalten, die Maßnahmen aber auf Kernziele zu begrenzen und Investitionen in Forschung, Bildung und Innovation besonders zu fördern. Die Mitgliedstaaten nahmen sich vor, künftig drei Prozent ihres Bruttoinlandsprodukts in diese Bereiche zu investieren.

Die eher erfolglose Lissabon-Strategie ist inzwischen von der aktuellen Wachstumsstrategie → *Europa 2020* abgelöst worden.

▶ Lissabon-Vertrag

Der Vertrag von Lissabon ist die fünfte – und bislang letzte – grundlegende Reform der Gründungsverträge der → *Europäischen Union* (EU) (→ *Römische Verträge*). Seit 1. Dezember 2009 ist er in Kraft. Er sollte der EU neue Handlungsfähigkeit und neuen Schwung verleihen.

I. Kernpunkte des Vertrages

(1) Erstmals werden in einem EU-Vertrag Werte genannt, auf die sich die Union gründet und die Leitlinien für ihr Handeln sein sollen. Damit strebt die EU eine gegenseitige Bindung an, die ausdrücklich über eine bloße Zweckgemeinschaft von Mitgliedstaaten hinausweist.

(2) Die *Charta der Grundrechte* (→ *Grundrechte-Charta der Europäischen Union*), von den Staats- und Regierungschefs der EU im Dezember 2000 in Nizza feierlich proklamiert, erhält volle Rechtsverbindlichkeit, ist also nun rechtlich einklagbar.

(3) Zum Thema *Subsidiarität* wird der → *Europäischen Kommission* – als dem gesetzgeberischen Motor der Union – aufgegeben, alle ihre Gesetzesvorschläge auch den nationalen Parlamenten zu übermitteln und darzulegen, warum ein Ziel über die EU besser erreicht werden kann als auf einer unteren, z. B. nationalen, Ebene. Die nationalen Parlamente können bei Verstößen gegen dieses → *Subsidiaritätsprinzip* den → *Europäischen Gerichtshof* (EuGH) in Luxemburg anrufen.

(4) Das → *Europäische Parlament (EP)* wird – anders als nationale Parlamente – auch künftig nicht das Initiativrecht für die Gesetz-

gebung erhalten; hierüber verfügt weiterhin, mit Ausnahme der Innen- und Rechtspolitik, allein die EU-Kommission. Erheblich mehr Macht wächst dem EP aber zu, weil es erstmals in weiten Teilen der Innen- und Rechtspolitik mitentscheiden kann. Vor allem bei der Asyl- und Einwanderungspolitik entscheiden nationale Regierungen und EP seither gemeinsam und gleichberechtigt. Das gilt nun sogar für die Landwirtschaftspolitik, die nach wie vor den größten Teil des EU-Haushalts verschlingt (→ *Haushalt der Europäischen Union*).

Gestärkt wird das EP auch bei der Feststellung des EU-Haushalts sowie bei der Benennung und Bestätigung der Mitglieder der EU-Kommission. Ihr Präsident wird seither – auf Vorschlag des → *Europäischen Rates* – vom EP gewählt. Die Zahl der Abgeordneten des EP ist ab 2009 auf 750 begrenzt. Deutschland wurde als einzigem Mitgliedstaat die für ein Land maximal mögliche Zahl von 96 Abgeordneten zugestanden.

(5) Um die Arbeit des Europäischen Rates effizienter gestalten zu können, wird er sich künftig mit qualifizierter Mehrheit einen hauptamtlichen *Präsidenten* wählen. Die jeweils zweieinhalbjährige Amtszeit soll Kontinuität gewährleisten. Eine einmalige Wiederwahl ist möglich. Amtsinhaber ist seit 1. Dezember 2019 der Belgier *Charles Michel*.

(6) Größe und Zusammensetzung der EU-Kommission werden neu geregelt. Zunächst dachte man an eine Reduktion auf 15 stimmberechtigte Kommissare (bisher 25) – und dies dergestalt, dass jeder Mitgliedstaat während zwei von drei Amtszeiten einen Vertreter stellt. Viele kleinere Staaten aber beharrten auf dem Prinzip *Ein Kommissar je Land*. De facto blieb es dabei: eine Verkleinerung findet bis auf weiteres nicht statt.

(7) Vor allem wird die *qualifizierte Mehrheitsentscheidung* zur Regel. Bis auf einige Bereiche wie der Außen- und Sicherheitspolitik, der Sozialversicherung oder in Steuersachen wird nun auf der Ebene des Rates der EU mehrheitlich beschlossen. Damit entfällt das → *Vetorecht*. Die nötige qualifizierte Mehrheit ist erreicht, wenn 55 Prozent der EU-Staaten, die 65 Prozent der EU-Bevölkerung repräsentieren, dem Vorhaben zustimmen. Mit dieser sog. *„Doppelten Mehrheit"* wird – entsprechend der Doppelnatur der EU als Bürger- und Staatenunion – sowohl dem Grundsatz der Staatengleichheit (ein Staat – eine Stimme) als auch der Bürgergleichheit (jedem vertretenen Einwohner soll annähernd das gleiche Gewicht zukommen) Rechnung getragen. Zu einer Sperrminorität bedarf es mindestens vier Mitgliedstaaten. Eingeführt wurde die doppelte Mehrheit erst nach einer Übergangs- sowie einer Nachfrist, die im März 2017 ausgelaufen ist.

(8) Der Hohe Vertreter der Union für die Außen- und Sicherheitspolitik wird nun vom Europäischen Rat mit qualifizierter Mehrheit und

mit Zustimmung des Präsidenten der EU-Kommission ernannt (Artikel 18 Absatz 1 EUV). Er leitet die → *Gemeinsame Außen- und Sicherheitspolitik* der EU, führt den Vorsitz im Rat „Auswärtige Angelegenheiten“ und ist zugleich Vizepräsident der EU-Kommission. Zudem wird ihm ein eigener *Europäischer Auswärtiger Dienst* zur Seite gestellt. Amtsinhaber ist seit 1. Dezember 2019 der Spanier *Josep Borrell.*

(9) Schließlich werden die Bedingungen für die Zugehörigkeit zur Union – einschließlich der Voraussetzungen für einen *freiwilligen Austritt* – festgelegt.

II. Bilanz

Bis heute ist bedauerlich, dass der 2004 unterzeichnete, dann aber von Frankreich und den Niederlanden abgelehnte *Verfassungsvertrag* (→ *Verfassung für Europa*) nicht das Licht der Welt erblicken durfte. Mit ihm wären die bisherigen Verträge durch ein komplett neues, leicht lesbares Vertragswerk ersetzt worden. Immerhin konnte man die wesentlichen Inhalte und Reformen hinüberretten in den Lissabon-Vertrag; sie wurden in Form von Änderungen in die bisherigen Vertragstexte eingearbeitet. Auf jegliche staatsähnliche Symbolik wurde verzichtet.

Nach heute vorherrschender Auffassung hat der Lissabon-Vertrag die in ihn gesetzten Erwartungen nicht erfüllt. Der Lissabon-Vertrag ist im Übrigen nicht zu verwechseln mit der → *Lissabon-Strategie*, in der es um Wachstums- und Beschäftigungsziele in der EU ging.

Ein Kernanliegen dieses Reformvertrages war es, die EU von einer wirtschaftlichen Interessengemeinschaft zu einer politischen Union weiter zu entwickeln. Erreicht werden soll eine tiefere gegenseitige Bindung. Aus einem Verbund von Staaten wollte dieser Vertrag eine echte Wertegemeinschaft formen. In Artikel 3 EUV wurden daher Ziele festgeschrieben, die die EU neu ausrichtet. Diese Ziele beziehen sich keineswegs nur auf Bestrebungen, die die Präambel mit der Entschlossenheit beschreibt, „den mit der Gründung der Europäischen Gemeinschaften eingeleiteten Prozess der europäischen Integration auf eine neue Stufe zu heben“. Es geht auch darum, „den Reichtum ihrer kulturellen und sprachlichen Vielfalt“ zu wahren und „für den Schutz und die Entwicklung des kulturellen Erbes Europas“ zu sorgen (Artikel 3 Abs. 3).

Der Lissabon-Vertrag regelt klarer als alle vorausgegangenen Verträge, wem in der EU welche Kompetenzen zukommen:

- *Ausschließlich* zuständig ist die EU in Bereichen wie der Zollunion, der Wettbewerbsregeln im Binnenmarkt oder (bezüglich der Euro-Staaten) der Währungspolitik.
- *Geteilt* ist die Zuständigkeit zwischen EU und Mitgliedstaaten u. a. in den Bereichen der Landwirtschaft und Fischerei, Umwelt, Verbraucherschutz, Verkehr, transeuropäische Netze, Energie oder der Innen- und Justizpolitik.
- *Unterstützend, ergänzend oder koordinierend* tätig werden kann die EU u. a. in den Bereichen Beschäf-

tigung, Soziales, Gesundheit, Kultur, Tourismus, Jugend und Sport, Katastrophenschutz oder Verwaltungszusammenarbeit.

Alles in allem wurde die EU mit diesem Vertrag keineswegs zu einem „Superstaat"; es ist im Gegenteil seither konsequenter als bislang gewährleistet, dass sich die europäische Ebene auf jene Bereiche und Entscheidungen beschränkt, die auf nationaler oder regionaler Ebene nicht besser gelöst werden können.

Last not least ist der Vertrag geprägt von dem Gedanken, unser Europa „von unten nach oben" zu bauen und die Bürger stärker in europäische Entscheidungen einzubeziehen. Laut Artikel 1 EUV geht der Vertrag von einer „immer engeren Union der Völker Europas aus", „in der die Entscheidungen möglichst offen und möglichst bürgernah getroffen werden". So wurde die → *Europäische Bürgerinitiative (EBI)* eingeführt und die Unionsbürgerschaft mit weiteren Rechten versehen. Vor allem die rechtliche Verbindlichkeit der Grundrechte-Charta bedeutete einen Durchbruch für den Schutz der europäischen Bürgerrechte und einen großen Schritt auf dem Weg zu einer Werteunion.

▶ Lomé-Abkommen

Die Lomé-Abkommen zwischen der → *Europäischen Union* (EU) und den Vertragsstaaten aus Afrika, der Karibik und des Pazifiks (→ *AKP-Staaten*), bildeten jahrelang das Kernstück gemeinsamer Entwicklungshilfe der EU. Benannt sind sie nach der Hauptstadt Togos, wo 1975 das erste dieser Abkommen unterzeichnet wurde. Nach jeweils fünfjähriger Laufzeit folgten 1979 Lomé II, 1984 Lomé III und 1989 schließlich- und erstmals mit einer Laufzeit von zehn Jahren Lomé IV.

Die Errichtung der Welthandelsorganisation (WTO) erforderte 1995 Reformen. Man trug ihnen mit einem neuen Abkommen Rechnung, das am 23. Juni 2000 am Regierungssitz Benins unterzeichnet wurde. Dieses *Cotonou-Abkommen* mit einer Laufzeit von nunmehr 20 Jahren verfolgt das zentrale Ziel, die Armut einzudämmen. Es bildet die neue Rechtsgrundlage der Beziehungen zwischen EU- und den heute 79 AKP-Staaten. Oberstes Beschlussorgan der Abkommen ist der gemeinsame Ministerrat.

In ihrem am 29. Januar 2020 vorgestellten Arbeitsprogramm kündigt die → *Europäische Kommission* an, sich darum bemühen zu wollen, die Verhandlungen über ein neues Partnerschaftsabkommen zwischen der EU und den AKP-Ländern, das das Ende Februar 2020 auslaufende Cotonou-Abkommen ersetzen soll, zum Abschluss zu bringen.

Die Partnerländer erhalten vor allem Handelsvorteile. Rund 99,5 Prozent aller Erzeugnisse aus den AKP-Staaten können zollfrei in die EU eingeführt werden. Im Gegenzug sind die AKP-Länder jedoch nicht verpflichtet, Waren aus der EU die gleiche Zollfreiheit zu gewähren.

Die bisherigen Resultate sind allerdings keineswegs zufriedenstellend: Der AKP-Anteil am EU-Handel ist seit Jahren rückläufig. Hatte er vor

1975 noch mehr als sieben Prozent betragen, so belief er sich Mitte der 90er Jahre nur noch auf drei bis vier Prozent. Hinzu kommen der Verfall der Rohstoffpreise und die wachsende Verschuldung der Lomé-Partner. Trotz solcher Resultate sind die AKP-Staaten – auch mangels realistischer Alternative – an der weiteren Zusammenarbeit interessiert.

▶ Luxemburger Kompromiss

Gemäß den Gründungsverträgen der → *Europäischen Wirtschaftsgemeinschaft (EWG)* (→ *Römische Verträge*) von 1957 mussten im → *Ministerrat* der Gemeinschaft, der für die europäische Gesetzgebung zentral wichtigen Vertretung der nationalen Fachminister in Brüssel, fast sämtliche Beschlüsse einstimmig gefasst werden. Nach 1965 sollte laut EWG-Vertrag der Übergang vom Prinzip der Einstimmigkeit zum Mehrheitsbeschluss erfolgen, um die europäische Integration zu beschleunigen und der Gefahr einer Blockade durch nationalstaatliche Einzelinteressen vorzubeugen.

Letztere Regelung wurde vom damaligen französischen Staatspräsidenten *Charles de Gaulle* boykottiert. Er forderte die Beibehaltung des → *Vetorechtes*. Vom 1. Juli 1965 an blieb Frankreich sechs Monate lang allen Sitzungen des Ministerrats fern und betrieb die *„Politik des leeren Stuhls"*. Der Ministerrat der EWG war somit nicht beschlussfähig. Die Gemeinschaft erlebte ihre erste größere Krise.

Am 30. Januar 1966 fand man in Luxemburg einen Kompromiss: Falls ein Staat aus „sehr wichtigen eigenen Interessen" einem Beschluss nicht zustimmt, soll er nicht einfach überstimmt werden. Vielmehr muss eine neue Lösung gesucht werden, der alle Mitgliedstaaten der – seit 1967 sogenannten – → *Europäischen Gemeinschaft (EG)* im Konsens zustimmen können. In den Folgejahren beriefen sich verschiedene Mitgliedstaaten auf den Kompromiss und verhinderten auf diese Weise Entscheidungen.

In der → *Einheitlichen Europäischen Akte (EEA)* von 1985 wurde dieser „Luxemburger Kompromiss" zwar bestätigt; man vereinfachte jedoch die Beschlussfindung im EG-Ministerrat durch das Einführen von Mehrheitsentscheidungen (→ *qualifizierte Mehrheit*), um die Vorgaben des → *Weißbuchs* zur Vollendung des → *Binnenmarktes* 1992 zu verwirklichen. Der Luxemburger Kompromiss wurde fortan nicht mehr in Anspruch genommen.

Weitere Bestrebungen folgten, um das Einstimmigkeitsprinzip zugunsten von Mehrheitsentscheidungen zurückzudrängen:

- Der → *Amsterdamer Vertrag*, in Kraft seit 1999, erweiterte die Möglichkeiten, Mehrheitsentscheidungen zu treffen, und erhöhte damit die Chance der – seit 1993 sogenannten – → *Europäischen Union*, auch nach der → *Osterweiterung* mit einer deutlich höheren Anzahl von Mitgliedstaaten ihre Arbeits- und Funktionsfähigkeit zu erhalten.

- Im Dezember 2000 beschloss der → Europäische Rat in einigen konkreten Bereichen weitere Ausnahmen vom Prinzip der Einstimmigkeit (→ *Vertrag von Nizza*).
- Der Reformvertrag von Lissabon (→ *Lissabon-Vertrag*) ging 2009 diesen Weg entschlossen weiter. Mit ihm wurden qualifizierte Mehrheitsentscheidungen die Regel.

M

▶ Maastrichter Vertrag

Der *„Vertrag über die Europäische Union"*, benannt nach der niederländischen Stadt Maastricht, wo ihn 1992 die Staats- und Regierungschefs der seinerzeit zwölf Mitgliedstaaten der → *Europäischen Gemeinschaft* (EG) unterzeichnet haben, ist seit 1. November 1993 in Kraft.

Er enthält – zum zweiten Mal nach der → *„Einheitlichen Europäischen Akte" (EEA)* von 1987 – umfassende Reformen der 1957 abgeschlossenen Gründungsverträge (→ *Römische Verträge*) und markiert einen entschlossenen Schritt von der bis dahin hauptsächlich als Wirtschaftsgemeinschaft konzipierten EG hin zu einem *politischen* Zusammenschluss, nämlich der seither sogenannten → *Europäischen Union (EU)*.

I. Drei Säulen

Als *„eine neue Stufe bei der Verwirklichung einer immer engeren Union der Völker Europas"* (so Artikel A des Vertrags) wurde eine Union gegründet, die auf *drei Säulen* (s. auch Abbildung in Einführung, Punkt VI.) ruht:

(1) → *Gemeinsamen Außen- und Sicherheitspolitik* der Mitgliedstaaten (GASP) im Rahmen einer Regierungszusammenarbeit;

(2) Zusammenarbeit in der *Innen- und Rechtspolitik*. Künftig unterrichten und konsultieren sich die Mitgliedstaaten im → *Europäischen Rat* bei Fragen, die Grenzkontrollen, Asyl- und Zuwanderungspolitik, Drogenbekämpfung, internationale Kriminalität, Zusammenarbeit der Justiz in Zivil- und Strafsachen, Terrorismusbekämpfung und Zollwesen betreffen;

(3) *Vertiefte EG*, die etwa in der sog. → *„Unionsbürgerschaft"*, in zusätzlichen Rechten für das → *Europäische Parlament (EP)* sowie in Bestimmungen über eine → *Wirtschafts- und Währungsunion (WWU)* zum Ausdruck kommen soll.

II. Ratifizierung

In Dänemark, Frankreich und Irland wurde die Bevölkerung befragt, ob der Vertrag in diesen Ländern umgesetzt werden soll. In Irland fand die Volksabstimmung eine deutliche, in Frankreich eine nur hauchdünne Mehrheit. Das dänische Referendum scheiterte knapp und erhielt erst im zweiten Anlauf die Zustimmung der Bevölkerung. In Deutschland musste das Bundesverfassungsgericht über mehrere gegen den Vertrag – und insbesondere gegen einen künftigen → *Euro* – gerichtete Klagen entscheiden.

III. Vertragsinhalte

- Die EU erhält spätestens 1999 eine gemeinsame Währung, den → *Euro*. An ihr sollen EU-Mitgliedstaaten teilnehmen, die bestimmte wirtschafts- und finanzpolitische Voraussetzungen, die sog. → *Konvergenzkriterien*, erfüllen.
- Erstmals wird in Ansätzen eine Europäische Sicherheitspolitik konzipiert. Hierzu wird die → *Westeuropäische Union (WEU)*

als Institution an die EU angebunden mit dem Ziel, schrittweise zu einer eigenständigen europäischen Verteidigungspolitik zu gelangen.

- Das → *Subsidiaritätsprinzip* lässt ein Tätigwerden der Gemeinschaft in den Bereichen, die nicht in ihre ausschließliche Zuständigkeit fallen, nur noch zu, soweit die entsprechenden Ziele nicht auch auf der Ebene der Mitgliedstaaten erreicht werden können.
- Die Institutionen der EU (→ *Organe der Europäischen Union*) werden um den → *Ausschuss der Regionen* erweitert, der sich aus Vertretern der Länder und Regionen zusammensetzt und beratende Funktionen wahrnimmt.
- Neu geschaffen wird die → *Unionsbürgerschaft*. Jeder Staatsangehörige eines EU-Mitgliedstaates kann sich frei in allen Ländern der Union bewegen und aufhalten. Lebt ein EU-Bürger in einem anderen EU-Mitgliedsland, so steht ihm dort bei Kommunal- und → *Europawahlen* das aktive und passive Wahlrecht zu. Schließlich wird Unionsbürgern in jeder Vertretung eines EU-Staates diplomatischer und konsularischer Schutz auch in Staaten außerhalb der EU gewährt, wenn es dort keine Vertretung des jeweiligen Heimatlandes gibt.

IV. Bilanz

Die Befürchtung vieler Bürger, die EU könne sich zunehmend zu einem bürokratischen Superstaat entwickeln, verband sich in den Jahren nach Maastricht mit einer abnehmenden Akzeptanz europäischer Integrationsbestrebungen. Diese Tendenzen und Probleme standen 1996/1997 im Mittelpunkt von Konferenzen zu einer – von Anfang an ausdrücklich vorgesehenen – Revision des Maastrichter Vertragswerks. Die entsprechenden Änderungsvorschläge haben 1997 Eingang gefunden in dem → *Amsterdamer Vertrag*, der am 1. Mai 1999 in Kraft trat. Er wurde zur dritten zentralen Reform der → *Römischen Verträge* von 1957.

▶ MdEP

Offizielle Abkürzung für die Mitglieder des → *Europäischen Parlaments* (EP). Seit 1979 werden die Mitglieder des EP direkt von den Bürgerinnen und Bürgern der (heutigen) → *Europäischen Union* (EU) gewählt. Die Wahlen finden alle fünf Jahre statt (→ *Europa-Wahl*). Wie viele Abgeordnete von den einzelnen EU-Mitgliedstaaten in das EP entsandt werden, richtet sich nach der Bevölkerungszahl des jeweiligen Landes. Das zugrunde liegende Schema ist grob, damit alle EU-Länder im Plenum angemessen vertreten sind. So stellt Deutschland als größtes Mitgliedsland 96, Malta als kleinster EU-Staat 6 Abgeordnete.

▶ Marshallplan

„Marshallplan" ist die populär gewordene Bezeichnung für das große staatliche Wirtschaftshilfeprogramm der USA für Europa nach dem Zweiten Weltkrieg, dem *Europäischen Wiederaufbauprogramm* (*European Recovery Program* = ERP).

Am 5. Juni 1947 bot der damalige US-Außenminister *George C. Marshall* den europäischen Ländern die Hilfe der USA für den wirtschaftlichen Wiederaufbau Europas an. Die Sowjetunion wies das auch an sie gerichtete Angebot als „imperialistische Aggression" zurück und drängte die osteuropäischen Staaten, ebenfalls auf die amerikanische Hilfe zu verzichten. Daraufhin schlossen sich 16 westeuropäische Staaten in der am 16. April 1948 gegründeten Organisation für europäische wirtschaftliche Zusammenarbeit (OEEC) zusammen, um das ERP gemeinsam durchzuführen. Die OEEC ging 1961 in die → *OECD* über.

I. Finanzielle Hilfen

Neben Belgien, Dänemark, Frankreich, Griechenland, Großbritannien, Irland, Island, Italien, Luxemburg, den Niederlanden, Norwegen, Österreich, Portugal, Schweden, der Schweiz und der Türkei wurden auf Wunsch der USA auch die drei westlichen Besatzungszonen Deutschlands in die OEEC aufgenommen. Diese Staaten erhielten von 1948 bis 1952 von den USA insgesamt rund 13,37 Milliarden US-Dollar. Westdeutschland bzw. die Bundesrepublik Deutschland erhielt 1,39 Milliarden US-Dollar. Diese Marshallplan-Gelder wurden als Zuschüsse oder auch als langfristige Kredite vergeben. Mit ihnen konnten die ERP-Staaten aus den USA Waren und Dienstleistungen beziehen, ohne dafür Devisen aufwenden zu müssen.

II. Ziele

Mit dem Marshallplan verfolgten die USA mehrere Ziele. So wollten sie u. a.:

- einen abgestimmten wirtschaftlichen Wiederaufbau in Europa und eine dauerhafte Zusammenarbeit der ERP-Staaten untereinander sowie mit den USA erreichen;
- stabile wirtschaftliche Verhältnisse und geordnete Währungsbeziehungen herstellen und den Außenhandel ausdehnen;
- die für die USA wichtigen Absatzmärkte im Nachkriegs-Europa sichern und das freie Unternehmertum fördern.
- Außerdem sollte diese Politik dazu beitragen, Westeuropa wirtschaftlich und politisch zu stabilisieren sowie militärisch zu stärken, um einer Ausdehnung des Kommunismus Grenzen zu setzen.

III. Erfolge

Der Marshallplan leistete in der Nachkriegszeit in den meisten Teilnehmerländern wichtige Impulse, um wirtschaftliche Notlagen zügig zu überwinden. Er stärkte den Zusammenhalt der beteiligten Staaten Westeuropas und vertiefte die partnerschaftlichen Beziehungen zwischen ihnen und den USA. Er trug aber auch dazu bei, dass sich die östlichen und die westlichen Einflusssphären auseinanderentwickelten.

Seine historische Bedeutung ist unbestritten: Der Marshallplan verhalf Westdeutschland zu einem raschen wirtschaftlichen Wiederaufbau. Er erleichterte es der 1949 gegründeten Bundesrepublik Deutschland, die soziale Marktwirtschaft durchzusetzen, wirtschaftliche und politische Beziehungen zum westlichen Ausland aufzubauen und die → *Westintegration* zu verwirklichen.

▶ Mehrjähriger Finanzrahmen

→ *Haushalt der Europäischen Union*

▶ Menschenrechtspolitik in Europa

In Europa befassen sich → *OSZE* (Organisation für Sicherheit und Zusammenarbeit in Europa; bis 31. Dezember 1994 hieß sie „KSZE") und → *Europarat* mit der Wahrung der Menschenrechte.

I. OSZE

Das Schlussdokument des dritten KSZE-Folgetreffens in Wien vom 15. Januar 1989 enthält umfassende Vereinbarungen über den Schutz und die Verwirklichung der Menschenrechte in ganz Europa. Es wurde auch von den osteuropäischen Staaten und der damaligen Sowjetunion unterzeichnet.

II. Europarat

Der Europarat verfügt zum Schutz der Menschenrechte über drei wichtige Instrumente:

1. Europäische Konvention zum Schutz der Menschenrechte und Grundfreiheiten (EMRK)

Die *Europäische Konvention zum Schutz der Menschenrechte und Grundfreiheiten (EMRK),* in Kraft seit 1953, ist von allen heute 47 Mitgliedsländern des Europarats – teilweise mit Einschränkungen – unterzeichnet worden. Die Konvention orientiert sich an der *Allgemeinen Erklärung der Menschenrechte der Vereinten Nationen (UNO)* von 1948. Im Unterschied zur UNO besitzt die europäische Konvention mit der Errichtung der Europäischen Menschenrechtskommission und dem Europäischen Gerichtshof für Menschenrechte Kontrollinstrumente. Die Konvention garantiert die wichtigsten Menschenrechte und Grundfreiheiten, u. a.:

- Recht auf Leben,
- Verbot der Folter, Sklaverei und Zwangsarbeit,
- Recht auf Freiheit, Sicherheit, Rechtsstaatlichkeit,
- Achtung der Privatsphäre, Gewissens- und Religionsfreiheit,
- Recht auf Presse-, Meinungs-, Versammlungs- und Vereinigungsfreiheit,
- Recht der freien Wahl des Ehepartners,
- Recht auf Eigentumsschutz.

2. Europäische Kommission für Menschenrechte

Die 1954 gegründete Europäische Kommission für Menschenrechte ist die erste zentrale Instanz im Beschwerdeverfahren gegen Verletzungen der Menschenrechte. Jedes Land des Europarats ist durch ein Mitglied in der Kommission vertreten. Der Kommission prüft die Beschwerden auf ihre Zulässigkeit, vermittelt im Rechtsstreit und entscheidet, ob eine Verletzung der Menschenrechte dem Ministerkomitee oder dem Europäischen Gerichtshof für Menschenrechte zur Entscheidung vorgelegt wird.

3. Der Europäische Gerichtshof zum Schutze der Menschenrechte

Der Europäische Gerichtshof zum Schutze der Menschenrechte wurde 1959 eingesetzt. Jedes Land des Europarats ist mit einem Richter vertreten. Die Kandidaten werden von ihrem jeweiligen Land vorgeschlagen und von der Parlamentarischen Versammlung des Europarats für neun Jahre gewählt. Der Gerichtshof kann nicht von Einzelpersonen angerufen werden. Er handelt nur auf Initiative der Europäischen Kommission für Menschenrechte. Sein Sitz ist Straßburg. Er ist zu unterscheiden vom → *Europäischen Gerichtshof* (EuGH) in Luxemburg, einem → *Organ* der Europäischen Union.

Der Gerichtshof entscheidet, ob ein Mitgliedstaat die europäische Konvention der Menschenrechte verletzt und verurteilt gegebenenfalls den angeklagten Staat zu Entschädigungsleistungen. Bis auf Malta und die Türkei haben alle Vertragsstaaten die Entscheidungskompetenz des Gerichtshofs anerkannt.

III. Europäische Union

Die Gründungsverträge von 1957 (→ *Römische Verträge*) klammerten Zuständigkeiten der Gemeinschaft für eine Grundrechte- oder Menschenrechtspolitik aus. In einer sich über die Jahre vertiefenden Integration entwickelte immerhin der → *Europäische Gerichtshof* (EuGH) eine Rechtsprechung, die sich an gemeinsamen Verfassungstraditionen sowie an der EMRK orientierte. Schließlich hielt es auch die → *Europäische Union (EU)* für angezeigt, sich zu den Menschenrechten zu äußern. Immerhin heißt es in Artikel F Absatz 2 des → *Maastrichter Vertrags* von 1992:

> „Die Union achtet die Grundrechte, wie sie in der am 4. November 1950 in Rom unterzeichneten Europäischen Konvention zum Schutze der Menschenrechte und Grundfreiheiten gewährleistet sind und wie sie sich aus den gemeinsamen Verfassungsüberlieferungen der Mitgliedstaaten als allgemeine Grundsätze des Gemeinschaftsrechts ergeben."

Erst 1999 aber – 50 Jahre nach Europarat und KSZE/OSZE – entdeckten auch die Staats- und Regierungschefs der EU ihr Herz für den unantastbaren Kernbereich unserer Rechtstradition. Um die *„überragende Bedeutung der Grundrechte und ihre Tragweite für die Unionsbürger sichtbar zu verankern"*, erarbeitete man eine Europäische Charta der Grundrechte (→ *Grundrechte-Charta der Europäischen Union*). Sie wurde 2000 im → *Vertrag von Nizza* feierlich proklamiert. In sechs Kapiteln fasst sie die allgemeinen Menschen- und Bürgerrechte sowie die wirtschaftlichen und sozialen Rechte in einem überstaatlichen Dokument zusammen. Einklagbare Rechte waren aus ihr zunächst nicht abzuleiten. Das änderte sich erst mit dem → *Lissabon-Vertrag*; mit ihm erhielt 2009 die Charta volle Rechtsverbindlichkeit.

In ihrem im Januar 2020 vorgelegten Arbeitsprogramm kündigte die neue EU-Kommission vollmundig an, sie werde in enger Zusammenarbeit mit dem → *Rat* der EU einen „*Aktionsplan für Menschenrechte und Demokratie* erarbeiten, in dessen Mittelpunkt die führende Rolle der EU bei der Festlegung von Standards im Bereich der Menschenrechte stehen wird". Darüber hinaus werde sie einen Aktionsplan zur Gleichstellung der Geschlechter vorlegen.

Weiterführende Literatur

Christoph Grabenwarter/Katharina Pabel, „Europäische Menschenrechtskonvention", München 2012 | *Karl-Peter Fritzsche,* „Menschenrechte", 3. Auflage, Paderborn 2016 | *Hans Gerhard Kippenberg,* Regulierungen der Religionsfreiheit – von der Allgemeinen Erklärung der Menschenrechte zu den Urteilen des Europäischen Gerichtshofs für Menschenrechte, Baden-Baden 2019 | *Sabine Leutheusser-Schnarrenberger* (Hrsg.), „Vom Recht auf Menschenwürde. 60 Jahre Europäische Menschenrechtskonvention", Tübingen 2013 | *Christoph Menke/Arnd Pollmann,* „Philosophie der Menschenrechte zur Einführung", Hamburg 2017

▶ Medienpolitik, europäische

Wer von „europäischer Medienpolitik" spricht, denkt vorrangig an die Medienpolitik der → *Europäischen Union (EU).*

I. Rechtliche Grundlagen

Sei dem → *Lissabon-Vertrag*, in Kraft seit 2009, besitzt die → *Grundrechte-Charta der EU* rechtliche Verbindlichkeit; sie ist heute unmittelbar einklagbares Recht und verbrieft in ihrem Artikel 11 (1) die Meinungs- (äußerungs-) sowie die Informationsfreiheit. Die Freiheit der Medien und ihre Pluralität dagegen werden gemäß Artikel 11 (2) lediglich „geachtet", was nach einem eher abgeschwächten Schutzstatus klingt. In ihren Erläuterungen verweist der → *Europäische Konvent*, der die Charta erarbeitet hat, einerseits auf ein Urteil des → *Europäischen Gerichtshofes* (EuGH) von 1991, worin das Allgemeininteresse am Fortbestehen eines pluralistischen Rundfunks festgestellt wird, sowie andererseits auf das seit 1997 rechtsverbindliche *Protokoll über den öffentlich-rechtlichen Rundfunk in den Mitgliedstaaten*, das die Entscheidung über dessen Ausgestaltung und Finanzierung in die Hände der EU-Mitgliedstaaten legt.

II. Medienpolitische Maßnahmen

Die → *Europäische Kommission*, stets auf der Suche nach Betätigungsfeldern, setzte sich angesichts der technischen Entwicklungen (Kabel, Satelliten) bald schon für die grenzübergreifende Freiheit des Angebots und des Empfangs von Fernsehprogrammen ein. Als hilfreich erwies sich dabei, dass der EuGH bereits 1974 das Fernsehen zu einer Dienstleistung erklärt und es damit unter den Schutz der Freiheitsgarantien des gemeinsamen → *Binnenmarktes* gestellt hatte. So konnte sich die EU-Kommission glaubwürdig für zuständig erklären; mit ihrem Grünbuch *Fernsehen ohne Grenzen – Grünbuch über die Errichtung des Gemeinsamen Marktes für den Rundfunk, insbesondere über Satellit und Kabel* wurde sie 1984 richtungsweisend aktiv.

Es folgten jahrelange Auseinandersetzungen. Verschiedene Mitgliedstaaten sprachen der Kommission die Kompetenz auf dem Gebiet der Kultur ab. Manche Länder plädierten für eine Regulierung des grenzüberschreitenden Fernsehens durch den → *Europarat*, der laut seiner Satzung auch für ein gemeinsames Handeln im Bereich der Kultur zuständig ist.

III. Die „Fernsehrichtlinie"

Am 3. Oktober 1989 verabschiedete der → *Rat* der EU die Richtlinie *„Fernsehen ohne Grenzen"*, kurz: „Fernsehrichtlinie". Die EU-Mitgliedstaaten hatten zwei Jahre Zeit, um die Vorgaben der Richtlinie in nationales Recht umzusetzen. Kurz zuvor, im Mai 1989, hatte der Europarat ein *„Europäisches Übereinkommen über das grenzüberschreitende Fernsehen"* (European Convention on Transfrontier Television) vorgelegt. Um Konflikte zu vermeiden, wurde es der Richtlinie der EU weitgehend angepasst, da jeder EU-Mitgliedstaat zugleich dem Europarat angehört. In Kraft ist es seit 1993.

Die Fernsehrichtlinie soll den freien Verkehr von Fernseh-Dienstleistungen im EU-Binnenmarkt gewährleisten. Die Kontrolle über die Einhaltung der Vorgaben obliegt jeweils dem Mitgliedstaat, in dem der Fernsehsender seinen Sitz hat (sog. *Sende- oder Herkunftslandprinzip*). Ein anderes Land kann nur noch in Ausnahmenfällen die Verbreitung grenzübergreifender Sendungen untersagen.

Zu den wichtigsten Regelungen der Fernsehrichtlinie zählen

- der Jugendschutz,
- die Festlegung maximaler Werbeanteile
- das Gegendarstellungsrecht sowie
- die Förderung der Verbreitung und Herstellung europäischer Werke („Quoten").

Vor allem die Quotenregelung war höchst umstritten – insbesondere in Deutschland. Nach kontroversen Diskussionen heißt es nun, dass es die Mitgliedstaaten sind, die „im Rahmen des praktisch Durchführbaren und mit angemessenen Mitteln dafür Sorge tragen", dass der Hauptteil der Sendezeit insbesondere bei Filmen auf europäische Werke entfällt. Die EU-Kommission achtet sehr genau auf die Einhaltung der Quoten.

1997 wurde die Richtlinie novelliert. Man präzisierte das Sendestaats- und Herkunftslandprinzip und führte die Möglichkeit für die Mitgliedstaaten ein, Listen mit Ereignissen zu erstellen, denen sie hohe gesellschaftliche Bedeutung beimessen, und die daher nicht Bezahlsendern (Pay TV) vorbehalten sein dürfen, sondern im frei zugänglichen Fernsehen zu zeigen sind. So hat Deutschland neben den Olympischen Spielen auch verschiedene nationale und internationale Fußballwettbewerbe in die Liste aufgenommen.

IV. Die „Richtlinie über audiovisuelle Mediendienste"

Im Mai 2007 konnte unter deutscher → *EU-Ratspräsidentschaft* eine politische Einigung zwischen den Mitgliedstaaten über die neue *Richtlinie über audiovisuelle Mediendienste* erreicht werden. Es galt, einen neuen Rechtsrahmen zu schaffen, um das Herkunftslandprinzip für alle Mediendienste anwenden zu können. Daher orientiert sich die neue Richtlinie nicht mehr am Übertragungsweg, sondern am Inhalt. Die Regelungen reichen unterschiedlich weit, je nachdem,

- ob es sich um lineare Angebote des herkömmlichen Fernsehens handelt, bei dem der Anbieter den zeitlichen Ablauf des Programms festlegt,
- oder um nicht-lineare Dienste, die es dem Nutzer erlauben, aus Angeboten auszuwählen und das Programm zu selbst bestimmten Zeiten abzurufen.

V. Rundfunkgebühren vs. freier Wettbewerb im Binnenmarkt?

Art. 108 AEUV überträgt es der EU-Kommission, die mitgliedstaatlichen Beihilferegelungen zu überprüfen, und räumt ihr das Recht ein, Maßnahmen gegen unstatthafte Beihilfen zu ergreifen. Wann aber sind im Bereich der Medienpolitik Beihilfen rsp. die Finanzierung von Rundfunkanstalten im Wege staatlicherseits erhobener Gebühren „unstatthaft"?

Laut Art. 107 AEUV „sind staatliche oder aus staatlichen Mitteln gewährte Beihilfen gleich welcher Art, die durch die Begünstigung bestimmter Unternehmen oder Produktionszweige den Wettbewerb verfälschen oder zu verfälschen drohen, mit dem Binnenmarkt unvereinbar, soweit sie den Handel zwischen Mitgliedstaaten beeinträchtigen". Sie können jedoch zulässig sein „zur Förderung der Kultur und der Erhaltung des kulturellen Erbes, soweit sie die Handels- und Wettbewerbsbedingungen in der Union nicht in einem Maß beeinträchtigen, das dem gemeinsamen Interesse entgegenläuft". Könnte man nach alledem die in Deutschland erhobenen Rundfunkgebühren als unzulässige Beihilfe bewerten?

Das Problem ist seit Jahrzehnten virulent. Schon 1997 ließen sich die Staats- und Regierungschefs der EU in einer Protokollerklärung die Befugnis der Mitgliedstaaten zusichern, „den öffentlich-rechtlichen Rundfunk zu finanzieren, sofern die Finanzierung der Rundfunkanstalten dem öffentlich-rechtlichen Auftrag [...] dient und die Handels- und Wettbewerbsbedingungen in der Gemeinschaft nicht in einem Ausmaß beeinträchtigt, das dem gemeinsamen Interesse zuwiderläuft ...".

Desungeachtet verabschiedete die EU-Kommission 2001 eine Mitteilung, die ein einheitliches und transparentes Verfahren festlegen sollte, nach dem geprüft wird, inwieweit staatliche Beihilfen für den öffentlichen Rundfunk zulässig bzw. geeignet sind, den Wettbewerb zu verzerren. Ausnahmegenehmigungen sollen nur erteilt werden, wenn eine Dienstleistung von allgemeinem wirtschaftlichem Interesse vorliegt und von den Mitgliedstaaten als solche klar definiert wird. Seither hat die EU-Kommission allgemeine Gebührenfinanzierungen bzw. die Einnahmen und Ausgaben von öffentlich-rechtlichen Rundfunkanstalten in mehreren Mitgliedstaaten geprüft. In Dänemark und den Niederlanden wurde sie bereits fündig.

VI. Der „Drei-Stufen-Test"

Immerhin führte diese Auseinandersetzung u. a. zur Aufnahme des sog. *Drei-Stufen-Tests* für neue oder veränderte Teleangebote. Der Test soll helfen, den öffentlichen Wert (public value) neuer Angebote einzuschätzen; er beinhaltet folgende drei Fragen:

(1) Entsprechen die Angebote den demokratischen, sozialen und kulturellen Bedürfnissen der Gesellschaft?
(2) Tragen die Angebote qualitativ zum publizistischen Wettbewerb bei?
(3) Welcher finanzielle Aufwand ist erforderlich?

Für die Beurteilung zuständig ist der Rundfunk- bzw. Fernsehrat.

▶ Migranten in Europa

Am 1. Januar 2021 zählte die → *Europäische Union (EU)* in ihren 27 Mitgliedstaaten 447,2 Millionen Einwohner.

23,7 Millionen von ihnen besaßen nicht die Staatsangehörigkeit eines EU-Landes; sie waren sog. „Nicht-EU-Bürger" oder „Angehörige von Drittstaaten". Das entspricht 5,3 Prozent der EU-Gesamtbevölkerung.

37,5 Millionen wurden außerhalb der EU, also in sog. „Drittstaaten", geboren. Das sind 8,4 Prozent aller EU-Einwohner.

I. Begriffe

Ausländische Staatsangehörige (Ausländer) sind Personen, die keine Staatsangehörigen des Landes sind, in dem sie ihren Wohnsitz haben. Dazu zählen auch Staatenlose, also Menschen, die aus verschiedenen Gründen keine Staatsbürgerschaft besitzen. Menschen mit unbekanntem Status werden in dieser Statistik nicht erfasst; ihre Fallzahlen sind sehr gering.

Ausländische Staatsangehörige werden unterteilt in

- **EU-Ausländer,** also Staatsangehörige eines Mitgliedstaates der Europäischen Union. Beispiel: Eine Bürgerin mit deutscher Staatsangehörigkeit, die in Italien lebt, wird in den Ausländerzahlen Italiens als „EU-Ausländerin" erfasst; und
- **Nicht-EU-Ausländer,** also Staatsangehörige eines Staates, der nicht Mitglied der Europäischen Union ist. Man spricht auch von **Drittstaatsangehörigen.** Beispiel: Ein Bürger mit chinesischer Staatsangehörigkeit, der in einem der 27 Mitgliedstaaten der EU lebt, wird in den Ausländerzahlen des EU-Landes als „Nicht-EU-Ausländer" erfasst.

II. *Anzahl* ausländischer Staatsangehöriger in den EU-Mitgliedstaaten im Jahr 2021:

- Deutschland 10.585.053
- Spanien 5.368.271
- Frankreich 5.215.225
- Italien 5.171.894
- Österreich 1.517.372
- Belgien 1.464.247
- Niederlande 1.171.380
- Griechenland 921.485
- Portugal 662.095
- Irland 649.746

- Tschechien 625.463
- Dänemark 539.443
- Polen 539.443
- Luxemburg 299.247
- Finnland 277.217
- Lettland 252.441
- Estland 200.450
- Ungarn 194.240
- Slowenien 168.561
- Zypern 165.561
- Rumänien 144.540
- Bulgarien 114.831
- Malta 103.718
- Kroatien 98.725
- Slowakei 82.075
- Litauen 79.918

III. *Anteil* ausländischer Staatsangehöriger an der Gesamtbevölkerung der einzelnen EU-Mitgliedstaaten sowie einzelner Länder des → Europäischen Wirtschaftsraumes (EWR), hier Norwegen und Island, im Jahr 2021

- EU-Ausländer – Nicht-EU-Ausländer
- Luxemburg 38,47% -- 8,65%
- Malta 8,2% – 11,82%
- Zypern 10,76% – 7,71%
- Österreich 8,8% – 8,05%
- Estland 1,53% – 13,54%
- Island 11,15% – 2,75%
- Lettland 0,34% – 12,99%
- Irland 6,99% – 5,98%
- Deutschland 5,3% – 7,35%
- Belgien 8,16% – 4,4%
- Spanien 3,66% – 7,66%
- Norwegen 6,6% – 4,4%
- Dänemark 3,7% – 5,3%
- Italien 2,3% – 6,36%
- Griechenland 1,5% – 7,05%
- Schweden 2,8% – 5,5%
- Slowenien 1,0% – 7,0%
- Frankreich 2,19% – 5,5%
- Niederlande 3,4% – 3,2%
- Portugal 1,5% – 4,89%
- Tschechien 2,2% 3,7%
- Finnland 1,78% – 3,2%
- Litauen 0,3% – 2,53%
- Kroatien 0,53% – 1,9%
- Ungarn 0,78% – 1,28%
- Bulgarien 0,15% – 1,48%
- Slowakei 1,1% – 0,37%
- Polen 0,22% – 0,99%
- Rumänien 0,32% – 0,44%

IV. Schutzsuchende, Flüchtlinge, Asylsuchende

Zu den Definitionen siehe → *Asyl- und Flüchtlingspolitik der Europäischen Union.*

1. Anzahl der aufgenommenen Schutzberechtigten, Asylbewerber und staatenlosen Personen in den Ländern der EU im Jahr 2021:

- Deutschland 1.524.804
- Frankreich 577.338
- Schweden 279.441
- Spanien 232.576
- Lettland 198.268
- Italien 199.619
- Österreich 181.503
- Belgien 103.872
- Niederlande 118.654
- Estland 70.930
- Dänemark 46.206
- Zypern 41.617
- Finnland 29.605

- Bulgarien 30.459
- Irland 16.505
- Malta 3.017
- Polen 10.026
- Kroatien 5.017
- Luxemburrg 7.861
- Rumänien 5.885
- Ungarn 5.752
- Tschechien 4.489
- Litauen 4.685
- Portugal 4.827
- Slowakei 4.015
- Slowenien 1.419

2. Die häufigsten Nationalitäten von Menschen mit Flüchtlingsstatus in der EU 2021 (veröffentlicht von Statista Research Department, Stand: 02.03.2023):

- Syrien 459.820
- Afghanistan 170.954
- Irak 129.862
- Eritrea 81.607
- Türkei 60.430
- Iran 53.807
- Somalia 38.975
- Russland 30.128
- Dem. Rep. Kongo 29.054
- Guinea 28.054

Auch 2022 stellten Syrer mit 132.00 Anträgen die größten Gruppen von Asylbewerbern, gefolgt von Afghanen (129.000), Türken (55.000), Venezolanern (51.000) und Kolumbianern (43.000).

3. Fazit

Im Jahr 2022 haben in der EU so viele Menschen Asyl beantragt wie seit 2015/2016 nicht mehr. Nach Angaben der EU-Asylagentur (EUAA) vom 22. Februar 2023 stellten in den 27 EU-Staaten sowie in der Schweiz und Norwegen insgesamt 966.000 Schutzsuchende einen Antrag auf Asyl – 50 Prozent mehr als 2021. Seit 2008 wurden höhere Zahlen nur in den Jahren 2015 und 2016 verzeichnet, als es deutlich mehr als eine Million Anträge gab. Auch 2023 ist die Tendenz weiter steigend. Allein in der ersten Jahreshälfte war mit 519.00 Asylanträgen in der EU, der Schweiz und Norwegen ein Anstieg um 28 Prozent gegenüber dem entsprechenden Vorjahreszeitraum zu verzeichnen – wiederum ein neuer Höchststand.

V. Kriegsflüchtlinge aus der Ukraine

Zusätzlich gewährten die EU-Staaten 2022 mehr als 4,3 Millionen Menschen aus der Ukraine Schutz vor dem russischen Angriffskrieg. Diese Flüchtlinge müssen keinen Asylantrag stellen; sie sind daher in den Zahlen unter IV. nicht erfasst.

Während des ersten Kriegsjahres, also bis März 2023, haben laut Schätzungen des UN-Flüchtlingskommissariats (UNHCR) rund 19,7 Millionen Menschen die Grenze aus der Ukraine kommend in Folge des Krieges und aufgrund der Angriffe des russischen Militärs überschritten.

Anzahl der registrierten Flüchtlinge aus der Ukraine in den Mitgliedstaaten der EU (Stand: Januar 2023)

- Polen 1.563.386
- Deutschland 1.055.323
- Tschechien 486.133
- Italien 169.306
- Spanien 161.012
- Frankreich 118.994

- Slowakei 107.203
- Rumänien 106.835
- Österreich 92.436
- Niederlande 85.210
- Litauen 73.292
- Irland 73.002
- Belgien 67.144
- Estland 66.074
- Portugal 57.109
- Schweden 51.230
- Bulgarien 49.805
- Finnland 47.067
- Dänemark 39.756
- Lettland 35.523
- Ungarn 33.603
- Griechenland 20.055
- Kroatien 20.493
- Zypern 15.451
- Slowenien 9.081
- Luxemburg 6.756
- Malta 1.603

Damit haben Polen und Deutschland innerhalb der EU die meisten Flüchtlinge aufgenommen. Gemessen an der Größe der eigenen Bevölkerung haben Estland und Tschechien die meisten Menschen aufgenommen; in Estland entsprachen sie sogar rund 4,85 Prozent der eigenen Bevölkerung.

Die Gesamtzahl der Grenzübertritte aus der Ukraine hatte sich seit Kriegsbeginn, dem 24. Februar 2022, zunächst Tag für Tag deutlich erhöht. Ein großer Teil der Flüchtlinge, rund acht Millionen, hat die Grenze nach Polen überquert. Nach Ungarn flohen zunächst über zwei Millionen Menschen; die meisten reisten in andere europäische Länder weiter. Eine nennenswerte Zahl suchte auch in Russland Schutz.

▶ Ministerrat (der Europäischen Gemeinschaft)

Der Ministerrat der (früheren) → *Europäischen Gemeinschaft* (EG) wurde mit dem → *Maastrichter Vertrag* von1993 umbenannt in → *Rat der Europäischen Union*. Aus der EG wurde zum selben Zeitpunkt die → *Europäische Union* (EU). Da im Rat, diesem für die europäische Gesetzgebung gewichtigen Gremium, die jeweils fachlich zuständigen nationalen Minister der EU-Mitgliedstaaten zusammenkommen, ist der Name „Ministerrat" weiterhin geläufig.

▶ Mittelmeer-Union

Die Römer hatten es gut. Sie hatten ein Mittelmeer. Es bildete den Kern der Machtbasis eines Reiches, das von Syrien bis Gibraltar, von England bis Ägypten und schließlich von Karthago bis zum Limes reichte. Bis tief in die Zeit der venezianischen Dogen blieb dieses legendäre Binnenmeer fest in italienischer Hand.

Auch Frankreich weiß seit Generationen den Wert dieser geostrategisch wie wirtschaftlich bedeutsamen Anrainerregion zu schätzen. So kündigte im Dezember 2007 der damalige Präsident *Nicolas Sarkozy* bei einem Besuch in Nordafrika an, er wolle mit Algerien die Achse einer eigenständigen Mittelmeerunion schmieden, die nach dem Vorbild der → *Europäischen Union* (EU) – aber von ihr unabhängig – wirtschaftlich zusammenarbeiten soll.

I. Ein Projekt der EU

Im März 2008 einigte man sich darauf, das Vorhaben unter dem Dach des bereits bestehenden EU-Programms im Umgang mit den südlichen Nachbarn, dem → *„Barcelona-Prozess"* (kurz: *EUROMED*), anzusiedeln. Es war nun ein Projekt *aller* EU-Staaten. Gegründet wurde die Mittelmeer-Union am 13. Juli 2008 in Paris.

Die Mitglieder sind, neben allen EU-Mitgliedstaaten: Ägypten, Albanien, Algerien, Bosnien und Herzegowina, Israel, Jordanien, Kroatien, Libanon, Libyen (Beobachter), Marokko, Mauretanien, Monaco, Montenegro, Palästinensische Autonomiegebiete, Syrien, Tunesien und die Türkei.

Im Grunde handelte es sich um den Versuch, den Barcelona-Prozess neu zu beleben. So blieben die Zielbeschreibungen vage. Die Meere will man entgiften, Autobahnen und Seewege ausbauen, die Wirtschaft fördern sowie eine „Solar-Brücke" schaffen, um wechselseitig die Nutzung der Sonnenenergie zu fördern. Gründen will man zudem eine Mittelmeer-Universität.

II. Bedeutung

Natürlich ist das Mittelmeer für alle Nachbarn ein wichtiger Wirtschaftsraum. Weit über 40 Prozent des Außenhandels der südlichen Anrainerstaaten finden mit Staaten der EU statt. Darüber hinaus bestehen zu Europa historische und sprachliche Verbindungen. Schließlich dürfte eine Migrationspolitik, die arbeitsmarktpolitisch sinnvoll ist und den Zuwanderungsdruck auf Europa zu steuern vermag, nur im Konsens zu erreichen sein.

Neue politische Relevanz gewann die Union seit 2015 mit der großen Zahl der über das Mittelmeer nach Europa strebenden Flüchtlinge und Migranten. Im Mai 2015 trafen sich 30 Präsidenten und Vizepräsidenten der Unionsländer in Lissabon. Das Thema der Zusammenkunft lautete: „Immigration, Asyl und Menschenrechte in der euromediterranen Region". Maßnahmen zur Terror- und Migrationsabwehr standen im Mittelpunkt der Gespräche. Seitdem hat die Union neue Projekte gestartet. Dazu gehören Initiativen zur Senkung der Jugendarbeitslosigkeit und zur Stärkung der Frauenrechte in den Partnerländern. Weitere Projekte sind dem Umweltschutz und der nachhaltigen Entwicklung in der Region gewidmet.

N

▶ NATO

Nur wenige Jahre nach dem Ende des Zweiten Weltkriegs standen die Länder Westeuropas vor der fatalen Erkenntnis, dass der Frieden erneut bedroht war. Vor solcher Kulisse unterzeichneten am 4. April 1949 zwölf Staaten Westeuropas und Nordamerikas in Washington den *Nordatlantikvertrag*. Mit seiner Ratifizierung am 24. August 1949 war die NATO *(North Atlantic Treaty Organization)* als ein Sicherheitsbündnis gleichberechtigter Staaten gegründet.

I. Mitglieder

Der NATO gehören heute folgende 31 Staaten an:

- **Seit 1949:** Belgien, Dänemark, Frankreich, Großbritannien, Island, Italien, Kanada, Luxemburg, Niederlande, Norwegen, Portugal, USA (Gründerstaaten);
- **Seit 1952:** Griechenland, Türkei;
- **Seit 1955:** Bundesrepublik Deutschland;
- **Seit 1982:** Spanien;
- **Seit 1999:** Polen, Tschechische Republik, Ungarn;
- **Seit 2004:** Bulgarien, Estland, Lettland, Litauen, Rumänien, Slowakei, Slowenien;
- **Seit 2009:** Albanien, Kroatien;
- **Seit 2017:** Montenegro;
- **Seit 2020:** Nordmazedonien.
- **Seit April 2023:** Finnland

Auch Schweden hat offiziell beantragt, der NATO beizutreten. Am 5. Juli 2022 begann der Beitrittsprozess; bei Drucklegung dauerte er noch an.

40 Drittstaaten (Nicht-NATO-Mitglieder) arbeiten in Politik- und Sicherheitsfragen mit der Nato zusammen. Viele von ihnen tragen zu NATO-geführten Operationen und Einsätzen bei. Die Nato kooperiert außerdem mit vielen internationalen Organisationen.

Frankreich begann 1966 mit dem Aufbau einer eigenen unabhängigen Nuklearstreitmacht und zog sich aus der militärischen Integration der Allianz zurück. In der politischen Organisation der NATO arbeitete Frankreich jedoch weiterhin mit. 2009 kehrte Frankreich in vollem Umfang in das Bündnis zurück. Die spanischen Streitkräfte sind bisher nicht in das Bündnis integriert. Island besitzt keine Streitkräfte.

II. Vertragsziele

In der Präambel zum NATO-Vertrag bringen die Partnerstaaten ihre Entschlossenheit zum Ausdruck, die Freiheit, das gemeinsame Erbe und die Zivilisation ihrer Völker, die auf den Grundsätzen der Demokratie, der Freiheit der Person und der Herrschaft des Rechts beruhen, zu gewährleisten. Im Vertrag selbst wurde u. a. vereinbart,

- einen bewaffneten Angriff gegen einen oder mehrere Partnerstaaten als Angriff gegen sie alle anzusehen,
- im Falle eines solchen bewaffneten Angriffs der oder den angegriffenen Parteien Beistand zu leisten. Jeder Partnerstaat trifft für sich

und im Zusammenwirken mit den anderen Partnerstaaten die Maßnahmen – einschließlich der Anwendung von Waffengewalt –, die er zur Erhaltung der Wiederherstellung der Sicherheit des nordatlantischen Gebietes für erforderlich hält.

III. Struktur und Organisation

Die NATO ist keine supranationale (→ *Supranationales Prinzip*), sondern eine zwischenstaatliche Organisation souveräner Mitgliedstaaten.

Höchstes Gremium der Allianz ist der *Nordatlantikrat*. Als politisches Organ der NATO besteht er aus Vertretern der Regierungen der Mitgliedstaaten mit Sitz in Brüssel. *Generalsekretär* der NATO – traditionell ein Europäer – ist seit 2014 der ehemalige norwegische Ministerpräsident Jens Stoltenberg. Der Rat trifft auf Botschafterebene wöchentlich, auf Ministerebene halbjährlich zusammen.

Höchste militärische Instanz des Bündnisses ist der *Militärausschuss*. Er besteht aus den Generalstabschefs oder ihren Vertretern und wird von einem integrierten militärischen Stab unterstützt.

In den Organen der NATO gilt das Prinzip der Einstimmigkeit. Den Oberbefehl über das vom NATO-Vertrag umfasste Gebiet haben:

- der Oberste Befehlshaber Europa (SACEUR) mit Hauptquartier SHAPE in Casteau, Belgien;
- der Oberste Befehlshaber Atlantik (SACLANT) mit Hauptquartier in Norfolk, USA;
- der Befehlshaber Ärmelkanal (CHINCHAN) mit Hauptquartier in Northwood, Großbritannien.

Das Bündnis hat keine eigenen Streitkräfte. Alle Streitkräfte sind nationale Streitkräfte und im Frieden überwiegend nationalem Oberbefehl unterstellt. Die integrierten Stäbe der NATO-Hauptquartiere, die Einheiten der integrierten Luftverteidigung, die Flotte der Frühwarnflugzeuge (Awacs) und die drei ständigen Einsatzflotten (Atlantik, Mittelmeer, und ein Minenabwehrverband) sind auch im Frieden ständig NATO-Befehlshabern unterstellt und in Alarmbereitschaft.

IV. Aufgaben und Bedeutung

Die Mitgliedstaaten bekennen sich zur strikten Einhaltung des Gewaltverbots. Das bedeutet: Die NATO wird ihre Waffen niemals zum Angriff nutzen, sondern lediglich als Antwort auf einen bewaffneten Angriff einsetzen. Die Strategie der flexiblen Antwort dient dem Ziel der Kriegsverhinderung. Hierzu hat die Allianz die sogenannte NATO-Triade geschaffen. Sie besteht aus:

- konventionellen Streitkräften,
- nuklearen Kurz- und Mittelstreckensystemen und
- interkontinentalen strategischen Nuklearsystemen.

Diese drei Elemente sollen eine angemessene Bandbreite an militärischen Mitteln gewährleisten. Sie bilden einen festen Verbund, in dem kein Element ein anderes ersetzen kann und kein Element der Triade für sich allein eine glaubhafte Abschreckung oder wirksame Verteidigung zu garantieren vermag.

V. Neuorientierungen seit 1990

Mit dem Ende des Ost-West-Konflikts und der Wiedervereinigung Deutschlands ist die Vision der Gründungsväter des Nordatlantikvertrags ihrer Realisierung ein zentrales Stück näher gerückt. Dementsprechend hat die NATO seit Beginn der 1990er Jahre einen tiefgreifenden Erneuerungsprozess durchlaufen und sich den veränderten sicherheitspolitischen Rahmenbedingungen angepasst. Eine neue NATO ist entstanden, mit neuen Aufgaben, neuen Strukturen sowie alten Gegnern als neuen Mitgliedern:

- Mit der Gründung des Nordatlantischen Kooperationsrats (NAKR) Ende 1991 erhielt die politische Zusammenarbeit mit den ehemaligen Gegnern einen institutionellen Rahmen.
- Beispielhaft für die sich seinerzeit abzeichnende neue Ära steht die Vereinbarung einer Grundakte über gegenseitige Beziehungen, Zusammenarbeit und Sicherheit zwischen der NATO und der Russischen Föderation im Mai 1997 in Paris. Sie sah eine Beendigung der Gegnerschaft von NATO und Russland vor und war eine Voraussetzung für die NATO-Osterweiterung.
- Am 12. März 1999 nahm die NATO mit Polen, Tschechien und Ungarn erstmals ehemalige Warschauer-Pakt-Staaten auf.
- Am 29. März 2004 erlebte die NATO mit der Aufnahme Bulgariens, Rumäniens, der Slowakei und Sloweniens die größte Erweiterung in ihrer Geschichte. Zugleich wurden mit Estland, Lettland und Litauen erstmals auch ehemalige Sowjetrepubliken Mitglieder der NATO und mit Slowenien erstmals eine ehemalige jugoslawische Teilrepublik.
- Am 24. März 1999 begann die NATO im Zuge des *Kosovokrieges* mit Luftangriffen gegen das Regime in Belgrad. Die im Wesentlichen von den Vereinigten Staaten geführte *Operation Allied Force* war der erste Krieg, den die NATO ohne ein Mandat der Vereinten Nationen sowie vor allem ohne vorherige Ausrufung eines Bündnisfalls führte.
- Am 28. Mai 2002 wurde in Rom der *NATO-Russland-Rat* gegründet. Er sollte die Zusammenarbeit zwischen den NATO-Staaten und Russland in Fragen der Verteidigungs- und Sicherheitspolitik verbessern. Die Einbindung Russlands in die NATO bewirkte zunächst eine intensive Zusammenarbeit auf vielen Ebenen.
- 12 Jahre später, im April 2014, stellte die NATO angesichts der *Ukraine-Krise* die militärische Zusammenarbeit mit Russland ein, behielt aber die politischen Kanäle im NATO-Russland-Rat zunächst bei. Aus dem Hauptquartier der NATO in Brüssel kamen seinerzeit wieder deutliche, vielleicht sogar unangemessen scharfe Töne an die Adresse Russlands. In Reden des bis September 2014 amtierenden NATO-Generalsekretärs *Anders Fogh Rasmussen* („Der

Scharfmacher tritt ab", so das Handelsblatt am 3. September 2014 zur Amtsübergabe an Nachfolger *Jens Stoltenberg*) glaubten besonnene Beobachter fast so etwas wie Sehnsucht nach alten, die Bedeutung der NATO vielleicht zu neuer Blüte führenden Konfrontationen herauszuhören. Operativ kam man überein, die *NATO Response Force* um eine neue Eingreiftruppe zu ergänzen, die mit 3.000 bis 5.000 Soldaten innerhalb von zwei bis fünf Tagen per Luft an den Einsatzort gelangen soll. Zudem wird die Präsenz des Bündnisses in den mittel- und osteuropäischen Mitgliedstaaten mittels rotierender – also nicht dauerhaft stationierter – Truppen ausgedehnt. Verstärkt werden außerdem die ständigen maritimen Einsatzverbände der NATO.

VI. Bilanz

Tatsächlich hat die NATO in den Jahren der scharfkantigen Ost-West-Konfrontation keinen einzigen Schuss abgefeuert. Die gegenseitige nukleare und konventionelle Abschreckung hat funktioniert.

Der Fall des Eisernen Vorhangs hat die sicherheitspolitische und strategische Lage Europas zwar verändert; der Weltfriede ist jedoch nicht Wirklichkeit geworden. Neue Risiken und Konfliktherde sind entstanden, die die Sicherheitsinteressen der NATO berühren und sie vor völlig neue Probleme stellten. 2001 begann sie – in der Folge der Terroranschläge von New York und Washington am 11. September 2002 – einen Krieg am Hindukusch. Bereits seit 1999 sichert sie den von einzelnen NATO-Mitgliedern nicht anerkannten Staat Kosovo (→ *KFOR*). Sie bekämpft Piraten am Horn von Afrika oder trainiert irakische Sicherheitskräfte.

Am 24. Februar 2022 begann Russland einen großflächigen Angriffskrieg gegen die Ukraine. Eine Beistandsverpflichtung nach dem NATO-Vertrag konnte er nicht auslösen, wohl aber eine enorme Solidarität und Unterstützung des überfallenen Landes.

Das Verhältnis der NATO zu Russland war bereits in den zurückliegenden Jahren immer stärker in den Fokus gerückt – zu einem Land, das in der europäischen Sicherheitspolitik vielleicht nicht hätte ausgeklammert oder ausgegrenzt werden dürfen. Ein Jahrzehnt nach dem Fall der Berliner Mauer, am 25. September 2001, sprach Wladimir Putin vor dem Deutschen Bundestag. In fließendem Deutsch erinnerte er an die umfassenden Zugeständnisse seines Landes, die entscheidend zum Ende des Kalten Krieges beigetragen hätten. Er beschwor „das einheitliche und sichere Europa" als greifbar erreichbares Zukunftskonzept: „Ohne eine moderne, dauerhafte und standfeste internationale Sicherheitsarchitektur schaffen wir auf diesem Kontinent nie ein Vertrauensklima". Er streckte dem Westen die Hand aus, bezog die USA und Kanada ausdrücklich in seine Vision ein. Unter stehenden Ovationen fügte er hinzu: „Der Kalte Krieg ist vorbei."

Wie aber reagierte der Westen? Mit kühler Überlegenheit im stolzen Bewusstsein, der eigentliche Sieger geblieben zu sein? Mit Lockangeboten an bisherige Wirtschafts- und Kooperationspartner Russlands wie etwa die Ukraine, mit Versprechungen engerer Anbindungen an die EU (→ *Östliche Partnerschaft*)? Und mit Unverständnis, als Russland auf die zunehmende Ausgrenzung zu reagieren begann. Bangten die USA um ihre Rolle als Schutzmacht des Westens? 2015 sagte Michail Gorbatschow in einem SPIEGEL-Interview: „Die Amerikaner brauchen einen Feind."

Die Frage, ob in Putins Offerte 2001 vielleicht eine Jahrtausend-Chance lag, erscheint mit dem Aufstieg Chinas zur ökonomischen wie geostrategischen Weltmacht in neuem Licht. Wäre nicht Westeuropa der natürliche Partner Russlands gewesen? Hätte nicht eine unseren gesamten Kontinent umspannende Sicherheitsgarantie ein Gegengewicht zum aufsteigenden Reich der Mitte bedeutet, von dem gerade die USA heute träumen mag?

Nur Wenige haben vor einem zunehmenden Zerwürfnis mit Russland gewarnt. Auf einem NATO-Treffen am 13. November 2017 in Berlin führte der frühere Bundesverteidigungsminister Volker Rühe aus, es sei „falsch, Russland als neues Feindbild zu kultivieren." Es liege nicht allein an Russland, dass sich das gegenseitige Verhältnis verschlechtert habe: „Wir können nicht ganz Europa in die NATO integrieren und Russland ausschließen", so Rühe. Was wir brauchen, sei eine Sicherheitsarchitektur *mit* Russland; ein modernes Russland sei nur in Zusammenarbeit mit Europa zu schaffen.

Weiterführende Literatur

Wolfgang Ischinger, „Welt in Gefahr. Deutschland und Europa in unsicheren Zeiten", Berlin 2018 | *Simon Koschut,* „Das Ende der NATO wie wir sie kennen: Die transatlantischen Beziehungen unter Trump", in: „Donald Trump und die Politik in den USA – Eine Zwischenbilanz", hrsg. von Florian Böller et al., Baden-Baden 2020, S. 307–320 | *Horst Teltschik,* „Russisches Roulette. Vom Kalten Krieg zum Kalten Frieden", München 2019 | *Johannes Varwick,* „Die NATO in (Un-)Ordnung – Wie transatlantische Sicherheit neu verhandelt wird", Schwalbach 2017

▶ Nettozahlungen an die Europäische Union

Die Einnahmen des gesamten → *Haushalts* der → *Europäischen Union* (EU), die sog. Eigenmittel, resultieren ausschließlich aus den Beitragszahlungen der einzelnen Mitgliedstaaten an die EU. Diese Zahlungen bezeichnet man auch als *Brutto-Beträge*. Die Höhe dieser Beiträge richtet sich nach Größe, wirtschaftlicher Leistungsfähigkeit sowie der Struktur des jeweiligen Landes.

Werden den Brutto-Beträgen die Rückflüsse, also die Gelder, die aus dem EU-Haushalt wieder an die einzelnen Mitgliedstaaten zurückfließen, gegenübergestellt, ergeben sich daraus die *Netto-Zahlungen*. Rückflüsse ergeben sich beispielsweise aus strukturpolitischen Fördermitteln, die die EU gezielt in strukturschwächere Regionen Europas lenkt, und von denen in Deutschland etwa jahrelang auch die neuen Länder profitiert haben (→ *Europäische Struktur- und*

Investitionsfonds (ESIF)). Einige EU-Staaten erhalten auf diese Weise von der EU mehr Geld zurück als sie einzahlen. Andere wiederum zahlen mehr ein als sie herausbekommen. Zu Letzteren zählt – allen voran – die Bundesrepublik Deutschland.

Stimmt also der oft gehörte Satz: „Deutschland ist in der EU der größte Nettozahler"? Tatsächlich war und – ist – die Lücke zwischen den deutschen Transfers nach Brüssel und den Rückflüssen aus der Gemeinschaftskasse unübersehbar. Das galt für die Haushaltsperiode 1999 bis 2008 ebenso wie für die folgenden Perioden – bis heute.

Interessant: Die EU hält die Nettozahlerbetrachtung für überholt. EU-Haushaltskommissar Johannes Hahn sagte dazu lapidar: „Diese Nettozahler- und Nettoempfänger-Sichtweise wird der Komplexität des EU-Budgets nicht gerecht und kann daher in dieser Form nicht mehr angewandt werden." Das Institut der deutschen Wirtschaft (IW) sieht das anders. IW-Ökonomen haben nachgerechnet und sich dabei an die bisherige Methode der EU-Kommission gehalten. Schließlich gehe es um Steuergeld und im Fall Deutschlands auch nicht um kleine Beträge. Danach hat 2021 Deutschland insgesamt 21,4 Milliarden Euro mehr an die EU gezahlt, als aus Mitteln der EU nach Deutschland geflossen sind. Deutschland ist damit in der Tat der mit Abstand größte Nettozahler der EU.

I. Dimension der Umverteilung

Der deutsche Beitrag 2021 ist damit fast doppelt so hoch wie der des zweitgrößten Zahlers Frankreich mit 10,9 Milliarden Euro. Auch ist der deutsche Nettobeitrag von 2020 auf 2021 sehr stark um 5,9 Milliarden Euro angestiegen. Das IW führt dies auf den → *Brexit* zurück; danach mussten Finanzströme neu geordnet werden. Insgesamt waren (nach IW) im Jahr 2021 zehn EU-Staaten Nettozahler, 17 Mitgliedsländer Nettoempfänger.

i. In den Top fünf der Zahlerländer folgen auf Deutschland und Frankreich: die Niederlande (4,1 Milliarden Euro), Schweden (2,5 Milliarden Euro) und Dänemark (1,5 Milliarden Euro).

   Größter Nettoempfänger in der EU ist Polen, das 12,9 Milliarden Euro mehr von der EU erhält als es einzahlt. Mit einigem Abstand folgen Griechenland mit 4,7 Milliarden Euro, Ungarn (4,3), Rumänien (4,2) sowie Spanien (3,5).

EU-Nettopositionen der Mitgliedstaaten 2021

(Negative Werte (rot) gleich Nettozahler, positive Werte (blau) gleich Nettoempfänger)

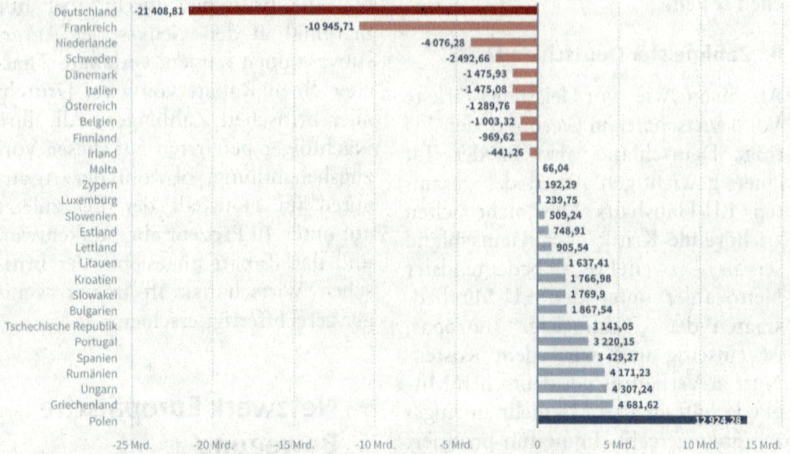

Quelle: Europäische Kommission 2022; eigene Berechnungen

ii. Nun ist Deutschland die größte Volkswirtschaft in der EU mit der größten Bevölkerung. Das IW setzte die absoluten Beitragssalden daher ins Verhältnis zu Wirtschaftskraft (sprich: zum Bruttonationaleinkommen BNE) und Einwohnerzahl der jeweiligen Länder. Danach sind die Abstände kleiner, auch die Reihenfolge verschiebt sich etwas. Deutschland aber bleibt mit 0,58 Prozent des BNE größter Zahler. Es folgten die Niederlande mit 0,48 Prozent, Schweden (0,46 Prozent) sowie Frankreich und Dänemark (je 0,43 Prozent).

iii. Bei den Nettoempfängern liegt im Verhältnis zur Wirtschaftskraft Kroatien mit 3,08 Prozent des BNE an der Spitze. Es folgen Litauen und Ungarn mit 3,05 und 2,89 Prozent. Auf den nächsten Plätzen liegen Bulgarien (2,84 Prozent) und Lettland (2,76 Prozent).

iv. Auch mit der jährlichen *Pro-Kopf-Belastung* von 169 Euro belegen die Deutschen einen Spitzenwert. Nur Schweden und die Niederländer führen mit über 170 Euro mehr ab. Größter Nutznießer waren auch hier die Griechen; pro Kopf profitierten sie jährlich mit 1.049 Euro. Für die Polen betrug der Pro-Kopf-Wert 273 Euro.

Da in der EU mitunter auch Kurioses passiert, sei der Hinweis gestattet, dass die meisten der EU-Binnenmigranten (→ *Binnenmigration*), die nach Deutschland streben, aus Polen und Rumänien und damit ausgerechnet aus den Ländern stammen, die zugleich zu den Hauptempfängern von EU-Geldern zählen, also von Geldern, die im Wesentlichen strukturelle Nachteile vor Ort ausgleichen und diese Staaten wettbewerbsfähig machen sollen.

II. Zahlmeister Deutschland?

Als nach wie vor leistungsstärkste Volkswirtschaft im Verbund der EU trägt Deutschland also in der Tat einen gewichtigen Anteil des gesamten EU-Haushalts Die nicht selten zu hörende Kritik aber, Deutschland sei als – zweifellos – bedeutendster Nettozahler unter den EU-Mitgliedstaaten der „Zahlmeister" Europas, ist einseitig und wird dem Kosten-Nutzen-Verhältnis der deutschen Mitgliedschaft in der EU nicht uneingeschränkt gerecht. Immerhin profitiert Deutschland als große Exportnation besonders von den Vorteilen des gemeinsamen → *Binnenmarktes*. Überhaupt lassen sich Vorteile, die ein Land aus der Zugehörigkeit zur EU zieht, nicht allein anhand von Haushaltsberechnungen definieren. Wirtschaftliche und politische Faktoren sollten in einem solchen Kalkül nicht ausgeblendet werden.

III. „Briten-Rabatt"

Ungeachtet des zum 31. Januar 2020 vollzogenen → *Brexit* sei daran erinnert, dass Großbritannien seit 1984 automatisch zwei Drittel seiner Nettozahlungen an die EU erstattet worden sind. Die seinerzeit amtierende Premierministerin *Margaret Thatcher* hatte den Partnerländern diese Sondervergünstigung auf einem EU-Gipfeltreffen in Fontainebleau gleichsam abgetrotzt. Mit dem Schlachtruf „*I want my money back*" drohte sie, die Finanzverhandlungen scheitern zu lassen. Da in den 1980er Jahren die Agrarausgaben nahezu 70 Prozent des gesamten EU-Haushalts ausmachten, die britischen Inseln aber nur marginal in den Genuss der Agrarsubventionen kamen, verlangte Thatcher einen Rabatt von zwei Dritteln aller britischen Zahlungen. Alle ihre Nachfolger beharrten auf dieser Vorzugsbehandlung, obwohl der Agraranteil im Haushalt der EU zuletzt auf unter 40 Prozent abgesunken war, und der Rabatt angesichts der britischen Wirtschaftskraft immer weniger gerechtfertigt erschien.

▶ Netzwerk Europäische Bewegung

Das *Netzwerk Europäische Bewegung Deutschland (EBD)* ist der überparteiliche Zusammenschluss der organisierten Zivilgesellschaft im Bereich Europapolitik. Die hier vertretenen 155 Interessengruppen repräsentieren nahezu alle gesellschaftlichen Gruppierungen. Vertreten sind Wirtschafts- und Berufsverbände, Gewerkschaften, Bildungsträger, wissenschaftliche Institute, Stiftungen, Parteien und Unternehmen.

Das Netzwerk organisiert Europa-Kommunikation und Europäische Vorausschau im Dialog mit Akteuren der → *Europäischen Union* auf nationaler und europäischer Ebene. Die europapolitischen Expertisen, Informationen und Aktionen der Mitglieder werden im *Netzwerk Europäische Bewegung* gebündelt, vernetzt und verstärkt. Zusätzlich werden politisch aktuelle Task-Forces, strategische Partnerschaften und Dialog-Plattformen geschaffen, in denen Politik und organisierte Zivilgesellschaft an einem Tisch sitzen. Die Europäische Bewegung ist in 41 Ländern Europas präsent.

Das Netzwerk bietet:

- Europa-Kommunikation zwischen Politik und organisierter Zivilgesellschaft,
- Europäische Vorausschau und Politische Agenda,
- Europäische Bildung und Öffentlichkeitsarbeit,
- Information, Service, Dialog und Beratung.

▶ Nichtbeistandsklausel

Kein Mitgliedstaat der → *Europäischen Union (EU)* haftet für Schulden und Verbindlichkeiten eines anderen Mitgliedstaates. Diese sog. *Nichtbeistandsklausel (No-Bailout–Klausel; das* englische „Bail" bedeutet „Sicherheitsleistung") ist in Artikel 125 Abs. 1 AEUV festgeschrieben. In die Europäischen Verträge installiert wurde sie erstmals 1993. Seinerzeit setzte sich allen voran Deutschland für diese Regelung ein. Der Grund liegt auf der Hand: mit dem → *Maastrichter Vertrag* stellte man 1993 unumkehrbar die Weichen für eine Währungsunion – und damit für die Einführung des → *Euro*.

I. Ziel und Grundmotiv

Das Grundmotiv der Klausel: die Staaten sollen zu verantwortungsvoller Finanzpolitik angehalten werden; keinesfalls sollen sie darauf setzen dürfen, bei fiskalischer Nachlässigkeit von den anderen aufgefangen zu werden. Die Klausel ergänzt die im → *Stabilitäts- und Wachstumspakt* 1997 vereinbarten Verschuldungsgrenzen, die ebenfalls eine unsolide Haushaltsführung verhindern sollen.

II. Beistandsverbot versus Finanzhilfen?

Dann aber erzwang die → *Staatsschuldenkrise* der Jahre 2009/2010 neue Überlegungen oder sogar neue Bewertungen. Vor allem erzwang sie konkrete Rettungsszenarien für einzelne Euro-Länder. Nun rätselte man: Gilt unser Bail-out-Verbot auch, wenn wirtschaftlich schwächere EU-Mitgliedstaaten in eine akute Verschuldensklemme geraten?

Eines dieser Rettungsszenarien war die Erfindung des → *Europäischen Stabilitätsmechanismus (ESM)*. Er garantiert nichts Geringeres als einen Beistand („Bail"?) für in Not geratene Euro-Mitglieder – natürlich unter durchaus restriktiven Voraussetzungen. Aber: Die Klausel war in ihrer Grundphilosophie zur Disposition gestellt. Vertragsrechtlich wurde die Nichtbeistandsklausel kurzerhand im Wege einer Ergänzung des → *Lissabon-Vertrags* um einen 3. Absatz zu Art. 136 AEUV eingeschränkt und die Einrichtung eines ESM tatsächlich ermöglicht. Man interpretierte die Klausel in diesem Zusammenhang dahin, dass sie nur eine automatische Haftung, nicht hingegen eine *freiwillige* Übernahme von Schulden durch andere Staaten ausschließe.

Solche Sichtweisen aber waren keineswegs unumstritten, was unschwer daraus zu entnehmen ist, dass sich bald auch der → *Europäische Gerichtshof (EuGH)* mit dieser Abgrenzungsfrage befassen musste. In seinem Urteil in der Rechtssache C-370/12 führte er u. a. aus:

> „Mit der ‚Nichtbeistandsklausel', nach der die Union oder ein Mitgliedstaat nicht für die Verbindlichkeiten eines anderen Mitgliedstaats eintritt und nicht für sie haftet, soll der Union und den Mitgliedstaaten nicht jede Form der finanziellen Unterstützung eines anderen Mitgliedstaats untersagt werden. Sie soll vielmehr sicherstellen, dass die Mitgliedstaaten auf eine solide Haushaltspolitik achten, indem sie gewährleistet, dass die Mitgliedstaaten bei ihrer Verschuldung der Marktlogik unterworfen bleiben. Sie verbietet es daher nicht, dass ein oder mehrere Mitgliedstaaten einem Mitgliedstaat, der für seine eigenen Verbindlichkeiten gegenüber seinen Gläubigern haftbar bleibt, eine Finanzhilfe gewähren, vorausgesetzt, die daran geknüpften Auflagen sind geeignet, ihn zu einer soliden Haushaltspolitik zu bewegen".

III. Ausblick

Alles in allem bleibt der Eindruck einer Missachtung der Beweggründe, die der Nichtbeistandsklausel erkennbar zugrunde liegen. Bis heute sind die Strukturprobleme der Eurozone unübersehbar. Institutionelle Neuerungen wie der ESM laufen – so notwendig oder sogar unvermeidlich sie auch sind – tendenziell auf die Etablierung einer dauerhaften *„Transfer-Union"* hinaus, die statt solider Staatsfinanzen und nachhaltigem Wirtschaftswachstum eher eine „Umverteilung" des Erwirtschafteten einiger Staaten in den Vordergrund rückt – mit entsprechenden politökonomischen Fehlanreizen auf nationaler Ebene.

Die Thematik berührt sich mit der im Zusammenhang mit der Corona-Krise und der akuten Notlage in südlichen Mitgliedsländern neu entflammten Diskussion um eine Einführung von → *Eurobonds („Corona-Bonds")* innerhalb der Eurozone im März 2020.

▶ Niederlassungsfreiheit

Der Vertrag zur Gründung der → *Europäischen Wirtschaftsgemeinschaft (EWG)* von 1957 (→ *Römische Verträge*) garantiert den Arbeitnehmern und Selbstständigen aller Mitgliedstaaten das Recht, sich in einem anderen Mitgliedstaat der Gemeinschaft niederzulassen und dort ihren Beruf auszuüben.

Diese Rechte gelten seit 1970 unmittelbar in jedem Mitgliedstaat und haben Vorrang vor möglichen entgegenstehenden nationalen Rechts- und Verwaltungsvorschriften. Dies hat der → *Europäische Gerichtshof* (EuGH) in mehreren Grundsatzentscheidungen bestätigt. Er hat festgestellt, dass sich alle Staatsangehörigen und juristischen Personen der (heutigen) → *Europäischen Union (EU)* im gesamten Bereich der EU unter gleichen Bedingungen niederlassen und ihren Beruf ausüben dürfen wie Inländer des jeweiligen Mitgliedstaates (*Gebot der Inländergleichbehandlung*).

In der Praxis gelten allerdings in einzelnen EU-Staaten nach wie vor abweichende nationale Zulassungsvoraussetzungen zu bestimmten Berufen. Um diese Abweichungen zu beseitigen, können die → *Organe* der EU-Richtlinien (→ *Europäisches Ge-*

meinschaftsrecht) erlassen. Sie gleichen die Zulassungsvoraussetzungen zu verschiedenen Berufen EU-weit an und stellen die gegenseitige Anerkennung von Diplomen, Prüfungszeiten und Befähigungsnachweisen sicher. Bisher wurden solche Richtlinien erlassen für: Heil- und Heilhilfsberufe (Ärzte, Zahnärzte, Tierärzte, Krankenschwestern und -pfleger sowie Hebammen), Architekten, Apotheker, Rechtsanwälte und Verkehrsunternehmer. Eine Dienstleistungsrichtlinie der EU von 2006 (→ *Dienstleistungsfreiheit*) verbietet es, Anbieter bei ihrem Zugang zu den Märkten anderer EU-Staaten zu diskriminieren.

▶ „Nizza"

→ *Vertrag von Nizza*

▶ No-Bailout-Klausel

→ *Nichtbeistandsklausel*

▶ Nordischer Rat

1952 schlossen sich Dänemark, Island, Norwegen und Schweden zum *Nordischen Rat* zusammen, dem 1955 auch Finnland beitrat. Der Rat besteht aus 78 Mitgliedern, die aus den nationalen Parlamenten der Mitgliedstaaten gewählt werden.

Der Nordische Rat organisiert und vertieft die Zusammenarbeit dieser Länder. Er ist ein *beratendes* Gremium, das keine bindenden Beschlüsse fällen kann und dessen Zusammenarbeit eher informellen Charakters ist. Sein Sitz ist Helsinki.

Die Zusammenarbeit der nordeuropäischen Staaten führte u. a. zu einer *Pass- und Zollunion* sowie einem einheitlichen skandinavischen Arbeitsmarkt seit 1954. Nordischen Staatsangehörigen wird in einem anderen Mitgliedsland das aktive und passive Kommunalwahlrecht gewährt. Die *Oslo-Konvention* von 1968 schuf die Grundlage für gemeinsame Projekte in der Entwicklungshilfe. Engere Kooperationsformen, etwa das Bemühen um eine Nordische Wirtschaftsunion, waren wegen verschiedenartiger außenpolitischer Verflechtungen der Mitgliedstaaten nicht erfolgreich.

O

▶ OECD

Die *Organisation für wirtschaftliche Zusammenarbeit und Entwicklung* (*Organisation for Economic Cooperation and Development (OECD)*) wurde 1961 als Nachfolgeorganisation der OEEC (*Organisation for European Economic Cooperation*) gegründet. Die OEEC war 1948 insbesondere auf US-amerikanische Anregung hin entstanden, um Kriterien für die Verteilung der von den USA bereitgestellten Gelder für einen wirtschaftlichen Wiederaufbau Westeuropas auszuarbeiten. Nachdem ihre Ziele weitgehend erreicht waren, stellte die OEEC 1961 ihre Tätigkeit ein.

29 Länder sind heute Mitglieder der OECD: Australien, Belgien, Deutschland, Dänemark, Finnland, Frankreich, Griechenland, Großbritannien, Irland, Island, Italien, Japan, Kanada, Korea, Luxemburg, Mexiko, Neuseeland, die Niederlande, Norwegen, Österreich, Polen, Portugal, Schweden, Schweiz, Slowakei, Spanien, die Türkei, Ungarn und die USA.

Ziel der OECD ist es, einen Beitrag zur Entwicklung der Weltwirtschaft zu leisten, wobei den Zielvorgaben Preisstabilität, wirtschaftliches Wachstum und Vollbeschäftigung eine besondere Bedeutung zukommt.

Oberstes Organ der OECD ist der in der Regel einmal im Jahr als Ministerrat tagende *Rat*, in dem alle Mitgliedstaaten vertreten sind. Einstimmig beschlossene Rechtsakte des Rats sind verbindlich. Enthält sich ein Land der Stimme, so ist der getroffene Beschluss zwar wirksam, findet aber in diesem Land keine Anwendung.

Weitere Arbeitseinheiten sind der Exekutivausschuss, die Ausschüsse und das Sekretariat mit Sitz in Paris, das die Arbeit des Rats vorbereitet und seine Weisungen vollzieht.

Auch wenn die von der OECD angestrebten Ziele heute zunehmend auch von anderen internationalen Organisationen – wie etwa von der → *Europäischen Union* im Bereich ihrer Mitgliedstaaten – ins Visier genommen werden, ist die OECD nach wie vor ein wichtiges Instrument der Koordinierung und Kooperation in der internationalen Wirtschaftspolitik.

▶ Organe der Europäischen Union

Mit fortschreitender europäischer Integration wuchsen auch Zahl und Umfang der Organe der → *Europäischen Union (EU)*. Als institutioneller Rahmen dienen sie dem Zweck, den Werten der Union Geltung zu verschaffen, ihre Ziele zu verfolgen sowie ihren Interessen, denen ihrer → *Unionsbürger* und denen der Mitgliedstaaten zu dienen. So steht es in Artikel 13 Abs. 1 EUV.

Die Organe arbeiten nach dem Grundsatz der Aufteilung der politischen Verantwortung, letztlich also nach dem fundamentalen demokratischen Prinzip der Gewaltenteilung. Jedes Organ handelt nach den ihm in den Verträgen zugewiesenen Verfahren, Bedingungen und Zielen.

Folgende *zehn Organe* der EU sind in Artikel 13 Abs. 1 EUV aufgeführt:

(1) der → *Rat der Europäischen Union* (früher „Ministerrat"),
(2) die → *Europäische Kommission*,
(3) das → *Europäische Parlament (EP)*,
(4) der → *Europäische Gerichtshof (EuGH)*,
(5) der → *Europäische Rechnungshof*,
(6) die → *Europäische Zentralbank (EZB)*,
(7) die → *Europäische Investitionsbank (EIB)*,
(8) der → *Wirtschafts- und Sozialausschuss*,
(9) der → *Europäische Bürgerbeauftragte (Ombudsmann)*,
(10) der → *Ausschuss der Regionen (AdR)*.

▶ Osterweiterung

Als der ungarische Außenminister *Gyula Horn* im Juni 1989 ein Loch in den Grenzzaun zwischen Ungarn und Österreich schnitt, symbolisierte er eine Zeitenwende von kaum hoch genug zu bewertender Tragweite. Fünf Monate später fiel in Berlin die Mauer. Im Dezember 1989 demontierte die Tschechoslowakei ihre Grenzbefestigungen. Vor den staunenden Augen der Welt war der „Eiserne Vorhang", Produkt und Symbol des Kalten Krieges, wie ein Kartenhaus zusammengesackt.

Die Kraft der neuen Realitäten wies den Weg. Die Staats- und Regierungschefs der damals 15 Mitgliedstaaten der → *Europäischen Union (EU)* nahmen im Dezember 1998 Beitrittsverhandlungen mit zunächst sechs Staaten auf, nämlich mit Estland, Polen, Slowenien, der Tschechischen Republik, Ungarn und Zypern. Im Dezember 1999 wurden die Slowakei, Lettland, Litauen und Malta, aber auch Bulgarien und Rumänien in den Kreis der Beitrittskandidaten aufgenommen. Im Februar 2000 begannen auch mit diesen sechs Ländern Beitrittsverhandlungen.

Von allen Beitrittsländern wurden intensive Vorbereitungen erwartet, um die Rechte und Pflichten eines Mitglieds der EU übernehmen zu können. Dazu gehörten vor allem eine funktionstüchtige Marktwirtschaft und politische Institutionen, die eine demokratische und rechtsstaatliche Ordnung garantieren.

Am 1. Mai 2004 veränderte sich die politische Landkarte Europas. Sieben Länder aus dem ehemaligen sowjetischen Lager, nämlich Estland, Lettland, Litauen, Polen, Tschechien, die Slowakei und Ungarn, und eines aus dem ehemaligen Jugoslawien, Slowenien, wurden zusammen mit Malta und Zypern Vollmitglieder der EU. Die Union reichte nun vom Nordkap bis Nikosia, von Portugal bis Polen. Es sind aber nicht nur zehn Staaten, sondern vor allem knapp 75 Millionen neue EU-Bürger hinzugekommen. Nie zuvor hat die EU so viele und in der Relation unterstützungsbedürftige Länder zugleich aufgenommen. Es handelte sich um die fünfte und zugleich größte Erweiterung in der Geschichte der europäischen Einigung. Zuallererst aber markiert 2004 die friedliche Überwindung der Spaltung unseres Kontinents nach Jahrzehnten des Kalten Krieges.

Mit dem Beitritt Bulgariens und Rumäniens 2007 und Kroatiens 2013 haben im Rahmen der „Osterweiterung“ 13 Staaten ihren Weg in die EU gefunden.

▶ Östliche Partnerschaft

Die sog. *„Östliche Partnerschaft“* (ÖP) ist ein Novum im Sortiment außenpolitischer Aktivitäten der → *Europäischen Union (EU)*. Sie richtet sich an sechs Staaten, die der ehemaligen sowjetischen Großmacht besonders nahestanden und teilweise noch stehen: Armenien, Aserbaidschan, Belarus, Georgien, Moldau und die Ukraine.

Am 7. Mai 2009 wurde die ÖP – als spezifische östliche Dimension der → *Europäischen Nachbarschaftspolitik* (ENP) – in Prag gegründet. Damit demonstrierte man – nach dem Konflikt zwischen Russland und Georgien im Herbst 2008 – auch den Willen der EU zu einer engeren Anbindung der östlichen Nachbarn. Eine Abstimmung mit Russland war also von Beginn an nicht vorgesehen.

Seither finden alle zwei Jahre Gipfeltreffen der Staats- und Regierungschefs der ÖP statt.

Angestrebt wird mit allen sechs Ländern – unabhängig von ihren individuellen Beziehungen zur EU – eine „solide, differenzierte Zusammenarbeit zum gegenseitigen Vorteil, um eine größtmögliche politische Anbindung und wirtschaftliche Integration zu erreichen“.

I. Ziele der ÖP sind,

- die Beziehungen der EU zu diesen Ländern auszubauen,
- sie an politische und wirtschaftliche EU-Standards heranzuführen und
- sie auf diese Weise zu modernisieren und zu stabilisieren.

Die ÖP zielt gleichzeitig auf eine verstärkte Kooperation der Partner untereinander. Eine EU-Beitrittsperspektive steht grundsätzlich nicht auf der Tagesordnung. Im Gegenzug zu politischen und wirtschaftlichen Reformen bietet die ÖP:

- neue vertragliche Beziehungen,
- vertiefte und umfassende Freihandelsabkommen,
- Schritte zur Visaliberalisierung bzw. der Visumsfreiheit; denn: Ungehinderte Kontakte zwischen Menschen sind ein zentrales Anliegen funktionierender nachbarschaftlicher Beziehungen, ganz gleich ob in der Wirtschaft, der Wissenschaft oder in privater Hinsicht, sowie
- einen soliden Rahmen für eine multilaterale Zusammenarbeit und
- eine Vertiefung der bilateralen Zusammenarbeit mit der EU.

II. Ambivalente Entwicklungen

Nach dem Prager Gründungsgipfel konzentrierte sich der 2. Gipfel 2011 in Warschau auf eine intensivere Zusammenarbeit in Wirtschaft und Handel. Auf dem 3. Gipfel in Wilna konnte 2013 u. a. ein Visa-Erleichterungs-Abkommen mit Aserbaidschan unterzeichnet sowie eine gemeinsame

Erklärung mit Armenien verabschiedet werden.

Auf dem 4. Gipfel 2015 in Riga wurde der Hoffnung besonders der Ukraine auf eine EU-Beitrittsperspektive nicht entsprochen. Aber: Unter der Bedingung, dass die Korruption bekämpft und die Wirtschaft reformiert wird, sagte die EU der Ukraine einen Kredit in Höhe von 1,8 Milliarden Euro zu. 200 Millionen Euro Fördermittel, die sich die Ukraine, Georgien und Moldau teilen, wurden für kleine und mittelgroße Unternehmen vorgesehen.

Die Beziehungen der östlichen Partner zur EU entwickelten sich von nun an sehr unterschiedlich. Sie waren mehr oder minder geprägt von der erkennbaren Sichtweise Russlands, die EU wirke in eine Sphäre der lange gewachsenen und ökonomisch wichtigen Bindungen zu Moskau hinein. So registrierte die EU seit Sommer 2013 russischen Druck auf die Östlichen Partner. In der Folge

(1) stoppte die Ukraine im November 2013 ein geplantes Assoziierungsabkommen mit der EU,
(2) verzichtete Armenien 2013 überraschend auf die Unterzeichnung des mit der EU fertig ausgehandelten Assoziierungsabkommens.

III. Zehn Jahre ÖP

Im Mai 2019 wurde der 10. Jahrestag der Gründung der ÖP feierlich begangen. Alle sechs Partnerländer sowie alle EU-Staaten waren hochrangig vertreten. Gewürdigt wurde eine Partnerschaft, die sich für beide Seiten als vorteilhaft erwiesen und zu konkreten Ergebnissen für die Bürgerinnen und Bürger geführt habe.

Die Hohe Vertreterin für die Außenpolitik, *Federica Mogherini*, hob hervor:

> „In der EU wissen wir die ÖP sehr zu schätzen. Ungeachtet aller Schwierigkeiten und Probleme, die in der Region immer noch bestehen, ist es unserer Partnerschaft gelungen, die gemeinsame Arbeit bei den Themen Handel, wirtschaftliche Entwicklung, Menschenrechte, Rolle der Zivilgesellschaft und Visaliberalisierung sowie in zahlreichen anderen Bereichen voranzubringen."

IV. Beziehungen zu Belarus

Die EU vertieft zurzeit in sorgfältig abgestimmten Schritten ihre *Politik des kritischen Engagements* gegenüber Belarus. Dies beinhaltet:

- technische Dialoge über bestimmte Themen;
- Zusammenarbeit im Rahmen der multilateralen Komponente der ÖP;
- Unterstützung der Zivilgesellschaft;
- Aufnahme von Verhandlungen über ein Visaerleichterungs- und ein Rückübernahmeabkommen im Januar 2014 sowie Aufnahme von Verhandlungen über eine Mobilitätspartnerschaft im Jahr 2015;
- Dialog über die für die Modernisierung von Belarus erforderlichen Reformen und über den Ausbau der Beziehungen zur EU (einschließlich etwaiger finanzieller Unterstützung).

1. Restriktive Maßnahmen

Der → *Rat der EU* hat am 25. Februar 2019 beschlossen, die restriktiven

Maßnahmen gegen Belarus um ein Jahr – bis zum 28. Februar 2020 – zu verlängern. Hierzu gehören

- ein Waffenembargo,
- ein Verbot der Ausfuhr von zu interner Repression verwendbaren Gütern,
- das Einfrieren von Vermögenswerten und
- ein Reiseverbot gegen vier Personen, die mit dem ungeklärten Verschwinden zweier Oppositionspolitiker, eines Geschäftsmanns und eines Journalisten in den Jahren 1999 und 2000 im Zusammenhang stehen.

2. Rechtsstaatlichkeit und die Menschenrechte

Wie weit Belarus an der ÖP teilnehmen kann, hängt davon ab, wie sich vor dem Hintergrund der Achtung des Völkerrechts und der Menschenrechte die Beziehungen zwischen dem Land und der EU insgesamt entwickeln.

Für den Rat der EU sind konkrete Schritte seitens Belarus zur Gewährleistung der Grundfreiheiten, der Rechtsstaatlichkeit und der Menschenrechte entscheidend.

So forderte der Rat die belarussische Regierung auf, ein Moratorium für die Todesstrafe als einen ersten Schritt hin zu ihrer Abschaffung einzuführen

3. Nähert sich Belarus der EU an?

Trotz enger Beziehungen zu Russland scheint Belarus eine Annäherung an die EU zu suchen, um seine Unabhängigkeit von Moskau zu bekunden. Die Integration von Belarus in die ÖP zeigt jedenfalls Wirkung: Der Handel mit der EU stellt inzwischen fast ein Viertel des gesamten Handels von Belarus dar. Für das bei der Energieversorgung stark von Russland abhängige Land ist die EU ein unverzichtbarer Handelspartner geworden. 2016 hob die EU einige Sanktionen für Belarus auf und würdigte die Annäherungspolitik *Alexander Lukaschenko*s. Belarus hat derzeit nicht vor, EU-Beitrittskandidat zu werden, aber dies könnte sich in den kommenden Jahren ändern.

V. Beziehungen zur Ukraine

Die Ukraine ist ein *Paradebeispiel* für ein Grundproblem: Die Osterweiterung der → *NATO* und das Werben der EU um die Länder der ÖP sind aus der Sicht Russlands eine akute Gefahr – wirtschaftlich wie strategisch:

Bis 2010 war Russland der wichtigste Handelspartner der Ukraine. Eine Hinwendung des Landes nach Westen stellte zudem den Pachtvertrag für die russische Schwarzmeerflotte zur Disposition.

Auch in Europa war für jedermann erkennbar, welche Bedeutung als Handelspartner die Ukraine sowohl für die EU als auch für Russland hat. Bei ehrlicher Bilanzierung erscheint es verständlich, dass es auch bei uns Stimmen gibt, die einen Teil der Schuld an der Ukraine-Krise im Vorgehen des Westens begründet sehen.

Immerhin wurde einiges erreicht:

Seit 2017 ist das *Assoziierungsabkommen zwischen der EU und der Ukraine* in Kraft. Eine vertiefte und umfassende Freihandelszone bildet den wirtschaftlichen Teil des Abkommens. Sie bietet der Ukraine einen Rahmen für Handelsbeziehungen und die Modernisierung ihrer Wirtschaft.

Im Mai 2017 wurde eine Verordnung verabschiedet, mit der ukrainische Staatsangehörige bei Reisen in die EU von der Visumpflicht befreit werden, sofern sie sich höchstens 90 Tage in einem Zeitraum von 180 Tagen dort aufhalten. Das *Visaerleichterungsabkommen* und das *Rückübernahmeabkommen* mit der Ukraine sind seit 2008 in Kraft.

Am 24. Februar 2022 begann Russland einen Angriffskrieg gegen die Ukraine. Seither ist eine grandiose Unterstützung des überfallenen Landes seitens der EU zu beobachten. Man reagierte schnell und entschlossen. Seit Beginn der Invasion wurden massive Sanktionen verhängt, umfassende Hilfsmaßnahmen eingeleitet und finanzschwere Hilfspakete geschnürt. Auch für den Wiederaufbau setzt sich die EU ein.

Seit Juni 2023 ist die Ukraine EU-Beitrittskandidat.

Im Februar 2023 hat die EU-Kommission den Vorschlag angenommen, das Roaming, also das Telefonieren in die EU ohne zusätzliche Kosten, in das Assoziierungsabkommen zwischen der EU und der Ukraine einzubeziehen. Das Roaming zu Inlandspreisen gälte auch für Reisende aus der EU bei ihrem Besuch in der Ukraine. Das Tempo, in dem die Ukraine in den EU-Binnenmarkt für Roaming integriert wird, hängt davon ab, wie schnell sich die Ukraine den einschlägigen EU-Rechtsvorschriften nähert und sie umsetzt.

VI. Beziehungen zu Georgien

Die Außenpolitik Georgiens ist heute von dem Wunsch geprägt, seine Unabhängigkeit von Russland unumkehrbar zu machen.

Seit 1. Juli 2016 ist ein *Assoziierungsabkommen zwischen EU und Georgien* in Kraft. Es zielt auf eine Vertiefung der politischen und wirtschaftlichen Beziehungen zwischen beiden Partnern – u. a. durch die Errichtung einer umfassenden *Freihandelszone*. Mit der Beseitigung von Zöllen und Kontingenten und der vollständigen Angleichung der handelsbezogenen Vorschriften an die EU-Normen bietet das Abkommen Georgien einen Rahmen, um die schrittweise Integration in den → *Binnenmarkt* der EU zu erleichtern.

Der EU-Kommissar für Nachbarschaftspolitik, *Johannes Hahn*, prophezeite 2016 stolz:

> *„Die Bürgerinnen und Bürger Georgiens werden zunehmend von den Vorteilen einer engeren Anbindung ihres Landes an die EU im Rahmen des Assoziierungsabkommens profitieren."*

Andererseits ist Georgien Verpflichtungen in den Bereichen Demokratie, Rechtsstaatlichkeit, Menschenrechte und Grundfreiheiten, gute Regierungsführung, Marktwirtschaft und nachhaltige Entwicklung eingegangen.

Wesentliche Teile des Abkommens wurden seit dem 1. September 2014 vorläufig angewandt. In dieser Zeit konnten wichtige konkrete Ergebnisse registriert werden. So nahmen die

Ausfuhren Georgiens in die EU im Jahr 2015 um 16 Prozent zu. Inzwischen werden auch neue georgische Exporte – wie Kiwis, Blaubeeren, Knoblauch und Wein – in die EU verzeichnet. Auch bei Kupfer und Erdöl sind die Ausfuhren in die EU deutlich gestiegen. Außerdem hat Georgien europäische Normen in Bereichen wie Gesundheit, Sicherheit und Umweltschutz übernommen.

Als für Georgien sehr bedeutsamen Bestandteil des Assoziierungsabkommens haben die EU-Staaten den Wegfall des Visa-Zwangs beschlossen – allerdings unter mühsamen Geburtswehen. Immer wieder war die Entscheidung vertagt worden. Seit März 2017 dürfen Reisende aus Georgien ohne Visum in den Schengenraum einreisen. Diese Reisefreiheit beinhaltet keine Arbeitserlaubnis, sondern lediglich ein Aufenthaltsrecht von *bis zu drei Monaten*. Mit großem Andrang rechnet man in der EU nicht: Nötig für die Einreise ohne Visum ist nämlich ein biometrischer Pass mit gespeichertem Fingerabdruck.

VII. Beziehungen zu Moldau

Auch mit der Republik Moldau sind 2016

- ein 2014 geschlossenes *Assoziierungsabkommen* sowie
- ein vertieftes *Freihandelsabkommen* in Kraft getreten.

Das Abkommen mit Moldau über Visaerleichterungen und Rückübernahme fördern die Mobilität der Bürgerinnen und Bürger Moldaus und regeln die Rückübernahme in Fällen illegaler Migration.

Die Annäherung an die EU wurde in Moldau nicht uneingeschränkt begrüßt. Ähnlich wie in der Ukraine zeigte sich auch in diesem Land eine deutliche Spaltung in ein pro-russisches und ein pro-europäisches Lager. Der russische Angriffskrieg hat allerdings auch hier eine neue Sichtweise befördert. Im März 2023 folgte Moldau dem Beispiel der Ukraine und beantragte die Aufnahme in die EU. Seit Juni 2023 ist auch Moldau EU-Beitrittskandidat.

VIII. Die Beziehungen zu Armenien

Armenien ist ein besonders brisantes Opfer defizitärer Abstimmung zwischen dem Westen – sprich: der EU – und Russland.

1. Armenien nach der Unabhängigkeit

Armenier sehen sich als Europäer, ihre Werte als europäisch. In der Außenpolitik Armeniens lässt sich seit der Unabhängigkeit 1991 eine klare Linie der Annäherung an die EU feststellen. In Sicherheitsfragen kooperiert Armenien seit 1992 über die NATO mit dem „Westen“:

Der erste Schritt war Armeniens → *OSZE*-Mitgliedschaft 1992.

1999 trat das 1996 unterzeichnete Abkommen über Partnerschaft und Kooperation zwischen der EU und Armenien in Kraft. Das Abkommen war auf zehn Jahre befristet und verlängerte sich automatisch in jährlichem Rhythmus.

2001 wurde Armenien Vollmitglied des → *Europarates*. Nun nahm die Idee einer europäischen Integration Armeniens Fahrt auf. Bereits 2004 wurde das Land in die Europäische

Nachbarschaftspolitik (ENP) aufgenommen und unterzeichnete 2006 mit der EU in diesem Rahmen einen auf fünf Jahre angelegten Implementierungsplan, der 2007 in Kraft trat.

2009 wurde Armenien in die ÖP einbezogen, und schon im Juli 2010 begannen Verhandlungen über ein Assoziierungsabkommen.

2. Armenien – gefesselte Situation

Nichts verdeutlicht die gefesselte Situation des Landes unmissverständlicher als der Paukenschlag, als Armenien 2013 nach dreieinhalb Jahren intensiver Verhandlungen mit der EU auf die unmittelbar bevorstehende Unterzeichnung des Assoziierungsabkommens verzichtete.

Ein zunächst routinemäßig angelegter Arbeitsbesuch des Staatspräsidenten *Sersch Sargsjan* am 3. September 2013 in Moskau brachte die unerwartete Wende. Nach dem Treffen mit *Wladimir Putin* gab der armenische Präsident bekannt, Armenien habe entschieden, der Zollunion mit Russland beizutreten.

Fakt ist: Politisch und militärisch ist Armenien auf die Schutzmacht Russland angewiesen:

Russische Grenztruppen schützen die 37 km lange Außengrenze zum Iran und vor allem die 289 km lange Grenze zur Türkei – letzteres Nachbarland ist mit dem verfeindeten Aserbaidschan in muslimischer Brüderschaft verbunden.

Die Gesamtlänge der Staatsgrenze Armeniens mit seinen vier Nachbarn beträgt 1.431 km. Der längste Teil, nämlich 893,6 km, grenzt an Aserbaidschan, mit dem Armenien sich wegen des Konflikts um Berg-Karabach faktisch im Kriegszustand befindet. Diese Grenze wird nur durch die armenischen Grenztruppen überwacht.

Mit Hinblick auf die knappen Ressourcen der wirtschaftlich schwachen und bevölkerungsarmen Republik ist offensichtlich, was für eine Entlastung die russische Präsenz an der türkischen Grenze für Armenien darstellt.

Auch das armenische Siedlungsgebiet in der Region Bergkarabach, umschlossen vom Territorium des Nachbarn Aserbaidschan, war seit dem Ende der Sowjetunion eine Achillesferse für Armenien. Im September 2020 hatte Aserbaidschan eine Militäroffensive begonnen, um Bergkarabach nach Jahren des diplomatischen Stillstands zurückzuerobern. Das am 9. November 2020 von Russland vermittelte Waffenstillstandsabkommen legte zwar veränderte Grenzziehungen fest, war aber brüchig; immer wieder flammte der Konflikt auf. Dann, im September 2023 und sozusagen im „Windschatten" des Ukraine-Krieges, startete Aserbaidschan einen Militärschlag, der Tausende dort seit Jahrhunderten ansässige Armenier in die Flucht trieb. Russland vermittelte zwar eine Feuerpause, griff aber nicht ein und enttäuschte die armenische Seite zutiefst. Schließlich stimmte Armeniens Präsident der Auflösung der seinerzeit selbsterklärten Region Berg-Karabach zum 1. Januar 2024 zu.

Dennoch bleibt eine Militärbasis im Südkaukasus, zwölf Kilometer von der armenisch-türkischen Grenze entfernt und damit dicht an NATO-Gebiet gelegen, für Russland von großer Bedeutung. 2016 wurde der Vertrag über die Pacht bis 2044 verlängert.

Mit der EU kam Armenien überein, einen neuen Kooperationsvertrag auszuhandeln. Er wurde 2018 unterzeichnet.

IX. Fazit

Offensichtlich war sich der Westen nicht bewusst, dass ein sich ausgegrenzt und eingekreist fühlendes Russland schnell in die Zeiten des Kalten Krieges zurückfallen würde. Erst recht überrascht hat aber, dass aus diesen zunehmenden Spannungen sehr plötzlich ein neuer Krieg auf unserem Kontinent erwachsen würde. Die Ursachen dieser Spannungen sind vielfältig; ihre Ursprünge liegen wohl auch in der Ausdehnung von NATO und EU in Länder und Regionen, die Russland – ob zu Recht oder zu Unrecht – als seine sicherheitspolitisch wie ökonomisch wichtige Einflusssphäre wahrgenommen hat.

Zehn Jahre nach der Etablierung der ÖP konstatierte *Günter Verheugen*, langjähriger EU-Kommissar und Staatsminister im Auswärtigen Amt, dass sie zum Zerfall der strategischen Partnerschaft mit Russland beigetragen habe: „Der historische Fehler der EU besteht darin, die Partnerschaft ohne Zusammenarbeit mit Russland vorangetrieben zu haben." Geopolitisch gesehen habe die EU mit ihrer *ÖP „an Russland vorbei"* jedenfalls nicht dazu beigetragen, Spannungen abzubauen und unseren Kontinent zu befrieden. Der Schweizer Historiker Daniele Ganser hat den – in jeder Form zu verurteilenden – Angriff Russlands auf die Ukraine daher als „Krieg mit Ansage" bezeichnet.

Weiterführende Literatur

Katrin Böttger, „Deutschland, die Östliche Partnerschaft und Russland", in: „Handbuch zur deutschen Europapolitik", hrsg. von Katrin Böttger/Mathias Jopp, Baden-Baden 2016, S. 406–419 | *Dies./Friederike Augustin,* „Östliche Partnerschaft", in: „Jahrbuch der Europäischen Integration 2019", hrsg. von Werner Weidenfeld/Wolfgang Wessels, Baden-Baden 2019, S. 357–366 | *Peter-Christian Müller-Graff* (Hrsg.), „Die Beziehungen zwischen der EU und Russland – Spannung und Kooperation", Baden-Baden 2017 | *Katharina Raabe* (Hrsg.), „Gefährdete Nachbarschaften – Ukraine, Russland, Europäische Union", Göttingen 2015 | *Hans-Henning Schröder,* „Politikberatung und ihre Grenzen – Lehren aus drei Jahrzehnten Osteuropaforschung", in: Osteuropa, 70. Jahrgang, Heft1/2 2020, S. 141–164 | *Hans Jörg Schrötter/Irina Ghulinyan-Gerz,* „Die Europäische Union und ihre östlichen Nachbarn – Neue Partner, die Rolle Russlands und Armeniens gescheiterte Assoziation", Baden-Baden 2017 | *Dominik Tolksdorf,* „Die Östliche Partnerschaft nach dem Vilnius-Gipfel Ende November 2013 – Zunehmende Konfrontation zwischen der Europäischen Union und Russland?", in: Südosteuropa Mitteilungen, 53. Jahrgang, Heft 6/2013, S. 70–84 | *Günter Verheugen,* „Europa muss ein Friedensprojekt bleiben", in: „Europa in der Krise – Vom Traum zum Feindbild", hrsg. von Bodo Hombach und Edmund Stoiber, Marburg 2017, S. 83–91

▶ Ostseerat

Der Ostseerat, als internationale Organisation 1992 in Kopenhagen gegründet, dient der wirtschaftlichen, politischen, kulturellen und umweltpolitischen Kooperation der Anrainerstaaten der Ostsee sowie Norwegens und Islands. Der Rat unterhält ein Sekretariat in Stockholm (Schweden). Mitglieder des Ostseerates sind Dänemark, Deutschland, Estland, Finnland, Island, Lettland, Litauen, Norwegen, Polen, Russland, Schweden und die → *Europäische Union*.

Die Mitgliedschaft Norwegens, insbesondere aber Islands mag verwundern, da es sich hier nicht um Ostseeanrainer handelt. Allerdings sind die nordischen Länder seit Jahrzehnten aufs Engste miteinander verbunden. So sind Norwegen und Island neben Dänemark, Finnland und Schweden Mitglieder des → *Nordischen Rates* und der Nordischen Passunion. Daher hat man diese beiden Länder ebenfalls in den Ostseerat einbezogen. Beobachterstatus genießen Frankreich, Großbritannien, Niederlande, Italien, Slowakei, die Ukraine sowie die Vereinigten Staaten von Amerika.

▶ OSZE

Seit 1995 trägt die → *KSZE* den Namen „*Organisation für Sicherheit und Zusammenarbeit in Europa*“ (OSZE). Eine ihrer zentralen Aufgaben ist es, einen gemeinsamen Sicherheitsraum von Vancouver bis Wladiwostok zu gestalten – vor allem im Wege vorbeugender Diplomatie.

Durch die Mitgliedschaft aller Nachfolgestaaten der ehemaligen Sowjetunion (→ *GUS*) hat die OSZE – mit heute 56 Teilnehmerstaaten – eine Dimension erhalten, die es nicht leichter macht, unter der Chiffre „Europa“ ihre Interessen und Ziele zu definieren. Die Finanzmittel der OSZE sind begrenzt, ebenso die Effizienz ihrer Entscheidungsverfahren. Sanktionsmittel zur Durchsetzung ihrer Beschlüsse stehen ihr nicht zur Verfügung. Ob sich die OSZE zu einer übergreifenden Sicherheitsorganisation von vorrangiger Bedeutung für Europa fortentwickeln wird, erscheint derzeit fraglich.

Weiterführende Literatur

Gunther Hauser, „Die OSZE – Konfliktmanagement im Spannungsfeld regionaler Interessen“, Leverkusen 2016 | *Institut für Friedensforschung und Sicherheitspolitik an der Universität Hamburg* (Hrsg.), „OSZE-Jahrbuch 2018“, Baden-Baden 2020 | *Ders.*, „OSCE Yearbook 2019“, Baden-Baden 2020

P / Q

▶ Paneuropa-Bewegung

Die Paneuropa-Bewegung entsprang einem starken Aufleben des Europagedankens am Ende des Ersten Weltkriegs. Der Begründer dieser Bewegung, *Richard Nikolaus Coudenhove-Kalergi*, stellte in seinem 1923 erschienenen Buch *Pan-Europa* als Antwort auf Krieg und Kriegsfolgen ein europäisches Einigungsprogramm vor, das er etappenweise verwirklichen wollte. So sollten nach seinen Plänen zunächst eine europäische Konferenz einberufen, sodann zwischenstaatliche Schieds- und Garantieabkommen erreicht werden. Schließlich, nach dem Erreichen einer Europäischen Zollunion, wollte er die Vereinigten Staaten von Europa nach dem Vorbild der USA konstituieren.

In den folgenden Jahren gründete er die *„Paneuropa-Union"*, die ein beachtliches Echo in der Öffentlichkeit und selbst bei führenden Politikern fand. Greifbare Ergebnisse aber konnte er bis zum Ausbruch des Zweiten Weltkriegs nicht erzielen. 1947 gründete er die „Europäische Parlamentarische Union" und war auch deren Generalsekretär.

▶ Pariser Verträge

Mit den Pariser Verträgen, die zwischen den USA, Großbritannien, Frankreich und der Bundesrepublik Deutschland am 23. Oktober 1954 geschlossen wurden und am 5. Mai 1955 in Kraft traten, erhielt der westliche Teil Deutschlands seine Souveränität zurück, und das Besatzungsregime der Nachkriegszeit fand sein Ende. Gleichzeitig trat die Bundesrepublik Deutschland der → *NATO* und der → *Westeuropäischen Union (WEU)* bei.

Die Souveränität blieb jedoch durch Vorbehalte und Verantwortlichkeiten der vier alliierten Siegermächte „in Bezug auf Berlin und auf Deutschland als Ganzes einschließlich der Wiedervereinigung Deutschlands und einer friedensvertraglichen Regelung" eingeschränkt.

Seine volle Souveränität erlangte Deutschland erst 1990 mit dem „Einigungsvertrag" zwischen der DDR und der Bundesrepublik Deutschland und dem „Zwei-Plus-Vier-Vertrag", in dem die vier Alliierten sowie Vertreter der beiden deutschen Staaten die Bildung des vereinten Deutschlands bestätigten.

Bilanz

Die Pariser Verträge gehören zu den folgenreichsten Einschnitten in der deutschen und europäischen Geschichte seit 1945:

- Sie vertieften und befestigten die Zweistaatlichkeit Deutschlands für Jahrzehnte,
- sie integrierten die Bundesrepublik Deutschland (West) in das atlantische und westeuropäische Paktsystem (→ *Westintegration*) und
- wurden so zum Symbol der Spaltung des europäischen Kontinents.

▶ „PESCO“

PESCO steht für *„Permanent Structured Cooperation“* („Ständige Strukturierte Zusammenarbeit“). Mitgliedstaaten der → *Europäischen Union (EU)*, die dazu bereit und in der Lage sind, erhalten einen ständigen Rahmen, um im Bereich der Sicherheit und Verteidigung enger zusammenzuarbeiten, in gemeinsame Projekte zu investieren oder die operative Einsatzbereitschaft zu verbessern. Es handelt sich aber nicht um den Aufbau einer Europa-Armee.

Die vertragliche Basis für diese Zusammenarbeit – gelegentlich euphorisch *„Europäische Sicherheits- und Verteidigungsunion“* genannt – wurde 2008 mit dem → *Lissabon-Vertrag* geschaffen. Neun Jahre später, im Dezember 2017, haben Deutschland und 24 weitere EU-Staaten formell eine vertiefte militärische Zusammenarbeit beschlossen. Bis auf Dänemark und Malta nehmen alle Mitgliedstaaten hieran teil.

Die Ziele sind:

- mehr Schlagkraft bei Krisenoperationen,
- mehr Investitionen in modernste Waffensysteme,
- Sparen bei Rüstungsprojekten durch mehr gemeinsame Forschung und
- eine bessere Abstimmung untereinander beim Aufbau von militärischen Fähigkeiten.

Im März 2018 haben die EU-Außen- und Verteidigungsminister die ersten 17 Projekte im Rahmen der neuen militärischen Zusammenarbeit beschlossen. Sie erstrecken sich u. a. auf die Bereiche Ausbildung, Fähigkeitenentwicklung und operative Einsatzbereitschaft auf dem Gebiet der Verteidigung. Sie sollen nur der Anfang sein. Jedes Land muss sich mindestens an einem Projekt beteiligen. Allein vier dieser 17 Projekte werden von Deutschland angeführt.

PESCO soll die → *NATO* unterstützen und ergänzen. Das transatlantische Bündnis werde, so die Bundesregierung, von PESCO profitieren, da viele EU-Nationen Mitglieder beider Bündnisse seien. Eine effektivere europäische Verteidigungspolitik stärke damit auch die Nato. In jedem Fall sendet Europa mit PESCO ein Zeichen der Bereitschaft, Verantwortung in der Welt zu übernehmen (siehe auch → *Gemeinsame Sicherheits- und Verteidigungspolitik*).

▶ Petersburger Dialog

Der sog. Petersburger Dialog, von Bundeskanzler *Gerhard Schröder* und dem russischen Präsidenten *Wladimir Putin* 2001 als thematisch breit angelegtes Gesprächsforum ins Leben gerufen, diente 20 Jahre lang der Verständigung zwischen Russland und Deutschland. Der deutschen Seite ging es darum, die Erfahrungen einer pluralistischen Gesellschaft einzubringen und Ratschläge aus den Umbruch- und Aufbruchszeiten der Jahre nach 1945 und 1989 weiterzugeben. Russland signalisierte Dialogbereitschaft und suchte in den Bereichen Politik, Wirtschaft und Kultur den Gedankenaustausch.

Der erste Petersburger Dialog verstand sich nach den Worten Gerhard Schröders auch als ein „Beitrag zum Aufbau und zur Entwicklung der Zivilgesellschaft in Russland“. Er wurde am 9. April 2001 in St. Petersburg eröffnet. Die Treffen fanden seither – mit einer Unterbrechung 2014 – bis 2019 in jährlicher Folge statt. Am 22. November 2022 beschloss die Mitgliederversammlung des Petersburger Dialogs, sich im 1. Quartal 2023 im Rahmen einer außerordentlichen Mitgliederversammlung aufzulösen.

Rückblick

Die Arbeit des Petersburger Dialogs wurde von einem paritätisch besetzten deutsch-russischen *Lenkungsausschuss* organisiert. Er plante die Jahrestagungen, bereitete sie thematisch vor und lud die Teilnehmer ein. Vorsitzende auf russischer Seite waren: *Michail Gorbatschow* (2002 bis 2009) und *Wiktor Subkow* (seit 2009), auf deutscher Seite: *Peter Boenisch* (2002 bis 2005), *Lothar de Maizière* (2005 bis 2015) sowie *Ronald Pofalla* (2015 bis 2023).

Aus der Arbeit des Petersburger Dialogs sind wichtige Initiativen hervorgegangen, wie etwa die Stiftung Deutsch-Russischer Jugendaustausch oder das Koch-Metschnikow-Forum, in dem sich deutsche und russische Forscher regelmäßig über bakteriologische und virologische Entwicklungen austauschen.

2007 tagte in Wiesbaden erstmals ein deutsch-russisches Rohstoffforum. Beim 8. Petersburger Dialog 2008 wurde eine bilaterale Vereinbarung zwischen deutschem und russischem Lenkungsausschuss unterzeichnet, die die Umsetzung der deutsch-russischen Modernisierungspartnerschaft in den Bereichen Gesundheitsvorsorge, Logistik, Rohstoffeffizienz und Rechtsstaatlichkeit vorsieht. 2010 wurde während des Dialogs in Jekaterinburg ein deutsch-russisches Sozialforum initiiert.

Nennenswert sind ferner gemeinsame Projekte der kulturellen Zusammenarbeit im Rahmen der Arbeitsgruppe Kultur des Petersburger Dialogs sowie Konferenzen zum Thema Welterbe, Ausstellungen zur „Bronzezeit“ (2013) sowie zu „Russen & Deutsche – 1000 Jahre Kunst, Geschichte und Kultur“ (2012).

Der 18. Petersburger Dialog fand vom 18. bis 20 Juli 2019 auf dem Petersberg bei Bonn statt.

Nr.	Termin	Ort	Dachthema
1. Petersburger Dialog	9. bis 10. April 2001	Sankt Petersburg	„Russland und Deutschland an der Schwelle des 21. Jahrhunderts“
2. Petersburger Dialog	8. bis 10. April 2002	Weimar	„Deutschland und Russland in einer sich neu ordnenden Welt“

Nr.	Termin	Ort	Dachthema
3. Petersburger Dialog	10. bis 12. April 2003	Sankt Petersburg	„Russland und Deutschland in Europa“
4. Petersburger Dialog	9. bis 10. September 2004	Hamburg	„Deutschland und Russland – Partner im Entwicklungsprozess der Europäischen Zusammenarbeit“
5. Petersburger Dialog	30. November bis 1. Dezember 2005	Sankt Petersburg	„Perspektiven und neue Entwicklungen in den deutsch-russischen Beziehungen“
6. Petersburger Dialog	9. bis 11. Oktober 2006	Dresden	„Deutschland und Russland in europäischer Verantwortung“
7. Petersburger Dialog	13. bis 15. Oktober 2007	Wiesbaden	„Einheit Europas – deutsche und russische Beiträge“
8. Petersburger Dialog	30. September bis 3. Oktober 2008	Sankt Petersburg	„Russland und Deutschland in der globalisierten Welt – Partner in der Modernisierung“
9. Petersburger Dialog	14. bis 16. Juli 2009	München	„Wege aus der Krise aus Sicht der Zivilgesellschaften Deutschlands und Russlands“
10. Petersburger Dialog	13. bis 15. Juli 2010	Jekaterinburg	„Deutsche und russische Gesellschaft im nächsten Jahrzehnt“
11. Petersburger Dialog	17. bis 19. Juli 2011	Wolfsburg und Hannover	„Bürger, Gesellschaft und Staat – Partner im Modernisierungsprozess“
12. Petersburger Dialog	14. bis 16. November 2012	Moskau	„Russland und Deutschland: Die Informationsgesellschaft vor den Herausforderungen des 21. Jahrhunderts“
13. Petersburger Dialog	4. bis 6. Dezember 2013	Kassel	„Soziale und politische Rechte als Bedingung für eine freie Gesellschaft“
14. Petersburger Dialog	22. bis 24. Oktober 2015	Potsdam	„Modernisierung als Chance für ein gemeinsames europäisches Haus“
15. Petersburger Dialog	14. bis 16. Juli 2016	Sankt Petersburg	„Russland und Deutschland im Angesicht globaler Herausforderungen“

Nr.	Termin	Ort	Dachthema
16. Petersburger Dialog	23. und 24. November 2017	Berlin	„Gesellschaftliche Teilhabe als Chance zur deutsch-russischen Verständigung" Nach der Tagung kritisierte Irina Scherbakowa, dort sei „nicht mit den wirklichen Vertretern der Zivilgesellschaft" geredet worden, sondern „mit den Funktionären und leider manchmal auch den Propagandisten".
17. Petersburger Dialog	7. bis 8. Oktober 2018	Moskau	„Vertrauen bilden, Partnerschaft stärken: Zivilgesellschaftliche Zusammenarbeit zwischen Russland und Deutschland als Impuls für den zwischenstaatlichen Dialog"
18. Petersburger Dialog	18. bis 20. Juli 2019	Bonn	„Kooperation als Leitmotiv für ein Europa in Frieden: Beiträge aus den Zivilgesellschaften Russlands und Deutschlands"
19. Petersburger Dialog	Ursprünglich geplant, bis auf Weiteres verschoben, da Aussetzung aller bilateralen Veranstaltungen	Kaliningrad	

▶ Pressefreiheit in Europa

Sie ist für die Stabilität und Legitimität unserer demokratischen Regierungssysteme in Europa unerlässlich – die Offenheit der politischen Kommunikation. Der ungehinderte Zugang zu den Quellen der Information für jedermann ist Gewähr und Basis dieser Offenheit. Die Meinungs- und Pressefreiheit sichert, kurz gesagt, den Kern der Demokratie: das Selbstbestimmungsrecht in der Kommunikation. Mehr noch: Medienfreiheit zählt gegenwärtig und hoffentlich auch zukünftig zu den identitätsstiftenden Normen eines in der → *Europäischen Union (EU)* vereinten Europa.

I. Rechtliche Garantien

Als herausragendes europäisches Regelwerk schützt die *Europäische Konvention zum Schutz der Menschenrechte und Grundfreiheiten* (EMRK) des → *Europarates*, in Kraft seit 1953, in ihrem Artikel 10 die Meinungsfreiheit und in diesem Kontext auch die Rundfunk- und Pressefreiheit. Schon seinerzeit gestaltete man den Schutz der Pressefreiheit in zwei Richtungen:

- zum einen umfasst sie als Bestandteil der Meinungsfreiheit das Recht, seine Meinung zu äußern und über alle verfügbaren Kommunikationskanäle zu verbreiten;
- zum anderen wird, als Teil der Informationsfreiheit, das Bürgerrecht gewährleistet, Nachrichten und Ideen ohne behördliche Eingriffe und ohne Rücksicht auf Staatsgrenzen zu empfangen.

Die EMRK formuliert aber auch Grenzen; sie akzeptiert, dass die freie Rede auch mit Pflichten und Verantwortung verbunden ist. So unterliegt die Ausübung der Presse- und Rundfunkfreiheit den allgemeinen Grenzen der Meinungsfreiheit sowie gesetzlichen Einschränkungen z. B. aus Gründen nationaler Sicherheit, öffentlicher Sicherheit und Ordnung oder zur Verhütung von Straftaten. Eine Konzessionspflicht für Presse- und Rundfunkorgane wird ebenfalls gebilligt. In Artikel 16 schränkt die EMRK ihre Gewährleistung der Pressefreiheit dahin ein, dass es den Vertragsstaaten gestattet ist, die politische Tätigkeit ausländischer Personen – und damit auch ihre freie Meinungsäußerung über Presse und Rundfunk – zu beschränken.

Der Europäische Gerichtshof für Menschenrechte (EGMR), der über die Einhaltung der EMRK wacht, hat durch seine Rechtsprechung in zahlreichen Fällen die Medienfreiheit gestärkt und journalistisch Tätigen ihre Freiheiten gesichert. Die nationalen Behörden der Mitgliedsländer des Europarats sind vertraglich verpflichtet, die EGMR-Urteile umzusetzen. Auch nationale Gesetzgeber und nationale Rechtsprechung konkretisieren die Grenzen der Pressefreiheit. Prominente Beispiele aus Deutschland sind die „Spiegel"- und „Cicero"-Urteile des Bundesverfassungsgerichts von 1966 und 2007, die jeweils eine Stärkung der Pressefreiheit bedeuteten.

Voller Stolz hat sich Jahrzehnte später auch die Europäische Union (EU) eine → *Grundrechte-Charta* erarbeitet. Im Jahre 2000 hat man sie in Nizza (→ *Vertrag von Nizza*) feierlich proklamiert. Mit dem → *Lissabon-Vertrag*, in Kraft seit Dezember 2009, verlieh man ihr volle Rechtsverbindlichkeit. Artikel 11 der Charta lautet:

> „(1) Jede Person hat das Recht auf freie Meinungsäußerung. Dieses Recht schließt die Meinungsfreiheit und die Freiheit ein, Informationen und Ideen ohne behördliche Eingriffe und ohne Rücksicht auf Staatsgrenzen zu empfangen und weiterzugeben.
>
> (2) Die Freiheit der Medien und ihre Pluralität werden geachtet."

Kurz zuvor, am 25. Mai 2009, unterzeichneten 48 Herausgeber und führende Journalisten aus 19 europäischen Ländern die sog. *Europäische Pressefreiheit-Charta*. In zehn Artikeln fasst sie die Hauptprinzipien der Medienfreiheit zusammen. Genannt werden u. a. das Verbot der Überwachung, der Bespitzelung und der Durchsuchung von Redaktionen und deren Computern. Des Weiteren formuliert diese Charta die Notwendigkeit, Journalisten und Bürgern einen ungehinderten Zugang zu Informationsquellen zu verschaffen. Schließlich nennt sie Werte, die öffentliche Institutionen – Staaten sowie auch die EU – im Umgang mit Journalisten respektieren sollten. Die Charta wurde der → *Europäischen Kommission* sowie dem Europarat übergeben in der Erwartung, dass sie Maßstäbe für die Beurteilung der Medienfreiheit in deren Mitglieds- und Kandidatenstaaten setzen und die Beziehungen der Journalisten zu den jeweiligen staatlichen Behörden in ganz Europa verbessern möge.

II. Neue Realitäten

So frei und unabhängig wie in Europa können Journalistinnen und Journalisten weltweit sonst allenfalls in Kanada, Australien, Neuseeland oder, mit Abstrichen, in den USA arbeiten. Wer aber genauer hinschaut, dem wird klar: *Trotz* der Standards, die Europarat und EU ihren Mitgliedsländern abgerungen haben, bleibt die Pressefreiheit ein fragiles Gut.

So zeichnet der alljährliche Vergleich der Organisation Reporter ohne Grenzen (ROG), veröffentlicht im April 2019, ein warnendes Bild. Unser Kontinent zählt demnach zu den Regionen, in denen sich die Lage der Journalisten am stärksten zum Negativen entwickelt habe.

Die Gefährdungen der Medienfreiheit in Europa sind von Land zu Land unterschiedlich – insgesamt aber lassen sich vor allem drei Faktoren ausmachen:

- Druck durch staatliche Übergriffe wie Zensur, Strafverfahren oder Zwangsübernahmen;
- wirtschaftlicher Druck etwa durch Medienkonzentration und Werbeboykotte sowie daraus resultierender Lohn- und Zeitdruck;
- Beschönigende Berichterstattung als Reaktion auf wachsende Ängste in der Bevölkerung – hervorgerufen etwa durch anhaltende Migrationswellen oder durch Anschläge internationaler Terrorgruppen. Solche Ängste spiegeln sich auch in zunehmendem Zuspruch für EU-skeptische Kräfte, die ihrerseits den Medien mitunter kritisch gegenüberstehen („Lügenpresse“). Dies wiederum fördert Unsicherheiten bei manchen unserer Medien, die es nicht mehr wagen, transparent zu berichten oder bestimmte unliebsame Fakten (wie etwa die Nationalität bestimmter Straftäter) beim Namen zu nennen. Bis zur Selbstzensur ist es dann nur ein kleiner Schritt.

III. Schutz für Informanten?

Inwiefern und ob Informanten und Whistleblower künftig mehr Schutz benötigen, ist europaweit ein kontrovers diskutiertes Thema (→ *Whistleblower-Schutz*). Im Umgang mit Whistleblowing spiegelt sich auch der Grad der Freiheit der Berichterstattung wider – nach außen wie nach innen. So fragt die sogenannte *innere Pressefreiheit* nach der inhaltlichen Unabhängigkeit der Journalisten gegenüber Herausgebern, Verlegern und Medienmanagern und wird heute überwiegend aus ökonomischer Perspektive diskutiert. Doch spielen bei der Nachrichtenauswahl bisweilen auch politische und wirtschaftliche Interessen von Verlagsleitung oder Chefredaktion eine Rolle.

IV. Fazit

Ohne Zweifel bedarf es nachhaltiger Wachsamkeit, um die allgemeine Medienkompetenz zu stärken und Gefährdungen für die Medienfreiheit frühzeitig wahrnehmen zu können. Weiterhin braucht es mehr kritische Beobachtung von Erosionen der Medienfreiheit – und mehr Mut bei uns allen, sie frühzeitig beim Namen zu nennen. Schließlich benötigen Journalisten bessere Schutzrechte: „Journalist" sollte ein geschützter Beruf werden, zumindest für bestimmte Spielarten wie für Datenjournalismus oder investigativen Journalismus. Klare Regeln sollten verhindern, dass die digitale Überwachung die journalistische Recherche in Fesseln legt – und zwar europaweit.

Weiterführende Literatur

Andrea Czepek et. al. (Hrsg.), „Freiheit und Journalismus", Baden-Baden 2018 | *Ute Daniel*, „Beziehungsgeschichten. Politik und Medien im 20. Jahrhundert", Hamburg 2018 | *Martin Welker et. al.* (Hrsg.), „Pressefreiheit ohne Grenzen – Grenzen der Pressefreiheit", 2. Auflage, Köln 2016, Teil 2

▶ Qualifizierte Mehrheit

Die qualifizierte Mehrheit ist eines von drei möglichen Beschlussverfahren im → *Rat der Europäischen Union (EU)*. Der Rat der EU kann:

- mit einfacher Mehrheit,
- mit qualifizierter Mehrheit und
- mit Einstimmigkeit Beschlüsse fassen.

Mit der → *Einheitlichen Europäischen Akte (EEA)* wurde 1987 das bis dahin praktizierte, mitunter langwierige Beschlussverfahren der Einstimmigkeit beschleunigt. In vielen Bereichen ersetzen seither Mehrheitsentscheidungen das Prinzip der Einstimmigkeit. Einstimmigkeit blieb u. a. immer dann erforderlich, wenn der Rat von Vorschlägen der → *Europäischen Kommission* abweichen will.

I. Stimmengewichtung – Vertrag von Nizza

Angesichts der seinerzeit bevorstehenden → *Osterweiterung* hatte sich der → *Europäische Rat* auf dem Gipfeltreffen im Dezember 2000 (→ *Vertrag von Nizza*) auf eine neue Stimmenverteilung bei Entscheidungen mit qualifizierter Mehrheit geeinigt, die auch die neu beitretenden Staaten berücksichtigt. Das neue Verfahren sieht seit 2005 eine stärkere „Spreizung" der Stimmengewichtung vor; sie erstreckt sich von 29 Stimmen für die vier größten Staaten Deutschland, Frankreich, Italien und – seinerzeit – Großbritannien bis zu drei Stimmen für Malta als dem kleinsten Mitglied.

II. Neuregelung im Vertrag von Lissabon

Mit dem im Dezember 2009 in Kraft getretenen → *Lissabon-Vertrag* wurden qualifizierte Mehrheitsentscheidungen zur Regel: Bis auf einige Bereiche wie die → *Gemeinsame Außen- und Sicherheitspolitik* oder die Sozialversicherung wird nun auf Ratsebene mehrheitlich beschlossen, und das Vetorecht entfällt.

Die nötige qualifizierte Mehrheit ist erreicht, wenn 55 Prozent der EU-Staaten, die 65 Prozent der Bevölkerung der Europäischen Union repräsentieren, einem Vorhaben zustimmen. Diese *„Doppelte Mehrheit“* wurde nach einer Übergangsfrist bis November 2014 eingeführt. Auf Wunsch Polens wurde eine weitere Übergangsregelung bis März 2017 akzeptiert, wonach ein Mitgliedstaat für Beschlussfassungen noch die Anwendung der alten (Nizza-)Regeln beantragen kann.

R

▶ Rat der Europäischen Union

Der Rat der Europäischen Union mit Sitz in Brüssel spielt im politischen System der → *Europäischen Union (EU)* eine Schlüsselrolle. Als Repräsentant der Mitgliedsländer ist er das Scharnier zwischen EU-Ebene und nationalstaatlicher Interessenvermittlung. Bis 1992 hieß er → *Ministerrat* und wird auch heute mitunter so genannt. Er vereinigt die Fachminister der nationalen Regierungen aller Mitgliedstaaten der EU.

Je nach fachlicher Zusammensetzung unterscheidet man neun verschiedene „Räte" – etwa den Rat der Außenminister, der die Bezeichnung „Allgemeiner Rat" trägt, den Rat der Umweltminister, den Rat der Verkehrsminister, den Rat Landwirtschaft und Fischerei, oder den Rat der Wirtschafts- und Finanzminister mit dem Namen „Ecofin" (→ *ECOFIN-Rat*) usw. Dennoch ist der Rat nur *ein* → Organ der EU. Er tagt nahezu wöchentlich. Jedes EU-Mitgliedsland entsendet jeweils einen Vertreter. Der Vorsitz im Rat wechselt alle sechs Monate jeweils am 1. Januar und am 1. Juli (→ *EU-Ratspräsidentschaft*).

Der Rat der EU entscheidet als legislatives Organ über Gesetzesvorschläge, die in der EU nur von der → *Europäischen Kommission* vorgelegt werden können. Die daraufhin vom Rat erarbeiteten Verordnungen und Richtlinien sind, sobald sie in Kraft getreten sind, für alle Mitgliedstaaten verbindlich (→ *Europäisches Gemeinschaftsrecht*). Seit dem Inkrafttreten des → *Maastrichter Vertrages* am 1. November 1993 ist der Rat allerdings nicht mehr die alleinige gesetzgebende Gewalt; das → *Europäische Parlament* (EP) ist zu beteiligen und arbeitet heute mit dem Rat bei der europäischen Gesetzgebung eng und zumeist gleichberechtigt zusammen.

Der Rat kann Beschlüsse mit einfacher Mehrheit, mit → *qualifizierter Mehrheit* oder einstimmig fassen. Die Verträge legen fest, für welche Beschlüsse welches Abstimmungsverfahren zu gelten hat. Seit 2009 sind qualifizierte Mehrheitsentscheidungen im Rat zur Regel geworden.

Vom Rat der EU zu unterscheiden ist sowohl der → *Europäische Rat*, das mindestens zweimal im Jahr stattfindende Gipfeltreffen der Staats- und Regierungschefs der EU-Mitgliedstaaten sowie der 1949 in Straßburg gegründete → *Europarat*, dem heute 46 Staaten Europas sowie die Türkei angehören und der mit der EU weder rechtlich noch organisatorisch verbunden ist.

▶ Rat für gegenseitige Wirtschaftshilfe (RGW)

Der Rat für gegenseitige Wirtschaftshilfe (RGW) – in der englischen Abkürzung COMECON (Council for Mutual Economic Assistance) – wurde am 25. Januar 1949 in Moskau gegründet. Gründungsmitglieder des RGW waren Bulgarien, Polen, Rumänien, Ungarn, die Tschechoslowakei (CSSR) und die UdSSR. Weitere Mitglieder waren Albanien (1949), das aber seit 1962 nicht mehr an den Ratsarbeiten teilnahm, die Deutsche Demokratische Republik (DDR) (1950), die Mongolei (1962), Kuba (1972) und Vietnam (1978). Das ehemalige Jugoslawien, Finnland, Irak und Mexiko waren dem RGW assoziiert, Afghanistan, Äthiopien, Angola, Laos, Nordkorea – und bis 1966 die Volksrepublik China – hatten Beobachterstatus.

Im Juni 1991 beschlossen die Mitgliedstaaten die Auflösung des RGW.

▶ Rechtsangleichung (Harmonisierung)

Eine wichtige Voraussetzung dafür, dass die Bürgerinnen und Bürger der → *Europäischen Union (EU)* von der europäischen Integration gleichermaßen profitieren können, besteht in der Angleichung der unterschiedlichen nationalen Rechtsordnungen der Mitgliedstaaten. Insbesondere für den gemeinsamen europäischen → *Binnenmarkt* können sich Unterschiede in den Rechts- und Verwaltungsvorschriften der EU-Staaten nachteilig oder sogar störend auswirken.

Artikel 114 Abs. 1 AEUV sieht daher vor, dass die EU *„Maßnahmen zur Angleichung der Rechts- und Verwaltungsvorschriften der Mitgliedstaaten, welche die Errichtung und das Funktionieren des Binnenmarktes zum Gegenstand haben"*, gemäß dem ordentlichen Gesetzgebungsverfahren erlassen darf. Gesetzgeber im Rahmen der EU sind das → *Europäische Parlament* und der → *Rat der EU* (→ *Europäisches Gemeinschaftsrecht*). Auch eine Anhörung des → *Wirtschafts- und Sozialausschusses* ist in diesem Verfahren vorgeschrieben.

Ausdrücklich ausgenommen von dieser Ermächtigung zur Harmonisierung sind Regelungen, die sich auf die Gebiete der Steuern, der Freizügigkeit und der Rechte von Arbeitnehmern beziehen; diese Gebiete liegen in der alleinigen Zuständigkeit der Mitgliedstaaten.

Dagegen bezieht Art. 114 Abs. 3 AEUV die Bereiche Gesundheit, Sicherheit, → *Umwelt-* und → *Verbraucherschutz* ausdrücklich ein, weil insoweit ein hohes Schutzniveau anzustreben ist und Unterschiede in den nationalen Bestimmungen den Wettbewerb im Gemeinsamen Markt spürbar verfälschen können.

▶ Rechtsstaatsmechanismus

Es ging hoch her, auf der zweitlängsten jemals verzeichneten Sitzung der Staats- und Regierungschefs der → Europäischen Union (EU) am 21. Juli 2020. Man traf sich in Brüssel mit dem Ziel, die von der Corona-Pandemie besonders hart getroffenen EU-Staaten finanziell zu entlasten (→ *Corona-Wiederaufbaufonds*). Nach mühsamem Ringen um die Verteilung von 750 Mrd. Euro tat sich eine weitere Kontroverse auf; sollte die Vergabe derart großzügiger Unterstützungszahlungen nicht an die EU-Standards der Rechtsstaatlichkeit geknüpft werden? Man biss bei *Viktor Orbán* auf Granit. *Emmanuel Macron* soll gedroht haben: „Kein Rechtsstaat, kein Fonds."

Die Antwort soll gelautet haben: „Mit Rechtsstaatsmechanismus kein Fonds". Der letztlich erzielte Kompromiss ist vage formuliert; bei Verstößen gegen das Rechtsstaatsprinzip können mit qualifizierter Mehrheit „Maßnahmen" ergriffen werden.

I. Artikel 2 EUV

Rechtsstaatlichkeit ist bekanntlich ein elementares Prinzip unserer westlichen Demokratien. Jede staatliche Gewalt ist an Recht und Gesetz gebunden. Auch für die Europäische Union ist dieses Prinzip in Artikel 2 EUV als einer der tragenden Werte verankert:

> „Die Werte, auf die sich die Union gründet, sind die Achtung der Menschenwürde, Freiheit, Demokratie, Gleichheit, Rechtsstaatlichkeit und die Wahrung der Menschenrechte einschließlich der Rechte der Personen, die Minderheiten angehören. Diese Werte sind allen Mitgliedstaaten in einer Gesellschaft gemeinsam, die sich durch Pluralismus, Nichtdiskriminierung, Toleranz, Gerechtigkeit, Solidarität und die Gleichheit von Frauen und Männern auszeichnet."

Nach allgemeinem Verständnis unterfällt dem Rechtsstaatlichkeitsprinzip auch die Bekämpfung von Korruption und der Schutz der Medienfreiheit.

Den Europäern ist das Thema wichtig. In einer Umfrage des → *Eurobarometers* von Oktober 2020 sagten 77 Prozent der Befragten, dass die Achtung der Rechtsstaatlichkeit und der demokratischen Grundsätze durch die nationalen Regierungen eine Bedingung für den Erhalt von EU-Mitteln sein sollte.

Wie aber kann die Achtung der Rechtsstaatlichkeit wirksam gewährleistet werden?

II. Bestehende EU-Mechanismen zum Schutz der Rechtsstaatlichkeit

1. Der Ende 2020 eingeführte *Bericht über die Rechtsstaatlichkeit* soll dazu beitragen, Entwicklungen auf dem Gebiet der Rechtsstaatlichkeit in allen Mitgliedstaaten regelmäßig zu beobachten. Nach „objektiven Kriterien" überprüft die → *Europäische Kommission* jährlich, wie es um den Rechtsstaat in den Ländern der EU bestellt ist. So gibt es etwa auch einen Bericht über Deutschland. Im Visier sind etwa das Justizsystem, der Rahmen für die Korruptionsbekämpfung, Medienpluralismus sowie sonstige institutionelle Fragen rund um die Gewaltenteilung. Im Jahresbericht 2020 stellte die EU-Kommission Ungarn und Polen beim Thema Rechtsstaatlichkeit ein miserables Zeugnis aus. Auch andere osteuropäische Länder wie Bulgarien, Rumänien, die Slowakei sowie Kroatien stehen im Fokus der Kritik.
2. Das *Verfahren nach Artikel 7 EUV zum Schutz der Grundwerte der EU*, eingeführt bereits 1997 mit dem → *Amsterdamer Vertrag*, umfasst zwei Mechanismen:
   - Präventionsmaßnahmen im Falle einer eindeutigen Gefahr schwerwiegender Verletzung der in Artikel 2 EUV festgelegten Werte der EU sowie

- Sanktionen, wenn eine solche Verletzung bereits stattgefunden hat.

Eingeleitet wird der Präventionsmechanismus vom → *Europäischen Parlament (EP)*. Es fordert den Rat der EU auf festzustellen, ob die Gefahr einer Verletzung der EU-Werte besteht. Als schwerste Sanktion bei gravierenden und anhaltenden Verletzungen können die Stimmrechte des Mitgliedstaates ausgesetzt werden. Der Haken an der Sache ist, dass die Feststellung, ob eine solche Verletzung vorliegt, von den Staats- und Regierungschefs der EU *einstimmig* getroffen werden muss – wobei allerdings der betroffene Mitgliedstaat nicht stimmberechtigt ist.

Das Verfahren nach Artikel 7 ist nicht zu verwechseln mit dem Verfahren nach Artikel 258 AEUV, welches grundsätzlich alle Verstöße gegen geltendes EU-Recht ahndet. Diese Verfahren werden häufig und gegen eine Vielzahl an Mitgliedstaaten eingeleitet, auch etwa gegen Deutschland. Betroffen sein können verschiedenste Politikfelder der EU – wie etwa Umwelt, Energie, Binnenmarkt, Justiz und Inneres oder Verkehr. Die Verfahren sollen eine korrekte und vollständige Anwendung des EU-Rechts in allen Mitgliedstaaten gewährleisten. Meist lenken die Staaten ein und beheben die Mängel. Ansonsten kommt es zu finanziellen Sanktionen, die vom → *Europäischen Gerichtshof (EuGH)* festgelegt werden.

III. Der neue EU-Rechtsstaatsmechanismus

Die bestehenden Rechtsstaatsmechanismen erwiesen sich in der Praxis als wenig wirkungsvoll. Daher hat die EU Ende 2020 beschlossen, einen Schritt weiter zu gehen. Durch den Anfang 2021 in Kraft getretenen *neuen Rechtsstaatsmechanismus* soll ein Verstoß gegen bestimmte Werte der EU nun auch finanziell geahndet werden können. Nach einer Verordnung mit dem Titel *„Allgemeine Konditionalitätsregelung zum Schutz des Haushalts der Union"* können Zahlungen aus dem EU-Haushalt für Länder gekürzt bzw. Mittel der Strukturfonds (→ *Struktur- und Investitionsfonds, ESIF*) eingefroren werden, wenn gegen die Rechtsstaatlichkeit verstoßen wird und sich die Verstöße negativ und hinreichend direkt auf die finanziellen Interessen der Union auswirken.

Wegen fortwährender Verstöße Polens und Ungarns gegen die Rechtsstaatlichkeit hat die EU-Kommission im November 2021 Vorbereitungen getroffen, um den neuen Mechanismus erstmalig einzusetzen. In einem Brief an die beiden Länder zählte sie sämtliche Missstände und Mängel bei Rechtsstaatlichkeit, Budgetkontrolle und Korruptionsbekämpfung auf.

Polen und Ungarn reichten gegen den neuen Rechtsstaatsmechanismus Klage ein, die aber im Februar 2022 abgewiesen wurde. Der EuGH stellte klar, dass der Rechtsstaatsmechanismus rechtens sei und dass die EU-Kommission ihn einsetzen und gegen Rechtsstaatsverletzungen von

EU-Mitgliedern vorgehen könne, indem sie ihnen Gelder kürzt. Ob die EU-Kommission den Rechtsstaatsmechanismus tatsächlich zügig anwenden wird, bleibt abzuwarten.

IV. Was gilt als Verstoß gegen die Rechtsstaatlichkeit?

Laut der o.a. Verordnung über die *„Allgemeine Konditionalitätsregelung zum Schutz des Haushalts der Union“ (EU/Euratom 2020/2092)* kann der Mechanismus greifen,

- wenn die Unabhängigkeit der Justiz gefährdet ist,
- wenn es versäumt wird, willkürliche oder rechtswidrige Entscheidungen von Behörden einschließlich Strafverfolgungsbehörden zu verhüten, zu korrigieren oder zu ahnden,
- oder es unterlassen wird, sicherzustellen, dass finanzielle und personelle Ressourcen nicht dazu verwendet werden, die ordnungsmäßige behördliche Arbeit zu beeinträchtigen,
- oder wenn nicht sichergestellt wird, dass insoweit keine Interessenkonflikte bestehen,
- wenn die Zugänglichkeit und Wirksamkeit von Rechtsbehelfen eingeschränkt wird, und zwar auch durch restriktive Verfahrensvorschriften, durch die Nichtumsetzung von Gerichtsentscheidungen oder die Einschränkung der wirksamen Untersuchung, Verfolgung oder Ahndung von Rechtsverstößen.

▶ Regionalfonds

→ *Europäischer Fonds für regionale Entwicklung (EFRE)*

▶ Regionalpolitik

Mit ihrer Regional-, Struktur- und Kohäsionspolitik unterstützt die → *Europäische Union (EU)* ärmere oder besonders vom Strukturwandel betroffene Regionen in ihren Mitgliedstaaten mit rund einem Drittel ihres gesamten Haushalts. Eine solche gemeinsame Regionalpolitik gibt es seit 1975.

Bereits den Gründern der EU lag das Thema offenbar am Herzen; das Ziel, den Rückstand weniger begünstigter Regionen zu verringern, findet sich nämlich schon im Vertrag zur Gründung der → *Europäischen Wirtschaftsgemeinschaft (EWG)* von 1957.

Der Startschuss für diesen Politikbereich fiel mit der Errichtung des → *Europäischen Fonds für regionale Entwicklung (EFRE)* (kurz „*Regionalfonds*“) im Jahre 1975. Heute werden die Zuschüsse des Regionalfonds im Rahmen der insgesamt fünf → *Europäischen Struktur- und Investitionsfonds (ESIF)* vergeben und koordiniert. Ergänzt werden diese Mittel auch durch Hilfen aus dem → *Europäischen Sozialfonds (ESF)* und der → *Europäischen Investitionsbank (EIB)*. Mit der → *Süderweiterung* der Gemeinschaft durch Griechenland 1981 sowie Spanien und Portugal 1986 nahm die Bedeutung der gemeinsamen Regionalpolitik weiter zu. Die 2004 und 2007 vollzogene → *Osterweiterung* verlieh ihr zusätzliches Gewicht.

▶ Römische Verträge

„*Römische Verträge*" – so nennt man die beiden Vertragswerke, mit denen sechs mutige europäische Staaten am 25. März 1957 auf dem Kapitol in Rom die → *Europäische Wirtschaftsgemeinschaft (EWG)* und die → *Europäische Atomgemeinschaft* (EAG; Euratom) gründeten. Die Verträge wurden von den Vertretern Belgiens, der Bundesrepublik Deutschland, Frankreichs, Luxemburgs, der Niederlande und Italiens unterzeichnet. Bereits 1951 hatten diese sechs Staaten die → *Europäische Gemeinschaft für Kohle und Stahl* (EGKS oder MONTANUNION) gegründet. Alle drei Gemeinschaften zusammen bildeten seit 1967 die → *Europäischen Gemeinschaft (EG)*, die Vorgängerin der seit 1993 sogenannten → *Europäischen Union (EU)*. Das umfassendste und in der Praxis bedeutsamste europäische Vertragswerk, der EWG-Vertrag, heißt heute EU-Vertrag (EUV) und gilt gemeinsam mit dem Vertrag über die Arbeitsweise der Europäischen Union (AEUV) nach wie vor als entscheidende Grundlage der Europäischen Integration.

S

▶ Sacharow-Preis

Im Rahmen einer feierlichen Zeremonie am 14. Dezember 2022 wurde in Straßburg der Sacharow-Preis für geistige Freiheit 2022 des Europäischen Parlaments an „das tapfere Volk der Ukraine“ verliehen. Parlamentspräsidentin Roberta Metsola würdigte den Mut und die Opfer des ukrainischen Volkes: „Die Botschaft aus Europa ist klar: Wir stehen an der Seite der Ukraine. Wir werden nicht wegschauen. Das ukrainische Volk kämpft nicht nur einen Unabhängigkeitskrieg, sondern einen Krieg der Werte.“

Der *Sacharow-Preis für Menschenrechte*, benannt nach dem russischen Physiker, Dissidenten und Friedensnobelpreisträger *Andrej Sacharow* (1921–1989), wird seit 1988 jährlich in Straßburg vom → *Europäischen Parlament* (EP) an Aktivisten und Organisationen verliehen, die sich für Menschenrechte und Demokratie einsetzen. Unter den Preisträgern sind die Nobelpreisträger *Nelson Mandela* (1988), *Aung Sang Suu Kyi* (1990) und die Vereinten Nationen, vertreten durch den damaligen Generalsekretär *Kofi Annan* (2003).

Die Preisträger seit 2010

Jahr	Preisträger	Staat	Anmerkung
2010	Guillermo Fariñas	Kuba	Regimekritiker und Arzt
2011	Mohamed Bouazizi (postum)	Tunesien	Aktivisten des Arabischen Frühlings
	Ali Ferzat	Syrien	
	Asmaa Mahfouz	Ägypten	
	Ahmed al-Senussi	Libyen	
	Razan Zaitouneh	Syrien	
2012	Jafar Panahi/ Nasrin Sotudeh	Iran	Filmregisseur/Anwältin
2013	Malala Yousafzai	Pakistan	Bloggerin und Kinderrechtsaktivistin

Jahr	Preisträger	Staat	Anmerkung
2014	Denis Mukwege	DR Kongo	Gynäkologe
2015	Raif Badawi	Saudi-Arabien	in seinem Heimatland zu zehn Jahren Haft und 1000 Stockhieben verurteilter Blogger
2016	Lamiya Aji Bashar/Nadia Murad	Irak	vom „Islamischen Staat" verfolgte Jesidinnen
2017	Demokratische Opposition in Venezuela	Venezuela	die Nationalversammlung (stellvertretend Julio Borges) und alle von der Organisation „Foro Penal Venezolano" (venezolanisches Forum zur Verteidigung politischer Häftlinge) als solche anerkannten politischen Gefangenen, darunter Leopoldo López, Antonio Ledezma, Daniel Ceballos, Yon Goicoechea, Lorent Saleh, Alfredo Ramos und Andrea González
2018	Oleh Senzow	Ukraine	Filmregisseur
2019	Ilham Tohti	China	Menschenrechtsverfechter für die Rechte der Uiguren
2020	Demokratische Opposition	Belarus	Bürgerrechtsbewegung
2021	Alexej Nawalny	Russland	Inhaftierter Oppositionspolitiker
2022	Das ukrainische Volk	Ukraine	

▶ Schengener Abkommen

Zwischen 26 Staaten auf unserem bunten Kontinent können wir uns über die Binnengrenzen hinweg frei bewegen, ohne Personenkontrollen, ohne Warteschlangen an den Grenzen – eine grandiose, für die jüngere Generation längst selbstverständliche Errungenschaft, die uns eindrucksvoll vermittelt: Wir in Europa sind eine Gemeinschaft.

Die besonders gute Nachricht: Der gesamte Kontinent macht mit. Kontrolliert werden wir nur noch bei Ankunft in Großbritannien, Irland, Bulgarien Rumänien, Kroatien und Zypern. Und bei den östlichen Nachbarn in Russland, Belarus und der Ukraine.

I. Die Mitgliedstaaten

Der Name des luxemburgischen Städtchens Schengen steht für diesen Quantensprung auf dem Weg in die Freizügigkeit in Europa. Am 14. Juli 1985 vereinbarte man dort das

> „Übereinkommen zwischen den Regierungen der Staaten der Benelux-Wirtschaftsunion, der Bundesrepublik Deutschland und der Französischen Republik betreffend den schrittweisen Abbau der Kontrollen an den gemeinsamen Grenzen".

Ziel war der vollständige Wegfall der systematischen Personenkontrollen an den gegenseitigen Binnengrenzen dieser fünf Länder. 1990 wurde das Vertragswerk durch das *Schengener Durchführungsübereinkommen (SDÜ* oder *Schengen II)* ergänzt.

Diesen Erstunterzeichnerstaaten schlossen sich nach und nach weitere Länder an:

- Italien (1990),
- Spanien und Portugal (1991),
- Griechenland (1992),
- Österreich (1995) sowie
- Dänemark, Schweden und Finnland (1996).

Obwohl keine Mitgliedstaaten der → *Europäischen Union (EU)*, haben auch Island und Norwegen die Bestimmungen von Schengen 1996 vollständig übernommen. 2004 hat sich sogar die Schweiz dem Schengen-Verbund angeschlossen.

Großbritannien und Irland nehmen lediglich an der polizeilichen Zusammenarbeit teil.

Beide Übereinkommen wurden zunächst als zwischenstaatliche Verträge geschlossen. Im Zusammenhang mit dem → *Amsterdamer Vertrag* wurde 1999 der sog. *„Schengener Besitzstand"*, also alle vorgesehenen Maßnahmen und Strukturen, in das allgemeine EU-Recht überführt. Damit waren auch die mit der → *Osterweiterung* 2004, 2007 und 2013 EU neu beigetretenen Staaten – grundsätzlich – an die Schengen-Bestimmungen gebunden.

Achtung: In den *tatsächlichen* Wegfall der Grenzkontrollen sind nur Staaten einbezogen, die sicherstellen können, dass sie alle verabredeten Ausgleichsmaßahmen effektiv anwenden. Zypern, Kroatien, Bulgarien und Rumänien haben insoweit noch nicht alle Voraussetzungen für eine Grenzöffnung erfüllt.

II. Die neue Freizügigkeit

Am 26. März 1995 ging es los. Das SDÜ wurde in den fünf Gründerstaaten sowie Portugal und Spanien in Kraft gesetzt: Die Personenkontrollen an den gegenseitigen Binnengrenzen dieser sieben Staaten entfielen. Flugreisende wurden auf Flügen innerhalb dieser „Schengen-Staaten" nicht mehr kontrolliert und an den Inlandterminals abgefertigt. Österreich und Italien setzten das SDÜ 1998 in Kraft, Griechenland folgte 2000. Schweden, Finnland und Dänemark, die mit den Nicht-EU-Staaten Island und Norwegen die Nordische Passunion (→ *Nordischer Rat*) bilden, wenden das SDÜ seit 2001 an. 2007 entfielen auch für Estland, Lettland und Litauen, die Slowakei, die Tschechische Republik, für Polen, Slowenien, Ungarn und Malta die Grenzkontrollen innerhalb des Schengen-Raumes. Schließlich beendete 2008 sogar die Schweiz die Personenkontrollen an ihren Grenzen. Da die Schweiz jedoch kein EU-Mitglied ist, besteht sie weiterhin auf Zollkontrollen.

III. Ausgleichsmaßnahmen

Das SDÜ sieht aber auch Ausgleichsmaßnahmen vor, die Risiken für die innere Sicherheit der beteiligten Länder mindern sollen. Der Abbau der Kontrollen an den Binnengrenzen soll – theoretisch – durch verstärkten Schutz der Außengrenzen des Schengen-Raumes ausgeglichen werden. Diesem Zweck dienen u. a. folgende Sicherheitsmaßnahmen:

Die Einrichtung eines international vernetzten elektronischen Fahndungssystems, das *Schengener Informationssystem (SIS II)* mit Daten u. a. über:

- Ausländer, denen die Einreise in das Schengen-Gebiet zu verweigern ist,
- Personen, die zur Festnahme mit dem Ziel der Auslieferung gesucht werden,
- vermisste oder hilflose Personen und gestohlene Fahrzeuge, Dokumente oder sonstiges Diebesgut.

Das SIS unterteilt sich in das Zentrale System (C.SIS) in Straßburg und die verschiedenen nationalen Systeme (N.SIS); für Deutschland wird das N.SIS beim Bundeskriminalamt in Wiesbaden geführt.

Die intensivierte Kontrolle der Außengrenzen einschließlich der Flug- und Seehäfen, wobei die Effizienz diese „Kontrolle" nicht erst seit der Flüchtlingskrise von 2015 mit erheblichen Fragezeichen versehen wird.

Vereinbarungen hinsichtlich der polizeilichen Zusammenarbeit zwischen den Partnerstaaten. Beamte der nationalen Polizeibehörden dürfen strafverdächtige Personen auch auf dem Gebiet anderer Schengen-Staaten unter gewissen Auflagen observieren sowie flüchtige Verbrecher oder Tatverdächtige über die Grenzen in das Nachbarland hinein verfolgen („Nacheile").

Erleichterungen im Rahmen der Zusammenarbeit der Justiz. Die Verfahren der internationalen Rechtshöfe, insbesondere bei Auslieferungen und Strafvollstreckungen, wurden vereinfacht und damit beschleunigt.

IV. Schengener Grenzkodex

Mit der europarechtlichen Verordnung 562/2006/EG vom 15.3.2006, dem sog. *Schengener Grenzkodex*, wurden Regeln für das Überschreiten der Außengrenzen und die – temporäre – Wiedereinführung von Grenzkontrollen an den Binnengrenzen eingeführt. Die Verordnung findet Anwendung auf alle Personen, die die Binnengrenzen oder die Außengrenzen eines Mitgliedstaats der EU überschreiten.

1. Die Außengrenzen

dürfen nur an den Grenzübergangsstellen und während festgesetzter Zeiten überschritten werden.

Unionsbürger werden einer *Mindestkontrolle* unterzogen; ihre Identität wird in einer raschen, einfachen Prüfung festgestellt.

Drittstaatsangehörige werden *eingehend kontrolliert.* Die Kontrolle umfasst die Einreisevoraussetzungen einschließlich einer Überprüfung im Visa-Informationssystem (VIS) sowie gegebenenfalls die für den Aufenthalt und die Ausübung einer Erwerbstätigkeit erforderlichen Erlaubnisse.

Für *einen Aufenthalt von bis zu drei Monaten je Sechsmonatszeitraum* muss ein Drittstaatsangehöriger folgende Voraussetzungen erfüllen:

- Er muss im Besitz eines Reisedokuments sein.
- Er muss im Besitz eines Visums sein, falls dies vorgeschrieben ist.
- Er muss den Zweck des beabsichtigten Aufenthalts belegen und über ausreichende Mittel zum Bestreiten des Lebensunterhalts verfügen.
- Er darf nicht im SIS zur Einreiseverweigerung ausgeschrieben sein und:
- Er darf keine Gefahr für die öffentliche Ordnung, die innere Sicherheit, die öffentliche Gesundheit oder die internationalen Beziehungen eines EU-Mitgliedstaates darstellen.

Fehlt eine dieser Voraussetzungen, wird einem Drittstaatsangehörigen vorbehaltlich besonderer Bestimmungen – z. B. aus humanitären Gründen – die Einreise in das Hoheitsgebiet der Mitgliedstaaten verweigert.

Die operative Zusammenarbeit zwischen den Mitgliedstaaten wird durch die *Europäische Agentur für die operative Zusammenarbeit an den Außengrenzen der EU-Mitgliedstaaten* (→ *„FRONTEX")* koordiniert.

2. Die Binnengrenzen

dürfen von jeder Person unabhängig von ihrer Staatsangehörigkeit an jeder Grenzübergangsstelle *ohne Personenkontrollen* überschritten werden. Die Pflicht, einen nach nationalen Regeln gültigen Pass oder Personalausweis mit sich zu führen, bleibt bestehen.

Drittstaatsangehörige, die Inhaber einer gültigen nationalen Aufenthaltserlaubnis *eines* Schengen-Staates sind (→ *Schengen-Visum*), dürfen sich im Rahmen von dessen Gültigkeit *für bis zu 90 Tage innerhalb eines Zeitraums von 180 Tagen* auch im Hoheitsgebiet der übrigen Schengen-Staaten aufhalten. Dies gilt auch für Inhaber eines von einem Schengen-Staat ausgestellten „nationalen" Visums. Welche Drittstaaten als visapflichtig gelten, haben die Schengen-Partner gemeinsam festgelegt.

Die Polizei darf in Grenzgebieten Kontrollen wie im übrigen Hoheitsgebiet durchführen, sofern diese sich nicht wie Grenzkontrollen auswirken. So kontrolliert die Bundespolizei zwar nicht mehr systematisch an den Grenzposten, aber mobil in einer 30-Kilometer-Zone hinter der deutschen Bundesgrenze – was bei einer Grenzlänge von 3.757 Kilometern eine kaum effizient zu meisternde Herausforderung bedeuten kann.

Im Falle einer schwerwiegenden Bedrohung der öffentlichen Ordnung oder der inneren Sicherheit kann ein Mitgliedstaat für einen begrenzten

Zeitraum an seinen Binnengrenzen *wieder Grenzkontrollen einführen.* Hierüber setzt der jeweilige Mitgliedstaat die anderen Schengenstaaten, die EU-Kommission und das Europäische Parlament umgehend in Kenntnis.

V. Neuregelungen seit 2013

Seit Oktober 2013 regelt eine Verordnung (EU) Nr. 610/2013 das Schengener Einreisesystem neu. Sie gilt in allen EU-Staaten mit Ausnahme von Irland. Für Dänemark gilt wie bisher die nationale Option einer Umsetzung in innerstaatliches Recht. In den Nicht EU-Staaten Island, Liechtenstein, Norwegen und Schweiz kommt sie als umgesetztes innerstaatliches Recht zur Anwendung.

Es handelte sich im Wesentlichen um formale Neuerungen oder Klarstellungen. Zum Beispiel muss der Pass oder Passersatz eines Drittstaatsangehörigen noch mindestens drei Monate nach der geplanten Ausreise aus dem Schengen-Raum gültig und in den letzten zehn Jahren ausgestellt sein.

VI. Schengen – ein „Schönwetter-System"?

Es kann nicht deutlich genug hervorgehoben werden, dass das Schengener System auf *zwei ganz entscheidenden Prämissen* beruht:

(1) zum einen auf einem effizienten Schutz der Außengrenzen des Schengen-Raumes;

(2) zum anderen auf klaren Zuständigkeitsvorgaben im Rahmen der Aufnahme von Asylbewerbern und Flüchtlingen (→ *Dubliner Übereinkommen*).

Beide Vorgaben sind de facto bis heute nicht erfüllt.

Bereits 2006 ließ ein Anschwellen der Flüchtlingsströme über das Mittelmeer deutlich werden, dass eine zentrale Voraussetzung für den Wegfall von Binnengrenzen, nämlich eine effiziente Absicherung der Außengrenzen des Schengen-Raumes, nicht existiert und wohl auch kaum erreichbar sein dürfte, was sich in der sog. „Flüchtlingskrise" des Jahres 2015 erneut bestätigte. Seither wird auf verschiedenen Ebenen über europäische Lösungsmöglichkeiten diskutiert – bislang ohne überzeugende Fortschritte.

Mitte September 2023 kamen auf der italienischen Mittelmeerinsel Lampedusa innerhalb weniger Tage mehrere Tausend Bootsmigranten an. Allein am 12. September registrierten die Behörden laut der Nachrichtenagentur Ansa innerhalb von 24 Stunden mehr als 5.000 Menschen – so viele wie noch nie an einem einzigen Tag. Lampedusa rief den Notstand aus. „In dem völlig überfüllten Erstaufnahmelager im Zentrum der kleinen Insel kam es teils zu chaotischen Szenen ... In italienischen Medien war von einer "explosiven" Stimmung zu lesen" – so berichtete n-tv am 14.09.2023. Nach Zahlen des Innenministeriums in Rom wurden von Januar bis Mitte September 2023 bereits mehr als 123.800 Menschen registriert, die auf Booten Italien erreichten – im Vorjahr waren es im gleichen Zeitraum 65.500.

Der immer wieder zu hörende Ruf nach „Beseitigung der Fluchtursachen" ist kurz- bis mittelfristig ebenso illusionär wie der vielbeschworene „Schutz der Außengrenzen" (→ *Asyl- und Flüchtlingspolitik der Europäischen Union*), mit dem man Länder wie Italien oder Griechenland weitgehend im Regen stehen lässt. Das von den Mitgliedstaaten definierte Mandat der europäischen Grenzschutzagentur → *Frontex* aber bezieht sich insoweit im Wesentlichen auf eine bessere Registrierung der nach Europa strömenden Flüchtlinge und Migranten.

VII. Inszenierte Migrationsströme als „Lackmustest"

Ein überraschendes Exempel entschlossenen Grenzschutzes lieferte erstmals Griechenland, als zu Jahresbeginn 2020 die Türkei entgegen einem mit der EU 2015 geschlossenen Abkommen Zehntausende Flüchtlinge, die seit Jahren in der Türkei sicher lebten, ungehindert in Richtung griechischer Grenze ziehen ließ. Griechenland riegelte in nationaler Regie seine Grenze tatsächlich ab, was bei den anderen – weitestgehend als Zaungäste fungierenden – 26 EU-Mitgliedstaaten auf einhellige Zustimmung stieß.

Auch der belarussische Präsident Alexander Lukaschenko hat die „Achillesferse" der EU erkannt. Im August 2020 sorgte er für eine Migrationswelle gigantischen Ausmaßes. Mit organisierten Flügen u.a. aus Istanbul, Damaskus und Dubai transportierte er Wanderungswillige nach Minsk, wo im Herbst 2020 bis zu 1.000 Migranten *täglich* eintrafen. Polen entschied sich für Abwehrmaßnahmen in eigener Regie. Man schloss die Grenzen, baute Sperranlagen, später robuste Zäune, und schickte Migranten, die es dennoch auf polnischen Boden schafften, vielfach zurück.

In der EU gibt es keinen Konsens über den Bau vergleichbarer Befestigungen an problematischen Abschnitten der Schengener Außengrenzen. Am 4. Oktober 2023 aber verständigten sich die EU-Staaten auf eine Krisenverordnung – und damit auf den letzten Baustein einer Asyl-Reform, die nach einer Einigung am 8. Juli 2023 erstmals konkrete Konturen angenommen hatte (→ *Asyl- und Flüchtlingspolitik der EU*). Damit soll es nun, eine Zustimmung des → *Europäischen Parlaments* vorausgesetzt, erstmals möglich werden, Asylverfahren bereits an den EU-Außengrenzen durchzuführen. In Grenznähe sollen Zentren zur Prüfung der Identitäten der Ankommenden entstehen; so sollen Migranten mit geringen Aufnahmechancen gar nicht erst in die EU gelangen. Angewendet werden soll das Verfahren bei Menschen aus Ländern wie etwa Indien, Tunesien, Serbien oder der Türkei, die im EU-Schnitt eine Anerkennungsquote von unter 20 Prozent haben.

VIII. Dubliner Übereinkommen faktisch außer Kraft

Das 1990 in Dublin vereinbarte System aber, wonach Flüchtlinge in dem EU-Staat zu registrieren sind und genau dort ein Asylverfahren durchlaufen müssen, wo sie EU-Boden betreten haben, wird ignoriert, unterlaufen, missachtet und ist kaum noch effizient. 2015 kollabierte es vollends. Die FAZ sprach am 10. Juli 2015 von einer *„de-facto-Aussetzung von „Dublin"*. Bis heute zieht es eine erhebliche Zahl der Flüchtlinge, ganz gleich in welchem Schengen-Land sie ankommen, gezielt weiter in ein Land ihrer Wahl – oft ist es Deutschland.

IX. Fazit

Anlässlich des G7-Gipfels im bayerischen Elmau am 6. und 7. Mai 2015 machte die deutsche Seite von ihrem Recht auf vorübergehende Kontrollen an ihren Grenzen für den Zeitraum des Gipfeltreffens Gebrauch. Das Resultat sprengte alle pessimistischen Befürchtungen. Innerhalb von zwei Wochen stellte die Bundespolizei allein in Bayern 8.600 Fälle von illegalen Einreisen und Schleuserkriminalität fest. Zudem wurden 150 weitere Straftaten aufgedeckt, 350 gesuchte Personen ermittelt und 60 Haftbefehle vollstreckt. Der bayerische Ministerpräsident sprach von einer „horrend hohen Zahl". Auch an den Grenzen von Rheinland-Pfalz und dem Saarland berichtete die Bundespolizei in dieser Zeit von 5.050 „Maßnahmen der Gefahrenabwehr und Strafverfolgung", darunter 44 „Fahndungstreffer". Reisefreiheit hat ihren Preis. Dass der Preis so hoch ist, hat viele überrascht.

Abbildung 4: Die Schengen-Staaten (Stand: 2019)

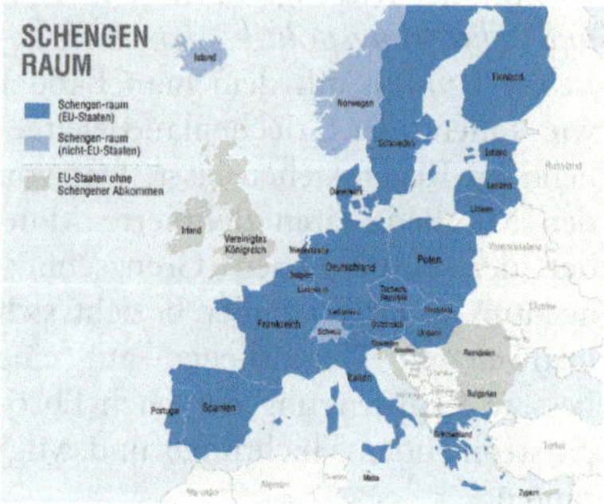

Quelle: stock.adobe.com, © Neyriss; Mittelblau: Schengen-Raum (EU); Hellblau: Schengen-Raum (Nicht-EU-Staaten); Grau: EU-Staaten ohne Schengen-Abkommen.

▶ Schengen-Visum

Das Schengen-Visum ist ein transnationaler Verwaltungsakt: Es wird von nationalen Behörden mit Wirkung für alle Staaten ausgestellt, in denen das Schengener Durchführungsübereinkommen (SDÜ) (→ *Schengener Abkommen*) gilt.

Ein Schengen-Visum kann entweder für die Durchreise oder für bestimmte kurzfristige Aufenthalte im Schengen-Raum erteilt werden. Kurzfristig bedeutet: bis zu drei Monate innerhalb einer Frist von sechs Monaten ab dem Tag der ersten Einreise. Für mehrere Aufenthalte gilt es maximal für einen Gültigkeitszeitraum von fünf Jahren. Voraussetzung für die Erteilung eines Schengen-Visums ist unter anderem, dass ausreichende Mittel für die Bestreitung des Lebensunterhalts für die Dauer des Aufenthalts und für die Rückreise vorhanden sind.

Ein Schengen-Visum kann außerdem aus völkerrechtlichen oder humanitären Gründen erteilt werden. Es muss dann aber räumlich auf den ausstellenden Staat beschränkt sein.

Nach deutschem Recht kann für längere Aufenthalte ein nationales Visum erteilt werden. Es gilt grundsätzlich nur für das jeweilige Staatsgebiet. Bei Beachtung des Schengener Durchführungsübereinkommens gelten nationale Visa aber in den ersten drei Monaten wie ein Schengen-Visum im Schengen-Raum.

Weiterführende Literatur

Jonas Bornemann, „Mitgliedstaatliche Gestaltungsspielräume im Schengener Grenzkodex – Folgen für einen Raum ohne Kontrollen an Binnengrenzen“, in: integration, 41. Jahrgang, Heft 3/2018, S. 191–209 | *Stephan Detjen/Maximilian Steinbeis,* „Die Zauberlehrlinge – Der Streit um die Flüchtlingspolitik und der Mythos vom Rechtsbruch“, Stuttgart 2019, Kap. 2 | *Tomáš Havlíček et al.* (Hrsg.), „Borders in Central Europe After the Schengen Agreement“, Cham 2018

▶ Schlussakte von Helsinki

Die Schlussakte von Helsinki wurde m 1. April 1975 nach zwei Jahre dauernden Verhandlungen von den 35 Teilnehmerstaaten der Konferenz über Sicherheit und Zusammenarbeit in Europa (→ *KSZE;* seit 1. Januar 1995 → *OSZE*) unterzeichnet.

Sie enthält ein langfristig angelegtes, umfassendes Rahmenprogramm für die Verbesserung der politischen und wirtschaftlichen Beziehungen der Teilnehmerstaaten und für das Zusammenleben in Europa. Die Teilnehmerstaaten verpflichten sich u. a., die territoriale Integrität der Staaten zu achten und die staatlichen Grenzen in Europa als unverletzlich zu betrachten.

Die Unterzeichnung war ein Wendepunkt in den Beziehungen der Gegner des Kalten Krieges. Die Staatschefs aller europäischen Nationen sowie Kanadas und der USA saßen gemeinsam an einem Konferenztisch und unterschrieben ein Dokument. Bundeskanzler *Helmut Schmidt* und der DDR-Staatsratsvorsitzende *Erich Honecker* waren ebenso zugegen wie US-Präsident *Gerald Ford* und der sowjetische Staatschef *Leonid Breschnew.*

▶ Schuman-Plan

Der Schuman-Plan markiert die eigentliche Geburtsstunde der → *Europäischen Gemeinschaft (EG),* der Vorgängerin der heutigen → *Europäischen Union (EU)*: Am 9. Mai 1950 verkündete der damalige französische Außenminister Robert Schuman in einer feierlichen Erklärung die Ziele und Methoden einer europäischen Einigung. Im Mittelpunkt stand das historisch bahnbrechende Angebot der französischen Regierung an den ehemaligen Kriegsgegner Deutschland zu einer gemeinsamen Politik im Bereich der Kohle- und Stahlindustrie. Es ging also um nichts Geringeres als um die Grundlagen der klassischen Rüstungsindustrie.

Der Plan ging auf. 1951 gründeten Frankreich, die Bundesrepublik Deutschland, Italien und die drei → *Benelux-Staaten* Belgien, Niederlande und Luxemburg in Paris die → *Europäische Gemeinschaft für Kohle und Stahl* (EGKS). Diese erste Einigung war der Anfang der europäischen Integration, denn sie bedeutete eine teilweise Übertragung nationaler Hoheitsrechte auf supranationale Organe.

1957 gründeten diese sechs EGKS-Staaten in Rom (→ *Römische Verträge*) die → *Europäische Wirtschaftsgemeinschaft* (EWG) und die → *Europäische Atomgemeinschaft* (EAG; Euratom). Die auf die Montanindustrie beschränkte gemeinsame Politik konnte nun auf sämtliche Wirtschaftsbereiche ausgedehnt werden.

1985 beschlossen die Staats- und Regierungschefs der Gemeinschaft, den 9. Mai als *Europatag* zu feiern. Dieser Termin ist nicht zu verwechseln mit dem Europatag des → *Europarates*, der an dessen Gründung erinnert und daher am 5. Mai begangen wird.

▶ Sozialfonds Plus (ESF Plus)

Der *Europäische Sozialfonds (ESF)* ist das älteste und wichtigste Instrument der → *Europäischen Union (EU)* zur Förderung von Beschäftigung und sozialer Eingliederung. Dafür stellte die EU während der Förderperiode 2014 bis 2020 insgesamt 80 Milliarden Euro aus ihrem → *Haushalt* bereit. In dieser Förderperiode lag der Fokus auf der Strategie → *„Europa 2020"*, die ein intelligentes, nachhaltiges und integratives Wachstum in Europa zum Ziel hat. Verwaltet wird der Fonds von der → *Europäischen Kommission.*

Auch als neuer *Europäischer Sozialfonds Plus (ESF Plus)* soll der Fonds weiterhin das wichtigste Finanzierungs- und Förderinstrument der EU für Investitionen in Menschen sein. Mit einem Budget von rund 99,3 Mrd. Euro für den Zeitraum 2021 bis 2027 dürfte er unverändert einen gewichtigen Beitrag zu Strategien und Reformen in den Bereichen Beschäftigung, Soziales, Bildung und Kompetenzen leisten. Auch soll er maßgeblich zur wirtschaftlichen und gesellschaftlichen Erholung der EU von der Coronakrise beitragen.

Als Teil der → *Struktur- und Kohäsionspolitik* wird der ESF Plus weiterhin sein Ziel verfolgen, den wirtschaftlichen, territorialen und sozialen Zusammenhalt in der EU zu stärken, um so die Ungleichheiten zwischen Mitgliedstaaten und Regionen zu verringern.

In der Förderperiode 2021 bis 2027 wurde der Fonds noch stärker auf die Idee eines sozialeren Europas ausgerichtet. Hauptziel des ESF Plus ist es, kurz gesagt, zu einem sozialeren Europa beizutragen und die Europäische Säule sozialer Rechte (ESSR) (→ *Sozialpolitik, europäische*) in die Praxis umzusetzen.

Inhaltlich fördert der ESF Plus insbesondere

- bessere Zugänge zu Beschäftigung sowie zu allgemeiner und beruflicher Bildung,

- die aktive Inklusion,
- die sozioökonomische Integration von Nicht-EU-Angehörigen,
- den gleichberechtigten Zugang zu hochwertigen Sozialschutzsystemen und
- die soziale Integration von besonders benachteiligten Personen.

Die rechtlichen Grundlagen finden sich heute in den Artikeln 162 ff. AEUV. Danach soll der ESF die berufliche Verwendbarkeit und Mobilität der Arbeitskräfte fördern sowie industrielle Wandlungsprozesse im Wege beruflicher Bildung und Umschulung erleichtern.

Die Umsetzung des ESF erfolgt dezentral in den Mitgliedstaaten und Regionen. Es ist ein partnerschaftlich zwischen EU-Kommission und Mitgliedstaaten ausgestaltetes Förderinstrument mit klaren politischen Zielen und mehrjähriger Budgetsicherheit.

Seit der Förderperiode 2014 bis 2020 gelten für alle fünf → *„Europäischen Struktur- und Investitionsfonds" (ESIF)* neue *gemeinsame* Vorschriften. Zunächst werden zwischen EU-Kommission und nationalen Behörden sogenannte „Partnerschaftsvereinbarungen" geschlossen. Auf dieser Grundlage setzen in Deutschland die Bundesländer und der Bund jeweils eigene Schwerpunkte in ihrer ESF-Förderung. Dazu haben alle Bundesländer und der Bund eigene, sogenannte „Operationelle Programme" geschrieben und eigene Förderrichtlinien und Vorgaben erlassen. Die Förderfähigkeit der zu unterstützenden Maßnahmen und die Umsetzung des Programms werden von den Mitgliedstaaten und der EU-Kommission gemeinsam überwacht.

Der ESF gilt als innovativstes und wirkungsvollstes beschäftigungspolitisches Instrument auf europäischer Ebene. Seit über 50 Jahren leistet der Fonds einen nennenswerten Beitrag zum sozialen Zusammenhalt in Europa. Aus seinen Mitteln sind bereits Millionen von Menschen unterstützt worden.

Heute werden aus dem ESF vor allem auch arbeits- und sozialpolitische Maßnahmen des Strukturfonds kofinanziert. Neben der Konzentration der Hilfen auf bestimmte Zielgruppen werden vom Strukturwandel bedrohte Wirtschaftsbereiche und wirtschaftlich unterentwickelte Regionen besonders berücksichtigt.

Dennoch ist der Bekanntheitsgrad dieses Förderinstruments immer noch eher gering. Die EU-Kommission sah sich daher veranlasst, im Rahmen einer Initiative für mehr Bürgernähe und Transparenz europäischer Politik künftig die für jedes Vorhaben bewilligte Summe im Internet zu veröffentlichen.

▶ Sozialpolitik, europäische

Auf europäischer Ebene finden sich übergreifende sozialpolitische Ansätze auf den Ebenen des → *Europarats* einerseits und der → *Europäischen Union (EU)* andererseits.

I. Die Sozialcharta des Europarats

Seit 1961 existiert bereits die Europäische Sozialcharta des Europarats.

Seinerzeit haben sich die Vertragsstaaten in Turin verpflichtet, mindestens fünf der *sieben verbrieften Sozialrechte* bindend anzuerkennen:

(1) Recht auf Arbeit,
(2) Vereinigungsrecht,
(3) Recht auf Kollektivverhandlungen und Streikrecht,
(4) Recht auf soziale Sicherheit,
(5) Recht auf Fürsorge,
(6) Recht der Familie auf sozialen, gesetzlichen und wirtschaftlichen Schutz,
(7) Recht der Wanderarbeitnehmer und ihrer Familien auf Schutz und Beistand.

II. Sozialpolitik der Europäischen Union

Wer sich mit der Europäischen Union (EU) beschäftigt, der stößt rasch auf den „roten Faden", der sich durch die gesamte Thematik zieht: die Kompetenzgrenzen zwischen den Mitgliedstaaten auf der einen und den Institutionen der EU auf der anderen Seite. Als Faustregel gilt,

- dass die EU die Wettbewerbspolitik zu überwachen und die Chancengleichheit im europäischen → *Binnenmarkt* zu gewährleisten hat. Ebenso obliegt ihr die Geldpolitik (→ *Europäische Zentralbank*).
- Die Mitgliedstaaten dagegen regeln die Wirtschaftspolitik und ordnen die Steuern in nationaler Kompetenz. Vor allem sind sie unverändert zuständig für den großen Bereich der Arbeits-, Lohn- und Sozialpolitik, für Renten, Gesundheit, Bildung und Arbeitsmarkt.

Dennoch – ein gemeinsamer Markt ohne grenzübergreifende soziale Leitplanken erscheint unvollkommen. So wurden im AEUV nennenswerte sozialpolitische Ziele und Handlungsermächtigungen verankert (Artikel 48 sowie 151 bis 161 AEUV).

1. Die Anfänge

Es fing bescheiden an. Der Vertrag zur Gründung der → *Europäischen Wirtschaftsgemeinschaft (EWG)* von 1957 nennt in nur sehr begrenztem Umfang sozialpolitische Ziele. So u. a.:

- die Verbesserung der Lebens- und Arbeitsbedingungen,
- die Herstellung der → *Freizügigkeit* der Arbeitnehmer,
- gleiches Entgelt für Männer und Frauen bei gleicher Arbeit,
- den Austausch junger Arbeitnehmer (→ *Jugendaustausch*),
- die Zusammenarbeit der Mitgliedstaaten im Arbeitsrecht, in der beruflichen Ausbildung und der Sicherheit am Arbeitsplatz sowie
- die soziale Absicherung der Wanderarbeitnehmer in einem anderen Land der Gemeinschaft.

Trotz solcher rühmlichen Vorgaben blieb die Sozialpolitik ein Stiefkind des Integrationsprozesses. Zu unterschiedlich waren – und sind – die Traditionen, Konzeptionen und ökonomischen Ausgangsbedingungen der Mitgliedstaaten.

Immerhin hat man schon 1959 ein herausragendes sozialpolitisches Instrument ins Leben gerufen – den

Europäischen → *Sozialfonds (ESF) (heute: Sozialfonds Plus)*.

Auch in der heutigen *Europäischen Union* (EU) ist der Weg zu einer „Sozialunion" noch weit. Zentrale Bereiche des Arbeits- und Sozialrechts sind – und bleiben wohl auf absehbare Zeit – rein national geregelt. Die Konkurrenz unterschiedlicher Sozialsysteme ist und bleibt also auch längerfristig europäische Realität, selbst innerhalb der EU-Staaten, die sich seit dem 1. Januar 1999 zur → *Wirtschafts- und Währungsunion (WWU)* zusammengeschlossen und gemeinsam den → *Euro* als Währung eingeführt haben.

Die innerhalb der EU zum Teil markant divergierenden nationalen Sozialsysteme entfalten natürlich eine nicht geringe wettbewerbspolitische Relevanz. Entsprechend dramatisch unterschiedlich ist auch die Anziehungskraft des einen oder anderen EU-Landes als ausgewähltes „Zielland" von Asylbewerbern und Flüchtlingen (→ *Asyl- und Flüchtlingspolitik*).

Auch wenn die Mitgliedstaaten sich bis heute weitgehend die inhaltliche Gestaltung ihrer jeweiligen Sozialpolitik im Rahmen ihrer nationalen Kompetenz vorbehalten, so sind doch nennenswerte Schritte hin zu einer Kohärenz sozialpolitischer Ziele und Leitlinien zu verzeichnen. Die Entwicklung lässt sich in Etappen gliedern:

2. Soziales Aktionsprogramm

1974 wurde mit dem ersten *„Sozialen Aktionsprogramm"* immerhin eine grundsätzliche Befugnis der (damaligen) → *Europäischen Gemeinschaft (EG)* zum Erlass sozialpolitischer Vorschriften akzeptiert.

3. Europäischer Sozialraum

Erst mit der Perspektive eines europäischen → *Binnenmarktes*, der neben Vorteilen auch verschärfte Konkurrenzsituationen erwarten ließ, erhielt die gemeinsame Sozialpolitik einen höheren Stellenwert. So plädierte der → *Europäische Rat* dafür, einen *„Europäischen Sozialraum"* entstehen zu lassen.

Die → *Einheitliche Europäische Akte* (EEA) *von* 1987 hat das Ziel eines Europäischen Sozialraums dann festgeschrieben. Die teilweise großen sozialen Unterschiede zwischen den einzelnen EG-Ländern sollen in diesem Raum nicht mehr bestehen. So soll es z. B. im Arbeitsschutz Mindestanforderungen geben, die für alle EG-Länder gleich sind, ohne die höheren Schutzvorschriften oder sozialen Rechte einzelner EG-Staaten zu beseitigen. Im Bereich der betrieblichen Mitbestimmung sind für europäische, nicht rein nationale Unternehmen neue Modelle der Mitbestimmung vorgesehen.

4. Sozialer Dialog

Mit der Einheitlichen Europäischen Akte (EEA) wurde 1987 auch der Begriff des *„Sozialen Dialogs"* eingeführt. Hier geht es um die Mitwirkung von Arbeitgebern, Arbeitnehmern, Verbänden und Gewerkschaften bei der Gestaltung der europäischen Politik. Hierfür stehen im arbeits- und sozialpolitischen Bereich auf EU-Ebene das → *Europäische Parlament*, der → Wirtschafts- und Sozialausschuss und der Ständige

Ausschuss für Beschäftigungsfragen bereit. Die → *Europäische Kommission* muss die Sozialpartner sogar vor der Verabschiedung eigener Vorschläge konsultieren.

5. Europäische Sozialcharta

Im Dezember 1989 verabschiedete der → *Europäische Rat* in einer feierlichen Erklärung eine „*Gemeinschaftscharta der sozialen Grundrechte der Arbeitnehmer*" *(kurz: Europäische Sozialcharta)*. Rechtlich bindend ist sie zwar nicht; dennoch gilt sie als wichtiges Instrument für einen gemeinsamen Sozialraum. Bis auf Großbritannien befürworteten alle EG-Mitgliedstaaten die Notwendigkeit der Sozialcharta. Sie enthält Bestimmungen über soziale Grundrechte:

- Recht auf Freizügigkeit, Beschäftigung und gerechte Entlohnung,
- Recht auf sozialen Schutz,
- Recht auf Koalitionsfreiheit und Tarifverhandlungen,
- Recht auf Berufsausbildung und Fortbildung,
- Recht auf Gleichbehandlung von Mann und Frau,
- Recht der Arbeitnehmer auf Information, Konsultation und Mitwirkung in den Betrieben,
- Recht auf Gesundheitsschutz und Sicherheit am Arbeitsplatz,
- Kinder- und Jugendschutz,
- Recht auf Mindestversorgung für ältere Menschen und Integration behinderter Arbeitnehmer.

Das Streikverbot für Beamte in der Bundesrepublik Deutschland bleibt aufrechterhalten.

Ebenfalls im Dezember 1989 legte die EU-Kommission ein Aktionsprogramm für soziale Mindeststandards vor, das 47 konkrete sozialpolitische Maßnahmen vorsah, um die Sozialcharta umzusetzen und dem europäischen Sozialraum im europäischen Binnenmarkt Konturen zu geben. Dieses Aktionsprogramm ist heute weitestgehend in der Form von Verordnungen, Richtlinien oder Empfehlungen verabschiedet worden. Es wurden u. a. Richtlinien über Massenentlassungen, über den Mutterschutz, den Jugendschutz und die Arbeitszeit verabschiedet.

6. Protokoll über die Sozialpolitik

Während der Verhandlungen über den 1992 unterzeichneten → *Maastrichter Vertrag* erwies sich ausgerechnet die Sozialpolitik angesichts der britischen Weigerung, einer Ausdehnung der sozialpolitischen Zuständigkeiten der EG zuzustimmen, als ernsthafter Stolperstein für eine Einigung. Ein Kompromiss sah schließlich vor, die sozialpolitischen Bestimmungen des EG-Vertrags unberührt zu lassen, dem Maastrichter Vertragswerk aber ein *Protokoll über die Sozialpolitik* hinzuzufügen. Darin wurden die übrigen Mitgliedstaaten ermächtigt, Organe, Verfahren und Mechanismen der EG für eine weiterreichende gemeinsame Sozialpolitik auch ohne Großbritannien zu nutzen.

Erst mit dem → *Amsterdamer Vertrag* wurde 1999 das Sozialprotokoll in den EG-Vertrag integriert und ein gemeinschaftliches Handeln der EU in der Sozialpolitik möglich. Der seinerzeit eingefügte ausdrückliche Bezug auf die sozialen Grundrechte, wie sie in der Turiner Sozialcharta von 1961 des Europarats sowie in der Gemeinschaftscharta der sozialen Grundrechte von 1989 festgelegt sind, findet sich heute in Artikel 151 AEUV.

7. Europäische Sozialagenda

2000 verabschiedete der Europäische Rat in Nizza ein sozialpolitisches Arbeitsprogramm für den Zeitraum von 2000 bis 2005. Mit dieser *„Europäischen Sozialagenda"* wollte man die → *Lissabon-Strategie* um eine sozialpolitische Dimension ergänzen. Es wurden Ziele einer gemeinsamen Sozialpolitik formuliert.

8. Europäische Säule sozialer Rechte

Am 17. November 2017 schließlich proklamierten EP, Rat der EU sowie EU-Kommission unter dem Namen *„Europäische Säule sozialer Rechte" (ESSR)* feierlich 20 Grundsätze zu den Themen Chancengleichheit und Arbeitsmarktzugang, faire Arbeitsbedingungen sowie Sozialschutz und soziale Inklusion. Diese Grundsätze haben bislang einen rein deklaratorischen Charakter; sie sind nicht einklagbar und insbesondere (noch) nicht Teil der europäischen Verträge. Die Entwicklung der → *Grundrechte-Charta der EU* aber zeigt, dass solche zunächst unverbindlichen Programm-Signale eines Tages durchaus rechtsverbindlich ausgestaltet werden können.

Inhaltlich soll die ESSR eine Richtung vorgeben für die Bestrebungen, die EU nationenübergreifend sozialer zu gestalten. Die Umsetzung ist angesichts der begrenzten Kompetenzen der EU auf dem Feld der Sozialpolitik zu einem erheblichen Teil eine Obliegenheit der Mitgliedstaaten. Aber auch auf Unionsebene stehen Wege der Implementierung offen:

- So liegen dem Rat der EU bereits zahlreiche Vorschläge für Richtlinien, Verordnungen oder Empfehlungen vor, die soziale Verbesserungen in Europa zum Ziel haben.
- Auch im Rahmen des Europäischen Semesters (→ *Europa 2020*) wird die soziale Dimension Europas thematisiert. Hier werden die Mitgliedstaaten zu konkreten Initiativen aufgefordert – etwa im Bereich der Lohngestaltung.
- Schließlich kann auf EU-Ebene im Rahmen des Mehrjährigen Finanzrahmes (→ *Haushalt der Europäischen Union*) entscheidender Einfluss auf soziale Themenschwerpunkte und Projekte genommen werden.

Fazit: Die Umsetzung der ESSR dürfte ein mühsames Unterfangen sein. Der Harmonisierungsbedarf im sozialen Bereich ist immens; ebenso erheblich sind die Widerstände seitens der EU-Mitgliedstaaten gegenüber Eingriffen in die bis heute weitgehend national bestimmte Sozialpolitik. Sollte etwa bei sozialen Leistungen generell das Wohnort-Prinzip gelten? Wie ist der soziale Schutz Selbstständiger zu gestalten? Wären einheitliche Regelungen der Renten, der Gesundheitssysteme oder der Zugänge zu Bildung und Ausbildung vorstellbar? Insbesondere die finanzpolitisch eng verbundenen 19 Euro-Staaten sollten sich an der ESSR orientieren.

III. Ausblick

Es ist einiges geschehen in der europäischen Sozialpolitik. Auch wenn eine vollständige Harmonisierung der Sozialstandards in der EU nicht in Sicht und der Weg zu einer „Sozialunion“ noch weit ist – die Diskussion über den Stellenwert und die Zukunft der europäischen Sozialpolitik ist in vollem Gang. Die von allen Akteuren feierlich proklamierte „Europäische Säule sozialer Rechte“ könnte das Bewusstsein dafür schärfen, wie elementar die sozialen Parameter für eine Vielzahl von politischen Weichenstellungen sind – vor allem für einen fairen Wettbewerb im europäischen Binnenmarkt.

Weiterführende Literatur

Christiane Dienel/Sabine Verkämping, „Der Vertrag von Lissabon und die europäische Sozialpolitik“, in: Olaf Leiße (Hrsg.), „Die Europäische Union nach dem Vertrag von Lissabon“, Wiesbaden 2010, S. 176–194 | *Jakob Kapeller et al.,* „Wirtschaftliche Polarisierung in Europa – Ursachen und Handlungsoptionen“, Bonn 2019 | *Georg Vobruba,* „Krisendiskurs. Die nächste Zukunft Europas“, Weinheim/Basel 2017

▶ Spinelli-Gruppe

Die interfraktionelle *„Spinelli-Gruppe“* (benannt nach *Altiero Spinelli, → Europäischer Konvent (zur Zukunft Europas)*) vereint überzeugte Föderalisten im → *Europäischen Parlament*. Ihr erklärtes Ziel ist es, schrittweise eine föderale → *Europäische Union* (EU) zu schaffen, die auf den Werten der liberalen Demokratie, auf Solidarität und Rechtsstaatlichkeit gründet. Ihr im September 2018 veröffentlichtes Manifest steht unter dem Motto „Ein geteiltes Schicksal“ und ist ihr Beitrag zur Debatte über die Zukunft Europas. Das Manifest zeigt Wege auf, die zu größerer europäischer Einheit und einem besseren Regieren auf EU-Ebene führen könnten.

Die Spinelli-Gruppe ist überzeugt, dass eine starke, demokratische und nach föderalen Prinzipien organisierte Regierung der beste Garant für künftigen Frieden und Wohlstand auf dem europäischen Kontinent sei. Desintegration, so das Manifest, führe ins Unglück. Erläutert wird, warum Reformen notwendig sind, wie diese aussehen sollten und wie sie umgesetzt werden können.

Das *Manifesto for the Future of Europe* ist auf der Webseite der Spinelli-Gruppe in englischer und französischer Sprache veröffentlicht.

▶ Staatenbund (Konföderation)

Ein Staatenbund ist der lockere Zusammenschluss selbstständiger Staaten, die einen Teil ihrer Aufgaben auf gemeinsame Organe übertragen können, ohne dass ihre Souveränität angetastet wird. Er kann zwar nach außen als Einheit auftreten, ist jedoch kein selbstständiger Staat und kennt keine den Mitgliedstaaten übergeordnete Staatsgewalt. Hierin liegt der Unterschied zum → *Bundesstaat (Föderation)*, bei dem durch den Zusammenschluss von Staaten ein neuer, souveräner Staat entsteht.

Beispiele einer Konföderation: der Rheinbund von 1806 bis 1813, der Deutsche Bund von 1815 bis 1866.

▶ Staatsschuldenkrise

I. Historie

Das Schlagwort von der „*Staatsschuldenkrise*“ – mitunter auch „*Euro-Krise*“ genannt – steht für die 2009 aufgekommene Unsicherheit über die Zukunft des → *Euro*. Vorausgegangen war eine globale Finanzkrise, ausgelöst durch den Zusammenbruch des US-amerikanischen Bankhauses Lehman Brothers. Diese Finanzkrise offenbarte schlagartig, dass verschiedene Euro-Staaten auch nach Einführung des Euro eine teilweise recht ungezügelte Verschuldungspolitik betrieben haben. Da Währungswerte immer auch mit Psychologie zu tun haben und der → *Euro-Raum* über ein Jahrzehnt hinweg als einheitliches – und stabiles – Währungsgebilde wahrgenommen worden war, hatten sich einzelne Euro-Staaten zu höchst günstigen Bedingungen und traumhaft niedrigen Zinsen verschulden können.

Die Finanzkrise brachte die realen Bonitäten schlagartig ans Tageslicht. Staaten wie vor allem Griechenland, die von dieser Chance Gebrauch gemacht hatten, gerieten unter massiven Druck der internationalen Finanzmärkte. Aufgrund ihrer nun wieder losgelöst vom Euroverbund bewerteten schwachen Bonität konnten sie sich nicht mehr ausreichend mit neuem Geld zu vertretbaren Zinsen versorgen. Der Luxus einer immensen Staatsverschuldung rächte sich dramatisch: Neben Griechenland drohte auch Portugal, Irland, Italien und Spanien (man sprach von den „PIIGS-Staaten“) die Zahlungsunfähigkeit.

Spätestens 2010 lagen damit drei elementare Schwächen der europäischen Währungsunion schonungslos offen:

(1) Der → *Stabilitäts- und Wachstumspakt* hat offenbar als Instrumentarium nicht ausgereicht, um finanzpolitische Fehlentwicklungen zu verhindern.

(2) Trotz der bestehenden wirtschaftspolitischen Überwachung war es nicht gelungen, strukturpolitisch bedingte Ungleichgewichte und Wettbewerbsschwächen in den Euroländern zu erkennen und entsprechend anzugehen.

(3) Schließlich zeigte sich, dass die Währungsunion für den Extremfall staatlicher Liquiditäts- und Solvenzkrisen nicht gerüstet war.

II. Neue Verfahren und Mechanismen

Das Gebot der Stunde musste sein, Währungsunion und Euro auf lange Sicht stark und robust zu machen. Gesucht wurden – und werden – Mittel und Wege, um die Haushaltsdisziplin in der Eurozone zu stärken. Bei allen Überlegungen war – und ist – aber auch die Verantwortlichkeit der nationalen Parlamente für den Haushalt zu respektieren. Die → *Europäische Kommission* plädierte dafür, ein Gesamtpaket zu schnüren.

1. Verbesserte Vorbeugung gegen Haushaltskrisen

Mit einem gestärkten → *Stabilitäts- und Wachstumspakt* wird die Haushaltsüberwachung innerhalb der EU verschärft. Als Ziel schreibt er den Mitgliedstaaten einen strukturell nahezu ausgeglichenen Haushalt vor und legt einen klaren Pfad zum Schuldenabbau fest. Hält ein Land sich nicht an diese Regeln, so wird ein Defizitverfahren eröffnet. Sanktionen, auch das ist neu, werden weitgehend automatisch verhängt.

Ergänzend haben alle Euro-Länder sowie fast alle EU-Mitgliedstaaten (außer Tschechien und – seinerzeit – Großbritannien) im März 2010 den → *Fiskalvertrag* geschlossen. Er verpflichtet die Staaten, in ihren nationalen Rechtsordnungen – vorzugsweise in ihren Verfassungen – einheitliche und dauerhaft verbindliche Haushaltsregeln zu verankern. Jedes Land wird sein strukturelles Budgetdefizit auf 0,5 Prozent des Bruttoinlandsprodukts (BIP) begrenzen. Auf den Punkt gebracht spricht man hier von „Schuldenbremse“. Denn sicherlich macht es Sinn, wenn in den nationalen Haushaltsplanungen die Grundsätze des Stabilitäts- und Wachstumspaktes stärker verankert sind.

Der Fiskalvertrag trat am 1. Januar 2013 in Kraft und ist eng mit dem → *Europäischen Stabilitätsmechanismus (ESM)* verknüpft. Hilfen aus dem ESM können nur Staaten in Anspruch nehmen, die den Fiskalvertrag bis zum 1. März 2013 ratifiziert und spätestens ein Jahr nach dessen Inkrafttreten die Schuldenbremse in ihr innerstaatliches Recht umgesetzt haben.

2. Verbesserten wirtschaftspolitischen Steuerung der EU

Die Wachstumsstrategie → *„Europa 2020“* soll dafür sorgen, dass sich die EU zu einem intelligenten und gut integrierten Wirtschaftsraum entwickelt, der durch ein hohes Beschäftigungs- und Produktivitätsniveau geprägt ist.

Um die Ziele dieser neuen Wachstumsstrategie zu erreichen und die ökonomischen Belange der → *Wirtschafts- und Währungsunion* zu stärken, haben die seinerzeit 17 Euro-Länder sowie weitere EU-Staaten im März 2011 zusätzlich einen Pakt für mehr Wettbewerbsfähigkeit geschlossen. Im → *Euro-Plus-Pakt* verpflichten sie sich, jährlich auf nationaler Ebene möglichst konkrete Schritte zur währungspolitischen Konsolidierung zu planen und umzusetzen.

Ein einheitlicher Zyklus der Koordinierung, das „Europäische Semester“, verzahnt die Elemente der wirtschaftspolitischen Steuerung besser mit der haushaltspolitischen Überwachung (→ *„Europa 2020“*).

Fazit: Wirtschaftliche Fehlentwicklungen in einzelnen Euro-Staaten sollen viel frühzeitiger erkannt und benannt werden. Probleme einzelner Mitgliedstaaten will man künftig offener und ehrlicher diskutieren. Fehlentwicklungen sollen konsequent Frühwarnungen und spezifische Korrekturempfehlungen der EU-Kommission nach sich ziehen („blaue Briefe“).

3. Krisenbewältigungsrahmen für die Eurozone

Der vereinbarte europäische Finanzstabilisierungsrahmen war ein notwendiger Schritt zur Stabilisierung der aktuellen Lage. Dieses Instrument wurde aus gutem Grund zeitlich befristet. Über diese Ad-hoc-Maßnahme hinaus muss ein wesentlicher Bestandteil eines festen Krisenbewältigungsrahmens für die Eurozone ein Verfahren für eine geordnete staatliche Insolvenz sein. Damit werden für Staaten Anreize zu solider Finanzpolitik und für Finanzmarktteilnehmer Anreize zu verantwortungsbewusster Kreditvergabe gesetzt.

III. Ausblick

Bildlich gesprochen geht es um Baugerüste und Abstützmaßnahmen, die darüber hinweghelfen sollen, dass dem Euro-Währungsgebäude in der Tat einige Stockwerke fehlen und es eine gemeinsame Wirtschafts- und Finanzregierung der Euro-Staaten nicht gibt – und voraussichtlich auf absehbare Zeit nicht geben wird. Es gilt das Motto von *Thomas Westphal*, Ministerialdirektor im Bundesfinanzministerium: *„The European Union in under construction."*

Weiterführende Literatur

Kai Brumm/Felix Hörisch, „The Long Shadow of the Financial Crisis", in: Zeitschrift für Vergleichende Politikwissenschaft, 12. Jahrgang, Heft 3/2018, S. 475–507 | *Markus Brunnermeier et al.*, „Euro – Der Kampf der Wirtschaftskulturen", München 2018, Teil 3: Finanzstabilität | *Thomas Piketty*, „Die Schlacht um den Euro – Interventionen", München 2015 | *Reimund Mink*, „Eine griechische Tragödie – Staatsschuldenkrise und kein Ende?", Marburg 2018

▶ Stabilitäts- und Wachstumspakt

I. Ziele des Paktes

Der „Vertrag über die Europäische Union" (→ *Maastrichter Vertrag*), in Kraft seit 1993, legte fest, dass die → *Europäische Union* (EU) spätestens 1999 eine gemeinsame Währung einführen werde. Um deren Stabilität zu gewährleisten, sollten nur jene Mitgliedstaaten teilnehmen, die bestimmte wirtschafts- und finanzpolitische Voraussetzungen, die sog. → *Konvergenzkriterien*, erfüllen.

Auf ihrem Gipfeltreffen im Juni 1997 in Amsterdam konkretisierten die Staats- und Regierungschefs der EU-Staaten diese Konvergenzkriterien; mit dem sog. *Stabilitäts- und Wachstumspakt* schuf man Mechanismen zur Überwachung der nationalen Haushalte sowie Sanktionsmöglichkeiten, falls Haushalte der (späteren) → *Euro*-Staaten stärker als erlaubt defizitär sein sollten.

Die Grenze des Erlaubten wird überschritten, wenn

- das nationale Haushaltsdefizit drei Prozent oder
- die Gesamtverschuldung der öffentlichen Hand 60 Prozent des Bruttoinlandsprodukts (BIP) übersteigt.

Kurzum: Der Pakt zielt darauf ab,

- präventiv eine solide und dauerhafte Konvergenz der Volkswirtschaften der durch die gemeinsame Euro-Währung eng verbundenen Staaten zu gewährleisten, und

- korrektiv Staaten mit übermäßiger Verschuldung zu zwingen, rasch zu einem ausgeglichenen Haushalt zurückzugelangen.

II. Das Verfahren

1. Stabilitäts- und Konvergenzprogramme

Die Länder des Euro-Raumes haben alljährlich zu aktualisierende Stabilitätsprogramme vorzulegen und die mittelfristigen nationalen Ziele ihrer öffentlichen Haushalte darzustellen. Falls die Neuverschuldung eines Mitgliedstaates drei Prozent zu überschreiten *droht*, kann die → *Europäische Kommission* eine „Frühwarnung" aussprechen; sie versendet den sog. „Blauen Brief".

Überschreitet die Neuverschuldung eines Staates *tatsächlich* drei Prozent des BIP, erstellt die EU-Kommission einen entsprechenden Bericht und löst damit das „Verfahren wegen übermäßigen Defizits" aus. Der → *Rat der Europäischen Union* entscheidet dann auf Empfehlung der EU-Kommission, ob ein solches Defizit vorliegt.

2. Konsequenzen einer übermäßigen Verschuldung

Stellt der Rat ein übermäßiges Defizit fest, haben die betroffenen Länder unter Fristsetzung einen Plan vorzulegen, wie sie das Defizit in den Griff zu bekommen gedenken. Halten sie diesen Plan – sowie, mit kürzerer Frist, eine weitere Ermahnung des Rates der EU – nicht ein, so können Sanktionen verhängt werden.

3. Sanktionen

- Der Rat der EU kann von Haushaltssündern verlangen, dass sie eine unverzinsliche Einlage „in angemessener Höhe" in Brüssel hinterlegen, bis das übermäßige Defizit korrigiert ist.
- Wird das übermäßige Defizit in den folgenden zwei Jahren nicht bereinigt, können empfindliche Geldstrafen von 0,2 Prozent bis zu 0,5 Prozent des BIP des betroffenen Mitgliedstaates verhängt werden.
- Ein Mitgliedstaat kann aufgefordert werden, vor der Ausgabe von Schuldverschreibungen und sonstiger Wertpapiere zusätzliche Angaben zu veröffentlichen.
- Die → *Europäische Investitionsbank (EIB)* kann aufgefordert werden, ihre Darlehenspolitik gegenüber dem betroffenen Land zu überprüfen.

Ausnahmen sieht der Stabilitätspakt nur vor bei außergewöhnlichen Ereignissen, z. B. Naturkatastrophen oder im Fall einer nationalen Wirtschaftskrise des betroffenen Landes. Allerdings: Nicht die EU-Kommission verhängt die Sanktionen; die Entscheidung muss letztlich vom Rat der EU, also den Fachministern der *nationalen* Regierungen der Mitgliedstaaten, mit zwei Drittel Mehrheit gebilligt werden, wobei das betroffene „Sünderland" kein Stimmrecht hat.

III. Erste Reform des Paktes

So weit die Theorie. Die praktischen Erfahrungen der zurückliegenden Jahrzehnte aber warfen Fragen auf, brachten Diskussionen in Gang – und führten inzwischen zweimal – 2005 und 2011 – zu Reformen des Paktes.

Ausgerechnet Deutschland und Frankreich haben unmittelbar nach Einführung des Euro in den Jahren 2002, 2003, 2004 und 2005 in Folge die Defizitgrenzen überschritten. Die EU-Kommission erhob Klage beim → *Europäischen Gerichtshof (EuGH)*. Im Juli 2004 verkündeten die luxemburgischen Richter ihr Urteil – in einem Eilverfahren, in dem es in Wirklichkeit um einen Grundsatzkonflikt ging, nämlich darum, wer künftig die Macht hat in Europa, wer das letzte Wort spricht in entscheidenden Fragen europäischer Wirtschafts- und Finanzpolitik: die EU-Kommission und damit ein → *Organ der Europäischen Union* – oder die Mitgliedsnationen.

Geeinigt haben sich die EU-Finanzminister im März 2005 – insbesondere auf Druck der „Defizitsünder" Deutschland und Frankreich – auf eine flexiblere Handhabung der Stabilitätsregelungen. Seither können bei der Bewertung einer nationalen Neuverschuldung verschiedene Faktoren relativierend herangezogen – nicht dagegen einfach „herausgerechnet" – werden. So etwa Investitionen in die Forschung und zur Stärkung der Wettbewerbsfähigkeit, für Strukturreformen oder – wichtig für Deutschland – für → *Nettozahlungen* an die EU, wolkig umschrieben mit „Ausgaben, die einem hohen Niveau an finanziellen Beiträgen zur Stärkung und zum Erreichen der Ziele der europäischen Politik" dienen.

Als defizitmindernde Faktoren gelten zudem die „Kosten zur Herstellung der europäischen Einheit"; gemeint sind insbesondere die Kosten der deutschen Wiedervereinigung.

IV. Zwischenfazit

Defizitverfahren wurden seit 2005 nicht mehr automatisch nach Überschreiten der Drei-Prozent-Grenze eingeleitet. Zunächst wurde im Einzelfall geprüft, ob es sich etwa um eine vorübergehende Schwäche der Volkswirtschaft oder ein Defizit zur Finanzierung wachstumsfördernder Maßnahmen handelt, sodass kein Defizitverfahren verhängt werden muss.

V. Zweite Reform des Paktes

Mit der → *Staatsschuldenkrise* traten schlagartig die Schwachstellen der → *Wirtschafts- und Währungsunion* (WWU) zutage. Die Staats- und Regierungschefs des Euro-Raums mussten handeln. Die im Dezember 2011 in Kraft getretene zweite Reform des Regelwerks soll für die Zukunft sicherstellen, dass mehr Budgetdisziplin auch tatsächlich durchgesetzt wird.

Im Fall einer erheblichen Abweichung von einer soliden Haushaltspolitik setzt folgendes Verfahren ein:

(1) Die Kommission veröffentlicht eine Frühwarnung.
(2) Der Rat schreibt innerhalb eines Monats Abhilfemaßnahmen vor und setzt eine Frist von maximal fünf Monaten für die Umsetzung.
(3) Die Kommission überprüft, ob wirksame Maßnahmen umgesetzt wurden.
(4) Die Kommission legt bei Nicht-Umsetzung innerhalb von 20 Tagen einen Sanktionsbeschluss vor.
(5) Der Rat bestätigt den Sanktionsbeschluss nach maximal zehn Tagen, wenn dieser nicht mit qualifizierter Mehrheit widerrufen wird (quasi-automatisch).

(6) Innerhalb von sechs Monaten – in besonders schwerwiegenden Fällen innerhalb von vier Monaten – werden Sanktionen verhängt.

Ein Defizitverfahren gegen einen Staat kann künftig auch dann eingeleitet werden, wenn sein Haushaltsdefizit unter drei Prozent des Bruttoinlandsprodukts, seine Gesamtverschuldung aber über dem Konvergenzwert von 60 Prozent des BIP liegt und diese Schulden nicht jährlich um mindestens fünf Prozent (ein Zwanzigstel) abgebaut werden.

Staaten, gegen die bereits ein Defizitverfahren wegen Überschreitung der Drei-Prozent-Grenze für das Jahresdefizit läuft, haben nach Korrektur des übermäßigen Defizits eine Frist von drei Jahren, um mit dem Abbau des Gesamtschuldenstands zu beginnen.

Kommen Staaten, gegen die ein Defizitverfahren läuft, den an sie gerichteten Empfehlungen nicht nach, so werden nun Sanktionen „quasi automatisch" verhängt; sie können nur mit einer → *qualifizierten Mehrheit* im Rat der EU verhindert werden. Darüber hinaus können einem Mitgliedstaat künftig in größerem Umfang als bisher EU-Mittel gestrichen werden. So sind Zahlungen aus bestimmten EU-Fonds (→ *Struktur- und Investitionsfonds* (ESIF)) an eine nachhaltige Finanzpolitik gebunden worden.

▶ Steuerpolitik in Europa

So ist das mit der → *Europäischen Union (EU)* – sie kann nur dort tätig werden, wo ihr die Mitgliedstaaten die entsprechenden Zuständigkeiten übertragen. Ein besonders anschauliches Beispiel für diese Begrenztheit ihrer Kompetenzen ist der Bereich der Steuerpolitik. Sie ist in der EU seit jeher – und bis heute – eine Domäne der Nationalstaaten.

Die Europäischen Verträge öffnen hier nur eine sehr schmale Tür: In Artikel 113 AEUV ist zwar die Möglichkeit einer → *Harmonisierung* der Rechtsvorschriften über die Umsatzsteuern, die Verbraucherabgaben und sonstige indirekte Steuern vorgesehen; diese Harmonisierung aber muss

(1) für die Errichtung und das Funktionieren des gemeinsamen → *Binnenmarktes* und zur Vermeidung von Wettbewerbsverzerrungen *notwendig* sein und
(2) vom → *Rat* der EU *einstimmig* beschlossen werden.

So verwundert es nicht, dass die Steuersätze in der EU von Mitgliedstaat zu Mitgliedstaat nach wie vor signifikant divergieren, sowohl bei den *indirekten* (Mehrwertsteuer, Tabak, Spirituosen, Benzin) als auch bei den *direkten* Steuern (Lohn-, Einkommens- oder Unternehmenssteuern). Diskutiert wird in Brüssel seit Langem darüber, wie man unterschiedliche Steuerstandards innerhalb der EU beheben kann. Ein Vorschlag der → *Europäischen Kommission* ging dahin, das in diesem Bereich geltende Einstimmigkeitsprinzip aufzugeben und Entscheidungen mit → *qualifizierter Mehrheit* zu treffen; dies aber setzt zunächst wiederum einen einstimmigen Beschluss voraus.

Im Bereich der Mehrwertsteuerharmonisierung konnten sich die EU-Mitgliedstaaten lediglich auf einen *Mindestsatz* in Höhe von 15 Prozent, im Rahmen des ermäßigten Mehrwertsteuersatzes (z. B. für Zeitungen, Bücher, Nahrungsmittel oder Medikamente) in Höhe von fünf Prozent verständigen.

Mehrwertsteuersätze in den einzelnen EU-Ländern (Stand: Januar 2020)

Land	Ländercode	Normalsatz	Ermäßigter Satz	Stark ermäßigter Satz	Zwischensatz
Österreich	AT	20	10 / 13	-	13
Belgien	BE	21	6 / 12	-	12
Bulgarien	BG	20	9	-	-
Zypern	CY	19	5 / 9	-	-
Tschechien	CZ	21	10 / 15	-	-
Deutschland	DE	19	7	-	-
Dänemark	DK	25	-	-	-
Estland	EE	20	9	-	-
Griechenland	EL	24	6 / 13	-	-
Spanien	ES	21	10	4	-
Finnland	FI	24	10 / 14	-	-
Frankreich	FR	20	5,5 / 10	2,1	-
Kroatien	HR	25	5 / 13	-	-
Ungarn	HU	27	5 / 18	-	-
Irland	IE	23	9 / 13,5	4,8	13,5
Italien	IT	22	5 / 10	4	-
Litauen	LT	21	5 / 9	-	-
Luxemburg	LU	17	8	3	14
Lettland	LV	21	12 / 5	-	-
Malta	MT	18	5 / 7	-	-
Niederlande	NL	21	9	-	-
Polen	PL	23	5 / 8	-	-
Portugal	PT	23	6 / 13	-	13

Land	Ländercode	Normalsatz	Ermäßigter Satz	Stark ermäßigter Satz	Zwischensatz
Rumänien	RO	19	5 / 9	-	-
Schweden	SE	25	6 / 12	-	-
Slowenien	SI	22	9,5	-	-
Slowakei	SK	20	10	-	-

Stimmenverteilung in der Europäischen Union

Der → *Rat der Europäischen Union* beschließt zusammen mit dem → *Europäischen Parlament (EP)* die Gesetze der → *Europäischen Union* (EU). Im Rat kommen die jeweils fachlich zuständigen Minister der EU-Staaten zusammen, deshalb wird er häufig auch – bis 1993 sogar offiziell – als „Ministerrat" bezeichnet. Das EP ist das einzige unmittelbar von den Bürgerinnen und Bürgern gewählte und damit in direkter Dimension demokratisch legitimierte Organ der EU.

Beide → *Organe* sind für die europäische Gesetzgebung von zentraler Bedeutung. Nur – welches Gewicht sollen die nach Größe so enorm unterschiedlichen Mitgliedsländer in diesen Gremien in die Waagschale werfen? Werfen dürfen? Dieses fundamentale Problem bezieht sich in ähnlicher Ausprägung auf beide Organe: Kleinere Mitgliedstaaten wollen angemessen repräsentiert sein und „mitreden", auch wenn sie gemessen an der Bevölkerungszahl eher marginal ins Gewicht fallen würden. So fand man mit Mühe, über Umwege und mit Mut zur Lücke zu Regelungen, die auf den ersten Blick umständlich und je nach dem Blickwinkel sogar mitunter ungerecht anmuten.

I. Abstimmungsverfahren und „doppelte Mehrheit" im *Rat*

Je nachdem, in welchen Politikbereich die Vorlagen fallen, über die der Rat entscheidet, sieht der AEU-Vertrag verschiedene Abstimmungsverfahren vor:

- In *Verfahrensfragen* beschließt der Rat meist mit einfacher Mehrheit seiner Mitglieder.
- Bei Fragen der → *Gemeinsamen Außen- und Sicherheitspolitik (GASP)* und anderen politisch heiklen Angelegenheiten – wie etwa der Steuerpolitik – beschließt der Rat *einstimmig*.
- Für das ordentliche Gesetzgebungsverfahren (→ *Europäisches Gemeinschaftsrecht*), das in den *meisten* EU-Politikfeldern gilt, ist jedoch eine → *qualifizierte Mehrheit* notwendig. Die nötige qualifizierte Mehrheit ist erreicht, wenn 55 Prozent der EU-Mitgliedstaaten (bei derzeit 27 Mitgliedern sind das 15 Länder), die außerdem 65 Prozent der Gesamtbevölkerung der EU repräsentieren, dem Vorhaben zustimmen.

Um einen *Beschluss* zu verhindern (sog. *Sperrminorität*), sind mindestens *vier Länder* erforderlich, die mindestens 35 Prozent der EU-Gesamtbevölkerung stellen.

Erfunden wurde diese *„Doppelte Mehrheit"* im Rahmen der Ausarbeitung einer → *Verfassung für Europa*. Keine andere Regelung des Verfassungsvertrages war so heiß umstritten wie diese Definition, was bei Abstimmungen im Rat der EU oder im Europäischen Rat unter „qualifizierter Mehrheit" zu verstehen sei. Der Verfassungsvertrag ist bekanntlich gescheitert. Das System der „Doppelten Mehrheit" aber hat sich durchgesetzt. Es fand uneingeschränkt Eingang in den am 1. Dezember 2009 in Kraft getretenen → *Lissabon-Vertrag*. Offenbar entspricht es dem Verständnis einer Union der Staaten und der Bürger, denn es folgt dem Grundsatz „ein Staat – eine Stimme" ebenso wie dem Prinzip der Bürgergleichheit, das jedem vertretenen Einwohner ein annähernd gleiches Gewicht zuerkennt. Die Doppelte Mehrheit schafft einen Ausgleich zwischen großen und kleinen Ländern und ersetzt das bisherige, vielfach kritisierte Verfahren einer Gewichtung von Stimmen, wie es im Jahr 2000 der → *Vertrag von Nizza* bestimmt hatte.

Die Abstimmungsmacht der einzelnen Länder ist im Übrigen nicht ohne Einfluss auf die Höhe der Finanzverteilung in der EU und damit indirekt auch auf die → *Nettozahlungen* der Mitgliedstaaten.

II. Sitzverteilung nach Mitgliedstaaten im *EP*

Der Lissabon-Vertrag setzte 2009 auch hier neue Maßstäbe. So begrenzte er die Zahl der Abgeordneten des EP auf 750 – zuzüglich des Präsidenten. Jeder Mitgliedstaat ist mit mindestens sechs Parlamentariern vertreten.

Auch im EP sind die einzelnen EU-Staaten ausgesprochen unterschiedlich repräsentiert. So stellt etwa Luxemburg mit rund 430.000 Einwohnern sechs Abgeordnete, d. h. einen für jeweils 83.000 Einwohner. Deutschland hingegen entsendet 96 Abgeordnete bei rund 83 Millionen Einwohnern – ein Verhältnis von eins zu 854.000. Etwa im Mittel liegt Rumänien mit knapp 20 Millionen Einwohnern und 33 Sitzen. Dieses Prinzip der sog. *„degressiven Proportionalität"* ruft naturgemäß immer wieder Kritik hervor: Bevölkerungsreichere Staaten dürfen zwar in absoluten Zahlen mehr, im Verhältnis zu ihrer Einwohnerzahl jedoch deutlich weniger Abgeordnete stellen als bevölkerungsärmere.

Auf diese Weise versucht man, den extremen Größenunterschieden zwischen den EU-Mitgliedstaaten gerecht zu werden. Würden die Parlamentsmandate jeweils im direkten Verhältnis zur Einwohnerzahl auf nationale Kontingente aufgeteilt, so kämen die kleinsten Länder Malta, Luxemburg und Zypern nicht einmal auf einen Sitz. Wollte man aber die Mindest-Sitzzahl der kleinen Länder beibehalten, so müsste man das Parlament auf mehrere tausend Abgeordnete erweitern. Beide Optionen funktionieren offensichtlich nicht. Schon bei der Gründung des EP entschied man sich deshalb für die degressive Proportionalität – auch wenn man damit den

Grundsatz der Erfolgsgleichheit aller Stimmen aufgeben musste.

Zur Verteilung im Einzelnen siehe → *Europäisches Parlament (EP).*

▶ Strategischer Kompass

Mehr Sicherheit und Verteidigung der → *Europäischen Union (EU)* im vor uns liegenden Jahrzehnt – dass soll mit dem sog. *Strategischen Kompass* erreicht werden. Am 21. März 2022 hat ihn der → *Rat der Europäischen Union (EU)* gebilligt. Den Anstoß für diesen *Aktionsplan für die Stärkung der Sicherheits- und Verteidigungspolitik der EU bis 2030* gab der von Russland am 24. Februar 2022 begonnene Angriff auf die Ukraine. Man wolle, um die europäische Handlungsfähigkeit und -bereitschaft zu erhöhen, „einen Quantensprung nach vorn" machen. Auch soll mehr in die Verteidigungsfähigkeit investiert werden.

I. Ziele

„Eine stärkere und fähigere EU im Bereich Sicherheit und Verteidigung wird", so die Pressemitteilung des → *Rates der EU* vom 21. März 2022, „einen konstruktiven Beitrag zur globalen und transatlantischen Sicherheit leisten und bildet eine Ergänzung zur → *NATO*, die für ihre Mitglieder das Fundament der kollektiven Verteidigung bleibt." So werde auch die regelbasierte Weltordnung mit den Vereinten Nationen (UN) stärker unterstützt.

Der Aktionsplan enthält konkrete Vorschläge mit einem genauen Zeitplan für seine Umsetzung, um die Fähigkeit der EU zu verbessern, in Krisen entschlossen zu handeln und ihre Sicherheit zu verteidigen.

II. Vier Säulen

Der Kompass deckt alle Aspekte der Sicherheits- und Verteidigungspolitik ab und beruht auf vier Säulen: „Handeln", „Investieren", „Mit Partnern zusammenarbeiten" und „Sichern".

1. Handeln

Um in der Lage zu sein, bei Krisen rasch und entschlossen zu handeln – nach Möglichkeit mit Partnern und notfalls allein –, wird die EU

- eine starke EU-Schnelleingreifkapazität *von bis zu 5.000* Einsatzkräften zur Bewältigung verschiedener Arten von Krisen aufbauen;
- bereit sein, innerhalb von 30 Tagen 200 vollständig ausgerüstete Experten für Missionen der → *Gemeinsamen Sicherheits- und Verteidigungspolitik (GSVP)* zu entsenden, auch in komplexe Umgebungen;
- regelmäßige LIVEX-Übungen an Land und auf See durchführen;
- die militärische Mobilität stärken;
- die zivilen und militärischen GSVP-Missionen und -Operationen der EU durch die Förderung eines raschen und flexibleren Beschlussfassungsprozesses, robusteres Handeln und die Gewährleistung einer größeren finanziellen Solidarität verstärken;
- die → *Europäische Friedensfazilität* in vollem Umfang nutzen, um Partner zu unterstützen.

2. Sichern

Um ihre Fähigkeiten zur *Antizipation, Abschreckung und Reaktion* auf aktuelle Bedrohungen zu stärken und die Sicherheitsinteressen der EU zu wahren, wird die EU

- ihr Analyseverfahren stärken;
- ein Instrumentarium gegen hybride Bedrohungen und Teams für die Reaktion auf solche schaffen, indem verschiedene Instrumente zusammengeführt werden, um ein breites Spektrum hybrider Bedrohungen erkennen und darauf reagieren zu können;
- das EU-Instrumentarium für die Cyberdiplomatie weiterentwickeln und eine EU-Politik im Bereich Cyberabwehr schaffen, um besser auf Cyberangriffe vorbereitet zu sein und besser darauf reagieren zu können;
- ein Instrumentarium gegen ausländische Informationsmanipulation und Einmischung entwickeln;
- eine EU-Weltraumstrategie für Sicherheit und Verteidigung entwickeln;
- die Rolle der EU als Akteur im Bereich der maritimen Sicherheit stärken.

3. Investieren

Die Mitgliedstaaten verpflichten sich, ihre Verteidigungsausgaben deutlich zu erhöhen, damit sie der gemeinsamen Ambition zur Verringerung der Lücken bei kritischen militärischen und zivilen Fähigkeiten gerecht werden und die *technologische und industrielle Basis der europäischen Verteidigung stärken*. Die EU wird

- einen Austausch über nationale Ziele für höhere Verteidigungsausgaben führen, um den Sicherheitsbedürfnissen gerecht zu werden;
- den Mitgliedstaaten zusätzliche Anreize dafür bieten, sich an der gemeinsamen Entwicklung von Fähigkeiten zu beteiligen und gemeinsam in strategische Enabler und Fähigkeiten der nächsten Generation für Operationen an Land, auf See, in der Luft, im Cyberraum und im Weltraum zu investieren;
- technologische Innovationen für die Verteidigung fördern, um strategische Lücken zu schließen und technologische und industrielle Abhängigkeiten zu verringern.

4. Mit Partnern zusammenarbeiten

Zur Bewältigung gemeinsamer Bedrohungen und Herausforderungen wird die EU

- die Zusammenarbeit mit strategischen Partnern wie der NATO, den Vereinten Nationen und regionalen Partnern, einschließlich der → *OSZE*, der AU und des → *ASEAN*, verstärken;
- stärker bilaterale Partnerschaften mit gleichgesinnten Ländern und strategischen Partnern wie den USA, Kanada, Norwegen, dem Vereinigten Königreich, Japan und anderen entwickeln;
- maßgeschneiderte Partnerschaften im *Westbalkan*, in unserer östlichen und südlichen Nachbarschaft sowie in Afrika, Asien und Lateinamerika entwickeln, den Dialog und die Zusammenarbeit

mit ihnen stärken und deren Beteiligung an GSVP-Missionen fördern.

III. Fazit

Die Stärke unserer Union liegt in Einheit, Solidarität und Entschlossenheit.

Der Strategische Kompass soll die strategische Autonomie der EU und ihre Fähigkeit stärken, ihre Bürgerinnen und Bürger zu schützen und zu Frieden und Sicherheit in der Welt beizutragen.

▶ Struktur- und Investitionsfonds (ESIF)

→ *Europäische Struktur- und Investitionsfonds (ESIF)*

▶ Strukturfonds

→ *Europäische Struktur- und Investitionsfonds (ESIF)*

▶ Struktur- und Kohäsionspolitik

„Kohäsion" umschreibt laut Duden den inneren Zusammenhalt von Molekülen – ein interessanter Hinweis auf die Bedeutung dessen, was man in der → *Europäischen Union (EU)* unter „Kohäsionspolitik" versteht.

Tatsächlich ist die Kohäsions- und Strukturpolitik einer der zentralen Politikbereiche der Europäischen Union. Etwa ein Drittel der Haushaltsmittel der EU (→ *Haushalt der EU*) werden gezielt hier eingesetzt, um

- den wirtschaftlichen, sozialen und territorialen Zusammenhalt („die Kohäsion") in der Union zu festigen
- und dabei insbesondere Wachstum und Beschäftigung in den sog. „strukturschwachen Regionen" zu fördern. Gerade dort gilt es, Standortnachteile abzubauen und den Anschluss an die allgemeine Wirtschaftsentwicklung zu gewährleisten.
- In der Kohäsions- und Strukturpolitik findet damit zugleich auch die Solidarität der EU mit ihren weniger entwickelten Mitgliedstaaten und Regionen ihre konkrete Ausprägung.

Damit ist Strukturpolitik ein Teilbereich der allgemeinen Wirtschaftspolitik – mit im Ergebnis recht konkreten Auswirkungen: Sie hilft Menschen, Arbeit zu finden, fördert Investitionen kleiner und mittlerer Unternehmen oder unterstützt die für die Attraktivität von Standorten wichtige Infrastruktur im Verkehrsbereich. Weitere Gelder fließen in Investitionen für eine sauberere Umwelt und die Verbesserung des Bildungs- und Qualifikationsniveaus, in Energieeffizienz und Klimaschutz. Ein wichtiger Fördergesichtspunkt ist auch die → *Digitale Agenda* der EU.

In der Förderperiode, die sich von 2014 bis 2020 erstreckte, wurde die europäische Kohäsions- und Strukturpolitik eng an die Ziele der Entwicklungsstrategie → *„Europa 2020"* gekoppelt: Sie bot sozusagen den Rahmen, um die strategischen Europa-2020-Ziele für intelligentes, nachhaltiges und integratives Wachstum in die Tat umzusetzen. Insgesamt standen hierfür bis 2020 351 Milliarden Euro bereit. Für den Förderzeitraum 2021 bis 2027 stehen EU-weit erneut rund 378 Milliarden Euro zur Verfügung. Damit ist die Kohäsions- und Strukturpolitik nicht nur die wichtigste regionale Investitionspolitik der EU, sondern auch Ausdruck der Solidarität innerhalb ihrer Mitgliedstaaten.

I. Rechtsgrundlagen

Die Rechtsgrundlagen der europäischen Strukturpolitik finden sich in den Artikeln 174 bis 178 AEUV sowie in EU-Verordnungen über die → *Europäischen Struktur- und Investitionsfonds (ESIF)* nebst den zur Umsetzung der Strukturfondsförderung erlassenen Durchführungsverordnungen und Leitlinien.

II. Förderkategorien

Die Regional- und Strukturförderung steht allen Regionen in der EU zu. Allerdings werden diese in drei Kategorien eingeteilt:

1. Weniger entwickelte Regionen

Das Bruttoinlandsprodukt (BIP) der weniger entwickelte Regionen beträgt pro Kopf weniger als 75 Prozent des EU-Durchschnitts, z. B. Kalabrien in Italien oder die baltischen Staaten Estland, Lettland und Litauen.

2. Übergangsregionen

Bei den Übergangsregionen liegt das BIP pro Kopf zwischen 75 und 90 Prozent, z. B. Malta, Thüringen und die Picardie in Frankreich.

3. Stärker entwickelte Regionen

Regionen in der EU, die 90 Prozent des BIP pro Kopf der gesamten EU oder mehr aufweisen können, werden in der Liste als stärker entwickelte Regionen aufgeführt, z. B. Luxemburg, aber auch die Hauptstadtregionen in Polen (Masowien) und Rumänien (Bukarest-Ilfov).

Das meiste Geld (ca. die Hälfte) fließt in die erste Gruppe. Voraussetzung für den Erhalt europäischer Mittel sind *Partnerschaftsvereinbarungen* sowie, auf dieser Basis, *operationelle Programme*, die mit der → *Europäischen Kommission* zu vereinbaren sind. Die Regionen müssen grundsätzlich, aber in unterschiedlicher Höhe, eigene öffentliche Gelder zur Finanzierung der Förderprojekte beisteuern. Dieses Prinzip der *nationalen Kofinanzierung* soll sicherstellen, dass die Gebiete tatsächlich Interesse an den Maßnahmen haben. Zudem soll die EU-Förderpolitik stets nur eine Ergänzung der nationalen Förderpolitik sein und darf diese nicht ersetzen (*Additionalitätsprinzip*).

III. Die Fonds-Kernelemente europäischer Strukturpolitik

Gesteuert wird die Strukturpolitik der EU über die fünf → *Europäischen Struktur- und Investitionsfonds (ESIF)*:

(1) den Europäischen Fonds für Regionale Entwicklung (EFRE),
(2) den Europäischen → *Sozialfonds (ESF)*,
(3) den → *Kohäsionsfonds*,
(4) den Europäischen Landwirtschaftsfonds für die Entwicklung

des ländlichen Raums (ELER) und
(5) den Europäischen Meeres-, Fischerei- und Aquakulturfonds (EMFAF)

IV. Bilanz

Strukturpolitik hat in der EU hohe Priorität. Sie ist die konkrete Gestaltung europäischer Solidarität. Ihre Bedeutung für den wirtschaftlichen und sozialen Zusammenhalt der EU hat nach vollzogener → *Osterweiterung* 2004 und 2007 und schließlich dem Beitritt Kroatiens 2013 weiter zugenommen.

Kritisch wird mitunter vermerkt, dass die Intensität der Förderungen die Eigeninitiative der Empfängerregionen eher lähme oder dass die EU-Kommission bei der Ausgestaltung der Strukturpolitik zu stark Einfluss nähme und damit das → *Subsidiaritätsprinzip* verletze. Mit einer bereits 1997 von der Kommission vorgelegten *„Agenda 2000 – eine stärkere und erweiterte Union"* wurden Ansätze deutlich, um solche Nachteile durch Dezentralisierung der Entscheidungsebenen zu beseitigen.

▶ Subsidiaritätsprinzip

Ob die Europäische Integration eine Herzensangelegenheit der Menschen ist, mag dahinstehen. Unmut aber hat seine Wurzeln nicht selten in der Annahme, die Institutionen im „fernen" Brüssel regelten vieles, was auf nationaler oder regionaler Ebene bürgernäher und bedarfsgerechter geregelt werden könnte.

Das Problem, mitunter launig als „Brüsseler Regelungswut" umschrieben, ist seit Langem erkannt. Das – angebliche – Zaubermittel dagegen heißt *„Subsidiaritätsprinzip"*. Es findet sich in Artikel 5 Absatz 2 EUV.

I. Subsidiarität und Verhältnismäßigkeit

Grundsätzlich dürfen die → *Organe* der → *Europäischen Union* (EU) nur in den Bereichen der Politik tätig werden, in denen ihr die Verträge *ausdrücklich eine Befugnis* dazu erteilen. In allen anderen Bereichen sind die einzelnen Mitgliedstaaten allein zuständig; hier darf die Union entweder gar nicht oder nur ergänzend bzw. unterstützend tätig werden.

In den Politikbereichen aber, in denen die EU nach den Verträgen zwar tätig werden darf, jedoch *keine ausschließliche Kompetenz* hat, soll sie nur eingreifen, wenn die Nationalstaaten allein ein gewünschtes oder erklärtes Ziel nicht oder nicht in ausreichendem Umfang erreichen können, und wenn außerdem die EU diese Aufgabe besser erfüllen kann (Grundsatz der *Subsidiarität*).

Nur auf den Feldern der Politik, auf denen der EU nach den Verträgen eine *ausschließliche Kompetenz* zusteht – so etwa in den Bereichen gemeinschaftlicher europäischer Politik –, kann sie uneingeschränkt tätig werden, darf aber auch hier nicht über das nötige Maß hinausgehen (Grundsatz der *Verhältnismäßigkeit*).

Das Subsidiaritätsprinzip dient damit nicht nur dem Erhalt der Eigenständigkeit der EU-Mitgliedstaaten, es trägt auch dazu bei, die vermeintlich ausufernde, mitunter als bürgerfern wahrgenommene Bürokratie der Organe der EU („*Eurokratie*") in Grenzen zu halten.

II. Auswirkungen im Gesetzesverfahren

Das Subsidiaritätsprinzip richtet sich an alle *Organe* der Europäischen Union. Auch die Rechtsprechung des → *Europäischen Gerichtshofs (EuGH)* ist an Artikel 5 AEUV gebunden. Praktische Bedeutung hat die Regelung vor allem gegenüber dem → *Rat der Europäischen Union*, dem → *Europäischen Parlament* und der → *Europäischen Kommission*.

So hat die EU-Kommission bei jeder Gesetzesinitiative nachzuweisen, dass sie die jeweilige Aufgabe besser lösen kann als die Regionen oder die Mitgliedstaaten selbst. Mit dem → *Amsterdamer Vertrag* von 1999 wurde das „Protokoll über die Anwendung des Grundsatzes der Subsidiarität und der Verhältnismäßigkeit" – das sog. *Subsidiaritätsprotokoll* – rechtlich verbindlich. Die bereits 1992 außervertraglich vereinbarten Präzisierungen für die Anwendung des Prinzips sind damit in erheblichem Umfang gerichtlich überprüfbar geworden. Die Kommission muss seither genau begründen, ob für ihr Handeln zwei Voraussetzungen erfüllt sind, nämlich:

(1) dass die Ziele der von ihr geplanten Maßnahmen nicht in ausreichendem Maße von den Mitgliedstaaten erreicht werden können,
(2) dass sie daher besser durch Maßnahmen der Europäischen Union zu realisieren sind.

Gleichzeitig wurde im Amsterdamer Vertrag klargestellt, dass Maßnahmen der EU den Mitgliedstaaten so viel Spielraum wie möglich zu lassen haben. Die EU-Kommission erstattet jährlich Bericht über die Anwendung des Subsidiaritätsprinzips.

III. Die Sondersituation föderaler Mitgliedstaaten

Das Subsidiaritätsprinzip sichert einer untergeordneten Behörde gegenüber der ihr jeweils übergeordneten Ebene ein bestimmtes Maß an Unabhängigkeit zu. Im Rahmen der EU unterscheidet es aber lediglich zwischen zwei Machtebenen: die der Mitgliedstaaten einerseits und die der Union andererseits. Föderal strukturierte Länder wie Belgien, Österreich und Deutschland mussten also auf Präzisierungen drängen. Auf dem Gipfeltreffen von Amsterdam 1997 erklärten diese drei Staaten ausdrücklich, dass „die Maßnahmen der Europäischen Gemeinschaft gemäß dem Subsidiaritätsprinzip nicht nur die Mitgliedstaaten betreffen, sondern auch deren Gebietskörperschaften, soweit diese nach nationalem Verfassungsrecht eigene gesetzgeberische Kompetenzen besitzen".

IV. Der Reformvertrag von Lissabon

Der 2009 in Kraft getretene → *Lissabon-Vertrag* stärkt die Anwendung des Subsidiaritätsprinzips wie auch des Grundsatzes der Verhältnismäßigkeit. Der EU-Kommission werden umfangreiche, der „regionalen und lokalen Dimension der in Betracht kommenden Maßnahme Rechnung tragende" *Anhörungen* auferlegt, bevor sie einen Gesetzgebungsakt vorschlägt. Das nationale Parlament jedes EU-Staates erhält die Möglichkeit zu prüfen, ob die Vorschläge der Kommission dem Subsidiaritätsgedanken entsprechen.

Im Einzelnen bedeutet das, dass nationalen Parlamenten ein *Mitspracherecht* über europäische Entscheidungen eingeräumt wird. Die nationalen Parlamente werden über alle Gesetzgebungsvorhaben direkt informiert. Das dürfte die Kommunikation zwischen europäischer und nationaler Ebene deutlich verbessern. Die nationalen Parlamente erhalten darüber hinaus das Recht, gegen europäische Gesetzgebungsvorschläge *Einspruch* einzulegen, wenn sie der Meinung sind, ein Vorschlag widerspreche dem Subsidiaritätsprinzip. Hier sind zwei Stufen zu unterscheiden:

(1) Stellt ein Drittel der nationalen Parlamente einen Subsidiaritätsverstoß fest, so ist die Kommission aufgefordert, den Gesetzgebungsvorschlag zu überdenken, muss ihn aber nicht zwangsläufig verändern.

(2) Wenn die Hälfte der nationalen Parlamente Einspruch erhebt, muss die Kommission es begründen, wenn sie keinen neuen Vorschlag vorlegt. In diesem Fall kann die Gesetzesinitiative der Kommission mit 55 Prozent der Stimmen (→ *Stimmenverteilung in der Europäischen Union*) im Rat der EU oder mit einfacher Mehrheit im EP abgelehnt werden.

Darüber hinaus kann jedes einzelne nationale Parlament bei Verstößen den → *Europäischen Gerichtshof (EuGH)* anrufen. Dieses Recht haben auch Kammern eines Parlaments. Deutschland könnte also nicht nur im Namen des Deutschen Bundestages, sondern auch des Bundesrates Klage erheben. Entscheidet der EuGH, dass eine Gesetzesvorlage aus Brüssel gegen das Prinzip der Subsidiarität verstößt, so muss die Initiative zurückgezogen werden.

V. Fazit

Im Rahmen der EU will das Prinzip Gewähr dafür bieten, dass die Mitgliedstaaten die Zuständigkeit behalten, die sie selbst am wirksamsten wahrnehmen können. Der Gemeinschaft sollen die Befugnisse zukommen, die die Mitgliedstaaten nicht zufriedenstellend ausüben können. Oder – noch kürzer: die Europäische Union soll sich nur um Dinge kümmern, die sie besser regeln kann als die Nationalstaaten.

▶ Subventionen

Subventionen sind Beihilfen, Unterstützungen, Zuschüsse oder Steuervergünstigungen, die von der öffentlichen Hand gewährt werden, um bestimmte wirtschafts- oder sozialpolitische Ziele zu erreichen. In der Wirtschaft können einzelne Unternehmen, Wirtschaftszweige oder Regionen durch Subventionen gefördert werden.

Innerhalb der → *Europäischen Union* sind Subventionen, die den freien Wettbewerb verfälschen oder den Handel zwischen Mitgliedstaaten beeinträchtigen, laut Artikel 107 AEUV mit dem gemeinsamen → *Binnenmarkt* unvereinbar.

Ausnahmen gelten u. a. für:

- diskriminierungsfreie Beihilfen sozialer Art an einzelne Verbraucher,
- Hilfen für die Beseitigung von Schäden aus Naturkatastrophen oder andere außergewöhnliche Ereignisse oder
- Beihilfen, die dem Ausgleich solcher wirtschaftlichen Nachteile dienen, die sich aus der Teilung Deutschlands herleiten.

Weiterhin können Subventionen als mit dem Gemeinsamen Markt vereinbar angesehen werden, wenn sie

- der wirtschaftlichen Entwicklung von Gebieten mit außergewöhnlich geringem Lebensstrandard dienen,
- wichtige Vorhaben von gemeinsamem europäischem Interesse oder die Entwicklung bestimmter Wirtschaftszweige oder -gebiete fördern,
- die Kultur und die Erhaltung des kulturellen Erbes fördern, ohne die Handels- und Wettbewerbsbedingungen in der Gemeinschaft übermäßig zu beeinträchtigen, oder
- wenn der → *Rat der Europäischen Union* sonstige Beihilfen mit qualifizierter Mehrheit auf Vorschlag der → *Europäischen Kommission* bestimmt.

▶ Süderweiterung

„Süderweiterung" nennt man den Beitritt der drei südeuropäischen Länder Griechenland, Portugal und Spanien zur (damaligen) → *Europäischen* Gemeinschaft (EG), der heutigen → *Europäischen Union (EU)*. In einer ersten Phase wurde am 1. Januar 1981 Griechenland 10. Mitglied der EG, in einer zweiten Phase traten am 1. Januar 1986 Spanien und Portugal als Vollmitglieder der EG bei.

Die Erweiterung der EG auf damit zwölf Mitglieder warf sowohl für die bisherigen als auch für die neu hinzugekommenen Mitgliedstaaten Probleme auf, die jedoch u. a. mithilfe der drei → *Strukturfonds* gelöst werden konnten.

Mit Beschluss des → *Europäischen Rats* von Februar 1988 wurden die Mittel für diese Fonds bis 1993 real verdoppelt. Diese finanzielle Ausstattung und die Konzentration der Hilfen auf die ärmsten Regionen der EG kamen vor allem Spanien und Portugal zugute.

▶ Supranationales Prinzip

Das supranationale Prinzip steht für die Übertragung nationaler Hoheitsrechte und Entscheidungsbefugnisse auf übergeordnete, überstaatliche und gemeinschaftliche Organe.

Mit der Gründung der → *Europäischen Gemeinschaft für Kohle und Stahl*, der legendären „Montanunion", wurde 1951 ein erster historischer Schritt in eine supranationale Zukunft der seinerzeit sechs Kernländer Europas getan: die Hohe Behörde der Montanunion erhielt weitgehende Kompetenzen auf dem Sektor der Kohle- und Stahlwirtschaft, die sie ausschließlich im Interesse der Gemeinschaft wahrzunehmen hatte. Über die bloße Aufsicht und Kontrolle hinaus konnte sie Entscheidungen erlassen, die staatlichen Anordnungen gleichkamen und von den betroffenen Unternehmen unmittelbar zu befolgen waren. Weisungen von den Mitgliedstaaten durften die Mitglieder der Hohen Behörde nicht entgegennehmen.

Dies war das erste Mal, dass Staaten freiwillig auf bestimmte Hoheitsrechte zugunsten einer internationalen Behörde verzichteten.

Die Mitgliedstaaten der → *Europäischen Union (EU)* haben inzwischen längst weitere, vorher in nationaler Kompetenz angesiedelte Zuständigkeiten auf die supranationalen → *Organe der Europäischen Union* übertragen. In vielfältigen Bereichen werden heute Entscheidungen auf europäischer Ebene getroffen.

Die Verfassungen der einzelnen Mitgliedstaaten müssen die Übertragung nationaler Hoheitsrechte auf supranationale Organe gestatten. Das Grundgesetz der Bundesrepublik Deutschland und die Verfassungen von Belgien, Dänemark, Irland, Italien und Portugal sehen dies ausdrücklich vor. Die Verfassungen Frankreichs und der Niederlande sind in dieser Frage nicht eindeutig.

Seit Gründung der Gemeinschaft haben sich vor allem Frankreich, Dänemark und (bis zum vollzogenen → *„Brexit"*) Großbritannien immer wieder als Gegner oder zumindest als führende Skeptiker gegenüber supranationalen Entwicklungen innerhalb der EU erwiesen. Seit der → *Osterweiterung* 2004 haben sie aus einzelnen Staaten Mittel- und Osteuropas – so etwa aus Polen oder Tschechien – spürbare Verstärkung erhalten.

T

▶ Tabakwerbeverbot

Die Zigarette ist schuldig gesprochen. Experten verweisen auf jährlich 140.000 Todesfälle, die allein in Deutschland auf Tabakkonsum zurückzuführen sind. Damit fordert das Rauchen mehr Todesopfer als Alkohol, Heroin, die Immunkrankheit Aids und der Straßenverkehr zusammen. Laut Angaben der → *Europäischen Kommission* sterben in der → *Europäischen Union (EU)* jährlich 650.000 Menschen an den Folgen des Nikotinkonsums.

I. Die Tabakwerberichtlinie

Die EU kann eigenes Recht setzten (→ *Europäisches Gemeinschaftsrecht*). Im europaweiten Kampf gegen die Auswirkungen des Rauchens hat sie sich für das Instrument der Richtlinie entschieden. Die im Mai 2003 erlassene EU-Tabakwerberichtlinie verpflichtete die Mitgliedstaaten, ein grundsätzliches Verbot der Tabakwerbung in der Presse, im Rundfunk, im Internet sowie bei bestimmten Sportveranstaltungen bis zum 31. Juli 2005 in ihr jeweiliges nationales Recht umzusetzen. Auf Plakaten und im Kino soll Tabakwerbung erlaubt bleiben.

II. Deutschland klagt vor dem EuGH

Alle Staaten der EU haben diese Richtlinie umgesetzt. Deutschland dagegen hat gegen die Richtlinie vor dem → *Europäischen Gerichtshof (EuGH)* Klage erhoben. Diese richtete sich gegen das Verbot der Werbung in Printmedien und Diensten der Informationsgesellschaft sowie in Rundfunksendungen. Für dieses Verbot fehle der EU zumindest in Teilbereichen die Regelungskompetenz. Insbesondere sei es problematisch, dass das Werbeverbot auch Zeitungen treffe, die ausschließlich oder überwiegend im Inland erscheinen. Mehr als 99 Prozent der von der EU-Richtlinie erfassten gedruckten Veröffentlichungen – so der deutsche Standpunkt – hätten nur lokalen Charakter und würden nicht im Ausland vertrieben. Ein derart marginaler grenzüberschreitender Bezug rechtfertige die EU-weite Regelung nicht.

Im Dezember 2006 wiesen die obersten EU-Richter die Klage ab. Die Richtlinie sorge dafür, dass der freie Warenverkehr zwischen den EU-Staaten nicht durch unterschiedliche nationale Werberegeln behindert wird. Damit falle sie in den Bereich des europäischen → *Binnenmarktes*, in dem sich die EU gemeinsame Gesetze geben kann.

Eine Klage entbindet nicht von der Verpflichtung, die Richtlinie in nationales Recht umzusetzen. Daher hat die Bundesregierung im Mai 2005 den Entwurf eines Umsetzungs-Gesetzes beschlossen. Der Deutsche Bundestag verabschiedete es im November 2005, nachdem die EU-Kommission wegen der verspäteten Umsetzung bereits ein Vertragsverletzungsverfahren gegen Deutschland eingeleitet hatte.

▶ Tindemans-Bericht

1974 beauftragten die Staats- und Regierungschefs der → *Europäischen*

Gemeinschaft (EG) den belgischen Ministerpräsidenten *Leo Tindemans*, bis 1980 Vorschläge für die Verwirklichung einer „Europäischen Union" auszuarbeiten. Der „Tindemans-Bericht", der dem → *Europäischen Rat* 1975 zur Diskussion vorgelegt wurde, nannte *sechs wichtige Voraussetzungen* für eine Union:

(1) Eine Gemeinsame Außenpolitik. Sie sollte über die Koordinierung der → *Europäischen Politischen Zusammenarbeit (EPZ)* hinausgehen.

(2) Eine → *Wirtschafts- und Währungsunion*. Sie sollte als erste Maßnahme weiter ausgebaut werden.

(3) Eine Gemeinsame → *Sozial-* und → *Regionalpolitik*. Sie soll die sozialen und regionalen Unterschiede innerhalb der EG verringern.

(4) Ein → *Europa der Bürger*. Die Rechte der Bürger sollen wirksam geschützt und die Politik bürgernah gestaltet sein.

(5) Die Stärkung der gemeinsamen Organe der EG. Die EG-Institutionen sollen mehr Rechte und Befugnisse erhalten.

(6) Ein allmählicher Aufbau der Europäischen Union. Aus politischen Verpflichtungen sollen schrittweise rechtliche Verbindlichkeiten entstehen.

Ebenso wie der ältere → *Fouchet-Plan* wurde auch der Tindemans-Bericht nicht verwirklicht. Die Entwicklungen in der heutigen → *Europäischen Union* zeigen aber, wie realitätsnah und brauchbar das Konzept war.

▶ Transeuropäische Netze (TEN)

Die meisten Verkehrsnetze in der → *Europäischen Union (EU)*, insbesondere das Eisenbahnnetz, stammen aus einer Zeit, in der die Mitgliedstaaten bei ihren Planungen vor allem an den regionalen oder nationalen Verkehrsbedarf gedacht haben. Daher besteht heute im europäischen → *Binnenmarkt* weder ein einheitliches Eisenbahnsystem noch ein einheitliches Energie- oder Telekommunikationsnetz. Die unterschiedlichen Systeme sind nicht interoperabel, was bedeutet, dass etwa ein Zug nicht durchgängig jede Strecke des Schienennetzes in der EU befahren kann.

I. Die Rolle der Union beim Ausbau der TEN

Die EU kann natürlich nicht eigenständig Verkehrswege planen und bauen. Dies ist Aufgabe und Verantwortung der Mitgliedstaaten. Aber sie „trägt" – wie Artikel 170 AEUV es formuliert – „zum Auf- und Ausbau transeuropäischer Netze ... bei". Wie sie das macht, steht in Artikel 171 AEUV:

- Zunächst stellt die Union *Leitlinien* auf, in denen Ziele, Prioritäten und mögliche Aktionen im Bereich der transeuropäischen Netze ausgewiesen werden.
- Vorhaben der Mitgliedstaaten, die in diesen Leitlinien aufgeführt sind, kann die Union finanziell unterstützen, beispielsweise über den nach Artikel 177 AEUV eingerichteten → *Kohäsionsfonds*.

Die Mitgliedstaaten sind gehalten, ihre nationalen Verkehrspolitiken zielgemäß untereinander zu koordinieren. Die → *Europäische Kommission* kann ihrerseits in enger Abstimmung mit den Mitgliedstaaten Initiativen ergreifen, um diese Koordinierung zu unterstützen.

Artikel 170 und 171 AEUV lassen keinen Zweifel an der Bedeutung der Verkehrsinfrastrukturpolitik und der Transeuropäischen Verkehrsnetze bei der Realisierung eines Raumes ohne Binnengrenzen. Kurzum: Die TEN sollen dazu beitragen, den Binnenmarkt zu verwirklichen, Arbeitsplätze zu schaffen und den sozialen, wirtschaftlichen und geografischen Zusammenhalt zu fördern.

II. Rückblick und Neuorientierung

Die TEN-Politik und das Aufstellen von TEN-Leitlinien wurden erstmals 1992 im → *Maastrichter Vertrag* vereinbart. Die ersten Leitlinien einer TEN-Politik für Verkehrswege und Infrastrukturplanung wurden vom → *Rat* der EU und dem → *Europäischen Parlament* 1996 verabschiedet. Aus Anlass der → *Osterweiterung* wurden diese Leitlinien 2004 überarbeitet und schließlich von 2009 bis 2013 einer umfassenden Revision unterzogen. Die neue *Verordnung über Leitlinien für die transeuropäischen Verkehrsnetze (TEN-V)* ist seit 22. Dezember 2013 in Kraft.

Diese Verordnung definiert allgemeine Ziele und Prioritäten sowie spezielle technische Anforderungen für das TEN-V-Netz. In den Anhängen der Verordnung befinden sich Übersichtskarten der Straßen- und Schienennetze sowie der Wasserstraßen, weiterhin Listen der zum TEN-Netz gehörenden sogenannten Kernnetzknoten, der See-, Binnen- und Flughäfen sowie der Umschlagsterminals.

Das TEN-Netz besteht aus einem *Gesamtnetz* und einem *Kernnetz.* Das Kernnetz soll bis 2030, das Gesamtnetz bis 2050 vollendet sein. Im Kernnetz wurden *neun Hauptkorridore* gebildet, sechs davon führen durch Deutschland. Sie sind multimodal angelegt und sollen vor allem grenzüberschreitende Verbindungen innerhalb der Union verbessern. Entsprechend der TEN-Verordnung wird für jeden Korridor ein EU-Koordinator eingesetzt. Zusammen mit den Mitgliedstaaten sollen sie Arbeitspläne für die Korridore aufstellen und deren Umsetzung verfolgen.

III. Finanzierung

Die Finanzierungsverordnung für alle Transeuropäischen Netze (Verkehr, Energie und Breitband) heißt → *„Connecting Europe Facility" (CEF).* In ihr wird definiert, welche Projekte in welcher Höhe gefördert werden können. Insgesamt standen im Finanzierungszeitraum 2014 bis 2020 für Verkehrsinfrastruktur 14,9 Milliarden Euro zur Verfügung. Hinzu kamen weitere 11,3 Milliarden Euro, die ausschließlich für die Empfängerländer des → *Kohäsionsfonds* gedacht waren, nämlich Bulgarien, Estland, Griechenland, Kroatien, Lettland, Litauen, Malta, Polen, Portugal, Rumänien, die Slowakei, Slowenien, die Tschechische Republik, Ungarn und Zypern.

IV. Neuausrichtung der europäischen Verkehrskorridore

Für den Zeitraum von 2014 bis 2020 wurde die Verkehrsförderung auf ein eng begrenztes **Kernnetz** neu ausgerichtet. Ziel dieser neuen Politik ist laut EU-Kommission ein leistungsfähiges europäisches Verkehrsnetz, das Wachstum und Wettbewerbsfähigkeit fördert. Man strebt also, kurz gesagt, *„ein wirklich europäisches Netz an, das den Osten und Westen Europas verbindet“*.

Um diesem Kernnetz auf die Sprünge zu helfen, konzentriert man sich auf neun *„Hauptverkehrskorridore“*. Es klingt visionär, wenn expressis verbis angestrebt wird, „dass schrittweise bis 2050 die allermeisten Bürger und Unternehmen in Europa nicht mehr als 30 Minuten“ benötigen sollen, um zu diesem Kernnetz zu gelangen.

1. Die geplanten neun Korridore

(1) Der *Ostsee-Adria-Korridor* verbindet nicht nur den Ostseeraum mit der Adria, sondern bindet auch die Industriegebiete in Südpolen (Oberschlesien), Wien, Bratislava, die östlichen Alpen und Norditalien mit ein. Er umfasst gleichermaßen wichtige Eisenbahnprojekte wie den Semmering-Basistunnel und die Koralm-Eisenbahn in Österreich.

(2) Der *Nord-Ostsee-Korridor* verbindet die Häfen der östlichen Ostsee mit den Häfen der Nordsee. Er umfasst die Fährverbindung zwischen Finnland und Estland sowie moderne Straßen- und Schienenverkehrsverbindungen zwischen den baltischen Staaten einerseits und Polen, Deutschland, den Niederlanden und Belgien andererseits. Wichtigstes Vorhaben ist die „Rail Baltica“, eine Eisenbahnstrecke zwischen Tallin, Riga, Kaunas und Nordostpolen.

(3) Der *Mittelmeerkorridor* folgt als Straßen- und Schienenverbindung der spanischen und französischen Mittelmeerküste, quert die Alpen, verläuft durch Norditalien und weiter entlang der slowenischen und kroatischen Mittelmeerküste, die er in Richtung Ungarn verlässt.

(4) Der *Korridor Orient-östliches Mittelmeer* verbindet maritime Schnittstellen der Nord- und Ostsee, des Mittelmeers und des Schwarzen Meeres und soll die Auslastungen der betreffenden Häfen optimieren. Über das Meer hinweg erstreckt sich dieser Korridor von Griechenland bis Zypern.

(5) Der *Korridor Skandinavien-Mittelmeer* gilt als eine der wichtigsten Nord-Süd-Achsen für die europäische Wirtschaft. Er quert die Ostsee zwischen Finnland und Schweden, verläuft weiter durch Deutschland, über die Alpen, erstreckt sich bis Italien und verbindet so die großen Produktionsstandorte in Südwestdeutschland und Norditalien. Von Süditalien aus verläuft er weiter über das Mittelmeer nach Malta. Die ambitioniertesten Projekte dieses Korridors sind die feste Fehmarnbelt-Querung und der Brenner-Basistunnel.

(6) Der *Rhein-Alpen-Korridor*, eine der meistbefahrenen Güterver-

kehrsstrecken Europas, verbindet Rotterdam und Antwerpen über die Schweiz mit Genua – unter Einbindung wichtiger Wirtschaftszentren in der Rhein-Ruhr- und Rhein-Main-Neckar-Region sowie des Großraums Mailand. Als multimodaler Korridor umfasst das Vorhaben auch den guten alten Rhein als Binnenwasserstraße.

(7) Der *Atlantik-Korridor* verbindet den Westen der Iberischen Halbinsel und die Häfen Le Havre und Rouen mit Paris und Mannheim bzw. Straßburg durch Hochgeschwindigkeitsstrecken und parallel verlaufende herkömmliche Schienenanbindungen.

(8) Der *Nordsee-Mittemeer–Korridor* erstreckt sich von Irland und dem Norden Großbritanniens durch die Niederlande, Belgien und Luxemburg bis nach Südfrankreich zum Mittelmeer. Auch er ist multimodal, bezieht die Flüsse Maas, Rhein, Schelde, Seine, Saône und Rhône ein und dient zudem der besseren Anbindung der britischen Inseln an das europäische Festland.

(9) Der *Rhein-Donau-Korridor* mit Main und Donau als zentrale Elemente verbindet die Wirtschaftszentren Straßburg und Frankfurt über Südwestdeutschland mit Wien, Bratislava, Budapest und schließlich dem Schwarzen Meer, wobei sich ein wichtiger Abzweig von München über Prag, Zilina und Kosice bis zur ukrainischen Grenze erstreckt.

2. Welche Mittel können wie beantragt werden?

Mit 26,2 Milliarden Euro hatte sich 2014 bis 2020 die EU-Förderung für den Verkehrsbereich im Rahmen der neuen Fazilität CEF gegenüber dem Zeitraum 2007 bis 2013 mehr als verdreifacht. Seinerzeit standen 8 Milliarden Euro zur Verfügung – wovon 770 Millionen Euro an Deutschland geflossen sind. Die EU-Kommission wird nun regelmäßig dazu auffordern, Projektvorschläge einzureichen, damit nur die Vorhaben mit dem höchsten EU-Mehrwert eine finanzielle Unterstützung der EU erhalten. Bei dem Großteil der Antragsteller wird es sich um Mitgliedstaaten handeln. Gefördert werden wettbewerbsfähigen Projekte,

- die sich auf die obigen neun Hauptverkehrskorridore konzentrieren,
- die aufgrund ihres grenzübergreifenden Charakters schwer durchzuführen sind
- oder die eine sehr lange Amortisationszeit haben.

CEF-Mittel für den Verkehr werden hauptsächlich in Form von Finanzhilfen gewährt. Allerdings – das ist und bleibt zentral entscheidend – müssen auch die Mitgliedstaaten einen in aller Regel nennenswerten finanziellen Beitrag leisten.

V. Fazit

Insgesamt stellen diese Neuerungen, insbesondere die Konzentration der Förderung auf neun Hauptkorridore, die tiefgreifendste Umgestaltung der EU-Politik im Bereich der Verkehrsinfrastruktur seit den Anfängen der 1980er Jahre dar.

Alles in allem dürfen wir hier einen Kraftakt bestaunen. Erfahrungsgemäß ist es außerordentlich schwierig, Verkehrsvorhaben, die in verschiedenen Mitgliedstaaten umgesetzt werden müssen, über Landesgrenzen hinweg zu koordinieren. Oft hat man es mit nicht kompatiblen Systemen zu tun; große Probleme bereiten auch grenzübergreifende Zeitplanungen.

Was hinzukommt: Die Verkehrsinfrastruktur erfordert enorme Investitionen – die zum Großteil von den Mitgliedstaaten finanziert werden müssen. Die Rolle Europas im Hinblick auf Investitionen und Koordinierung ist es, den Überblick zu wahren und einen Mehrwert zu schaffen, indem Engpässe beseitigt und bestehende Lücken durch neue Verbindungen geschlossen werden, um so ein europaweit leistungsfähiges Verkehrsnetz zu etablieren.

▶ Trilog

Unter einem Trilog versteht man im Kontext der → *Europäischen Union* (EU) paritätisch zusammengesetzte Dreiertreffen zwischen den in den gesetzgebenden Prozess der EU involvierten Institutionen, nämlich der → *Europäischen Kommission*, dem → *Rat der EU* und dem → *Europäischen Parlament* (EP), wobei die Europäische Kommission eine moderierende Funktion übernimmt.

Das ordentliche europäische Gesetzgebungsverfahren kann jedoch erheblich abgekürzt werden, indem die Kompromissfindung bei der ersten oder vor der zweiten Lesung eines Gesetzesvorschlags mittels *informeller* Trilog-Verhandlungen *vor* der jeweiligen Lesung vorbereitet wird.

Zu unterscheiden ist also zwischen formellem Trilog und informellem Trilog.

Während das formelle Trilogverfahren in den europäischen Verträgen (→ *Römische Verträge*) geregelt ist und beispielsweise im Rahmen des Vermittlungsausschusses zum Einsatz kommt, dient das informelle Verfahren dazu, die Einberufung des mit höherem Zeitaufwand verbundenen formellen Verfahrens zwischen Rat und EP zu umgehen und eine Einigung während der ersten oder (verbreitet) in der zweiten Lesung zu ermöglichen.

Kritik: Gerade die Umgehung des formellen Verfahrens im Wege *informeller Trilog-Verhandlungen*, innerhalb dessen auch der Kompromiss bei der umstrittenen Urheberrechtsreform (→ *Urheberrecht, europäisches*) gefunden wurde, ruft zunehmend Kritiker auf den Plan. Insbesondere erfülle dieses verkürzte Gesetzgebungsverfahren nicht das erforderliche Maß an Transparenz und Öffentlichkeit, könne einen Vertrauensverlust bewirken und der Glaubwürdigkeit der EU-Gesetzgebung schaden.

Der → *Europäische Gerichtshof (EuGH)* hat die Problemantik offenbar erkannt. In einem 2018 ergangenen Urteil verpflichtete er das EP, auch vorläufige Kompromisstexte, die für die Trilogverhandlungen vorbereitet werden, zu veröffentlichen. Gerade die Transparenz des Gesetzgebungsverfahrens, so der EuGH, verleihe den → *Organen der EU* in den Augen der Europäer größere Legitimität und stärke das Vertrauen in diese Organe. Kurzum – Demokratie brauche die Debatte und den Streit um die besten Lösungen statt Absprachen in Hinterzimmern.

▶ Trio-Präsidentschaft

Der Vorsitz im → *Europäischen Rat* der Staats- und Regierungschefs der → *Europäischen Union* (EU) wechselt alle sechs Monate von einem Mitgliedstaat auf einen anderen. Die Reihenfolge ist auf Jahre hinaus festgelegt (→ *EU-Ratspräsidentschaft*).

Erstmals 2007 haben sich drei Mitgliedstaaten, deren Präsidentschaften aufeinander folgten, auf ein gemeinsames Arbeitsprogramm für die gesamten 18 Monate ihrer Präsidentschaften verständigt. Diese „Triopräsidentschaft" hat am 1. Januar 2007 mit den Vorsitz Deutschlands begonnen. Sie setzte sich in den Präsidentschaften Portugals im 2. Halbjahr 2007 sowie Sloweniens im 1. Halbjahr 2008 fort.

Diese Form der Zusammenarbeit ist seither gängige Praxis. Sie soll der politischen Kontinuität dienen. Zielsetzungen und Schwerpunkte europäischer Politik können über den kurzatmigen sechsmonatigen Präsidentschaftsturnus hinaus konzipiert und umgesetzt werden.

Diese Trio-Lösung – auch *Troika-Lösung* genannt – wurde 2009 mit dem → *Lissabon-Vertrag* institutionalisiert. Sie ist nicht zu verwechseln mit der → *Troika* im Rahmen der → *Staatsschuldenkrise*.

▶ Troika

Gemeint sind im Kontext der → *Staatsschuldenkrise* drei seriöse Herren in dunklen Anzügen, die im Blitzgewitter der Reporter aus breiten Limousinen steigen und dann erbarmungslos die Haushaltsbücher von „Schuldenstaaten" – etwa von Griechenland – unter die Lupe nehmen.

Einen der Herren entsandte die → *Europäische Kommission*, einen weiteren die → *Europäische Zentralbank (EZB)*, den dritten im Bunde der Internationale Währungsfonds (IWF). Und dann prüften sie, ob die Voraussetzungen erfüllt sind, um dem jeweiligen Land Finanzhilfen – letztlich stammend aus Steuergeldern anderer Staaten der → *Europäischen Union (EU)* – zu gewähren. Die Troika verhandelte auch über die näheren Bedingungen der Hilfszahlungen und überwachte das Zusammenspiel zwischen den helfenden und den in Not geratenen Staaten.

Unterstützt wurden die drei Abgesandten von über 40 Mitarbeitern.

Neuer Name: „Quadriga"

Für die griechische Regierung, die im Januar 2015 ihre Amtsgeschäfte aufnahm, war der Begriff „Troika" von Anfang an ein Reizwort. Aus dortiger Sicht stand er für ein Spardiktat der Gläubiger. Deshalb hießen die Kontrolleure von EU, EZB und IWF später offiziell „Institutionen".

Doch es gab nicht nur Kritik aus Hellas. Das → *Europäische Parlament* verabschiedete bereits im März 2014 einen Bericht, der die Troika scharf kritisierte und sich dafür aussprach, sie schrittweise abzuschaffen. Das Gremium habe „einseitig auf Sparmaßnahmen gesetzt und Wachstumsimpulse vernachlässigt". Abgeordnete kritisierten, dem Gremium fehle es an juristischer und demokratischer Legitimation und Kontrolle.

Im Juli 2015 erweiterte man das Gremium um einen Vertreter des → *Europäischen Stabilitätsmechanismus (ESM)*; seither verhandelt die *„Quadriga"* mit Staaten, die sich in Zahlungsschwierigkeiten befinden, über Kreditprogramme und damit verbundene Auflagen.

▶ TTIP

Die Abkürzung steht für eine kuriose Geschichte; vier Jahre lang wurde verhandelt, diskutiert, kritisiert und demonstriert – und am Ende stand eine sang- und klanglose „Beerdigung".

Eigentlich sollte die *„Transatlantische Handels- und Investitionspartnerschaft" (TTIP)* Vorschriften und Regeln in der Wirtschaft Europas und der Vereinigten Staaten von Amerika (USA) langfristig so gestalten, dass sie besser zusammenpassen. Seit 2013 wurde über TTIP konkret verhandelt. Es ging darum, Zölle und andere Handelsbarrieren im transatlantischen Handel zwischen der → *Europäischen Union* und den USA abzubauen. Ziel war eine stärkere Öffnung der Märkte auf beiden Seiten des Atlantiks. Zudem sollten mit TTIP Einschränkungen für kommerzielle Dienstleistungen verringert, Investitionssicherheit und Wettbewerbsgleichheit verbessert und der Zugang zu öffentlichen Aufträgen auf allen staatlichen Ebenen vereinfacht werden.

Befürworter sahen die Chance, dass nun die beiden größten Handelsräume weltweit Maßstäbe setzen. Kritiker dagegen erklärten, die Vorteile des Abkommens lägen in einem kaum messbaren Bereich. Dezidiert kritisiert wurde der als intransparent wahrgenommene gesamte Verhandlungsprozess.

Seit Beginn der Präsidentschaft von *Donald Trump* im Januar 2017 wurde das Projekt seitens der USA nicht weiterverfolgt; bis heute liegt es sozusagen „auf Eis".

Im Einigungsfalle wäre ein mächtiger – möglicherweise ein übermächtiger – Wirtschaftsblock entstanden, der 50 Prozent der Weltwirtschaft in sich vereint und faktisch auf Jahrzehnte hinweg sichergestellt hätte, dass die globalen Spielregeln der Wirtschaft weiterhin vom „Westen" aufgestellt werden. Die gemeinsamen Regeln, Industriestandards und Zulassungsverfahren wären de facto zum Weltstandard erhoben worden, was insbesondere für die EU eine enorme ökonomische Aufwertung hätte bedeuten können.

U

▶ Umweltpolitik

Mit Umweltpolitik sind auf europäischer Ebene verschiedene internationale Organisationen befasst. Wichtige Beiträge zum europäischen Umweltschutz leisten u. a.:

- der → *Europarat* auf dem Gebiet des Naturschutzes und der Wasserschutzpolitik,
- die → *OECD* auf dem Gebiet der Umweltchemikalien,
- die → *ECE* auf dem Gebiet der weiträumigen Luftverschmutzung und der Automobilabgase,
- die Internationale Meeresorganisation (International Maritime Organization, IMO) auf dem Gebiet der Meeresverschmutzung.

Dennoch ist mit „europäischer Umweltpolitik" heute meist die Umweltpolitik der → *Europäischen Union (EU)* gemeint. Dies erklärt sich daraus, dass insbesondere die EU alle diese Einzelbeiträge im internationalen Rahmen aufgreift und durch eigene Initiativen umsetzen kann.

I. Umweltpolitik der Europäischen Union

Als 1957 die → *Europäische Wirtschaftsgemeinschaft (EWG)*, die „Vorgängerin" der heutigen EU, gegründet wurde, war der Umweltschutz noch kein Thema, welches die Politik bewegte – schon gar nicht die europäische. So verwundert es nicht, dass sich die Gründungsverträge (→ *Römische Verträge*) insoweit ausschweigen.

Erst die Feierliche Erklärung des → *Europäischen Rats* von 1972 in Paris markiert den Beginn gemeinsamer Maßnahmen im Umweltschutz. Weitere 15 Jahre gingen ins Land, bis 1987 mit der sog. → *Einheitlichen Europäischen Akte (EEA)* der Umweltschutz vertraglich verankert werden konnte. Im → *Amsterdamer Vertrag* von 1999 wurden dann die sozialen und ökonomischen Ziele der EU ausdrücklich um die Umweltdimension ergänzt:

> „Die Erfordernisse des Umweltschutzes müssen bei der Festlegung und Durchführung aller Gemeinschaftspolitiken insbesondere zur Förderung einer nachhaltigen Entwicklung einbezogen werden."

So steht es seither in Artikel 6 Absatz 1 AEUV. Der Anspruch ist hoch, der Auftrag klar: Bei allen wichtigen Maßnahmen grenzübergreifender europäischer Politik, etwa in den Bereichen der → *Verkehrs-*, der → *Agrar-* oder der → *Energiepolitik*, müssen fortan Umweltaspekte berücksichtigt werden. Der Umweltschutz war zu einer zentralen Querschnittsaufgabe der EU avanciert.

II. Inhaltliche Schwerpunkte europäischer Umweltpolitik

Seit 1972 sind mehr als 300 europäische Rechtsakte im Bereich des Umweltschutzes erlassen worden, die von den EU-Staaten umgesetzt, durchgeführt und kontrolliert werden müssen. Solche Richtlinien und Verordnungen (→ *Europäisches Gemeinschaftsrecht*) betreffen u. a. sieben Punkte:

1. Den Schutz der Ozonschicht

Die Produktion von FCKW wurde unionsweit ebenso verboten wie das Verwenden anderer, die Ozonschicht zerstörender Stoffe.

2. Gewässerschutz

Mit der europäischen Wasserrahmenrichtlinie, in Kraft seit Dezember 2000, fiel der Startschuss für eine übergreifende Gewässerschutzpolitik in Europa. Ziel ist es, eine koordinierte Bewirtschaftung der Gewässer in den Flusseinzugsgebieten zu bewirken, den Gewässerschutz innerhalb der – wachsenden – EU zu harmonisieren und zu einer weiteren Verminderung der Gewässerbelastung beizutragen. Diese Vorgaben dienen zugleich dem Schutz von Küstengewässern und Meeren. Bereits seit 1990 ist es in der Gemeinschaft verboten, Abfallstoffe aus der Herstellung von Titandioxid ins Meer einzuleiten oder Dünnsäure auf See zu verklappen.

3. Abfallwirtschaft

Eine EU-Abfallrichtlinie regelt das Vermeiden, Verwerten und Beseitigen von Abfällen sowie den Umgang mit gefährlichen Abfällen. Weiterhin gibt es inzwischen Richtlinien für Deponien, für die Müllverbrennung, für Abfallexporte sowie für Altautos.

4. Umweltverträglichkeitsprüfungen

Hier handelt es sich um vorbeugende Verfahren, in denen private und öffentliche Projekte auf ihre eventuellen Auswirkungen auf die Umwelt hin überprüft werden.

5. Weltklima

Die 1992 auch von der damaligen → *Europäischen Gemeinschaft (EG)* auf der UN-Konferenz über Umwelt und Entwicklung in Rio de Janeiro unterzeichnete Klimarahmenkonvention trat 1994 in Kraft. Sie verpflichtete die Industrieländer, die Treibhausgas-Emissionen bis 2000 auf den Stand von 1990 zurückzuführen. Weitere Verpflichtungen haben die Industrieländer – und mit ihnen die Mitgliedstaaten der EU – 1997 mit dem Klimaprotokoll von Kyoto übernommen – etwa die Pflicht, ihre Treibhausgas-Emissionen bis 2012 um acht Prozent unter das Niveau von 1990 zurückführen.

6. Katalysatorpflicht

Seit 1988 ist die stufenweise Einführung des schadstoffarmen Autos EU-weit verbindlich. Seit 1993 gilt in der EU auch für Kleinwagen unter 1,41 Liter Hubraum die Katalysatorpflicht zur Einhaltung der US-Abgasnorm.

7. Straßenbenutzungsgebühren

Ziel ist es, die gewerblichen Kraftverkehrsteilnehmer in allen EU-Staaten nach gleichen Grundsätzen mit den Wegekosten zu belasten. Bei diesen Kosten sollen auch Faktoren wie etwa die Umweltverschmutzung berücksichtigt werden. Aus den Einnahmen sollen die EU-Staaten Verkehrsträger fördern, die – wie z. B. die Eisenbahnen – die Umwelt geringer belasten.

Weitere Richtlinien betrafen die zulässigen Höchstwerte für Schadstoffe in Trink- und Grundwasser oder den Artenschutz. Allerdings setzten die Mitgliedstaaten manche Richtlinien nur zögerlich oder gar nicht in nationales Recht um. So klagte die → *Europäische Kommission* immer wieder gegen einzelne Mitgliedstaaten – auch gegen Deutschland – vor dem → *Europäischen Gerichtshof (EuGH)* wegen Nichtumsetzung verschiedener Umweltrichtlinien.

III. Die Umwelt-Aktionsprogramme der Europäischen Union

Ein weiteres wesentliches Instrument europäischer Umweltpolitik sind die sog. *Umweltaktionsprogramme*. Sie legen für bestimmte Zeiträume vorrangige Ziele und Leilinien für umweltrechtliche Aktivitäten der EU fest.

1973 entwickelte die → *Europäische Kommission* erstmals ein Programm dieser Art. Im Vordergrund standen zunächst Maßnahmen, die bereits entstandene Umweltschäden „reparieren" sollten. 1983 verlagerte das dritte Aktionsprogramm den Akzent auf die Faktoren Vorbeugung und Verhütung. Mit dem vierten (1987 bis 1992) und fünften (1993 bis 2000) Aktionsprogramm wurde der Übergang zu einer vorbeugenden Umweltschutzpolitik bestätigt.

1997 legte die EU-Kommission einen Umsetzungsbericht vor, in dem einer Integration des Umweltschutzes in Industrie-, Verkehrs- und Energiepolitik, Landwirtschaft und Tourismus Priorität eingeräumt wird. Er plädiert für eine ökologische Strukturreform der Wirtschaft in allen EU-Staaten. Dem geltenden Wirtschaftswachstumskonzept setzte man das Faktum entgegen, dass eine künftige gesellschaftliche und ökonomische Entwicklung nur bei gleichzeitiger Bewahrung der natürlichen Ressourcen vorstellbar sei.

Das sechste Umweltaktionsprogramm der EU zeigte Maßnahmen auf, die von 2002 bis 2012 zu ergreifen waren. Es war dem Prinzip der Nachhaltigkeit verpflichtet, knüpfte an die vorangegangenen Aktionsprogramme an und konzentrierte sich auf die Schwerpunktthemen:

- Klimaänderungen,
- Natur und biologische Vielfalt,
- Umwelt, Gesundheit und Lebensqualität sowie
- natürliche Ressourcen.

In der Tradition dieser Weiterentwicklungen stellte das siebte Umweltschutzprogramm für den Zeitraum von 2013 bis 2020 die Entwicklung der EU hin zu einem integrativen, nachhaltigen, ressourceneffizienten Wirtschaftssystem in den strategischen Mittelpunkt der europäischen Umweltpolitik. Kernziele dieses Programms können umschrieben werden mit

- dem Schutz natürlicher Ressourcen,
- der Steigerung der Effizienz beim Einsatz unserer Ressourcen,
- dem Entkoppeln von Wirtschaftswachstum und Ressourcenverbrauch sowie
- der Stimulation nachhaltigen Wachstums.

Im März 2022 verabschiedete der → *Rat der EU* das **achte Umweltaktionsprogramm**. Danach soll die Umweltpolitik der EU bis 2030 den ökologischen Wandel auf gerechte und inklusive Weise beschleunigen.

Angestrebt wird das langfristige Ziel für 2050 „Gut leben innerhalb der Belastbarkeitsgrenzen unseres Planeten". Prioritäten des Programms betreffen

- das Absenken der Treibhausgasemissionen,
- die Anpassungsfähigkeit gegenüber Klimaänderungen,
- ein regeneratives Wachstumsmodell,
- ein Null-Schadstoff-Ziel,
- den Schutz, den Erhalt und das Wiederherstellen der biologischen Vielfalt sowie
- ein Verringern der markantesten Umwelt- und Klimaauswirkungen im Zusammenhang mit Produktion und Verbrauch.

Grundlegende Voraussetzungen, um diese prioritären Ziele zu erreichen, sind aus der Sicht von Rat und EP

a) ein verringerter Material- und Verbrauchsfußabdruck der EU,
b) stärkere ökologisch positive Anreize und
c) das schrittweise Abschaffen umweltschädlich wirkender Subventionen, insbesondere für fossile Brennstoffe.

Wie alle vorherigen hat auch dieses achte Programm keinen rechtsverbindlichen Charakter. Die Aufgabe, die Vorgaben mit Leben zu füllen, zügig Strategien zu entwickeln und Einzelmaßnahmen zu erlassen, liegt nun bei EU-Kommission, → *Rat der Europäischen Union* und → *Europäischem Parlament.*

IV. Europäische Umweltagentur

Auf Vorschlag der EU-Kommission wurde 1994 eine *Europäische Umweltagentur* mit Sitz in Kopenhagen gegründet. Ihre Aufgabe ist es, Umweltdaten aus allen EU-Staaten zu erfassen und auszuwerten. Auch einige Länder, die nicht Mitglieder der EU sind, beteiligen sich an dieser Arbeit. Die Agentur veröffentlicht regelmäßig Berichte über den Zustand der Umwelt in Europa und liefert damit Entscheidungsgrundlagen für die europäische Umweltpolitik.

V. Der europäische „Green Deal"

Mit *„Green Deal"* hat die Europäische Kommission ein im Dezember 2019 beschlossenes umfangreiches Gesetzgebungsprogramm beschrieben; es strebt ein *„klimaneutrales" Europa bis 2050* an. Geplant ist ein kompletter Umbau von Energieversorgung, Industrie, Verkehr und Landwirtschaft, damit ab 2050 keine neuen Treibhausgase in die Atmosphäre gelangen und die globale Erwärmung gestoppt wird. Damit ist der → „Green Deal" zentraler Bestandteil der Klimapolitik der EU.

VI. „Grüne Hauptstadt Europas"

Die Auszeichnung *„Grüne Hauptstadt Europas"* oder *„Umwelthauptstadt Europas"* wird Städten verliehen, die beim Umweltschutz eine Vorreiterrolle spielen.

Mit dem Preis will die EU-Kommission Städte ermuntern, ihre Lebensqualität zu verbessern und möglichst viele Umweltaspekte in ihre Stadtplanung einzubeziehen. So sind für die Auszeichnung zehn Umweltindikatoren maßgeblich. Unter die Lupe genommen werden neben der Abfallbewirtschaftung sowie der Luft- und Lärmbelastung unter anderem auch die Qualität der öffentlichen Verkehrsmittel, um so eine Gesamtbilanz nachhaltiger Kommunalpolitik ziehen zu können.

Am 23. Februar 2009 wurde dieser Preis für die „grünsten Städte" Europas erstmals vergeben. Er ging 2010 an Stockholm und 2011 an Hamburg. 2012 wurde der Titel „Europäische Umwelthauptstadt" an die nordspanische Stadt Vitoria-Gasteiz weitergereicht. Für 2013 wurde Nantes mit dem Titel ausgezeichnet.

2014 ging die Auszeichnung an Kopenhagen, 2015 an das britische Bristol.

Ljubljana war „Grüne Hauptstadt Europas 2016". Anerkennung fand Sloweniens Hauptstadt insbesondere für die Stärkung des Umweltbewusstseins ihrer Bürger, ihre nachhaltige Strategie „Vision 2025", die Umsetzung verschiedener städtischer Umweltmaßnahmen im Laufe der vergangenen zehn Jahre und ihr beeindruckendes Verkehrsnetz.

2017 war Essen grüne Hauptstadt Europas. In der Begründung wurde die Vorbildrolle der Stadt für viele Städte im Strukturwandel und innerhalb der Metropole Ruhr hervorgehoben.

2018 ging der Titel an das niederländische Nijmegen, 2019 an Oslo und 2020 an Lissabon. 2021 wurde der finnischen Stadt Lahti der Titel verliehen, 2022 Grenoble. 2023 erhielt das estnische Tallin die Auszeichnung.

Weiterführende Literatur

Sachverständigenrat für Umweltfragen (Hrsg.), „Für eine entschlossene Umweltpolitik in Deutschland und Europa", Berlin 2020 | *Gaby Umbach*, „Umwelt-, Klima- und Meerespolitik", in: „Jahrbuch der Europäischen Integration 2018", hrsg. von Werner Weidenfeld/Wolfgang Wessels, Baden-Baden 2018, S. 251–258

▶ Unabhängigkeitsbestrebungen in Europa

Am 18. September 2014 schaute ganz Europa gebannt auf den nördlichen Rand der Britischen Inseln. Fünf Millionen Schotten konnten darüber abstimmen, ob sie fortan in einem souveränen Staat ihr Geschick auf der Weltbühne eigenständig gestalten wollen. Zum ersten Mal seit 307 Jahren hatten sie die Chance, die Union mit England aufzukündigen, sich eine eigene Verfassung zu geben und eine Regierung zu wählen, die für alle Belange zuständig ist. Ein Aufbruchssignal für eine Vielzahl anderer Regionen europaweit?

Am 19. September 2014 stand das Ergebnis fest: Die schottische Unabhängigkeitsbewegung hatte das Referendum über eine Abspaltung von Großbritannien verloren. 55,5 Prozent der Schotten plädierten für einen Verbleib im Vereinigten Königreich. Die Wahlbeteiligung lag bei 85 Prozent.

Als einer der ersten europäischen Regierungschefs gratulierte nicht zufällig der spanische Ministerpräsident *Mariano Rajoy* den Schotten zu deren Entscheidung, „Teil der Europäischen Union" zu bleiben und damit „wirtschaftliche, soziale, institutionelle und politische Unsicherheiten zu vermeiden". Rajoys Aussagen galten freilich weniger Schottland als vielmehr seinen 7,5 Millionen Katalanen, die entschlossen schienen, ebenfalls über ihre Unabhängigkeit abzustimmen.

Die Schotten ließen nicht locker. Das schottische Parlament stimmte 2018 mit einer Mehrheit von 69 zu 59 Stimmen einem neuen Referendum zu. Die Londoner Regierung bezeichnete dies als „spalterisch" und lehnte den von Schottland geforderten Zeitplan für eine neue Volksabstimmung ab. Dennoch gab es seither regelmäßig Demonstrationen zur Unabhängigkeit; im Oktober 2018 etwa gingen über 100.000 Menschen in Edinburgh auf die Straße, 2019 und 2020 waren es bei Kundgebungen in Edinburgh und Glasgow jeweils bis zu 250.000 Menschen. Am 23. November 2022 entschied der Supreme Court, dass die schottische Landesregierung keine Rechtsgrundlage für ein erneutes Referendum habe. Das Gericht stellte fest, dass der Gesetzesvorschlag „reserved matters" betrifft, also Fragen, die der britischen Regierung in London vorbehalten sind. Causa finita?

Auch für die staatliche Einheit Spaniens wurde es seinerzeit brenzlig. Immerhin war es der Zentralregierung gelungen, eine zunächst für September 2014 angesetzte formelle Volksbefragung zur staatlichen Unabhängigkeit Kataloniens im Wege eines beim Verfassungsgericht gestellten Normenkontrollantrags außer Vollzug zu setzen. Dennoch führte die katalonische Regionalregierung am 9. November 2014 ohne gesetzliche Grundlage eine als „Bürgerbeteiligungsprozess" bezeichnete *„alternative Abstimmung über die politische Zukunft der Region"* durch. Etwa ein Drittel der Wahlberechtigten beteiligten sich an der Abstimmung; rund 80 Prozent von ihnen stimmte für eine Unabhängigkeit der Region von Spanien.

Das katalanische Votum war rechtlich nicht relevant. Aber die Angst ist geblieben: die Angst der Regierungen in einigen Hauptstädten Europas vor Zersplitterung und Machtverlust. Nicht ohne Grund hat etwa Spanien das Kosovo (→ *KFOR*) bisher nicht anerkannt; die 1,8 Millionen Einwohner zählende bisherige serbische Provinz hatte sich am 17. Februar 2008 mit einer *einseitigen* Unabhängigkeitserklärung von Serbien losgesagt. Innerhalb der → *Europäischen Union* (EU) erkennen bisher erst 22 der 27 Mitgliedstaaten den Kosovo als souveränen Staat an.

Als sich 2006 Montenegro einseitig von Serbien lossagte, nahm es die EU dagegen eher sportlich – und erkannte den rund 600.000 Einwohner zählenden Landesteil postwendend als souveränen Staat an.

I. Integration versus Separation?

Wir beobachten *innerhalb* der zusammenwachsenden EU eine denkwürdige Gegenläufigkeit. Die ohne Zweifel fortschreitende Europäische Integration scheint geradezu magisch auch gegensätzliche Kräfte freizusetzen und regionalpolitische Trends zu verstärken. Wie von einem geheimnisvollen Pendel angestoßen gehen zunehmende Machtverlagerungen auf Brüsseler Institutionen offenbar Hand in Hand mit Dezentralisierungs- und Autonomiebestrebungen in verschiedenen Regionen Europas. Nicht selten erklären sich solche Trends aus geschichtlichen Entwicklungen und Traditionen. Zu erwähnen sind in diesem Kontext neben Katalonien, dem Kosovo und Schottland etwa Gebiete wie Korsika mit 339.000 Einwohnern, Südtirol mit rund 520.000 Einwohnern, Norditalien, das Baskenland mit 2,1 Millionen Einwohnern oder Flandern mit stolzen 6,5 Millionen Einwohnern.

Wir haben es überwiegend mit realpolitischen Langzeittrends zu tun, die – wie etwa im Falle Kataloniens – auf einer Jahrhunderte lang tradierten Identität, auf einem eigenständigen Sprach- und Kulturraum oder einer nennenswerten eigenen ökonomischen Prosperität beruhen.

II. Unbehagen in Brüssel

Es ist kein Geheimnis, dass der „*Geist namens Separatismus*" (Süddeutsche Zeitung) in Brüsseler Führungsetagen Panik auszulösen vermag. Man tut sich schwer im Umgang mit diesen Tendenzen. Aber warum sollten selbstbewusste und traditionsreiche autonome Regionen, die sich im Gehäuse ihrer Nationalstaaten nicht wohlfühlen, nicht Teile der Europäischen Union bleiben? Fürchtet man eine Schwächung der EU-Strukturen? Eine zunehmende Unregierbarkeit der Union?

Vordergründig ließ natürlich auch die EU-Kommission verlauten, dass es sich im Falle von Unabhängigkeitsbestrebungen um innenpolitische und nicht um europäische Angelegenheiten handele – was sich im Übrigen ohnehin aus Artikel 4 Abs. 2 EUV ergibt:

> „Sie [Die Union] achtet die grundlegenden Funktionen des Staates, insbesondere die Wahrung der territorialen Unversehrtheit, die Aufrechterhaltung der öffentlichen Ordnung und den Schutz der nationalen Sicherheit."

Andererseits griff der damalige EU-Kommissionspräsident Barroso sofort nach der Entscheidung, in Schottland ein Referendum durchzuführen, mit unverblümter Direktheit in den „Wahlkampf" ein. In einem BBC-Fernsehinterview stellte er im Dezember 2012 zwar verallgemeinernd, aber zwischen den Zeilen säbelrasselnd auf Schottland gemünzt klar, dass ein Territorium, das sich aus einem Mitgliedstaat der EU löst, nicht länger der Union angehöre („*If part of the territory of a Member State would cease to be part of that state because it were to become a new independent state, the Treaties would no longer apply to that territory*"). Harter Tobak, der bei der schottischen Regierung auf großes Unverständnis stieß. Welches, so fragte man dort, wären die Beweggründe, um einer Region, die seit 40 Jahren der EU angehört, nun plötzlich die Mitgliedschaft zu entziehen?

Im Fall Kataloniens reagierte man ähnlich nervös. Als sich am 11. September 2013, dem katalanischen Nationalfeiertag, in Barcelona Menschenketten bildeten, um für die Unabhängigkeit der Region zu demonstrieren, hielt sich auch der Vizepräsident der EU-Kommission, *Joaquín Almunia*, alles andere als bedeckt. Bei einer Abspaltung eines Gebietes, so Almunia, sei dieses automatisch zu einem Drittstaat im Verhältnis zur EU degradiert und somit kein Mitglied mehr.

Ob solche Äußerungen europarechtlich haltbar sind, erscheint fraglich. Der Reformvertrag von Lissabon (→ *Lissabon-Vertrag*) weist bezüglich des konkreten Vorgehens im Fall einer territorialen Abspaltung eine juristische Lücke auf, liefert keine Lösung für ein solches Szenario. Umso verwunderlicher muten die durchaus scharfkantigen Stellungnahmen aus den Reihen der EU-Kommission an.

III. Ausblick

Kompromisse sind möglich. Überall in Europa praktizierte Autonomiestrukturen – von Bayern bis Südtirol – bieten einen farbigen Katalog von Modellen, wie man mit regionalem Selbstbewusstsein umgehen kann – oder nicht umgehen darf. Kurzum: es erscheint möglich, regionale Identität zu leben, zu stärken, sich daran zu erfreuen und trotzdem Teil eines vereinten Europas zu sein.

Der → *Ausschuss der Regionen* allerdings, den die EU-Kommission hofiert und fördert, ist eher ungeeignet, solche Tendenzen zu kompensieren – im Gegenteil. Der AdR ist eine rein beratende Institution, relativ einflusslos und für die EU-Kommission bequem beherrschbar. Er hat allenfalls dezente Ventilfunktion.

▶ Unionsbürgerschaft

Abwegig war der Gedanke nicht: eine mit dem → *Maastrichter Vertrag* 1993 installierte „Union" braucht naturgemäß „Unionsbürger". Also wurde 1993 nicht nur die → *Europäische Union (EU)* gegründet; es wurde auch die sog. Unionsbürgerschaft erfunden.

Bei der Frage: „Was ist das eigentlich?" stößt man mitunter auf eine gewisse Ratlosigkeit. Dabei ist es ganz einfach: *„Unionsbürger ist, wer die Staatsangehörigkeit eines Mitgliedslandes der EU besitzt"*, so steht es in Artikel 20 Abs. 1 AEUV. *Wir* sind also *keine* europäischen *Staatsbürger*. Wir bleiben Iren, Spanier oder Deutsche. Unsere Staatsangehörigkeiten wurden nicht ersetzt oder gar abgeschafft, sondern allenfalls ergänzt – durch ein staatsrechtlich irrelevantes Etikett, das uns verbinden und unser europäisches Gemeinschaftsgefühl stärken soll.

I. Konkrete Vorteile

Aber das ist nicht alles. Nicht nur ein Zeichen sollte sie für die Fortentwicklung der Europäischen Einigung hin zu einer Staatenunion setzen. Es gab auch Konkretes. Während den Bürgern der Mitgliedstaaten bis zu diesem Zeitpunkt innerhalb der (damaligen) → *Europäischen Gemeinschaft (EG)* Freizügigkeit nur im Rahmen ihrer Erwerbstätigkeit zugesichert war, können sie sich nun innerhalb der gesamten EU als „Unionsbürger" frei bewegen und aufhalten (Artikel 20 Abs. 2 a) AEUV).

Mit der Unionsbürgerschaft sind neben dem Reise- und Aufenthaltsrecht in allen EU-Staaten folgende konkrete Rechte verbunden:

1. Das Wahlrecht

Jeder Unionsbürger kann – unabhängig von seiner nationalen Staatsangehörigkeit – im Land seines Wohnsitzes an den Kommunal- und → *Europawahlen*, also den Wahlen zum → *Europäischen Parlament (EP)* teilnehmen und sich als Kandidat aufstellen lassen.

2. Diplomatischer Schutz

In Drittländern, in denen sein Land nicht vertreten ist, genießt jeder Unionsbürger den diplomatischen und konsularischen Schutz der Auslandsvertretungen anderer EU-Staaten.

3. Petitionsrecht

Bürgerinnen und Bürger der EU können Petitionen beim EP sowie Beschwerden beim → *Europäischen Bürgerbeauftragten (Ombudsmann)* einreichen.

Nochmals: Diese unbestritten sehr konkreten Vorteile – etwa die Freizügigkeit, geschützte Grundrechte in ganz Europa oder die freie Wahl des Ausbildungsortes und -Landes – stehen uns nicht aufgrund unserer „Unionsbürgerschaft" zu, sondern ausschließlich deshalb, weil das Land, dessen nationale Staatsangehörigkeit wir besitzen, ein Mitgliedsland der EU ist.

Oder, noch deutlicher: Die Organe der EU haben keinerlei Einfluss darauf, wer Unionsbürger ist und wer nicht. Allein die Nationalstaaten definieren, wer in den Besitz der (nationalen) Staatsangehörigkeit ihres jeweiligen Landes kommt, oder wem sie unter welchen strikt national vorgegebenen Voraussetzungen verliehen wird. Eingebürgert wird man nicht in die EU, die kein Staat ist, sondern in Tschechien, Lettland, Malta oder Deutschland.

Allerdings haben alle EU-Staaten allen Staatsangehörigen anderer EU-Staaten die genannten Rechte zu gewähren. Insofern kann man mit etwas gutem Willen von einem verfestigten Status der „Unionsbürgerschaft" sprechen.

II. Berichte zur Unionsbürgerschaft

In ihrem „Ersten Bericht über die Unionsbürgerschaft 2010" identifizierte die → *Europäische Kommission* wesentliche Hindernisse für die Bürgerinnen und Bürger bei der Ausübung dieser Rechte im Alltag. Sie schlug 25 Maßnahmen vor, um diese Hindernisse zu beseitigen. Die mittlerweile erzielten Fortschritte hat die Kommission online zusammengefasst.

2013, im „Europäischen Jahr der Bürgerinnen und Bürger", erschien der Zweite Bericht, der neue Initiativen vorstellte. Die EU-Kommission hatte 12.000 Europäer über Probleme bei der Wahrnehmung ihrer EU-Bürgerrechte befragen lassen – sei es bei der grenzübergreifenden Arbeitssuche, auf Reisen, bei Wahlen oder im Rahmen ihrer verbrieften Freizügigkeit.

Im Ergebnis sieht sie in sechs Bereichen vorrangigen Handlungsbedarf, um die Rechte der Unionsbürger zu stärken. Auf diesen Feldern sollen zwölf konkrete Maßnahmen umgesetzt werden, die den Europäern helfen sollen, besser von ihren Rechten Gebrauch zu machen. Arbeitnehmer, Studenten oder Praktikanten werden ebenso mit aufmunternden Vorschlägen bedacht wie Bürokratie-Gestresste, behinderte Menschen oder grenzübergreifend aktive Einkaufs-Spezialisten. Auch denen, die sich über unsere EU informieren wollen oder in einem anderen EU-Land Probleme mit dem Wählen in ihrer Heimat haben, werden Hoffnungen gemacht. Alles wird gut. Oder jedenfalls besser.

▶ Urheberrecht, europäisches

Das Urheberrecht zählt zu den Bereichen, für die innerhalb des gemeinsamen → *Binnenmarktes* die Kompetenz der → *Europäischen Union (EU)* zur → *Rechtsangleichung* besteht. Urheberrechtliche Belange sind eng mit dem freien Warenverkehr oder der Dienstleistungsfreiheit verknüpft. Harmonisierte Regelungen sind hier unerlässlich, um Wettbewerbsverzerrungen durch unterschiedliche Regelungen innerhalb des gemeinsamen Marktes der EU-Mitgliedstaaten zu vermeiden.

Da die Gemeinschaftsverträge keine direkte Ermächtigung zur Regelung eines europäischen Urheberrechtes vorsehen, stützen sich Rechtsakte der EU auf diesem Gebiet u. a. auf folgende Artikel:

- Artikel 53 Abs. 1 AEUV (Ermächtigung für Richtlinien zur Koordinierung der Rechts- und Verwaltungsvorschriften in den Unionsmitgliedstaaten) sowie
- Artikel 62 AEUV (Verweisungsnorm);
- Artikel 114 AEUV (Rechtsangleichung im Binnenmarkt).

I. Bisherige Regelungen

Seit Mitte der 1970er Jahre gibt es Bestrebungen, das bis dato rein national – und daher von Land zu Land unterschiedlich – geregelte Urheberrecht europaweit zu harmonisieren. Konkrete Schritte hat die → *Europäische Kommission* 1988 mit einem *Grünbuch über Urheberrecht und die technologische Herausforderung – Urheberrechtsfragen, die sofortiges Handeln erfordern* eingeleitet. Weitere Überlegungen und gesetzgeberische Schritte auf europäischer Ebene folgten.

Nach dem Prinzip der begrenzten Einzelermächtigung wird die EU nur innerhalb der ihr von den Mitgliedstaaten übertragenen Bereiche tätig (Art. 5 EUV). Bei allen Rechtsakten der Union muss geprüft werden, ob sie konkret zur Regelung befugt ist. In diesem Rahmen sind bisher *13 Richtlinien* mit Bezug zum Urheberrecht verabschiedet worden. Richtlinien geben verbindliche Ziele vor, die dann von allen Mitgliedstaaten in ihr nationales Recht umgesetzt werden müssen; anders als Verordnungen entfalten sie keine unmittelbare Wirksamkeit in den Mitgliedstaaten (→ *Europäisches Gemeinschaftsrecht*). Außer diesen Richtlinien wurden in den vergangenen Jahren zwei *Verordnungen* erlassen, die in den Mitgliedstaaten unmittelbar anwendbar sind.

1. Richtlinien

a) Die Computerprogramm-Richtlinie von 1991

Computerprogramme sollen in der EU in gewissem Umfang urheberrechtlichen Schutz genießen.

b) Die Vermiet- und Verleihrichtlinie von 1992

Sie verfolgt das Ziel, den Urhebern und den Inhabern verwandter Schutzrechte europaweit einheitlich das ausschließliche Recht an der Vermietung und Verleihung ihrer Werke einzuräumen. Bis dahin hatten sie teilweise nur einen Anspruch auf Vergütung, konnten jedoch nicht selbst über die Vermietung und Verleihung ihrer Werke bestimmen.

c) Die Kabel- und Satellitenrichtlinie von 1993

Sie schuf einen Rechtsrahmen für grenzüberschreitende Rundfunksendungen über Kabel und Satellit.

d) Die Schutzdauerrichtlinie von 1993

Sie vereinheitlichte die allgemeine urheberrechtliche Schutzdauer auf einen Zeitraum von 70 Jahren nach dem Tod des Urhebers sowie auf 50 Jahre für verwandte Schutzrechte, um den handelshemmenden Wirkungen unterschiedlicher Schutzdauern in den EU-Mitgliedstaaten entgegenzuwirken. Auch wurden Regelungen über Werke getroffen, die in einigen Mitgliedstaaten vorher gar nicht geschützt waren.

e) Die Datenbankrichtlinie von 1996

Sie harmonisierte den urheberrechtlichen Schutz für kreative Datensammlungen, bei denen eine geistige Schöpfung bei der Auswahl oder Strukturierung der Elemente in der Datenbank stattfindet. Außerdem schuf die Richtlinie ein sogenanntes *sui-generis-Schutzrecht* für Datensammlungen, die keine kreativen geistigen Schöpfungen darstellen, aber auf erheblichen Investitionen beruhen. Dadurch wurden Datenbanken, die dank aufkommender moderner Technologien schnell kopiert und weiterverarbeitet werden können, kommerziell besser verwertbar. Die Schutzdauer für den sui-generis-Schutz von Datenbanken beträgt 15 Jahre, ist also erheblich kürzer als die Schutzdauer urheberrechtlich geschützter Werke.

f) Die Richtlinie zur Informationsgesellschaft von 2001

Sie wollte ein hohes Schutzniveau für geistiges Eigentum festlegen und die Reichweite der Urheberrechte konkret regeln, um die Interessen sowohl der Urheber, Künstler und der Wirtschaft als auch der Verbraucher im Rahmen der Dienste der Informationsgesellschaft (wie „Music-on-demand“ oder „Video-on-demand“) zu schützen. Die Richtlinie gibt ergänzend zu den bereits bestehenden Richtlinien für verschiedene grundlegende Bereiche des Urheberrechts Regeln vor. So wird in Art. 2 den Urhebern, Herstellern und Künstlern das Vervielfältigungsrecht zugesichert, in Art. 3 das Recht zur Wiedergabe und Zugänglichmachung und in Art. 4 das Verbreitungsrecht. In Art. 5 sind Ausnahmen und Beschränkungen des Schutzes aufgeführt.

g) Die Folgerechtsrichtlinie von 2001

Durch diese Richtlinie über das Folgerecht des Urhebers eines Kunstwerkes sollten EU-weit einheitliche Regeln für Künstler geschaffen werden. Das Folgerecht soll ein unverzichtbarer, unabtretbarer und unveräußerlicher Vergütungsanspruch des Urhebers des Originals eines Werks bei dessen Weiterverkauf durch Auktionshäuser oder Galerien sein, von dem er auch wirtschaftlich profitieren soll. Ihm werden daher verschiedene Rechte eingeräumt; vor allem soll der Künstler bzw. seine Erben bis zu 70 Jahre nach dem Tod des Urhebers einen Vergütungsanspruch, und zwar einen prozentualen Anteil am Weiterverkaufserlös erhalten, wenn bestimmte Beträge überschritten werden. Vorgesehen ist auch ein Auskunftsanspruch gegen Vertreter des Kunstmarktes. Die Richtlinie wurde 2006 in Deutschland in Form des § 26 UrhG umgesetzt.

h) Die Durchsetzungs-Richtlinie von 2004

Ihr Ziel ist es, die Durchsetzung der Rechte des geistigen Eigentums zu vereinheitlichen und zu vereinfachen. Vor allem soll Produktpiraterie wirksamer bekämpft werden. Dazu wurden Regeln zu Rechtsbehelfen, Beweisen und Beweislast sowie zu Auskunfts- und Schadensersatzrechten geschaffen, die gerichtliche Klageverfahren und einstweilige Maßnahmen erleichtern und vereinheitlichen sollten. Die Richtlinie wurde 2008 in deutsches Recht umgesetzt.

i) Die Richtlinie betreffend die *Nutzung verwaister Werke* von 2012

Sie soll die Nutzung auch solcher Werke ermöglichen, bei denen sich nicht ermitteln lässt, wer der Rechtsinhaber ist.

j) Die Verwertungsgesellschaften-Richtlinie von 2014

Sie regelt die Tätigkeit von Verwertungsgesellschaften bei der kollektiven Wahrnehmung von Rechten. Solche Verwertungsgesellschaften gibt es in allen EU-Mitgliedstaaten. Sie verwalten für mehrere Rechtsinhaber gemeinsam bestimmte Rechte (z. B. Aufführungsrechte oder bestimmte Vergütungsansprüche), die diese nicht oder nur schwer individuell wahrnehmen können.

k) Die Richtlinie über die *Nutzung zugunsten von Sehbehinderten* von 2017

Sie ermöglicht die Nutzung urheberrechtlich geschützter Werke oder sonstiger Schutzgegenstände durch Sehbehinderte, gewährt also insoweit bestimmte Ausnahmen vom Urheberrechtsschutz. Diese Richtlinie setzt die Vorgaben des internationalen Abkommens von Marrakesch von 2014 um.

l) Die Richtlinie über die *Online-Übertragung von Sendungen* von 2019

Sie erweiterte den Rechtsrahmen, der seit der Kabel- und Satelliten-Richtlinie von 1993 für grenzüberschreitende Rundfunksendungen über Kabel und Satellit gilt, auf die Online-Übertragung solcher Sendungen.

m) Die Richtlinie über Urheberrecht im digitalen Binnenmarkt von 2019

Sie ist die vorerst jüngste Richtlinie zum europäischen Urheberrecht. Mit ihr soll der Schutz für das Urheberrecht und die verwandten Schutzrechte an die Erfordernisse des digitalen Binnenmarktes angepasst werden. Diese Richtlinie ist das Ergebnis überaus kontroverser Diskussionen und von grundlegender Bedeutung (dazu im Einzelnen unten II).

2. Verordnungen

a) Die Portabilitäts-Verordnung von 2017

Sie soll die grenzüberschreitende Nutzung („Portabilität“) von Online-Inhaltediensten (etwa ein Abonnement für einen Online-Mediendienst) im Binnenmarkt sicherstellen.

b) Die Verordnung zum grenzüberschreitenden Austausch zugunsten von Sehbehinderten von 2017

Sie soll gewährleisten, dass die Nutzung urheberrechtlich geschützter Werke oder sonstiger Schutzgegenstände durch Sehbehinderte auch grenzüberschreitend barrierefrei möglich ist. Sie ergänzt daher die Richtlinie über die Nutzung zugunsten von Sehbehinderten von 2017.

3. Rechtsprechung des EuGH

Zum Urheberrecht und zum Urheberrechtsschutz ist darüber hinaus eine Vielzahl von Urteilen des → *Europäischen Gerichtshofs* (EuGH) ergangen. Auch der EuGH kann daher als Rechtsquelle des Urheberrechts angesehen werden, da er durch seine Entscheidungen sowohl die Interpretation als auch die Anwendbarkeit europäischer und nationaler Rechtsnormen erheblich mitgestaltet.

II. Die Reform des EU-Urheberrechts von 2019

Seit 2019 gibt es in der EU eine neue Urheberrechts-Richtlinie von grundlegender Bedeutung. Sie reformiert den *Urheberrechtsschutz im digitalen Binnenmarkt* und enthält wichtige Klarstellungen zu bislang von Mitgliedstaat zu Mitgliedstaat teilweise unterschiedlich ausgelegten diesbezüglichen Regelungen.

Am 26. März 2019 hat das → *Europäische Parlament* und am 15. April 2019 der → *Rat* der EU diese *Richtlinie (EU) 2019/790 des Europäischen Parlaments und des Rates vom 17. April 2019 über das Urheberrecht und die verwandten Schutzrechte im digitalen Binnenmarkt und zur Änderung der Richtlinien 96/9/EG und 2001/29/EG* angenommen. Im Juni 2019 ist sie in Kraft getreten. Die EU-Länder haben von nun an rund zwei Jahre Zeit, um die neuen Regeln in nationales Recht umzusetzen.

Diese neue Richtlinie soll sicherstellen, dass die seit langer Zeit bestehenden Rechte und Pflichten des Urheberrechts auch den Besonderheiten des Internet Rechnung tragen, die sich in den vergangenen Jahren entwickelt haben. Direkt betroffen sind Internet-Plattformen wie YouTube, Facebook und Google News. Kurzum: Die Reform soll das Urheberrecht in der EU an das digitale Zeitalter anpassen, den Urhebern für ihre Inhalte im Netz eine bessere Vergütung sichern sowie Diensteanbieter und Plattformen besser als bisher in die Verantwortung für Urheberrechtsverletzungen einbeziehen.

Damit ist ein neues, auf das Internet zugeschnittenes europäisches Urheberrecht unter Dach und Fach. Die EU-Mitgliedsländer haben nach schwierigen Verhandlungen mehrheitlich für die umstrittene Reform gestimmt. Auch die deutsche Bundesregierung votierte mit Ja. Hätte Deutschland sich enthalten oder gegen das Vorhaben gestimmt, wäre keine ausreichende Mehrheit zustande gekommen. Denn die Niederlande, Luxemburg, Polen, Italien, Finnland und Schweden stimmten mit Nein. Belgien, Slowenien, und Estland enthielten sich.

III. Sorge vor Zensur

Der Protest gegen das Vorhaben und insbesondere gegen Artikel 13 des Richtlinienentwurfs, der in der endgültigen Richtlinie Artikel 17 heißt, war vor allem in Deutschland groß. Kritiker wendeten ein, Plattformen wie YouTube sollten demnach schon beim Hochladen prüfen, ob Inhalte urheberrechtlich geschützt sind. Das aber sei ihrer Meinung nach nur über sog. *Upload-Filter* möglich, bei denen die Gefahr bestehe, dass viel mehr als nötig aussortiert werde. Dies käme einer *Zensur* gleich. Aus Sicht der Befürworter ging es hingegen darum, Plattformen, die wissentlich mit fremden Inhalten Geld verdienen, zu einer fairen Lizenzierung zu zwingen.

Unmittelbar nach der zustimmenden Entscheidung des Rates der EU am 15. April 2019 stellte die deutsche Bundesregierung klar, dass die Reform *möglichst ohne den Einsatz von Uploadfiltern* umgesetzt werden soll. „Ziel muss sein, das Instrument ‚Uploadfilter' weitgehend unnötig zu machen", heißt es in einer Erklärung, die eine deutsche Vertreterin bei der Abstimmung vortrug.

Auch Artikel 11 (im finalen Text Artikel 15) war umstritten. Dieser sieht ein Leistungsschutzrecht für Presseverlage vor. Danach müssen Nachrichten-Suchmaschinen wie etwa Google News für das Anzeigen von Artikel-Ausschnitten künftig Geld an die Verlage zahlen. Hier sehen Kritiker Nachteile insbesondere für kleine Verlage, die gegenüber Google eine schwache Verhandlungsposition hätten. Zudem verweisen sie auf Deutschland, wo es schon seit 2013 ein Leistungsschutzrecht gibt, das aber nicht zu nennenswerten Geldzahlungen an die Verlage führt.

Diese neue Richtlinie wurde durch das sog. Urheberrechtsanpassungsgesetz vom 31. Mai 2021 in deutsches Recht umgesetzt. Es ist bemerkenswert, dass der deutsche Gesetzgeber zur Umsetzung des seinerzeit so kontrovers diskutierten Artikels 17 der Richtlinie sogar ein separates, ganz neues Gesetz erlassen hat, das sehr detaillierte Vorschriften zur Plattformregelung enthält: das-Diensteanbieter-Gesetz. Andere EU-Mitgliedstaaten sind bei ihrer Plattformregelung auf der Grundlage von Artikel 17 der Richtlinie andere Wege gegangen. Manche bezweifeln daher, ob die Richtlinie insoweit zur gewünschten Harmonisierung im EU-Binnenmarkt geführt hat. Aber möglicherweise wird hier der EuGH in Zukunft ein klärendes Wort sprechen und den Spielraum der Mitgliedstaaten einschränken.

V

▶ Verbraucherschutz

Die Verbraucherpolitik der → *Europäischen Union (EU)* reicht bis in die Anfänge der Gemeinschaft zurück. Eine grenzüberschreitende Politik zum Schutz der Verbraucher in Europa erschien umso notwendiger, je weiter die europäische Integration voranschritt.

I. Grundsätze

1975 verabschiedete der → *Ministerrat* der damaligen → *Europäischen Gemeinschaften (EG)* das „Erste Programm der Europäischen Wirtschaftsgemeinschaft für eine Politik zum Schutz und zur Unterrichtung der Verbraucher". Fixiert wurden *fünf* Grundsätze:

(1) Schutz der Gesundheit und Sicherheit,
(2) Schutz wirtschaftlicher Verbraucherinteressen,
(3) Anspruch auf verlässliche Informationen,
(4) Rechtsschutz,
(5) Verbrauchervertretung auf nationaler und kommunaler Ebene.

1987 erhielt der Verbraucherschutz neue Bestätigung. In der → *Einheitlichen Europäischen Akte (EEA)* wurde bestimmt, dass in einem (künftigen) gemeinsamen europäischen → *Binnenmarkt* in den Bereichen Verbraucherschutz, Gesundheit und Umwelt ein „hohes Schutzniveau" zugrunde zu legen sei. Im → *Maastrichter Vertrag* von 1993 wurde dann erstmals eine europäische Verbraucherpolitik als eigenständiger Politikbereich der EU definiert.

Die 1996 bekannt gewordenen Ausmaße der Rinderseuche BSE zeigten die Lücken im europäischen Verbraucherschutz und die Notwendigkeit einer strengeren Politik. Auf Druck des → *Europäischen Parlaments (EP)*, der bis zum Misstrauensvotum reichen sollte, zog die → *Europäische Kommission* die Konsequenzen: 1997 wurde eine ihrer Generaldirektionen zur Zentrale für „Verbraucherpolitik und Gesundheitsschutz" ausgebaut. Sieben wissenschaftliche Ausschüsse, die zuvor verschiedenen Dienststellen angegliedert waren, wurden dieser Zentrale zugeordnet. Um die Gesundheit der Verbraucher zu sichern, wacht sie auch über Pflanzenschutz-, Veterinär- und Lebensmittelkontrollen.

Im → *Amsterdamer Vertrag* von 1999 wurden diese Weichenstellungen bestätigt; der Schutz der Gesundheit und die Sicherung der wirtschaftlichen Interessen der Unionsbürger (→ *Unionsbürgschaft*) sowie die Förderung des Rechts auf Information und Aufklärung sind als zentrale europäische Ziele festgeschrieben worden. Auf dieser vertraglichen Basis werden mehrjährig geltende Aktionspläne – sogenannte Verbraucherpolitische Strategien – entwickelt.

II. Umsetzung des Verbraucherschutzes

Nicht selten haben europäische Verbraucherinitiativen der Politik entscheidende Impulse gegeben. Bereits 1995 konnte mit der *Produkthaftungsrichtlinie* ein zentrales Instrument zum Schutz der Bürger verwirklicht werden: Entsteht dem Konsumenten durch ein Produkt ein Schaden, so muss der Hersteller – egal in welchem EU-Mitgliedstaat er seinen Standort hat – beweisen, dass sein Produkt fehlerfrei war; kann er das nicht, ist er zum Schadensersatz verpflichtet.

Weitere EU-Richtlinien betreffen u. a.:

a) Etikettierung gentechnisch veränderter Lebensmittel

Seit Mai 1997 unterliegen nach der sog. *„Novel-Food–Verordnung“* genmanipulierte Produkte einer Kennzeichnungspflicht. Die Hersteller haben auch das Recht, ihre Ware besonders zu kennzeichnen, wenn sie *frei* von genetisch veränderten Organismen oder von Produkten aus genetisch modifizierten Organismen sind. Damit hat nun der Verbraucher die Wahl.

b) Konservierung von Lebensmitteln durch Bestrahlung

Die EU hat 1999 Richtlinien zur Lebensmittelbestrahlung erlassen. In Deutschland wurden die Vorgaben mit der Neufassung der Lebensmittelbestrahlungsverordnung zum 21. Dezember 2000 umgesetzt. Die geänderte Verordnung erlaubt die Behandlung von getrockneten Kräutern und Gewürzen mit Elektronen, Gamma- und Röntgenstrahlung.

c) Sicherheit von Kosmetika

Die EU-Kosmetikrichtlinie, zuletzt im April 2003 ergänzt, enthält Vorschriften für die Zusammensetzung, Kennzeichnung und Verpackung von Kosmetika. Pflegemittel wie Hautcremes, Make-up, Deodorants, Seifen oder Zahnpasta dürfen keine gesundheitsschädlichen Substanzen enthalten. Die strengen Vorschriften zeigten Wirkung: Viele Stoffe mussten vom Markt genommen werden.

Andere Substanzen dürfen nur eingeschränkt oder unter bestimmten Bedingungen verwendet werden. Seit 1995 gilt eine Richtlinie, nach der Inhaltsstoffe und Anwendungsweise eines Erzeugnisses auf der Verpackung angegeben werden müssen.

d) Schutz der Verbraucher vor irreführender Werbung oder bei Haustürgeschäften

Verbraucher können sich über die zahlreichen europaweit geltenden Regelungen bei den örtlichen Verbraucherberatungen informieren. Von der EU-Kommission besonders gefördert werden die *EU-Verbraucherzentren*, die es in allen Mitgliedsländern gibt. Darüber hinaus gibt es Schlichtungsstellen, an die sich Verbraucher bei Streitigkeiten mit Anbietern aus dem EU-Ausland wenden können.

e) Tourismus

In zahlreichen Richtlinien hat sich die EU um den Schutz von Touristen als Verbraucher gekümmert. So garantiert eine *Richtlinie über Pauschalreisen*, dass der Verbraucher alle zugesagten Leistungen erhält. Eine unmittelbar geltende *Überbuchungsverordnung* sichert dem Fluggast eine Entschädigung bei Überbuchungen zu. Darüber hinaus lässt die EU-Kommission regelmäßig die Qualität von Badegewässern in der EU überprüfen.

f) Grenzüberschreitende Dienstleistungen

Mit der Europäischen *Dienstleistungsrichtlinie (→ Dienstleistungsfreiheit)*, in Kraft seit 2006, ist der Binnenmarkt in eine neue Phase der europäischen Integration eingetreten.

g) Sicherheit von Spielzeug

2009 wurde die Richtlinie zur Sicherheit von Spielzeug überarbeitet, die den Verbrauchern vor allem im Hinblick auf die Verwendung chemischer Substanzen Sicherheit garantiert. Spielzeug, das den vorgegebenen Anforderungen entspricht, wird vom Hersteller mit dem *„CE-Zeichen"* versehen. Die Mitgliedstaaten sind verpflichtet, die Verwendung des CE-Zeichens stichprobenartig zu kontrollieren.

h) Europäisches Vertragsrecht

2010 legte die EU-Kommission ein → *Grünbuch* vor, in dem sie für die Einführung eines Europäischen Vertragsrechts für Verbraucher und Unternehmen plädierte. Sie schlug ein neues Rechtsinstrument vor, welches die Rechtssicherheit bei Kaufverträgen, die im EU-Ausland abgeschlossen werden, erhöht und die Kosten grenzüberschreitender Handelsgeschäfte senkt.

i) Zahlungsverzug

Ende 2010 hat das Europäische Parlament (EP) die Richtlinie gegen Zahlungsverzug modifiziert. Unternehmen, Behörden und private Auftraggeber müssen innerhalb von 30 Tagen ausstehende Zahlungen tätigen. Bei Zahlungen innerhalb des privaten Sektors gilt nach Absprache eine 60-Tage-Frist.

j) Online-Einkauf

Auch in der virtuellen Welt werden Verbraucher besser geschützt. Im Juni 2011 verabschiedete das EP eine Richtlinie für den Verbraucherschutz, die den Online-Einkauf beispielsweise durch Einführung der „Button-Lösung" sicherer macht. Per Mausklick müssen Kunden dem Kauf nun ausdrücklich zustimmen.

k) Lebensmittelkennzeichnung

2011 hat das EP eine Verordnung zur Lebensmittelkennzeichnung verabschiedet. Spätestens seit 2016 müssen Angaben zum Energiegehalt, der Menge an Fett, gesättigten Fettsäuren, Kohlehydraten, Zucker, Eiweiß und Salz EU-weit auf die Verpackungen gedruckt werden. Sichtbare Ergebnisse europäischen Schutzes sind auch andere einheitliche Qualitätszeichen wie etwa das Ökosiegel, die den Verbrauchern die Orientierung beim Einkauf erleichtern.

III. Grundsatz gegenseitiger Anerkennung

Seit 1997 gilt: Was in einem Mitgliedstaat legal produziert und vermarktet wird, darf in der gesamten EG (heute: EU) verkauft werden. Das entschied der → *Europäische Gerichtshof (EuGH)* mit dem Grundsatzurteil über „Cassis de Dijon". Dieses Anerkennungsprinzip birgt für den Verbraucher neben dem Vorteil einer größeren Auswahl auch Risiken. Denn es dürfen Waren europaweit selbst dann in Umlauf gebracht werden, wenn das Herstellungsverfahren in einzelnen Ländern als unzulässig bewertet würde.

Den Einzelstaaten bleibt jedoch die Möglichkeit, strengere Vorschriften zu erlassen und bei gewichtigen Gründen die Einfuhr bestimmter Erzeugnisse zu verbieten. Markantester Fall: Aufgrund der BSE-Seuche wurde im März 1996 ein vollständiges Ausfuhrverbot für britisches Rindfleisch verhängt, um die Verbraucher vor einer möglichen Übertragung der Krankheit zu schützen. Strenge Kontrollen sollten fortan die Qualitätssicherung für die Konsumenten erhöhen.

▶ Verfassung für Europa

Man schrieb den 18. Juni 2004. Zu vorgerückter Stunde einigten sich die in Brüssel versammelten Staats- und Regierungschefs der seinerzeit 25 Mitgliedstaaten zählenden → *Europäischen Union (EU)* nach harten Verhandlungen doch noch auf einen Text für einen *„Vertrag über eine Verfassung für Europa"*. Man sprach von „historischer" Einigung. Politik und Medien waren voll des Lobes.

Tatsächlich war hier – nachdem ein erster, vom Europäischen Verfassungskonvent (→ *Europäischer Konvent*) vorgelegter Entwurf im Dezember 2003 gescheitert war – ein Kompromiss erreicht worden, der insbesondere die vertrackte Frage der sog. *Doppelten Mehrheit* im Sinne aller EU-Mitgliedstaaten zu lösen vermochte (→ *Stimmenverteilung in der Europäischen Union*).

Am 29. Oktober 2004 unterzeichneten die Staats- und Regierungschefs den Verfassungsvertrag feierlich – und zwar dort, wo im Jahre 1957 mit der Unterschrift unter die → *Römischen Verträge* die Geburtsstunde der heutigen EU schlug: Auf dem Kapitol in Rom. In Kraft aber hätte das Vertragswerk nur treten können, wenn alle EU-Staaten es auf nationaler Ebene ratifiziert hätten. Neun Staaten gingen diesen Schritt bereits, unter ihnen Deutschland – da sprachen sich in Volksabstimmungen am 29. Mai 2005 55 Prozent der Franzosen und am 2. Juni 2005 61,6 Prozent der Niederländer gegen die Annahme der „Verfassung" aus: Zwei EU-Gründerstaaten sagten „Stopp".

I. Verfassung? Vertrag?

Was am 29. Oktober 2004 in Rom unterzeichnet wurde, war ein völkerrechtliches Dokument, ein Vertrag – mithin *keine „Verfassung"* im herkömmlichen Sinne. Auf zahlreichen Titelseiten deutscher Tageszeitungen fanden sich allerdings Überschriften wie *„Europa gibt sich eine Verfassung"* oder *„Eine Verfassung für Europa"*. Immerhin sprach aus diesem Vertragswerk der Wille, dem Europäischen Einigungsprojekt ein Fundament zu geben und den – auch nationalen – Fliehkräften des großen und vielfältigen Europas etwas entgegenzusetzen.

Allerdings wurde mit dem unbefangenen Umgang mit dem Begriff „Verfassung" in der Europapolitik vermutlich eine Tabu-Grenze übersprungen: aus traditioneller Sicht ist der Terminus „Verfassung“ eben untrennbar verknüpft mit dem Staat sowie mit Souveränität schlechthin.

Ob es dieser Sprung war, der dem Verfassungsvertrag den Hals brach? Unstreitig ist, dass das „Nein“ der Niederländer und Franzosen verschiedene Ursachen hatte. Ebenso wenig wird man leugnen können, dass seinerzeit ein allgemeines Unbehagen bei vielen → *Unionsbürgern* über das Tempo der Entwicklungen zu registrieren war – von der in den Konsequenzen noch kaum überschaubaren → *Osterweiterung* im Mai 2004 über die rasche Aufnahme von Beitrittsverhandlungen mit der – von vielen als für eine Mitgliedschaft keineswegs reif bewerteten – Türkei bis hin zu eben dieser „Verfassung“, die den Verdacht heraufbeschwor, man wolle Wege und Ziele der Union in Beton gießen.

Wahr ist aber auch: Der Verfassungsvertrag blieb letztlich der Ebene vertraglicher Kooperation treu. Auch weiterhin sollten die Mitgliedstaaten in Fragen der rechtlichen Grundordnung das letzte Wort behalten. Die Union sollte auch auf dieser Basis ihre Ziele nach wie vor im Rahmen der von den Nationalstaaten gewährten Zuständigkeiten verfolgen.

Juristen sagten es so: Die EU kann sich nicht selbst Kompetenzen schaffen; sie hat nicht die sogenannte Kompetenz-Kompetenz. Hieran hätte der Vertrag nichts geändert. Im Kern sollte der Verfassungsvertrag vor allem die wichtigsten derzeit gültigen europäischen Verträge übersichtlich zusammenführen.

II. „Verfassungsvertrag – 2. Auflage“

Die politischen Entscheidungsträger benötigten eine längere Denkpause, um sich schließlich im Juni 2007 unter deutscher → *EU-Ratspräsidentschaft* in Berlin auf einen neuen Reformvertrag zu einigen. Immerhin konnte er die wesentlichen Elemente des ursprünglichen Verfassungsvertrages bewahren. Dieses Mal aber kam er – gut getarnt – in der Form einer kaum übersehbaren Vielzahl von kleinen und kleinsten Änderungsvorschriften daher. Das möglicherweise bedrohlich anmutende verfassungsähnliche Vertragskonvolut wurde gleichsam atomisiert. Und: Jegliche Hinweise auf eine eventuelle Staatsähnlichkeit der EU wurden peinlich vermieden.

Am 13. Dezember 2007 haben die Staats- und Regierungschefs dieses neue Vertragswerk in Portugals Hauptstadt unterzeichnet – daher sein neuer Name: *„Vertrag von Lissabon“* (→ *Lissabon-Vertrag*). In Kraft ist er seit 1. Dezember 2009.

▶ Verkehrspolitik, europäische

„Das Römische Reich reichte so weit wie seine Straßen.“ Woher das Zitat stammt, ist nicht überliefert. Aber es enthält eine zentrale Botschaft, die sich auch unsere heutige → *Europäische Union (EU)* offenbar auf die Fahnen geheftet hat. So heißt es in einer Pressemitteilung der → *Europä-*

ischen Kommission vom 11. September 2014:

> „Gute Verkehrsanbindungen sind entscheidend für eine effiziente europäische Wirtschaft. Daher sind Investitionen im Verkehrsbereich zur Konjunkturbelebung wichtiger denn je, zumal Wachstum und Wohlstand nur in Gebieten mit einer guten Verkehrsanbindung möglich sind."

Bereits in den Gründungsverträgen des Jahres 1957 (→ *Römische Verträge*) hat man sich zu einer gemeinsamen Politik auf dem Gebiet des transnationalen Eisenbahn-, Straßen- und Binnenschiffsverkehrs sowie der Seeschifffahrt bekannt. Die gemeinsame Verkehrspolitik zählt also zum Kernbereich europäischer Gesetzgebung. Ihre Rechtsgrundlagen finden sich in den heutigen Artikeln 90 bis 100 AEUV.

I. Verkehrspolitik und Binnenmarkt

Gerade dieser Bereich aber war lange Zeit ein Stiefkind der Integration. Fast 30 Jahre lang hatte es der → *Rat* der EU versäumt, Vorschläge der → *Europäischen Kommission* zur Realisierung einer gemeinsamen Verkehrspolitik umzusetzen. Erst nachdem schließlich der → *Europäische Gerichtshof (EuGH)* auf den Plan gerufen worden war und 1985 die Untätigkeit des Rates gerügt hatte, ließen die Mitgliedstaaten den Erlass von Rechtsvorschriften zu.

Das ehrgeizige Ziel, bis 31. Dezember 1992 den europäischen → *Binnenmarkt* zu errichten, brachte die gemeinsame Verkehrspolitik schließlich auf Trab. Und weil ein Binnenmarkt ohne effiziente Verkehrsverknüpfungen und harmonisierte Wettbewerbsbedingungen nicht vorstellbar war, baute der → *Maastrichter Vertrag* von 1993 die politischen, institutionellen und finanziellen Grundlagen der Verkehrspolitik nennenswert aus. So postulierte er den Aufbau transeuropäischer Verkehrsnetze (→ *Transeuropäische Netze (TEN)*, liberalisierte die → *Kabotage* und schrieb ein Diskriminierungsverbot im Güter- und Personenverkehr fest. Schließlich trug 1992 ein erstes → *Weißbuch* über *„die künftige Entwicklung der gemeinsamen Verkehrspolitik"* dazu bei, dass nach und nach eine Marktöffnung auf fast allen Verkehrssektoren durchgesetzt werden konnte.

Fazit: Seit 1993 gibt es einen Gemeinsamen Verkehrsmarkt, in dem die Transportunternehmer der EU ihre Dienste ungehindert und grenzübergreifend anbieten können. Damit kommt die europäische Integration im Bereich Verkehr einerseits der Transportwirtschaft selbst zugute; andererseits dient sie der Funktionsfähigkeit des Binnenmarktes: Der freie Verkehr von Personen, Waren und Dienstleistungen in einem Raum ohne Binnengrenzen kann nur gewährleistet werden, wenn Personen- und Güterbeförderung reibungslos funktionieren.

II. Verkehrssektor und Wettbewerbsfähigkeit

Der Verkehrssektor ist für die Wettbewerbsfähigkeit der europäischen Wirtschaft von elementarer Bedeutung. 2001 hat die EU-Kommission daher in ihrem (zweiten) Weißbuch *Die europäische Verkehrspolitik bis 2010: Weichenstellungen für die Zukunft*

(1) Mängel wie etwa ein Übergewicht des Straßenverkehrs und eine abnehmende Bedeutung des Schienenverkehrs oder eine Überlastung bestimmter Hauptverkehrsachsen analysiert. Auf dieser Basis hat sie

(2) rund 60 Maßnahmen vorgeschlagen und eingeleitet, um zu erreichen, dass der Ausbau des europäischen Verkehrssystems für alle Bürger Effizienz, Qualität und Sicherheit gleichermaßen gewährleistet. Diese Maßnahmen zielen u. a. auf:
   - eine Wiederbelebung des Schienenverkehrs,
   - die Verbesserung des Straßenverkehrs,
   - die Förderung von See- und Binnenschifffahrt,
   - den Ausbau des transeuropäischen Verkehrsnetzes,
   - erhöhte Straßenverkehrssicherheit,
   - die Forschung und Entwicklung im Dienst umweltfreundlicher und leistungsfähiger Verkehrsmittel,
   - die Förderung des europäischen Satellitennavigationssystems → *„Galileo"* oder
   - den Ausbau des intermodalen Verkehrs, um ausgewogene Verkehrsträgeranteile zu erreichen und wettbewerbsfähige Alternativen zu entwickeln.

Der EU-Kommission ging es also darum,

- Qualität und Leistungsfähigkeit des Verkehrs in Europa wesentlich zu verbessern und
- die ständige Verkehrszunahme und das Wirtschaftswachstum zu entkoppeln, um den Druck auf die Umwelt und die Verkehrsüberwachung abzubauen, ohne die wirtschaftliche Wettbewerbsfähigkeit der EU zu beeinträchtigen.

III. Paneuropäische Verkehrsinfrastrukturpolitik

Dieser gesamteuropäischen Entwicklung dienten die auf Initiative des → *Europäischen Parlaments (EP)* einberufenen paneuropäischen Verkehrskonferenzen von Prag 1991, Kreta 1994 und Helsinki 1997, an denen Vertreter aller europäischen Staaten teilnahmen. Auf der Kreta-Konferenz wurden neun paneuropäische Verkehrskorridore ausgewiesen, auf der Helsinki-Konferenz wurden sie durch einen weiteren Korridor auf dem Gebiet des früheren Jugoslawien sowie durch vier großräumige Verkehrsräume *(„Pan-European Transport Areas")* ergänzt. Mit dem Aufbau neuer Transportverbindungen in den Staaten Mittel- und Osteuropas leistete – und leistet – die EU-Verkehrspolitik einen wichtigen Beitrag zur Integration der neuen, 2004 und 2007 der Europäischen Union beigetretenen Mitgliedstaaten (→ *Osterweiterung*).

Weiterführende Literatur

Daniel Martínek/Sebastian Schäffer, „Verkehrspolitik", in: „Jahrbuch der Europäischen Integration 2019", hrsg. von Werner Weidenfeld/Wolfgang Wessels, Baden-Baden, S. 283–286 | *Hans Jörg Schrötter,* „Europäische Verkehrspolitik auf dem Prüfstand. Das Untätigkeitsurteil des EuGH vom 22. Mai 1985 aus integrations- und verkehrspolitischer Sicht“, in: „Aktuelle Rechtsfragen“, hrsg. von Ignaz Seidl-Hohenveldern, Köln et al. 1987, S. 69–85 | *Europäischer Wirtschafts- und Sozialausschuss*, „Europäische Verkehrspolitik – Europa in Bewegung“, Brüssel 2018 | *Oliver Schwedes* (Hrsg.), „Verkehrspolitik – Eine interdisziplinäre Einführung“, 2. Auflage, Wiesbaden 2018

▶ Vertrag von Nizza

„Nizza“ steht für den bis dato längsten Verhandlungsmarathon der Staats- und Regierungschefs der seinerzeit 15 Mitgliedstaaten in der Geschichte der → *Europäischen Union (EU)*. Nach überaus zähem Ringen einigte sich der → *Europäische Rat* am 11. Dezember 2000 schließlich auf ein Reformpaket, das als *„Vertrag von Nizza“* in die europäische Chronologie eingegangen ist.

Damit war die Geschichte aber nicht abgeschlossen; die Bevölkerung Irlands nämlich lehnte das Vertragswerk von Nizza in einer Volksabstimmung im Juni 2001 zunächst ab. Erst in einem weiteren Referendum im Oktober 2001 haben die Iren es dann doch gebilligt. Am 1. Februar 2003 ist der Vertrag in Kraft getreten.

I. Die Themen des Gipfels

Die schwierigste Aufgabe dieses EU-Reformgipfels bestand in der Neugewichtung der Stimmenanteile der einzelnen Mitgliedstaaten im → *Rat der Europäischen Union*, dem einflussreichen Legislativorgan der EU. Diese Aufgabe war besonders brisant angesichts der bevorstehenden Erweiterung der Union um mindestens zehn vorwiegend mittel- und osteuropäische Staaten (→ *Osterweiterung*).

Ein weiterer Stolperstein war der Reformansatz, das Einstimmigkeitsprinzip zugunsten von Entscheidungen, die mit → *Qualifizierter Mehrheit* getroffen werden, zurückzudrängen.

Schließlich ging es um die künftige Größe der → *Europäischen Kommission*, die bereits damals 20 Mitglieder zählte und nach vollzogener Osterweiterung zusätzliche EU-Länder repräsentieren sollte.

II. Regelungen des Vertrages

(1) *Neuverteilung der Stimmen im Rat der EU:* Danach stand seit November 2004 dem kleinsten Mitgliedstaat (nach seinem Beitritt am 1. Mai 2004 Malta) drei Stimmen, den vier bevölkerungsreichsten Mitgliedstaaten Deutschland, Großbritannien, Frankreich und Italien je 29 Stimmen (vorher je 10) zu, um auch in einer erweiterten EU eine angemessene Relation zwischen Stimmengewicht und Bevölkerungszahl zu gewährleisten. Auf Wunsch eines Mitgliedstaates kann geltend gemacht werden, dass bei Ratsbeschlüssen weniger als 62 Prozent der *Gesamtbevölkerung der EU* von den zustimmenden Staaten repräsentiert werden („Demografisches Netz“). Damit andererseits bevölkerungsärmere Länder nicht ohne weiteres überstimmt werden, muss eine Entscheidung immer auch von der *Mehrheit der EU-Staaten* getragen sein. (→ *Stimmenverteilung in der Europäischen Union*)

(2) *Größe und Neuorganisation der Europäischen Kommission:* Ab der Amtsperiode, die 2004 begonnen hat, besteht sie aus je einem Kommissar pro Mitgliedstaat. Die fünf großen, seinerzeit noch mit jeweils zwei Kommissaren vertretenen Länder Deutschland, Großbritannien, Frankreich, Italien und Spanien verzichteten also auf je einen Kommissar, um Platz für Vertreter der – inzwischen beigetretenen – neuen EU-Staaten zu machen. Eine Obergrenze von z. B. 20 Kommissaren scheiterte am Widerstand der kleineren Mitgliedstaaten. Immerhin regelt der Vertrag, dass über eine Verkleinerung der Kommission – allerdings einstimmig – entschieden werden muss, sobald die EU – mit Bulgarien und Rumänien – auf 27 Mitgliedsländer angewachsen ist. Gedacht war in Nizza an ein Rotationsmodell mit der Folge, dass einige – auch große – Mitgliedstaaten für gewisse Zeiträume nicht in der EU-Kommission vertreten sein würden.

(3) Übergang zu *Entscheidungen mit qualifizierter Mehrheit:* Eine Reihe von Entscheidungen, die bisher nur einstimmig gefasst werden konnten, sollen nun per Mehrheitsentscheidung zustande kommen. Neben Personalentscheidungen – auch der Ernennung des Präsidenten der EU-Kommission – gehören dazu Entscheidungen in der Industriepolitik, bei der Erleichterung der Freizügigkeit von Unionsbürgern (→ *Unionsbürgschaft*) und teilweise in der Wirtschafts- und Währungspolitik. Über die Visapolitik wird seit 2004 mit qualifizierter Mehrheit beschlossen. Bei den Struktur- und Kohäsionsfonds (→ *Europäische Struktur- und Investitionsfonds*) gilt sie seit 2007.

(4) Für das → *Europäische Parlament (EP)* wurde eine **neue Sitzverteilung** festgelegt, die von 2004 und bis zum Inkrafttreten des → *Lissabon-Vertrages* 2009 galt und der Bevölkerungsgröße der Mitgliedstaaten besser entsprechen sollte.

(5) In einer „Erklärung zur Zukunft der Union" hat man schließlich einen Schritt hin zu einer → *Verfassung für Europa* unternommen. Es wurden erste konkrete Angaben zu Inhalten, Methoden und Verfahren einer Neugestaltung der Vertragsgrundlagen, einer künftigen Zuständigkeitsverteilung zwischen EU und Mitgliedstaaten oder der Rolle der nationalen Parlamente in der Architektur eines Europas von morgen fixiert.

Zu den meisten dieser Fragen hat der 2009 in Kraft getretene neue Reformvertrag von Lissabon novellierte Regelungen geschaffen, die heute praktiziert werden.

▶ Verwertungsgesellschaften in Europa

Am 10. April 2014 ist die Richtlinie 2014/26/EU des → *Europäischen Parlaments* und des → *Rates der Europäischen Union* vom 26. Februar 2014 über die kollektive Wahrnehmung von Urheber- und verwandten Schutzrechten im europäischen → *Binnenmarkt* in Kraft getreten.

In Artikel 1 heißt es:

> „Diese Richtlinie legt die Anforderungen fest, die erforderlich sind, um eine ordnungsgemäße Wahrnehmung von Urheber- und verwandten Schutzrechten durch Organisationen für die kollektive Rechtewahrnehmung sicherzustellen. Sie regelt darüber hinaus die Anforderungen an die Vergabe von Mehrgebietslizenzen durch Organisationen für die kollektive Rechtewahrnehmung für Urheberrechte an Musikwerken für die Online-Nutzung."

Ziel der von der → *Europäischen Kommission* erarbeiteten Richtlinie ist es, das System der kollektiven Rechtewahrnehmung in der → *Europäischen Union (EU)* auf eine tragfähige Grundlage zu stellen. Die Richtlinie will

- zum einen europaweit einheitliche Standards im Bereich der internen Organisation („governance") und Transparenz von Verwertungsgesellschaften schaffen;
- zum anderen die grenzüberschreitende Verwaltung von Urheberrechten im Online-Bereich erleichtern und neue Formate der Kooperation zwischen Verwertungsgesellschaften ermöglichen (→ *Urheberrecht, europäisches*).

Fazit: Der auf allen Feldern medialer Kommunikation grenzenlose europäische Binnenmarkt setzt eine in allen EU-Staaten vergleichbar gesicherte kollektive Rechtewahrnehmung zwingend voraus. Die Richtlinie 2014/26/EU ist hier ein wichtiger Schritt.

Die Bedeutung der Verwertungsgesellschaften für die nationale Kultur aller EU-Staaten ist nennenswert. Die rechtspolitische Diskussion über die Rolle dieser Organisationen im europäischen und nationalen Zusammenhang ist daher in allen Ländern vor dem Hintergrund der Erfahrungen mit der Richtlinie weiterzuführen. Es gilt, das Zusammenwachsen und Entstehen eines in der EU tendenziell einheitlichen geistigen Eigentums und seines Schutzes weiter zu fördern.

▶ Veto-Recht

Veto (lat. ich verbiete) bezeichnet den Einspruch gegen einen Beschluss eines Gremiums durch ein Mitglied.

Für Beschlüsse innerhalb der → *Europäischen Gemeinschaft (EG)* war durch die → *Römischen Verträge* von 1957 für eine Übergangsfrist bis 1965 fast ausschließlich Einstimmigkeit vorgeschrieben. Legte ein Mitgliedstaat im → *Ministerrat* der EG ein Veto ein, so kam der Beschluss nicht zustande.

Nach dieser Anfangsphase sollte ab 1965 der Übergang von der Einstimmigkeit zu Mehrheitsbeschlüssen erfolgen. Der französische Staatspräsident *Charles de Gaulle* aber forderte die Beibehaltung des Veto-Rechts. 1966 verständigte man sich auf den sogenannten → *Luxemburger Kompromiss:* Wenn ein Staat aus sehr wichtigen eigenen Interessen einem Beschluss nicht zustimmt, soll er nicht einfach überstimmt werden.

In der → *Einheitlichen Europäischen Akte (EEA)* wurde dieser Kompromiss 1985 zwar bestätigt; man vereinfachte jedoch darin die Beschlussfindung im Ministerrat durch das Einführen von Mehrheitsentscheidungen (→ *Qualifizierte Mehrheit*) – eine Tendenz, die in den folgenden Jahren Schritt für Schritt weiterverfolgt wurde. So erweiterten der → *Amsterdamer Vertrag* von 1996 sowie der → *Vertrag von Nizza,* in Kraft seit 2003, die Ausnahmen vom Prinzip der Einstimmigkeit deutlich.

Der 2009 in Kraft getretene → *Lissabon-Vertrag* markiert eine weitere mutige Abkehr von Einstimmigkeitsentscheidungen im → *Rat* der heutigen → *Europäischen Union.* Qualifizierte Mehrheitsentscheidungen wurden zur Regel. Bis auf einige Bereiche wie die → *Gemeinsame Außen- und Sicherheitspolitik* oder die Sozialversicherung wird nun auf Ratsebene mehrheitlich beschlossen, und das Vetorecht entfällt.

▶ Visegrád-Staaten (V4)

Im der ungarischen Stadt Visegrád, hoch über der Donau, erklärten am 15. September 1991 Polen, Ungarn und die Tschechoslowakei, ihre nach dem Ende des Kalten Krieges und der Spaltung Europas vielfach gemeinsamen Herausforderungen möglichst kooperativ angehen zu wollen. 1992 teilte sich die Tschechoslowakei friedlich in eine Tschechische und eine Slowakische Republik. Seither spricht man von „V4". Seit 1999 konsultieren sich diese „Visegrád-Staaten" regelmäßig auf verschiedenen Ebenen.

Polen, Tschechien und Ungarn traten am 12. März 1999 der → *NATO* bei, die Slowakei folgte am 29. März 2004. Zum 1. Mai 2004 wurden alle vier Länder Mitglieder der → *Europäischen Union (EU).* Als einziges Land der Gruppe hat die Slowakei zum 1. Januar 2009 den → *Euro* eingeführt.

I. Politische Ziele

Auch wenn damit die ursprünglichen Ziele der Zusammenarbeit erreicht waren, behielt man eine gemeinsame Linie in der Außenpolitik bei. So ist die kollektive Sicherheit trotz ihrer NATO-Mitgliedschaften weiterhin ein Kernanliegen der Visegrád-Gruppe. 2010 eröffneten sie eine gemeinsame diplomatische Vertretung in Südafrika. Auch stimmt man sich nach wie vor über europapolitische Positionen ab und kümmert sich um die Annährung der Länder des Westbalkans und Osteuropas an die EU.

Auch in der Verteidigungspolitik arbeiten die V4 zusammen. 2011 beschlossen sie eine gemeinsame → Kampfgruppe, die sogenannte „Visegrád Battlegroup", aufzustellen. Solche Krisenreaktionskräfte der EU werden, im halbjährlichen Wechsel rotierend, turnusmäßig von jeweils verschiedenen EU-Ländern gestellt. Die „Visegrád Battlegroup" existierte im ersten Halbjahr 2016, im zweiten Halbjahr 2019 und erneut im ersten Halbjahr 2023.

In der sog. Flüchtlingskrise 2015/2016 kam es zu heftigen politischen Verwerfungen zwischen den V4 und anderen EU-Staaten sowie der EU-Kommission. Vor allem Polen, Ungarn und die Slowakei lehnten den – immerhin mit → *Qualifizierter Mehrheit* getroffenen – Beschluss des → *Rates der EU*, die in die EU Geflüchteten nach fairen Kriterien solidarisch auf alle Mitgliedstaaten zu verteilen, kategorisch ab (→ *Dubliner Übereinkommen*). Der Streit wurde nicht nur politisch, sondern auch juristisch vor dem → *Europäischen Gerichtshof (EuGH)* ausgetragen; in seinem Urteil vom 9. September 2017 stellte der EuGH in fest, dass die Nichtigkeitsklagen der slowakischen und ungarischen Regierung gegen diesen Beschluss unbegründet seien, da die Entscheidung des Rates vom 22.9.2015 zur Umverteilung von Geflüchteten zur Entlastung von Griechenland und Italien rechtmäßig zustande gekommen sei. Bis heute lehnt die Visegrád-Gruppe einen EU-weiten Verteilmechanismus für Flüchtlinge einmütig ab.

II. „Strukturelle Sonderform" oder „Binnenbündnis"?

Bis heute hat die Visegrád-Gruppe keinen formellen Bündnisvertrag abgeschlossen; auch ist sie nicht supranational organisiert. Ihre Zusammenarbeit ist eher informell und ergibt sich aus den gemeinsamen Interessen der vier Länder. Die bis heute einzige gemeinsame Einrichtung ist der 2000 gegründete Visegrád-Fonds (*„International Visegrád Fund"*), der sowohl regionale Kooperationen innerhalb als auch mit der Visegrád-Gruppe fördern soll – beispielsweise in Form von Stipendien. Eine Ministerkonferenz fungiert als Entscheidungsgremium des Fonds.

In der Politikwissenschaft wird die Gruppe mitunter als eine Art strukturelle Sonderform innerhalb der EU und ihrer Organisation beschrieben. Als internes „Zweckbündnis" berge sie die Gefahr einer gewissen Entkopplung von der zentralen Institution, was von Fall zu Fall zu komplizierten Entscheidungslagen im Gefüge der Europäischen Union führen könne (vgl. Marcel Schütz, Finn-Rasmus Bull, *Unverstandene Union – Eine organisationswissenschaftliche Analyse der EU*, Wiesbaden 2017, S. 22–26).

Dem ist zu entgegnen, dass sich innerhalb der EU auch andere, organisatorisch deutlich strukturiertere Kooperationsmodelle finden – wie die Verbindung der → *Benelux-Staaten*, die → *Deutsch-Französischen Beziehungen* oder, natürlich, die → *Euro-Gruppe* -, ohne dass in diesem Kontext von „innerer Opposition" die Rede sein kann. Im Übrigen bilden die V4 – etwa wegen bilateraler Schwierigkeiten und interner europapolitischer Meinungsverschiedenheiten – bislang keinen wirklich starken Block innerhalb der EU.

W

▶ Wahlen zum Europäischen Parlament

→ *Europawahl*

▶ Währungsschlange

Die sogenannte Europäische Währungsschlange war ein Wechselkursverbund der → *Europäischen Gemeinschaft (EG)*. Sie wurde 1979 durch das → *Europäische Währungssystem (EWS)* abgelöst.

Die Währungsschlange geht auf einen Stufenplan für eine → *Wirtschafts- und Währungsunion (WWU)* zurück, den die EG-Staaten 1971 verabschiedet hatten. Es wurde beschlossen, die Bandbreite, in der die Kurse der EG-Währungen untereinander frei schwanken können, einzugrenzen. 1972 wurde diese EG-interne Bandbreite auf Abweichungen von plus/minus 2,25 Prozent begrenzt. Zusätzlich wurde ein gemeinschaftliches Beistandssystem eingeführt.

Die Währungsschlange ist inzwischen Geschichte. Am 1. Januar 1999 wurde die WWU Wirklichkeit; in zwölf Ländern der → *Europäischen Union* (EU) wurde der → *Euro* als gemeinsame Währung eingeführt; weitere acht EU-Staaten kamen – Stand April 2023 – hinzu. Die Geldpolitik liegt seither in den Händen der → *Europäischen Zentralbank (EZB)* mit Sitz in Frankfurt am Main.

▶ Warschauer Pakt

Der Warschauer Pakt (WP), eine Militärallianz, wurde durch den *Vertrag über Freundschaft, Zusammenarbeit und gegenseitigen Beistand* am 14. Mai 1955 geschlossen. Er war neben dem bereits 1949 gegründeten Rat für Gegenseitige Wirtschaftshilfe (RGW, Comecon) die seinerzeit wichtigste multinationale Organisation der Staaten Osteuropas.

Der WP war zunächst auf 20 Jahre befristet und wurde jeweils fristgerecht verlängert. Das Ende des Kalten Krieges bedeutete auch das Ende des Paktes. Als Folge des unumkehrbar gewordenen Umbruchs in Osteuropa löste sich der WP am 30. Juni 1991 auf.

Dem WP gehörten acht Staaten an: Albanien, Bulgarien, die DDR, Polen, Rumänien, die Sowjetunion, die Tschechoslowakei und Ungarn. Im Verlauf des ungarischen Aufstands 1956 kündigte Ungarn seine Mitgliedschaft; durch das Eingreifen der sowjetischen Armee wurde die Freiheitsbewegung gewaltsam unterdrückt und die Kündigung rückgängig gemacht. Im September 1968 kündigte Albanien seine Mitgliedschaft aus Protest gegen die militärische Intervention von fünf Paktstaaten in der Tschechoslowakei.

Die ehemaligen WP-Mitglieder Bulgarien, Polen, Rumänien, die Tschechische Republik und Ungarn sind heute Mitglieder der → *NATO*.

▶ Weimarer Dreieck

Das *„Weimarer Dreieck"* ist ein Gesprächs- und Konsultationsforum. Seine Gründung im Jahr 1991 geht auf eine Initiative des deutschen Außenministers *Hans-Dietrich Genscher* zurück. Bei einem Treffen der damaligen Außenminister Polens, Frankreichs und Deutschlands in der thüringischen Klassik-Stadt kam man überein, sich regelmäßig zu treffen, um u. a. die von Polen angestrebten Mitgliedschaften in der → *NATO* und der → *Europäischen Union (EU)* zu fördern.

1994 beschlossen diese drei Länder, ihre Zusammenarbeit um den Themenbereich der Sicherheits- und Verteidigungspolitik zu ergänzen.

I. Zusammenwachsen der Zivilgesellschaften

Was zunächst als jährliche informelle Konsultationen der Außenminister – seit 1998 auch der Staats- und Regierungschefs – gedacht war, entwickelte sich zu einem Symbol für die vertrauensvolle Zusammenarbeit zwischen Frankreich, Polen und Deutschland. Neben Treffen auf höchster Ebene traten zahlreiche weitere offizielle und inoffizielle Begegnungen, etwa von Fachministern, Abgeordneten oder Ministerialbeamten. Seit vielen Jahren tragen auch Städte- und Regionalpartnerschaften, Begegnungen zwischen Künstlern, Unternehmern, Jugendwerken oder Vereinen unter dem Weimarer „Dach" zum Zusammenwachsen der Zivilgesellschaften der drei Länder bei.

II. Polens EU-Beitritt als Zäsur

Seit dem Beitritt zur EU am 1. Mai 2004 steht Polen gleichberechtigt neben seinen Weimarer Partnern und ist in alle Abstimmungsprozesse mit europäischer Tragweite einbezogen.

Als trilaterales Konsultations- und Klärungsforum verlor das Dreieck damit an Bedeutung und glich seither nur noch einem losen Gesprächsforum. Im November 2007 warb der neugewählte polnische Ministerpräsident *Donald Tusk* in seiner ersten Regierungserklärung für eine Wiederbelebung des Weimarer Dreiecks. Aber erst die Krise in der Ukraine 2014 bot dem Forum eine unverhoffte Chance, die Kooperation der drei Partner neu zu strukturieren.

Kurz vor dem russischen Angriff auf die Ukraine, im Februar 2022, kam, nach vielen Jahren, wieder ein Treffen auf Chefebene zustande; die Präsidenten Frankreichs und Polens trafen mit dem deutschen Bundeskanzler in Berlin zusammen.

III. Fazit

Das Weimarer Dreieck zeigt, wie Länder mit unterschiedlicher Geschichte gemeinsam Zukunft gestalten, über Grenzen hinweg denken und sich für Integration und Frieden in Europa einsetzen können. Nach Polens Mitgliedschaft in Nato und EU geht es heute vor allem darum, *„ein Forum gleichberechtigter Partner im Zentrum Europas zu schaffen"*, wie es im Auswärtigen Amt heißt. Eine besondere Stärke des Dreiecks liegt darin, dass es ein weites Spektrum von Einstellungen, Traditionen und Politikansätzen abdeckt. Auch in der EU der heute 27 Staaten kann das Forum daher wertvolle Beiträge für erfolgreiche Entscheidungsprozesse leisten.

▶ Weißbuch

In der Terminologie der → *Europäischen Union* (EU) enthält ein „Weißbuch" amtlich ausgearbeitete, konzeptionelle Vorschläge zu bestimmten Bereichen der Politik. *„Grünbücher"* (→ *Grünbuch*) dagegen sind Ausarbeitungen, die zunächst als Diskussionsgrundlage zu einer Entscheidungsfindung vorgelegt werden.

Vier Weißbücher der EU seien beispielhaft erwähnt:

I. Weißbuch zur Vollendung des Binnenmarktes

Mit diesem Weißbuch legte die → *Europäische Kommission* 1985 einen Katalog von rund 300 Vorschlägen und Einzelmaßnahmen vor, die zur Beseitigung der Grenzen innerhalb der damaligen → *Europäischen Gemeinschaft (EG)* notwendig waren, um bis zum 31. Dezember 1992 den europäischen → *Binnenmarkt* zu verwirklichen.

Das Weißbuch wurde vom → *Europäischen Rat* am 28./29. Juni 1985 verabschiedet. Es unterschied zwischen materiellen, technischen und steuerlichen Schranken, die es zu beseitigen galt, damit von einem wahren Binnenmarkt gesprochen werden kann:

(1) Zu den *materiellen Schranken* gehörten die Waren- und Personenkontrollen an den Binnengrenzen der EU.

(2) Die Mehrzahl der im Weißbuch vorgeschlagenen Maßnahmen bezog sich auf *technische Schranken*, d. h. technische Regelungen, Normen und Prüfverfahren, die den freien Waren-, Personen-, Dienstleistungs- und Kapitalverkehr innerhalb der Gemeinschaft behindern könnten.

(3) Bezüglich der *steuerlichen Schranken* wirkten sich in erster Linie die indirekten Steuern hemmend aus, mit denen innerhalb der EG seinerzeit Waren und Dienstleistungen zum Teil sehr unterschiedlich belastet wurden. Bei der Mehrwertsteuer schwankten – und schwanken – die Sätze trotz gleicher Bemessungsgrundlage erheblich.

Als am 1. Januar 1993 der Europäische Binnenmarkt Wirklichkeit wurde, hatte der Europäische Rat bereits 95 Prozent der im Weißbuch vorgesehenen Maßnahmen als Verordnungen, Richtlinien, Entscheidungen oder Empfehlungen angenommen. In einer Frist von mindestens zwei Jahren mussten die nationalen Behörden der Mitgliedstaaten diese Beschlüsse in nationales Recht umsetzen.

II. Weißbuch über Wachstum, Wettbewerbsfähigkeit und Beschäftigung

Dieses Weißbuch hat die EU-Kommission im Dezember 1993 vorgelegt. Es enthielt strategische Vorschläge, die besonders auch dem Abbau der hohen Arbeitslosigkeit innerhalb der EU dienen sollten (→ *Beschäftigungspolitik*). Das Weißbuch sah – neben einer marktorientierten Wirtschaftspolitik – den Ausbau der Infrastrukturen durch → *transeuropäische Netze* vor. Es empfahl schließlich beschäftigungspolitische Maßnahmen, die in erster Linie von den Mitgliedstaaten selbst durchgeführt werden sollten.

III. Weißbuch „Die europäische Verkehrspolitik bis 2010"

Der Verkehrssektor ist für die Wettbewerbsfähigkeit der europäischen Wirtschaft von elementarer Bedeutung. 2001 hat die EU-Kommission daher in ihrem Weißbuch *„Die europäische Verkehrspolitik bis 2010: Weichenstellungen für die Zukunft"*:

(1) Mängel analysiert, wie etwa ein Übergewicht des Straßenverkehrs und eine abnehmende Bedeutung des Schienenverkehrs oder eine Überlastung bestimmter Hauptverkehrsachsen. Auf dieser Basis hat sie

(2) rund 60 Maßnahmen vorgeschlagen und eingeleitet, um zu erreichen, dass der Ausbau des europäischen Verkehrssystems für alle Bürger Effizienz, Qualität und Sicherheit gleichermaßen gewährleistet. (→ *Verkehrspolitik, europäische*).

IV. Weißbuch zur Zukunft Europas – Die EU der 27 im Jahr 2025

Zum 60. Jubiläum der EU präsentierte die EU-Kommission am 1. März 2017 Überlegungen und Visionen zu der Frage, wie sich Europa in den kommenden zehn Jahren verändern werde und sollte. Das Weißbuch beschreibt fünf Entwicklungen, die eintreten könnten, je nachdem, welche Schwerpunkte man künftig setzt. Immerhin zeigte die Kommission, dass sie entschlossen ist, zu diskutieren. Mehr als eine Anregung, sich Gedanken zu machen, war dieser Vorstoß aber kaum. Die fünf Vorschläge enthielten inhaltlich nichts bahnbrechend Neues.

▶ Westeuropäische Union (WEU)

Nach dem Scheitern der → *Europäischen Verteidigungsgemeinschaft (EVG)* wurde am 23. Oktober 1954 in Paris die *Westeuropäische Union (WEU)* gegründet. Sie war die Erweiterung des sog. Brüsseler Paktes von 1948, des ersten Nachkriegsbündnisses westeuropäischer Staaten, das im Wesentlichen als antideutsches Verteidigungsbündnis gedacht war (→ *Westunion*).

Die WEU schuf die Voraussetzungen für den Eintritt der Bundesrepublik Deutschland in die → *NATO* im Jahre 1955.

Dem Verteidigungsbündnis gehörten zehn Mitgliedstaaten der (späteren) → *Europäischen Union* (EU) an: Belgien, Deutschland, Frankreich, Italien, Luxemburg, Niederlande, Portugal, Spanien, Großbritannien und Griechenland.

Beobachterstatus hatten die EU-Mitglieder Irland, Dänemark, Österreich, Finnland und Schweden.

Assoziierte Mitglieder waren Tschechien, Ungarn, Island, Norwegen, Polen und die Türkei. Ein besonderer Dialog bestand mit Russland, der Ukraine und sechs Mittelmeerstaaten.

Ziele und Aufgaben

Die WEU war eine Sicherheitsgemeinschaft mit automatischer Beistandspflicht. Die Mitglieder bekannten sich zum Prinzip der kollektiven Verteidigung und zum Einsatz aller Mittel zur Abwehr einer militärischen Aggression gegen einen Vertragsstaat. Damit reichte die Bindung der WEU weiter als der Vertragsrahmen der NATO. Mit ausdrücklichem Verweis auf die NATO verzichtete die WEU jedoch auf eine eigene Verteidigungsstruktur.

Bestrebungen, die WEU in die Europäische Union einzubinden, wurden Schritt für Schritt umgesetzt. 1992 wurde der Sitz der Organisation von London nach Brüssel verlegt. 1997 ordnete der → *Amsterdamer Vertrag* die WEU sichtbarer und deutlicher der EU zu. Der 2000 unterzeichnete → *Vertrag von Nizza* weitete die sicherheits- und verteidigungspolitischen Kompetenzen der EU aus und schuf mit der Europäischen Sicherheits- und Verteidigungspolitik (ESVP) (→ *Gemeinsame Sicherheits- und Verteidigungspolitik*) auch die dafür benötigten Strukturen. Dadurch wurde die WEU praktisch bedeutungslos. Mit der Aufnahme der Beistands- und Solidaritätsklausel in den Vertrag von Lissabon (→ *Lissabon-Vertrag*) wurden 2009 auch die letzten Aufgaben der WEU auf die EU übertragen. Am 30. Juni 2011 wurde die WEU aufgelöst.

▶ Westintegration

Mit Westintegration oder *Westbindung* wurde nach dem Zweiten Weltkrieg die Politik von Bundeskanzler *Konrad Adenauer* beschrieben, die seit 1949 konsequent eine immer engere Zugehörigkeit der Bundesrepublik Deutschland zur Staatengemeinschaft des Westens anstrebte. Ohne das Ziel einer Wiedervereinigung Deutschlands aus den Augen zu verlieren, sollte diese Politik zunächst die volle Souveränität, die Sicherheit und die Freiheit der Bundesrepublik Deutschland gewährleisten. Dies schien am ehesten erreichbar zu sein durch die enge Anlehnung an die USA, die Aussöhnung mit Frankreich und die Einbindung in westliche Organisationen und Bündnisse.

Auch nach dem Ende des Ost-West-Konflikts und der Spaltung Europas bildet die Westintegration bis heute ein wesentliches Element der Sicherheits-, der Außen- und der Innenpolitik Deutschlands:

Der *sicherheitspolitische* Aspekt der Westintegration kommt zum Ausdruck in der Zugehörigkeit zur → *NATO* und zur → *Westeuropäischen Union* sowie in der nuklearen Schutzgarantie der USA für Deutschland und Europa. Der eigene Verteidigungsbeitrag Deutschlands ermöglicht eine gleichberechtigte Mitsprache innerhalb der NATO.

Außenpolitisch ist die Westintegration vor allem gekennzeichnet durch die Integration Deutschlands in die → *Europäische Union* und in die institutionalisierte deutsch-französische Zusammenarbeit (→ *Deutsch-Französische Beziehungen*). Ein weiteres Beispiel der Westbindung ist die Teilnahme der Bundesrepublik Deutschland am Weltwirtschaftsgipfel (G7), der jährlich stattfindenden Konferenz der Staats- und Regierungschefs der sieben größten Industrienationen des Westens (einschließlich Japans), bei der Russland bis zum Beginn der Ukraine-Krise 2014 ein Sonderstatus eingeräumt wurde (G8).

Innenpolitisch fand und findet die Westbindung ihren Ausdruck in der freiheitlich-demokratischen Verfassungsordnung des Grundgesetzes.

▶ Westunion

In der Westunion, auch *Brüsseler Pakt* genannt, schlossen sich am 17. März 1948 auf britische Initiative hin Frankreich, Großbritannien und die → *Benelux-Staaten* zu einem Verteidigungsbündnis zusammen.

Gemäß der Präambel des Vertrags handelte es sich um eine Allianz gegen einen möglichen deutschen Angriff. Es sollte jedoch auch der bei Vertragsabschluss bereits sichtbaren Bedrohung durch die Sowjetunion begegnet werden. Der Vertrag verpflichtete jedes der Partnerländer zu gemeinsamer Abwehr eines bewaffneten Angriffs auf einen der Vertragsstaaten in Europa.

Die Verschärfung des Ost-West-Konflikts, insbesondere die Blockade Berlins durch die Sowjetunion 1948/49, führte zur Errichtung der → *NATO*. Ihr wurde der militärische Teil der Westunion weitgehend übertragen. Die Westunion wurde im Oktober 1954 durch den Beitritt der Bundesrepublik Deutschland und Italiens in die → *Westeuropäische Union* umgewandelt. Gleichzeitig wurden die gegen Deutschland und einen deutschen Angriff gerichteten Bestimmungen aus dem Vertrag gestrichen.

▶ Wirtschafts- und Sozialausschuss

Im Europäischen Wirtschafts- und Sozialausschuss (EWSA) der → *Europäischen Union (EU)* sind Vertreter des wirtschaftlichen und sozialen Lebens aus der gesamten Europäischen Union zusammengeschlossen. Sie bilden drei große Gruppen: Arbeitgeber, Arbeitnehmer und sonstige wichtige Interessenverbände, z. B. Landwirtschaft, Verbraucher, freie Berufe etc.

Die Mitglieder des EWSA werden auf Vorschlag der nationalen Regierungen der EU-Mitgliedstaaten vom → *Rat der Europäischen Union* nach Anhörung der → *Europäischen Kommission* auf vier Jahre ernannt. 24 Mitglieder stammen aus Deutschland. Eine Wiederernennung ist möglich. Die Tätigkeit im EWSA ist nebenberuflich.

Die bisher 353, nach dem Ausscheiden Großbritanniens aus der EU noch 329 Mitglieder des ESWA verteilen sich auf die Mitgliedstaaten der EU entsprechend ihrer Einwohnerzahl:

Anzahl der Mitglieder	Staaten
24	Deutschland, Frankreich, Italien
21	Polen, Spanien
15	Rumänien
12	Belgien, Bulgarien, Griechenland, Niederlande, Österreich, Portugal, Schweden, Tschechien, Ungarn

Anzahl der Mitglieder	Staaten
9	Dänemark, Finnland, Irland, Kroatien, Litauen, Slowakei
7	Estland, Lettland, Slowenien
6	Luxemburg, Zypern
5	Malta

Die Ausschuss-Mitglieder sind in ihrer Arbeit politisch unabhängig. Aus seiner Mitte ernennt der EWSA einen Präsidenten und zwei Vizepräsidenten für eine Amtszeit von jeweils zwei Jahren.

Der EWSA wurde 1957 mit den Gründungsverträgen der EU (→ *Römische Verträge*) ins Leben gerufen. Er hat beratende Funktion. In bestimmten Fällen sind Rat und EU-Kommission verpflichtet, vor ihren Entscheidungen den EWSA anzuhören: So im Bereich der → *Agrarpolitik*, der → *Verkehrspolitik*, der → *Freizügigkeit* und des freien Dienstleistungsverkehrs, der → *Rechtsangleichung*, der → *Sozialpolitik* sowie bei Fragen der friedlichen Nutzung der Kernenergie, der → *Forschungs-, Umwelt- und der Regionalpolitik*.

Die *Stellungnahmen*, das eigentliche Instrument der EWSA, haben den Charakter von Empfehlungen und sind für die → *Organe der Europäischen Union*, also auch für Rat und EU-Kommission, nicht verbindlich. Aufgrund ihres damit nur beratenden Charakters sind sie für die Interessen der verschiedenen wirtschaftlichen und sozialen Gruppen von oft nur begrenzter Durchsetzungskraft. So wählen die einzelnen Gruppierungen verstärkt den Weg des direkten Kontaktes zur EU-Kommission, der eine effizientere Umsetzung ihrer Anliegen verspricht. Ein längerfristiger Wunsch des EWSA zielt auf eine Weiterentwicklung des Ausschusses zu einer gleichberechtigten Institution im Gefüge der → *Organe der EU*.

Seit einigen Jahren nimmt der EWSA verstärkt Aufgaben wahr, die über seine vertraglichen Pflichten hinausgehen. So unterstützt er Aktionen, die helfen sollen, die Beziehungen zwischen den Bürgern der EU und deren Organen zu verbessern. Er organisiert beispielsweise regelmäßige Kolloquien zum Thema → *Europa der Bürger*.

▶ Wirtschafts- und Währungsunion (WWU)

I. Wirtschaftsunion

In einer Wirtschaftsunion verpflichten sich die Partnerstaaten, ihre nationale Wirtschaftspolitik aufeinander abzustimmen. Es können auch supranationale Institutionen (→ *Supranationales Prinzip*) geschaffen werden, die bestimmte Bereiche der Wirtschaft als gemeinsame Aufgabe aller Mitglieder ausführen.

II. Währungsunion

Grundlage einer Währungsunion ist eine gemeinsame Währung. Sie berührt nationale Hoheitsrechte in erheblichem Maße, denn sie begrenzt die Möglichkeit des einzelnen Staates, durch Geldpolitik die Konjunktur zu steuern. Die in heute 20 Mitgliedstaaten der → *Europäischen Union (EU)* bereits bestehende Währungseinheit ist der → *Euro*.

III. Die Europäische Union als Wirtschafts- und Währungsunion

Die innerhalb der EU inzwischen vollendete Wirtschafts- und Währungsunion (WWU) war eines der bisher ehrgeizigsten, aber auch besonders kontrovers diskutierten Ziele im Rahmen der europäischen Integration. Mit der Unterzeichnung des → *Maastrichter Vertrag*s wurde 1992 der Weg zur WWU völkerrechtlich verbindlich fixiert; als Termin für unwiderruflich feste Wechselkurse zwischen den WWU-Teilnehmerstaaten schrieb man den 1. Januar 1999 fest. Zu diesem Zeitpunkt wurde in den seinerzeit elf Teilnehmerländern Belgien, Deutschland, Finnland, Frankreich, Irland, Italien, Luxemburg, Niederlande, Österreich, Portugal und Spanien der Euro als gemeinsame Währung eingeführt. Griechenland ist seit 1. Januar 2000 Mitglied der WWU. Es folgten Slowenien 2007, Malta und Zypern 2008, die Slowakei 2009, Estland 2011, Lettland 2014, Litauen 2015 und Kroatien 2023.

Damit nehmen nicht alle EU-Mitgliedstaaten an der WWU teil: Schweden beispielsweise hat die Aufnahmebedingungen (→ *Konvergenzkriterien*) noch nicht erfüllt; Dänemark (sowie seinerzeit Großbritannien) wurde im Maastrichter Vertrag zugebilligt, über das Ob und den Zeitpunkt des Beitritts zur WWU später zu entscheiden.

IV. Der Weg zur WWU

Schon die „Vorgängerin“ der Europäischen Union, die → *Europäische Gemeinschaft (EG)*, strebte die WWU als Ziel an. Bereits 1970 hatte eine Arbeitsgruppe unter Vorsitz des ehemaligen Premier- und Finanzministers von Luxemburg, *Pierre Werner*, einen Bericht über die Chancen einer WWU erarbeitet und einen Stufenplan vorgelegt (*Wernerplan*).

Dieser Plan wurde nicht umgesetzt. Die darin beschriebene Notwendigkeit aber, bei einer Verwirklichung der WWU gleichzeitig wirtschaftspolitische sowie währungspolitische Anpassungen zu berücksichtigen, wurde 1989 im sogenannten *Delors-Bericht* wieder aufgegriffen. Auch er sprach sich für eine schrittweise Annäherung an das Ziel der WWU aus.

Die Vorstellungen des Delors-Berichts wurden 1992 im seinerzeit vorbereiteten → *Maastrichter Vertrag* zu einem nennenswerten Teil realisiert. Der Übergang zur WWU vollzog sich danach *in drei Stufen*:

(1) Die *erste Stufe* begann am 1. Juli 1990. In ihrem Verlauf haben die Mitgliedstaaten ihren Kapitalverkehr liberalisiert und Anstrengungen unternommen, ihre Wirtschafts- und Währungspolitik stärker zu koordinieren.

(2) Während der *zweiten Stufe* der WWU schufen die Mitgliedstaaten ab 1. Januar 1994 die wirtschaftlichen und technischen Voraussetzungen zur Einführung der gemeinsamen Währung. Im Mai 1998 wurden dann endgültig die Weichen für den Euro gestellt. Die Staats- und Regierungschefs

der EU legten die Teilnehmerländer fest. Wichtigster Schritt der zweiten Stufe war die Gründung der → *Europäischen Zentralbank (EZB)* am 1. Juli 1998.

(3) Mit der *dritten und letzten Stufe* wurde die WWU Wirklichkeit. Elf EU-Länder führten am 1. Januar 1999 den Euro als gemeinsame Währung ein. Die Verantwortung für die Geldpolitik ging an diesem Tag auf die Europäische Zentralbank über. Einen Tag zuvor – am 31. Dezember 1998 – hatten die Wirtschafts- und Finanzminister der EU-Staaten die endgültigen Umrechnungskurse zwischen den Teilnehmerwährungen und dem Euro unwiderruflich festgelegt.

V. Bilanz

Die Einführung der gemeinsamen europäischen Währung ist jahrelang vorbereitet worden. Dabei stand immer ein Ziel im Vordergrund: Die Stabilität des Euro. Insbesondere

(1) sollten strenge Aufnahmekriterien garantieren, dass nur Länder mit stabiler Währung an der Währungsunion teilnehmen (→ *Konvergenzkriterien*);

(2) soll das Statut der Europäischen Zentralbank eine unabhängige, am Stabilitätsziel orientierte Geldpolitik sichern;

(3) soll eine Koordinierung der Wirtschaftspolitik der Mitgliedstaaten sicherstellen, dass kein Teilnehmerstaat der WWU aus dem Stabilitätskonsens ausschert (→ *Stabilitäts- und Wachstumspakt*).

Die globale Finanzkrise, ausgelöst 2009 durch den Zusammenbruch des US-amerikanischen Bankhauses Lehman Brothers, kam für die über ein Jahrzehnt stabil funktionierende WWU einem Erdbeben gleich. Spätestens 2010 zeigte sich,

(1) dass der Stabilitäts- und Wachstumspakt als Instrumentarium offenbar nicht ausgereicht hat, um finanzpolitische Fehlentwicklungen zu verhindern, und

(2) dass es trotz der bestehenden wirtschaftspolitischen Überwachung nicht gelungen ist, strukturpolitisch bedingte Ungleichgewichte und Wettbewerbsschwächen in den Euroländern zu erkennen.

(3) Schließlich zeigte sich, dass die Währungsunion für den Extremfall staatlicher Liquiditäts- und Solvenzkrisen nicht gerüstet ist.

Ziel der Stunde musste es sein, Währungsunion und Euro auf lange Sicht stark und robust zu machen und neue Instrumente zu entwickeln, was im Wege verschiedener entschlossener Maßnahmen versucht wurde – und wird (siehe dazu → *Staatsschuldenkrise*).

▶ Whistleblower-Schutz

Der Schutz von Hinweisgebern ist in den Mitgliedstaaten der → *Europäischen Union (EU)* nur begrenzt gewährleistet. Neben dem Ex-Mitglied Großbritannien bieten lediglich neun EU-Staaten, nämlich Frankreich, Ungarn, Irland, Italien, Litauen, Malta, Niederlande, Slowakei und Schweden Whistleblowern einen umfassenden Rechtsschutz. In den übrigen Ländern besteht ein nur teilweiser oder auf bestimmte Sektoren von Arbeitnehmern begrenzter Schutz. Immerhin schätzt eine Studie der → *Europäischen Kommission* von 2017 den Verlust potenzieller Vorteile, der allein im öffentlichen Auftragswesen in der gesamten EU aufgrund fehlenden Schutzes von Informanten entsteht, auf 5,8 bis 9,6 Milliarden Euro pro Jahr.

Der europäische Gesetzgeber war also gefordert. Am 7. Oktober 2019 hat der → *Rat der EU* neue Richtlinien zum Schutz von Hinweisgebern förmlich verabschiedet. Nach der Neuregelung müssen sowohl in öffentlichen und privaten Organisationen als auch in Behörden sichere Kanäle für die Meldung von Missständen eingerichtet werden. Gedacht ist an die Aufdeckung von Steuerbetrug, Geldwäsche oder von Delikten im Zusammenhang mit öffentlichen Aufträgen, Produkt- und Verkehrssicherheit, Umweltschutz, öffentlicher Gesundheit sowie Verbraucher- und Datenschutz. Darüber hinaus werden Hinweisgeber weitestgehend vor Repressalien geschützt, und nationale Behörden werden verpflichtet, die Bürgerinnen und Bürger zu informieren und öffentliche Stellen im Umgang mit Hinweisgebern zu schulen.

Die Mitgliedstaaten haben zwei Jahre Zeit, um diese Vorgaben in nationales Recht umzusetzen.

Sicherheit bei Berichterstattung

Um die Sicherheit potenzieller Hinweisgeber und die Vertraulichkeit der offenbarten Informationen zu gewährleisten, dürfen „Whistleblower" in Zukunft Verstöße über interne und externe Kanäle melden. Je nach den Umständen des Falles können sie sich auch außerhalb ihrer Organisation direkt an die zuständigen nationalen Behörden sowie an die zuständigen Organe, Einrichtungen, Ämter und Agenturen der EU wenden.
Nicht bestraft werden Hinweisgeber, die ihre Kritik öffentlich machen, wenn auf ihren ursprünglich internen Hinweis keine Reaktion erfolgte. Ohne vorhergehende interne Meldung sind öffentliche Hinweise straffrei, wenn eine unmittelbare Gefahr für die Öffentlichkeit oder Vergeltungsmaßnahmen gegen die Hinweisgeber drohen.

Der zwischen → *Europäischem Parlament* und Rat vereinbarte Text verbietet ausdrücklich Repressalien und führt Schutzmaßnahmen ein, damit ein Hinweisgeber nicht entlassen, degradiert, eingeschüchtert oder tätlich angegriffen wird. Ebenfalls geschützt wird, wer Whistleblower unterstützt.

Z

▶ Zollunion

Unter einer Zollunion versteht man den Zusammenschluss von souveränen Staaten zu einem einheitlichen Zollgebiet. In einer Zollunion sind nicht nur – wie in einer Freihandelszone – die Binnenzölle und Beschränkungen im Handel untereinander beseitigt, sondern es gibt auch einen gemeinsamen Außenzoll gegenüber Drittländern.

Ein Beispiel für eine Zollunion war die → *Europäische Wirtschaftsgemeinschaft* (EWG), die Vorgängerin der → *Europäischen Union* (EU). In den sechs Gründerstaaten der EWG wurde die Zollunion im gewerblichen Bereich 1968, im landwirtschaftlichen Bereich 1970 vollendet. Sie brachte spürbaren Schwung in den Handel zwischen den Mitgliedstaaten. Die Zollunion war eine Vorstufe zum gemeinsamen europäischen → *Binnenmarkt*, der am 1. Januar 1993 Wirklichkeit wurde.

▶ Zypern-Frage

I. Türkische Republik Nordzypern vs. Republik Zypern

Die Insel Zypern ist politisch geteilt. Der nördliche, überwiegend von türkischstämmigen Zyprioten bewohnte Teil wurde 1974 von der Türkei militärisch besetzt und vom Rest der bis dahin einheitlich regierten Mittelmeerinsel abgespalten. 1983 wurde in dieser Besatzungszone die *„Türkische Republik Nordzypern"* ausgerufen. Anerkannt wurde sie lediglich von der Türkei.

Die den griechischen Südteil vertretende *„Republik Zypern"* dagegen ist international anerkannt. Der → *Europäische Rat* beschloss 2002 die Aufnahme der Republik Zypern – also nur des Südteils – in die → *Europäische Union (EU)*. Nur für sie gilt seit dem 1. Mai 2004 als Mitglied der EU das Europäische Recht; für den nördlichen Teil der Insel gilt es bis zu einer Lösung des Zypernkonflikts als ausgesetzt. Ein Plan der Vereinten Nationen, die Insel noch vor dem Beitritt wieder zu vereinigen, um dann das ganze Zypern in die EU aufzunehmen, war am 24. April 2004 in einem Referendum zwar im Nordteil positiv beschieden worden, unter der griechischen Bevölkerung im Süden aber mit überwältigender Mehrheit gescheitert.

Bis heute müssen UN-Soldaten und -Polizisten auf Zypern den Frieden sichern. Der Konflikt besteht innerhalb der Grenzen Europas und zusätzlich zwischen NATO-Partnern.

II. Vorgeschichte

Der Zypernkonflikt hat seine Wurzeln in den 1950er Jahren, als Großbritannien seine Kolonialstellung auf Zypern aufgab und die Insel am 16. August 1960 in die Unabhängigkeit entließ. Nach einer kurzen Phase des Friedens zwischen den beiden Bevölkerungsgruppen entbrannte der Machtkampf, als der damalige griechische Staatspräsident Makarios eine neue Verfassung verabschieden wollte, die der Rechtsstellung der türkisch-zypriotischen Bevölkerung nicht entgegenkam. In der Folge forderten die türkischen Zyprer eine Teilung der Insel in zwei selbstständige Staaten. Die griechischen Zyprer hielten dagegen an einem Staat fest. Der Konflikt schaukelte sich kontinuierlich hoch; 1963 kam es landesweit zu blutigen Unruhen.

Die Entsendung von UN-Friedenstruppen im Jahr 1964 bewirkte einen Waffenstillstand, konnte jedoch den Konflikt im Kern nicht lösen. 1974 besetzte die türkische Armee den nördlichen Inselteil. Seither sind die beiden Teilstaaten politisch, geographisch und wirtschaftlich völlig voneinander abgegrenzt. Der Verständigungsprozess wird zusätzlich dadurch behindert, dass die beiden Konfliktparteien unterschiedliche Sprachen sprechen und unterschiedlichen Religionen angehören. Die politischen Gegensätze werden durch wirtschaftliche Interessenkonflikte verschärft.

Zahlreiche UN-Vermittlungsversuche der 1980er und 1990er Jahre schlugen fehl. Beide Konfliktparteien beharrten auf ihren Standpunkten. Seit April 2008 sondierten die Volksgruppen Wege einer Annäherung mit dem Ziel einer späteren Wiedervereinigung. Im September 2008 begannen formelle Verhandlungen. Eine Schlüsselstellung kam der Türkei zu, die es nach wie vor ablehnt, die Republik Zypern – ein EU-Land – anzuerkennen, bevor die Zypernfrage nicht im Rahmen der UN insgesamt gelöst ist. So macht die Türkei die Öffnung ihrer Häfen und Flughäfen für zyprische Schiffe und Flugzeuge nach wie vor abhängig von zyprischen Konzessionen gegenüber der von ihr besetzten sog. „Türkischen Republik Nordzypern" – ein Faktum, das im Übrigen ihre Beitrittsverhandlungen mit der EU nachhaltig belastet hat.

III. Aktueller Stand der Verhandlungen

Im Februar 2014 wurden die Gespräche zwischen der Republik Zypern und der Türkischen Republik Nordzypern über eine Wiedervereinigung wieder aufgenommen. Man einigte sich auf eine Erklärung, in der u. a. festgestellt wurde, dass der Status quo inakzeptabel sei und seine Verlängerung für beide Seiten negative Folgen habe. Am 2. Juni 2014 vereinbarten beide Seiten, sich künftig zweimal monatlich zu treffen.

Am 7. Juli 2017 gingen die Verhandlungen zur Lösung des Zypern-Konflikts, an denen auch Repräsentanten der sog. Garantiemächte Griechenland, Großbritannien und die Türkei teilnahmen, ohne Ergebnis zu Ende. Sie scheiterten unter anderem an der Weigerung der Türkei, ihre im Nordteil stationierten Truppen vollständig abzuziehen und auf ihr Interventionsrecht zu verzichten.

UN-Generalsekretär *António Guterres* empfahl beiden Seiten, im Rahmen einer „Reflektionsphase" eigene Vorstellungen hinsichtlich einer Fortführung des Verhandlungsprozesses zu entwickeln.

2018 gab es Anzeichen für eine vorsichtige Wiederannäherung. Die Regierung der Republik Zypern äußerte die Hoffnung auf eine Wiederaufnahme der Gespräche unter Vermittlung der Vereinten Nationen. Im November 2018 wurden zwei neue Grenzübergänge eröffnet.

Ende April 2021 schließlich sprachen die griechischen und türkischen Zyprer in Genf unter internationaler Vermittlung der UN wieder über die Überwindung der Teilung der Insel. Beide Seiten strebten allerdings unterschiedliche Modelle an:

- Die Republik Zypern verfolgt weiterhin den Weg einer Vereinigung Zyperns als Bundesstaat; beide Volksgruppen sollten sich sicher fühlen – ohne Garantiemächte und Besatzungstruppen, vor allem ohne Abhängigkeiten von egal welcher dritten Partei.
- Die türkisch-zypriotische Seite aber verfolgt nun die – allerdings international nur von der türkischen AKP unter Präsident *Recep Tayyip Erdoğan* propagierte – Vision von zwei nebeneinander lebenden souveränen Staaten.

Eine gemeinsame Basis, um Verhandlungen wieder aufzunehmen, ergab sich daher in Genf nicht: „Die beteiligten Parteien haben keinen gangbaren Mittelweg finden können", teilte die UN am Ende der dreitägigen Gespräche mit. Dennoch sind weitere Treffen angekündigt.

Anhang

Zeittafel

Wesentliche Stationen des Europäischen Einigungsprozesses:

1949	Gründung des → *Europarats* (Sitz: Straßburg)
1950	*Robert Schuman* stellt Plan zur Zusammenarbeit im Montanbereich vor (→ *Schuman-Plan).*
1951	Gründung der → *Europäischen Gemeinschaft für Kohle und Stahl (EGKS/Montanunion)*
1954	Nach dem Scheitern der → Europäischen *Verteidigungsgemeinschaft (EVG)*: Gründung der → *Westeuropäischen Union (WEU)*
1957	Gründung der → *Europäischen Wirtschaftsgemeinschaft (EWG)* und der → *Europäischen Atomgemeinschaft (EAG/Euratom)*: → *Römische Verträge*)
1960	Gründung der Europäischen Freihandelszone (→ *EFTA*)
1961	Organisation für wirtschaftliche Zusammenarbeit (OECD)
	Bau der Mauer in Berlin
1962	Gemeinsame→ *Agrarpolitik* (GAP) wird eingeführt
1963	Unterzeichnung des → *Deutsch-Französischen Vertrags* („Élysée-Vertrag")
1966	→ *„Luxemburger Kompromiss" (Einstimmigkeitsentscheidungen)*
1967	Fusion der → *Europäischen Gemeinschaften (EG)* tritt in Kraft
1968	Vollendung der → *Zollunion*
1970	Gründung der → *Europäischen Politischen Zusammenarbeit (EPZ)*
1973	Norderweiterung: EU-Beitritt Großbritanniens, Irlands und Dänemarks
1975	Erstes → *Lomé-Abkommen* mit ehemaligen Kolonialstaaten Afrikas, der Karibik und dem Pazifik
1977	Grundrechtserklärung der Organe der Gemeinschaft
1978	Gründung des *Europäischen Währungssystems (EWS)*

1979	Erste Direktwahl zum → *Europäischen Parlament (EP)*
1980	Süderweiterung, Teil 1: EU-Beitritt Griechenlands
1983	Erklärung zur → *Europäischen Union*
1986	Süderweiterung, Teil 2: EU-Beitritt Spaniens und Portugals
1987	→ *Einheitliche Europäische Akte (EEA)* (erste grundlegende Revision der EG)
1990	→ *Schengener Abkommen I* (Wegfall der Personalkontrollen); Friedliche *Wiedervereinigung Deutschlands*
1991	Bürgerkrieg auf dem Balkan; Auflösung Jugoslawiens
1992	Vertrag von → *Maastricht* (zweite grundlegende Revision der EG); Vollendung des Europäischen → *Binnenmarktes*
1993	→ *Europäische Union* tritt in Kraft.
1995	EU-Beitritt Österreichs, Schwedens und Finnlands; Schengen II tritt in Kraft.
1996	Vertrag von → *Amsterdam* (dritte grundlegende Revision der Europäischen Union)
1997	Europäische Zentralbank (EZB)
	Beginn der Beitrittsverhandlungen mit Staaten Mittel- und Osteuropas (Osterweiterung)
1999	Vollendung der Wirtschafts- und Währungsunion (Einführung des Euro als Buchwährung)
2000	Unterzeichnung des → *Vertrags von Nizza*, (vierte grundlegende Revision der Europäischen Union)
2001	Erklärung zur Zukunft der Union; Schengen III tritt in Kraft.
2002	Einführung des → *Euro*: Euro-Banknoten und – Münzen werden in den zwölf Ländern des Euro-Gebiets alleiniges Zahlungsmittel.
2003	Entwurf eines Europäischen → *Verfassungsvertrages* (→ *Europäischer Konvent*)
2004	→ *Osterweiterung:* EU-Beitritt 10 ost- und südeuropäischer Staaten; 6. Direktwahl zum EP, *Unterzeichnung des „Vertrags über eine Verfassung für Europa" in Rom*
2005	Ratifikationsprozess des Verfassungsvertrags stockt; nach Ratifikation durch 9 EU-Staaten wird er in Volksabstimmungen in Frankreich und den Niederlanden abgelehnt.

	Umstrittene Aufnahme von Beitrittsverhandlungen mit der Türkei
2007	Slowenien führt als 13. EU-Staat den Euro ein.
	EU-Beitritt Bulgariens und Rumäniens
	Die EU-Mitgliedstaaten einigen sich auf den „Vertrag von Lissabon“ (→ *Lissabon-Vertrag*).
2008	Malta und Zypern führen den Euro ein.
2009	Die Slowakei führt als 16. Staat den Euro ein.
	Der → *Lissabon-Vertrag* tritt in Kraft.
	Die EU erhält einen hauptamtlichen ständigen Präsidenten des Europäischen Rates.
	„Charta der Grundrechte“ wird rechtsverbindlich.
2010	Beginn der → *Staatschuldenkrise*
2011	Estland wird 17. Mitglied der Euro-Zone
2012	Die EU erhält den → *Friedensnobelpreis*
2013	EU-Beitritt Kroatiens
2014	Lettland wird 18. Mitglied der Euro-Zone.
	Wahlen zum → *Europäischen Parlament*
	Referendum über die Unabhängigkeit Schottlands
2015	Litauen wird 19. Mitglied der Euro-Zone.
2016	In einem Referendum stimmt eine knappe Mehrheit der Bevölkerung Großbritanniens für einen Austritt aus der Europäischen Union.
2019	Wahlen zum → *Europäischen Parlament*
	Ursula von der Leyen wird Präsidentin der Europäischen Kommission.
2020	Großbritannien verlässt die Europäische Union. Der Europäische Rat beschließt den Corona-Wiederaufbaufonds (NextGenerationEU) Beginn der Konferenz zur Zukunft Europas (bis 2022)
2022	Russland beginnt einen Angriffskrieg gegen die Ukraine

	Gründungstreffen der „Europäischen Politischen Gemeinschaft“
	Ausschluss Russlands aus dem Europarat
2023	Kroatien wird 20. Mitglied der Euro-Zone
	Moldau und die Ukraine erhalten den Status von EU-Beitrittskandidaten
	Finnland wird 31. Mitglied der NATO

Länder

(Stand 2022, s. auch Statista)

Land	Hauptstadt	Fläche in km²	Einwohner in Mio.	Anteil in Europa	EU-Mitgliedschaft
Albanien	Tirana	28.748	2,8	100 %	
Andorra	Andorra La Vella	468	0,08	100 %	
Belgien	Brüssel	32.528	11,6	100 %	Seit 1.1.1958
Bosnien und Herzegowina	Sarajevo	51.197	3,4	100 %	
Bulgarien	Sofia	110.994	6,8	100 %	Seit 1.1.2007
Deutschland	Berlin	357.588	83,3	100 %	Seit 1.1.1958
Dänemark	Kopenhagen	43.098	5,9	100 %	Seit 1.1.1973
Estland	Tallinn	45.227	1,3	100 %	Seit 1.5.2004
Finnland	Helsinki	338.144	5,6	100 %	Seit 1.1.1995
Frankreich	Paris	543.965	65,8	100 %	Seit 1.1.1958
Griechenland	Athen	131.957	10,6	100 %	Seit 1.1.1981

Land	Hauptstadt	Fläche in km²	Einwohner in Mio.	Anteil in Europa	EU-Mitgliedschaft
Irland	Dublin	70.273	5,1	100 %	Seit 1.1.1973
Island	Reykjavík	103.000	0,4	100 % (geologisch zu Europa und Nordamerika)	
Italien	Rom	301.336	68,9	100 %	Seit 1.1.1958
Kasachstan	Astana	146.700	0,5	5,4 %	
Kosovo	Priština	10.908	1,8	100 %	
Kroatien	Zagreb	56.542	3,8	100 %	Seit 1.1.2013
Lettland	Riga	64.589	1,9	100 %	Seit 1.5.2004
Liechtenstein	Vaduz	160	0,04	100 %	
Litauen	Vilnius	65.301	2,8	100 %	Seit 1.5.2004
Luxemburg	Luxemburg	2.586	0,7	100 %	Seit 1.1.1958
Malta	Valletta	316	0,5	100 %	Seit 1.5.2004
Nord-Mazedonien	Skopje	25.713	1,8	100 %	
Moldau	Kischinau	33.843	3,5	100 %	
Monaco	Monaco	2	0,04	100 %	
Montenegro	Podgorica	13.812	0,6	100 %	

Land	Hauptstadt	Fläche in km²	Einwohner in Mio.	Anteil in Europa	EU-Mitgliedschaft
Niederlande	Amsterdam Regierungssitz: Den Haag	41.526	17,7	100 %	Seit 1.1.1958
Norwegen	Oslo	385.200	5,4	100 %	
Österreich	Wien	83.871	9,0	100 %	Seit 1.1.1995
Polen	Warschau	312.685	38,0	100 %	Seit 1.5.2004
Portugal	Lissabon	92.212	10,3	100 %	Seit 1.1.1986
Rumänien	Bukarest	238.391	19,0	100 %	Seit 1.1.2007
Russland	Moskau	3.955.800	104,0	23,16 %	
San Marino	San Marino	61	0,03	100 %	
Schweden	Stockholm	450.000	10,5	100 %	Seit 1.1.1995
Schweiz	Bern	41.285	8,8	100 %	
Serbien	Belgrad	77.474	6,8	100 %	
Slowakei	Bratislava	49.034	5,4	100 %	Seit 1.5.2004
Slowenien	Ljubljana	20.273	2,1	100 %	Seit 1.5.2004
Spanien	Madrid	504.645	47,4	100 %	Seit 1.1.1986
Tschechien	Prag	78.866	10,5	100 %	Seit 1.5.2004
Türkei	Ankara	23.384	9,8	3,0 %	
Ukraine	Kiew	603.700	41,0	100 %	

Land	Hauptstadt	Fläche in km²	Einwohner in Mio.	Anteil in Europa	EU-Mitgliedschaft
Ungarn	Budapest	93.030	9,7	100 %	Seit 1.5.2004
Vatikanstadt	Vatikanstadt	0,44	< 1.000	100 %	
Vereinigtes Königreich	London	242.910	67,6	100 %	1.1.1973–31.1.2020
Weißrussland (Belarus)	Minsk	207.595	9,2	100 %	
Zypern	Nikosia	9.251	1,1	0% (nur politisch zu Europa)	Seit 1.5.2004

Personenverzeichnis

Die Angaben verweisen auf die Seitenzahlen des Buches.